中国租界法制初探

（修订版）

王立民　著

上海人民出版社

国家社科基金重大项目资助
上海市高水平地方高校（学科）建设项目
和华东政法大学涉外法治研究院支持

下 篇

修订版绪言

《中国租界法制的新探》（修订版）是国家社科基金重大项目"中国租界法制文献整理与研究"（19ZD153）的阶段性成果。其中《中国租界法制初探》的14章与附录的内容在这一重大项目在研期间作了必要的修正；新增的第11章和附录则主要是这一重大项目在研期间发表的新成果。它们都不同程度与这一重大项目有关，是在研期间修正、发表的成果。

《中国租界法制初探》于2016年面世以后，我在中国租界法制研究中，又有一些新进展，主要体现在以下四个方面：

第一方面是于2019年12月中标了国家社科基金重大招标项目"中国租界法制文献整理与研究"（19ZDA153）。在中标这个重大项目之前，我曾主持过三个关于租界法制的项目。分别是：上海市教委科研创新重点项目"上海租界法制研究"（2009年）；司法部"国家法治与法学理论研究"项目"中国租界的现代法制研究——以上海现代法制为主要视角"（2009年）；国家社科基金一般项目"租界法制与中国法制近代化研究"（2014年）。这些项目都按时结项，为中标国家社科基金重大招标项目"中国租界法制文献整理与研究"奠定了良好的基础。尽管如此，完成这个重大项目也是一个挑战。首先，课题组成员比较多，有30余位，存在协调成员间合作的问题。其次，对于各种检查，需要有足够的成果支撑。最后，项目的成果分为中国租界法制文献整理与中国租界法制文献研究两部分，成果不同。前者为一个数据库，后者为一本专著。这些都是以往所没有遇到，现在需要面对的一些问题，是一种新的挑战。经过与项目组成员3年多的努力，目前进展情况良好。2020年通过了上海市哲学社会科学规划办公室的评审，2021年又通过了国家哲学社会科学规划办公室的中期评审。

第二方面是出版、发表了一些新成果。关于中国租界法制的新成果大致可以分为三个部分。第一部分是著作。出版了独著的《上海租界法制史话》(第二版，上海人民出版社 2017 年版)，《中国法制史论要》(商务印书馆 2022 年版)，主编了《租界法制与中国法制近代化》(上海人民出版社2022 年版)。《上海租界法制史话》(第二版)与第一版相比有明显的变化。新增了篇目、内容、字数、插图，耳目一新。《中国法制史论要》包括了中国古、近、当代法制史，其中的"租界法制史"专题，由 7 篇论文组成，专门论述中国租界法制。《租界法制与中国法制近代化》则从中国租界法制的立法、行政执法、司法、法学教育等领域与中国法制现代化的关系，凸显其现代性及其作用。第二部分是论文。先后在《法学》《清华法学》《现代法学》《法学杂志》《华东政法大学学报》《探索与争鸣》《江海学刊》《上海视觉》《上海政法学院学报》和《中国法研究》(韩国)等期刊上发表了论文 10 余篇。对中国租界的法制性质、特点、立法、执法、司法等一些主要问题进一步探索与研究，提升了中国租界法制的学术研究水平。第三部分是文章。这些文章大多集中于中国租界法制文献整理，发表于《文史天地》《档案春秋》《上海滩》《检察风云》《社会科学报》《上海法治报》等报刊，共有 10 余篇。这些新成果中，绝大多数是在 2020 年以后出版、发表，与研究"中国租界法制文献整理与研究"（19ZDA153）项目有关，也是这一项目的阶段性成果。

　　第三方面是接受了肖志珂法学博士的访谈。2016 年，当时在上海社科院工作的肖志珂法学博士，提出要作个人访谈，内容是关于上海租界法制研究，我欣然接受。2017 年第 2 期《上海政法学院学报》刊出了我与肖志珂合署的《上海租界法制研究——王立民教授访谈》一文。此文集中把我研究上海租界法制的起因、研究的几个阶段、发表的主要成果、提出的重要观点、教学与科研的结合、以后的研究展望等内容融为一体，并作了较为全面的展示。这既是对我以往上海租界法制研究的一个总结，也是研究中国租界法制学术史的一个组成部分，对以后的研究提供了一部分的依据，很有意义。

　　第四方面是产出了智库成果。在中国租界法制的研究过程中，我觉得有些内容可以转化为智库成果，让更多人员包括领导知晓，从中得到借鉴，为当今的法治建设添砖加瓦。于是，作了尝试，结果有三个成果得到领导批示。它们针对现实情况，分别对借鉴中国租界的防控疫情立法、法学教育、精细化管理的法制支撑等一些问题，提出个人看法。这些成果引起领导的重视，相关部门还积极落实。可见，研究中国租界法制还具有现实意义，可以为中国的法治建设服务。

在以上这四个方面的进展中，引人注目的是公开发表的论文与访谈。特别是论文，不仅在以往研究的基础上有所提升，而且还弥补了我对中国租界法制研究的不足，使这一研究的成果更厚实、更有价值。这也成为可以出版《中国租界法制初探》（修订版）的一个主要动因。

与《中国租界法制初探》相比，《中国租界法制初探》（修订版）有了明显变化。一方面，新增 12 章内容。分别是：中国租界法制性质论、成文法是中国租界法制的一个共性、中国租界与租借地区域法制的差异、中国租界防控疫情立法与思考、中国租界歧视华人法制述评、中国租界适用《中华民国民法》论、中国租界里的中国巡捕与反思、领事公堂是中国租界的行政法庭、中国租界法制诸问题再研究、近代国人笔下的上海租界法制与思考、上海法租界的早期法制与评析、上海租界的艺术与法制。另一方面，新增了两个附录。一个是关于上海租界法制研究的访谈，另一个是上海租界法制的多个侧面。另外，考虑到篇幅等原因，原来的 4 个附录不再保留。总之，此书的修订版比原版要厚实一些，内容更为丰富。这些都得益于国家社科基金重大项目"中国租界法制文献整理研究"（19ZDA153），是这一重大项目的阶段性成果。

本书的出版得到国家社科基金重大项目资助、上海市高水平地方高校（学科）建设项目和华东政法大学涉外法治研究院的支持。

由于本书主要是已发表论文的集萃，修订版与原版一样，对选入的论文作了体例、内容、注释等调整，提高其整体性，更像一本成体系的学术专著。尽管如此，还是难免在资料、内容等方面有少量交叉，请读者见谅。另外，此书虽是第二版，但仍可能会存有舛错之处，祈请同仁不吝赐正。谢谢！

王立民

2025 年 3 月于华东政法大学

第一版绪言

　　我研究中国租界法制从上海租界法制开始，那还是在华东政法学院（现为华东政法大学）攻读硕士学位期间。那时因为参加一个关于上海近代法制史的科研项目，先从研究上海小刀会起义军的法制开始，接着又扩展到上海租界的立法、司法，逐渐深入至整个上海法制史。1985年硕士研究生毕业留校任教以后，我没有放弃对上海租界法制的研究，并把它作为上海法制史的一个重要组成部分列入研究范围。1998年我的《上海法制史》一书由上海人民出版社出版，其中有三章专述上海租界的立法。另外，在法律渊源、警政机关、审判机关、监狱、律师等章中，也都有关于上海租界法制的内容。《上海法制史》是中国第一本以行政区划为单位的地方法制史通史著作，租界法制列入其中，并有了一定影响力。

　　1991年《上海法制报》（现在的《上海法治报》）开设了"租界法律史话"栏目，直至1998年此报改版。在这8年时间里，我实际上是这一栏目的专栏作者，共发表了60余篇关于上海租界法制的文章。2001年有幸选择其中的一些内容，编入我的《上海租界法制史话》一书，由上海教育出版社出版。此书分为立法、司法、案例、法文化4篇，从不同视角反映上海租界法制。它虽是史话，但以上海租界法制为唯一内容，可算是上海乃至中国第一本专门阐述租界法制的著作，在中国租界法制的研究中，有自己的地位。

　　随后，我更重视对上海租界法制的学术研究，把其与上海法制现代化联系在一起。2006年《上海租界与上海法制现代化》一文在《法学》第4期发表，这标志着我对上海租界法制的研究更具学术性。它从上海租界法制产生的基础、与华界法制的诸多不同、相关问题等多角度探研了上海租界法制。以后，一系列相关成果也都聚焦于学术研究。《上海的澳门路与公共租界的现代法》《论上海租界法制的差异》《上海租界的现代公共卫生立法探析》《上海租界的现代法制与现代社会》等公开发表的论文都是如此。

从 2008 年开始，我的注意力开始由上海租界法制转向中国租界法制，更多地关注中国租界法制，扩大了研究视野，并把中国租界法制与中国法制现代化联系起来研究。2008 年《中国的租界与法制现代化》一文在《中国法学》第 3 期发表，标志着我对租界法制研究的范围有了扩大，涉及中国租界法制领域。尽管上海租界法制在中国租界法制中，产生最早、持续时间最长、适用范围最广、影响最大，但毕竟中国有 10 个城市曾设有租界、建立法制，对中国其他城市租界法制的研究也有必要。这不仅有利于反映中国租界法制的一般面貌，还有助于显示其个性、凸显其特殊性，使人们对这一法制的认识更为全面和科学。此后，我又有一些相关论文公开发表，《中国城市中的租界法与华界法》《抵触与接受：华人对中国租界法制的态度》《会审公廨是中国的审判机关异议》等，都是如此。

2012 年《中国租界法制研究的检视与思考》一文在《当代法学》第 4 期发表。它标志着我对中国租界法制的研究又多了一个增长点，即中国租界法制研究的学说史。对这一学说史的研究很有意义，可以回顾以往中国租界法制研究的成就与不足，认清以后中国租界法制研究的方向，并为今天中国的法治建设提供一定借鉴。这为其他研究所不可替代。在撰写此文的过程中，我也确实感觉到中国租界法制研究的空间很大，研究的任务很重，研究的前景令人鼓舞。

到目前为止，我公开发表有关中国租界法制的学术论文已超过 10 篇，其中绝大多数发表在 CSSCI 刊物上，包括《中国法学》《政法论坛》《比较法研究》《法学》《政治与法律》《当代法学》《法学杂志》《学术月刊》《社会科学》《探索与争鸣》和《华东师范大学学报》(哲学社会科学版) 等。另外，2011 年还由法律出版社出版了由我与练育强共同主编的《上海租界法制研究》一书。这些成果的问世与项目研究结合在一起，我先后主持过三个有关中国租界法制研究的项目。它们是：上海市教委科研创新重点项目"上海租界法制研究"(09ZS179)、司法部一般项目"中国租界的现代法制研究——以上海现代法制为主要视角"(09SFB5006)、国家社科基金一般项目"租界法制与中国法制近代化研究"(14BFX019)。前两者已经完成、结项，第三个还在进行中。有了研究项目，我对中国租界法制的研究更有动力，也更有产出科研成果的条件和冲动。

经过多年的实践，我体会到研究中国租界法制有其重要意义。首先，弥补了对中国租界法制研究的不足。中国租界法制与中国租界一样，在中国生存了百年时间，但新中国成立后对其研究十分不足，成果鲜见。对中国租界的研究则比较充分，早在1991年就已出版了由费成康撰写的《中国租界史》一书，以后还有《列强在中国的租界》《汉口租界志》《天津通志·附志·租界》等著作相继出版。有关中国租界史的论文就更多了。可是，专门研究中国租界法制的成果则较少，起步也较晚，至今还未见有以中国租界法制为主题的著作问世。此书的出版便可弥补这一不足，填补中国租界法制研究中的一个空白。

其次，更新了对中国法制现代化的认识。关于中国法制现代化，现有的大量研究成果均认为开始于20世纪初的清末法制改革。在研究了中国租界法制以后可以发现，在中国大地上最早出现的现代法制始于租界，首先是上海英租界。而且，这种现代法制在清末以前就对华界的法制产生过影响，以致在清末以前华界就开始采用租界的现代法制。这就把中国现代法制的出现提前到中国租界时期，时间也早了整整半个世纪。这可使人们对中国法制现代化有新认识，其学术贡献不言而喻。

再次，可为今天中国的法治建设提供一定的借鉴。中国租界法制是一种现代法制，是比中国传统法制先进的法制。它在中国城市的现代化过程中，发挥过积极作用。中国租界法制中的有些内容仍可为今天中国的法治建设所借鉴。上海租界在清末以前就规定禁止燃放花爆、在路旁小便，还规定有现代的行车规则，大量使用现代的法言法语等。这些都可为今天的法治建设所借鉴。中国租界法制还有一定的当代价值。

最后，有利于对外交流。中国租界是个开放性地区，其法制资料流散在许多国家，世界上有些学者已产出了研究中国租界法制的成果，特别是专著。美国学者魏斐德就撰写、出版过《上海警察，1927—1937》一书。中国学者的此类研究则较少，不利于对外交流。只有当中国学者研究中国租界法制的成果大量涌现以后，这种交流才会顺利进行，交流的渠道才能更为畅通。经过对外交流，会更有利于各自的研究，提高大家的研究水准。

现在出版我的《中国租界法制初探》一书，条件已经基本成熟。经过多年努力，特别是在 2011 年以后，已公开发表了 10 余篇相关论文，研究成果有了积累，字数已达 30 万字，可以称为一本专著。这些论文从多方位对中国租界法制作了研究，内容涉及中国租界法制产生的基础与条件、中国租界立法的一些内容、中国租界法制与中国传统法制的差异、中国不同租界间法制的区别、中国租界法制的变迁、中国租界法制的传播、华人对中国租界法制的态度、中国租界法制的实施等。其中，还包括学术争鸣的成果，《会审公廨是中国的审判机关异议》一文就对会审公廨的中国审判机关性质提出质疑，并展开了详尽论述。这些成果已经涉及中国租界法制的一些重要方面，并作了较为深入的研究。把这些研究成果整合在一本专著里，正好形成了中国租界法制初探的体系，而且还有一定逻辑，即从这一法制的产生到立法、传播、实施等，基本体现了法制发展、运作的一般逻辑。考虑到此著作的整体效应，论文在编入时，题目和内容等都作了一定调整，但总体面貌没变。

为了便于读者阅读，本书还把租界法制研究成果分上、下两篇。上篇集中论述中国租界法制，下篇则重点论述上海租界法制。这两篇结合起来，正好是中国租界法制的面和上海租界法制的点的结合。有面也有点，可以更为全面地反映中国租界法制的客观情况。五篇附录的内容都与中国租界法制有关，故一起编入。由于本书各章的独立性较强，都是对一个问题的展开论述，难免在资料和少量内容上有所交叉，请读者见谅。

中国租界法制在中国的研究时间不长，成果不多，研究空间还很大。除我本人还要继续研究以外，也希望有更多学者、专家加入这一研究队伍，形成一个研究群体，产出高质量的研究成果，进一步推进这一研究，并把中国法制现代化的研究引向深入。

王立民

2016 年春节

上　篇

第一章 中国租界法制研究的检视与思考

在中国大地上，最早出现现代法制的是中国租界。鸦片战争以后，在上海、天津、汉口、厦门、镇江、九江、广州、杭州、苏州、重庆10个城市中，先后出现了租界，也有了租界法制。[①] 目前对这一法制已有一定研究，也有一些成果，特别是近30余年来有了可观的进展。本书对中国租界法制的研究进行初步的检视与思考。

一、成果种类

中国和海外学者都有一些研究中国租界法制的成果，特别是在改革开放以后的30余年来，这类成果明显增多，其分类情况如下：

（一）研究中国租界法制的著作

中国目前已经出现了很少量专门研究中国租界法制的著作。这些著作以中国租界法制为研究对象，并展开论述，但是研究领域只是集中于一个城市中的租界法制。《上海租界法制研究》[②]《上海租界法制史话》[③] 和《上海公共租界特区法院研究》[④] 即是如此。《上海租界法制研究》是一本综合性研究上海租界法制的学术专著。内容涉及上海租界法制的诞生、立法、行政执法、司法、法制变迁、动力来源和法制引起的社会变化等。此著作在研究上海租界法制方面，特别是它的体系结构、内容和资料运用方面都有所突破。《上海租界法制史话》则是从通俗化的角度来反映上海租界法制。它全都由通俗性短文构成，讲述上海租界法制的一些侧面。这些短文

---

① 中国除了租界以外，另有一些类似租界的地区，如租借地等。本书仅以租界及其现代法制为研究对象，其他地区及其法制均不包括在内。关于其他地区可参见费成康著：《中国租界史》，上海社会科学院出版社 1991 年版，第 431—436 页。

② 王立民、练育强主编：《上海租界法制研究》，法律出版社 2011 年版。

③ 王立民著：《上海租界法制史话》，上海教育出版社 2001 年版。

④ 姚远著：《上海公共租界特区法院研究》，上海人民出版社 2011 年版。

根据其内容分别归入四大篇，即立法、司法、案例和法文化篇。它通过短小精悍、通俗易懂的内容和与一些上海租界的老照片相结合的形式，提高了上海租界法制史的可读性和观赏性。《上海公共租界特区法院研究》聚焦于上海公共租界的特区法院，内容相对集中和单一，但却更有深度。它较为全面地探研了这一法院，包括了上海公共租界审判机构沿革，上海公共租界特区法院的前身——临时法院，上海公共租界特区法院的设立与组成、检察制度、法权之争等一些内容。

（二）研究中国租界著作中有关中国租界法制的内容

中国出版过一些从整体上研究中国租界的著作。这些著作中涉及中国租界法制的内容，也是中国租界法制的研究成果。这些著作的数量也不多。《中国租界史》① 对中国租界的土地制度、法律制度、行政制度和租界的收回等都作了探索。此著作既是一部系统反映中国租界的专著，也是一部在一定程度上研究租界法制的著作。《列强在中国的租界》② 是一本以研究中国租界为对象的史料及研究文集。文集分为两大部分，即租界史料、租借地及其他史料部分。作者通过自己的回忆撰写成文，编入此文集，内容涉及上海、天津、汉口、广州、厦门、九江、镇江、苏州、重庆、杭州等租界。其中，有些文章直接与研究租界法制相关。比如，朱梦华的《上海租界的形成及其扩充》、李守宪的《上海西牢回忆》、汪应云的《我在汉口法租界巡捕房的经历》、林曼馥的《会审公堂与华人议事会》等都是如此。

（三）研究中国地方租界志中有关租界法制研究的内容

中国已出版了一些专门研究中国地方租界的租界志，其中有研究这些租界法制的内容。《天津通志·附志·租界》③ 中租界的划定扩张与收回章中有大量关于天津租界法制的研究内容，因为天津租界的划定扩张与收回都与相关规定和契约有关。《上海租界志》的每篇内容都涉及法制的研究。比如，在区域人口篇中，涉及英、美、法三个租界的《土地章程》；机构篇中涉及《土地章程》《上海法租界公董局组织章程》、租地人会制度等；

---

① 费成康著：《中国租界史》，上海社会科学院出版社 1991 年版。
② 上海市政协文史资料委员会等编：《列强在中国的租界》，中国文史出版社 1992 年版。
③ 罗澍伟主编：《天津通志·附志·租界》，天津社会科学院出版社 1996 年版。

财政篇中涉及《土地章程》、租地人会、会审公廨等。①《汉口租界志》中的租界区域人口章所叙述的汉口租界初设、扩展部分直接与租界法制有关；政治体制章中的立法、司法部分也直接与租界法制相关。其他章中也有部分内容研究这一法制。比如，经济活动章里有《长江各口通商暂订章程》的规定；文教事业章里有法租界关于从医的规定；公用事业章里有英租界《巡捕章程总则》的内容等。②

（四）研究中国地方史著作中有关租界法制的内容

中国已有一些城市的地方史著作问世。一些有租界城市的地方史著作中不同程度地涉及租界法制。有些关于地方史通史类的著作中有研究租界法制的内容。如上海地方史著作有这方面的内容。《上海史》研究了租界的扩张及其法制的规定，其中包括《虹口租界章程》和重订的《上海土地章程》。③《上海通史》是一套由 15 卷本组成的著作，全面、系统地阐述了上海发展的历史，在其第 1 卷中就涉及会审公廨职权的变迁。④《上海近代史》中也有上海租界法的记录和研究，包括了《土地章程》的第一次修改。⑤

有些专门研究地方租界史的著作中也有租界法制研究的内容。研究上海租界史的著作中就有这方面的内容。《上海公共租界史稿》对 1845 年土地章程（又称"地皮章程"）的产生、内容等一些问题都有较为详细的阐述和研究。⑥《上海租界问题》对辛亥革命时期上海租界中会审公廨的变化作了研究。⑦《租界 100 年》中亦有一些内容论述了上海租界法制，上海法租界的《市政宪章》是其中之一。⑧《上海的租界》从上海租界的出现至上海租界的收回都有不同程度的涉及，其中亦有对法制的评述，比如有关公共卫生的规定。⑨《上海租界百年》中也论及租界的法制，比如，有关人力车

①　史梅定主编：《上海租界志》，上海社会科学院出版社 2001 年版。
②　袁继成主编：《汉口租界志》，武汉出版社 2003 年版。
③　唐振常主编：《上海史》，上海人民出版社 1989 年版。
④　熊月之主编：《上海通史》，上海人民出版社 1999 年版。
⑤　刘惠吾主编：《上海近代史》（上、下），华东师范大学出版社 1985 年版。
⑥　蒯世勋等编著：《上海公共租界史稿》，上海人民出版社 1980 年版。
⑦　夏晋麟著：《上海租界问题》，上海书店 1989 年版。
⑧　汤伟康、杜黎著：《租界 100 年》，上海画报出版社 1991 年版。
⑨　马长林著：《上海的租界》，天津教育出版社 2009 年版。

规定的实施情况。①《上海公共租界城市管理研究》中有关于法制内容的研究，比如，对《狂犬病及家犬上口套管理条例》的研究。②《租界里的上海》也涉及法制，对四明公所案的研究就是其中之一。③《老话上海法租界》中也有法制相关内容，法租界的监狱就是其中之一。④

　　另外，在其他一些有关地方史研究的著作中，也有少量租界法制的研究成果。《上海研究资料》用专题形式记载了包括租界在内的老上海的一些情况，其中评述了"华人不可进入外滩公园"的规定。⑤《上海研究资料》（续集）保持了《上海研究资料》的风格，在记录了上海租界一些法制情况的同时，也作了适量评论，比如对"《苏报》案"整个过程的描写及其评论就是如此。⑥《上海地名小志》是一部专门研究老上海地名的著作，其中大量涉及上海租界的地名，亦包括设立地名的规定。其中，论述了上海英美租界关于南北向的道路以中国的省名来命名、东西向的道路以中国的主要城市来命名的规定。⑦《旧上海的帮会》中许多内容都与上海租界有关，还论及一些法制的内容。比如，评述犯罪嫌疑人规避英、法两租界巡捕追捕的史实。⑧《旧上海黑社会》是一本专门阐述旧上海黑社会的著作，其中也有一些内容与研究上海租界法制相关，比如，发生在上海租界的严裕棠、魏廷荣等的绑票案。⑨《上海法制史》是一部集中论述上海自成立县以后至新中国成立以前法制历史的专著，其中亦包括租界法制的研究，内容涉及立法、审判机关等。⑩《名人笔下的老上海》一书收集了 90 余位中国名人撰写的有关老上海的文章，有少量内容也评论了上海租界法制，比如，对

---

　　① 姜龙飞著：《上海租界百年》，文汇出版社 2008 年版。
　　② 马长林等著：《上海公共租界城市管理研究》，中西书局 2011 年版。
　　③ 马长林主编：《租界里的上海》，上海社会科学院出版社 2003 年版。
　　④ 杨尧深主编：《老话上海法租界》，上海人民出版社 1994 年版。
　　⑤ 上海通社编：《上海研究资料》，上海书店 1984 年版。
　　⑥ 上海通社编：《上海研究资料》（续集），上海书店 1992 年版。
　　⑦ 郑祖安编著：《上海地名小志》，上海社会科学院出版社 1988 年版。
　　⑧ 中国人民政治协商会议上海市委员会文史资料工作委员会编：《旧上海的帮会》，上海人民出版社 1986 年版。
　　⑨ 郭绪印编著：《旧上海黑社会》，上海人民出版社 1997 年版。
　　⑩ 王立民著：《上海法制史》，上海人民出版社 1998 年版。

上海租界公园的"中国人与狗不准入内"规定的评论就是这样。①《近代社会变迁中的上海律师》以专著形式，聚焦近代的上海律师，大多是上海租界里的律师，其中的第二章还专论了上海租界里的外籍律师。②《城市·规划·法制——以近代上海为个案的研究》是一部系统、全面研究上海规划法制的专著，其中的近代上海公共租界城市规划法制部分以专门研究近代上海公共租界中城市规划法制为内容。③

（五）其他著作中有关研究租界法制的内容

还有一些著作中也有研究租界法制的内容。《中国近代律师制度与律师》一书中的有些内容较为详细地分析、论述了中国租界特别是上海租界的律师，其中的第六章即是如此。④《近代外商来华投资法律制度》没有回避中国租界的法制，其中的第八章对上海租界的房地产法制作了论述，内容涉及其产生、变化和影响等。⑤《上海档案史料研究》（第 5 辑）则是一本以研究上海档案史料为主的成果汇集，其中也有一些研究的内容与上海租界法制有关，比如，领事裁判权与大闹会审公廨的情况等。⑥《上海审判志》是一本系统论述上海审判机关的组织、功能、运作的著作，其中有上海租界会审公廨的内容。⑦《上海公安志》系统叙述了上海自 1854 年以来至 1994 年间的警政情况，其中也研究了上海租界的警政机关，第三章"租界警察机构"就是如此。⑧《上海监狱志》对自 759 年至 2001 年上海的监狱作了一个系统、全面的梳理，其中既有上海公共租界的监狱，也有上海法租界的监狱。⑨

（六）论文对中国租界法制的研究

还有一些论文也对中国租界法制进行了研究。这些论文主要可以分为三类。第一类是以研究中国租界法制的一般问题为主；第二类是以研究立

---

① 倪墨炎选编：《浪淘沙：名人笔下的老上海》，北京出版社 1999 年版。
② 陈同著：《近代社会变迁中的上海律师》，上海辞书出版社 2008 年版。
③ 练育强著：《城市·规划·法制——以近代上海为个案的研究》，法律出版社 2011 年版。
④ 王申著：《中国近代律师制度与律师》，上海社会科学院出版社 1994 年版。
⑤ 吕铁贞著：《近代外商来华投资法律制度》，法律出版社 2009 年版。
⑥ 邢建榕主编：《上海档案史料研究》（第 5 辑），上海三联书店 2008 年版。
⑦ 滕一龙主编：《上海审判志》，上海社会科学院出版社 2003 年版。
⑧ 易庆瑶主编：《上海公安志》，上海社会科学院出版社 1997 年版。
⑨ 麦林华主编：《上海监狱志》，上海社会科学院出版社 2003 年版。

法问题为主；第三类是以研究司法问题为主。

第一类的成果有：《中国的租界与法制现代化》①《上海公共租界法制现代化的动力来源》②《中国城市中的租界法与华界法》③《论上海租界法制的差异》④ 等。它们重点研究了中国租界与法制现代化的关系，内容涉及租界的设立开创了现代法制；租界的现代法制与中国古代法制的差别；租界的法制发展不平衡和具有两面性；上海公共租界法制现代化的动力来源于人的现代化要求、分权政体、经济发展等一些方面；中国城市中出现租界法与华界法并存的原因等。

第二类的成果有：《从城市规划法看上海租界土地章程》⑤《近代上海公共租界的建筑法律制度》⑥《上海租界的现代法制与现代社会》⑦ 等。它们侧重于上海租界的立法研究，内容涉及土地章程是上海最早的规划文件，也是上海英租界的"根本法"；上海租界的历版土地章程中都有关于建筑管理的规定，这种规定内容变化的原因与消防、卫生防疫、交通相关，这些规定的实施过程中仍然存在一定局限性；上海租界的现代法制引导、规范了上海租界的现代社会，但是这种法制有瑕疵，它又导致了这一社会的病态存在；等等。

第三类的成果有：《会审公廨的收回及其历史意义》⑧《试论会审公廨与近代法制的半殖民地化》⑨《清末民初上海公共租界会审公廨法权之变迁》（1911—1912）⑩《会审公廨与中国法制进步》⑪《论上海公共租界审判权力变

---

① 王立民：《中国的租界与法制现代化》，载《中国法学》2008 年第 3 期。
② 练育强：《上海公共租界法制现代化的动力来源》，载《历史教学问题》2010 年第 4 期。
③ 王立民：《中国城市中的租界法与华界法》，载《比较法研究》2011 年第 3 期。
④ 王立民：《论上海租界法制的差异》，载《法学》2011 年第 7 期。
⑤ 练育强：《从城市规划法看上海租界土地章程》，载《华东师范大学学报（哲学社会科学版）》2010 年第 1 期。
⑥ 练育强：《近代上海公共租界的建筑法律制度》，载《探索与争鸣》2010 年第 3 期。
⑦ 王立民：《上海租界的现代法制与现代社会》，载《华东师范大学学报（哲学社会科学版）》2009 年第 5 期。
⑧ 徐小松：《会审公廨的收回及其历史意义》，载《民国档案》1990 年第 4 期。
⑨ 刘春山：《试论会审公廨与近代法制的半殖民地化》，载《驻马店师专学报（社会科学版）》1993 年第 2 期。
⑩ 胡震：《清末民初上海公共租界会审公廨法权之变迁》，载《史学月刊》2006 年第 4 期。
⑪ 杨帆、于兆波：《会审公廨与中国法制进步——以一名美国律师的记录为视角》，载《北京理工大学学报（社会科学版）》2009 年第 6 期。

迁》①《会审公廨司法审判权的"攫取"与"让渡"》②等。它们集中研究了上海租界的会审公廨并以此来折射中国租界的司法情况，其中的主要内容是：中国会审公廨的形成与发展、民国时期会审公廨的收回及其历史意义。这些论文还提到，在中国近代史上，领事裁判权的攫取和会审公廨的设置，都是西方列强对我国司法主权的侵犯，会审公廨是中国政府出人出钱，惩办中国人，保护外国人的一种审判机关等。

（七）海外对中国租界法制的研究

海外的有些著作中有研究中国租界法制的成果，其中有美国、法国、澳大利亚等国家学者的研究成果，也有中国台湾等地区学者的研究成果。《出卖的上海滩》记述了上海自开埠至 1937 年淞沪战争之间百年的上海发展史，绝大部分定位在上海租界，其中有一些有关研究上海租界法制的内容，比如，审理的英国轮船海洋号和中国轮船福新号相撞案及其详述。③《上海警察，1927—1937》虽然研究的是 10 年中整个上海的警察，但相当一部分都是研究上海租界的警察，第五章中的"公共租界巡捕房的警政"部分即是如此。④《上海妓女》是一部从多方位角度研究上海妓女的专著，其中亦涉及对相关法制的研究，第十一章中的"规章制度"部分就是如此。⑤《上海法租界史》是一部阐述上海法租界从建立至 1900 年的发展历史，包括一些法制研究的内容，上海法租界的会审公廨与上海公共租界会审公廨的差异及其形成原因的研究即是如此。⑥《上海青帮》中有许多内容都与上海租界有关，也包括上海法租界的法制，第三章的"黄金荣和法租界巡捕房"部分就重点研究了上海的青帮大亨黄金荣与法租界巡捕房的

---

① 姚远：《论上海公共租界审判权力变迁》，载《政治与法律》2010 年第 3 期。

② 王红梅：《会审公廨司法审判权的"攫取"与"让渡"——会审公廨移交上海总商会调处民商事纠纷的分析》，载《甘肃社会科学》2011 年第 1 期。

③ [美] 霍塞著：《出卖的上海滩》，越裔译，上海书店出版社 2000 年版，第 61—63 页。

④ [美] 魏斐德著：《上海警察，1927—1937》，章红等译，上海古籍出版社 2004 年版，第 62—65 页。

⑤ [法] 安克强著：《上海妓女》，袁燮铭、夏俊霞译，上海古籍出版社 2004 年版，第 302—304 页。

⑥ [法] 梅朋、傅立德著：《上海法租界史》，倪静兰译，上海社会科学院出版社 2007 年版，第 301—302 页。

关系。①《帝国之鞭与寡头之链》从历史的视角专门研究了上海租界的审判机关会审公廨的权力关系问题，内容包括了它的历史因素、地理人文原因，及组织、运作、侦查审判程序，等等。②

二、研究的主要内容

总观中国和海外研究中国租界法制的内容，主要可以归纳为以下这些方面：

（一）立法主体的研究

中国租界的立法主体行使着立法权，是租界法制的制造者，与这一法制的产生、发展关系重大，有不少研究成果论述了这一主体。《上海租界志》把上海租界的租地人会、纳税外人会和领事作为租界内的立法主体，并对其历史、成员资格、会议规则、议事内容、投票制度等都作了研究。它认为，在1845年的《土地章程》里已有了关于租界事务由租地人议决的规定，这是租地人会议和以后的纳税外人会制度的滥觞。1869年上海英美租界把租地人会发展为纳税外人会，并对其成员资格、会议规则、议事内容、投票制度等都作了规定，这一立法主体趋于成熟。③

《天津通志·附志·租界》也对天津租界的立法主体作了研究。以英租界为例，它认为，天津英租界的董事会成立于1862年，是界内的统治主体和决策机关，拥有立法权。其成员由界内的纳税人推选，任期一年，任满全体改选。获得董事会成员的资格必须具备以下这些条件：年满21周岁，每年交税房地产捐200两或以上者。董事由5人组成。董事会下设有8个常设委员会。董事会的职责包括讨论、通过界内的规定，任免官吏，买卖公产，经营公有设备及公用事业、筹措财政、捐税等。④

《汉口租界志》同样对汉口租界的立法主体作了研究，也以英租界为

---

① ［澳］布赖恩·马丁著：《上海青帮》，周育民等译，上海三联书店2002年版，第62—67页。

② 杨湘钧著：《帝国之鞭与寡头之链——上海会审公廨权力关系变迁研究》，北京大学出版社2000年版，第4—5页。

③ 史梅定主编：《上海租界志》，上海社会科学院出版社2001年版，第150页。

④ 罗澍伟主编：《天津通志·附志·租界》，天津社会科学院出版社1996年版，第81—82页。

例。汉口英租界的纳税人常年大会是英租界的最高权力机关。它的职责是：听取工部局报告，通过行政规划，通过预算，制定各种法案、规章，选举市政委员（董事会董事），任免英籍职员，发行公债等。①《中国租界史》对中国租界的立法主体研究以后明确认为，综合起来说，立法权的分配有5个层次，也就是说，立法主体可分5个层次。其中，有关租界开辟的法令多由当地的道员与外国领事来会定；租界的基本法多由租界开辟国政府来定；租界的行政法规多由纳税人会议来议决；租界开辟国的公使有相关法令的审批权；有的租界工部局的董事会拥有行政法规的立法权。② 各层次都有分工，各司其职。

（二）立法内容的研究

中国各租界中的《土地章程》被称为是租界内的"小宪法""根本大法"，③ 对租界的建立确立、发展意义重大，引起广泛注意，也有不少研究成果。《上海租界志》对上海法租界的《土地章程》作了研究，内容涉及制定背景、具体内容、影响等。根据1844年中法黄埔条约的精神，1849年上海法租界出现了，其地域在上海洋泾浜的南面，北面即是上海英租界。上海法租界同时也取得了类似于上海英租界的权力。上海法租界与上海公共租界一样，权力也不断扩张，具有了界内的"独立管理权"。④

《天津通志·附志·租界》介绍了天津法租界的《天津紫竹林法国租地条款》、德租界的《天津租界条约》、日租界的《天津日本租界条款》、俄租界的《天津租界条款》、意大利租界的《天津意国租界合同》、比利时的《天津比国租界合同》、奥地利租界的《天津奥国租界章程合同》等一系列土地章程。根据这些章程的规定，1860年和1861年，英、法两国在天津城南的紫竹林一带开辟了租界；1894年以后，德、日两国也在天津得到了租界；1900年以后，俄、意、奥、比利时四国也在天津占有了租界；其间，英、法、德、日四国租界还进行了扩张。最终，天津租界的总面积达

---

① 《汉口租界志》编纂委员会编：《汉口租界志》，武汉出版社2003年版，第215—216页。
② 费成康著：《中国租界史》，上海社会科学院出版社1991年版，第125页。
③ 同上书，第118页。
④ 史梅定主编：《上海租界志》，上海社会科学院出版社2001年版，第92—97页。

23350.5 亩，相当于当时天津旧城区的 7.9 倍。①

《汉口租界志》同样研究了汉口的土地章程并逐一阐述，包括 1861 年英租界的《汉口租界条款》，1895 年德租界的《汉口租界合同》，1896 年俄租界的《汉口俄租界地条约》，1896 年日租界的《通商口岸日本租界专条》，等等。以后，德、英、日等租界又有扩张。这样，汉口租界区便占据了上至江汉关，下至麻阳街，在沿江长达 3600 米，总面积约 2.2 平方公里的地域。②

除了对土地章程的研究以外，不少研究成果对中国租界法制中其他的内容也有了一定的探究。这里以对上海租界法制的研究为例。《上海法制史》对上海租界法制的内容作了较为集中的论述，内容包括组织、政治、经济、治安和交通、医疗卫生、文艺出版和教育以及其他方面的法规。在每个方面的法规中，都选取比较重要者，逐一进行叙述，然后作些必要的评价。比如，它对《上海法租界公董局组织章程》作了评价，认为从这一规定可以看到，上海法租界的公董局与上海公共租界的工部局一样，掌握着租界内财政、税收、市政建设等大权，实际上是外国列强在华租界中的政府。③

《城市·规划·法制》较为深入地研究了上海公共租界的土地管理、道路管理、建筑管理等立法的内容。比如，关于上海公共租界建筑管理制度中，涉及的内容就包括了上海公共租界管理法规的变迁、变迁原因、法规的内容、存在的问题等。④《上海公共租界城市管理研究》中在公共卫生管理部分中，专门研究了 1899 年颁布的《狂犬病及家犬上口套管理条例》。此条例规定，家犬外出必须上口套，既防止家犬染上狂犬病毒，又避免咬人。⑤《上海租界百年》记载了 1866 年的《野生动物保护协会规则》的内容，并对其进行了研究，认为这一规则不仅制度设计洗练缜密，环顾左右，兼及上下，简直滴水不漏；而且制度安排与悲悯情怀毫无隔阂，让世间万

---

① 罗澍伟主编：《天津通志·附志·租界》，天津社会科学院出版社 1996 年版，第 39—61 页。

② 《汉口租界志》编纂委员会编：《汉口租界志》，武汉出版社 2003 年版，第 1—33 页。

③ 王立民著：《上海法制史》，上海人民出版社 1989 年版，第 197—198 页。

④ 练育强著：《城市·规划·法制——以近代上海为个案的研究》，法律出版社 2011 年版，第 170—202 页。

⑤ 马长林等著：《上海公共租界城市管理研究》，中西书局 2011 年版，第 93 页。

物均置于可持续状态的理念浑然天成等。①

（三）警政机构的研究

中国租界里的警政机构称为"巡捕房"，警政人员称为"巡捕"。《上海研究资料》以上海的巡捕房为例，对其进行研究，认为巡捕房和巡捕的称呼均源于中国本土。上海租界于1854年开始建立自己的警政机关时，为了便于华人接受，就采用了巡捕房和巡捕的称谓。②《列强在中国的租界》对汉口英租界和法租界的巡捕房作了研究。认为那时制订的《工部局市政章程警察附则》是"镇压劳动人民的武器"。其中的规定有：马车、人力车在租界内行驶时，不得拉响铃；结婚、出丧仪仗路经租界时，不得使用乐器等。这些规定"不但其中的一部分越出了违警范围，且一些规定语言含混，用心险恶，极尽苛扰侮辱之能事"。巡捕房对烟、赌、娼是"明禁暗不禁"。③烟士在旅馆零售，公开吸食，租界"成了毒化区了"。巡捕房在租界里，对中国人民可以随意侮辱、迫害，以致人们一提到巡捕，无不谈虎色变。④

上海租界也设有巡捕房，最早的是上海英租界的巡捕房。《上海租界法制研究》对上海英租界前期的巡捕房作了专门的研究，内容包含其产生的背景、外部关系、管理制度三大部分，在上海英租界巡捕房的管理制度中，又具体研究了它的立警原则、警御与内部分工制度、招聘渠道、物质待遇、编制和纪律控制等。⑤《上海研究资料》对上海租界的巡捕房也有研究。它指出，上海英租界的巡捕房始建于1854年。中央巡捕房设在福州路和河南路江西路之间，坐南朝北的一座新大厦里。它下设有13个分巡捕房。上海法租界巡捕房建立于1856年，划归公董局管理。驻沪的法国退伍军人龙德为第一任总巡，下有巡头4人，巡捕20名，以后的数量又有增加。⑥

---

① 姜龙飞著：《上海租界百年》，文汇出版社2008年版，第173页。

② 上海通社编：《上海研究资料》，上海书店1984年版，第92—93页。

③ 上海市政协文史资料委员会等编：《列强在中国的租界》，中国文史出版社1992年版，第213—215页。

④ 同上书，第222—223页。

⑤ 王立民、练育强主编：《上海租界法制研究》，法律出版社2011年版，第261—264页。

⑥ 上海通社编：《上海研究资料》，上海书店1984年版，第92—97页。

《老话上海法租界》对法租界的大亨黄金荣任界内巡捕房华探督察长的表现作了研究，认为在那个弱肉强食的年代里，依仗着法租界主子起家的黄金荣，利用种种权力，贩运鸦片，开设赌场，什么都干，很快便聚敛了一大笔财富，从一个穷光蛋一跃成为有钱有势的"海上大闻人"。他担任上海法租界巡捕房的华探督察长多达 20 余年，直到他 60 岁才辞去职务。①《上海公安志》把上海租界的巡捕房作为上海在新中国成立以前曾存在过的警政机构进行了研究，内容安排在第一编的第三章，其中包括了英租界（以后的公共租界）和法租界的警察机构。这一研究比较系统，内容的逻辑性也比较强。比如，对于警务人员，它对英租界聘用"西捕""华捕""印捕""日捕"的时间都作了研究。②

（四）司法制度的研究

中国租界建立了自己的司法制度，内容主要涉及领事法庭、领事公堂、会审公廨、临时法院和特区法院等。《中国租界史》对领事法庭和领事公堂作了研究。它认为，通过不平等条约在中国取得领事裁判权的 19 个国家在华的侨民，无论在租界内外民、刑事案件的被告，都不受中国法律与法庭的管辖，只接受本国在华领事法庭的审判。这些法庭一般附设在领事馆内，多以领事官为庭长或审判官。上海和鼓浪屿两个公共租界内则设有来自 10 来个国家的领事法庭，可以说是"法庭林立"。③《中国租界史》认为，外国人在中国开辟了租界后，也把行政诉讼制度输入到了租界地区，设立了领事公堂。不服工部局行政处分的个人或法人即可向租界开辟国的领事法庭控诉工部局总董等人。值得指出的是，因为各国的法律均不相同，它也不适用中国法律，无任何国家的法律可以在领事公堂适用。"尽管引入行政诉讼对近代中国不乏积极的意义，但领事公堂本身却是租界制度所生的畸形儿。"④

---

① 中共上海市卢湾区委党史研究室编写：《老话上海法租界》，上海人民出版社 1994 年版，第 141 页。
② 易庆瑶主编：《上海公安志》，上海社会科学院出版社 1997 年版，第 68—76 页。
③ 费成康著：《中国租界史》，上海社会科学院出版社 1991 年版，第 126 页。
④ 同上书，第 130—131 页。

　　有更多的研究成果集中于会审公廨的研究。《帝国之鞭与寡头之链》从两个方面来研究上海租界的会审公廨权力关系变迁问题。一是会审公廨的生成历史因素、地理人文原因，及组织、运作、侦审程序等，较偏向于历史考察。二是剖析通过会审公廨所呈现的权力与权力之间的关系，以及寻绎各种权力关系相互竞逐的轨迹与特色，偏向于基础法学的探索。①《上海审判志》对上海租界的会审公廨作了较为系统的研究，内容涉及它建立的时间、称谓、下属机构、人员构成、谳员的任职情况表等。它所阐述的内容比较系统，发展的脉络比较清晰，有的地方还比较详尽。比如，法租界会审公廨的机构，有中国刑事初审庭、中国刑事上诉庭、中国民事初审庭、中国民事上诉庭等。②

　　上海租界的后期曾出现过临时法院和特区法院。《上海公共租界特区法院研究》以上海公共租界为例，对它们都作过一些较为深入的研究。1926年签订了《收回上海公共租界会审公廨暂行章程》，1927年正式设立了上海公共租界临时法院。设立这一法院有其深层原因，即会审公廨司法权矛盾冲突激化、民族司法权独立意识觉醒等。③接续上海公共租界临时法院的是江苏上海第一特区地方法院，成立于1930年。从此以后，这一特区法院便正式成为南京国民政府司法体系中的一个成员，是其中的一级司法机构了。这一法院的上诉法院是江苏省高等法院第二分院，也设在上海。④

　　中国租界司法制度还与律师相关。《中国近代律师制度与律师》在第六章中专门研究近代中国的外籍律师，这些律师主要在租界执业。它认为，从19世纪60年代起，上海、汉口、厦门等地不仅产生了租界，而且还设立了会审公廨。这为外籍律师的活动提供了充分的活动场地；不平等条约和治外法权又为这些外籍律师提供了恣意妄为的法律保护。具有讽刺意味的是，最初来到中国的一些所谓律师，实际上许多人并不是职业律师，甚

---

①　杨湘钧著：《帝国之鞭与寡头之链——上海会审公廨权力关系变迁研究》，北京大学出版社2006年版，第4—5页。

②　《上海审判志》编纂委员会编：《上海审判志》，上海社会科学院出版社2003年版，第61页。

③　姚远著：《上海公共租界特区法院研究》，上海人民出版社2011年版，第46—48页。

④　同上书，第82—87页。

至连自己国内的法律也根本不通。①《近代社会变迁中的上海律师》则在第二章中专门对上海租界中的外籍律师作了研究，内容有关于外籍律师的规模、法律事务、律师制度对华人社会的影响、收回法权前后的变化等。就这类律师的规模而言，有一个增长的过程。1872 年的行名簿中，外籍律师只有 7 人，1900 年是 15 人，1912 年增加到了 46 名。②

《上海法制史》对上海租界的监狱作了研究。它认为，早期上海公共租界的监狱各种条件都比较差，地点设在南京路的老会审公廨里，肮脏、污秽、疾病肆虐。囚犯都要被强制做工。1900 年始建提篮桥监狱，1903 年定名为"华德路监狱"，以后规模又有扩大。1925 年在监人数为 4422 人，到了1934 年增至 6166 人。1909 年以后，由于上海法租界巡捕房大肆抓人，所以在建卢家湾总巡捕房的同时，也建造了法租界监狱，并在 1911 年落成。③《上海监狱志》也对上海租界监狱作了研究，在第一章专列一节论述租界监狱，包括公共租界的监狱与法租界的监狱。它认为，上海公共租界最早的监狱是厦门路监狱，位于厦门路 4 号，原为英国在华高等法院监狱。华德路监狱曾关押许多志士仁人，除了"《苏报》案"的章太炎、邹容以外，还有李维汉、任弼时等人。上海法租界先在法国驻沪领事馆内设立领事法庭附设监狱，以后才在 1911 年落成了新监狱，被称为"薛华立路西牢"等。④

（五）有关法制事件、案件的研究

中国租界中发生的一些法制事件、案件也得到一定程度研究。《上海通史》研究了发生在上海公共租界的"《苏报》案"。《苏报》原是一份普通小报，创刊于 1896 年 6 月 26 日，1898 年以后，《苏报》的革命色彩便十分强烈。邹容和章太炎揭露清朝专制统治的腐败，清政府采取了镇压措施。1903 年 6 月章太炎和邹容在上海公共租界被捕。1904 年 5 月最终判决章太炎监禁 3 年，邹容监禁 2 年，期满以后逐出租界。结果，1905 年 4 月邹容病逝狱中；章太炎于 1906 年 6 月刑满出狱，东渡日本。此案对于清朝

---

① 王申著：《中国近代律师制度与律师》，上海社会科学院出版社 1994 年版，第 123—126 页。
② 陈同著：《近代社会变迁中的上海律师》，上海辞书出版社 2008 年版，第 43 页。
③ 王立民著：《上海法制史》，上海人民出版社 1998 年版，第 294—298 页。
④ 麦林华主编：《上海监狱志》，上海社会科学院出版社 2003 年版，第 97—104 页。

统治是爆炸性的一击，对于晚清的革命意义重大。从此，革命浪潮越涌越急，此起彼伏。①

《租界里的上海》从地产权问题的角度，研究了"四明公所"事件。它试图从维克多·爱棠与四明公所董事之间签订的租地文契的性质及由此而决定的签约双方对于该契约相关的权利、义务问题进行研究，力求从土地制度及中法法律意识的差异等角度来研究这一事件发生的根源。经过研究以后发现，维克多·爱棠与四明公所签订的只是一份挂号永租契，而且四明公所作为签约的一方未享受到与自己权利和义务相关的知情权。②《旧上海黑社会》对在上海租界发生的绑架案作了研究，反映案件过程的魏廷荣绑架案是其中之一。1929 年 7 月 24 日上午，住在上海法租界的魏廷荣突遭持枪绑架。魏廷荣是上海法租界公董局的华董兼法租界华人商团司令，还是中法银公司经理，被认为是"法租界数一数二的豪门"。最终，魏廷荣被樊庭玉救出。樊庭玉这位家住偏僻上海远郊的农村人士秉性善良，是他动了恻隐之心，魏廷荣才得以获救。但是，此案的首犯赵慰先却在杜月笙等人的庇护下，逍遥法外。③

三、努力方向

近 30 余年来，虽然中国租界法制已得到了一定程度的研究，也有一些成果面世，但是远不如中国近代其他时期法制的研究，其可以进一步研究的空间很大。

（一）要重视中国租界法制的研究队伍的进一步改善

当前，研究中国租界法制队伍的不足主要表现为：第一，专门从事该项研究的人员很少。"专门"是指专门研究过中国租界法制并且公开发表过具有一定数量、学术价值的成果或者曾把自己的博士学位论文的题目、内容均定位在中国租界法制的人员。凡是仅研究过某个城市中租界的法制或法制中某个方面的人员也都属于这类人员。当然，不排除这些人员也有其

---

① 熊月之主编：《上海通史》（第 3 卷），上海人民出版社 1999 年版，第 301—320 页。
② 马长林主编：《租界里的上海》，上海社会科学院出版社 2003 年版，第 207—214 页。
③ 郭绪印编著：《旧上海黑社会》，上海人民出版社 1997 年版，第 237—239 页。

他研究领域的成果。第二，没有从总体上研究租界法制的人员。中国已有从总体上研究租界的人员，费成康即是，《中国租界史》是他的研究成果。然而，中国还没有从总体上研究中国租界法制的人员，这不能不说是一个缺憾。第三，附带研究中国租界法制人员的知识结构参差不齐。中国现有一些人员只是在自己领域耕耘的同时，附带对中国租界法制作了一些研究。中国租界法制的成果只是他们研究成果中的一部分，甚至是一小部分。他们分别来自法学、史学、档案学等。他们的知识结构参差不齐，有明显差异，有的侧重于法学知识，有的注重史学研究，有的则更重视档案资料的探究等。目前，这支研究中国租界法制的队伍还未达到理想状态，还有改善的空间。

随着中国租界法制研究的不断深入，研究这一法制的队伍须进一步改善。第一，研究队伍需要扩大。中国租界法制研究的空间还很大，研究的空白点还很多，需要有一批人员进行深入研究，方能见大效。其中，研究各城市租界法制的人员不可缺少。中国有 10 个城市存在过租界，而且各租界的情况还不完全相同，其法制也是如此。因此，这些城市中的租界法制都有可研究的空间。第二，研究人员可以有一定的分工。比如，一部分人员专门研究地方租界法制，另一部分人员则专门研究整个中国租界法制等。甚至在研究地方租界法制的人员中，还可以根据自己的情况，分为研究某个城市不同租界的法制。第三，研究人员的知识结构也需要改变。中国租界法制史是中国租界史与法学的交叉，对其研究既会涉及中国租界史，也会旁及法学。这就要求研究人员能具备复合性知识结构，即至少具备中国租界史与法学的复合性知识结构，缺少其中任何一种知识，都不利于这种研究。

（二）要重视中国租界法制研究资料的进一步挖掘

当前，相关资料的不足已成为进一步深入研究中国租界法制的瓶颈。这种"瓶颈"不仅存在于不同城市的租界法制资料中，也存在于同一城市不同租界的法制资料中。目前，上海、天津、汉口等城市的租界法制资料相对多一些，而苏州、九江、镇江等城市的租界法制资料则少一些。同为上海的租界，上海公共租界法制的资料最多，法租界法制的资料要少一些，美租界法制的资料则最少。当前，可以在以下一些方面下功夫：

第一，进一步挖掘国内的现存资料。中国租界法制存在于中国曾有租界的城市中。它的产生、发展都与这个城市息息相关，有一些法制的资料会在城市中存留，这些资料可能会存在于档案、实物、报刊、书籍等中。上海租界法制的资料在它们中都存在。在上海档案馆保存的档案就有大量上海租界制定的法规，会审公廨临时法院、特区法院等司法机关的档案；上海租界时期上海律师公会用品、律师使用的物品等实物，现也有部分保留下来；① 上海出版的《申报》《北华捷报》和《法律评论》等报刊中，也有关于租界法制的内容；《上海公共租界史稿》《上海法租界史》等书籍中，同样也有一些有关法制的内容。中国其他租界法制的资料也可以试着从这些方面进行发掘。

第二，进一步挖掘境外存有的资料。中国租界是个开放性地区，其法制的资料也具有开放性，因此完全有可能散落在境外地区。中国台湾地区就有关于上海租界的资料。有专家从中发现了以前从未发现过的日本拟在上海设立日租界的法律文件。② 另外，有些国外的机构也可能藏有中国租界法制的资料，特别是曾在中国设立过租界的那些国家，曾向中国租界派遣过人员、提供过设备、输出过法制等。在那里也有可能会留下一些关于法制的资料。

（三）要重视中国租界法制研究方法的进一步改进

在同样资料存在的情况下，不同的研究方法可以研究出不同的结果。当前，研究中国租界法制的人员较为常用的研究方法是历史归纳与分析的方法。具有代表性的《上海公共租界史稿》运用了这一方法，把上海英、美、英美、公共租界中的土地章程及其发展线索梳理得非常清晰。可是，在今天，还停留在仅适用这一方法的阶段，就会不利于进一步深入研究中国租界法制。

---

① 上海卢湾区（现黄浦区）司法局致力于上海市律师公会展览馆的建设，收集了不少有关上海律师公会的实物与资料，成功建设这一展览馆并于 2010 年正式对外开放。

② 冯绍霆：《台湾所见上海租界历史档案及上海史研究的深入》，载马长林主编：《租界里的上海》，上海社会科学院出版社 2003 年版，第 317—330 页。

　　今后，可以在比较、实证、联系等方法上下功夫，改进现有的研究方法。

　　首先，可以使用比较的方法。中国有 10 个城市曾经出现过租界及其法制。总和起来，中国先后出现过英国、美国、法国、德国、日本、比利时、意大利、奥地利等国租界及其法制。① 它们的情况不尽相同。不同的城市有不同的情况；不同的租界，有不同的宗主国，这些都会直接影响其法制。中国租界法制的情况不会一模一样，存在差异不可避免。通过使用比较的方法，可以明显地显示它们之间的差别和特点，然后作深入研究，寻找形成差异和特点的各种原因，探究这一法制的多样性及其相关的问题，进一步认清中国近代社会的面貌和法制现代化的不同进程。

　　其次，可以使用实证的方法，以提高研究的科学性。当前，虽然在有些研究成果中，也使用过这一方法。比如，《上海公共租界特区法院研究》曾对 1940 年年度上海公共租界特区法院涉外刑事案件作了实证性研究。② 但从整体上来看，这一方法使用得非常少，相关成果也很少，有必要提倡使用。

　　最后，还可以使用联系的方法。中国任何租界的法制都不孤立存在，而与中国社会的方方面面都有联系，这就有一个系统问题。这个系统既存在于租界法制内部，比如，立法机关、立法内容、行政执法机关及其执法情况、司法机关及其司法情况等；也存在于租界法制与法制之外的社会中，比如，与政治、经济、文化等的关系。因此，只有运用联系的方法把中国租界法制放在一个系统去研究，才能全面、正确理解这一法制。目前，已有一些研究成果体现了这一方法，也取得了一些成果。比如，《帝国之鞭与寡头之链》在考察上海会审公廨权力关系变迁中，就注意在系统中去考察。③ 然而，还是有不少成果没有重视使用这一方法，其内容往往就事论事，不能在一个系统中进行研究以致缺乏深度和整体效果。今后，在进一

---

　　① 费成康著：《中国租界史》，上海社会科学院出版社 1991 年版，第 427—430 页。
　　② 姚远著：《上海公共租界特区法院研究》，上海人民出版社 2011 年版，第 135—143 页。
　　③ 杨湘钧著：《帝国之鞭与寡头之链——上海会审公廨权力关系变迁研究》，北京大学出版社 2006 年版，第 16—57 页。

步研究中国租界法制时，可以重视使用这一方法。以上这些方法可以单独使用，也可以结合起来使用，这由所研究问题的性质、内容来决定。

（四）要重视中国租界法制研究成果的进一步扩充

当前，研究中国租界法制的成果虽然有一些，但从总体上来看，存在三个"缺乏"。第一，缺乏研究整个中国租界法制的成果。今后可以在这一方面作出努力。要组织力量，搜集中国有租界城市的租界法制资料，运用各种科学方法，进行必要的分析和归纳、综合、提炼、进行深入研究，早日使这一成果能够出版。第二，缺乏研究各个城市租界法制的成果。中国有 10 个城市曾经出现过租界及其法制，它们都应该在研究之列，这样才能做到全面研究，全面反映中国租界法制的实际状况。目前，能够反映研究成果的租界不多，仅涉及上海、天津、汉口等一些城市租界的法制，多数租界城市的租界法制尚未研究，成果还未产出。第三，缺乏研究中国租界法制中具体制度的成果。比如，土地管理制度、公共卫生管理制度、城市交通管理制度、建筑管理制度、律师制度、会审公廨制度、特区法院制度、监狱制度，等等。目前，对于这些制度的研究也不够充分。其中，土地管理制度、律师制度、会审公廨制度等虽有一些研究成果，但只限于上海、天津、汉口等一些城市的租界，其他的城市则几乎没有。

（五）要重视中国租界法制研究交流的进一步扩大

中国租界法制研究的交流，目前十分贫乏，既没有中国租界法制的交流网站，也没有举行过对这一研究的专门研讨会，仅存的交流主要集中于相关著作的出版和论文的发表，这非常有限。加强这一交流也是今后可以努力的一个方向。这种交流途径可以包括建立网站、召开专题研讨会、发行学术动态通信、开辟相关杂志中的专栏等。可以相信，随着这一交流的扩大、研究信息的进一步沟通，一定会促进中国租界法制的研究。

（六）要重视中国租界法制海外研究的进一步加强

海外的这一研究也在开展并已有研究成果公开出版、发表。然而，对于这一研究非常不足，甚至没有一篇关于这一研究的、有分量的论文。改变这一状况也是今后可以努力的目标。通过对这一研究成果的研究，不仅可以掌握海外研究的动态，还可以从海外的研究中有所借鉴，促进中国的相关研究。其他学科的这一研究事实已经证明，这种研究十分有必要，也十分重要。海外上海学的研究就是如此，而且还取得了不小成就。上海学的研究已在世界上成气候，"早已跃出上海，跨出中国，成为国际学术界的热门课题"。① 而且，还有一大批知名学者和一大批代表性著作涌现。海外上海学研究已经在中国兴起，而且取得了不小的成就，其内容涉及美国、德国、法国、英国、日本、澳大利亚等国家和中国香港、台湾地区研究上海学的概况，上海学名著解读，上海学名家简介等。另外，还有《上海史研究译丛》公开出版。② 海外上海学的研究已经红红火火。相比之下，海外中国租界法制的研究则十分落后。这种情况也要改变。要组织一些精通外语的人员从事海外中国租界法制的研究，涉及的语言可以包括英语、德语、法语、日语等，首先从翻译外语成果开始，然后再集中研究，总结海外这一研究的状况，再作深入探究，填补当前在这一领域的不足。

今后，在以上六个方面进一步开拓，狠下功夫，中国租界法制研究就会有新气象、新成果、新进步。

---

① 熊月之、周武主编：《海外上海学》，上海古籍出版社 2004 年版，"序言"第 1 页。
② 同上书，第 1—2 页。

第二章　中国租界法制性质论

中国租界法制是由中国租界制定，在租界区域内实施并发展、终止的法制。对中国租界法制的认识与研究绕不开这一法制的性质问题。这是有关中国租界法制的根本性问题。目前，学界对中国租界法制性质的认识不尽一致。本文以中国租界法制中，诞生最早、持续时间最长、适用地域最广的上海租界法制为中心，探研中国租界法制的性质，与同仁们交流。①

一、中国租界法制是中国领土上的中国法制

中国租界是中国城市中的一个区域，其周边则是城市中的华界。租界与华界都是中国城市中的不同区域。租界法制的性质与中国租界的领土性质联系在一起。这一领土性质在很大程度上，决定了中国租界法制的性质。从中外政府、学者对中国租界领土性质的认定、认识以及中国租界土地的实际情况等多重视角可以证明，中国租界领土是中国领土。以此为基础，可以得出结论，即中国租界法制也就是中国领土上的法制。

（一）中外政府都认定中国租界是中国的领土

中外政府对中国租界领土性质的认定，首先在于中外政府签订的不平等条约。在这些条约中，有关于中国租界建立的主要法律依据，也是租界产生的直接原因。中外签订的这些条约都把中国租界的领土认作为中国领土，没有否认其中国领土这一基本属性。

最早签订的这种不平等条约是 1842 年的中英《南京条约》及其 1843 年的附件《五口通商附粘善后条款》。《南京条约》规定，广州、福州、厦

---

① 上海共存在过 3 个租界，即英、美、法租界，其中英租界产生于 1845 年，美租界产生于 1848 年，法租界产生于 1849 年。1863 年上海英、美两租界正式合并，成立上海英美租界。1899 年上海英美租界改名为上海公共租界。史梅定主编：《上海租界志》，上海社会科学院出版社 2001 年版，第 91—96 页。

门、宁波和上海 5 个城市作为通商口岸，而且英国人可以携带家人在这 5 个中国城市居住。"自今以后，大皇帝恩准英国人民带同所属家眷，寄居大清沿海之广州、福州、厦门、宁波、上海等五处港口，贸易通商无碍"。① 这为英国在中国设立租界提供了最早的法律依据。以后的《五口通商附粘善后条款》在这一依据的基础上又进了一步，明确提出英国人可以在五口通商城市中，设立专门的区域居住。"广州等五港口英商或常川居住"；"中华地方官应与英国管事官各就地方民情地势，议定界址，不许逾越，以期永久彼此相安"；"中华地方官必须与英国管事官各就地方民情，议定于何地方，用何房屋或基地，系准英人租赁"。② 这里的"议定界址"就是以后所称的"租界"。从这些规定可以得知，英国人可以在中国的 5 个通商口岸居住，但没有改变这些居住区域的中国领土性质。

1845 年依据《南京条约》及其附件《五口通商附粘善后条款》的规定，上海道台宫慕久与英国驻沪领事巴富尔商定了《上海租地章程》。③ 这一章程正式确定了上海英租界的地域，即"划定洋泾浜以北、李家庄以南之地，准租与英国商人，为建筑房舍及居住之用"。④ 随后，上海英租界诞生了，"此为中国近代史上设立的第一块租界"。⑤ 从确定上海英租界地域的内容来看，其只是在上海城市中划出的一个区域；这个区域只是被英国人租用，还是中国领土，没有改变属于中国领土的基本属性。可见，中外政府都把上海英租界作为中国领土上的一个区域；没有把其游离于中国领土之外。上海英租界是这样，中国其他的租界也是这样。⑥

中外政府在 20 世纪 40 年代签署的收回租界的条约中，提到外国政府要归还租界的行政、管理权，没有提及中国租界的领土问题。这意味着

① 王铁崖编：《中外旧约章汇编》（第 1 册），三联书店 1957 年版，第 31 页。
② 同上书，第 35 页。
③ 史梅定主编：《上海租界志》，上海社会科学院出版社 2001 年版，第 91 页。另外，《上海租地章程》又被称为《上海土地章程》《上海地皮章程》等。姜龙飞著：《上海租界百年》，文汇出版社 2008 年版，第 2 页。
④ 王铁崖编：《中外旧约章汇编》（第 1 册），三联书店 1957 年版，第 65 页。
⑤ 史梅定主编：《上海租界志》，上海社会科学院出版社 2001 年版，第 92 页。
⑥ 中国共有 10 个城市正式设立过 27 个租界。上海市政协文史资料委员会等编：《列强在中国的租界》，中国文史出版社 1992 年版，第 590 页。

中外政府对于中国租界领土的态度没变，即承认中国租界是中国的领土。1943 年中英政府签署的《关于取消英国在华治外法权及其有关特权条约》中，明确规定："上海及厦门公共租界之行政与管理权归还中华民国政府，并同意，凡关于上述租界给予英王陛下之权利应予终止。"① 中国与美国、法国分别于 1943 年与 1946 年也签订了类似的条约，也都同意把租界的行政与管理权归还给中国政府。② 其他租界也都是如此。可以说，在中外政府签署的所有关于租界的条约中，有关中国租界是中国领土的基本立场始终没变。它们都是确定中国租界领土性质的法律依据，最具权威性。

秉承中外政府签订的关于租界条约的精神，中外政府官员关于中国租界领土的表态，与其保持一致。1919 年，由顾维钧等人组成的中国代表团出席了巴黎和会。会上，中国代表团明确指出，中国租界是通商口岸"划定专界备外人居住、贸易者""租界之地，仍为中国领土"。③ 外国政府官员的表达也没有否认中国租界的中国领土性质。1864 年英国公使布罗斯曾表态，"租地与英国并未尝许予该地之管辖权。该地仍属于中国主权"。这一表态所代表的意见，"后为各国公使赞同，并得英国政府同意"。④ 中国租界的中国领土性质在中外官员的表态中进一步得到了证实。

中外政府在条约中作出的规定与中外政府官员的表态，都是一种官方对中国租界领土性质的认定。他们都认为中国租界属于中国领土，就可视为国家、法律对中国租界领土性质的态度。这种态度具有权威性与合法性。

（二）中外学者在其研究成果中也都认为中国租界是中国的领土

中国租界长期以来都是中外学者关注甚至研究的一个领域。他们在研究中国租界时，都把其作为中国领土进行研究，都没有把它分裂出中国领土。中国近、当代学者一致认为，中国租界属于中国领土，是中国领土的一部分。中国学者徐公肃与丘瑾璋于 20 世纪 30 年代研究了上海公共

①　王铁崖编：《中外旧约章汇编》（第 3 册），三联书店 1957 年版，第 1264 页。
②　同上书，第 1257、1363 页。
③　费成康著：《中国租界史》，上海社会科学院出版社 1991 年版，第 386 页。
④　蒯世勋等编著：《上海公共租界史稿》，上海人民出版社 1980 年版，第 222 页。

租界制度并撰写了《上海公共租界制度》一书。在书中，他们强调："盖（中国）租界为中国领土之一部，中国在该处之领土主权固任何人不敢否认。"① 这是中国近代学者对中国租界的中国领土性质研究后，所发表的代表性结论。

当代的中国学者在他们的研究成果中，也都把中国租界作为中国领土的一部分进行描述，中国通史、地方史、租界史等著作都是如此。白寿彝总主编的《中国通史》含有 12 卷、22 册、1200 万字，是一本全面、系统记载中国古、近代史的大型中国通史著作。此著作把中国租界作为中国领土上一部分被租赁的地域进行阐述，没有否认其是中国领土。"战后（鸦片战争后），西方列强利用《虎门条约》（即《五口通商附粘善后条款》）的规定，纷纷在通商口岸租赁土地、建造房屋、划定租界。"② 熊月之主编的《上海通史》共有 15 册，652 余万字，是一本全面、系统叙述上海古、近、当代历史的地方史著作。此著作对上海租界的中国领土性质作了更为明确的叙述。"租界的土地，从租界开始到租界收回，在法理上一直是属于中国的，从来没有割让给外国，也从来没有卖给外国，这点连列强政府也从来没有否认过。外商在获得这些土地使用权时，都付了租金，尽管很低，但毕竟是租。"③ 费成康的《中国租界史》是一本专门研究中国租界历史的著作，内容涵盖了中国所有租界。此书在经过深入研究以后，也得出了"租界是中国领土的一部分"的结论。④ 可见，不论是中国近代还是当代学者，都认为中国租界是中国领土的基本属性，立场都一致。这一立场客观地反映了中国租界领土属性的状况，没有虚假成分。

外国学者对中国租界领土属性的认识与中国学者的认识基本一致。他们在自己的研究成果里，都把中国城市中的租界与华界联系在一起，共同研究，没有把租界作为非中国领土看待。这里以研究上海的成果为例。美

---

① 徐公肃等著：《上海公共租界制度》，《民国丛书》（第 4 编，第 24 册），上海书店出版社 1989 年版，第 187 页。

② 白寿彝总主编：《中国通史》（第 11 卷），上海人民出版社 2004 年版，第 141 页。

③ 熊月之主编：《上海通史》（第 3 卷），上海人民出版社 1999 年版，第 433 页。

④ 费成康著：《中国租界史》，上海社会科学院出版社 1991 年版，第 115 页。

国学者顾德曼在研究 1853 年至 1927 年上海的地缘网络与认同的著作中，把包括上海租界在内的整个上海一起研究，没有把租界排斥于中国领土之外。他认为，来自不同地区的中国人，到了上海以后，往往择邻而居，形成"小民俗圈"，其中宁波人居住在"上海县城的北部和法租界"，广东人住在县城南部、南郊和公共租界内几个相邻的地区，而江西人则"以闸北为中心，延伸至公共租界的北部和西部"。① 他把上海的租界、华界都作为上海，一起加以研究。

日本学者小浜正子在研究近代上海的公共性时，也是如此。他在论述上海华界的地方自治运动后，没有落下上海租界华人的参政运动，还特别设专篇"关于上海公共租界的华人参政运动"，一起来论述这一运动，以使上海华界与租界的地方自治运动连成一体，不留死角。②

法国学者安克强以 19 至 20 世纪的上海妓女为视角，来研究中国近代妓女时，也把上海华界、租界的妓女一起研究，没有撇开租界的相关部分。他在论述到上海妓女的卖淫场所"花烟间"时，既涉及华界的花烟间，又包括了租界的花烟间。他认为，19 世纪末时，上海华界有大量的花烟间，即"（上海）城里还有大量的花烟间，在那里，侍候顾客的年轻女子同时也提供性服务"，以后"花烟间渐渐移入了外国租界"。③ 整个上海不论是华界还是租界，都有了这种卖淫场所，租界只是被当作上海的一部分来对待。总之，在外国学者眼里，中国租界也不是一个非中国的区域，相反却是中国领土的一部分。

还有，一些外国学者在自己的研究成果中，凡涉及租界法制的，也都作为中国城市中法制的一部分，与华界法制一起论述，没有把租界法制作为非中国领土上的法制对待。美国人霍塞在其《出卖上海滩》一书

---

① [美] 顾德曼著：《家乡、城市和国家——上海的地缘网络与认同，1853—1937》，宋钻友译，上海古籍出版社 2004 年版，第 9 页。

② [日] 小浜正子著：《近代上海的公共性与国家》，葛涛译，上海古籍出版社 2003 年版，第 188—206 页。

③ [法] 安克强著：《上海妓女——19—20 世纪中国的卖淫与性》，袁燮铭、夏俊霞译，上海古籍出版社 2004 年版，第 86 页。

中，提到了上海英、英美租界法制，包括：它们的巡捕与监狱、① 会审公廨等。② 这些内容都很自然地被霍塞体现在上海城市中。美国人魏斐德专门研究了 1927 至 1937 年的上海警察。在其著作《上海警察，1927—1937》中，把包括华界、租界在内的上海警察一并进行研究与论述，没有排斥租界警察，而且还用许多篇幅来叙述上海租界的警察。其中，有些篇目的内容还以研究上海租界的警察为主，"公共租界巡捕房的警政""控制界外马路""帝国主义与警察的反共""牛兰事件"等篇都是如此。③ 关于上海租界警察与华界警察的内容都融合在全书中，被作为上海警察的整体而得到了体现。

中外学者以研究为己任。他们在涉及中国租界及其法制的研究中，往往把租界与华界捆绑在一起，作为一个整体进行研究，没有把租界作为不是中国领土的另类来对待。这说明，在中外学者眼里，中国租界是中国城市中的一个部分，租界与华界同属中国领土。中外学者的研究带有学术性、理论性，他们的研究成果正是对中国租界领土的属性作了最好的学术上、理论上的诠释。

（三）租地实践同样证实中国租界是中国的领土

1845 年《上海租地章程》颁行以后，英国人便开始租地。以后，中国有租界的其他城市也根据相关规定，开展了租地实践。租地实践证明，他们是通过承租制形式，取得中国城市中只有使用权、没有所有权的土地，这种承租制形式又因租地主体、程序不同而分为"民租"与"国租"两种。"民租"是一种外国侨民通过契约，直接向中国城市中的土地业主长期租用土地的租地形式。上海的英租界和以后的英美、公共租界都采用这种租地形式。还有，天津的法、意、奥地利租界，汉口的法、德、日租界，鼓浪屿的公共租界等也都采用了这种租地形式。④ "国租"是一种外

---

① ［美］霍塞著：《出卖上海滩》，越裔译，上海书店出版社 2000 年版，第 45 页。

② 同上书，第 54 页。

③ ［美］魏斐德著：《上海警察，1927—1937》，章红、陈雁等译，上海古籍出版社 2004 年版，第 2—3 页。

④ 费成康著：《中国租界史》，上海社会科学院出版社 1991 年版，第 92—93 页。

国政府先以国家名义，向中国政府长期租用中国城市中的部分土地，然后再由外国政府以契约形式，把已经租得的土地，再转租给外国侨民的租地形式。上海法租界采取这种租地形式。还有，镇江、天津、汉口、九江、广州等城市中的英租界和广州等城市中的法租界，也都采取这种租地形式。①

可见，中国租界的租地主体、程序都有所不同，其中"国租"的租地程序较"民租"更为复杂。然而，不管通过哪种租地形式租用中国城市中的土地，外国政府、侨民取得的都是中国城市中，只有使用权、没有所有权的土地。中国租界的土地始终是中国领土，这一领土性质没有因为租界的出现而发生改变。难怪一位外国人深有体会地讲："外人并非为租界内土地所有者，每年缴税金于中国政府，租界土地永为中国领土。"②

另外，从外国人对中国租界的称谓中，也可以看到，中国租界是中国的领土。中国租界诞生以后，就有了称谓问题。英国人习惯把中国租界称为"Settlement"。比如，上海公共租界就被称为"The International Settlement of Shanghai"或"Shanghai International Settlement"。这个"Settlement"具有居留地的含义。法国人则习惯把中国租界称为"Concession"，法租界就被称为"Concession Francaise"。这里的"Concession"具有专管居留地的意思。③尽管外国人对中国租界的称谓不尽相同，但都翻译为"租界"。尽管用词上有所不同，反映了认识上有点不一致，但都没有否认中国租界是中国领土这一基本事实。在外国人称谓中，中国租界还是被认为是中国领土，是中国领土的一个部分。否则，也不会用这两个词而要使用其他词了。

中国租界施行的租地形式与租地以后对租界的称谓都是一种租地的实践及其结果。它们印证了中国租界是中国领土的属性，而不是相反。这是从法律实施的视角来反映中国租界领土属性的实际情况，其说服力与证明力都很强。

---

① 费成康著：《中国租界史》，上海社会科学院出版社 1991 年版，第 93 页。

② 蒯世勋等编著：《上海公共租界史稿》，上海人民出版社 1980 年版，第 201 页。

③ 上海通社编：《上海研究资料》，上海书店出版社 1984 年版，第 128 页。

（四）中国领土上的租界法制是中国法制

中国租界法制是一种世俗法制，其地域性十分明显。中国租界法制就是在中国领土上的租界区域内产生、发展、终止的法制。这一法制由租界内的立法机关制定，行政执法机关执法，司法机关司法。① 中国租界法制的效力就在租界内，离开了租界，其就无法律效力了。中国租界法制就是一种属地法制。中国租界法制的这种属地法制与属人法制明显不同。领事裁判权是一种属人法制。1843 年中英《南京条约》的附件《五口通商章程：海关税则》确立了在中国实施的领事裁判权。此章程规定有"英人华民交涉词讼一款"，其中规定："其英人如何科罪，由英国设定章程、法律发给管事官照办。华民如何科罪，应治以中国的法。"② 以后，又有一些列强国家也在与中国政府签订的不平等条约中，确立了这一制度。③ 这些有约国人在中国的任何地方违法犯罪，中国的法律与司法机构对其均无管辖权，而由其本国领事按照本国的法律进行管辖。领事裁判权依有约国人所属国家的法制而转移，其属人性十分明显，与中国租界的属地法制有显著差异。中国租界是中国领土，中国租界法制属地性可以证实：中国租界法制是中国领土上曾经出现过的法制。

从历史的角度来观察，中国领土上的立法主体制定并得到实施的法制都被纳入中国法制史的范畴。从夏商的法制开始直到新中国的法制，纵贯古、近、当代，延续了 4000 余年的中国法制都被归入中国法制史范围。这在近期出版的《中国法制史》著作中也能得到反映。此书从中国法律的起源、夏商法制开始阐述，直至 2010 年的中国法制，中国古、近、当代的法制一贯到底。这在此书的目录中，就有清晰反映。④

这里还需特别提及的是，当时，中外政府都曾认可中国租界法制是中

---

① 王立民：《中国的租界与法制现代化——以上海、天津和汉口的租界为例》，载《中国法学》2008 年第 3 期。

② 王铁崖编：《中外旧约章汇编》（第 1 册），三联书店 1957 年版，第 42 页。

③ 在近代中国获得领事裁判权的国家有：英国、美国、法国、日本、意大利、比利时、丹麦、荷兰、挪威、西班牙、俄国、奥地利、匈牙利、德国、葡萄牙、瑞典、巴西、秘鲁、墨西哥。孙晓楼等编著：《领事裁判权问题》下，商务印书馆 1936 年版，第 167—171 页。

④ 朱勇主编：《中国法制史》，高等教育出版社 2017 年版，"目录"第 1—15 页。

国法制，可以被设在中国租界里的中国的法院继续适用。1925 年的五卅运动以后，中国人民要求收回租界的呼声更为高涨，会审公廨被裁撤之事正式提到了中外政府的议事日程之上，1926 年总算有了结果。此年淞沪督办总署总办及上海交涉员同外国驻沪领事团签订了《收回上海公共租界会审公廨暂行章程》。① 这个章程规定，上海公共租界会审公廨被收回，上海公共租界临时法院取而代之。这个临时法院仍可继续适用上海公共租界原来作出的规定。"凡与租界治安直接有关之刑事案件，以及违犯洋泾浜章程及附则各案件，暨有领事裁判权条约国人民所雇佣华人为刑事被告之案件，均得由领袖领事派委员一人观审，该员得与审判官并坐。凡审判官之判决，无须得该委员之同意，即生效力。"② 这里的"洋泾浜"是上海租界的代名词（下同）。

上海公共租界临时法院是上海公共租界的会审公廨演变为中国法院的过渡性法院，与会审公廨已有不同，要适用中国政府制定的法律，即它要适用"中国法庭之一切法律（诉讼法在内）及条例，及以后制定公布之法律条约"。③ 中国政府的地方机关淞沪督办公署签订了《收回上海公共租界会审公廨暂行章程》，并允许"洋泾浜章程及附则"被适用，实际上就认可了上海公共租界法制是中国法制的性质。

中国政府还通过其中央行政机关与外国签订的协定来认可中国租界法制。1930 年中国外交部与英国、美国、荷兰、挪威、巴西 5 国签订了《关于上海公共租界内中国法院之协定》，法国随后补签了这一协定。④ 这个协定规定，在上海公共租界内不再设立临时法院，以中国法院取代之，即"在上海公共租界内设置地方法院及高等法院分院各一所"，这些中国法院除了要适用中国政府制定的法律以外，还要适用"至现时沿用之洋泾浜章程及附则"。⑤ 这个协定允许上海租界法制在上海公共租界的中国法院内被

---

① 史梅定主编：《上海租界志》，上海社会科学院出版社 2001 年版，第 286 页。
② 王铁崖编：《中外旧约章汇编》（第 3 册），三联书店 1962 年版，第 591 页。
③ 同上。
④ 史梅定主编：《上海租界志》，上海社会科学院出版社 2001 年版，第 287 页。
⑤ 王铁崖编：《中外旧约章汇编》（第 3 册），三联书店 1962 年版，第 770 页。

继续使用，实际上也认可上海公共租界法制的中国法制性质。

一年以后，中国外交部又与法国驻华公使签订了《关于上海法租界内设置中国法院之协定》，这一协定也规定，在上海法租界设立中国法院，即"在上海法租界内设置地方法院及高等分院各一所"，这些中国法院除了要适用中国法律以外，"至租界行政章程，亦顾及之"。[①] 也就是说，上海法租界里的中国法院还要继续适用上海法租界的法制，这一法制的中国法制性质也得到了确认。上海租界法制如此，中国其他城市租界的法制也是如此。

综上所述可知，无论是从中外政府、学界认可的中国租界的中国领土性质，还是从中外政府对中国租界法制属于中国法制的认识态度来看，中国租界法制都是中国的现代法制，是这种法制的一个组成部分。

二、中国租界法制是在 20 世纪初清末法制改革前就建立起来的现代法制

中国租界法制不仅是中国的法制，还是中国最早的现代法制，要比 20 世纪初清末法制改革产生的现代法制还要早半个多世纪。这是因为中国租界自建立起，就开始建设自己的现代法制。这一法制伴随着中国租界的诞生、发展与终止，在中国生存了百年时间。这里以 20 世纪初清末法制改革前上海英、英美和公共租界的现代法制为例，展开论述。

中国租界中，最早产生的是上海租界，其法制即是中国租界中最早的现代法制，也是中国最早的现代法制。上海租界的现代法制中，又以上海英租界的现代法制诞生最早。上海英租界确立于 1845 年，同年施行的《上海租地章程》就具有现代性。这个章程使用现代的法律结构、法律语言、制裁方式等，是一部名副其实的现代性规定。[②] 上海英租界是中国租界中建立时间最早的租界，《上海租地章程》又是上海英租界最早施行的规定，此章程无疑是中国租界中最早的现代法规。同时，也可以认为，它是中国最早的现代区域性法规。上海除了有英租界外，还有美租界与法租界，

---

① 王铁崖编:《中外旧约章汇编》（第 3 册），三联书店 1962 年版，第 847 页。
② 王立民:《上海英租界与现代法制》，《法制日报》2009 年 1 月 21 日。

但它们的建立均晚于英租界，其法制也是如此。

《上海租地章程》施行以后，上海英租界以及它的继承者上海英美租界、上海公共租界，继续推进现代法制建设。① 在 20 世纪初之前，其就已建立了自己的现代立法、行政执法与司法机关，行使自己的立法、行政执法与司法权，使租界的现代法制逐步建立、发展起来。

（一）现代立法

上海英租界与以后上海英美租界、公共租界的立法都是现代立法。这一现代立法又体现在现代的立法机关、法律体系和法律内容等一些领域。

1. 现代立法机关

上海英租界建立之初，英国驻沪领事代行立法权，不久便按照三权分立原则，成立了自己专门的议政机关，行使立法权。这一议政机关也就是立法机关。1846 年上海英租界成立的租地人会就是这样的机关。这个立法机关行使了立法权，包括通过了在租界内建造排水系统的议案（1862年）、上海英租界与美租界合并的议案（1862 年）、越界筑路的议案（1862年），修改了《上海租地章程》(1866 年），决定设立租界内的行政执法人员巡捕（1854 年）等。②1869 年英美租界将租地人会演变为纳税人会。③此机构一直延续至上海公共租界收回。纳税人会也行使了立法权，其中包括：修订《上海租地章程》(1881、1899 年），通过了调整土地税、房捐和货物税的议案（1873、1879、1898、1899 年）等。④ 上海英租界的租地人会和以后上海英美租界的纳税人会作为其立法机关，确实行使了立法职能。

2. 现代的法律体系

从上海英租界开始，就着手建立自己现代的法律体系。由于上海英租界只是上海城市中的一个区域，其颁行只是一些区域性法规，这种法律体

---

① 王立民：《上海租界与上海法制现代化》，载《法学》2006 年第 4 期。

② 史梅定主编：《上海租界志》，上海社会科学院出版社 2001 年版，第 155—160 页。

③ 纳税人会又称"纳税外人会""纳税西人会"等。王立民著：《上海法制史》，上海人民出版社 1998 年版，第 21 页。

④ 史梅定主编：《上海租界志》，上海社会科学院出版社 2001 年版，第 166—168 页。

系以法规体系的面貌出现。在清末法制改革前，上海英租界与以后的上海英美租界、上海公共租界都在建立、发展这一体系。这个体系以现代城市建设的需求为导向，其内容涵盖了现代城市建设的土地章程与组织、社会治安、交通与通信、教育与卫生、司法、其他等一些重要方面。由于那时的规定比较多，这里只能以一些比较典型的规定为例，窥视其法律体系的构成。

关于土地章程的规定。土地章程是上海英、英美、公共租界存在、发展的主要法律依据，内容涉及租地的地域、租地方式与程序、道路与建筑的要求、重要机构的设立等一些有关租界建设的根本性问题，因此，它被称为租界的"根本法"与"大宪章"等。① 颁行过的土地章程主要有：《上海土地章程》（1845 年）、《上海英法美租界租地章程》（1854 年）、《上海洋泾浜北首租界章程》（1869 年）、《上海新定虹口租界章程》（1893 年）等。② 尽管称谓有所不同，但它们都属于土地章程之类。

关于组织方面的规定。上海英美租界建立过一些管理机构，其中最为重要的是议政机关纳税人会与行政机关工部局。它们的建立及其运作需要有一些组织方面的规定来加以规范，其中主要是：《工部局董事会章程》（1865 年）和《纳税人议事规程》（1870 年）等。③ 它们是保证租界内管理机关组建与运行的重要依据。

关于社会治安方面的规定。上海英租界建立以后不久，社会治安问题就已存在，而且有越来越严重的趋势。到 1854 年，上海英租界的妓院、赌场、鸦片馆都存在治安问题。④ 关于社会治安的规定也就相继出台了，其中主要是：《警务守则》（1854 年）、《捕房督察员职责》（1854 年）、《警务章程》（1864 年）、《进入公灾现场办法》（1873 年）、《巡捕房章程》

① 王鹏程等著：《上海史研究》，学林出版社 1984 年版，第 100 页。

② 王铁崖编：《中外旧约章汇编》（第 1 册），三联书店 1957 年版，第 65—70、80—83、291—307、562—565 页。

③ 史梅定主编：《上海租界志》，上海社会科学院出版社 2001 年版，第 163、187 页。

④ 张彬著：《上海英租界巡捕房制度及其运作研究（1854—1863）》，上海人民出版社 2013 年版，第 102 页。

（1884 年）等。①它们从警务机关巡捕房、警务人员、巡捕、警务警察、消防等多个角度作出规定，为维护社会治安形成合力。

关于交通通信方面的规定。上海英租界扩张以后，交通与通信就显得更为重要。交通要保证人员与物资的流通，通信则要确保信息的传递，这在租界的现代社会中不可或缺。当时颁行这方面的规定主要有：《手推车规章》（1888 年）、《工部书信馆章程》（1893 年）；②还有：《交通章程》（1872年）、《邮政规章》（1865 年）等。③它们都在 20 世纪以前的不同时间段，对租界内的交通与通信作出规定，以便有章可循。

关于教育卫生方面的规定。上海英租界发展为上海英美租界后，租界内的人口大增。1853 年上海英租界仅有 500 人，1870 年上海英美租界增至76713 人，1895 年时达到 245679 人。④租界人口大增后，教育卫生方面的问题就更为突出，有必要加以规制与解决，使其有序发展。那时，这方面规定主要有：《上海西童公学章程》（1893 年）⑤、《牛棚管理规则》（1898年）、《狂犬病及家犬上口套管理条例》（1899 年）⑥等。它们分别从教育与卫生两个方面对租界内的相关事务作了规定，使其有法可依。

关于司法方面的规定。上海英租界发展到上海英美租界时，租界内的司法有了进一步发展，有关诉讼、审判与刑罚执行的一些规定相继出台，其中主要是《洋泾浜北首理事衙门制度》（1864 年）、《上海洋泾浜设官会审章程》（1869 年）、《上海领事公堂诉讼条例》（1869 年）、《苦役犯人惩处规则》（1866 年）等。⑦这些规定规范了上海英美租界的刑事、民事、行政诉讼、审判与刑罚的执行等事务，以致司法也有了依据。

其他方面的规定。上海英租界以后，随着社会的发展，需要规制的内

①　史梅定主编：《上海租界志》，上海社会科学院出版社 2001 年版，第 45、244、577、589 页。

②　同上书，第 591、687 页。

③　马长林等著：《上海公共租界城市管理研究》，中西书局 2011 年版，第 164、331 页。

④　邹依仁著：《旧上海人口变迁的研究》，上海人民出版社 1980 年版，第 90 页。

⑤　史梅定主编：《上海租界志》，上海社会科学院出版社 2001 年版，第 474 页。

⑥　马长林等著：《上海公共租界城市管理研究》，中西书局 2011 年版，第 93、115 页。

⑦　史梅定主编：《上海租界志》，上海社会科学院出版社 2001 年版，第 279、297、302 页。

容增多，于是还有其他一些规定也相继问世，其中包括了对动物保护、中式建筑与公园管理等的一些规定。它们是：《租界例禁》（1876 年）①、《中式建筑章程》（1877 年）、《公园规则》（1885 年）、《公家花园规章》（1855 年）等。② 这些规定也被纳入了租界的现代法律体系之中了。

可见，早在 20 世纪初清末法制改革之前，上海英租界及其以后的上海英美租界、上海公共租界已经建立起现代的区域性法律体系。其中，既有带有租界根本性规定的土地章程，也有涉及租界建设中的组织、社会治安、交通通信、教育卫生、司法等其他各个方面的规定。这一体系的现代性十分明显。

3. 现代的法律内容

除了具备有现代的法律体系外，上海英租界与上海英美租界、上海公共租界制定的规定还都具备了现代的法律内容。这又突出表现在其中的调整对象、法律语言和制裁方式等一些方面。

关于调整对象。上海英租界与其后的上海英美、公共租界法制的调整对象是现代人的行为。上海租界自建立之日起，走的就是一条建设现代城市的道路。这就要求人们的行为要与这一建设的各个方面相适应。于是，在上海英租界以及英美租界、公共租界的规定中，都把这一行为作为调整对象并加以规制。这里以 3 个土地章程中的一些规定为例。《上海租地章程》规定，洋商可以在租界内设立现代宗教、服务机构与相关设施，营造良好的城市环境。即"得修教堂、医院、慈善机关、学校及会堂；并得种花、植树及设娱乐场所"；"亦不得使人不便，如堆积秽物、任沟洫满流路面、肆意喧嚷滋扰等"。③《上海英法美租界租地章程》确定要建立现代的警政制度，开始把更夫改为巡捕。④《上海洋泾浜北首租界章程》规定，建立领事公堂，把其作为现代的行政法庭，专门受理以行政机关工部局为被告的行政诉讼案件。即"凡控告公局（即工部局）及其经理人等者，即在

---

① 〔清〕葛元煦等著：《沪游杂记　淞南梦影录　沪游梦影》，郑祖安等标点，上海古籍出版社 1989 年版，第 3 页。

② 史梅定主编：《上海租界志》，上海社会科学院出版社 2001 年版，第 525、526、566 页。

③ 王铁崖编：《中外旧约章汇编》（第 1 册），三联书店 1957 年版，第 67—69 页。

④ 蒯世勋等编著：《上海公共租界史稿》，上海人民出版社 1980 年版，第 57 页。

西国领事公堂投呈控告"。① 这 3 个土地章程分别把现代城市中的现代的宗教、服务机构、城市环境、警政机构与行政诉讼法庭等都作为调整对象并作出相应规定，推动租界的区域城市建设。

关于法律语言。在上海英租界和以后的英美租界、公共租界颁行的规定中，都使用现代的法律语言，不再运用中国传统的法律语言。这里以《工部书信馆章程》为例。② 此章程全部使用现代语言，包括运用现代法律语言。这些语言在中国的传统法律中都没被使用。其中，把契约称为"合同"。它规定："邮政单位将其所接收邮件请工部书信馆进行投递者，亦可与本馆订立合同。"把合同的乙方称为"客户"。它规定："如客户门口能安装一私人信筒，邮件投递工作可大为加速。"货币单位称为"分"。它规定，"包裹：每磅或不足 1 磅，4 分"；"快件：每件（400 份），25 分"。时间以星期、24 小时计算。它规定："5 号信筒——位于百老汇路、兆丰路口，每 24 小时取一次信，其第一次取信时间为星期一至星期六上午 8:20。星期日仅取一次信，下午 3:20。"这些语言都是现代的法律语言，至今都耳熟能详，其现代性十分突出。

关于制裁方式。上海英租界与英美租界、公共租界在制定的规定中，运用的是现代的制裁方式。其中，大量使用经济制裁方式，而且有轻罚的倾向。这里以《上海英法美租界租地章程》为例。此章程对违反规定者使用的是罚银的制裁方式。它规定："禁止华人用篷、簝、竹、木及一切易燃之物建造房屋，并不许存储硝磺、火药、私货、易于着火之物，及多存火酒，违者初次罚银二十五元，如不改移，按每日加罚二十五元，再犯随事加倍。"还规定："禁止堆积秽物，任沟洫满流，放枪炮，放辔骑马赶车，并往来遛马，肆意喧嚷、滋闹，一切惹厌之事，违者每次罚银十元。"③ 这种制裁方式符合当时现代法制的要求，是这一要求在中国租界法制中的反映。

---

① 王铁崖编：《中外旧约章汇编》（第 1 册），三联书店 1957 年版，第 299 页。
② 史梅定主编：《上海租界志》，上海社会科学院出版社 2001 年版，第 687—690 页。
③ 蒯世勋等编著：《上海公共租界史稿》，上海人民出版社 1980 年版，第 54 页。

（二）现代行政执法

上海英租界、英美租界、公共租界都设有现代行政机关，开展行政执法。这一行政执法是现代行政执法。那时的工部局即是行政机关，也是行政执法机关，其下属机构有行政执法职能。这里以具有代表性的巡捕房为例。巡捕房是工部局所属的行政执法机构，巡捕是行政执法人员。

1. 现代的行政执法机关

上海英租界于 1854 年开始设立巡捕，作为现代警政人员的雏形。1855 年正式设立巡捕房并作为一种常设的现代警政机关。① 上海英租界的这一现代行政执法机关产生了。这个机构的所在地位于河南路，以后变成了中央巡捕房所在地。1865 年它经过多次扩建，除了建有办公用房外，还另建有宿舍、图书阅览室、弹子房、小卖部等生活设备和 10 间牢房。1893 年中央巡捕房搬入新建的大楼，地处河南路福州路转角处。这一新建大楼不仅生活设施有了改善，而且牢房也增加到了 21 间，其中有 3 间专门关押乞丐。巡捕房的人员都为西籍人，而且有增长的趋势。1861 年时，有正巡官 1 人，巡长 3 人，巡捕 28 人。到了 1864 年，就增加到督察 1 人，巡官 1 人，巡长 7 人，巡捕 43 人。② 除了建有中央巡捕房外，还设有租界所属区域的分巡捕房，分别是：老闸巡捕房（1860 年）、虹口巡捕房（1861 年）、静安寺巡捕房（1884 年）、杨树浦路巡捕房（1891 年）、新闸路捕房（1899 年）等。这些巡捕房分别管辖所在区域的治安事务，进行行政执法。它们也都建有自己的设施，配备自己的巡捕房人员。比如，老闸巡捕房地处南京路，也拥有巡捕用房与牢房，还有马厩、草料房和马夫用房等。它管辖东起山东、山西路，北起苏州河，南至洋泾浜，西到护城河的一大片地区。此巡捕房的人员包括有西籍、印籍和华籍巡捕。1889 年时，它具有西人巡官、巡长和巡捕 19 人，印度巡捕 13 人，华人巡捕 80 人。③

由上海英租界及以后的上海英美、公共租界建立了工部局所属中央巡捕房与所辖区域的分巡捕房形成的现代警政机构体系，行使行政执法权，

---

① 王立民著：《上海法制史》，上海人民出版社 1998 年版，第 244 页。
② 史梅定主编：《上海租界志》，上海社会科学院出版社 2001 年版，第 246 页。
③ 同上书，第 246—248 页。

而且与立法、司法机关既有分工又互相制衡。它要依据立法机关制定的规定执法，又要与司法机关的审判相衔接。当事人不满巡捕房的执法，还可以请求司法机关予以救济。从上海英租界开始，上海租界就产生了现代的行政执法机关，也造就了现代的行政执法人员。

2. 现代的行政执法制度

上海英租界及以后的上海英美、公共租界的行政执法都有制度规定。它们的行政执法行为都受到制度的制约。这里仍以工部局所属的巡捕房为例。工部局的巡捕房及其巡捕都须依法执法。其中的主要规定有：《警务守则》《捕房督察员职责》《警务章程》和《巡捕房章程》等。这些规定的内容包括：巡捕房督察与其他人员的职责、巡捕的主要任务等。

关于行政执法人员职责的规定。这是对巡捕房各种行政执法人员职责的规定。通过执行这一规定，以使他们在规定的范围内行使自己的职权。巡捕房的督察员曾是巡捕房的负责人。《捕房督察员职责》规定，督察员在工部局董事会监督下工作，完成董事会交办的任务；指挥、监督下属执法人员，履行防止抢劫、禁止行乞、阻止打架斗殴、逮捕可疑分子、捉拿罪犯等职权；不可对犯罪嫌疑人施用刑讯；有必要时可向审判机关提起诉讼等。[①]《巡捕房章程》则对巡捕房其他执法人员的职责作了规定，其中有关巡捕职责 62 条、译员职责 6 条、巡长职责 19 条、巡官职责 65 条等。违反职责者，还要受到处分。比如，巡捕如果在执行任务时，有玩忽职守或行为不端、不服从上级命令、无故脱岗、酗酒、不按时上下班、索贿受贿、诬告他人、假装生病、生病后拖延治疗等行为，都要依照情节，受到"降职、降级、罚款直至开除的处分"。[②] 可以说，巡捕房行政执法人员的职责都有明文规定，十分明确。

关于行政执法人员任务的规定。上海英租界与上海英美、公共租界的行政执法人员如巡捕房的巡捕，都要在职责范围内完成自己的行政执法任务。这在《警务章程》中作了明文规定。这个章程规定了巡捕的各项执法

---

① 史梅定主编：《上海租界志》，上海社会科学院出版社 2001 年版，第 244 页。

② 同上书，第 245 页。

任务，其中包括有"禁止市民乱倒垃圾、粪便，禁止市民大声喧哗，禁止未经允许施放烟花爆竹"等。①巡捕都要按照《警务章程》中规定的执法任务，开展行政执法，履行自己的义务。

从那时的行政执法制度来看，已经不同于中国传统的行政执法制度，其中的有些规定只在现代的行政执法制度才能体现。比如，行政执法人员职责中不可对犯罪嫌疑人施用刑讯的规定，行政执法人员任务中禁止未经允许施放烟花爆竹的要求等，都不可能在中国传统的行政执法制度中得到体现。上海英租界、英美租界、公共租界的行政执法制度已是一种现代的行政执法制度，不是中国传统的行政执法制度。

3. 现代行政执法制度的运行

上海英租界与英美租界、公共租界不仅制定了现代行政执法制度，而且还运行了这一制度。这又突出表现在城市公共卫生、公共交通等一些行政执法领域。

关于城市公共卫生行政执法。上海英、英美和公共租界都把租界作为现代城市进行管理，城市公共卫生是其中的一个重要组成部分，开展必要的行政执法。这里以狂犬病的防治与相关行政执法为例。为了消除狂犬病的病源，1876 年英美租界作出决定，捕杀游荡在租界的所有野狗。1893 年又进一步规定，凡在马路上游荡、不戴颈圈的狗，一律捕捉、关押，7 天内无人领取的，即被杀死。这一任务由巡捕房来执行。据统计，此年共捕获 4457 条游荡狗，其中 750 条狗被人认领，其余的 3707 条狗均被溺死。1899 年被捕捉的 4758 条狗也大部分被杀死。这一行政执法效果明显，被认为："射杀野狗对遏制狂犬病的发生起到了重要作用。"②

关于城市公共交通行政执法。公共交通是现代城市建设中的一个重要构成部分，也是现代城市的一张名片。上海英美租界在 19 世纪 60 年代就规定，租界的道路实行人车分道，即人走人行道与车开行车道，以保证居民、车辆行车安全，道路畅通。对于不遵守这一交通规则者，由巡捕房进

---

① 史梅定主编：《上海租界志》，上海社会科学院出版社 2001 年版，第 244 页。
② 马长林等著：《上海公共租界城市管理研究》，中西书局 2011 年版，第 93 页。

行行政执法，一般由巡捕训斥、罚款。据记载，也确有违犯者受到处罚。比如，1865 年 3 月 14 日，一位名为蔡阿九的居民醉倒街上，造成"拦街"，被巡捕训斥。同年 7 月 10 日，一位名为陆阿和的居民酒醉后"在街凌辱路人"，影响交通，最后被"罚洋二元"。① 久而久之，租界居民渐渐养成了行走人行道的习惯。

上海英、英美、公共租界工部局属下的巡捕房的巡捕依照现代的租界法制进行行政执法，而且主要的处罚手段是训斥、罚款等，这是现代行政执法的表现。

（三）现代司法

上海英租界及以后的上海英美、公共租界的现代法制还在现代司法上凸显出来。这又着重反映在司法机关、审判与监狱管理等一些方面。

1. 现代司法机关

上海英美租界建立的现代司法机关主要是：洋泾浜北首理事衙门、会审公廨和领事公堂等。1864 年上海英美租界内设立了专门审理租界内案件的司法机关洋泾浜北首理事衙门，内设违禁庭、刑庭、民庭，审理租界内的相关案件，主要是审判以华人为被告的案件。违禁庭审理违禁案件，凡纯为华人为被告的案件，由中国派员审理。刑庭的审案则是洋人为原告，华人与无约国人为被告的案件，由中国人主审、洋人陪审。民庭审理案件，凡涉华人或无约国人为被告，洋人为原告的案件，由中国人审理；涉及外国人利益的，外国陪审官观审。② 这一机关维持了 5 年，此后被会审公廨取代。

1869 年《上海洋泾浜设官会审章程》施行，上海英美租界的会审公廨开始运行。③ 根据这个章程的规定，会审公廨专门审判租界里发生的"钱债、斗殴、窃盗、词讼等案件"；审判人员由华人委员和洋人领事官组成，凡遇牵涉洋人的案件，"必须领事官会同委员审问，或派洋官会审"，凡涉纯华人案件，"即听中国委员自行讯断，各国领事官，毋庸干预"；无约国

---

① 马长林等著：《上海公共租界城市管理研究》，中西书局 2011 年版，第 142 页。
② 滕一龙主编：《上海审判志》，上海社会科学院出版社 2003 年版，第 59—60 页。
③ 王铁崖编：《中外旧约章汇编》（第 1 册），三联书店 1957 年版，第 269—270 页。

的洋人因犯罪而成为被告的，"即由委员酌拟罪名，详告上海道核定，并与一有约国之领事公商酌办"；凡为洋人所雇用的华人涉讼，"先由该委员将该人所犯案情移知领事官，立将应讯之人交案，不得庇匿"；如果华人犯有徒罪以上罪，则按"中国例由地方正印官详请臬司审转，由督抚酌定奏咨，应仍由上海县审断详办"等。根据这些规定，因为有中外审判人员组成，故人们也称其为"混合法庭"。① 会审公廨在上海公共租界时，仍在运行。

1882 年上海英美租界内还设立专门审理以行政机关工部局为被告的法庭，即上海领事公堂，颁行了《上海领事公堂诉讼条例》。② 此条例共 17 条，根据这一条例的规定，上海领事公堂实是一个行政庭，受理以上海英美租界"工部局为被告"的案件；法庭由三个法官构成，即"本法庭以三领事为法官，每年由领事团选举之"；法庭允许当事人聘用律师，"原告运用律师出庭与否，听其自便"；审判具有公开性，即"审讯须行公开"；审判时须有证人到场，"法庭须设法使证人到场"；当事人须交缴诉讼费，其中包括了律师费，"讼费包括律师费由法庭酌定令缴纳之"等。上海领事公堂在上海公共租界时，继续在运作。

从洋泾浜北首理事衙门、会审公廨和领事公堂这三个司法机关的实际情况来看，它们虽然只是上海英美、公共租界内的区域司法机关，但都具备了现代司法机关一些基本要素。它们都以三权分立为原则，独立行使司法权，不与租界内立法、行政机关混为一体，也不受行政机关工部局的干涉；甚至成立了以行政机关工部局为被告的行政法庭，即上海领事公堂；法官也不是由租界内行政机关工部局的人员兼任，可以较为独立地行使司法权等。

2. 现代审判

自上海英美租界建立了自己的司法机关，特别是会审公廨与领事公堂以后，租界里的审判走上了现代审判的道路，采用现代的审判制度。这又

---

① 费成康著：《中国租界史》，上海社会科学院出版社 1991 年版，第 130 页。
② 蒯世勋等编著：《上海公共租界史稿》，上海人民出版社 1980 年版，第 248—249 页。

体现在审判参与人、审判程序等一些方面。

现代的审判参与人。无论是会审公廨还是领事公堂的审判参与人都具有现代性。除了法官以外，还有民事代理人和刑事辩护人，华洋诉讼案件中，还有陪审人员参加；律师可以作为代理人或辩护人参加审判；刑事案件的公诉人由巡捕房派员担任；如果审判中有洋人参加，还要派翻译人员出庭等。[①] 这些都与现代的审判参与人吻合，也是现代审判制度的一种体现。

现代的审判程序。上海英美、公共租界的会审公廨和领事公堂的审判程序都包括了宣读诉状、双方责证、辩论与判决等。[②] 其间，律师还可以参与全过程，能够充分体现出这种现代的审判程序。有亲眼目睹这一现代审判程序者对此作了描述。"华洋互审以来，尤多交涉事件。余观英、法二公堂中西互控之案，层见迭出。无论西人控华人，须请泰西律师以为质证，即华人控西人，亦必请泰西律师。"律师的参与也确实发挥了应有的作用。"案无大小，胥由人证明曲直，律师辩其是非，审官研鞫而公断之，故无黑白混淆之弊。"[③] 这些审判程序都与现代审判程序一致。

现代审判的运行。上海英美租界的会审公廨与领事公堂按照相关规定进行运行，1869 年 4 月上海英美租界的会审公廨在租界内的南京路香粉弄设立，开始审判案件。根据统计，会审公廨审判的案件不算少。其中，1889 年审判的案件数为 5117 件，1890 年 5999 件，1891 年为 5600 件，平均每天都有 10 余件。[④] 其中，有些判案保留至今，这里以一些道路管理违规被罚钱的案件为例。1869 年一个木匠把木头放置在街道上，造成了北京路山西路口道路的阻塞，其被会审公廨罚钱半元；1880 年马夫陆如松违规驾驶马车，被会审公廨罚钱 1 元；1893 年金松江、金阿太两马夫也在马路

---

①　杨湘钧著：《帝国之鞭与寡头之链——上海会审公廨权力关系变迁研究》，北京大学出版社 2006 年版，第 96—111 页。

②　上海市政协文史资料委员会等编：《列强在中国的租界》，中国文史出版社 1992 年版，第 215—216 页。

③　《皇朝经世文新编·西律》。

④　马长林著：《上海的租界》，天津教育出版社 2009 年版，第 58 页。

上驾车违规，被会审公廨罚钱 5 元等。①

上海英美租界的领事公堂自建立起，也进行审判，但审案的数量较少。据统计，自 1882 年至 1941 年这个领事公堂共审判了 55 个案件。其中，工部局败诉的案件是 22 个，败诉率为 40%。② 从具体案例来看，上海闸北水电公司诉工部局一案，就是工部局败诉。此案的起因是 1911 年上海公共租界工部局以享有专利为借口，不允许闸北水电公司在四川北路与吴淞路一带供自来水。闸北水电公司因此向领事公堂起诉工部局，要求向那里供水。审判结果是："工部局失去了其控制下上海自来水公司对租界的供水独占权，事实上败诉。"③

3. 现代监狱管理

监狱是刑罚执行的场所，也是现代司法的重要组成部分。1869 年上海英美租界会审公廨运作以后，关押已决犯的监狱就更加需要了。1898 年上海英美租界开始租用厦门路监狱北侧，关押较长刑期的华籍犯人。此厦门路监狱建成于 1870 年，原为英国在华高等法院关押英籍犯人的监狱，称为上海英国监狱。这一监狱实行现代的监狱制度，进行现代的监狱管理，被认为是"近代外国列强在上海建立的第一所司法意义上的监狱"。④ 另外，一些较短刑期华籍犯人则被关押在各巡捕房的牢里。这种分散关押的情况到 1903 年提篮桥监狱启用后才得到改变，因为有了集中关押的条件。

厦门监狱的上层管理人员为英籍人员，看守人员为印籍人员，另有少量华籍人员充任翻译。⑤ 监狱管理中，对狱具的使用、囚衣颜色、饮食、洗澡、劳动等都有规定。"被押者概不用镣，惟制定年限人犯，则着蓝白合缝之衣，以为识别。"⑥ 犯人在狱中要从事编席、木工、缝纫、监所保洁等强制性劳动。劳动时间夏、冬天不同。"夏天上午 7 时半至中午，下午 1 时

---

① 马长林著：《上海的租界》，天津教育出版社 2009 年版，第 58—59 页。
② 上海市档案馆藏档：U1—4—1273。
③ 马长林主编：《租界里的上海》，上海社会科学院出版社 2003 年版，第 222 页。
④ 徐家俊著：《上海监狱的前世今生》，上海社会科学院出版社 2015 年版，第 4 页。
⑤ 麦林华主编：《上海监狱志》，上海社会科学院出版社 2003 年版，第 101 页。
⑥ 同上书，第 894 页。

半至 5 时，冬天上午 7 时 3 刻至中午，下午 1 时至 4 时 3 刻。"洗澡的次数夏、冬天也不同。"夏天犯人 1 周洗 2 次冷水澡，酷暑每周 3 次。冬天每周洗热水澡 1 次。"饮食按照香港监护的标准提供，具体来说是："早饭为 8 盎司米饭（1 盎司约合 28.35 克），4 盎司菜，1/4 盎司油，1/2 盎司盐，1/2 辣椒洋葱等。中饭有 1 品脱稀饭（1 品脱约合 0.56 升），2 盎司米饭，1 品脱水。晚饭与早饭基本相同。"另外，"每周一次在晚饭时供应 6 盎司鲜肉"。① 上海英美租界的监狱管理已是一种现代化管理，基本符合现代监狱管理的要求。

这里专门要提及的是，中国租界法制在 20 世纪初清末法制改革前，就已走上现代法制的道路，进入 20 世纪以后，中国租界的法制仍在现代法制的道路上前行，没有停滞不前，许多规定都得到了进一步发展、完善。以上海英美租界有关公共交通方面的规定为例，进入 20 世纪以后，在原有《手推车规章》和《交通章程》的基础上，又有发展。1904 年上海公共租界印行了《上海工部局治安章程》，其中有大量关于公共交通的内容，包括："货车执照章程" 10 条、"马车行执照" 10 条、"机器车执照" 9 条、"自用马车执照" 6 条、"自用东洋车执照" 6 条、"东洋车行执照" 14 条、"小车执照" 11 条和"马路章程" 17 条等。这些规定的内容比以前规定的内容更为丰富与完善。其后，上海公共租界还在 1921、1923、1931 年分别根据租界内情势的变化，又对这一章程进行了修订，其内容进一步完善了。② 其他方面的规定也都有类似情况，得到了发展与完善。这从一个侧面证实，中国租界的现代法制随着租界的存在、发展而存在、发展，前后一贯，始终保持了这一法制的现代性。

三、中国租界法制是中国特殊的现代法制

中国租界法制不仅是中国现代法制的一部分，而且还是一种中国特殊的现代法制。它的特殊性十分突出。

---

① 史梅定主编：《上海租界志》，上海社会科学院出版社 2001 年版，第 304 页。
② 同上书，第 591 页。

中国租界在鸦片战争后产生，到 20 世纪 40 年代被收回，前后持续百年时间。在这百年中，中国历经清朝与南京临时政府、北京政府、南京国民政府等时期。它们均建有法制。中国租界法制在中国的法制中，非常特殊。中国有 10 个城市中曾经设立过租界，也建立过自己的法制。这些城市中，既有租界又有华界及其法制。把这些城市中租界的法制与华界的法制作比较以后可以发现，它们存在明显的差别。这种差别正好反映出中国租界法制的特殊性。

（一）中国租界的法制机关不在中国华界法制机关的体系之中

法制机关是国家机关的一个部分，专门行使包括立法、行政执法、司法在内的法制职能。中国华界的法制机关就是中国的法制机关。中国租界的法制机关虽生存在中国领土之上，却不在中国华界的法制机关体系之中，立法、行政执法、司法机关等无一不是如此。

1. 中国租界的立法机关不在中国华界的立法机关体系之中

中国在清末法制改革前，清朝有一套传统的立法体系，主要由中央与地方两大部分构成。在中央，皇帝具有更高的立法权。皇帝之下，设有中枢机构内阁及六部，兼行中央的立法权。[①]在地方，设有省、道、府、县 4 级行政体系，这 4 级地方的行政机关兼行自己所辖区域内的立法权。[②]在当时上海华界的上海县的立法权由上海知县直接行使。[③]可见，清末法制改革前，中国没有按三权分立原则，设立专门的立法机关，立法权往往由行政机关兼行。那是一种中国传统的立法机关体系。中国城市中的华界也是如此。

清末法制改革以后，中国逐渐开始建立独立的立法机关，形成现代的立法机关体系。清末法制改革时期在中央设立的资政院和地方建立的咨议局是形式上的立法机关。南京临时政府时期，中央设置临时参议院行使中央的立法权，地方的立法权由都督府兼行。北京政府时期，先后成立参议院、国会等作为中央的立法机关，地方设立省、县议会作为地方的立法机

---

① 张晋藩总主编：《中国法制通史》（第 8 卷），法律出版社 1999 年版，第 88—96 页。

② 同上书，第 104—107 页。

③ 王立民著：《上海法制史》，上海人民出版社 1998 年版，第 11—12 页。

关。南京国民政府的国民党中央政治委员会、立法院先后是中央的立法机关，地方的省、县参议会是地方的立法机关。① 上海华界于 1927 年由县改为特别市，以后就成立了参议会作为上海华界的立法机关，行使地方立法权。②

中国租界只是中国城市中的一个区域，在其设立以后不久，就建立了自己的立法机关，而且还不在中国华界的立法体系之内，在称谓、人员构成、召集人与主持人等方面都与中国的立法机关不同，显得非常特殊。上海英租界的立法机构称"租地人会"，在中国华界的立法机关体系中，没有这样的称谓，也没有这样的机关。这个租地人会组成的人员都是上海英租界的租地人，即外国人；他们每人都有投票权。"英租界内每位租地人在租地人会讨论议案时均有权投票，但无论该租地人拥有多少土地，都只具有一票。"这个租地人会召开会议的召集人和主持人通常是英国驻上海领事。"会议一般由英国领事召集和主持。"③ 而且，租地人会也没有上、下级的立法机构，独立独行。中国的立法机关中，没有成员是外国人，国会或地方议会的召集人和主持人也都不是外国驻中国的领事。这也决定上海英租界的立法机关独立于华界的立法机关，不在中国华界的立法机关体系之中。

上海英租界把租地人会演变为"纳税人会"，上海公共租界继续沿用这一纳税人会。出席这一会议的人员也"全为外国侨民"，召集与主持会议者也都是外国驻上海领事，只是加入纳税人会成员的资格与租地人会的成员有所不同，有了前置条件。这个条件主要是有资产的数量要求。"凡居住界内的外侨，置有价值至少 500 两的地产，每年缴纳房地捐满 10 两以上者，或其租赁的房屋，每年缴纳由工部局估定的租价满 500 两或 500 两以上者。"④ 可见，纳税人会只是对租地人会稍作调整，实是租地人会的延续，也不在中国华界的立法机关体系之中。

---

① 曹全来著：《中国近代法制史教程》，商务印书馆 2012 年版，第 328—329 页。
② 王立民著：《上海法制史》，上海人民出版社 1998 年版，第 18—19 页。
③ 史梅定主编：《上海租界志》，上海社会科学院出版社 2001 年版，第 153 页。
④ 同上书，第 163 页。

上海英租界与英美租界、公共租界的立法机关都独立存在，不在中国华界的立法机关体系之中，集中反映了中国租界立法机关的特殊性。

2. 中国租界的行政执法机关不在中国华界的行政执法机关体系之中

清末法制改革之前，清朝的行政执法还是一种中国传统的行政执法。在专制制度下，没有专门的行政机关，行政执法的职能由各级相应的国家机关行使。皇帝具有最高行政执法权，中央中枢机关内阁和军机处、六部以及都察院均兼有行政执法职能。地方的国家机关也掌握有地方和行政执法职能。上海华界的上海县知县具有行政执法职能。① 它们是传统的国家机关，也行使传统的行政执法职能。

清末法制改革以后，中国逐步建立起现代的行政机关，具有了行政执法机关的属性，建有了行政执法机关体系。政府既是行政机关也是行政执法机关。政府所属的机构具有行政执法职能，也有自己的体系。这里以现代的警政机关为例。1905 年在中央设置的巡警部和省、县设立的巡警局或警察是中国华界最早的现代警政机关体系。② 北京政府对警政机关作了调整与充实，在首都设立警察厅，省会设立地方警察厅，重要商埠设商埠地方警察厅，次要商埠设警察局。另外，还设立了保安警察。③ 南京国民政府的警政机关趋向成熟，其体系也是如此。那时，全国警政的中枢机关是警政司，负责全国的警政事务；首都设警察厅，直隶警政司；在地方，省会、直辖市和县均设警察局；县以下的区、乡、镇都设警察局的分支机构。另外，还设有矿业、渔业、铁路等警察，作为特种警察。④ 全国形成了一个警政机关的网络。可见，清末法制改革以后，中国华界的警政机关体系逐步现代化了。警政机关体系是如此，其他政府所属的执法机关体系也是如此。

中国租界的行政执法机关，无论是在清末法制改革前，还是在清末法

---

① 《清史稿·职官三》。

② 中国社会科学院法学研究所法制史研究室编著：《中国警察制度简论》，群众出版社 1985 年版，第 304—310 页。

③ 同上书，第 324—325 页。

④ 同上书，第 341—347 页。

制改革后，都不在中国华界的行政执法机关体系之中。这里以与上海华界相对应的上海英、英美、公共租界的巡捕房为例。这一巡捕房受工部局掌控，是其下属的行政执法机关，不受上海华界政府的管辖；巡捕房里的巡捕由英、印、华籍等人员构成，与华界的警政机关人员全由华人组成不同；巡捕房与巡捕的职责、任务等规定都由租界的立法机关制定，与中国华界的立法机关无关等。这些都说明，上海英、英美、公共租界的巡捕房作为工部局下属的行政执法机关，不在上海华界的行政执法机关体系之中，是一种特殊的行政执法机关。

3. 中国租界的司法机关也不在中国华界的司法机关体系之中

清末法制改革以前，清朝的司法机关体系是传统的司法机关体系。在中央，皇帝掌有最高司法权；刑部是专门的中央审判机关；大理寺要复核刑部审判的案件，是审判复核机关；都察院既要监督刑部、大理寺的审判、复核事宜，又要参与会审。地方的司法职能则由省、府、县地方各级行政机关兼行，行政长官兼任司法长官，不设专门的司法机关。① 可见，那时的司法机关体系还是专制制度下的司法机关体系，不具有独立性。

清末法制改革以后，渐渐建立起独立的司法机关，形成现代的司法机关体系。那时，中央设高等审判厅，地方则设地方审判厅与初级审判厅，实行三级三审制。② 南京临时政府确立的司法机关体系是在中央建立临时中央裁判所，地方则设置高等、地方审判厅及其检察厅。③ 北京政府构建的司法机关体系又进了一步。在中央设立了大理院与总检察厅作为最高审判与检察机关，另外还设置了平政院专门受理行政诉讼案件；在地方则设立了高等审判厅、地方审判厅、初级审判厅及相应的检察厅，作为地方的审判与检察机关。四级三审的司法机关体系初步成型。④ 南京国民政府把司法机关体系成熟化，确立从中央到地方的三级三审制司法机关体系。其中，中央设最高法院，省设高等法院，县（市）设地方法院，而且实行审

---

① 张晋藩著：《中华法制文明的演进》，法律出版社 2010 年版，第 867—868 页。
② 张晋藩著：《中华法制文明史》（近、当代卷），法律出版社 2013 年版，第 321 页。
③ 张晋藩总主编：《中国法制通史》（第 9 卷），法律出版社 1999 年版，第 417 页。
④ 同上书，第 657—658 页。

检合署制。① 上海华界作为中国的一个县（市），其司法机关就在中国司法机关的体系之中，先后设置过初级审判厅、地方法院及其检察厅等。

与中国华界司法机关体系同时存在的中国租界司法机关，却不在这一体系之中。上海英美租界建立的洋泾浜北首理事衙门和以后的会审公廨都不在当时中国司法机关的体系之中。它们在称谓、审判人员的构成、适用的法律等诸多方面都与中国华界的司法机关不同。它们的称谓为"洋泾浜北首理事衙门"与"会审公廨"，与中国华界的司法机关的"审判厅""法院"相差千里；审判人员由华、洋审判人员共同构成，与中国华界的司法机关中的审判人员全为华人组成又差别甚大；适用的法律为租界自己的立法机关租地人会、纳税人会制定，与中国华界司法机关适用的、由中国立法机关制定的法律也不完全一致等。上海英美租界司法机关不可能也无法归入中国华界的司法机关体系之中。这也正好显现出中国租界司法机关的特殊性。

中国华界的法制机关是中国整个法制机关体系中的一部分，也是其中的一个缩影。在中国租界存在的百年时间内，其法制机关，无论是立法、行政执法机关，还是司法机关，都不在中国华界法制机关的体系之中，这说明中国租界的法制机关就不在中国的法制机关体系之中。这也决定了租界法制机关的人员构成、具体职责、工作范围等都会与中国华界的法制机关有所不同。从这种意义上讲，中国租界的法制机关是一种特殊的法制机关。

（二）中国租界的法律体系与法律内容与中国华界的法律体系与法律内容相距甚远

中国租界有自己的法律体系与法律内容，它们也都与中国华界的法律体系与法律内容不同，相距甚远。

1. 中国租界的法律体系与华界的法律体系相距甚远

中国租界的法律体系实是中国城市的租界区域里的一种法规体系。以上海英、英美、公共租界的法律体系为例。它们的土地章程是这一体系中

---

① 张晋藩总主编：《中国法制通史》（第 9 卷），法律出版社 1999 年版，第 520—524 页。

的基石，是确立租界存在与发展的主要法律依据，故有"根本法""大宪章"之说。这一体系的其他部分内容都以租界的城市发展需要为导向而设立起来。其中，就包括有：组织、交通通信、教育卫生、动物保护、中式建筑与公园管理等的一些规定与组成部分。在中国租界存在的百年时间里，这一法律体系逐渐成熟，没发生根本性改变。

中国租界的法律体系与清末法制改革前清朝华界的法律体系很不同。那时，中国华界的法律体系即是清朝的法律体系。那是一种中国传统的法律体系，其主要由律例、则例、会典等构成。律是清朝的主要法典，内容为刑法；例是对律文的补充，由皇帝钦定；清朝采用律、例合编形式，代表作是《大清律例》。还有，则例是各部院政务的行政规则，吏、户、礼、兵、刑、工六部皆有自己的则例。会典是清朝的官制政书，康熙、雍正、乾隆等朝都编撰过会典。①中国租界的法律体系中根本没有律例、则例、会典等，其不在清末法制改革前中国华界的法律体系之中，与其差别很大。

中国租界的法律体系与清末法制改革后华界的法律体系也很不同。清末法制改革后，中国大量移植西方的法制，开始建构由宪法与部门法组成的现代法律体系。经过南京临时政府与北京政府时期的发展，南京国民政府建成了这样的法律体系，由宪法、行政法、民法、刑法、民事诉讼法和刑事诉讼法组成的被称为"六法"的体系。其中，主要由法典、单行法规、判例与解释例组合而成。法典有：《中华民国训政时期约法》《中华民国宪法》《中华民国刑法》《中华民国民法》《中华民国民事诉讼法》《中华民国刑事诉讼法》等，另外还有一系列行政法规。它们还与相关的单行法规、判例与解释例共同形成了"六法全书"。②这就是与中国租界同期的中国现代法律体系，中国华界就在这个法律体系之中。这也是一种中国国家的现代法律体系。中国租界的法律体系与其不同，根本不存在这"六法"体系。

中国租界的法律体系与中国华界的法律体系相比较，无论是在清末法

---

① 朱勇主编：《中国法制史》，高等教育出版社 2017 年版，第 251—252 页。
② 王立民主编：《中国法制史》，上海人民出版社 2003 年版，第 453 页。

制改革前，还是在清末法制改革后，都有很大不同，相距甚远。中国租界的法律体系不在当时华界的法律体系之中，显得很异类，也很特殊。

2. 中国租界的法律内容与中国华界的法律内容也相距甚远

中国华界不仅在法律体系上与中国租界的法律体系很不同，而且在法律内容上也是如此。在清末法制改革前，中国华界的法律内容就是清朝传统的法律内容。它以传统刑法为主要内容，大量涉及传统的罪名、特权、刑罚等。这在《大清律例》中就有直接反映。《大清律例》重点打击的"十恶"犯罪，"十恶"就是罪名，其中包括了"谋反""谋大逆""谋叛""恶逆""不道""大不敬""不孝""不睦""不义""内乱"10个罪名。① 对这些犯罪的用刑很重。比如，凡是犯有"谋反"罪的，不仅本人要被"凌迟处死"，家庭成员还要被株连受罚。"祖父、父、子、孙、兄弟，及同居之人，不分异性；及伯叔父、兄弟之子，不限籍之同异，年十六以上，不论笃疾、废疾、皆斩。其十五以下，及母、女、妻妾、姊妹、若子之妻妾，给付功臣之家为奴。财产入官。"② 与犯罪相联系，《大清律例》中还有一些特权的规定，"八议"是其中之一。凡"八议"者犯罪，可不依法律判案，而由皇帝裁定，给予其特权。"凡八议者犯罪，实封奏阅取旨，不许擅自勾问。若奉旨推问者，开具所犯及应议之状，先奏请议，议定奏阅，取自上裁。"③《大清律例》中的刑罚主要沿用封建制"五刑"，即笞、杖、徒、流、死刑。④ 这些以传统刑法为主的清朝法律内容在上海华界被适用。

清末法制改革以后，中国政府大量引用西方国家的法律，开始走法制现代化道路，南京国民政府在20世纪二三十年代颁行的"六法全书"正是集大成者。这些法律适用于中国华界。上海公共租界在临时法院时期才逐渐开始适用这些法律。也就是说，中国租界在清末法制改革以后，长期不使用中国华界的法律内容。

中国租界的法律内容是现代的法律内容，与清末法制改革前中国华界

① 《大清律例·名例律上》"十恶"条。
② 《大清律例·刑律·贼盗上》"谋反大逆"条。
③ 《大清律例·名例律上》"应议者犯罪"条。
④ 《大清律例·名例律上》"五刑"条。

的清朝传统法律内容有天壤之别，不存在中国传统的法律内容，如"十恶"罪名、"八议"特权、封建制"五刑"等。同时，中国租界法律内容中，有大量与现代城市建设相关的内容，在中国华界的法律内容也没有。中国租界的法律内容与中国这时的法律内容相比较，特殊性十分明显。

清末法制改革以后，中国华界的法律内容也开始现代化。这时，中国租界的法律内容虽与中国华界的法律内容同为现代的法律内容，但差别依然存在。其中，突出表现在两个方面。一个方面，中国华界的法律内容以国家法为主，即以"六法全书"为主；而中国租界的法律内容是区域性的法律内容，不是国家层面的法律内容；它们法律内容的层级有所不同。另一个方面，中国华界的法律内容涉及国家、社会、人民生活的各个方面，而中国租界的法律内容仅局限于与城市建设相关的一些领域，法律内容的面比较狭窄。事实也是如此。中国华界的"六法全书"中的大量内容在中国租界的法律内容中都不存在；同时，中国租界的一些有关现代城市建设的法律内容在中国华界的法律内容里也是缺乏的，如禁放烟花爆竹等。

可见，中国租界的法律内容与清末法制改革前中国华界传统的法律内容不同，与清末法制改革后中国华界现代法律的内容也不同，都相距甚远，其特殊性表现得比较充分。

（三）中国租界法制特殊性产生的后果

中国租界法制的特殊性造成多种后果，即是一因多果。

1. 导致了中国法制的不统一

法制的统一是法制国家追求的目标。统一的法制可以避免产生法律内容间的矛盾，保持法律内容的协调，便于法律的实施，构建统一的社会秩序。在清末法制改革前，中国的法制是传统法制，改革后，开始走向现代法制的门槛。中国的法制无论是传统法制，还是现代法制，都应保持其统一性，形成统一的法制状态。可是，中国租界现代法制的特殊性却打破了这种统一性，造成了中国法制的不统一。由于中国租界法制机关、法律体系、法律内容的特殊性等，使中国的法制机关、法律体系、法律内容等都失去了统一性。

中国租界特殊的现代法制造成的中国法制不统一的影响面不算小。中国有 10 个城市具有 27 个租界及其法制，而且这 10 个城市均是中国当时的大中城市。除了上海以外，还有天津、汉口、广州、杭州、重庆、厦门、鼓浪屿、九江、镇江等一些城市。① 这些城市都比较重要，发展比较快，经济比较繁荣，人口也比较多。这些城市中的租界又在城市的中心区域，繁华地段，中外人士的交流也比较频繁。这些城市中租界的现代法制与周边华界不统一，易造成中国法制不统一的不良影响，而且影响面比较大，广涉中外。

中国租界特殊的现代法制所造成中国法制不统一的局面持续了百年时间，整整一个世纪。即在鸦片战争爆发以后的 1845 年始至 1945 年抗日战争结束，中国租界彻底收回。这段时间正好与中国租界的产生到收回的时间一致。在这百年时间里，中国法制因为租界特殊法制的存在而导致了法制统一性始终遭到破坏，清末法制改革前是如此，改革后也是如此。这百年时间占了中国近代社会的绝大多数时间。从这种意义上讲，法制的不统一成了中国自鸦片战争以后百年法制的一个常态与特点。② 中国人长期生存在法制不统一状况下，不能不说是一种遗憾。

抗日战争结束，中国租界真正全部收回，中国租界的现代法制也退出了历史舞台，中国法制因租界的特殊法制而造成的不统一局面，才得以彻底改变。也就是说，只要租界其特殊的现代法制存在，中国法制的不统一局面就无法改变。中国租界特殊的现代法制成了中国法制不统一的罪魁祸首。

2. 致使中国的主权受损

法制是国家治国理政的重器。主权国家都会牢牢把握法制，须臾不得离身，更不可让其受损。法制也就成了国家主权的象征，法制受损也就意味着国家主权受损。中国租界现代法制的特殊性直接导致了中国国家主权受损。中国租界现代法制机构的特殊性意味着其不在中国的法制机关的体

---

① 上海市政协文史资料委员会等编：《列强在中国的租界》，中国文史出版社 1992 年版，第590 页。

② 王立民：《法制不统一：中国近代法制的一个特点》；汪世荣等主编：《中国边疆法律治理的历史经验》（下），法律出版社 2014 年版。

系之中，游离于这一体系之外，不受中国政府的管辖，更不受中国政府管控。中国租界现代的法律体系与法律内容的特殊性说明其不在中国的法律体系与法律内容之内，游离于它们之外。这种游离意味着中国租界的现代法制不是由中国的立法机关所制定，而是由中国租界自己的立法机关所制定的。而且，中国租界的现代法律体系与法律内容可以根据该租界建设的需要，由其立法机关自行作出安排，制定、颁行或废止。这些都从法制的角度损害了中国的国家主权。

法制对中国国家主权的损害是一种根本性的损害。法制体现的是国家意志，也是国家机器中的一个重要组成部分。它以规范国家中个人与单位的行为为己任，是一种十分重要的行为规则。法制失落于他人手中，不仅导致国家机器的缺失与不完整，而且还会引起对行为规范作用的失控，造成社会秩序的紊乱。中国租界自立门户，产生的现代法制具有特殊性，不能不说是对中国国家主权的一种很大损害。

中国租界现代法制的特殊性致使中国国家主权受损，直接源于租界的自治性。中国租界的自治性非常强。这是一种由租界内的外国侨民发起的自治，有自治组织为基础。包括：立法、行政、司法等一系列的自治机关。上海英租界设立的租地人会和上海公共租界把其演变成的纳税人会，都是租界内自己的立法机关；上海英租界设立的、上海英美、公共租界沿用的工部局是行政机关，也是行政执法机关；上海英美租界建立的洋泾浜北首理事衙门和此后的会审公廨是司法机关。这些机关都独立于上海华界的相关机关，还建立起自己的内设机构与体系。这里以工部局为例。工部局的领导机构是董事会，总办（总裁）负责董事会的事务，也主持工部局的工作。工部局的下设机构有总办处、警务处、火政处、财务处、工务处、卫生处、学务处、法律处、华人处、工业社会处、地产委员会和情报处等，分管租界内各领域的事务；另外，还设直属机构乐队、图书馆和验看公所，从事相关事务。[①] 有了这样自成体系的内设机构，工部局就可对租界内的行政事务进行管理，而排斥上海华界行政机关的管辖。立法与司法也是如此。

---

① 史梅定主编：《上海租界志》，上海社会科学院出版社 2001 年版，第 209—223 页。

中国租界的这种自治性在中国就是一种不同于中国华界的特殊性。他们在这种特殊的自治区域内，设置了特殊的立法、行政执法、司法等法制机关，而且还自行运作。租界的存在又以损害中国国家主权为代价。中国国家主权不损，中国租界法制的特殊性也就不存在了。

3. 在中国率先建立了现代法制

鸦片战争以后，中国进入现代社会，但这有一个过程，现代化不会一蹴而就。法制也是这样。这个过程开始于中国租界的现代法制。中国领土上最早出现的现代法制是中国租界法制，中国租界法制中最早的又是上海英租界法制。当上海英租界于 1845 年产生以后，其法制也应运而生了。随后，其他中国租界设立后也纷纷建立了自己的现代法制，以致中国的 10 个城市中的 27 个租界都建有自己的现代法制。这些法制的建立都发生在中国清末法制改革前。也就是说，在中国租界周边的中国华界还处在中国传统法制的时候，中国租界就已建立起现代法制，其中最早建立的现代法制要比清末法制改革、中国开始走法制现代化道路还要早半个多世纪。① 中国租界率先于中国华界建立起现代法制，走上法制现代化道路，以后才有清末的法制改革的过程。

中国租界建立的现代法制包括了这一法制的各个方面。其中，既包括立法，也包括行政执法和司法。这是一种全面的现代法制建设，全面的现代法制推进。而且，这种全面推进没有遇到太大的制度障碍，比较顺利。这是因为在中国租界的区域内，特殊的立法、行政、司法机关全为外国侨民所掌握，实行一种自治，中国政府很难插手，就是插手也无济于事。这种现代法制建设比较快，到中国进行清末法制改革时，中国租界法制在各个方面都已十分成熟，是一种成熟的现代法制了。

中国租界的现代法制的产生几乎与中国租界同时诞生，没有一个明显的改革过程。中国租界法制一建立就是一种现代法制，以后也持续在现代法制的道路上发展，没有中断。其中，没有一个改革的过程，只有一种完

---

① 王立民：《中国的租界与法制现代化——以上海、天津和汉口的租界为例》，载《中国法学》2008 年第 3 期。

善的过程。这与华界有十分明显的差别。中国华界的法制现代化是在改革的过程中实现的，即一边废止传统法制，一边建立现代法制。清末法制改革就是如此。也正因为是改革，所以就会有制度障碍，要发生思想理论上的碰撞。尽管法制现代化是一种大趋势，但免不了要磕磕碰碰，不是一帆风顺。清末法制改革前后经历 10 年，现代法制还没有完全建立起来，有些现代法律还没机会颁行，充其量只是迈出了法制现代化的步伐。中国租界的现代法制建设就没有这样的状况，一开始就是现代法制，而且一贯到底。

正因为中国领土产生的中国租界法制是中国历史上最早的现代法制，率先于中国华界实现法制现代化，所以在中国现代法制上应有其一定的地位，可以把这一法制作为中国法制现代化的前端。这样，中国现代法制建设就与中国现代社会的推进趋于同步，即都从鸦片战争以后开始。如果仅以清末法制改革作为中国的法制现代化的开始，那就少了此前的 50 余年，而且这也不符合中国法制现代化的实际情况。从中国租界的现代法制开始，经过清末法制在全中国的推进，再历经南京临时政府、北京政府与南京国民政府的推动，中国法制现代化一步步向前演进了，其脉络十分清晰，过程也显得更为完整了。

4. 建立了现代城市

有了中国租界现代法制的引领与规范，中国租界早与中国华界建立起现代城市。中国租界在外国侨民的自治下，以租界的现代法制为依据，率先于中国华界建设了自己的城市管理机关，现代的立法、行政、司法机关都是如此。在上海，不仅是上海英、英美、公共租界是这样，上海法租界也是这样。上海法租界于 1849 年设立，随后也建立了自己的管理机关，其中有：立法机关租地人会、行政机关公董局、司法机关会审公廨等。① 中国其他城市的租界也是如此。汉口英租界设立于 1861 年，不久便建立了自己的管理机关，其中，纳税人会行使立法权，工部局行使行政权。② 还有，会审公廨行使司法权。③ 汉口的德、俄、法、日等其他租界也都建有自己的管

---

① 王立民著：《中国租界法制初探》，法律出版社 2016 年版，第 203—206 页。
② 袁继成主编：《汉口租界志》，武汉出版社 2003 年版，第 13—14 页。
③ 同上书，第 251 页。

理机关，而且都参照了上海租界的做法，所以被认为是：汉口"各租界都仿效上海，建立了各自的管理体制"。①中国租界有了自己的管理机关以后，就可依法对城市进行管理，使租界朝着现代城市的方向建设与发展。

中国租界的经济、金融、文化与教育等也都在法制的引领与规范下，朝着现代的目标发展。上海英、英美、公共租界颁行了一系列关于租赁土地、税收、债券、证券等的规定，规范了租界的经济、金融行为，大力发展经济、金融，以致其不仅是当时中国的经济中心，还是"全国的金融中心"。②上海这些租界的文化与教育也都在现代法制的引领与规范下，建设现代的文化与教育。一些现代的演出场所建立起来，大舞台、天蟾舞台等都在其中，现代的话剧《金刚钻切金刚钻》《飞檐走壁》等争相上演，现代的公园黄浦公园、虹口公园、兆丰公园先后开放，现代的报纸《北华捷报》《上海每日时报》《申报》等纷纷发行。现代教育也在上海的租界萌生，育才公学、格致公学、东吴大学法学院等都列在其中。③

有了上海英、英美、公共租界现代经济、金融、文化、教育的发展，租界内的部分人也先于华界的人们过上了现代生活。他们可以在家中使用自来水、电灯、抽水马桶、热水瓶，甚至吃罐头食品、吸卷烟；出门可以穿皮鞋与橡胶鞋、乘公共汽车与有轨电车、逛现代商店、吃西餐；走进娱乐场所可以看马戏、电影、话剧、溜冰、跳舞，甚至赛马、跑狗等。④这些都与当时的西方现代城市生活十分相似，于是人们称上海为"东方的纽约"与"东方巴黎"。⑤中国还有一些租界也开始了现代城市建设，也有了类似的称呼。其中，汉口租界有"东方芝加哥"之称，⑥天津租界则有"东方小巴黎"之说。⑦

①　袁继成主编：《汉口租界志》，武汉出版社 2003 年版，第 13 页。
②　唐振常主编：《上海史》，上海人民出版社 1989 年版，"前言"第 9 页。
③　王立民：《上海租界的现代法制与现代社会》，载《华东师范大学学报（哲学社会科学版）》2009 年第 5 期。
④　汤伟康等著：《租界 100 年》，上海画报出版社 1981 年版，第 167—168 页。
⑤　马长林著：《上海的租界》，天津教育出版社 2009 年版，"前言"第 2 页。
⑥　袁继成主编：《汉口租界志》，武汉出版社 2003 年版，"序"第 2 页。
⑦　罗澍伟主编：《天津通志·附志·租界》，天津社会科学院出版社 1996 年版，第 13 页。

　　从中国租界法制所造成的后果来看，大致可以分为两类。中国租界法制所造成的中国法制不统一、损害中国主权的后果是一种具有消极性的后果，而在中国率先建立现代法制、建成了现代城市的后果则是具有一定积极意义的后果。中国租界法制造成的后果具有两重性，不可一概而论。

四、中国租界法制是中国现代的区域法制

　　中国租界产生于鸦片战争以后，是中国有些城市中的区域。中国的这些城市因此而华、租界并存，华、租界相邻。它们的界限清楚，区域分布清晰。中国华界在中国政府的管辖之下，有从中央到地方的管理、法制体系。中国租界则实行外国侨民自治，是一种自治区域，具有自己特殊的管理、法制体系。这种区域之间各自为政，没有相互的隶属关系，中国租界的法制就是一种区域法制。另外，由于租界的建立国也往往不是同一个国家，这些国家的法制本身不尽一致，因此中国租界法制的区域性就显得特别的突出。不仅中国租界的现代法制与华界的法制有明显差异，而且不同租界之间的现代法制也不完全一样。这里以它们规定中的不同内容为例，作些分析。

（一）同一城市不同租界的现代法制有差异

　　中国的上海、汉口、天津、广州等城市都曾被设立过两个以上的租界。它们又都是城市中的不同区域，相互独立。而且，它们都可以根据本租界的需求颁行规定，以致每个租界的法制都不完全一样，有差异，就是同一城市里不同租界规定的内容也是如此。这里以上海法租界与上海公共租界的相关规定为例。

　　上海法租界与上海公共租界都曾对租界内禁放花爆作过规定，但规定的内容则不完全一样。上海法租界于 1869 年颁行的《法租界公董局警务路政章程》对禁放花爆作出规定，内容是："禁止在马路上或在住屋旁边焚烧纸锭，燃放鞭炮或点燃烟火等；在焚烧这些物品前，须通知当地警局，征得同意后方可行事。"① 上海公共租界于 1903 年颁行的《公共租界工部局

---

① 史梅定主编：《上海租界志》，上海社会科学院出版社 2001 年版，第 713 页。

巡捕房章程》也对禁放花爆作了规定，内容是："租界居民无论在于马路僻径及公地，均不准燃放爆竹，如欲燃放，或于家中天井焚化冥镪，应预向巡捕房领取执照，惟火铳自燃之爆竹，则一概禁用。"[1] 虽然，这两个规定的内容都是关于禁燃花爆，但在燃放地点、燃放对象、申请燃放程序等上都存在差异，以致这两个规定的内容不完全相同。[2]

如果说，有关禁燃花爆规定的差异属于立法方面的差异，那么上海法租界与上海英美租界在会审公廨制度方面的差异则属于司法方面的差异了。上海法租界与上海英美租界都在 1869 年建立了自己的会审公廨，但这两个租界的会审公廨制度在建立之初就有差异。这种差异突出体现在审判人员、审理的案件和诉讼费三个方面。上海法租界的会审公廨审判人员全为华、洋人员构成，就是纯属华人的案件的审理也是如此；会审公廨要审理所有案件，就是军徒以上案件也要先审再移送华界；诉讼费为 2%。上海英美租界的会审公廨审判人员组成要依所审理案件而定，凡是纯属华人的案件，只有华人审判人员审理，当案件中有了有约国人或被其雇用的华人时，才有洋人参与审判；凡是军徒以上案件直接移送华界审理，没有先审程序；诉讼费为 3%。[3] 可见，虽同在上海城内，上海法租界与上海英美租界的会审公廨制度却有差异存在。

（二）不同城市不同租界的现代法制有差异

中国租界的现代法制不仅在同一城市不同租界的内容不一样，而且在不同城市不同租界之间也不一样，差异同样存在。不同城市中的租界就是不同城市里的不同区域。这种不同区域的租界的租界国不一样，其法制也不一样。这里以汉口英租界与天津法租界关于租地的规定为例。这两个城市中的英租界与法租界均有关于租地的规定，但其规定的内容不尽一致。这又突出表现在租地的程序上。汉口英租界规定，英国侨民可直接向汉口的华人租地，只是要公平交易。"英国民人，在各口并各地方意欲租地盖屋，设立栈房、礼拜堂、医院、坟基，均按民侨照给，公平定议，不得互

---

① 史梅定主编：《上海租界志》，上海社会科学院出版社 2001 年版，第 701 页。
② 王立民：《论上海租界法制的差异》，载《法学》2011 年第 7 期。
③ 同上。

相勒肯。"① 天津法租界规定的程序则有所不同。它的程序是：法国领事首先向中国政府租地，然后法国侨民再向法国领事与地方官租地，中间多了个法国领事先向中国政府租地的程序，汉口英租界则没有这一程序。因此，天津法租界的租地规定便是："无论法国何人，愿租地若干，必须呈明领事官与地方官，基指要租地基何处、量地亩若干。"② 这两个租界分属汉口与天津两个不同城市，租界国又分属英国与法国两个国家，因此它们关于租地的规定也不相同。

（三）不同城市内所属同一租界国租界的现代法制有差异

有多个租界国在中国的不同城市都设立过自己的租界。也就是说，这些同一租界国的租界处在中国的不同城市。其中，英国在上海、天津、汉口、九江、镇江、广州、厦门设立过英租界；法国在上海、天津、广州、汉口设立过法租界；日本在杭州、苏州、汉口、天津、重庆设立过日租界；美国在上海、天津设立过美租界；德国在天津、汉口设立过德租界；俄国在天津、汉口设立过俄租界等。③ 这些不同城市里相同租界国的租界的现代法制也不尽相同。这里以上海法租界与汉口法租界关于设立户外广告的规定为例。

上海法租界、汉口法租界分别于 1927、1929 年对设立户外广告作出规定，虽然它们规定的内容有相似之处，但差异仍十分明显。从形式上看，上海法租界规定的条文多于汉口法租界规定的条文。上海法租界的规定有 15 条，汉口法租界的规定仅有 7 条。从内容上看，上海法租界的规定与汉口法租界的规定也有差异。首先，上海法租界的有些规定在汉口法租界的规定里没有体现。比如，在设立广告牌的区域里设立广告牌须"得到地产业主或房地产租赁人的同意"、广告必须"安装牢固"、公董局巡捕房"强制执行"本规定等都是如此。其次，上海法租界与汉口法租界虽都有类似规定，但内容不完全一样。比如，上海法租界规定，损坏广告牌者要被

① 袁继成主编：《汉口租界志》，武汉出版社 2003 年版，第 516 页。
② 罗澍伟主编：《天津通志·附志·租界》，天津社会科学院出版社 1996 年版，第 459 页。
③ 上海市政协文史资料委员会等编：《列强在中国的租界》，中国文史出版社 1992 年版，第 590 页。

"处以 1 至 10 元罚金；或向所辖法院起诉"。汉口法租界则仅规定："处以10 元以下的罚款。"① 可见，尽管上海法租界与汉口法租界都是法国设在中国的租界，但它们所颁行规定的内容还是有差异，不完全一致。中国其他同一租界国设在不同城市租界的规定也基本是这样。

在中国租界的现代法制中，同一城市不同租界的法制、不同城市不同租界的法制、不同城市同一租界国的租界法制，都不完全相同。另外，中国华界的法制与中国租界的现代法制也有差异。这些都说明，中国租界的现代法制只是中国城市中的区域法制，其区域性十分明显。

（四）中国租界现代区域法制实施中所产生的结果

中国租界现代法制的区域性在其实施过程中，产生一些结果，突出表现在以下一些方面。

1. 为华界与其他租界的现代法制建设提供了借鉴

中国租界在 20 世纪初的清末法制改革前，就建立了自己的现代法制，这一法制的进步之处被周边的华界首先感受到，于是华界借鉴租界的现代法制也就不可避免了。上海英美租界毗邻上海华界，它在 20 世纪前后，就借鉴了英美租界的规定，为建立自己的现代法制提供养分。上海英美租界于 1869 年发现界内流行天花病，很快就作出规定，使用西方先进的"种痘法"进行防治，禁止使用中国传统的"痘痂法"，并取得了良好的效果。上海华界为了有效防止天花病，借鉴上海英美租界的规定，也作出使用"种痘法"的规定，也取得了良好效果。② 进入 20 世纪以后，这种借鉴依然存在。上海华界在 20 世纪初颁行的《取缔各种车辆规则》中，大量借鉴了上海公共租界于 1904 年颁布的《马路章程》的许多内容，其中包括：行车靠左、转弯慢行、过马路要缓行等。③ 上海华界借鉴了上海租界现代法制的规定，使自己在 20 世纪前后，也不知不觉地走上了现代法制的道路。

中国租界的现代法制发展也不平衡，时间上也有先后。上海租界的现

---

① 史梅定主编：《上海租界志》，上海社会科学院出版社 2001 年版，第 719—720 页；袁继成主编：《汉口租界志》，武汉出版社 2003 年版，第 551—552 页。

② 王立民：《上海：中国现代区域法制建设领先之地》，载《东方法学》2017 年第 6 期。

③ 王立民著：《中国租界法制初探》，法律出版社 2016 年版，第 178 页。

代法制建立最早，这就为后建立租界的现代法制提供借鉴的条件。事实也是如此。汉口租界就借鉴上海租界的规定，在自己租界也建立起现代法制。有学者在研究了上海、汉口两地租界以后，得出结论：外国列强"强迫中国划地为租界，首先是在上海"，上海租界"逐渐建立了一整套独立于中国统治权力以外的制度"，"这些制度以后又自然推广到其他租界。汉口的租界制度便以上海为雏形"。① 中国的其他租界也有类似情况。厦门鼓浪屿公共租界就是借鉴了上海公共租界的会审公廨制度而建立了自己的会审公廨制度。②

2. 给不知中国租界现代法制的人们带来了不便

中国租界现代法制的区域性导致了其适用的区域仅限于本租界，对租界以外的区域就没有法律效力。这就给不知中国租界现代法制的人们带来了不便，以致他们进入租界以后，在无意之中造成违法，甚至受到处罚。其中，特别是华人。他们长期生活在清朝的传统法制之下，对中国租界的现代法制往往不知，进入租界以后，违法的几率就要更高一些了。确有这样的华人存在，还因此而受到处罚。一位北方人初到上海，因不知上海租界有不准随地大小便的规定，在租界的马路上大便，被巡捕抓住。"有北人初到上海，不谙租界章程，在马路上大便，被巡捕捉去。"因而受罚。这位北方人士受罚后还觉得冤枉，说："然则老爷何不多出告示，此明明欺我初来上海之人。"③ 他就是因不知上海租界法制而付出了代价。

3. 为规避法律行为留下了空间

在中国，凡有租界的城市都会有不同的区域存在，除了华界还有租界，甚至是两个或两个以上租界。这样，一个城市就被分割成不同区域，而且每个区域都有自己的法制，法制的内容还有差异，这就给规避法律行为留有了空间。其中，进步人士可以利用这种区域法制的差异，开展进步活动。在上海，因为法租界的法制环境较为宽松，于是中国共产党第一次代表大

---

① 袁继成主编：《汉口租界志》，武汉出版社 2003 年版，第 13 页。
② 王立民：《上海：中国现代区域法制建设领先之地》，载《东方法学》2017 年第 6 期。
③ 陈无我著：《老上海三十年见闻录》，上海书店出版社 1997 年版，第 244 页。

会就选择在法租界召开。① 陈独秀也利用这一点，在上海法租界开展进步活动，虽然在 1921、1922 年先后两次被巡捕拘捕，但都以罚款了事，没有被追究其他责任。② 还有，在"《苏报》案"中，虽然章太炎、邹容在上海公共租界的会审公廨被判了刑，但刑期都不长，分别为 2、3 年，要是在华界被判，根据清朝的法律，那就是死刑了。③

除了进步人士利用中国租界的现代区域法制规避法律外，还有一些不法分子也规避过租界法制，从事非法活动。上海有座名为"郑家木桥"的桥梁，此桥下的河流正好是上海英租界与法租界的分界线。由于这两个租界分别为英、法两租界管辖，没有互相隶属关系，有些不法分子就利用这一点，欺侮在桥堍做买卖的农民。当一边被欺侮的农民叫来巡捕时，他们便逃到桥的另一边，与巡捕玩起猫捉老鼠的游戏。"若被害人高声呼唤，英租界巡捕过来干涉，则逃至桥南，法租界巡捕过来干涉，则逃至桥北"；"因为桥南北分属英法两租界，形同二国，在英租界犯了罪，则法租界就不管，反之亦然"。④ 不法分子就利用上海英、法租界法制的差异，规避法律，祸害百姓。

中国租界现代法制的区域性导致在其实施过程中产生多种结果，给华界与其他租界的现代法制建设提供借鉴，也给不知中国租界现代法制的人们带来了不便，还为规避法律行为留下了空间。对这多种结果需要作客观分析，切忌主观武断。比如，为规避法律行为留下了空间就具有两重性。一方面，在当时的革命年代，进步人士规避法律是为了推进中国的进步事业；另一方面，一些不法分子规避法律是为自己谋利，祸害百姓，其消极性就明显不过了。因此，对中国租界现代区域法制在实施过程中产生的后果的认识不能一刀切，而要作具体分析，分别对待。

中国租界法制的性质问题是个研究中国租界法制绕不开的问题，也是

---

① 熊月之：《中共"一大"为什么选在上海法租界举行》，载《学术月刊》2011 年第 3 期。

② 陈利明著：《陈独秀传》，团结出版社 2011 年版，第 152—153、161—163 页。

③ 上海通社编：《上海研究资料续集》，上海书店 1984 年版，第 79—84 页。

④ 中国人民政治协商会议上海市委员会文史资料工作委员会编：《旧上海的帮会》，上海人民出版社 1986 年版，第 89 页。

研究中国租界法制的基础性问题。关于这一问题虽有不同解读，但没有引起法史学界的足够重视，也没有进行广泛研讨。从中国租界法制的 4 个纬度来分析，其是中国领土上的中国法制，是在 20 世纪初清末法制改革前就建立起来的现代法制，是中国特殊的现代法制，也是中国现代的区域法制。把这 4 个纬度综合起来，中国租界法制的性质就可以表述为：中国租界法制是中国最早的、特殊的现代区域法制。对中国租界法制的性质有了这样的认识，就较易理解这一法制的相关问题，不会产生各种歧义，甚至出现偏颇了。

第三章 成文法是中国租界法制的一个共性

中国租界法制是一种由中国租界自己制定或认可并在本租界实施的区域法制。中国租界及其法制在中国领土上生存了百年时间。依据中外不平等条约，鸦片战争以后，有9个列强国家在中国的10个城市先后建有27个租界及其法制。① 这些租界及其法制的建立都以侵犯中国主权与破坏中国法制统一性为代价。中国租界的法制主要由3大法系国家建立。其中包括：由英美法系国家建立的英租界、美租界、英美租界和公共租界的法制；由大陆法系国家建立的法租界、德租界、日租界、意租界、奥租界和比租界的法制；由斯拉夫法系国家建立的俄租界法制。这些租界的法制虽由不同法系的租界国家建立，来源国分属不同法系，但其法制却具有一个共性，即都采用成文法。这一共性通过与判例法作比较而得到充分体现。当前，中国法史学界对这一共性的研究几乎没有涉及。② 为了进一步认识中国租界及其法制，进而更加深刻地理解中国法制现代化进程，有必要对这一共性作些研究。中国租界法制的数量不少，这里仅以上海、天津与汉口租界的法制为中心，展开论述。③

---

① 这9个国家是：英国、美国、法国、日本、德国、俄国、意大利、比利时和奥地利。建有租界及其法制的10个城市是：上海、天津、汉口、广州、九江、镇江、厦门、杭州、重庆和苏州。设有27个租界及其法制的是：英租界（7个城市）、法租界（4个城市）、日租界（5个城市）、美租界（2个城市）、德租界（2个城市）、俄租界（2个城市）、意租界（1个城市）、比租界（1个城市）、奥租界（1个城市）和公共租界（2个城市）及其法制。参见上海市政协文史资料委员会等编：《列强在中国的租界》，中国文史出版社1992年版，第590页。

② 王立民：《中国租界法制研究的检视与思考——以近30余年来研究为中心》，载《当代法学》2012年第4期。

③ 在中国租界中，上海、天津与汉口3个城市的租界最具典型性，其法制也是如此。其中，上海出现过英、美、法、英美、公共租界及其法制；天津建立过英、美、法、德、日、俄、意、比、奥租界及其法制；汉口设立过英、德、俄、法、日租界及其法制。王立民：《中国的租界与法制现代化》，载《中国法学》2008年第3期。

一、中国租界设立的是成文法的立法主体

中国租界是中国的一种自治区域，独立性很强。① 中国租界的一个突出表现是其建有自己的法制。这种法制就是中国的一种现代区域法制。中国所有租界的法制都有个共性，即都是成文法，不是判例法。中国租界设立了成文法的立法主体，而不是判例法的立法主体，这是其成文法的表现之一。这一主体主要由领事、议政（决策）机构和行政管理机构等构成。

（一）领事是立法主体

列强国家设在中国领事馆的领事是其国家派遣到中国的外交官，也是官方代表，有其所辖租界的领事立法权。他们主要以领事令等形式制定、颁行、废止租界的规定。法、日、意、俄等租界的领事尤其如此。② 上海法租界驻沪领事维克多·爱棠于 1862 年 4 月 28 日制定、颁行了一个领事令，内容是关于正式成立公董局的董事会。③ 以后，上海法租界继续发布由驻沪领事制定、颁布的领事令，到 20 世纪还是这样。1938 年 9 月 3 日的关于禁止师生集会的领事令、1941 年 9 月 26 日关于节制用电的领事令、1942 年 6 月 29 日关于使用无线电收音机必须申报的领事令等，都在其中。④ 汉口法租界法国领事也制定、颁行过领事令。1940 年 12 月 24 日就以第 456、458、459 领事令的形式颁行了一些规定，"内容包括巡捕房制度、企业社团、公众健康与救济、道路养护与公共卫生、工程部、税费、许可证和各种收入等方面"。⑤ 日租界的领事也制定、颁行过领事令，不过以日本领事馆令的形式出现。汉口的日租界就是如此。"1910 年，根据日本领事馆令，日本居留民团成立消防组。"⑥

领事不仅有租界制定、颁布规定的权力，还有废止规定的权力，而且也通过领事令的形式。汉口的法、俄租界和天津意租界等都是如此。"1940

---

① 费成康著：《中国租界史》，上海社会科学院出版社 1991 年版，第 1 页。
② 领事令也称为"领事法令""领事署令""领事馆令"等。
③ 参见［法］梅朋、傅立德著：《上海法租界史》，倪静兰译，上海社会科学院出版社 2007 年版，第 221 页。
④ 参见王立民著：《上海法制史》，上海人民出版社 2019 年版，第 30 页。
⑤ 袁继成主编：《汉口租界志》，武汉出版社 2003 年版，第 213 页。
⑥ 同上书，第 247 页。

年 12 月 24 日，法国驻汉口领事花芬嫩发布第 458 号领事法令，宣布 1929 年发布的巡捕房制度（分巡捕、道路、公共卫生、交通、排污、垃圾、死亡）废止。从 1941 年 1 月 1 日起开始实行新的制度。"[1] 汉口俄租界的领事也有这样的立法权。[2] 还有，天津意租界的领事也有这一权力，也是意租界的立法主体。[3] 可见，中国租界的领事确确实实行使过立法权，是立法主体。

（二）议政（决策）机构是立法主体

中国租界的议政（决策）机构是租界内的立法主体，也有立法权。它们通过会议形式行使立法权，不同租界的这类机构称谓也不同，其中包括了租地人会、纳税外人会（纳税西人会）、纳税人会、董事会等。上海英租界于 1846 年 12 月 22 日正式启动租地人会并召开了第一次租地人会议。[4] 租地人会即是英租界的议政机构，也是其决策机构。它通过会议形式决定租界内的重要事务，包括立法。1854 年上海英租界租地人会议通过法案形式，修改过《土地章程》，确立了巡捕制度等。[5]1862 年上海英租界与美租界合并，成立了上海英美租界，租地人会演变为纳税外人会。1899 年上海英美租界改名为上海公共租界，这一纳税外人会继续沿用。它也通过法案形式多次修订过《土地章程》（1905 年）、《印刷物附律》（1925 年）等规定。[6] 上海法租界于 1856 年初正式启动租地人会并召开了第一次租地人会议。此时的租地人会有立法权。1866 年上海法租界把租地人会扩大为纳税人会，其职权仅为选举公董局的董事，立法权不复存在。[7] 上海法租界的立法权更多地为公董局所行使。[8]

天津英租界的董事会是租界里的决策机构，成立于 1862 年，其成员

---

① 袁继成主编：《汉口租界志》，武汉出版社 2003 年版，第 238 页。
② 同上书，第 232 页。
③ 参见费成康著：《中国租界史》，上海社会科学院出版社 1991 年版，第 120 页。
④ 史梅定主编：《上海租界志》，上海社会科学院出版社 2001 年版，第 153 页。
⑤ 同上书，第 157—160 页。
⑥ 同上书，第 166—169 页。
⑦ 同上书，第 173 页。
⑧ 参见王立民著：《上海法制史》，上海人民出版社 2019 年版，第 14 页。

由纳税人选举产生。它决定着天津英租界包括立法在内的一切应行事务，是立法主体。"董事会负责租界里的一切应行事务，如讨论和通过租界章程"等。① 天津法租界的决策机构也是董事会。不过，这一董事会为法国驻天津领事所直接控制，历届董事会的董事长均由法国领事担任，而且董事会的其他人选也都由其指定。② 天津俄租界的决策机构是俄国驻天津领事掌控下的董事会，董事长一职由俄国领事兼任，并受到俄国驻华公使的监督。③ 汉口英租界的纳税人会是租界的决策机构，也是立法主体。它通过纳税人常年大会来行使立法权，其会议的议程有 8 项，其中就有 1 项是："制订、修改各种法案、规章。"④ 汉口德租界也有纳税人会，也通过会议形式行使其职权，与汉口英租界的纳税人会十分相似，同样是立法主体。⑤ 可见，中国租界的议政（决策）机构也有立法权，也是立法主体。

（三）行政管理机构是立法主体

　　中国租界的行政管理机构根据租界内日常管理的需要，也进行立法，同样也是租界内的立法主体。由于租界的情况不同，这一机构的称谓也有所不同，有的称工部局、公董局，也有的称居留民团等。中国的英租界、英美租界、公共租界通常把租界里的行政管理机构称为工部局。上海英租界在 1854 年就成立了工部局，负责租界内的日常行政管理事务。⑥ 此后的上海英美租界和上海公共租界也都继续设有工部局。它是租界内的立法主体，而且制定的规定比较多，涉及日常管理的方方面面，有的规定还以工部局冠名。《公共租界工部局治安章程》（1903 年）、《公共租界工部局巡捕房章程》（1903 年）、《公共租界工部局公共菜场章程》（1931 年）、《公共租界工部局私立菜场执照条例》（1931 年）、《公共租界工部局中式新房建造

---

① 罗澍伟主编：《天津通志·附志·租界》，天津社会科学院出版社 1996 年版，第 82 页。
② 参见天津市政协文史资料研究委员会编：《天津租界》，天津人民出版社 1986 年版，第 42 页。
③ 参见罗澍伟主编：《天津通志·附志·租界》，天津社会科学院出版社 1996 年版，第 85 页。
④ 袁继成主编：《汉口租界志》，武汉出版社 2003 年版，第 214 页。
⑤ 同上书，第 229 页。
⑥ 参见蒯世勋等编著：《上海公共租界史稿》，上海人民出版社 1980 年版，第 117 页。

章程》（1901 年）等，都是这样。①

上海法租界公董局是租界内的行政管理机构，成立于 1862 年，其也制定适用于法租界的规定，是法租界的立法主体。1866 年颁行的《上海法租界公董局组织章程》规定了公董局董事会议定的事项共有 11 项，其中就有 1 项是"路政和卫生章程"。② 以后，这一章程经过修改，议决事项有所扩大。③ 它制定规定的数量也不少，其中有的也以公董局冠名。《法租界公董局警务路政章程》（1869 年）、《法租界公董局各车行驶章程》（1921 年）、《法租界公董局印刷业管理办法》（1926 年）等，都是这样。④ 天津的英、法、俄、意租界与汉口英、法、德、俄租界的情况也基本如此，都设置工部局或公董局作为自己的行政管理机构，都是租界内的立法主体。

另外，中国日租界的居留民团是租界内的行政管理机构，也行使立法权。成立于 1907 年的天津日租界居留民团是个具有立法权的行政管理机构，是租界内的立法主体。它通过居留民大会行使这一权力。"在（天津）日租界中，居留民大会是兼有立法权及行政权的机构。"⑤ 汉口日租界的情况与天津日租界的这一情况十分相近，汉口日租界内"兼有立法权和行政权的机构为居留民选举产生的居留民会"。⑥ 可见，中国租界的行政管理机构也是租界里的立法主体，也有立法权。

中国租界中的领事、议政（决策）机构和行政管理机构都是租界里的立法主体，分享了租界内的立法权。然而由于租界的情况不同，这一立法权的配置也有所不同。中国英、美、德、公共租界等租界的自治性较强，领事主要起监督作用，租界内议政（决策）机构、行政机构的立法权较大；法、俄、意、日等租界领事的权力较大，对租界的干预也较多，其控制的立法权就大，而租界内议政（决策）机构、行政机构的立法权就相对较小。另外，

---

① 史梅定主编：《上海租界志》，上海社会科学院出版社 2001 年版，"目录"第 6 页。
② ［法］梅朋、傅立德著：《上海法租界史》，倪静兰译，上海社会科学院出版社 2007 年版，第 279 页。
③ 史梅定主编：《上海租界志》，上海社会科学院出版社 2001 年版，第 203 页。
④ 同上书，第 6 页。
⑤ 罗澍伟主编：《天津通志·附志·租界》，天津社会科学院出版社 1996 年版，第 101 页。
⑥ 袁继成主编：《汉口租界志》，武汉出版社 2003 年版，第 244 页。

在一般情况下，它们的立法范围也不完全相同，且有分工。领事比较注重涉及租界一些重大问题的立法，如土地章程等方面的立法；议政（决策）机构重视一些较为重要问题的立法，如组织章程等方面的立法；而行政机构则侧重一些日常具体管理事务的立法，如交通、卫生、教育、文化等方面的立法。这样，有关租界各个领域，都有立法主体管辖，也都有相关的规定了。

尽管中国租界的立法主体有差异，但它们有一个共同点，即都是成文法的立法主体，而且都不是法院、法官。这与判例法的立法主体差别十分明显。判例法产生于英国，英国的"各高级法院是创造法律的主宰，也是运用法律的主宰。最高法院诉讼程序条例（Rule of the Supreme Court）是一个主要由法官组成的委员会制订的，而不是议会制订的"。① 法官在审判过程中，通过自己的实践与经验，产生新的判例法，推进判例法的发展。因此，"实际上制定判例法的是法官和法院"。② 这正好说明，中国租界的立法主体是成文法的立法主体而不是判例法的立法主体。

二、中国租界采用的是成文法的法律渊源

中国租界采用的是成文法的法律渊源，不是判例法的法律渊源。由于中国租界的法制是中国现代城市中的区域性法制，不是国家法，其法律渊源中就没有宪法、基本法、法律等部分，其法律渊源主要是成文法的区域性规定，围绕成文法的区域性规定而展开。③

（一）不平等条约

鸦片战争以后，中国政府在与西方列强签订的一些不平等条约中，与租界相关的部分是中国租界的法律渊源。这类条约中，关于开放的城市、租界的设置、土地与房屋的租赁、司法权等一系列规定，都成为中国租界的法律渊源。其中，首先是 1842 年的中英《南京条约》及其附件 1843 年的《五口通商附粘善后条款》中的相关内容。《南京条约》规定，中国的广

---

① ［法］勒内·达维德著：《当代主要法律体系》，漆竹生译，上海译文出版社 1984 年版，第 352 页。
② ［日］早川武夫等著：《外国法》，张光博等译，吉林人民出版社 1984 年版，第 10 页。
③ 王立民：《中国租界法制性质论》，载《华东政法大学学报》2021 年第 5 期。

州、福州、厦门、宁波、上海五个沿海城市都成为通商口岸，"贸易通商无碍"。① 这为中国租界的设置提供了依据。《五口通商附粘善后条款》进一步规定，这些通商口岸都允许设立租界，"议定界址，不需逾越"，它们由英商使用，"或常川居住，或不时来往"；租界内的房屋与土地允许英人租赁使用，"用何房屋或基地，系准英人租赁"；英人违法，"交英国管事官依情处罚"等。② 此后，英国、法国、日本、德国、俄国、意大利、比利时和奥地利等国家也都与中国签订了不平等条约，在中国设立租界，建立法制。这些条约也都是这些国家租界的法律渊源。这类不平等条约内容的区域性很明显，仅对中国租界有关的一些问题作出规定。它们都是中国租界法律渊源中十分重要的组成部分。

（二）领事令

领事令是外国驻华领事因工作需要而发布的命令。领事令中有关租界的内容是中国租界的法律渊源，也是中国租界中法律效力较高的一种法律渊源。领事代表国家行使权力，体现的是国家意志，领事令则是这种国家意志的表现。在中国租界中施行的领事令只适用于租界的范围，是租界法律渊源中的一个重要组成部分。比如，上海法租界 1938 年 9 月 3 日发布的关于禁止师生集会的领事令、1941 年 9 月 26 日发布的关于节制用电的领事令、1942 年 6 月 29 日关于使用无线电收录机必须申报的领事令等，都是如此。另外，领事令在中国的法、日、意、俄等一些租界的作用比较突出，领事令的数量比较多，其地位亦比较高；而英、美、公共等租界的自治性比较强，侨民组织在租界中的地位比较突出，领事对租界的干预较小，领事令的数量较少。尽管如此，领事还是可以根据租界建设与管理的需要而颁行领事令，即"随时定章办理"。③ 从这种意义上讲，中国租界法律渊源中的领事令是个令人不能忽视的组成部分。

（三）章程

章程是中国租界中运用范围较为广泛、内容较为周全的一种法律渊源。

---

① 王铁崖编：《中外旧约汇编》（第 1 册），三联书店 1957 年版，第 31 页。
② 同上书，第 35 页。
③ 同上书，第 157 页。

中国的许多租界都制定过章程，而且其涉足的范围比较广泛，囊括了租界建设的许多方面。上海的公共租界制定过《治安章程》（1903 年）、《车捐章程》（1904 年）等；① 法租界制定过《法租界公董局警务路政章程》、《法租界公董局各车行驶章程》等。天津的英租界制定过《工部局章程》（制定时间不详）、《公园管理章程》（制定时间不详）等；② 法租界制定过《菜市章程》（制定时间不详）、《公园管理章程》（制定时间不详）等；③ 日租界制定过《租界开发委员会章程》（1936 年）等；④ 意租界制定过《意租界地税及房捐章程》（1924 年）等。⑤ 汉口的租界也是如此，也制定过一些章程。其中，英租界制定过《英租界捕房章程》（1920 年）、⑥《公共卫生及房屋建筑章程》（1914 年）等；⑦ 法租界制定过《汉口法租界组织章程》（1929 年）、⑧《法租界总章程》（1929 年）等；⑨ 日租界制定过《日本汉口租界章程》（1898 年）等。⑩

中国租界制定的章程的内容一般比较周全，篇幅也比较大，其中的汉口《法租界总章程》就十分突出。这一章程有 4 章、174 条，内容关系到法租界的治安、路政、交通、卫生食品、消防、税收、丧葬、建筑等许多方面。中国租界的有些章程还设有附则。附则的内容往往是对章程内容的补充，使其更为完整。上海公共租界于 1910 年对已生效的《土地章程》增加了附则，内容是有关公共卫生等的规定。⑪ 汉口英租界专门颁行了《工部局市政章程警察附则》（制定时间不详），对已生效的《工部局市政章程》（制定时间不详）作了补充规定，内容涉及禁烟、赌、娼等方面的一些

---

① 史梅定主编：《上海租界志》，上海社会科学院出版社 2001 年版，第 53 页。
② 罗澍伟主编：《天津通志·附志·租界》，天津社会科学院出版社 1996 年版，第 82、312 页。
③ 同上书，第 269、310 页。
④ 同上书，第 543 页。
⑤ 同上书，第 544 页。
⑥ 袁继成主编：《汉口租界志》，武汉出版社 2003 年版，第 537—546 页。
⑦ 同上书，第 564—573 页。
⑧ 同上书，第 544—546 页。
⑨ 同上书，第 546—561 页。
⑩ 同上书，第 213 页。
⑪ 史梅定主编：《上海租界志》，上海社会科学院出版社 2001 年版，第 58 页。

规定。①

在中国租界的所有章程中，最为重要的莫过于土地章程。它是对租界地域、租地程序、重要机构的设置、司法权等一些重要问题作出的规定。上海租界 1845 年的《土地章程》对上海英租界的第一块地域的范围、租地程序、英人违反司法权等一系列问题都作了明文规定。②1854 年的《土地章程》又对租界内设立巡捕作出了规定，巡捕房这一现代警政机构随后也就诞生了。③1869 年的《土地章程》则改租地人会为纳税外人会，扩大了议政机构的作用；赋予工部局以更大的权力，使其拥有修改《土地章程》附则的权力等。④ 中国的其他租界也都有土地章程或类似的规定。⑤ 由于土地章程是对租界一些根本问题的规定，因此其不仅比租界制定的其他章程更为重要，而且在整个租界法制中的重要性也十分突出，以致有"基本法""小宪法""根本法"的说法。⑥

中国租界中有些章程的内容关系到租界的一些重要问题，也涉及租界建设的各个方面，在租界管理中不可或缺，其在租界的法律渊源中占有比较重要的地位。

（四）条例

条例也是中国租界中的法律渊源。它对租界中的一些专门事项作出规定，内容比较具体。中国的不少租界都颁行过条例。上海的公共租界颁行国《取缔政治集会条例》（1920 年）和《米店执照条例》（1921 年）等；⑦法租界颁行过《义勇队组织条例》（1862 年）和《公董局行政条例》（1917年）等。⑧ 天津的日租界颁行过《赋税条例》（1907 年）等。⑨ 汉口的法租

① 袁继成主编：《汉口租界志》，武汉出版社 2003 年版，第 392 页。
② 参见王立民著：《上海法制史》，上海人民出版社 2019 年版，第 119—122 页。
③ 参见王立民：《上海租界与上海法制现代化》，载《法学》2006 年第 4 期。
④ 参见马长林著：《上海的租界》，天津教育出版社 2009 年版，第 43—45 页。
⑤ 参见费成康著：《中国租界史》，上海社会科学院出版社 1991 年版，第 118—119 页。
⑥ 同上书，第 118 页。
⑦ 史梅定主编：《上海租界志》，上海社会科学院出版社 2001 年版，第 66、67 页。
⑧ 同上书，第 62、269 页。
⑨ 罗澍伟主编：《天津通志·附志·租界》，天津社会科学院出版社 1996 年版，第 126 页。

界颁行过《汉口法租界法籍员工地位条例》（1940 年）等。① 中国租界的条例通常对一些专门的事项作出具体规定，内容比较专一而且比较简单。上海公共租界于 1920 年颁行的《取缔政治集会条例》集中对举行政治集会的许可和核准的时间、申报的情况等作出规定，内容是"未经工部局特许不得在租界内召开政治性会议"；"欲开此会议至少须于 48 小时前向捕房请求必要核准，说明开会目的、到会人物及所议事项详情"。② 天津日租界于 1907 年颁行《赋税条例》重点对需新征收的"土地税、房产税、未开辟地税、营业税和所得税等新的税目"及税率作了规定。③ 当然，随着情况的变化，条例也会作必要的修改，以适应这种变化。1921 年上海公共租界修订的《旅馆执照条例》就是如此。④ 不过，从整体上看，中国租界颁行的条例数量不算多，但它确实在有些租界存在过，也是中国租界的一种法律渊源。

（五）规则

中国的有些租界施行过规则。这是一种偏重于操作、体现工作要求的法律渊源。上海的英美租界施行过《牛奶棚管理规则》（1898 年）；⑤ 公共租界施行过《交通规则》（1923 年）；⑥ 法租界施行过《交通规则》（1928 年）、《法国公园规则》（1928 年）等。⑦ 天津的英租界施行过《英国租界现行规则》（1886 年）；⑧ 法租界施行过《法租界市政管理内部组织规则》（制定时间不详）等。⑨ 汉口的日租界施行过《居留民取缔规则》（1898 年）、《居留地警察规则》（1898 年）等。⑩ 有的规则后有附则，天津英租界的《英国租

---

①　袁继成主编：《汉口租界志》，武汉出版社 2003 年版，第 561 页。
②　史梅定主编：《上海租界志》，上海社会科学院出版社 2001 年版，第 66 页。
③　罗澍伟主编：《天津通志·附志·租界》，天津社会科学院出版社 1996 年版，第 126 页。
④　史梅定主编：《上海租界志》，上海社会科学院出版社 2001 年版，第 66 页。
⑤　同上书，第 500 页。
⑥　同上书，第 591 页。
⑦　同上书，第 526、594 页。
⑧　罗澍伟主编：《天津通志·附志·租界》，天津社会科学院出版社 1996 年版，第 20 页。
⑨　同上书，第 521—533 页。
⑩　袁继成主编：《汉口租界志》，武汉出版社 2003 年版，第 246 页。

界现行规则》就是这样。① 有的规则根据需要，还作过修订。上海的公共
租界《交通规则》和法租界的《法国公园规则》施行后都作过修订。② 中
国租界规则的内容非常具体，也十分利于操作。上海公共租界的《交通规
则》规定，车行道"供车辆驾驶"，人行道"供行人使用"；"除周日外，
每天上午 11 时 45 分至下午 12 时 30 分，各种车辆一律不得在山东路和外
滩之间的南京路路段南侧停车"等。③ 中国租界规则的施行十分有利于社
会管理，是一种不能没有的法律渊源。

中国租界的这些法律渊源都是成文法的法律渊源。其中，无论是正文
还是附则，无论是文本的制定还是修订，都属成文法范畴而不是判例法范
畴。判例法的法律渊源与成文法的法律渊源相差甚远。它的法律渊源主要
是判例，而判例是"活生生的人与人之间的深刻的纠纷和真挚地想要解决
其纠纷的人们的记录"。④ 判例法中没有章程、条例、规则等一些法律渊源。
这从一个角度说明，中国租界的法制是以成文法为特征的法制。

三、中国租界设定的是成文法的体例与法条

中国租界制定了各种规定，而这些规定都具备成文法的体例与法条。
这从又一个侧面来反映，成文法是中国租界的法制的一个共性。

（一）成文法的体例

中国租界自己制定并在租界内实施的规定有许多，但它们都具备成文
法的体例。这种体例又因规定内容的多寡等一些因素而有所不同。

1. 对内容不多的规定，设定的是条文的依次排列的体例

在那些内容不多的规定中，没有章、节等的划分，只是条文的依次排
列，条下也不设款。这种体例运用得比较多，运用的对象主要是那些内容
不多的规定。天津意租界的《意租界地税及房捐章程》是其中之一。它的

---

① 罗澍伟主编：《天津通志·附志·租界》，天津社会科学院出版社 1996 年版，第 20 页。
② 史梅定主编：《上海租界志》，上海社会科学院出版社 2001 年版，第 526、591 页。
③ 同上书，第 591—592 页。
④ ［日］藤仓皓一郎等主编：《英美判例百选》，段匡等译，北京大学出版社 2005 年版，日文
版"序言"第 2 页。

内容不多，仅对意大利租界内地税与房捐的收缴数额、比例等作了规定，其体例便是条文的排列，而且还没有条文的序号。另外，在中国租界法制建设的前、中期，也运用较多。那时，租界的情况还不那么复杂，需规定的内容也不多，设定这样的体例就可满足立法的需要。1882 年上海英美租界施行的《上海领事公堂诉讼条例》就是如此。① 它只有 17 条条文，对公共租界内以工部局为被告的行政诉讼作了规定，内容涉及法庭人员的组成、诉讼、诉讼程序、使用语言、判决书、诉讼费等一些方面。不过这个规定设有条文的序号，从第 1 条排列至第 17 条。它们都是仅由条文构成的体例。

2. 对内容较多的规定，设定的是条、款的体例

中国租界有些规定的内容较多，特别是条中内容不足以用一个法条来表述，于是条下便设款，形成了一种条、款组合的体例。上海法租界的《法租界公董局警务路政章程》就是这样。② 这个规定共有 31 条，其中的第 28 条中就设有 3 款。第 1 款是关于客栈、旅店、包饭作等住房出租所应登记的事项；第 2 款是关于水兵投宿旅店需出示的证件；第 3 款是关于店主应对不符合条件入住旅店水兵的办法。还有，天津日租界施行的《租界开发委员会章程》也具备这样的体例。③ 它们都是一种条、款皆有的规定，具有条、款的体例。

3. 对内容很多的规定，设定的是篇、章、条、款或章、条、款组合的体例

在内容很多的规定中，其体例适用的是篇、章、条、款或章、条、款那样的体例，这样才能妥善安排规定中的内容。天津法租界的《法租界市政管理局内部组织规则》就采用这样的体例。④ 它共有 3 篇、23 章、78 条；另外，还设有 2 个附件共 25 条。其中，有少量条下还设款。第一篇"各部组织"的第三章"工务处"的第三条"电灯"下就设有 3 款，分别规定与

①　蒯世勋等编著：《上海公共租界史稿》，上海人民出版社 1980 年版，第 248—249 页。
②　史梅定主编：《上海租界志》，上海社会科学院出版社 2001 年版，第 712—714 页。
③　罗澍伟主编：《天津通志·附志·租界》，天津社会科学院出版社 1996 年版，第 543 页。
④　同上书，第 521—533 页。

街灯、室内电灯和灯火报告书等相关的一些内容。汉口法租界的《汉口法租界组织章程》（1929 年）则设有章、条、款的体例。[1] 它共分为 4 章、26 条，少量条下还设有款。第四章"土地制度外国人居留"的第 25 条"外国居民"下设有 2 款，内容分别规定了有关租界内外法国籍居民的义务、出租给非法国籍居民房屋业主的注意事项等。这种体例的规定在中国租界中不多，大量的规定仅为条，而无篇、章等的设置。

4. 少量的规定还设有条标

在中国租界的规定中，凡设有篇、章、节体例的，一般都设置了篇、章、节标。另外，有少量的规定中还设立了条标。上海英美租界于 1893 年制定的《工部书信馆章程》就设有条标。[2] 这个规定仅有法条构成，不设篇、章。但是，它的每条法条前都设置了条标，共有 13 条法条，也有 13 个条标。条标中，条款最少是 2 个字，如"邮资""邮票""包裹"等；字数最多是 13 个字，如"私人住宅、旅馆等处应设置信箱"；一般都为 4 个字，如"存款账户""邮件尺寸""投递时间""客户意见""挂号邮件""变更地址"等。汉口法租界的《法国租界总章程》也设置了条标。它共有 174 条法条，也有 174 条条标。只是在条标的字数上与《工部书信馆章程》有所不同。它有一个字的条标，第 125 条条标就是一个字"狗"；还有，它的条标字数都少于 13 个字，没有超过 13 个字的条标。这些都是这两者的差异。

尽管中国租界的规定在体例上有所不同，但它们都具备了高度的一致性，这就是所有的体例都是成文法的体例，不是判例法的体例。不论是由法条组成的体例，还是由篇、章、条、款组合的体例；不论是无条标的体例，还是有条标的体例，无一例外。判例法是法官"结合以前的判例对于具体案件表示意见"。[3] 因此，判例法的体例就是判例的体例。这种体例主要由两部分合成，即"事实梗概"与"判决要旨"。在"违宪立法审查制的

---

① 袁继成主编：《汉口租界志》，武汉出版社 2003 年版，第 544—546 页。
② 史梅定主编：《上海租界志》，上海社会科学院出版社 2001 年版，第 687—690 页。
③ ［法］勒内·达维德著：《当代主要法律体系》，漆竹生译，上海译文出版社 1984 年版，第 343 页。

成立"这一判例中，"事实梗概"描述了马伯里等 3 人向联邦法院起诉国务卿麦迪逊的过程；"判决要旨"则是法官对此案的判决内容与判决理由。① 可见，成文法的体例与判例法差别明显，而中国租界设定的是成文法的体例，不是判例法的体例。

（二）成文法的法条

与成文法的体例保持一致，中国租界设定的是由假定、处理与制裁等要素构成的成文法法条，不是判例法的条文。中国租界的法制中，具有与民法、行政法、诉讼法和国际公法有关的一些法条，这里列举一些为证。

1. 与民法有关的法条

中国租界的法制中，有民法的内容，也有与民法有关的法条。这一民法的法条集中规定了土地的租赁与买卖等一些方面。上海、天津等租界都设定过此类法条。上海英租界于 1845 年开始施行土地租赁的规定。此规定的内容是，"原业主与租户出租、承租各字据，经查核钤印，交还收执，以凭信守，并免违纪"；"倘有租主逾期不交地租，领事官应按本国欠租律例处理"。② 中国的租界除了有租赁土地的规定外，还有与买卖土地相关的规定。天津法租界就有这样的规定。它在 1931 年规定，"天津法租界内买卖地契及过户一切事宜，应在法国领事馆注册，按照领事官公布命令办理"；"凡外国籍人民在法租界内购买地亩者，应以书面承认遵守市政管理局的一切章程，并缴纳税款"。③ 这些成文法法条都是这些租界与民法有关内容的组成部分。

2. 与行政法有关的法条

中国租界的法制里含有大量与行政法有关的内容，并以行政法的法条面目出现。违反行政法者会根据相关规定，收到"吊销执照""罚款"等制裁。上海、天津、汉口等租界都制定过这类法条。上海公共租界于 1903 年规定，凡是拥有货车者都须申领执照，而且"不许别人顶替执用"；"如

---

① ［日］藤仓皓一郎等主编：《英美判例百选》，段匡等译，北京大学出版社 2005 年版，第 1—3 页。

② 王铁崖编：《中外旧约汇编》（第 1 册），三联书店 1957 年版，第 66—67 页。

③ 罗澍伟主编：《天津通志·附志·租界》，天津社会科学院出版社 1996 年版，第 518 页。

有违犯照上各章程，工部局当将执照吊销"。① 还有，开设洋酒店铺、大餐馆、球馆、烟馆、马车行，拥有机器车、自用马车与东洋车、小火轮、华式船等，也都须有执照，违犯者也都要被"执照吊销"。② 天津法租界在1930 年作出过对私行赌博者适用罚款的规定。这一规定的内容是："赌博场在法租界一律禁止。遇有私行赌博者，赌场及一切顾客须完全负责交付罚款。"③ 汉口法租界对违反养狗注册规定者要处以罚款的处罚。它在 1929年规定，"所有法租界的居民，狗的拥有者或养育者，都应在巡捕房为狗登记注册"；违反这一规定者，"将处以高于支付领养费 5 元的罚款"。④ 这些规定都以行政法法条的形式出现，都是这些租界与行政法相关的成文法内容。

3. 与刑法有关的法条

中国租界规定过少量与刑法相关的成文内容。其中，天津、汉口等租界都制定过这样的法条。天津英租界于 1886 年曾把船长与船员带枪械或其他危险器具进入租界、在码头与道路上疾驶车辆、在街道上无故招摇等三类行为认定为犯罪行为，并用法条作出了规定。它规定，"为轮船长以及船员人等，不准装运枪械及他项危险器具带入租界之内，无论何人不得在码头及道路疾驱车及无故招摇（于）街者"，否则，就要被追究刑事责任，由"领事按照罪情斟酌究办"。⑤ 汉口英租界于 1920 年颁行过与刑法相关的法条，把一些违犯妨害公益意义的行为，规定为犯罪行为。此年汉口英租界规定，"凡本界内人民在街道或其他公共地，犯含有妨害公益意义之罪，如大小便等"，就要被"处以十两以下之罪金，或十二日以下监禁"。⑥可见，中国的有些租界对犯罪作过规定，并以成文刑法法条加以固定。

4. 与诉讼法有关的法条

中国租界制定过与诉讼法有关的规定，设定过诉讼法的法条。其中，

---

① 史梅定主编：《上海租界志》，上海社会科学院出版社 2001 年版，第 692 页。

② 同上书，第 693—699 页。

③ 罗澍伟主编：《天津通志·附志·租界》，天津社会科学院出版社 1996 年版，第 539 页。

④ 袁继成主编：《汉口租界志》，武汉出版社 2003 年版，第 556 页。

⑤ 罗澍伟主编：《天津通志·附志·租界》，天津社会科学院出版社 1996 年版，第 510 页。

⑥ 袁继成主编：《汉口租界志》，武汉出版社 2003 年版，第 542 页。

有的是对诉讼法的完整规定，有的只是零星规定。上海租界于 1869 年施行的《上海洋泾浜设官会审章程》①对会审公廨适用的诉讼法作了较为完整的规定，内容涉及审判人员的组成、审判的案件、审判程序等一系列内容。这些内容都由诉讼法法条组成。此章程的第 2 条就规定了华、洋审判人员审判案件的对象。"凡遇案件涉及洋人必应到案者，必须领事官会同委员审问，或派洋官会审；若案情只系中国人，并无洋人在内，即听中国委员自行讯断，各国领事官，毋庸干预。"还有，上海英美租界制定的《上海领事公堂诉讼条例》也是如此。有的中国租界的有关诉讼法内容则是零星规定，法条也是如此。汉口法租界于 1929 年曾作出过一个关于自行逮捕令的规定。这个规定的内容是，如果纳税人拖延地产税、居住税，"在第二份警告还无效的情况下，从第二份警告发出算起 3 天后执行逮捕令"。逮捕令的规定属于刑事诉讼法范围。这个规定的内容涉及执行逮捕令的一些条件。中国租界这些与诉讼法有关的规定也都以法条面貌出现，是成文诉讼法的直接体现。

5. 与国际公法有关的法条

在中国租界自己制定的规定中，仅有少量与国际公法有关的法条。这种法条也以成文法法条的样式展现出来。这又突出表现为对引渡的规定。引渡是国际公法中的一个概念，是指一国将处在该国境内而被他国追捕或判刑的人，根据他国的请求依法移交给请求国审判或处罚的行为。上海公共租界和汉口英租界都制定过相关法条。上海公共租界于 1912 年规定："除非界外市政当局同意引渡会审公廨所要的被告和人证，否则不得解交任何犯人。"②也就是说，上海公共租界在华界同意引渡的情况下，就会同意引渡犯罪嫌疑人。汉口英租界于 1920 年规定了适合引渡的条件。"凡中国人民或其他无领事国人民，违犯本附则（《英租界捕房章程》的附则）条项者，本局（工部局）各办事职员均得命人捉拿追究。但犯者系有领事各国人民，本局即引渡该领事惩办。"③这些引渡的规定都属于国际公法范围，

---

① 王铁崖编：《中外旧约汇编》（第 1 册），三联书店 1957 年版，第 269—270 页。
② 上海市档案馆编：《辛亥革命与上海》，中西书局 2011 年版，第 280 页。
③ 袁继成主编：《汉口租界志》，武汉出版社 2003 年版，第 543 页。

都以国际公法的成文法面目体现出来。

中国租界的法制中含有与民法、行政法、刑法、诉讼法、国际公法等部门法有关的内容，而且它们都以成文法的形式出现，并与判例法不同。判例法由判例合成，那些判例要表现出案件的具体情况，"从一个案件的具体情况出发，不需任何解释过程就能给该案件以解决办法的"。[①] 判例法不是由成文法的法条集成，而是由各种判例综成。"判例法是由法院适用不成文法、习惯法解决纠纷时所做的判决积累而成。"[②] 从这种不同之中，可以折射出中国租界的法制是一种成文法的法制，而不是判例法的法制。

四、中国租界实施的也是成文法

中国租界不仅立法主体、法律渊源、体例与法条是成文法，而且其实施的也是成文法。这就分别从法律的制定与法律的实施两个领域来共同论证中国租界法制的共性是成文法，而不是判例法。这种成文法的实施又可分为守法、行政执法、司法与规避法律等一些方面。

（一）守法的依据是成文法

中国租界法制是世俗法制，与所属地域关系密切。在中国租界内，颁行的是成文法，人们遵守的也是成文法而不是判例法。事实也是如此。1869 年 12 月上海英美租界曾连续出现天花病患者。此租界根据较为先进的接种牛痘防天花病的方法，于 1870 年 2 月作出规定，要求租界居民接种牛痘，并在租界内禁止使用本地人（华人）传统的人痘接种。[③] 居民们从遵守这一规定中受益，纷纷采用接种牛痘的方法预防天花病，此病因此而得到有效控制。[④]

上海租界还有守法的个案。据《老上海三十年见闻录》记载，有位

---

① ［法］勒内·达维德著：《当代主要法律体系》，漆竹生译，上海译文出版社 1984 年版，第 395 页。

② ［日］早川武夫等著：《外国法》，张光博等译，吉林人民出版社 1984 年版，第 7 页。

③ 参见上海市档案馆编：《工部局董事会会议录》（第 11 册），上海古籍出版社 2001 年版，第 670 页。

④ 参见马长林等著：《上海公共租界城市管理研究》，中西书局 2011 年版，第 85—87 页。

华人"初来上海"，走到上海公共租界的"四马路棋盘街转角处，因欲解手"。此时，陪同他的居住在此租界的"友人告以租界章程，须拉进捕房，罚洋二角"。这里的"租界章程"就是上海公共租界自己制定的成文规定。但是，这位华人却说："洋钱事小，颜面攸关，然尿胀腹中，急不能禁，奈何？"听完此话，陪同的友人思索片刻，"忽生一计"，告诉这位华人："君如不吝，此处棋盘街幺二堂子极多，但进去唤一移茶，便可任君解手也。"他愿照此办理，用守法避免了违法。最后，两人从妓院出来，"互相笑述，谓今日一场小便，值洋两元云"。① 可见，他们宁可多花钱，也不愿违反租界作出的规定。这从一个侧面说明，中国租界制定的是成文法，人们遵守的也是成文法，成文法是中国租界法制的一个共性。

（二）行政执法的依据是成文法

中国租界也有行政执法，巡捕房是主要行政执法机构，巡捕是主要行政执法人员。他们依照租界的成文法规定行使执法权。上海英美租界的巡捕房曾严格执行过捕狗的规定。1875 年以后，上海英美租界陆续出现狂犬病的病例，原因是由狂犬引起。为了有效控制狂犬病的传染，此租界于1893 年规定，凡在租界马路上游荡、不戴颈圈的狗一律捕捉，关到虹口捕房的狗舍，7 天内无人认领者即被处死。巡捕房严格执行这一规定，同年就捕获 4457 条狗，其中仅有 750 条狗被认领，其余的狗均被处死。1899年巡捕房又抓获 4758 条这样的狗，大部分被杀死。狂犬病因此而得到有效的遏制。② 汉口英租界曾对私买或私藏鸦片的行为进行过行政执法。汉口英租界的《英租界捕房章程》规定："人民未向本局（工部局）领取经领事签名执照，不得私买或私藏鸦片。违者除处以一千两以下罚金外，并将所有鸦片没收，或处以六月以内监禁以代罚金。"③ 这一规定由巡捕房执行。"1916—1925 年，警察科共抓获私买私藏鸦片者 1206 人，大部分均处以罚款。"④ 可见，这些行政执法的依据都是租界自己制定的成文法。

---

① 陈无我著：《老上海三十年见闻录》，上海书店出版社 1997 年版，第 263—264 页。
② 马长林主编：《租界里的上海》，上海社会科学院出版社 2003 年版，第 308—309 页。
③ 袁继成主编：《汉口租界志》，武汉出版社 2003 年版，第 543 页。
④ 同上书，第 226 页。

（三）司法的重要依据是成文法

中国的有些租界内设有会审公廨。① 它是司法机关，要审判租界内发生的案件，其中的一个重要依据是租界自己制定的成文法。这一成文法在租界内得到实施。

上海租界的会审公廨审判过违反租界规定的不准随地大便的案件。"有北人初到上海，不谙租界章程，在马路上大便，被巡捕捉去。捕房令罚洋释出，其人不服，吵闹不休。解赴（会审）公堂，官判加罚数元，以为吵闹者戒。"② 这里的"租界章程"就是上海租界制定的成文规定。上海租界的会审公廨审判这位"北人"的依据就是其违反了租界不准随地大便的成文规定。还有，依照租界规定而引起的合同纠纷，会审公廨也会受理。1910 年 12 月 5 日，上海公共租界有 5 名不缴房租而违约的店主被房东告到会审公廨。经过审理，"会审公堂对他们的判决是，必须在一周内缴清所欠租金"。理由是："这些主体都无权节制房东，降低房东认为租户应付的租金；如果租户认为房租过高，他们尽可在缴清所欠租金后搬离，找寻更便宜的房屋。"③ 可见，中国租界制定的成文规定在司法中得到适用，是司法的一个重要依据。

（四）规避法制的依据也是成文法

中国租界在实施成文法的过程中，遇到过规避法制的行为，其依据也是租界制定的成文法。这从另一个角度来证明，中国租界的成文法是个共性。上海英美租界、法租界从维护治安和人身、财产安全等方面考虑，于 1885 年 11 月 9 日联合发布了《禁燃鞭炮高升章程》。此章程规定，新年与其他节假日、工厂商铺开业等时候，一律不准燃放鞭炮、高升（爆竹），违者由巡捕缉拿，关押一至三日，并处罚款。这一规定与中国的民俗、洋人的好奇心相冲突。为了避免此规定的追究，有人就采用规避这一规定的办法去燃放。当时，这两个租界的周边都是华界，而华界则无这种禁燃规定，

① 中国租界中的上海英美、法租界，汉口英、德、俄、日租界，鼓浪屿公共租界等租界里设置了会审公廨。参见费成康著：《中国租界史》，上海社会科学院出版社 1991 年版，第 141—142 页。

② 陈无我著：《老上海三十年见闻录》，上海书店出版社 1997 年版，第 244 页。

③ ［俄］郭泰纳夫著：《上海会审公堂与工部局》，朱华译，上海书店出版社 2016 年版，第 188 页。

人们照样可以燃放鞭炮、高升。于是，租界的居民就到租界与华界交界的华界一侧去燃放，声音照样传到租界，鞭炮和高升的垃圾也落到租界，可巡捕因无法到华界去执法而无可奈何。还有，一位叫邢春华的华人甚至在租界内明目张胆地燃放烟花，被巡捕缉拿后，坚称自己没有违法，因为禁燃的规定中没有禁燃烟花的内容，后来此事也就不了了之了。①另外，由于租界巡捕执法地域的限制，以致一个租界的巡捕无法直接到另一个租界去执法。有些违法者就利用这一点，违法后逃到另一租界，使其规避法制得逞。上海租界就发生过这样的案例。②

守法、行政执法、司法与规避法制都是中国租界法律实施中的重要组成部分。这些组成部分都以中国租界颁行的成文法而不是判例法为依据。这从法律实施的视角来反映中国租界法制的一个共性，即成文法的共性。

综上所述可知，中国租界无论在法律制定中的立法主体、法律渊源、体例与法条，还是法律实施中的守法、行政执法、司法与法律规避，都与成文法联系在一起，而与判例法无关。这些都是中国租界法制中不可或缺的重要组成部分，其都与成文法相关联而与判例法无涉。这足以证明中国租界法制中的成文法确是它们的一个共性。

五、中国租界采用成文法的主要原因

中国租界的法制由不同法系国家在中国租界建立，而不同法系国家的法源并不一致。其中，大陆法系国家以使用成文法为特征，其主要法源是成文法。"大陆法的主要法源是成文法（制定法）、法典法。"③因此，其在中国租界也采用成文法，顺理成章。斯拉夫法系的俄罗斯法虽与大陆法系有所不同，更注重维护专制统治、使用十分残酷的刑罚、具有粗陋的司法特征等。④但是，其也大量制定、实施成文法，早在公元11世纪就诞生了

---

① 参见东方明：《无疾而终的〈禁燃鞭炮高升章程〉》，载《检察风云》2016年第3期。

② 参见王立民著：《中国租界法制初探》，法律出版社2016年版，第176—177页。

③ ［日］早川武夫等著：《外国法》，张光博等译，吉林人民出版社1984年版，第6—7页。

④ 参见［美］约翰·H.威格摩尔著：《世界法系概览》(下)，何勤华等译，上海人民出版社2004年版，第659—663页。

《罗斯法典》。① 此后，还有一系列法典跟进，《一四九七年律书》《一五五〇年律书》《一六四九年会典》等都是如此。② 而且，它也不采用判例法，其法制的成文法属性也十分明显。因此，俄租界使用成文法也在情理之中。英美法系国家则不同，它们以判例法为特征，判例法是其主要法源。"英美法的法源则是不成文法、判例法。"③ 但是，英美法系国家设立在中国的租界也采用了成文法，不论是英租界、美租界，还是英美租界、公共租界都是如此，无一例外。这就显得比较另类，即没有沿用判例法的传统。那么，为什么中国租界特别是英、美、英美与公共租界都采取了成文法而非判例法呢？这有其自身的原因。

（一）中国租界的成文法是中外成文化的不平等条约的延伸与具体化

鸦片战争以后，中国与外国列强签订了不少不平等条约。这些不平等条约与中国租界法制之间存在一种源流关系。那些不平等条约是中国租界法制之源，中国租界法制又是这些不平等条约之流。没有不平等条约这个源，中国租界法制之流也不复存在了。中国租界法制从那些成文化的不平等条约的源中得到延伸，并使其具体化。不平等条约都是成文法，作为其的延伸与具体化，中国租界选用成文法而不选用判例法也就成了最佳选择。

鸦片战争以后，中英《南京条约》及其附件《五口通商附粘善后条款》先后规定了中国开辟的五个通商口岸、确认了允许英国人在这些口岸经商、居住的权利等。这些规定都直接为上海确立英租界的地域提供了依据，同时还对英租界的其他一些相关事务作了规定。1845 年的《土地章程》也对上海英租界的地域和一些其他相关事务作了规定。这个《土地章程》就是中英《南京条约》及其附件《五口通商附粘善后条款》关于在上海这个通商口岸设置英租界的体现，是一种源流关系，也是这一不平等条约的延伸、具体化。此后的 1854 年、1869 年，《土地章程》在此基础上，又推进上海租界的法制进程，以致上海英租界以及此后的上海英美租界、公共租界的

① 参见［俄］奇斯佳科夫主编：《俄罗斯国家与法的历史》（上卷），徐晓青译，法律出版社 2014 年版，第 46 页。

② 参见张寿民著：《俄罗斯法律发达史》，法律出版社 2000 年版，第 26—31 页。

③ ［日］早川武夫等著：《外国法》，张光博等译，吉林人民出版社 1984 年版，第 7 页。

法制日趋完臻。这些不平等条约与上海英租界的《土地章程》及其相关规定，都是成文法，不是判例法。上海英租界的法制从成文的不平等条约开始，再以成文法接续，成文化一脉相承。由上海英租界发展起来的上海英美、公共租界也按部就班继续沿用成文法，判例法始终没有机会成为上海租界法制的一部分。

继中英《南京条约》之后，1844 年中美《望厦条约》签订，英国人的在华权利也为美国人享用，美国人也可在五个通商口岸设立租界。"嗣后合众国民人，俱准其挈带家眷，赴广州、福州、厦门、宁波、上海共五港口居住贸易。"① 沿用了这一成文规定，上海美租界建立的法制也采用成文法，没有另起炉灶，使用判例法。往后，上海英、美两租界合并，成立的上海英美租界和改名后的上海公共租界都是如此。紧随中美《望厦条约》之后，中法签订了《黄埔条约》，也使在华法国人享有与在华英、美国人相同的权利。"自今以后，凡佛兰西人家眷，可带往中国之广州、厦门、福州、宁波、上海五口市埠地方居住、贸易，平安无碍，常川不辍。"② 在此基础上建立的上海法租界同样采用成文法。中国的天津、汉口与其他租界也都如此，没有一个例外。

从中可见，中国租界都采用成文法与租界国和中国签订的不平等条约有直接关系。不平等条约的成文法通过源流关系，进行传承，导致了中国所有租界都采纳成文法，并使成文化的不平等条约得到延伸与具体化，而没有改换门庭，采用判例法。

（二）中国租界的成文法符合中国的法制传统

中国有成文法的传统，成文法是中国传统的主要法源。早在先秦时期，中国就制定过禹刑、汤刑、吕刑、九刑等成文法，战国时期的《法经》还使中国成文法的法典化迈出了一大步，实现了飞跃。它的体例有总则与分则之分，前面的盗、贼、囚、捕、杂而为分则，最后的具篇为总则。在《法经》的基础上，中国各朝的传统法典陆续颁布，并使成文法不断向前

---

① 王铁崖编：《中外旧约汇编》（第 1 册），三联书店 1957 年版，第 51 页。
② 同上书，第 58 页。

演进，较具影响力的就有：秦律、汉律、唐律、宋刑统、大元通制、大明律和大清律例等。另外，还有成文法的令、格、式、敕、例等。中国传统上虽有被认为是判例法的比、例等，但它们也都与英美法系的判例法有所不同，经过一定的提炼与归纳，内容已不那么具体，带有一定成文法的性质。① 中国的成文法始终是中国传统法制的主导与主干。中国社会已适应成文法，中国人也熟悉成文法。

中国传统法制的成文法对清末的法制改革、法制现代化产生了很大影响。清政府同样选择了成文法而不是判例法，还制定了大量成文法典与法典草案。其中，宪性性文件有《钦定宪法大纲》和《宪法重大信条》十九条，刑法有《大清现行刑律》和《大清新刑律》，民法有《大清民律草案》，商法有《大清商律草案》，诉讼法有《大清民事诉讼律草案》和《大清刑事诉讼律草案》等。② 中国法制现代化实际上就是成文法的现代化。这种现代化又以移植西方的现代成文法为主要路径，其中又以移植德国成文法的成分为多。③ 中国因此而加入了大陆法系行列。中国清末选择成文法与中国租界选择成文法是殊途同归，只是中国租界的这种选择要比清政府的选择还早半个世纪。

鸦片战争以后，中国虽然开始进入现代社会，可法制却十分滞后，仍停留在传统水平，没有发生根本变化。直到 50 余年后的 20 世纪初，中国进行大规模法制改革，中国法制才在整体上逐渐迈进现代的门槛。鸦片战争结束以后，中国租界法制随着租界的出现，很快建立起来。这是一种现代的外来法制，其要植根中国的城市并生长、发育、结果，必须找到一种能让中国社会与人民都能接受的法源形式。对中国而言，那时可以选择的法源并不多，主要就是大陆法系的成文法和英美法系的判例法。中国传统上是以成文法为主导与主干，移植成文法比较符合中国租界的情况，也易让中国社会与人民所接受。因此，中国租界都不约而同地选用成文法而不是判例法。

---

① 董茂云：《法典法，判例法与中国的法典化道路》，载《比较法研究》1997 年第 6 期。
② 参见王立民主编：《中国法制史》，科学出版社 2016 年版，第 176—183 页。
③ 王立民：《论清末德国法对中国近代法制形成的影响》，载《学术季刊》1996 年第 2 期。

在这里还要提及的是，中国租界不是英国的殖民地，如果是英国的殖民地，也难逃使用判例法的命运，特别是英、美、英美与公共租界。中国租界虽为列强所建立，但其只在中国领土上租用了一块地域，进行自治管理。这种管理形式因租界不同而异，有的是以领事为主的管理，如法、日、意、俄等租界，也有的是以租界外国侨民组成的自治机构为主的管理，如英、美、英美、公共等租界。不过，中国租界的自治机构不是殖民地的机构，而且与列强国家保持相对独立。因此，它们没法把中国租界作为自己的殖民地，包括英、美、英美与公共租界。否则，这些租界都会被移植、使用判例法了。

事实已经证明，凡是英国的殖民地，都被移植英国法，成为英美法系国家。经历了工业革命以后，英国变得强大起来，随之而来的就是侵略。英国的殖民地遍及欧、亚、澳、非、美五大洲，英国也因此而有了"日不落帝国"之称。英国的殖民地都被强制移植英国法。"英国的普通法就是殖民地的普通法。"①英国的判例法便遍布五大洲，英美法系就此而形成，还成为世界上的一个主要法系。就此可以推论，如果中国的租界是英国的殖民地，那也无法成为成文法的幸存者了。②

俗话说，合适的就是最好的。法制也是如此。与中国的成文法传统保持一致，中国租界明智地选择了成文法而不是判例法，而且还持续了百年时间，没有被排斥、质疑，甚至放弃，一切都风平浪静，直到租界收回。这说明，成文法确实适合中国租界，中国租界选用成文法而不是判例法，是一种正确的选择。也正因如此，这一法制能得到实施，能生根、发育、成长，能为租界的发展保驾护航，甚至被中国华界所借鉴，推进中国法制现代化的进程。③

（三）英美法系国家建立的中国租界传承了其本国制定成文法的做法

英美法系国家虽以判例为其传统和主干，但并不排斥成文法的存在。

---

① 参见［美］约翰·H.威格摩尔著：《世界法系概览》（下），何勤华等译，上海人民出版社2004年版，第935页。

② 王立民：《中国近代成为大陆法系国家的原因及相关问题探析》，载《华东师范大学学报（哲学社会科学版）》2017年第4期。

③ 参见王立民著：《中国租界法制初探》，法律出版社2016年版，第72—73页。

它可以对判例法进行整理和修改。① 它们在设立中国租界以前，就已经制定过成文法。在 18 世纪以前，成文法就是英国的法律渊源之一，1485 年还印刷过成文法的汇编《新制定法》，收集了从 1327 年至 1483 年颁行的成文法。18 世纪以后，英国成文法的数量成倍增长，其中 18 世纪制定了 6730 项，19 世纪又制定了 10308 项。② 美国也是如此。在其设立中国租界之前，也已有自己制定成文法的历史。在独立战争以前，一些英国殖民地就已开始制定成文法。比如，康涅狄格的《基本法规》（1639 年）、马萨诸塞的《自由典则》（1641 年）、卡罗来纳的《根本法》（1668 年）和宾夕法尼亚的《施政大纲》（1682 年）等。独立以后，美国还继续制定成文法。比如，1777 年的《邦联条例》、1781 年的《联邦组织法》和 1787 年的《美利坚合众国宪法》等。③ 可见，成文法不仅没在英美两国销声匿迹，相反还有一席之地。

英美法系国家建立的中国租界出于管理租界的需求，传承了国内制定成文法的做法，把其在租界发扬光大。这些租界因此而走上了成文法之路，没有沿用判例法。而且，这些租界还把本国制定的成文法，移植进自己的租界，使其成为自己成文法的一个组成部分。由于本国的这类成文法往往比较先进，移植进中国租界以后，中国租界法制的水平也随之提高了。这里以上海英美租界颁行的成文法为例。1853 年英国颁行了世界上第一部交通法规，1872 年上海英美租界便以其为蓝本而制定了自己的交通法规。其中，车辆等交通工具左去右来等规定就是从英国的交通法规中移植而来。这一规定使用至 20 世纪 40 年代，因移植美国法而改为右去左来。还有，1875 年英国颁行了世界上第一部内容比较完整的公共卫生法，即《公共卫生法》。上海英美租界又以其为范本，把它移植进自己的租界，制定了一些相关规定，并效仿英国采取了许多公共卫生措施。④

由英美法系国家在中国建立的英、美、英美、公共租界会采用成文法，

---

① 参见何勤华主编：《外国法制史》，法律出版社 1997 年版，第 202 页。
② 参见何勤华主编：《英国法律发达史》，法律出版社 1999 年版，第 34 页。
③ 参见何勤华主编：《外国法制史》，法律出版社 1997 年版，第 244—245 页。
④ 参见马长林等著：《上海公共租界城市管理研究》，中西书局 2011 年版，"序"第 3 页。

正是传承了自己国家制定成文法的做法，也可以说，是这种做法在中国租界的延续。有区别的是，那时成文法在它们国内只是处在一种辅助地位，判例法则处于主导地位；而在它们建立的中国租界，成文法被刻意放大，成了唯一的法源，判例法却没了市场。这就成了中国租界都采用成文法的又一个原因。

（四）上海租界的成文法为中国其他租界所仿效

上海租界是中国租界中产生最早，存在时间最长，人口最多，发展最为充分，影响也最大的租界。[①] 与此相对应，上海租界的成文法也是如此。它最早制定、实施自己的成文法。[②] 上海租界的成文法为中国租界的成文法开了先例，为中国其他租界制定成文法提供了范本。中国的其他租界趋之若鹜，纷纷以其为范本，加以仿效。于是，中国租界采用成文法便蔚然成风。

这种以上海租界的成文法为范本的仿效，主要集中于仿效以最早产生的上海英租界为代表的成文法，宏观、微观上的仿效都是如此。先从宏观方面来看。包括汉口租界在内的中国租界制度皆仿效了这一成文化的制度。《汉口租界志》认为，"帝国主义强迫中国划地为租界，首先是在上海"；上海租界"逐渐建立了一整套独立中国统治权力以外的制度"；"这些制度以后又自然推广到其他租界。汉口的租界制度便以上海为雏形"。[③] 这一认为不假。

再从微观上看。中国其他租界也仿效上海租界的这一成文化制度，包括工部局、巡捕房制度等。汉口租界就是如此。1862 年汉口"英租界仿上海租界，设立汉口租界工部局、巡捕房"。[④] 随后，俄、德租界也采取了相应的仿效措施。1896 年"俄租界仿英国租界建制，设有工部局（旧位于今胜利街黄坡路小学）和巡捕房"。[⑤] 1906 年德租界也"仿英国租界制度设

[①]　参见费成康著：《中国租界史》，上海社会科学院出版社 1991 年版，第 267 页。

[②]　王立民：《上海租界与上海法制现代化》，载《法学》2006 年第 4 期。

[③]　袁继成主编：《汉口租界志》，武汉出版社 2003 年版，第 13 页。

[④]　同上书，第 491 页。

[⑤]　同上书，第 232 页。

立工部局"。① 不仅是汉口租界，天津租界也是如此。天津英、德、俄、意、比、奥等租界也都设立工部局，仿效上海租界的工部局制度。② 难怪有人认为："因为上海租界形成早，上海租界的管理模式也对天津租界有很大影响。"③ 还有，汉口租界和鼓浪屿公共租界的会审公廨制度也仿效了上海公共租界的会审公廨制度。④

上海租界的法制是成文法的法制，被中国其他租界所仿效，也都采纳了成文法，以致成文法在中国租界一边倒，判例法无立足之处。上海租界的成文法在中国租界法制的发展中，起到了重要的范本作用。上海租界的"模范租界"之称名不虚传。⑤

以上四大主要原因成就了中国租界法制的成文化，而不是判例化。因此，就连英美法系国家建立的英、美、英美、公共租界也都毫无例外地制定、实施成文法，走上成文法道路。从这种意义上讲，中国租界相继走上成文法道路，绝非偶然，而有其自身的一定原因。

六、与中国租界使用成文法相关的问题

与中国租界使用成文法相关，还有一些问题值得关注。其中包括了：中国各租界成文法的内容不尽相同、中国租界成文法中有中国化元素、中国租界成文法是一种属地法、中国租界成文法留给人们的重要启示等。

（一）中国各租界成文法的内容不尽相同

中国租界虽然都采用了成文法，但由于每个租界都各自为政，各个租界都是一个独立体，相互没有隶属关系，而且租界的情况也有所不同，因此成文法的内容就有差异。这种差异突出表现在同一城市不同国家租界的成文法内容不尽相同，不同城市中同一国家租界的成文法内容也不尽相同。

① 袁继成主编：《汉口租界志》，武汉出版社 2003 年版，第 229 页。
② 罗澍伟主编：《天津通志·附志·租界》，天津社会科学院出版社 1996 年版，第 86—101 页。
③ 刘海岩：《从〈借枪〉谈天津租界》，载《文汇报》2011 年 3 月 28 日。
④ 参见费成康著：《中国租界史》，上海社会科学院出版社 1991 年版，第 141 页。
⑤ ［美］霍顿著：《出卖上海滩》，越裔译，上海书店出版社 2000 年版，第 70 页。

　　同一城市不同国家租界的成文法内容不尽相同。这里以上海英租界与法租界成文法内容的不尽相同为例。上海城里既有英租界也有法租界，而且这两个租界毗邻，但它们成文法的内容就有所不同。比如，有关租地方面的规定就是这样。上海英租界的规定是在租界的划定区域内，由英人与土地主即华人双方直接签约，租赁土地。"中华地方官必须与英国管事官务就地方民情，议定于何地方，用何房屋或基地，系准英人租赁；其租价必照五港口之现在所值高低为准，务求平允，华民不许勒索。"①上海法租界的规定则不是这样。它是按照规定，把土地整个租给法国领事，再由领事租给外国侨民。"其所议界内地，凭领事随时按照议价议租，谨防本国人强压迫受租价；如若当地民人违约昂价，不照中国时价，凭领事向地方官纷令该民人等遵守和约前录之条款。至各国人如愿在界内租地者，应向法国领事商明办理。"②可见，这两个租界关于租地的规定明显不同。

　　不同城市同一国家租界的成文法内容也不尽相同。中国同一国家的租界往往会分布在不同的城市里，英、美、法、英美、日、德、俄、公共等租界都是如此。尽管它们是同一国家的租界，但它们的成文法内容也会有所不同，存在差异。这里以上海与汉口法租界对妓院、妓女的限制性规定为例。这两个城市的法租界都允许妓院、妓女存在，但在限制性规定方面，内容则有所不同，上海法租界规定中的限制性内容较少。上海《法租界公董局警务路政章程》规定的限制性内容仅为1条，即"不准娼妓在大路上聚集逗留，不准她们口出秽语或强行拉客"。③汉口《法租界总章程》的这种禁止性内容就比较多，条文也较多，其中包括有："未得到巡捕房依据医疗检查开具的许可，妇女不可以从事妓女行业"；"禁止妓女在路上招客或在室内挑逗招惹行人"；"妓院不能接待靠妇女卖淫生活的男人，不能接待坏人和被巡捕房通缉的人"；"任何妇女在未得到许可权的情况下，不可以

---

　　①　王铁崖编：《中外旧约汇编》（第1册），三联书店1957年版，第35—36页。
　　②　[法]梅朋、傅立德著：《上海法租界史》，倪静兰译，上海社会科学院出版社2007年版，第31页。
　　③　史梅定主编：《上海租界志》，上海社会科学院出版社2001年版，第714页。

住在妓院里"等。① 它们的规定也明显不同。

中国租界成文法内容不尽相同的背后有其一定的原因，其中主要是管理传统与社会情况不同的原因。造成上海英租界与法租界关于租地规定不同的原因是其管理传统的不同。上海英租界受英国自治管理的影响比较大，特别强调自治的商业行为，重视自主开发市场与资本运作，因此其租地规定就由英国人直接向华人签约、租地。上海法租界则受法国共和管理传统的影响比较大，更注重整体利益，强调公共利益与管理，于是其租地规定就由外国人向法国领事签约、租地。他们本国的管理传统影响到中国租界成文法的内容。②

还有，社会情况的不同也是造成中国租界成文法内容不尽相同的一个原因，上海与汉口法租界关于妓院、妓女规定中的限制性内容就是如此。上海法租界地方大，但产业种类不多，仅以商业、房地产开发业为主。为了扩大经济来源，就十分重视卖淫业的发展，所以对妓院、妓女的禁止性规定也少。这造成了妓女的泛滥，以致一个国际联盟妇女调查团在考察了远东的妇女情况后认为，中国是贩卖妇女最多的国家，其中主要是娼妓，特别是香港和上海两地。③ 上海法租界为此作出了"贡献"。汉口法租界的情况则有所不同。它的面积很少，是汉口租界中地方最小的一个。④ 已有产业足以满足租界的发展需要，卖淫业对其影响不大，故对妓院、妓女的管理十分严格，限制性规定也就比较多了。

中国租界成文法的内容不同是一种普遍现象，但这并不影响其是成文法的属性。相反，这正好说明中国租界的法制殊途同归，都属于成文法而不是判例法。

（二）中国租界成文法中有中国元素

中国租界长期都是华洋杂居，而且华人占了绝大多数。以上海租界的华人比例为例。据统计，1900 年时上海租界的总人口为 444318 人，洋人

---

① 袁继成主编：《汉口租界志》，武汉出版社 2003 年版，第 554 页。
② 参见王立民著：《中国租界法制初探》，法律出版社 2016 年版，第 172—173 页。
③ 参见王立民著：《上海法制史》，上海人民出版社 2019 年版，第 169 页。
④ 袁继成主编：《汉口租界志》，武汉出版社 2003 年版，第 30 页。

仅有 7396 人，其余都是华人，华人占了 98% 以上；1925 年时，上海租界总人口增至为 1137298 人，洋人只有 37808 人，华人占了 96% 以上。① 中国的其他租界也有类似情况。为了使租界制定的成文法能够得到实施，发挥其应有的作用，在立法时不得不考虑到中国化问题，以便租界里占绝大多数的华人易记忆，能遵守。这又突出表现在一些与华人日常生活息息相关的问题上。

租界里的行政与执法机构负责租界里治安、卫生、交通、消防等许多日常社会管理事务，与居民关系较大，对其称谓就需要中国化，加入一些中国元素，以便华人掌握。上海英租界在立法时就考虑到这一点。它把行政与执法机构命名为具有中国元素的工部局与巡捕房。在命名工部局时，清政府还未推行新政与法制改革，仍在中央使用吏、户、礼、兵、刑、工六部的名称，华人对这些使用了数百年的名称已耳熟能详。上海英租界就利用这一点，取工部之名为工部局之用，使其成为行政机构的名称。② 还有以巡捕房为行政执法机构名称也是这样。华人对巡捕也十分熟悉。上海于元朝至元二十九年（1292 年）建县时，便设置了县尉、巡检员官职，职能是"巡捕"和"巡捕盗贼奸宄"。明、清时，还另设了县丞和主簿，职责是"分掌粮马巡捕等事宜"。另外，清朝的京师还专门设立了"巡捕营"，用以维护社会治安。为了便于华人适用，上海英租界在 1854 年建立自己的警务机构时，就把它取名为巡捕房，警政人员就称为巡捕。③ 工部局与巡捕房的称谓虽都是"旧瓶"，但装的都是"新酒"，即是现代的行政与执法机构。上海英租界的这一做法为中国其他租界所模仿，许多租界也使用工部局与巡捕房的称谓，使其也有了中国元素。

路名与租界居民，特别是与占租界人口大多数的华人居民关系特别密切，几乎天天都要与其打交道，如用华人熟知的事物来命名路名，使其也具有中国元素，就会方便许多。上海英美租界在立法时，也注意到这一点，1865 年上海英美租界作出规定，租界内南北走向的道路以中国省份的名称

---

① 参见邹依仁著：《旧上海人口变迁的研究》，上海人民出版社 1980 年版，第 90—141 页。
② 参见姜龙飞著：《上海租界百年》，文汇出版社 2008 年版，第 85 页。
③ 参见上海通社编：《上海研究资料》，上海书店 1984 年版，第 92—93 页。

来命名，东西走向的道路则以中国主要城市的名称来命名。于是，此租界南北走向的道路便有了四川路、云南路、西藏路等路名，东西走向的道路就有了香港路、厦门路、芜湖路等路名。①继上海英美租界以后，中国的有些租界也作出类似规定，用华人习惯的称谓来命名路名。汉口德租界就是如此。于是，德租界里便有"皓街、福街、禄街、寿街、宝街、汉中街、汉江街与江岸街"的路名。②这些路名使华人感到亲切，也利于记忆与使用了。

有中国元素的租界成文法有利于租界主体华人的掌握与遵守，推进租界的建设。然而，这种中国元素只是利用了其外壳，内容还是现代法制。在潜移默化中，租界的现代成文法被广为接受并变为现实。这也可以说是中国租界立法者的一种立法艺术。

（三）中国租界的成文法是一种属地法

鸦片战争以前，清政府的法制是属地法制。鸦片战争以后，中国沦为半殖民地半封建社会。领事裁判权确立后，共有 20 个列强国家先后取得这一特权。③这些国家的人在中国就成了有约国人。有约国人在中国成为被告后，由其本国领事或设在中国的审判机构进行管辖，依其所属国的法律进行审判，中国的法律与司法机构对其无管辖权。这些有约国人适用的便是属人法。于是，英、美两国在中国设立了自己的法院。④法国、日本、意大利、比利时、丹麦、荷兰、挪威、西班牙、葡萄牙、瑞典、巴西和秘鲁等国则在中国设立了领事法庭或由领事直接审判。⑤这种法院、法庭一般都设在租界内。可见，鸦片战争以后，在中国领土上出现了属地法与属人法两种法制。

中国租界自己制定与认可的成文法是一种属地法，不是属人法。凡在租界内违反了租界成文法者，都要按照租界规定受到追究，不论其是华人

---

① 参见郑祖安编著：《上海地名小志》，上海社会科学院出版社 1988 年版，第 10—12 页。
② 袁继成主编：《汉口租界志》，武汉出版社 2003 年版，第 352 页。
③ 参见杨晓楼、赵颐年著：《领事裁判权问题》（下），商务印书馆 1936 年版，第 168—171 页。
④ 同上书，第 173—183 页。
⑤ 同上书，第 185—201 页。

还是洋人。巡捕房、会审公廨长期承担了这种违法行为的追究任务。这首先表现为租界的居民违反了租界的成文法都要受到追究。上海英美租界与法租界在颁行《禁燃鞭炮高升章程》以后，还是有租界的居民违反这一规定，以身试法，其中华人、洋人都有，他们都受到追究。1885 年 12 月 31日，两租界共抓获了 247 名违反这一规定的居民，其中大部分是华人，也有一些"与华人朋友一起喝酒后凑热闹的外国侨民"。①

中国租界法制的属地性还突出表现在，非租界居民在租界违反了租界的成文法，同样要受到追究。有位北方人初到上海，进入租界后，因不知租界有不准随地大便的规定，在马路上大便，被巡捕抓获，最后会审公廨判其罚款。此人被罚后，觉得很委屈，说："老爷何不多出告示，此明明欺我初来上海之人。上海人腹中能容得许多粪，我熬不住也。"② 这位非租界人士进入租界后不久，就因违反租界的成文法而遭遇了不幸。

中国租界的成文法是一种区域性的属地成文法，其区域性很强，即它的法律效力仅限于本租界内，在租界外就无效。为了使不知租界成文法的人士进入租界后免遭不测，对这一成文法的宣传就不可缺少了。于是，有人对其进行宣传，特别是对那些准备进入租界的非租界居民。这种宣传在 20 世纪以前就已开始了。成书于 1876 年的《沪游杂记》在书中告诫人们，进入上海租界就要遵守"租界例禁"。这个"租界例禁"共有 20 条，而且都为华界所没有规定并与人们的日常行为又密切相关，其中包括：禁马车过桥驰骤；禁马车、东洋车夜不点灯；禁路上倾倒垃圾；禁道旁小便；禁施放花爆；禁春后、霜降前卖野味；禁卖臭坏鱼肉；禁肩挑倒挂鸡鸭；禁乞丐；禁聚赌酗酒斗殴等。③ 这个"租界例禁"是为了宣传上海租界的成文法，从中亦可见其属地性，即仅在上海租界生效，上海华界就不适用这些规定。

（四）中国租界成文法留给人们的一个重要启示

通观中国租界的成文法之后，还可以从中得到一个重要启示，即它的

---

① 东方明：《无疾而终的〈禁燃鞭炮高升章程〉》，载《检察风云》2016 年第 3 期。

② 陈无我著：《老上海三十年见闻录》，上海书店出版社 1997 年版，第 244 页。

③ 〔清〕葛元煦等著：《沪游杂记　淞南梦影录　沪游梦影》，郑祖安等标点，上海古籍出版社 1989 年版，第 3 页。

成文法的制定、修订都是为了解决租界存在的问题，绝不是无的放矢。中国租界在运用成文法时，已具有强烈的问题意识。这实际上也成为这一成文法发展背后的一个重要动力。

先从制定成文法来看。中国租界从无到有，其成文法也是如此。它凡是制定一个具体的成文规定，都是有的放矢，以要解决的现实问题为出发点。上海、天津、汉口租界无一不是如此。在上海英租界，1854 年的《土地章程》确立了巡捕制度，规定改更夫为巡捕。这是为了解决当时上海英租界管理秩序问题。1853 年，上海英租界的外国人数量增多，大街上出现了乞丐与流动摊贩，一些居民乱倒建筑垃圾以致道路堵塞等，整个租界的社会秩序恶化。① 为加强管理，光靠少量原先已有的更夫显然不够，于是现代的警政制度呼之欲出，从此上海租界便有了有关巡捕制度的成文规定。还有，关于捕捉野犬、推广牛痘法、禁燃爆竹高升等规定的出台，也都是如此。

在天津英租界，20 世纪以前，粪便的处理由粪车来完成。这既不方便，又不卫生。为了解决这个问题，20 世纪初天津英租界"采取强制措施，规定每户居民必需建立一种经过试验、性能良好的化粪池，并将污水管道与租界内的下水道连接起来"。这一规定实施以后，"粪车遂在英租界首先绝迹"。随后，天津"法、德、意等国租界亦纷起效尤"。② 在汉口英租界，为了解决烟、赌、娼问题，明令"禁止烟、赌、娼"。而且还采取了相应措施，仅 1920 年"英租界巡捕房就抓获吸食鸦片人犯 257 人，114 人罚款，37 人保释，29 人监禁，77 人移交中方"。这对社会治安产生了积极效果，"故而犯罪率极低，社会治安较好"。③

再从修订成文法来看。中国租界不会无缘无故修订一个成文规定，修订成文法的背后都有目的，都有需解决的问题。这里以上海英租界修订"华洋分居"的规定为例。上海英租界开辟之初，作出了"华洋分居"的规定。这个规定的表述是，"洋泾浜北首界址内租地租屋洋商应会商修建木石

---

① 参见马长林著：《上海的租界》，天津教育出版社 2009 年版，第 48 页。
② 罗澍伟主编：《天津通志·附志·租界》，天津社会科学院出版社 1996 年版，第 370 页。
③ 袁继成主编：《汉口租界志》，武汉出版社 2003 年版，第 19 页。

桥梁，保持道路清洁，树立路灯，设立灭火机，植树护路，挖沟排水，雇佣更夫"；"界内居民不得租赁，亦不得违造房屋，赁给华商"。① 也就是说，上海英租界只许洋人居住，不准华人居住。这就是所谓的"华洋分居"。可是，到了1853年，情况发生了变化。那年9月上海小刀会起义爆发，还占领了上海县城，城中的许多华人富商、居民纷纷外逃，进入租界。洋人利用这一机会，出租多余的房屋给华人，甚至还有洋人干脆在自己租赁的土地上建造新房租给华人，为此他们赚了不少钱。由于华人的涌入与居住，上海英租界"华洋分居"受到了冲击，"华洋杂居"的格局显露端倪。上海英租界为了解决这一问题，曾试图赶走华人，但遭到广大华人、洋人的一致反对。于是，不得不在1855年2月修改原来"华洋分居"的规定。修改后的规定允许华人在租界内开店，从事经营活动；在不妨碍他人的情况下，还"准其居住"。② 从此，上海英租界结束了"华洋分居"的局面，形成了"华洋杂居"的格局，华人的数量也因此越来越多，成了租界的主体。

中国租界从解决租界的问题出发，制定、修订自己的成文法，推进自己的区域法制建设，促进现代城市的发展，在原来的农地、荒地上建起了现代都市。其中，有的还成为国际性都市，上海、天津、汉口都是如此。上海被称为"东方的纽约"和"东方的巴黎"，③ 天津有"东方小巴黎"之称，④ 汉口则有"东方芝加哥"之说。⑤ 关于这一点，对今天中国的法治建设，特别是区域法治建设来说，也可以有所启示。

根据中外的不平等条约，在鸦片战争后的一个世纪时间里，中国有10个城市设立过27个租界。这些租界由不同的列强国家建立，其中主要有英美、大陆、斯拉夫三大法系国家。然而，无论是哪个法系的国家，在中国建立的租界都制定、实施成文法，而不是判例法。成文法的制定和实施成了中国租界法制的一个共性。这一共性表现为：成文法的立法主体、成文

---

① 王铁崖编：《中外旧约汇编》（第1册），三联书店1957年版，第68页。
② 王立民：《上海：中国现代区域法制建设领先之地》，载《东方法学》2017年第6期。
③ 马长林著：《上海的租界》，天津教育出版社2009年版，"前言"第2页。
④ 罗澍伟主编：《天津通志·附志·租界》，天津社会科学院出版社1996年版，第13页。
⑤ 袁继成主编：《汉口租界志》，武汉出版社2003年版，第2页。

法的渊源、成文法的体例和成文法的法条等各个方面。这些都与判例法有很大差异。

这些成文法都是区域法制，共存于中国的一个城市中，还与城市中的华界成文法相邻共存。于是，中国就出现了一个城市中共存两个或两个以上法系国家建立的成文法的奇特现象。而且，这些成文法还都对中国的城市的现代化发力，以致这些城市纷纷进入现代城市行列，有的还成为国际性都市，上海、天津、汉口都是如此。要特别关注的是，中国租界的成文法是为了解决城市发展中出现的问题而发展、变化，其中体现的问题意识非常明显。当然，城市中出现的问题不同，租界成文法中的内容会有所不同；出现的问题相似，租界成文法中的内容也会相似。这就造成了中国各租界成文法的不同与相似之处。这一点，对中国今天的区域法治建设仍可有所启示。

第四章　中国的租界与法制现代化

鸦片战争以后，中国出现了逐渐增多的通商城市，不久便产生了租界。中国这块土地上的法制现代化从这些租界开始了。本章以上海、天津和汉口三地的租界为例，① 就中国的租界与法制现代化问题作些探索。

一、中国租界及其现代法制的诞生

中国大地上的法制现代化进程始于租界。租界当局通过大量移植现代法制，使中国租界的法制率先实现现代化，租界的存在与中国法制现代化紧密联系在一起了。确立租界存在的基本法律是有关租界的租地规定。这种规定在各租界的称谓不完全相同，上海被称为"土地章程""地皮章程"或"地产章程"等，② 在天津被称为"租地条款""租界合同""租界条款"等，③ 在汉口被称为"租界地条约""租界购地条约"或"专管租界条款"等。④ 它们是这些租界存在、发展的基本法律依据。有人曾把上海租界的"土地章程"称作上海租界的"根本法""大宪章"等。⑤ 其实，天津、汉口租界的租地规定也是如此。有关租界的租地规定有一系列规定组成，在实现法制现代化的过程中起着重要的作用，主要表现在以下一些方面。

（一）为植入现代法制奠定了地域基础

法制的属地性很强，任何法制都是一定地域条件下的法制。上海、天津和汉口的各租界当局根据有关的租地规定，取得了在中国的落脚之地，

---

① 中国出现的租界口埠共有 10 个城市，其中上海、天津和汉口租界最具典型性，影响也最大。上海租界是中国形成最早、外国侨民最多和面积最大的租界；天津租界中有 9 个专管租界的国家，其地位仅次于上海租界。汉口租界的总面积仅少于上海与天津租界，在中国名列第三。

② 王立民著：《上海法制史》，上海人民出版社 1998 年版，第 165 页。

③ 罗澍伟主编：《天津通志·附志·租界》，天津社会科学院出版社 1996 年版，第 459—460、466 页。

④ 《汉口租界志》编纂委员会编：《汉口租界志》，武汉出版社 2003 年版，第 521—523 页。

⑤ 谯枢铭等著：《上海史研究》，学林出版社 1984 年版，第 100 页。

创造了移植现代法制的地域条件。而且，随着租地规定的不断补充、扩展，租界地域也不断延伸、扩大，中国植入现代法制的区域也随之越来越大了。

1845 年 11 月在上海首次公布了《土地章程》。① 它规定的一项重要内容是确定了英租界的地域。它东靠黄浦江，北至李家庄，南至洋泾浜；翌年，又确定西至界路，此时的面积为 830 亩。② 从此，现代法制开始在上海登陆。以后，上海的租界不断扩大。这种扩大包括了两个方面：一方面是取得上海租界地域的国家扩大了；另一方面是这些国家在上海租界的地域也扩大了。1848 年美国派员向上海道台吴健彰提出把虹口一带广大地区作为美租界的要求，吴健彰作了口头承诺。1863 年英美两租界合并，取名为公共租界。1849 年法国也提出在上海设立租界的要求，同样得到了允诺，不久法租界也登场了。它南至护城河，北至洋泾浜，西至关帝庙诸家桥，东至广东潮州会馆沿河至洋泾浜东角，总面积为 986 亩。此后，这两个租界几经扩展，以致公共租界的面积达 32110 亩，法租界的面积达 15150亩。③ 至此，上海的租界把上海交通最便利、地理位置最重要的地段全都分割完毕。这给上海租界的社会发展和现代法制的移植造就了一个十分有利的地域条件。

在天津，通过与清政府签订的租地规定，1860 年英、美、法三国分别设立了自己的租界，而且均位于海河西岸的紫竹林村一带，故它们又被称为"紫竹林租界"。④ 它们的面积分别为 460 亩、131 亩、360 亩。⑤ 自1895 年起的 8 年间，德、日、俄、比利时、意大利和奥地利 6 国也分别通过签署租地规定，在天津取得租界，土地面积分别是 1034 亩、1667 亩、5971 亩、747.5 亩、771 亩和 1030 亩。⑥ 同时，这一时期英、法、德、日4 国的租界地域又分别得到了一至数次的扩展，以使天津形成了幅员为县城 8 倍的租界夹峙海河的局面，其最利于发展、繁荣的地区均收归于租界

---

① 蒯世勋等编著：《上海公共租界史稿》，上海人民出版社 1980 年版，第 44—50 页。
② 邹依仁著：《旧上海人口变迁的研究》，上海人民出版社 1980 年版，第 92 页。
③ 王立民著：《上海法制史》，上海人民出版社 1998 年版，第 182—184 页。
④ 费成康著：《中国租界史》，上海社会科学院出版社 1991 年版，第 278 页。
⑤ 罗澍伟主编：《天津通志·附志·租界》，天津社会科学出版社 1996 年版，第 71—72 页。
⑥ 同上书，第 73—78 页。

囊中，现代法制同时在这一地区落户了。

在汉口，1861 年英国通过《汉口租界条款》在汉口取得第一块租界，从花楼巷江边往东 8 丈起，至甘露寺江边卡东角止，面积为 458.28 亩。从 1895 年起的 3 年内，德、俄、法、日租界也根据相关租地规定，在汉口的英租界附近取得了租界，面积分别是 600 亩、414.65 亩、187 亩和 247.5 亩。① 以后，在 1898 年起的 9 年中，英、德、法、日又分别拓展其租界，新增面积分别为 337.05 亩、36.83 亩、170 亩和 375.25 亩。② 这样，在汉口镇下游 4 公里长的长江边形成了一个汉口租界区。在这里，外国的经济、贸易、金融业等得到了大力发展，现代法制也同样被引入了。

（二）为确立租界内的自治机构提供了法律依据

上海、天津和汉口租界的有关租地规定还确立了租界内的自治机构。有了这些机构，租界当局就可在租界内建立起自己的法制，行使立法、行政、司法等一系列权力，开动法制机器。这种法制就是现代法制。

上海租界的这种自治性十分明显。1845 年的《土地章程》已经确立了英租界的自治机构的雏形。它确定英国领事是英租界的自治者。此章程规定，英国以外国家的商人要在租界内建房、租房、屯物的都"须先禀明英国领事得其许可"，租地人如果"欲设船夫及苦力头目"的，也"须陈报领事"。这个土地章程还赋予英国领事以司法权。它规定，违反土地章程的，由英国领事惩处。嗣后英国领事，倘发现有违犯本章程之规定者，或由他们禀告，或经地方官通知，该领事均应即审查犯规之处，决定应否处罚。以后，美、法两国的租界也在上海取得了相似的权力。

上海英租界 1854 年的土地章程 ③ 更能体现这种自治性并扩大了这种自治机构。它把英国领事的自治权延伸到卖酒与开设酒馆等方面，规定界内无论中外之人，未经领事官给牌的，都不准卖酒并开公店。根据这一土地章程的自治性，公共租界开始在租界设立了"工部局"。它是英租界和此后的公共租界的行政管理组织。工部局要处理界内的日常管理事务，包括各

---

① 《汉口租界志》编纂委员会编：《汉口租界志》，武汉出版社 2003 年版，第 26—31 页。
② 同上书，第 32—33 页。
③ 蒯世勋等编著：《上海公共租界史稿》，上海人民出版社 1980 年版，第 53—55 页。

种市政工程的建造、维修；制定相关的规章；负责警务及社会治安；经费安排等。为了有效管理界内事务，它还下设：工务、警备、财政、防卫、电气、卫生、运输等 20 余个常设委员会和巡捕房特别调查、普通教育、特别电气、宣传等 10 余个特别委员会等机构，进行日常管理。① 可见，这是一个机构设置俱全的租界内自治管理机构，如同一个自治政府。

上海公共租界 1869 年的土地章程在自治方面走得更远，竟然规定在租界内建立纳税外人会。② 此会又称"外人纳税会""纳税西人会"等，全为外国人组成，是公共租界的主要议决机构，起了"市议会"的作用，其地位在工部局上。但是，任何华人都不可参加此会，被排斥在外，尽管他们所缴的捐税大大超过外国人。所以，我国学者王世杰曾在《上海公共租界收回问题》一书中明确说："上海公共租界内的华人，虽然没有参与市政之权，他们对租界行政费用的负担，并不因此而减轻，实际上他们所纳的税捐大大地超过外侨所纳的税捐。"③ 上海法租界也有一套相似的自治机构和制度，只不过名称有点差异，其议决机关称为"选举人大会"，行政管理机构称为"公董局"。④ 另外，这两个租界还建立有自己的警政机关、监狱等其他一些组织和设施，共同为自治服务。在这种自治条件下，上海租界当局就可自行决定引进现代法制，不会有权力上的障碍，这种移植也就从可能变成现实了。

在天津和汉口的租界的租地规定中，同样存在这种自治机构。在天津，德租界的租界合同不仅规定，德国要永远在天津设立租界，即"今中国准德国永远在天津设立租界"，同时还确立了德租界中"工部局"作为管理机构的地位，还提到了它的作用。⑤ 意大利租界的租界章程合同在规定取得租界永租权的同时，还规定租界内事务由意大利的机构进行管理："今将天

---

① 史梅定主编：《上海租界志》，上海社会科学院出版社 2001 年版，第 190—202 页。

② 王立民著：《上海法制史》，上海人民出版社 1998 年版，第 177 页。纳税外人会的前身是租地人会议，由其来议决租界的重要事项。1846 年租地人会召开第一次会议，商讨这一会议的职责等事宜。1854 年英、美、法三租界正式确定租地人制度。纳税外人会的自治作用大于租地人会议。

③ 王世杰著：《上海公共租界收回问题》，太平洋书店 1927 年版，第 9 页。

④ 史梅定主编：《上海租界志》，上海社会科学院出版社 2001 年版，第 173—174、202—205 页。

⑤ 罗澍伟主编：《天津通志·附志·租界》，天津社会科学院出版社 1996 年版，第 462—463 页。

津北河左岸上地方一段永让意国作为租界，该地界内全行管理。"这一管理
机构也称为"工部局"。①奥地利租界的租界合同同样规定，设立"工部局"
进行界内的管理。②英租界的扩充租界章程不仅为英租界当局取得更多的
租界地域，而且还确认工部局为界内的管理机构。③在天津的租界里还建
立有类似上海租界内的纳税人会，作为界里的权力机关。工部局则是其下
属管理机构。

在汉口租界的租地规定中，也有类似上海、天津租地规定的内容，也
确认了租界自己的管理机构，行使界内的管理权。在早期英、德、俄、法、
日租界的租地规定中，都把领事官作为租界的管理者。以后，在有关租界
扩大的租地规定中，则出现了新的机构，比如，在英租界就成立了"工部
局"。④此外，英、德、法等租界还设立了纳税人会议，作为租界内的最高
权力机关。工部局在纳税人会议之下从事具体管理事务。

（三）为直接植入现代法制作了明文规定

上海、天津和汉口租界的租地规定中，还直接规定一些移植过来的现
代法制，使它们植根于租界，以致租界也具有了现代法制。

从上海租界的土地章程的规定来看，主要规定的是巡捕制度、领事公
堂制度以及其他一些制度。关于巡捕制度。1854 年的土地章程提到了建立
巡捕的问题，规定："设立更夫或巡捕。"这意味着可以在上海公共租界内
建立现代的警政制度，设立现代的警政机构和人员了。在以前，上海公共
租界只设更夫，不设巡捕。他们之间有明显的差别：更夫只在夜间报更鸣
警而已，巡捕则是现代的武装警政人员，性质完全不同。从那以后，巡捕
制度作为一种现代警政制度便在上海出现了。当年，就在工部局下设警务
处，正式设置巡捕。法租界也建立了相似的巡捕制度。⑤上海租界的巡捕
制度从一个侧面反映，上海租界的警政制度已基本实现了现代化。

---

① 罗澍伟主编：《天津通志·附志·租界》，天津社会科学院出版社 1996 年版，第 474—475 页。

② 同上书，第 480 页。

③ 同上书，第 485 页。

④ 《汉口租界志》编纂委员会编：《汉口租界志》，武汉出版社 2003 年版，第 519—525 页。

⑤ 王立民著：《上海法制史》，上海人民出版社 1998 年版，第 248—254 页。

关于领事公堂制度，1869 年的土地章程规定在公共租界内设立领事公堂，由其来受理控告工部局及其经理人的案件，实际上是一个类似于行政庭的司法机构。其具体内容为：凡控告工部局及其经理人等者，即在西国领事公堂投呈控告，系于西历每年年首，有约各国领事会同会议，推出几位，名曰领事公堂，以便专审此等控案。1882 年 7 月《上海领事公堂诉讼条例》① 被批准实施，领事公堂制度正式运行。此条例共有 9 条，内容涉及公堂的人员设置、公文来往、聘用代理人或律师、答辩书、诉讼费、保证金等一些方面。领事公堂的法官全由外国人组成。他们根据土地章程及相关规定进行审判。这些都按现代的诉讼程序进行设计和操作，是一种现代化的诉讼制度，与中国传统的"厌讼"为导向的诉讼制度明显有别。

关于其他制度，在土地章程中还规定了其他一些现代法制的内容，这里以罚款为例。在土地章程中，多次提到罚款的规定，其用词为"罚银"。在 1854 年土地章程中，因禁止华人用易燃物质造房等问题，在同一条款中就 4 次使用了罚银的办法。其中涉及的罚银方式包括：按月罚银、按次罚银和初次、再次罚银等。它规定：禁止华人用蓬、竹、木等易燃物品造房，并禁止储存硝磺、火药等，违者初次罚银 25 元；如不再改，每月加罚 25 元。可见，租界当局已建立了罚款制度，能很熟练地使用罚款方法。在中国传统的法制中，刑法是主要部门法，泛刑主义泛滥，大量类似于现代化的行政和民事违法行为都要被处以刑罚，很少使用罚款这样的行政制裁手段。1854 年土地章程中移植了现代的罚款制度，使其在租界的法制中得到运用，为上海法制现代化增添了新的内容。

从天津的租地规定来看，也规定有现代法制的内容。法租界的租地条款中有现代民事补偿制度方面的内容。比如，它规定法国商人如果要租用租界内华人房屋的，除了要付房租外，还要付搬费，作为搬场的补偿。"法国商人等愿租地基，若愿租地块之上有房屋，该房屋居住本地人民，每户要收搬费一十两。"② 德租界的租界合同中，则有城市管理制度方面的内容。

---

① 蒯世勋等编著：《上海公共租界史稿》，上海人民出版社 1980 年版，第 248—249 页。
② 罗澍伟主编：《天津通志·附志·租界》，天津社会科学院出版社 1996 年版，第 459 页。

比如，它要求用租界的办法来管理城市，并采用一系列现代城市的管理规定和措施。"中国国家允照英租界办法维持秩序，并以维护沿河马路。严禁新建码头及马路上摆设摊场"；"沿河北岸不准建造栈房、竹房，以免有碍学堂"；在租界内筑马路时，"如有士绅坟墓实在不愿迁移者，马路应设法稍让"等。① 日租界的租界续立条款肯定并规定了现代警政制度。它要求，在原租界内建立巡捕房，在将要扩展的租界地区设立会缉捕局，进行现代治安管理，并提出了一些具体办法。"现定租界内，日本设立巡捕房，管理界内一切警察事宜外，两国另在预备租界内公设会缉捕局一所"；"如在规定租界犯事之人，窜入预备租界内者，亦由会缉局查拿送官究治。其零星细事无关罪名者，即由会缉捕秉公了结"等。② 在英租界的推广租界规定中，也有一些现代法制的内容，主要涉及治安、卫生等一些方面。它规定，租界内"遇有行为不端、不守法禁人等，由工部局巡捕拿送总领事移送地方官"；"界内娼寮、赌馆及不守规矩房舍，由工部局立即封闭，或明知藏有盗贼等类，亦由工部局自行入查"等。它还规定，租界内"积水坑沟有碍于卫生者，如工部局传知该主设法填平，务须遵照"等。③ 以上这些规定都具有现代法制内容的特征和性质，是天津现代法制的一个组成部分。

从汉口的租地规定来看，同样具有现代法制的内容。在德租界的租界合同中，规定有城市建设和审判制度方面的内容。它的有些内容直接有关城市建设制度。比如，它规定，租界内官地"应予勘测"；租界内在盖造新的洋房时应留出街路基地，"无论华洋商民及驿递公文、饷鞘夫马人等，均准一律任便行走"；要建造码头的，"须先与监督商量，察看地势，与华、洋商船往来无碍，方可修建"，等等。它的有些内容又直接有关审判制度。比如，它规定的这一审判制度就是会审公廨（又称"会审公堂"）制度，只是把它具体化，便于操作。"德租界内如遇驻华领事官管束之洋人并华人涉讼，应归中国官办理，派员在租界审谳。若领事官管束之洋人并德

---

① 罗澍伟主编：《天津通志·附志·租界》，天津社会科学院出版社1996年版，第461—462页。

② 同上书，第469页。

③ 同上书，第485页。

国人或各国人，因被华欺凌，禀控，以及华民在租界内违犯章程，由中国官员会同德国领事或领事所派之员会审。"① 汉口的其他租界也有一些自己的规定。俄租界的租界地条约也确立了会审公廨制度，规定："租界内遇有华洋商民禀控欺凌等项事故，应由租界委员会同领事及领事官所派之员审讯办理。"② 法租界的租界租约确定了城市规划制度，规定在一定范围之内，只可筑路，不可建民房，即"不准民人搭盖棚屋等项"。③ 日租界的日本专管租界条款则对居住制度作了规定，特别强调对华人居民的限制。"中国无身家之人不得私在租界内住家，或开设店铺、行栈，违者分别惩办。"④ 英租界的新增租界条款重申了工程局的具体职能，提出："路灯、巡捕，议由租界工程局安设。"⑤ 以上汉口租界租地规定中的这些内容同样是现代法制的内容。

上海、天津和汉口租界有关租地规定的内容为植入现代法制奠定了地域基础、为确立租界的自治机构提供了法律依据、为直接植入现代法制作了明文规定，其在中国法制现代化的道路上先行一步，作用不小。

二、中国租界现代法制的主要表现

清政府的法制改革始于 20 世纪初，中国华界的法制从此逐渐走上了现代化的道路。可是，中国大地上租界的法制现代化则早于华界，它肇始于 19 世纪中叶。上海、天津和汉口租界的法制现代化均领先于华界，优于中国的传统法制，主要表现在以下一些方面。

（一）具有现代的法规结构

上海租界当局制定的法规都具有现代的法规结构。首先，采用"章程"的称谓。比如，公共租界的《工部书信馆章程》(1893 年)、《公共租界工部局中式新房建造章程》(1901 年)、《公共租界工部局治安章程》(1903

---

① 《汉口租界志》编纂委员会编：《汉口租界志》，武汉出版社 2003 年版，第 521 页。
② 同上。
③ 同上书，第 523 页。
④ 同上书，第 524 页。
⑤ 同上书，第 525 页。

年）和法租界的《公董局组织章程》(1866 年)、《法租界公董局警务路政章程》(1869 年)，等等。① 在中国传统法律、法规中，称其为"律""刑统""令""敕""制"等，都与"章程"不同。

其次，采用款、条的排列方式。在那时内容稍多一些的法规中，都采用款、条排列方式。《公共租界工部局治安章程》就采用了这种排列方式。它共有 25 款，每款之下又设有不同数量的条。第 1 款为"西客栈及大餐馆"，下设 11 条，内容涉及不可顶替他人执照、查验酒的人员和方法、开闭馆的时间、转租、不准留宿的情况、不准滋事赌博等一些方面。第 4 款为"渡船"，下设 6 条，内容包括了不可顶替用执照、听从巡捕的命令行船、有遗物交巡捕房、损害赔偿等方面。在中国传统的法典、法规中没有这种明示的款、条排列方式；就是在中国法典楷模的唐律中，也只有条，无明指款等排列方式。

最后，采用款标的做法。凡设有款的章程中，都设有款标，一款一标。它明示其中的内容，使阅读的人一目了然。以上的"西客栈及大餐馆""渡船"就是款标。《公共租界工部局治安章程》的每一款都有款标。比如，第 2 款为"大小弹子房"，第 3 款为"驳船"等。中国传统的法典中不在正文中设款标。《唐律疏议》中有律名、条标，但条标只设在目录中，正文中无条标。《宋刑统》中有律名和门标、条标，但突出的是门标，正文中条标又与法条分离。上海租界法规的结构是现代法规的结构，使用了现代的立法技术，明显优于中国传统法典的结构。

天津和汉口租界的法规虽然在称谓上有的不完全同于上海租界，但也都是现代法规的称谓，如"规则""合约""规定"等。同时，在结构的其他方面，与上海租界的十分相近，也都具有现代法规的结构。天津的英租界于 1877 年前制定了《英国租界现行规则》，② 它也采用条、款、项结构，共 23 条。每条为一个方面的内容。比如，第 1 条为竖立租界范围的石碑，"以便分清界限"；第 2 条为此规则与以往颁行规则的关系，即"因本规则

① 王立民：《上海租界与上海法制现代化》，载《法学》2006 年第 4 期。

② 罗澍伟主编：《天津通志·附志·租界》，天津社会科学院出版社 1996 年版，第 507—511 页。

所定条项诸多未尽之处，嗣后即行裁撤"。9 个条下设款，1 个款下设项。设项的第 13 条第 2 款，下设了 7 项，分别对租赁地人会投票规则作了较为详细的规定。

汉口的英租界于 1896 年以后制定的《英租界捕房章程》①分为正文和附则，同样采用了条、款、项的结构形式。正文共 23 条，附则有 70 条。正文中有 6 条下设款，其中有 1 条下还设项。附则中有 9 条下设款。每条都有一个方面的内容规定。比如，第 1 条规定了此章程的适用地区，即"在一千八百六十一年新租及一千八百九十六年新推广之汉口英租界范围之内"。条中内容较多的下设款。附则第 51 条下设了 17 款，分别对街市车马的规则作了较为详细的规定。这两个租界的法规结构也都具有现代法规结构的特征，而与中国传统的法典结构不同。

（二）具有现代的法制语言

在上海租界颁行的法规中，不仅都使用白话文，古汉语不见了踪影，而且还大量使用现代法制语言。当然，这些语言是从英、美租界或公共租界中使用的英语和法租界里使用的法文翻译而来。正因为如此，这些法制语言都是现代法制语言，不再是中国传统的法制语言。它们从一个侧面说明上海租界的法制已开始现代化了。这些法规中的用词、句子都能体现现代法制的语言，有的至今还在使用。因为这类语言太多，只能举例证之。《公共租界工部局巡捕房章程》中有"原告""被告""审问""拘送惩罚""一经查出照例惩罚""禁止虐待牲畜""不准燃放爆竹""不准将垃圾倾倒路上"等。在中国传统的法律里则大量使用传统的法律语言。《唐律疏议》中使用了"十恶""八议""杖""笞""皆勿论""上请听裁""奏听敕裁"等一些传统的语言。它们与上海租界法规中的法制语言大相径庭，而这种不相同正好反映了它们法制的不同，上海租界法制已属于现代化法制的范畴了。

天津和汉口租界法规也都大量使用现代法制语言，不再使用传统法制的语言。天津租界的《英国租界现行规则》是个完全使用现代法制语言的现代法规。在立法方面，使用了"现行法律""规则""附则""订定权

---

① 《汉口租界志》编纂委员会编：《汉口租界志》，武汉出版社 2003 年版，第 537—544 页。

限"等语言；在选举方面，使用了"投票权""投票权委任""任期""代投权"等语言；在国家机关方面使用了"议长""警察"等语言；在经济和税收方面，使用了"预算""决算""码头税""停泊税"等语言；在司法方面，使用了"法律裁判""审判"等语言。汉口租界的《英租界捕房章程》也是如此，同样使用现代法制的语言，不再运用传统法制的语言。其中，使用较多的有："投票权""特别大会""纳税者""表决""公共事务""公共利益""执照""房屋地基税""码头费""判决""赔偿""罚金""监禁"等。这些都与现代法制联系在一起，也是现代法制的语言表现，与中国传统的法律语言有明显的差异。

（三）具有现代的审判制度

上海开埠以后，上海租界实施了领事裁判权，特别是设立了会审公廨以后，率先于上海华界推行现代审判制度。这一制度体现了公开、公平、公正等现代的审判理念，是移植后的现代审判制度。除了上述领事公堂已运用的现代审判制度以外，当时上海租界的其他审判机关也同样使用了这一制度，其内容涉及法官和陪审员、原告人与被告人、公诉人、代理人与辩护人、翻译人员、庭审程序，等等。在会审公廨中，这一制度已基本成熟。上海公共租界的会审公廨根据 1869 年的《上海洋泾浜设官会审章程》的规定和精神，受理的案件是那些发生在公共租界内的民事钱债交易和刑事窃盗斗殴等案件；法官由上海道台派出的人员与领事官组成；公诉人由巡捕房派员担任；律师出庭担任代理人或辩护人；华洋诉讼案件，领事官可派员作为陪审员参加庭审；庭审时如有洋人作为诉讼参与人的，不定期要派翻译人员出席；庭审程序包括宣读诉状和答辩状、双方责证、辩论、判决等。①

上海法租界的会审公廨也贯彻了《上海洋泾浜设官会审章程》的规定和精神。以上的这些现代的审判制度得到了实施，现存上海档案馆的一个关于上海公共租界会审公廨审判的一个关于窃电案的记录，可以基本反映

---

① 杨湘钧著：《帝国之鞭与寡头之链——上海会审公廨权力关系变迁研究》，北京大学出版社 2006 年版，第二节"会审公廨的组织、权限及程序"。

这一审判制度。① 上海租界的现代审判制度与中国传统的审判制度大相径庭。相比之下，中国传统审判的弊端显而易见，如同前人所言："中国地方官吏，无论钱债细故，人命重案，一经公庭对簿，先须下跪，形格势禁，多有不能曲达之情。况又不延人证，则曲直不易明。"② 上海租界使用的现代审判制度有中国传统审判制度所没有的优越性，代表了中国审判制度发展的方向。

汉口租界也建立了自己的现代审判制度。汉口的租界也建有会审公廨。其中，英租界于 1894 年根据《汉口会审公堂章程》组建了汉口会审公廨。它也采用现代审判制度，特别在华洋互控的案件中。审判时，有检察人、审判员、见证人、翻译、律师等出席。审判过程中，先由审判员知晓出庭人员，检察人起诉，见证人指证；然后，由审判员审问，有律师在场的还可进行辩护；最后，由审判员进行判决。③ 在审判中，没有中国传统审判中的刑讯、专断的审讯，还允许律师辩护等。同时，这里的诉讼参与人、审判程序等都与现代审判制度吻合，是这一制度在汉口英租界的移植。随后，汉口出现的德、俄、法、日 4 国租界也都分别设置了自己的会审公廨，也都实现了审判现代化。④

（四）具有现代的律师制度

上海租界在移植了现代的审判制度同时，也引进了西方律师制度，英国领事法庭最早在审判中使用律师，以后其他的各国领事法庭也纷纷引用本国的律师制度，允许律师出庭。正如学者陈同所言："各国领事馆纷纷设立了领事法庭，按照他们自己的法律制度来处理法律事务，而其中也包括了律师制度。"⑤ 此后，《上海领事公堂诉讼条例》专门提及了律师问题。它规定，诉讼事宜须亲自或请代理人办理；原告延用律师出庭与否，听其自便。由于此时还没有中国律师和律师制度，因此那时律师都是外国律师。

---

① 参见上海市档案馆藏：卷宗号 UI—2—704。
② 参见《皇朝经世文新编续集·法律》。
③ 上海市政协文史资料委员会等编：《列强在中国的租界》，中国文史出版社 1992 年版，第 215—216 页。
④ 费成康著：《中国租界史》，上海社会科学院出版社 1992 年版，第 142 页。
⑤ 陈同：《略论上海外籍律师的法律活动及影响》，载《史林》2005 年第 3 期。

现代的律师制度也来自西方。这一制度的内容包括：律师出庭的条件、律师的权利与义务、律师的收费等。比如，律师要在会审公廨出庭的，须在会审公廨注册，外籍律师要得到本国领事的许可证明等。① 上海租界的审判机构在 20 世纪前已广泛在庭审中使用律师。有人曾对 1901 年前会审公廨审案中广泛聘用律师作过这样的描述："华洋互审以来，尤多交涉事件。余观英、法二公堂中西互控之案，层见叠出。无论西人控华人，须请泰西律师以为质证，即华人控西人，亦必请泰西律师。"② 这些外国律师在庭审中也确能发挥作用，起到了辩护或代理的作用。"案无大小，胥由人证明其曲直，律师辩其是非，审官研鞫而公断之，故无黑白混淆之弊。"③ 中国传统上没有律师，只有讼师。他们以帮助诉讼当事人拟定诉状、介绍诉讼程序和注意事项等为业，与上海租界的现代律师有本质的区别。它的出现无疑是一种历史的进步。

天津和汉口租界也都逐渐建立了现代的律师制度。天津各租界均具有领事裁判权，其领事法庭使用的是现代审判制度，其中也使用律师，建立相关的律师制度。这种情况与上海租界中的情况十分相似。汉口租界，不论在领事法庭，还是在会审公廨，也都使用律师，建立了现代的律师制度。法庭内，律师充当辩护人，为被告人进行辩护；法庭外，律师又充当法律顾问，接受当事人的法律咨询。"他们可以充当法律顾问，代办挂旗手续，也可在房地产买卖方面居间做证，以及代订合同、契约等。凡租界洋人与洋人之间，洋人与华人之间，甚至华人与华人之间，有什么法律问题需要解决，都登洋律师之门，请教洋律师。"④ 这两个租界同样进入现代律师制度的行列。

三、值得关注的一些方面

在中国租界与法制现代化的问题中，还有一些值得关注的方面。

---

① 王申著：《中国近代律师制度与律师》，上海社会科学院出版社 1994 年版，第 127 页。

② 参见《皇朝经世文新编·西律》。

③ 同上。

④ 上海市政协文史资料委员会等编：《列强在中国的租界》，中国文史出版社 1992 年版，第216 页。

（一）法制现代化的发展很不平衡

中国租界的法制现代化通过移植西方现代的法制而实现。由于受案件当事人和地域的限制，在中国的租界和华界都有发展不平衡的情况存在。这些情况的存在就反映出这一法制现代化的进程不一，有差异。这种不平衡突出表现在租界内和华界与租界之间。这里重点以上海的租界与华界为例。

从租界内的角度来看，上海租界在领事裁判权实施后，实行的是被告主义原则。这样，有约国人适用自己国家的法制，即现代法制；华人和无约国人则仍然适用中国当时的法制，即还是传统法制。可见，尽管同在上海租界，就因案件的当事人不同，适用的法制不同，其法制的时代性质也不同。上海租界法制现代化首先在以有约国人为被告的案件中开始，然后再逐渐扩展。《五口通商附粘善后条款》确立了领事裁判权，上海作为五口通商城市之一，便被适用这一规定。这一规定的关键内容之一是："英人如何科罪，由英国议定章程、法律，发给管事官照办。华民如何科罪，应治以中国之法。"[1] 根据这一规定，英租界的英人就适用英租界的现代法制，而华人仍须适用中国传统法制，现代法制的道路还未向华人敞开。以后，其他国家的有约国人在上海租界也都如此。《上海洋泾浜设官会审章程》的规定开始对部分华人松动。它规定，外人所雇用或延请的华人为被告的案件，由领事或派员听讼。但总的来说，领事裁判权主要是适用于有约国人。这从租界内的角度来说明，同在一个租界，但当事人不同，适用的法制也不同，以致法律现代化的进程也不一致，发展很不平衡。

从上海的华界和租界之间来看，上海华界法制现代化的进程要比租界晚半个世纪左右。20 世纪初，清政府开始推行法制改革。这是全国性的法制改革，上海华界作为中国的一部分，也被纳入这一改革的范围，于是上海的法制开始摆脱传统的桎梏，逐渐转向现代化。比如，1904 年清政府在中央建立了巡警部和相应的现代警政制度，上海于 1905 年将巡防保甲局改为"警察总巡局"。[2] 从此，上海华界也有了现代的警政队伍和制度。这

---

① 王铁崖编：《中外旧约章汇编》（第 1 册），三联书店 1957 年版，第 42 页。
② 易庆瑶主编：《上海公安志》，上海社会科学院出版社 1997 年版，第 59 页。

也是上海法制开始现代化的一个重要信号。这半个世纪左右的差距也是一种很大的不平衡。

直到 20 世纪 30 年代初，上海法制现代化的进程才出现了基本平衡的走向。上海华界的法制现代化在 20 世纪 30 年代初基本实现。那时，中国的"六法"体系基本建成，移植西方现代法制已见成效，西方现代法制的本土化也已基本实现。在这一大背景下，上海华界的地方法规也形成了现代的体系，其内容也基本达到现代水平。同时，上海租界也开始设立纯属中国的审判机构，取消了会审公廨等审判机构。1930 年在公共租界设置了江苏上海第一特区地方法院和它的上诉法院江苏高等法院第二分院，1931 年法租界建立了江苏上海第二特区地方法院和它的上诉法院江苏高等法院第三分院。[①] 这是上海华界法制现代化基本实现的重要标志。它告诉人们，中国的审判机构和人员已能运用现代法制在租界内运作，适应上海租界社会发展的需求。至此，上海法制现代化进程中出现的明显不平衡得到显著改善，不平衡趋势被平衡走向所替代。至此，上海整体法制现代化的面貌才渐渐展现在人们面前。

（二）租界的法制中有歧视华人因素

在鸦片战争以后的一系列中外战争中，基本上都是中国以战败而告终，中国与外国签订的也是不平等条约，租界的出现正是这种不平等条约的产物。这使中国的租界当局和有约国人存有优越感，殖民者的心理挥之不去，歧视华人难以避免。于是，租界中的华人便成了弱者，也是被歧视对象。这种歧视在法制中也有表现，这里以立法方面为例。

在上海租界的立法中，有些法规所规定的内容明显具有歧视华人的因素，以致华、洋人的权利就有差异。比如，在上海法租界的监狱里，洋、华人囚犯的饮食和监房都有明显的区别，洋人囚犯的优，华人囚犯的劣。饮食方面，洋人囚犯每天的饮食费是 6 角，吃的是面包，午餐是一菜、一肉和一汤，晚餐是一汤；华人囚犯每天饮食费只有 1 角 4 分，早餐是米加小麦、赤豆合煮的粥，午、晚餐是米饭，每周给鲜肉 5 次，咸鱼 2 次，其

---

① 《上海审判志》编纂委员会编：《上海审判志》，上海社会科学院出版社 2003 年版，第 65 页。

他的都是蔬菜。监房方面，洋人囚犯的监房里都有衣柜、床和抽水马桶等设施；华人囚犯的监房则是席地而睡，连床都没有。① 这种差别一目了然。还有，在上海公共租界里的外滩公园竟然规定"华人与狗不得入内"，② 公然侮辱华人。后来在广大民众的反对下，才于1928年7月1日起向华人开放外滩公园等一些公园。

在天津、汉口租界的立法中，同样可以发现歧视华人的内容。在天津的租界中，突出表现在英、日租界的规定中。英租界的土地可以依规定再被租赁使用，可华人就被排斥在这一可能性之外，没有租赁权。《英国租界现行规则》规定："英国臣民并入籍之人（即归化人）在英租界之内者，一律均有租赁土地之权，但中国臣民则不然。"③ 当租界扩大后，租界内的产业越来越多，租界当局用专条规定华人产业须遵守工部局章程，却不言其他国家的产业，似乎对华人产业有特别的"关照"。《新议英拓租界章程》在第1条就规定："华人自有之地自系华人产业，然须遵守英工部局章程。"④ 日租界也是人口杂居，各国人民来往日租界是经常之事，可日租界当局专门强调华人要遵守日租界的规定，而不言及其他国家之人，也对华人表现出特别"关心"。《天津日本租界条款》特别强调华人商船要遵守日租界章程，规定："所以中国商人船只，须遵守日本租界章程办理。"⑤ 《天津日本租界推广条约》则强调，租界内的华人只有在遵守租界规则的情况下，才能居住。言下之意，只要也只有华人不遵守规则的就会被赶出租界。"在推广租界内，中国人民悉应遵守租界规则，即准其在界内居住。"⑥ 这些规定都对租界内的华人作了特殊的不平等限制，这种限制就是一种歧视。

汉口租界对华人的歧视不亚于天津租界，特别是在德、俄、日、法和英租界的规定中。德租界的《汉口租界合同》不仅要中国官员强迁居住地

①　王立民著：《上海法制史》，上海人民出版社1998年版，第297页。
②　蒯世勋等编著：《上海公共租界史稿》，上海人民出版社1980年版，第438页。
③　罗澍伟主编：《天津通志·附志·租界》，天津社会科学院出版社1996年版，第507页。
④　同上书，第482页。
⑤　同上书，第466页。
⑥　同上书，第488页。

华人出租界，还不允许所有华人入住租界，但却没排斥其他国家的国民住入租界。它规定，"凡经德国领事照请让给基地，中国官宪应即强令华民办理，地契内均写'永租'字样"，"界内，华民不准居住"。[①] 俄租界对华人居住租界问题作了进一步规定，不仅不允许华人不可居住租界，还不允许华人在租界内建造房屋。《汉口俄租界条约》规定："不准华民于租界内建造房屋并居住。"[②]《汉口日本专管租界条款》规定的"中国无身家之人不得私在租界内住家，或开设店铺、行栈"也是如此。[③] 法租界对华人私人团体的控制特别严格，专门作出针对华人团体的规定。《法国租界总章程》规定："在未得到巡捕房准许和租界工部局发给的许可证前，禁止中国人组建私人团体。"[④] 英租界对华人的限制比法租界要多，涉及不可向华人出售武器、不经允许不得在街道上举行一切礼仪活动等。它的《公共卫生及房屋建筑章程》规定："严禁向中国人出售或供应武器、军火或炸药；除非得到许可，否则中国人不得在街道上举行婚礼、葬礼或其他礼仪活动。"[⑤] 汉口租界的这些规定与上海、天津租界的规定一样，都针对华人、限制华人，明显带有歧视性质。

（三）租界法制有明显的两面性

中国租界先于华界从西方移植现代法制，并开始本土化，建立起自己的现代法制，以使中国的租界地区开始走上法制现代化的道路。这一法制在租界植根以后，便向其周围的华界扩展其影响，形成一种由孤岛向周边地区延伸的模式，即以点到面的模式。租界的法制是现代法制中国化的一个缩影，代表了中国法制发展的方向，是一种历史的演进，顺应了历史的潮流。

它影响到中国的政府官员和民众，使他们也体验到现代法制的优越性，并逐渐接受甚至参与到这一法制中去，较为突出的是他们在 20 世纪前就开

---

① 《汉口租界志》编纂委员会编：《汉口租界志》，武汉出版社 2003 年版，第 521 页。
② 同上书，第 522 页。
③ 同上书，第 524 页。
④ 同上书，第 552 页。
⑤ 同上书，第 570—571 页。

始接受租界的律师制度。在有些华洋互控的案件中，作为华方的当事人，他们也聘用洋人律师代理自己的案件。早在 1866 年 10 月上海的洋泾浜北首理事衙门时期，一件华洋互控经济案的华方当事人就聘用了英国律师连厘为其代理人，出庭进行辩护。① 此后，华人当事人聘用外国律师为自己代理人的情况逐渐增多。在 1902 年的"《苏报》案"中，清政府也聘用了律师，他们是英国达鲁芒德和库柏。②1875 年在英商旗昌洋行控告其买办刘树滋一案中，华人当事人刘树滋也聘用了律师等。③ 辛亥革命以后，在双方当事人均为华人的案件中，也允许他们聘用律师。在华人聘用的外国律师中，也不乏能恪守律师操守，尽力为华人辩护，维护他们的合法权益之人，英国律师担文是其中之一。在他来华 20 年之际，有人曾评论他说，担文律师在华年久，熟悉情形，华人出资延其办案，有时尚知顾全大局，据理力争，讼案往往赖以得伸。事实也是如此。在中国近代史上第一次重大海难事件中，担文代理上海轮船招商局所属的"福星"轮方，为死亡的 63 个华人和价值 20 万两银子的货物损失赢得了权利，迫使肇事英籍"澳顺"轮方做出了赔偿。这在当时成为佳话。④

租界法律还有消极的一面。这一面也十分明显，而且与现代法制格格不入，极不对称。现代法制的公正性是基本特征之一。可有时在租界的现代法制中却缺失这一点。一些外国律师常常故弄玄虚，强词夺理，操纵法官，左右裁判，以致作出极不公正的判定。1896 年清政府的张之洞以原告地位起诉英国刘易斯·司培泽尔公司，案由是此公司出售给中国政府的武器是一些不值钱的劣质品。可是，在此案的审理过程中，被告律师却回避武器质量的诉求，纠缠管辖等一些无关紧要问题。最后，法官作出了不公正的判定，使原告的合法权益得不到维护。⑤

租界的巡捕房长期与大流氓搅和在一起的情况并不鲜见，象征正义的

---

① 陈同：《略论近代上海外籍律师的法律活动及影响》，载《史林》2005 年第 3 期。
② 徐家力著：《中华民国律师制度史》，中国政法大学出版社 1998 年版，第 15—16 页。
③ 同上。
④ 陈同：《略论近代上海外籍律师的法律活动及影响》，载《史林》2005 年第 3 期。
⑤ 同上。

执法机关竟和代表黑恶势力的流氓混为一体，作恶多端，这不能不认为也是一种消极甚至落后的表现。在上海法租界，青帮头目黄金荣和杜月笙都曾有过与巡捕房长期"合作"的经历。黄金荣在那里担任巡捕房的探长、督察长，先后供职长达 34 年之久。新中国成立后，他在《黄金荣自白书》中也承认，"做包打听（巡捕），成为我罪恶生活的开始"；"我被派到大自鸣钟巡捕房做事，那年我 26 岁，后升探长，到 50 岁时升督察长，60 岁退休，这长长的 34 年，我一直在执行法帝国主义的命令，成为帝国主义的工具，来统治压迫人民。譬如，私卖烟土（毒品），开设赌场，危害了多少人民，而不去设法阻止，反而从中取得，实在不应该"。[1] 杜月笙也长期与巡捕房的高级长官沆瀣一气，每月给他们 2% 的贩毒利润，约为 15 万元。在公共租界，以黄金荣为师的"江北大亨"顾竹轩也买通租界内的便衣探员，无法无天，草菅人命。"他曾在上海搞过多起谋杀凶案，据其亲信徒弟王兴高说，顾至少谋杀过 7 位有名望的人物，其中有两个是律师。"[2] 其结果是法制受到破坏，人民遭殃。

还有，在中国租界任领事的大多为商人，不具备法官资格，由他们来主持或参与审判，会对公正裁判产生不利影响。他们大多不是法学院的毕业生，既不熟本国的法律，也不通晓中国的法律。[3] 但是，在中国的租界，他们就有了司法权，这样，司法不公的情况就不可避免了。有资料证明，同一领事在前后数天的盗窃案审判中，就出现了量刑轻重不一的判决。有个小偷窃取棉被一条，即被判为徒 2 年；可数日后，在另一小偷窃取首饰达 200 余元的案件中，却只被判了徒 3 个月。[4] 更有甚者，有的领事公然声明会偏袒本国侨民，法国驻沪总领事拉达就是如此。他曾说过："依照我的看法，它（指领事裁判权）十分适合我国在上海的侨民。他们人数不多，但是所从事的商业活动却很重要。在激烈的商业竞争中，我们应积极地支

---

[1]　原载《文汇报》，1951 年 5 月 20 日。

[2]　中国人民政治协商会议上海市委员会文史资料工作委员会编：《旧上海的帮会》，上海人民出版社 1986 年版，第 95 页。

[3]　王立民著：《上海法制史》，上海人民出版社 1998 年版，第 273—274 页。

[4]　马长林：《晚清涉外法权的一个怪物——上海公共租界会审公廨剖析》，载《档案与历史》1988 年第 4 期。

持他们，对抗人数众多、资金雄厚的敌人，而不能处处加于掣肘。"① 言下之意是："为了保护其本国的利益，领事会做有利于其本国国民之判决。"其中，包括不公正的审判。这些都是租界法制的消极一面。

---

① 吴圳义著：《清末上海租界》，台北文史哲出版社 1978 年版，第 18 页。

第五章 中国租界与租借地区域法制的差异

近代中国的领土上不仅出现过租界与租借地,还存在过它们各自的区域法制,而且它们的法制还不相同,有差异。然而,对它们法制的差异研究不足,成果稀少。上海租界与威海卫租借地区域法制是那时中国租界与租借地区域法制的代表,先后出现于鸦片战争与甲午战争之后。本文以论述它们的差异为主题,对其作些探索,从一个侧面来反映中国租界与租借地区域法制的不同,加深对其认识,并从中得到一些启示,为今天的区域法制建设提供一些借鉴。

一、中国租界与租借地区域法制的差异的突出表现

把上海租界与威海卫租借地的区域法制比较以后可以发现,中国租界与租借地区域法制的差异十分明显,突出表现在以下一些方面:

(一)在时空、法律体系方面的差异

中国租界与租借地区域法制在时空方面都有差异,而且这种差异还不小。这从上海租界与威海卫租借地区域法制的差异中就可得到反映。在时间方面。上海租界区域法制存在的时间要比威海卫租借地区域法制存在的时间长。上海英租界建立于 1845 年,其法制也在此年诞生,至 1945 年上海租界收回,上海租界的区域法制共生存了百年时间。威海卫租借地区域法制的存续时间则较短。此租借地产生于 1898 年,收回于 1930 年,前后实际存续时间为 32 年,其区域法制也存在了 32 年,比上海租界区域法制存在的时间要短。① 在空间方面。上海租界区域法制存在的空间在上海的商贸之地,即通商口岸;而威海卫租借地区域法制的存在空间则在威海卫沿海军港,即战略要地。上海自 1845 年首先出现英租界以后,还产生了

---

① 参见邵宗日著:《英国租借时期威海卫法律制度研究》,法律出版社 2011 年版,第 15 页。

美、法租界。1848 年美国在苏州河北岸地区广置土地、建教堂，逐渐形成了美租界。1849 年法国也在上海设立了法租界。往后，英美租界合并，再改名为公共租界。同时，上海租界的空间不断扩大，从先前 830 亩最后扩张至 4 万多亩，约为 30 多平方公里。①这些空间都为租界的区域法制所覆盖。这一法制的覆盖的空间全为陆地，即上海的城区，不含江海。威海卫租借地区域法制覆盖的空间则包括刘公岛、威海卫城、码头区、四乡区及其海域，总面积为 300 平方英里。②威海卫租借地区域法制控制着这些空间，其中既有陆地也有水域，总空间要比上海租界区域法制覆盖的空间大得多。它们之间也有差异。

　　上海租界的区域法制的法律体系与威海卫租借地的区域法制的法律体系之间同样存有差异。上海租界除了也适用领事裁判权外，其法律体系主要由租界区域内立法主体所制定的各种规定构成。其中，包括了议政机关西人纳税会、行政管理机关工部局、公董局等立法主体所制定的各种规定，其表现形式主要为"章程""条例""规程"等。③也就是说，上海租界的区域法律体系，主要由租界地所属的立法主体自己制定的各种规定所构成，没有租界国法律或其他地方适用法律的部分。威海卫租借地区域法律体系就不同了。它的法律体系主要由 4 个部分组成，即租借国英国的法律、变通后的香港法律、威海卫租借地政府所颁布的法令、中国法律与风俗习惯等。这在由英国发布的《1901 年枢密院威海卫令》④的第 9 条、19 条中都有明文规定。此令的第 9 条规定：为维护本属地及人民的和平、秩序和良好管理，"行政长官可制定和颁布各种条例"；"所有施行于香港法律和条例可以在适当修改后适用与或者直接适用于本属地"。第 19 条又规定：在审理民、刑案件时，可视情况"遵守英格兰现行成文法及其他法律之原则"；"发生于本地人之间的民事案件，法院应根据中国法律之规定或者本

---

① 参见史梅定主编：《上海租界志》，上海社会科学院出版社 2001 年版，第 90 页。
② 参见［马来西亚］陈玉心：《英租威海卫的刑事审判》，方芳译，载《环球法律评论》2005 年第 5 期。
③ 参见王立民著：《上海法制史》，上海人民出版社 1998 年版，第 31—35 页。
④ 邵宗日、陈光编译：《英国租借期间威海卫法令汇编》，法律出版社 2012 年版，第 9—26 页。

地习惯进行裁判"。也就是说,威海卫租借地区域法制的法律体系要比上海租界的区域法制的法律体系更为多元和复杂,包括了上海租界区域法制的法律体系中所没有的一些部分。它们之间的差异不小。

(二)在法律内容方面的差异

中国租界与租借地区域法制在法律内容方面也存在差异,这在上海租界与威海卫租借地区域中同样可以得到反映。把上海租界区域法制的法律内容与威海卫租借地区域法制的法律内容相比较以后就可以发现,其差异同样存在并突出表现在以下一些方面:即上海租界比较重视城市规划、商贸金融等方面的立法,威海卫租借地则较为重视对军港的维护、农业的开发和农村组织的建设等方面的立法。上海租界的城市规划法中包括了土地、道路、建筑管理等一些规定。

早在 1845 年制定的《上海租地章程》[1]中就已有这些规定。此章程的第 1 条对土地出租契约管理作了规定:"原业主与租户出租、承租各字据,经查核钤印,交换收执,以凭信守,并免违犯。"第 3 条对公用道路的位置作了规定:"兹决定在洋商租赁地基内,保留自东而西通江边四大路,充作公用:一在海关之北;一在老绳道旁;一在四段地之南;一在领事署地基之南。"第 10 条对建筑的种类、配套设施等作了规定:"洋商租界后,得建造房屋,供家属居住并供适当货物存储;得修建教堂、医院、慈善机构、学校及会堂;并得种花、植树及设娱乐场所。"随着上海租界区域的发展,其法律内容也有所发展。比如,随着租界内道路的增加,1865 年上海英美租界就对区域内道路的命名作了规定。这一规定要求南北向的道路以中国的省名来命名,东西向的道路则以中国的主要城市之名来命名。于是纵向便有了四川、江西、河南、山东、山西、福建等路名,横向则有了苏州、北京、宁波、天津、南京、杭州等路名。[2]

另外,上海租界在商贸金融方面也进行了大量立法,内容包括了土地买卖、税费标准、货物囤积、公债发放、证券交易等。关于公债的发放,

---

① 王铁崖编:《中外旧约章汇编》(第 1 册),三联书店 1957 年版,第 65—70 页。
② 参见郑祖安编著:《上海地名小志》,上海社会科学院出版社 1988 年版,第 36 页。

上海租界就作出过规定。仅上海公共租界就于 1920、1924 等年份都发放过公债。其中，1924 年发放公债时规定：公债的总金额为 100 万两银圆；周息 6 厘，实收 95；每年发息两次，于 1934 年底前偿清；券面分 5000、1000、500、100 两 4 种等。① 上海租界的这些规定在威海卫租借地区域法制的法律内容中均无发现。

威海卫租借地区域则较为重视对军港的维护、农业的开发和农村组织的建设等立法。威海卫租借地区域法制的法律内容从多角度对军港加以维护。《1914 年港口条例》② 为保证军港的安全，专门对军港中的汽船、帆板、救生艇等船只的停泊、停靠、转移、上船与下船爆炸物的装卸、救生圈的配备都作了规定。1923 年颁行的《港口章程》③ 对军港的维护作了更为详尽的规定，内容扩大到非军舰不得使用转动吊杆、遵守军港的信号、方便军舰出行、商船不得停靠海军水域等。这一章程第一部分第 2 条就规定："除军舰外任何船只不得使用转动吊杆。"第 9 条规定：任何船只使用本地水域的，"对本属地内陆或刘公岛发出的任何信号或指示，不论白天黑夜，其船必须立即遵守"。第三部分的第 8 条规定：停泊于战舰附件的船只，"须保持在下弦杆以外，并且距离步桥足够远，以方便船只进出"。第四部分的第 2 条进一步规定："任何商船不得停泊于外岛与观察岛屿两端之间的海军水域。"

另外，1926 年的《装客之船板及小船规章》、1929 年的《港口章程》和《汽船管理规章》等中也都有与维护军港安全相关的内容。④ 在威海卫租借地区域法制的法律内容中还有发展农业的内容，1919 年颁行的《1919年政府荒地条例》和《开垦政府荒地规章》都是如此。⑤《1919 年政府荒地条例》允许开发政府的荒地，发展农业。它的第 3 条第 2 款规定："签发许可证，根据可能制定的规章所规定的条件和费用，允许有关人员占有和开发政府荒地。"《开垦政府荒地规章》则用免交粮食的方法，进一步鼓励开垦政府荒地，发展农业。此规章的第 2 条明文规定，无论何人如愿开垦

---

① 参见王立民著：《上海法制史》上海人民出版社 1998 年版，第 208 页。
② 邵宗日、陈光编译：《英国租借期间威海卫法令汇编》，法律出版社 2012 年版，第 174 页。
③ 同上书，第 174—178 页。
④ 同上书，第 178—181 页。
⑤ 同上书，第 188—190 页。

政府生荒者（指未曾耕种的土地），到政府部门办完手续后，就可"按该荒地主情形分别免粮三年或五年"。

此外，威海卫租借地区域法律内容里还有关于村董制的规定。它于1920年起实行村董制并规定，以20村左右为原则，设立一个小区；20个小区为一个大区；威海卫共有350个村，分为26个区，每个小区设一个村董，村董的上级是总董，他们负责管理事务，职责是传达英国政府的命令，颁布公告，代征地丁税收，售发各种契币，批准土地买卖，调解纠纷，清理诉讼等。① 实际上，村董制是一种参照西方的地方自治制度而建立起来的基层农村自治团体进行管理的制度。威海卫租借地区域法制的这些法律内容在上海租界区域法制中都不存在，它们之间有差异。

（三）在司法方面的差异

中国租界与租借地区域法制在司法方面同样存在差异，这在上海租界与威海卫租借地的区域司法中也可得到反映。它们的差异主要表现在以下这些方面。

第一，审判机构的性质有差异。上海租界的审判机构以会审公廨为代表。它是租界中设立的审判机构。1869年制定的《上海洋泾浜设官会审章程》第1条就明文规定："管理各国租地界内钱债、斗殴、窃盗、词讼各等案件。"② 威海卫租借地的审判机关则是英国设在威海卫的审判机构。

第二，审判官的组成有差异。上海租界会审公廨设有专门的审判官，由华人与洋人组成，即华、洋各1人。该华人称"委员"，由中国选派的官吏出任；洋人则由领事官或派遣的洋人官员担任。《上海洋泾浜设官会审章程》第2条规定："凡遇案件牵涉洋人必应到案者，必须领事官会同委员审问，或派洋官会审。"由于会审公廨的审判官由华、洋人组成，于是有人习惯把其称作"混合法庭"。③ 威海卫租借地法院的审判官仅为1人，而且是租借地的行政长官兼任。《1901年枢密院威海卫令》"司法"部分的第12

---

① 参见张志超：《略论英租威海卫时期威海乡村的社会控制》，载《山东大学学报（哲学社会科学版）》2005年第4期。

② 王铁崖编：《中外旧约章汇编》（第1册），三联书店1957年版，第269—270页。

③ 费成康著：《中国租界史》，上海社会科学院出版社1991年版，第130页。

条规定："在正式任命法官之前，高等法院应由行政长官掌理。法官被正式任命之后，高等法院由行政长官或者法官掌理，或者由行政长官与法官共同掌理。"实际的实施情况是此法院的审判权长期由行政长官兼任，形成了行政与司法合一的格局，因此那里独立和专门行使司法职能的审判官自始至终没有设置。① 这与上海租界会审公廨的审判官的组成明显不同。

第三，审判适用的实体法有差异。上海租界会审公廨适用的实体法除了按照领事裁判权的规定外，主要是租界自己颁行的规定。威海卫租借地适用的实体法则有受英国殖民统治的香港地区的法律，《1903 年鞭刑管理条例》② 中所规定使用的鞭刑就是香港法的翻版。它的第 2 条规定，如需使用鞭刑的"对一个犯罪的成年人不得处以超过 24 下的鞭刑；对于犯罪为少年犯的，则不得超过 12 下"。这一规定的香港版本即是其"1903 年鞭笞法令"，两者的基本内容十分相似。③

第四，审判的程序有差异。上海租界的审判程序中，有律师辩护的程序。早在 1862 年就有洋人律师在上海租界出庭，参与审判。④ 在会审公廨的前身洋泾浜北首理事衙门的审判中，有外国律师出庭的记录。会审公廨成立后，律师出庭参与审判代理更是常态化了。⑤ 甚至华人也开始聘用洋人律师，为自己代理、辩护。早在 1866 年的一个经济纠纷案中，华人就已聘用外国律师为自己代理参与审判。⑥ 在 1903 年发生的《苏报》案中，外国律师还为中国被告人章太炎、邹容进行辩护。⑦ 在威海卫租借地就不同了，那里长期没有律师参与审判的程序。⑧ 在《1901 年枢密院威海卫令》司法诉讼部分的规定中，也无关于律师及其参与审判的规

① 参见王娆：《英租威海卫司法体制初探》，载《环球法律评论》2005 年第 5 期。

② 邵宗日、陈光编译：《英国租借期间威海卫法令汇编》，法律出版社 2012 年版，第 269 页。

③ 参见王一强：《法律文本的矛盾——从英租威海卫时期的一份鞭刑文件说起》，载《山东大学学报（哲学社会科学版）》2005 年第 4 期。

④ 参见陈同著：《近代社会变迁中的上海律师》，上海群书出版社 2008 年版，第 41 页。

⑤ 参见王申著：《中国近代律师制度与律师》，上海社会科学院出版社 1994 年版，第 124 页。

⑥ 参见陈同著：《略论近代上海外籍律师的法律活动及影响》，载《史林》2005 年第 3 期。

⑦ 参见上海通讯社编：《上海研究资料续集》，上海书店 1984 年版，第 76 页。

⑧ ［马来西亚］陈玉心：《清代健讼外证——威海卫英国法庭的华人民事诉讼》，赵岚译，载《环球法律评论》2002 年秋季号。

定。可见，上海租界与威海卫租借地在审判的程序方面也存在差异。

对上海租界的区域法制与威海卫租借地的区域法制相比较以后可以得知，中国租界与租借地区域法制在时空和法律体系、法律内容、司法方面均有诸多的不同，其区域法制的差异十分明显。

二、形成中国租界与租借地区域法制差异的原因

以上海租界与威海卫租借地区域法制差异为例，探究中国租界与租借地区域法制差异形成的原因，可能的原因有多个，其中突出表现为以下三个。

（一）区域性质的原因

鸦片战争以后，通过不平等条约的签订，中国主权开始遭损，逐步进入了半殖民地半封建社会。甲午战争以后，半殖民地的色彩更加浓厚。带有殖民地、半殖民地性质的区域不可避免地在中国出现了。以上海租界与威海卫租借地区域法制为例。

上海租界产生于鸦片战争后不久。它的英、美、法三大租界均在鸦片战争结束后的 20 年内出现了。那时中国刚刚进入半殖民地半封建社会不久，主权受损的程度也没有像甲午战争以后那么严重。上海租界虽然具有自己的立法、行政执法、司法机关等自治机构，自治性也客观存在；[①] 但是，上海租界的机构不是西方国家的直接派出机构，而是由外国侨民自己组织的自治机构；上海租界不属于西方国家直接统辖，西方国家也不直接对其发号施令并直接实施其本国的法律。比如，上海租界的土地不是切割给西方国家，而是西方的洋人向上海原居民租用并取得使用权。《上海租地章程》对英租界土地的租用作了明文规定。除了规定租地需要签契约文书外，还对租地的地界、租金等都作了规定。此章程的第 6 条对地界的确定作了这样的规定："洋商租地日期，先后不一，高出地价后，应知照附近租主、会同委员、地保及领事署官员明定界址，以杜争论。"第 7 条对洋人的租金作了规定："洋商租地或付同数押手、年租，或押手高而年租低，难以划一；洋商现应酌增押手，每年纳地租一千文者付一万文，并在此次另增

---

① 费成康著：《中国租界史》，上海社会科学院出版社 1991 年版，第 10 页。

押手外，每亩地付定额年租一千五百文。"另外，上海租界会审公廨刑事审判的管辖案件有限定，华人犯有徒罪以上案件者应由租界外的中国审判机关审判。《上海洋泾浜设官会审章程》第 4 条规定："华人犯案重大，或至死罪，或至军流徒罪以上，中国例由地方正印官详请臬司审转，由督抚酌定奏咨，应仍由上海县审断详办。"上海租界的区域法制，也就与威海卫租借地区域法制存在一些差异。事实也是如此。

威海卫租借地产生于甲午战争以后，中国的国防力量一落千丈，主权进一步受损，西方国家掀起了瓜分中国的浪潮，中国社会半殖民地化程度进一步加大。以威海卫租借地为例。威海卫租借地的行政长官直接由英王任命，是英国的官员；此行政长官拥有威海卫租借地的立法、行政和司法的最高权力；英国及受英国殖民统治的香港地区的法律、法令都可直接适用于威海卫租借地；威海卫租借地设有英国的高等法院，审理在那里发生的各种民、刑案件，其上诉法院是设在香港的最高法院；威海卫租借地设有监狱，受行政长官管辖等。

（二）区域定位的原因

中国租界与租借地的区域定位也有所不同，也以上海租界与威海卫租借地为例。上海租界具有洋人居住、贸易的定位，而威海卫租借地则是英国军港的定位。这两种不同的区域定位同样决定了它们区域法制的差异。

1843 年的中英《南京条约》①和《上海租地章程》都对上海租界的区域定位有明确规定。《南京条约》的第 2 条规定："自今以后，大皇帝恩准英国人民带同所属家眷，寄居大清沿海之广州、福州、厦门、宁波、上海等五处港口，贸易通商无碍。"《上海租地章程》在序言部分也说："兹体察民情，斟酌上海地方民情，划定洋泾浜以北、李家庄以南之地，准租与英国商人，为建设房舍及居住之用。"此后，虽然上海租界的数量有所增多，区域也有所扩大，但这一居住、商贸定位没变。事实也是如此显示。居住的洋人人数由少到多，商贸的数量也逐年增加。据统计，1845 年时上海租界里的外国人仅有 90 人，1900 年增加至 7396 人，1942 年时增多到 150931

---

① 王铁崖编：《中外旧约章汇编》（第 1 册），三联书店 1957 年版，第 30—33 页。

人，平均年增长人数超过 1555 人。[1] 这样的外国人人数规模在旧中国的区域中屈指可数。

同时，上海租界的商贸数量也在逐年增加，并带动了整个上海的商贸。据进口值的统计，1884 年的进口净值为 72761000 海关两，1885 年猛增到 88200000 海关两，1887 年更是达到了 102264000 海关两。进入 20 世纪以后，进口值仍在增长。以棉制品为例，1885 年的进口值仅为 31494000 海关两，到了 1913 年增至 182419000 海关两。[2] 其中，不乏鸦片贸易，而且一度数量还很多，1866 年的鸦片进口占了所有洋货中的三分之二。[3] 与此同时，中国出口的商品也在大幅度增加。鸦片战争以前的主要出口商品生丝和茶叶逐渐被丝织品、大豆、苎麻、羽毛、皮草、草席、植物油等多样化的出口商品所取代。[4] 商贸的发展助推了金融业的发展，银行、证券、保险等企业都得到了大发展，以致上海被认为是"近代中国乃至远东最大的金融中心"。[5] 上海租界的这种居住、商贸区域定位决定了其法律内容会特别重视在城市规划、商贸金融等方面作出规定，而与威海卫租借地区域法律内容有所不同，形成差异。

威海卫租借地的区域定位主要不是居住、商贸，而是军港。这与当时英国要设立这一领地的动机联系在一起。甲午战争以中国的失败告终，国门洞开，弱肉强食加剧，列强进一步分割中国，殖民化程度比租界高的租借地出现了。中国领土上的租借地都在沿海地区，而且均适宜成为军港，可以作为战略要地。首先是德国看中了胶州湾。在强大的压力之下，清政府于 1898 年 3 月 6 日与德国签订了中德《胶澳租界条约》，[6] 胶州湾区域归入德国门下。继胶州湾租借地以后，俄国于同年也向清政府施压，于同年 3 月 27 日

---

① 参见邹依仁著：《旧上海人口变迁的研究》，上海人民出版社 1980 年版，第 141 页。

② 参见上海市政协文史资料工作委员会编：《旧上海的外商与买办》，上海人民出版社 1987 年版，第 3 页。

③ 参见汤伟康、杜黎著：《租界 100 年》，上海画报出版社 1991 年版，第 59 页。

④ 参见上海市政协文史资料工作委员会编：《旧上海的外商与买办》，上海人民出版社 1987 年版，第 13—15 页。

⑤ 吴景平、马长林主编：《上海金融的现代化与国家化》，上海古籍出版社 2003 年版，第 617 页。

⑥ 王铁崖编：《中外旧约章汇编》（第 1 册），三联书店 1957 年版，第 738—740 页。

清政府与俄国签订了中俄《旅大租地条约》，①旅大被俄国收入囊中。这两个军港的建立打破了西方列强在中国的军力平衡，英国心态失衡。要与它们抗衡，在威海卫设立军港成了最佳选择。这个地区不仅水深，还终年不结冰。再从地理位置上看，其也有优势。它既可以把秦皇岛与葫芦岛作为自己的辅港，还可直接监视德国、俄国的军港。②于是，英国再次出手，同样对清政府加压，终于如愿以偿，于1898年7月1日签署了中英《订租威海卫条约》。③此条约明示威海卫租借地具有军港定位。"今议定中国政府将山东省之威海卫及附近之海面租与英国政府，以为英国在华北得有水师合宜之处。"这一区域定位既决定了威海卫租借地区域法制在法律内容方面必定会特别重视军港的维护，而不是居住地与商贸相关的规定；也决定了其与上海租界区域法制的法律内容的区别。它们之间存在区域法制的差异也就不可避免了。

（三）区域环境的原因

中国租界与租借地的区域环境也有所不同。租界的环境是城市，而租借地的环境则是农村。这同样成为这两种区域法制差异的又一个原因。还是以上海租界与威海卫租借地的区域环境为例。

开埠前，在上海县城以外，也是农村。那里有大片的农田、荒地，被描写为阡陌田野、芦苇纤道，一派农村的景象。④由于上海租界被开发为居住和商贸之用，原来的农村环境迅速城市化，城市化的区域环境很快形成。上海租界的人口、产业、城市建设等都突飞猛进，率先成为中国的近代城市，据统计，上海租界的总人口持续攀高。1855年上海租界的人口为20234人，1865年为148809人，1900年增为444318人，1937年增至1696259人，1942年上升为2440053人。⑤平均年增长为27800余人。这样的人口规模在当时的中国城市区域中实属罕见。近代的各种产业在上海租界纷纷落户，率先于中国其他区域实现了近代化。这些产业包括了工业、

---

① 王铁崖编：《中外旧约章汇编》（第1册），三联书店1957年版，第741—743页。
② 参见邵宗日著：《英国租借时期威海卫法律制度研究》，法律出版社2011年版，第46—47页。
③ 王铁崖编：《中外旧约章汇编》（第1册），三联书店1957年版，第782—783页。
④ 参见唐振常主编：《上海史》，上海人民出版社1989年版，第137页。
⑤ 参见邹依仁著：《旧上海人口变迁的研究》，上海人民出版社1980年版，第90—91页。

商业、金融、建筑、公用事业、文化教育、卫生等与近代城市配套所需的各种产业。与此同时，上海租界的城市建设也接近同时期西方国家的水平，租界里的部分居民开始享受近代城市的生活。宽敞的肩带马路、新式的煤气路灯、遍及居民住宅的自来水、新式电车和公共汽车等都展现在人们眼前。① 上海租界也因此而率先于中国其他区域成为近代化城市区域。上海租界的近代城市环境，需要有相应的法制来呼应，于是上海租界区域法制的法律内容就不可或缺城市规划等一系列的规定。

威海卫租借地区域环境与上海租界不同，是个农村环境，而且没有将其发展成为城市的规划与措施。威海卫在成为租借地以前，与中国大地上的其他农村地区差不多，也是个以自然经济为主导的农村。那里有许多低山丘陵区和沙地，农民们只能以种植粗糙的谷物和地瓜之类的根类农作物为生，吃的也是以玉米、高粱、地瓜类杂粮为主。那里的基础设施也不发达，路面多为沙土覆盖，基本没有排水系统，每当下雨道路边泥泞不堪。卫生条件非常差，卫生公共设施十分陈旧且缺少管理，整个威海卫很脏乱。② 被英国管辖以后，只是把威海卫作为军港定位和建设，目的是牵制占据胶州湾的德军和占领旅大的俄军，保护其在中国的既得利益，没有把其建设成为现代城市的规划，更没有相应的措施。那时的英国政府尽可能地以最低的成本管理威海卫。③ 于是，威海卫租借地的区域环境没有根本改变，仍然是农村环境，没有机会将其发展成为城市环境。在那里，依然有 90% 以上的人口生活在农村。④ 对于这一农村的环境，其法制也就与上海租界城市环境的法制不一样，因为法制的需求不同。事实也是如此，威海卫租借地区域法制中就有一些关于开拓政府荒地、建立和运行村董制度等的规定，以适应威海卫租借地的农村建设，发展农业。上海租界区域法制中没有这样的内容。区域环境的不同同样导致了上海租界与威海卫租借地区域法制的差异。

由此可见，形成中国租界与租借地区域法制差异的原因有多种，其中

---

① 参见马长林著：《上海的租界》，天津教育出版社 2009 年版，第 2 页。
② 参见邵宗日著：《英国租借时期威海卫法律制度研究》，法律出版社 2011 年版，第 286 页。
③ 参见王娆：《英租威海卫司法殖民之特性分析》，载《甘肃政法学院学报》2006 年第 6 期。
④ 参见王娆：《英租威海卫司法体制初探》，载《环球法律评论》2005 年第 5 期。

包括了这两种区域不同的性质、地位、环境等，可以说是多因一果。正因为如此，这两种区域法制存在差异具有其一定的必然性，而非仅仅是一种偶然的结果。

三、与中国租界和租借地区域法制差异相关的一些问题

与中国租界与租借地区域法制差异相关，还有一些问题值得关注。它们是进一步理解这种差异的另一些侧面。从中亦可为今天的区域法制建设提供一些借鉴。

（一）中国租界与租借地区域法制差异所造成不同社会面貌的问题

中国租界与租借地区域法制的差异直接造成了这两种区域的不同社会面貌。继续以上海租界与威海卫租借地区域法制为例。

上海租界逐渐率先成为一个近代化区域并带动上海的华界，以致整个上海在中国率先建设成了一个近代化的大都市。同时，上海租界歧视华人的情况也同样存在。上海租界区域法制是中国大地上最早的现代法制，其先进性首先被上海租界周围的华界所感受，随之而来的是借鉴。于是，上海华界就着手移植租界的区域法制，使自己的法制也开始近代化。这在 20世纪以前就已开始。1898 年上海华界颁行的《沪南新筑马路善后章程》就是如此。它所规定的车辆捐照、夜间行车点灯、禁止驰骋、定时倾倒垃圾、不准随地大小便、不许堆物碍路等一系列内容，都取自于上海租界的规定，是这一规定的翻版。① 近代的区域法制规范、建设了整个上海，以致在 20世纪 30 年代，上海就已成为一个国际大都市，被称为"东方的巴黎""东方的纽约"。② 在这样的大都市中，并非人人都平等，华人是被歧视的对象。在 1928 年以前，华人与狗一样，都在被禁止进入公园者之列。华人因此而受到侮辱。③ 上海租界社会不能不说是一个带有瑕疵的近代城市化社会。

威海卫租借地则是另一种社会面貌。在那里，建立了一个近代化的军

---

① 参见王立民：《中国城市中的租界法与华界法——以近代上海为中心》，载《比较法研究》2011 年第 3 期。

② 参见马长林著：《上海的租界》，天津教育出版社 2009 年版，第 2 页。

③ 参见史梅定主编：《上海租界志》，上海社会科学院出版社 2001 年版，第 525 页。

港，同时广大地域的经济、社会都仍很落后。威海卫租借地的军港建设达到了近代水平。为了保证军港的安全，港口的卫生得到了保证，威海卫租借地港口的船舶要清扫，水域和岸前要保持清洁，受感染的船只及时地消毒和净化。① 卫生检疫在海军水域也同样进行，检疫地点由海军指定，但不能占用军用重吃水船舶的检疫锚地，船长还需按规定、听从指挥。② 军港海面上的舢板船有序地穿梭不断，繁忙运输。这是一种小型船舶，其航舵较大，悬挂于尾部下方，还能通过锁链进行提升和下放。它们是那里的主要水上运输工具，特别是承担着从陆地上到刘公岛的运输任务。虽然，那里有班轮，但班次有限，舢板船仍不可缺少，常有几百条舢板船昼夜服务。③ 海盗在那里没有市场，一旦被发现，就会被捕获，以海盗罪加以严惩。④ 这是一方面。

另一方面，威海卫租借地的商品经济发展缓慢，没能冲破自然经济的藩篱，社会经济没有根本变化，大量的村民依然过着较为传统的农村生活。社会发展情况也不尽如人意，广大民众仍然生活在农业社会中，到1930年时还是如此。那年，南京国民政府的接收大员王家桢到威海卫农村去体察民情，他惊讶地发现，当地的男人依然留着前清的长辫，女子还裹着小脚。⑤ 威海卫租借地的面貌还是一种变化不大的农村面貌，与上海租界的城市面貌相比，也是差异明显。这种面貌的差异正是它们不同区域法制产出不同结果的一个写照。

（二）中国租界与租借地区域法制差异与中国主权受损的关联问题

中国租界与租借地及其区域法制的出现，都以不平等条约为基础，都是中国主权受损的一种直接体现。它们之间有一种因果关系，即中国的主权受损在前，而且是因；上海租界与威海卫租借地区域法制出现在后，而且是果。中国的主权受损的一个结果是中国租界与租借地区域法制的产生，

---

① 参见邵宗日著：《英国租借时期威海卫法律制度研究》，法律出版社 2011 年版，第 176 页。
② 同上书，第 171 页。
③ 同上书，第 207 页。
④ 同上书，第 163 页。
⑤ 同上书，第 138 页。

其中包括了上海租界与威海卫租借地区域法制的出现。在一个国家主权完整的情况下，不会出现那样的租界与租借地及其区域法制。

随着中国主权受损程度的加大，中国租界与租借地区域法制的殖民地化程度也不断提高。也就是说，中国主权受损程度与它们的殖民地化程度有关联，表现为此消彼长。鸦片战争以后，中国开始主权受损，其受损程度还有限，首先出现的是上海租界区域法制，而不是威海卫租借地区域法制。这时的上海租界首先建立了自己的立法、行政执法、司法机关，实现了自治。甲午战争以后，中国的主权进一步受损，那时签订的中日《马关条约》① 使中国进一步半殖民地化。它不仅规定，割让辽东半岛、台湾、澎湖列岛、赔款 2 万万两白银；开放沙市、重庆、苏州、杭州为通商口岸；还第一次允许外国在中国通商口岸设立工厂，适应了其对中国资本输出的需求。随之而来，一方面英、俄、美、日、法、德等国家争先恐后地在中国划分势力范围；另一方面通过向清政府进行政治贷款、争夺中国铁路的投资权、直接在华投资设厂开矿、开办银行等方式，加剧了对中国经济命脉的控制。② 在这一大背景下，中国出现了以往所没有出现过的租借地。德、俄、法、英分别租借了胶州湾、旅大、广州湾、威海卫等沿海地域。至此，中国的深水良港被瓜分完毕，都变成了外国的军港。可见，中国主权开始受损时，出现了租界区域法制；中国主权进一步受损时，出现了租借地区域法制。它们的关联度很高。

另外，与中国主权受损相联系，中国原有的法制统一性遭到了破坏。鸦片战争以前，中国的主权完整、无损，没有出现像租界、租借地那样的区域法制。全国各地均实施统一的国家法制，其中以《大清律例》为代表。这是一部中国的传统法典，以刑法为主要内容，贯彻了礼法结合的原则，重点维护封建政权与传统伦理纲常。法制的统一性得到切实的维护。鸦片战争以后，中国的国门被打开，主权受损，中国租界与租借地及其区域法制相继产生。而且，这种区域法制不在中国的法制体系之中，游离于中国的法制体系之外。中国租界区域法制的显露，打破了近代中国法制的统一

---

① 王铁崖编：《中外旧约章汇编》（第 1 册），三联书店 1957 年版，第 614—617 页。

② 参见白寿彝总主编：《中国通史》（第 11 卷），上海人民出版社 2004 年版，第 236—238 页。

性，中国的法制不能在那里一贯到底。中国租界自己建有自己的法制机构，颁行法律，形成了自己的区域法制，开始冲击中国的法制统一性，使其遭到破坏。租借地区域法制的殖民地性质更明显，所在区域的法制独立性也更强，中国的法制统一性遭到进一步破坏。中国租界、租借地的区域法制存在，使中国的法制统一性被严重肢解，变得支离破碎。这也可以算是中国主权遭损的一个法制结果。

（三）中国租界与租借地区域法制差异给予今天的启示问题

今天，中国的国情与近代完全不同。中国已是一个独立自主、主权完整、实行法治、日益强盛的社会主义现代化国家，然而，中国的区域法制依然存在，特别是中国特区、自贸区等建立以后，其区域法制的存在已无可争辩。以后，中国区域法制建设的路程更长，从租界与租借地区域法制的差异乃至近代的区域法制建设中，可得到一些启示，以致不走或少走弯路。

首先，区域法制建设不能以损害国家主权与法律的统一性为代价。今天中国区域法制的存在与建设已不可避免。中国地广人多、情况复杂，有些建设不可能也没有必要步伐一致，一哄而上。良策则是在一些条件相对成熟的地区先行先试，取得可复制的经验以后，再以点带面，逐步推广，整体推进。中国已有这样的成功经验，特区建设就是如此。今天，中国自贸区的建设也是如此。在这些区域里，建立的法制就是当今的区域法制。在区域法制建设中，决不能以损害国家主权为代价，也不能容忍任何有损国家主权的行为存在。要紧紧掌握自己的立法、行政执法、司法、法律监督等权力；区域内任何违反中国法律的个人、单位，都要依照中国的法律被追究法律责任。同时，也要维护中国法制的统一性。区域里的法制都要以中国的宪法和法律为依据，不能与之相冲突。区域中任何与中国宪法、法律相抵触的规定，都被认为无效。切实保证中国宪法、法律在区域中的权威。中国租界与租借地的区域法制只是近代中国的区域法制，以不平等条约为基础，损害中国主权和法律的统一性为代价的区域法制。这种法制决不能在今日中国重演。

其次，要防止规避法制行为的出现。任何区域法制总是会有其特殊的一面，为区域建设提供方便，否则区域法制就没有存在的必要了。如今的区域法制也是如此。因此，区域内法制就会与区域外法制之间存在一些不同。这种不同就有可能为规避法制行为所利用，为法制建设带来消极影响。这种由区域法制而带来的规避法制的情况在上海租界就出现过。上海租界出现过两个以上租界，它们都建有自己的区域法制，而且相互独立，互不统辖。因为他们的法制内容不尽相同，管辖区域也不同，于是便有一些别有用心者规避法制，欺侮他人，从中渔利。那时，上海有条河，名为洋泾浜。河的北面是英租界，南面是法租界，河上有座桥，名为郑家桥。桥的两头分别由上海英租界、法租界的巡捕负责治安，双方都不能到对方租界去执法。一些别有用心的人就利用这一点，云集在桥堍两边，乘机欺侮桥两边的卖菜农民，作恶、取利。"若被害人高声呼唤，英租界巡捕过来干涉，则赶至桥南，法租界巡捕过来干涉，则赶至桥北。"他们能够如此，就是因为规避了区域法制。"因为桥南北分属英法两租界，形同二国，在英租界犯了罪，到法租界就不管，反之亦然。这样就被坏分子钻了空子。"① 在当今的区域法制建设中，就要做好制度设计，不要让规避法制的情况出现，导致对法制的破坏。

最后，要重视区域法制的宣传。区域法制有其特殊性。为了使区域法制得到有效实施，有必要进行宣传，以免出现法不责众的局面。上海租界的区域法制出现后不久，就开始进行宣传，以防界外的华人等进入界后，因不知租界法制而触犯它，受到处罚。1876 年由葛元熙所著的《沪游杂记》中，就记载了当时的《租界例禁》，告知人们进入租界以后要加以遵守，以避不幸。其中的内容有 20 条，都是上海租界区域法制的规定，周边的华界则没有这些规定。其涉及的内容包括了租界生活中的驾车、倾倒垃圾、大小便、卖酒、卖野味、挑粪担、乞丐、酗酒斗殴等一些方面。它规定，"禁马车过桥驰骋""禁东洋车、小车在马路随意停走""禁马路上倾倒垃圾""禁道旁小便""禁施放花爆""禁私卖酒与西人饮""禁春分后、霜降前卖野味""禁九点钟后挑粪担""禁乞丐""禁聚赌酗酒斗殴"等。② 以后，

---

① 中国人民政治协商会议上海市委员会文史资料工作委员会编：《旧上海的帮会》，上海人民出版社 1986 年版，第 89 页。

② 〔清〕葛元熙等著，郑祖安等标点：《沪游杂记 淞南梦影录 沪游梦影》，上海古籍出版社 1989 年版，第 3 页。

上海租界区域法制的宣传形式和内容都有发展，宣传的力度也有所加大。①然而，仍有不到位之处，还是有人因违反规定而受到处罚。据《老上海三十年见闻录》中记载，有一位来自北方的华人就碰到了这样的尴尬。"有北人初到上海，不谙租界章程，在马路上大便，被巡捕捉去。"因为他不知道上海租界有不准在马路上随地大便的规定，还认为自己无错，不服巡捕的执法，最后被押送到会审公廨进行审判，受到处罚。"捕房令罚洋释出，其人不服，吵闹不休。解赴公堂，宣判加罚数元，以为吵闹者戒。"②从中亦可见，区域法制宣传的重要性。当今中国的区域法制建设正在有条不紊地推进，为了使其能取得应有的成效，有必要对中国历史上的区域法制宣传作点研究，甚至借鉴。

中国近代领土上出现过区域法制，租界与租借地区域法制就是如此。通过对上海租界与威海卫租借地区域法律差异的比较与分析，有助于加深认识租界与租借地的区域法制。它们都是中国主权受损情况下的产物，它们存在和发展都以国家主权遭损为代价，可以说是西方国家强加给中国的一种法制。它们的法制情况又与其性质、定位与环境相关。上海租界区域法制在居住与商贸、城市化方面特别突出，威海卫租借地区域法制则维护军港与战略要地、农村化特别明显。今天，中国区域法制建设的任务依然存在，而且是在国家主权完整的情况下进行，这与中国租界与租借地的区域法制有天壤之别。然而，中国近代的这一区域法制作为一种历史存在，仍可为今天的区域法制建设提供一些借鉴。

---

① 参见王立民：《试论中国租界法制的传播与普及》，载《政治与法律》2013 年第 4 期。
② 陈无我著：《老上海三十年见闻录》，上海书店出版社 1997 年版，第 244 页。

第六章　中国城市中的租界法与华界法

鸦片战争以后，包括上海、天津、汉口、广州等在内的 10 个城市都出现了租界，其中上海的租界最大也发展最快。[①] 于是，这些城市便出现了租界与华界并存的情况。由于租界独立于华界，也建立了自己的法制，因此在这些城市中，便形成了租界法与华界法同存的格局。本章以上海、天津和汉口为中心对其中的一些问题作出探索。

一、租界法与华界法并存的原因

在中国的大地上，本无租界，更无租界法。鸦片战争以后，这些城市才出现了租界和租界法，产生了租界法与华界法并存的情况。究其并存的原因主要在以下几个方面。

（一）法制方面的原因

鸦片战争以中国的失败而告终。1842 年签订的《南京条约》和相关的一系列条约，成为中国城市中租界及其租界法存在的依据。《南京条约》的第 2 款规定："自今以后，大皇帝恩准大英国人民带同所属家眷，寄居大清沿海之广州、福州、厦门、宁波、上海等五处港口，贸易通商无碍。且大英君主派设领事、管事等官住该五处城邑，专理商贾事宜。"翌年，根据《南京条约》而制定的附件《五口通商附粘善后条款》进一步规定，英国人到这五个城市居住，"中华地方官必须与英国管事官各就地方民情，议定于何地方，用何房屋或基地系准英人租赁"，"英国管事官每年以英人或建屋若干间，或租屋若干所，通报地方官转报立案"。[②] 这两个规定为确认英国可以在中国的这 5 个城市居住、设立租界打下了法制方面的基础。1844

---

① 费成康著：《中国租界史》，上海社会科学院出版社 1991 年版，第 267 页。
② 王铁崖编：《中外旧约章汇编》（第 1 册），三联书店 1982 年版，第 35—36 页。

年的中美《望厦条约》和中法《黄埔条约》也使美、法等国在华侨民取得了类似的权利。第二次鸦片战争以后，1858 年签订的《天津条约》又规定：在新开设的各通商口岸，允许英国人"听便居住、赁房、买屋，租地起造礼拜堂、医院、坟茔等事，并另有取益防损诸节，悉照已通商五口无异"。① 这一规定使中国城市的租界制度在中英两国制订的国际条约中得到了认可，而且还可合法地推广到其他通商口岸。此后，广州、天津、镇江等地的租界也被开辟出来了。② 允许在中国城市中建立租界的规定，为创立租界法确立了一个地域上的法制条件，从此租界法在租界内的生存、发展便有了法制依据。

在接着的一些规定中，便进一步确立了租界立法、行政执法和司法等机关的职能，它们都直接担负了租界法制定和运作的责任。1869 年上海英美租界制订并由驻北京的公使团批准的《上海洋泾浜北首租界章程》，规定成立西人纳税会，使其成为租界内的议决机关，起了"市议会"的作用，这就更便于这一租界行使立法权了；规定也赋予工部局以更大的权力，使其具有增订土地章程附则和征收捐税的权力，它的立法权和执法权又有了扩张。③ 那时，根据《上海洋泾浜设官会审章程》的规定，在上海英美租界改名为上海公共租界的界域里，还正式成立了租界内的审判机关会审公廨，专门受理租界内的案件。这个由华、洋法官组成的会审公廨，实际上为洋人控制，是洋人主导下的租界审判机构。此后，在上海的法租界和其他城市的一些租界中也都设立了这样的审判机构。这些规定都为中国城市中租界法的立法和运作提供了法制依据。有了这些规定，租界法制便在中国有租界的城市中有了存在空间，可以独立发展起来了。

然而，在中国租界产生之时，中国的华界有自己的法制。中国城市中的华界与以往一样，根据属地原则，适用中国传统的法制，施行《大清律例》等法典，适用"五刑""十恶""八议"等制度。④20 世纪初的法制改

---

① 王铁崖编：《中外旧约章汇编》（第 1 册），三联书店 1982 年版，第 198 页。
② 费成康著：《中国租界史》，上海社会科学院出版社 1991 年版，第 23—25 页。
③ 王立民著：《上海法制史》，上海人民出版社 1998 年版，第 178—179 页。
④ 参见《大清律例·名例律》（上）。

革以后，中国推进法制现代化进程，开始移植西方的现代法制，历经了南京临时政府、北洋政府和南京国民政府的法制。中国城市中的华界也先后使用它们自己的法制，与租界法制仍有很大区别。可见，有些中国的城市中出现了租界法与华界法并存的情况。

（二）地域方面的原因

根据相关规定，中国城市中的租界都有自己管辖的地区。这些地区虽毗邻华界，但又独立于华界，不受中国政府的管辖，即"由外国人统治的中国领土"。[①] 在这样的地区中，一方面，需要进行必要的现代化管理，发展现代城市，于是建立、建设自己的现代法制便必不可少，而不是使用中国华界的传统法制；另一方面，有了租界以后，租界便成了引进现代法制的落脚点，可在自己管辖的地区建立、适用适合自身发展的现代法制，而不受中国华界法制的制约。这种需要和可能在有了租界以后，就变成了现实，于是独立于华界法的租界法就有了自己的生存、发展空间了。上海租界就是如此。它不仅在上海落户，还不断扩大。这为租界法在上海诞生并不断扩大适用范围，营造了一个地域条件。

上海最早出现的是英租界。这也是中国最早出现的租界。[②] 根据 1845年《土地章程》的规定，1846 年上海的英租界出现了。它东靠黄浦江，北至李家庄（今北京东路），南至洋泾浜（今延安东路），西至界路（今河南中路），面积约为 830 亩。[③] 以后，上海的租界又有了扩张。这种扩张突出表现在这样两个方面。一方面，取得上海租界地域的国家增多了，美、法两个国家也在上海设立了租界；另一方面，上海租界的地域扩大了，适用租界法的地区也扩大了。继英国以后，美、法两国也在上海取得了租界。1848 年美国圣公会的文惠廉主教来到上海，在苏州河以北地价低廉的虹口一带广置土地，设立教堂，然后向上海道台吴健彰提出把这一地区作为美租界的要求，可他仅作了口头承诺。1863 年英、美两租界合并为上海英美租界时，美国领事熙华德与上海道台黄芳正式商定了美租界的范围。此时，

---

①　费成康著：《中国租界史》，上海社会科学院出版社 1991 年版，第 203 页。

②　史梅生主编：《上海租界志》，上海社会科学院出版社 2001 年版，第 92 页。

③　唐振常主编：《上海史》，上海人民出版社 1989 年版，第 139 页。

上海英美租界的土地面积已达 10676 亩。1849 年上海又出现了法租界。那年，法国领事敏体尼与上海道台麟桂签订了租地协议，法租界便出生了。它北至洋泾浜，南至护城河（今人民路），西至关帝庙诸家桥（今西藏南路附近），东至广东潮州会馆沿河至洋泾浜东角（今龙潭路），面积为 986亩。① 这样，上海的英、美、法三个租界把上海地理位置最重要、交通最便利、风景最好的外滩和苏州河口一带地区，全都瓜分完毕了。

　　往后，上海租界地区便不断扩大。英租界先行一步。1848 年利用"青浦教案"，英国领事阿利国迫使麟桂签署了扩大英租界的协议，以致其西面的界路延伸到泥城浜（今西藏路），北面从李家庄扩展到吴淞江（今苏州河），净增土地 2000 亩。1854 年英、美、法三租界又利用上海小刀会起义的机会，通过新的《土地章程》，导致法租界延伸，新增土地面积 3800亩，是原来的 3 倍以上。1861 年法租界又三次租地，又增加土地 198 亩。1899 年上海英美租界改名为"上海公共租界"。这一年，此租界又有了 2次扩张，使其总面积达 32110 亩，比过去增加 2 倍有余。上海公共租界得手以后，法租界也尾随其后，分别于 1900 年和 1914 年两次扩大土地面积，以使其总面积达到 15150 亩，是初定时的 15 倍。有了这些广阔的租界地域，上海租界法便可以独立于华界法而生存下来，发展起来了。②

　　上海的租界地域是这样，中国其他城市的租界地域也是这样。这里以天津和汉口为例。在天津，根据租地规定，1860 年英、美、法三国分别设立了租界，由于均位于海河西岸的紫竹村一带，于是人们称其为"紫竹林租界"。③ 它们的面积分别是 460 亩、131 亩和 360 亩。④ 自 1895 年起的 8年时间里，德、日、俄、比利时、意大利、奥地利等国也在天津得到了租界，其面积分别是 1034 亩、1667 亩、5971 亩、747.5 亩、771 亩、1030亩。⑤ 其间，英、法、德、日等国的租界地域还有扩大。天津的租界法在

　　① 唐振常主编：《上海史》，上海人民出版社 1989 年版，第 144 页。

　　② 王立民：《上海租界与上海法制现代化》，载《法学》2006 年第 4 期。

　　③ 费成康著：《中国租界史》，上海社会科学院出版社 1991 年版，第 278 页。

　　④ 罗澍伟主编：《天津通志·附志·租界》，天津社会科学院出版社 1996 年版，第 71—72 页。

　　⑤ 同上书，第 73—78 页。

这些租界生根了。汉口的租界晚于上海和天津出现。1861 年英国在汉口取得了第一块租界，面积为 458.28 亩。从 1895 年起的 3 年内，德、俄、法、日 4 国也在汉口获取了租界，面积分别是 600 亩、414.65 亩、187 亩、247.5 亩。①以后，又在 1898 年起的 9 年中，英、德、法、日 4 国又分别拓展其租界，新增了面积。这样，在汉口镇下游 4 至 5 公里长的长江旁形成了一个汉口租界区。汉口的租界法也在这些地域被根植、发展起来了。

中国的城市中，除了有租界外，大量的是华界。华界的地域更为宽广，而且实行的依然是中国法。有了租界与华界的不同地域，并且都适用自己的法制，便出现了租界法与华界法并存的情况了。

（三）机构方面的原因

中国城市中的租界法都是现代法，须由自己的立法机构制定，行政执法机构执行和司法机构司法。否则，租界法还是无法确立和运行。这些机构的存在对租界法的生存和发展也至关重要。中国城市中的租界也十分重视建立这些机构，保证租界法的建立与运作。相对华界的这些机构而言，租界的这类机构独立存在，与华界的机构没有隶属关系，实际上是一种自治机构。它们在租界中，按照现代法制的要求操作，而华界则按自己传统法制的要求运行，租界法与华界法的差别就十分显著了。

上海英租界设立之时，英国领事便行使了这种自治权。那时，凡是英国之外商人要在英租界内建房、租房、屯物，都"须先禀明英国领事得其许可"；租地人凡需"设船夫及苦力头目"，也"须陈报领事"；违反了这一章程者，由英国领事制裁。"嗣后英国领事，倘发现有违犯本章程之规定者，或由他们禀告，或经地方官通知，该领事均应即审查犯规之处，决定应否处罚。"②可见，此时的英国领事已具有了行政管理和执法权。以后，这种自治权又有进一步拓展，未经英国领事官给牌的，不允许卖酒并开店；在上海英租界中设立工部局，行使租界内的行政管理权。③它下设：工务、财政、警备、防卫、电气、卫生、运输等 20 余个常设委员会和巡捕房特别

---

① 《汉口租界志》编纂委员会编：《汉口租界志》，武汉出版社 2003 年版，第 26—31 页。
② 蒯世勋等编著：《上海公共租界史稿》，上海人民出版社 1980 年版，第 44—50 页。
③ 同上书，第 53—55 页。

调查、普通教育、特别电气等 10 余个特别委员等机构，进行日常管理。这种管理包括：市政工程的建造、维修；制定相关规定；负责警务及社会治安；经费安排等。① 其行政、立法、执法权得到了加强。1869 年以后在自治方面走得更远，竟然在租界内设立纳税外人会（又称"外人纳税会""纳税西人会"等）。它从租地人会议发展而来，全由洋人组成，是上海英美租界中的议决机构，类似"市议会"。② 同年，上海的英美租界还颁布了《上海洋泾浜设官会审章程》，设置了会审公廨，受理租界中发生的案件。上海英美租界改名为上海公共租界以后，这些机构依然存在并发挥着作用。上海法租界也建立了类似于上海英美租界的一些机构并独立运作。③

中国其他城市的租界也进行了自治，也有自治机构。汉口租界中的德租界中设有工部局，作为租界内的行政管理机构；意大利租界也设有工部局，进行"全行管理"；奥地利同样设有工部局，作为租界内的管理机构，等等。另外，1894 年以后，汉口租界也分别设置了会审公廨，审理租界内发生的案件。天津的租界里，除了建立了类似于上海、汉口租界的工部局以外，还设有类似上海租界的纳税人会，行使议决职能。天津租界虽没设会审公廨，可仍设有领事法庭，行使领事裁判权。④ 其结果是，租界虽"是中国领土，却不受中国政府的治理，反而处于外人的统治之下"。⑤

中国城市中的华界长期沿用传统机构，行政与司法往往合一，行政长官兼任司法职能。20 世纪初的新政以后，中国逐渐开始走上现代化道路，立法、行政、司法渐渐有了制衡的趋势。这些华界中的机构均自己运行，不受租界机构的管辖，它们都各自为政。由于中国城市中的租界建立了自己的一套机构，独立行使租界内的自治权，也不受中国政府的管辖，于是便可以建立适用自己的法制了。这也是形成中国城市里租界法与华界法并存的一个重要原因。

---

① 史梅定主编：《上海租界志》，上海社会科学院出版社 2001 年版，第 190—202 页。
② 王立民著：《上海法制史》，上海人民出版社 1998 年版，第 176—178 页。
③ 王立民：《上海租界与上海法制现代化》，载《法学》2006 年第 4 期。
④ 王立民：《中国的租界与法制现代化》，载《中国法学》2008 年第 3 期。
⑤ 费成康著：《中国租界史》，上海社会科学院出版社 1991 年版，第 203 页。

由于以上的原因，中国的城市中出现了独立的租界法，而且还是租界法与华界法并存的情况。此后，中国的这些城市便形成了多个法制地区。其中，既有华界法的地区，又有不同租界法制的地区。一个城市容纳了多个不同的法制，法制的统一性遭到了破坏，这不能不说是一种法制的不幸。

二、租界法与华界法的差异

中国城市里虽曾共存租界法与华界法，但它们不同，特别是在 20 世纪初中国的法制改革之前。这是一种现代法与中国传统法的差异。这种差异突出表现在以下一些方面。

（一）法制理念上的差异

中国城市中租界法与华界法的差异之一是理念上的差异。租界法是一种现代法制，由租界从西方的现代法中移植过来。随着大量西方法内容的移植，其中的法制理念也随之引进到了租界，并体现在其中的内容中了。租界法体现的是公平、公开、公正等理念。上海租界法的大量立法内容都能反映出公平的理念，强调在法律面前人人平等，否认人与人之间存在等级和特权。上海英美租界 1854 年的《土地章程》规定，租界内的任何人不经允许都不可开店卖酒；如有违犯，任何人都要受到同样的处罚。"界内无论中外之人，未经领事官给牌，不准卖酒，并开公店"；"违犯以上各条章程，领事官即传案查讯，严行罚办"。上海英美租界 1893 年的《土地章程》在保护洋人权利的同时，也维护华人的利益。它规定，"倘工部局欲筑公路穿过华人产业，则须于动工之前，预先商议购地，及搬迁房屋或坟墓之在路线上者"，"华人坟墓，若非其家属，自行允准，不得动迁"，等等。同年制定的《工部书信馆章程》①则要求任何人在使用报纸、通知时，一定要写自己中、英两种文字，不写中文的，在一定情况下，可能会延缓送达时间。"报纸、通知之类一定要用中、英两种文字写清姓名地址，如无中文则可能会延误投递。有时由于邮件大量涌到，本馆人力不足，书信之运送及投递可能因之被耽误。此时书信馆馆长有权将未用中文写明姓名、地址

---

① 史梅定主编：《上海租界志》，上海社会科学院出版社 2001 年版，第 687—690 页。

之报纸、通知等邮件暂时压下，加入下一批中一起运送、投递。"1869 年颁行的《法租界公董局警务路政章程》①不允许任何租界内居民在住房门前修筑妨害交通的建筑。"任何居民不得在他住房门前修建突出路面的建筑，如界石、踏步、披檐等以妨害交通；事先未得到法公董局许可不得在路上挖掘沟渠。"

上海租界司法制度的许多内容可以体现出公开、公正的理念。那里适用的是现代司法制度，包括了现代的审判和律师制度，这些制度就能体现出这些理念。上海租界早期设立的领事公堂已使用现代审判制度并由《上海领事公堂诉讼条例》加以规定。②此公堂的审判公开进行，追求公正。在程序中，先由原告或其代理人向公堂提交诉状，写明原、被告人的概况、诉讼请求、所发生的事实和证据等；审查合格后，把诉状的副本交给被告人；庭审时，原告宣读起诉书，被告宣讲答辩状，双方提出进行辩论，最后才是法官判决。中国的现代律师制度最早也出现在租界。它也体现了司法的公开和公平理念。它在会审公廨建立前已经在领事公堂中被采用，会审公廨建立后更为广泛地被采用，十分有助于在司法中的事先公开和公正性。正如有人记述的："案无大小，胥由人证明其曲直，律师辩其是非，审官研鞫而公断之，故无黑白之弊。"③

中国城市中的华界在 20 世纪以前使用的仍然是传统法制，其中渗透的是传统法制理念。这一理念突出德治。早在西周时期已主张"明德慎罚"，汉朝进一步发展为"德主刑辅"，唐朝时更明确地提出"德礼为政教之本，刑罚为政教之用"。④德治以人为权威，否认制度的权威，由此而必然走向人治。在人治之下，公平、公开、公正的理念受到冲击。中国传统的法典中，竟然也会运用"夫者，妻之天也""奴婢贱人，律比畜产"⑤和"父为子天"等⑥等级、不公平的理念并使其成为制度，严厉打击侵害了父权、夫

---

① 史梅定主编：《上海租界志》，上海社会科学院出版社 2001 年版，第 712—714 页。
② 蒯世勋等编著：《上海公共租界史稿》，上海人民出版社 1980 年版，第 248—249 页。
③ 参见《皇朝经世之新编·西律》。
④ 参见《唐律疏议·名例》。
⑤ 同上。
⑥ 参见《唐律疏议·斗讼》。

权和主人权利的行为。在司法中，审判不公开进行，刑讯被广泛运用，冤狱在传统社会中频频出现，就是在一些大治时期也是如此。比如，唐太宗本人就错杀过张蕴古等人。① 可见，在法制理念方面，华界法与租界法就明显不同。

（二）法律形式和结构上的差异

上海租界与华界使用的法律形式不同。上海租界采用现代法律的形式，其基本形式是两种，即章程和通告。章程的内容一般比较系统、完整，是上海租界的主要法律形式。上海英美租界和以后上海公共租界颁行的《土地章程》（1854 年和 1893 年）、《工部书信馆章程》（1893 年）、《工部局中式新房建造章程》（1901 年）等是这样，上海法租界施行的《上海法租界公董局组织章程》（1866 年）、《公董局警务路政章程》（1869 年）等也是这样。它们的内容比较充实。比如，《工部书信馆章程》的内容就涉及邮资、邮票、存款账户、邮件尺寸、包裹、书信馆的责任、姓名和地址的书写、投递时间、客户意见、挂号邮件、个别业务合同、变更地址、私人住宅旅馆等处应设置信箱等方面。每一个方面又有较为详尽的规定。比如，关于邮票，分为邮票、明信片、报纸封套、已付邮资信封等种类。每一种类中，还有不同的邮资。邮票的邮资就分为：1/2 分、1 分、2 分、5 分、10 分、15 分、20 分等。通告的内容一般比较简单，往往起补充、重申章程内容的作用，也是一种重要的法制形式。上海公共租界在 1934 年制定过关于领取"狗执照"的通告，上海法租界于 1935 年制定过关于禁止"贩卖及烹食河豚"的通告。这两个通告的字数都很少，不超过 100 字。② 上海租界的这两种法律形式形成互补，完善租界法的内容，适合租界现代社会的需要。上海华界在 20 世纪初以前，仍然使用中国传统的法制形式。那时，清朝的主要法制形式是律和例，1740 年还颁布了《大清律例》，成为清朝的主要法典，上海华界都须适用这一法典。它们均生长在中国传统社会，源远流长。律最早源于商鞅制定的秦律，例在宋朝已是一种比较成熟的法

---

① 参见《旧唐书·刑法志》。
② 王立民著：《上海法制史》，上海人民出版社 1998 年版，第 42—43 页。

律形式。这两种法律形式主要满足刑事法律的需要，不能全面反映包含有各个部门法的法律体系的需求，其缺陷十分显著。上海华界也都要使用这两种传统法律形式，与租界的法律形式差别很大。

上海租界与华界的法律结构也不同。上海的租界法使用的是现代的法律结构。这一结构以款、条为主。上海租界章程的结构就采用这种结构。这里以《公共租界工部局治安章程》为例。① 它共有 25 款。根据内容的不同，每款下设条数也不同。第 1 款是"西客栈及大餐馆"，下有 11 条，内容包括了不可顶替他人申领执照、查验酒人员和方法、开闭馆的时间、转租、不准留宿的情况、不准滋事赌博等一些内容。第 4 款是"渡船"，下仅设 6 条，内容涉及不可顶替使用执照、听从巡捕的命令行船、有遗物交巡捕房、损害赔偿等。另外，每一款都有款标，做到一款一标，使阅读者一目了然。第 2 款的款标是"大小弹子房"，第 3 款的款标是"驳船"等。上海华界法使用的是中国传统的法律结构。中国传统的法律结构则没有明示的款标，也不在正文中设有款标。《唐律疏议》是中国传统法典中的佼佼者，可它仅有律名和条标，而且这种条标只在目录中，正文里则不设条标。以后的《宋刑统》虽有不同于《唐律疏议》之处，在律下增设有门和门标，但突出的则是门标，其中的条标却与律条分离。清朝的《大清律例》也有类似情况。这样的结构给阅读者带来了不便。上海租界法的结构与华界法的结构相比较，具有明显的优越性。

（三）法制内容和语言上的差异

中国城市中租界法与华界法在法制内容和语言上也存在差异。在法制内容方面，租界法的内容集中在租界管理方面，大多属于行政法的范畴，主要涉及组织、经济、治安和交通、医疗卫生、教育等一些领域，很少涉及刑事法律方面的内容。上海的租界法就是如此。有关组织方面的，有《上海法租界公董局组织章程》（1866 年）、《纳税华人会章程》（1920 年）等；有关经济方面的，有《工部局买地章程》（1904 年）、《上海法租界公董局征收房捐章程》（1936 年）等；有关治安和交通方面的，有《公共租

---

① 史梅定主编：《上海租界志》，上海社会科学院出版社 2001 年版，第 690—699 页。

界工部局治安章程》、《上海法租界公董局管理游历经过上海租界人之汽车照会与驾驶执照章程》（1936 年）等；有关医疗卫生方面的，有《管理国医执行业务章程》（1936 年）、《法租界公董局为清除垃圾事通告》（1935 年）；有关教育方面的，有《上海工部局补助华人私立中小学校规程》（1932 年）、《管理活剖解章程》（1936 年）等。① 在这些规定中，对违反者多用行政等制裁，而不采用刑事制裁方式。比如，《上海法租界公董局征收房捐章程》规定，凡供居住或经营工商业利用之一切房屋或土地，无论其占不动产之全部或一部，概应照其价值，按本章程及本局税则表之规定征收房捐，"凡纳税人在受征以后 15 日内而未收房捐缴纳者，本局得取消其对于公用事业之享用"。又如，《法租界公董局为清除垃圾通告》规定，凡公路上、空地上或河沟内均不准抛掷垃圾，凡有违犯者，应科以 1 元以上、5 元以下之罚金，如有重犯者，并得加倍处罚。在 20 世纪以前，中国城市中的华界则适用中国传统法制，其内容以刑法为主，民商法等私法不发展。《唐律疏议》是一部刑法典，其中的民事、行政制裁方式都属于刑事附带而已。此后的《宋刑统》虽增加少量民事条款，但仍是以刑法为主。《大明律》和《大清律例》中几乎没有刑法以外的内容。可见，中国城市中租界法与华界法的内容差别不小。

　　在法制语言方面，中国城市中的租界法与华界法也有所不同。租界法使用的是现代法制语言。法制语言与法制联系在一起，现代法制必然导致现代法制语言的运用。中国城市中的租界法是现代法，使用的是现代法制语言。上海租界法中的语言就是现代法制语言。1884 年上海公共租界工部局颁行了《公共租界工部局巡捕房章程》，② 其中就全部使用现代的法制语言，"原告""被问""审问""拘送惩罚""禁止虐待牲畜""不准燃放爆竹""不准将垃圾倾倒路上""一经查出照例惩罚"等，都是如此。与现代法制语言相关的时间、重量、长度、价格等也都现代化了。《工部书信馆章程》多次使用了现代的时间、重量等语言。比如，"上午""下午"等，"8

---

① 王立民著：《上海法制史》，上海人民出版社 1998 年版，第 197—226 页。

② 史梅定主编：《上海租界志》，上海社会科学院出版社 2001 年版，第 700—704 页。

时""6 时"等；"星期一""星期六"等，"1 盎司""1 磅"等。《公共租界工部局治安章程》则使用了现代价格的语言，比如，"三元""三元五角"等。上海法租界的法制语言也是这样。与此同时，上海的华界仍然在使用中国传统的法制语言。《大清律例》就在使用"五刑""十恶""八议""以理去官"等一些传统法制语言。[1] 相关的一些数字也十分传统，比如"笞二十""杖一百""徒二年""流三千里""一百二十两"等。[2] 可见，租界法与华界法在法制语言方面，也有较大差异。

在一个中国的城市中不仅有不同的法制，而且内容还不相同，给华人带来了极大的不便。有约国人不存在这种不便。[3] 他们依据已取得的领事裁判权，在中国只要遵守本国的法制即可。华人则不同，他们在华界要遵守中国的法制，在租界还要遵循租界的法制，违反后还要受到处罚。法制有地域性，相对固定，可人员却有很大的流动性，特别是在一个城市中，人员的流动十分正常，给华人带来的这种不便不言而喻。为了避免这种不便而带来的不幸，各种办法随之被采用了，进行宣传是其中之一。在 1876 年出版的《沪游杂记》中记载了当时宣传的《租界例禁》，共有 20 项，其中包括了"禁路上倾倒垃圾""禁道旁小便""禁施放花爆""禁卖臭坏鱼肉""禁乞丐"等。[4] 这也是没有办法的办法，以免华人进入租界后不知不觉落入租界的法网中。

三、与租界法和华界法相关的几个问题

在中国城市的租界法与华界法的探研中，还有一些值得关注的问题，主要是以下几个。

（一）租界法移植其母国法的问题

中国城市中的租界都有母国，是它们与中国政府签订了不平等条约以

---

① 参见《大清律例·名例律》（上）。

② 参见《大清律例·刑律·受赃》。

③ 有约国人是指其国家与中国签订过不平等条约，取得了领事裁判权而在中国的人员。鸦片战争以后，中国的有约国人来自英国、美国、法国、德国、俄国、意大利、比利时、瑞典、瑞士、丹麦、奥地利、西班牙、巴西、荷兰、葡萄牙、挪威、日本、墨西哥、秘鲁等国家。

④ 尤乙：《杂交，以物质到精神的惯性导入》，载《档案春秋》2008 年第 11 期。

后，才在中国设立租界，建立了租界法。租界中的管理机构及其人员比较熟悉其母国的法制，也比较容易把其母国的法制移植到中国的租界。因此，在租界法中，往往能看到其母国法制的痕迹。这里以上海租界法为例。上海英租界用永租制形式管理租界的土地。租地人须在承租时先向土地所有人交付一笔保证金，然后在每年秋后再向土地所有人交纳年租金。[①] 也就是说，土地所有人与土地使用人分离，土地使用人无土地所有权，土地所有人自己不使用土地。上海英租界及其英国侨民很容易接受这种永租制，因为英国传统上的土地制度也是如此。1066 年诺曼人战胜了盎格鲁—撒克逊人以后，威廉一世便在英国建立了封建制度。这制度下，国王是最高统治者，也是国家土地的所有者，并把土地分封给其下属的重臣。作为交换条件，具有土地使用权的重臣须回报国王，向他纳税、负担劳役等。即国王有土地所有权，重臣只有土地使用权而无所有权，土地的所有权和使用权在那里也被分离了。[②] 这种土地制度搬到了上海英租界，便是十分相近的永租制了。

　　中国租界移植母国法的情况不仅表现在立法方面，在司法方面同样存在。上海英美租界的领事公堂即如此。它是一个专门受理工部局为被告案件的审判机构，成立于 1882 年。其成立的依据是 1863 年《土地章程》中的一个条款，即"凡控告公局及其经理人等者，即在西国领事公堂投呈控告，系于西历年首有约国各国领事会同公议，推有几位，名曰领事公堂，以便专审此等控案"。[③] 成立同年颁布的《上海领事公堂诉讼条例》的诉讼规定全都来自英美国家，那时的中国根本就没有此类规定。其内容包括："诉讼事宜，须亲自或请代理人办理。原告延用律师出庭与否，听其自便"；"审讯须行公开，其经过由书记官笔录之"；"求求证人，责在当事人，但法庭须设法使证人到场"；等等。这些规定当时在英美国家已被广泛使用，中国的华界则没有。它们被移植到《上海领事公堂诉讼条例》中，便有这样的规定。难怪有学者认为这是"外国在中国实行的

① 费成康著：《中国租界史》，上海社会科学院出版社 1991 年版，第 86—87 页。
② 何勤华主编：《英国法律发达史》，法律出版社 1999 年版，第 256 页。
③ 蒯世勋等编著：《上海公共租界史稿》，上海人民出版社 1980 年版，第 157 页。

司法制度"。①

（二）租界法之间相互影响的问题

在中国有租界的城市中，一般都有 2 个以上租界。上海先有英、美和法 3 个租界，后演变成英美和法 2 个租界，最后形成公共和法 2 个租界。天津有英、美、法、德、日、俄、意、奥、比 9 个租界。②汉口则有英、俄、法、德、日 5 个租界。③这些租界都适用现代法制，也都有一个在本租界移植现代法制并使其中国化的任务。20 世纪以前，中国城市中的华界全都适用中国的传统法制，与现代法制差别很大。因此租界之间法制的互相交流会比较便利，影响也会大一些。这种影响既会在同一城市不同租界法之间发生，也会在不同城市的租界法之间产生。

中国同一城市中不同租界法之间产生过影响，上海、汉口等城市中不同的租界法就是如此。在上海，不同租界之间，租界法的影响很早就已存在。上海首先出现的是英租界，它在各个方面都首先作了探索，而且其经验对上海以后出现的租界有示范作用。这正如一位学者所讲："英租界开辟最早，数量最多，历时最久，影响最大，并是租界多方面制度的始作俑者。"④事实也是如此。英租界的法制对其他租界的法制影响较大。上海英租界 1845 年的《土地章程》对上海法租界的租地规定产生过影响，法租界的这一规定就是以英租界的《土地章程》为蓝本而制定的。⑤以后，英租界成为上海公共租界的一部分，上海公共租界的有些规定对上海法租界仍产生过影响。1931 年上海公共租界颁行了一些有关公园章程的规定。内容涉及公园开放的时间、不准入园的人员、公园里的禁止行为等。1936 年上海法租界也颁行了相似的规定，内容十分相近，比如，都规定小贩、乞丐、衣服不洁和患有传染病者"不准入园"等。⑥

上海租界有这种情况，其他城市也有类似情况。在汉口，英租界的会

---

① 费成康著：《中国租界史》，上海社会科学院出版社 1991 年版，第 128 页。
② 罗澍伟主编：《天津通志·附志·租界》，天津社会科学院出版社 1996 年版，第 39 页。
③ 《汉口租界志》编纂委员会编：《汉口租界志》，武汉出版社 2003 年版，第 3 页。
④ 费成康著：《中国租界史》，上海社会科学院出版社 1991 年版，第 241 页。
⑤ 同上书，第 17—18 页。
⑥ 王立民著：《上海法制史》，上海人民出版社 1998 年版，第 227 页。

审公廨制度对德、俄、日等租界这一制度的建立产生过影响。"在同一时期开辟的汉口德、俄、日等国租界的章程都有界内将实行中外会审制度的条款，必然是由于汉口英租界内已实行这一制度，德、俄、日等国因而能一律仿行。"①

租界法之间的影响还表现在不同城市之间租界法的影响。上海英租界的法制就曾对宁波、汉口租界法制产生过影响。这里以早期巡捕房的影响为例。1861年宁波租界曾向上海英租界董事会"索取一份上海的规章制度和一份由汉人组成一支巡捕队伍的估计费用备忘录，以及董事会可以提供的任何其他促进这方面事务的材料"。② 这些材料都为宁波租界组建巡捕房提供了方便。一年以后，上海英租界还至少有两次在这方面影响过汉口英租界。一次是"上海工部局派去5名巡捕"支援汉口巡捕房，其中还包括像"制服"这样的装备。另一次则是推荐名为惠勒的巡捕去充任"汉口英租界工部局巡捕房的巡长"。③

此后，上海公共租界的法制也对其他城市的租界法制产生过影响。在鼓浪屿公共租界开辟时，"大体上将上海公共租界的制度照搬到鼓浪屿"。设立会审公廨就是如此。当时规定："由中国查照上海成案设立会审公堂一所。"④ 中国城市中租界法之间的影响，有助于各租界法制的本土化，也有利于现代法制的形成与传播。

（三）租界法与华界法之间互相影响的问题

虽然租界法是现代法，华界法是传统法，在法的性质上有很大的差异，但是它们都存在于城市，甚至是同一个城市，容易互相被感受，觉察到优劣，并从中取长补短，改革改善自己的法制。不过在租界法与华界法间的互相影响中，租界法对华界法的影响要大于华界法对租界法的影响，因为在当时，这毕竟是一种先进法制对落后法制的影响。

---

① 费成康著：《中国租界史》，上海社会科学院出版社1991年版，第141页。
② 上海市档案馆编：《工部局董事会会议录》（第1册），陆森年等译，上海古籍出版社2001年版，第630页。
③ 同上书，第650—651页。
④ 费成康著：《中国租界史》，上海社会科学院出版社1991年版，第141页。

在上海，租界法就曾对华界法产生过影响。上海开埠和租界设立以后，上海的租界发展很快，与西方国家城市的距离越来越小，这在中国的租界中亦为少见，于是上海租界被称为"模范租界"。①这种"模范"作用也表现在法制方面。上海华界法早在 20 世纪初以前就受到上海租界法的影响，并将其移植成为自己的法制。这里仅以道路管理方面的规定为例。1898 年上海华界马路工程善后局颁行的《沪南新筑马路善后章程》就是"均系仿照租界章程"。此章程规定的内容中车辆捐照、行车点灯、禁止驰骤、定时倾倒垃圾、不许随地大小便、不准堆物碍路等，都是上海租界法的翻版。

此后，此马路工程善后局施行的《简明罚款章程》也是取自上海租界法，即"事同一律"，内容是有关违反了马路善后章程后所应受到的制裁。此外，与道路管理相关的捐税规定，上海华界法也受到租界法的影响。1898 年上海华界马路工程善后局要征收房捐和船捐等时，专门陈述了其理由，即"均系仿租界章程"。1901 年此局又要增收包车捐时，同样使用了这一理由。"沪北英美法之租界未尝有一车无照者，南（市）马路事同一律，自应仿照办理。"②这里的"仿照"就是一种影响。上海华界法在其他一些方面也都大量以租界法为蓝本，其影响很大。

租界法也生存在中国的城市中，租界中的主要居民又是华人，这就有一个租界法中国化、被华人接受的问题。据统计，1900 年时上海租界的总人口是 444318 人，而外国人只有 7396 人，其余为华人，华人占了 98% 以上。以后，外国人数略有上升，但仍占少数。1925 年时，上海租界的总人口是 1137298 人，外国人也只有 37808 人，其余为华人，华人占了 96% 有余。③在这种情况下，租界法不得不考虑华界法的一些因素，并加以借鉴，便于租界法也能中国化，对租界中的华人也适用。事实也是如此。

上海租界法中就有一些华界法的成分。上海租界把自己的现代警政机关称"巡捕房"，警政人员称为"巡捕"，其中的"巡捕"便是华界法的成

---

① ［美］霍塞著：《出卖上海滩》，越裔译，上海书店出版社 2000 年版，第 70 页。

② 袁燮铭：《工部局与上海路政（1845—1911）》，载洪泽主编：《上海研究论丛》（第 2 辑），上海社会科学院出版社 1989 年版。

③ 邹依仁著：《旧上海人口变迁的研究》，上海人民出版社 1980 年版，第 90、141 页。

分。它起源于上海本土。元朝至元二十九年（1292 年）上海建县时，设置了县尉和巡检司两个官员，他们的职责是"巡捕"和"巡捕盗贼奸宄"。明、清时，除巡检司外，另设县丞和主簿，其职责也是"分掌粮马巡捕等事宜"。又因为清朝在京师地区设置了"巡捕营"，专门"诘禁奸宄，平易道路，肃清辇毂"，其长官是"提督九门巡捕五营步军统领"。为了便于华人适用，上海租界于 1854 年开始建立自己的警政机关的时候，就吸收了华界法的做法，没有取名"警察局"，而是用了"巡捕房"，其成员则为"巡捕"。① 此后，中国其他城市的租界也纷纷采用"巡捕"的称呼了。

另外，英、美两国都是普通法系国家，其主要采用的是判例法，而不是成文法。可是，中国却没有像普通法系那样的判例法的传统，长期使用像"律""刑统""通制"等那样的成文法，中国城市的华人也习惯了成文法，不易适应判例法。因此，上海的英、美租界和此后的公共租界尽管在英美人统治之下，可是并没有使用判例法，而是使用了成文法，上海租界的《工部书信馆章程》《工部局中式新房建造章程》《公共租界工部局治安章程》等都是如此。中国其他城市的英、美或公共租界也都如此，都使用成文法而不是判例法。可见，在中国的城市中，华界法对租界法不是一点没有影响，只是其影响小于租界法对华界法的影响而已。

---

① 上海通社编：《上海研究资料》，上海书店 1984 年版，第 92—93 页。

第七章　中国租界法制的变迁

鸦片战争以后，中国大地上出现了租界并延续了百年时间。中国租界法制依附于租界的存在，也生存了百年时间。在这段时间里，中国租界法制发生过变迁。通过对这种变迁的研究，可以更为清晰地呈现中国租界法制的演进过程，更为深刻地理解中国租界法制的动态状况，更为全面地把握中国法制现代化的进程，其意义非同一般。可是，关于这一主题的研究成果鲜见，有很大的研究空间，本书对此作些探析。在中国租界中，上海租界建立最早、持续时间最长、地域最广、发展也最为充分，是中国租界的代表和典型，其法制也是如此。本章以它为中心来探析中国租界的变迁。

一、中国租界法制变迁的三大阶段

百年的中国租界法制变迁过程呈现出阶段性。主要可以分为三大阶段，即产生、粗具规模阶段，拓展、成熟阶段，衰落、终结阶段。

（一）产生、粗具规模阶段（1845—1893年）

这是中国租界法制变迁的第一个阶段。从时间截点上看，是从中国第一个租界即上海英租界及其法制产生至中日甲午战争爆发之前。在这一阶段中，中国租界法制随着租界的诞生也产生，并随着租界法制的发展，这一法制也粗具规模了。

根据1843年签订的《南京条约》的附件《五口通商附粘善后条款》的规定，上海于1845年出现了中国近代史上的第一个租界——英租界。此条款的第5条规定：“广州等五港口或常川居住，或不时来往，均不可妄到乡间任意游行，更不可远入内地贸易，中华地方官应与英国管事官各就地方民情地势，议定界址，不许逾越，以期永久彼此相安。”[①] 随后，根据1844

---

① 王铁崖编：《中外旧约章汇编》（第1册），三联书店1957年版，第35页。

年中美《望厦条约》和中法《黄埔条约》的规定，上海于 1848 年和 1849 年分别诞生了美租界和法租界。1863 年上海英、美两租界合并成立上海英美租界，1899 年又改名为"上海公共租界"。① 从 1863 年起，上海便形成了上海英美租界（公共租界）和法租界两大租界。上海租界从产生发展至粗具规模了。

在上海租界产生、粗具规模的同时，上海租界的法制也产生、粗具规模了。1845 年上海英租界的《上海租地章程》是上海租界立法的开端。它对上海英租界的地域、租地程序、华洋分居的格局、界标、租金、管理权等均作出了明文规定。② 此后，上海租界的法制机构逐渐建立起来，粗具规模。其中，租地人会、纳税外人会先后成为立法机关，工部局、公董局分别成为上海公共租界与法租界的行政执法机关，领事法庭、会审公廨成为司法机关。③ 上海租界的法规形式、内容也在这一阶段产生、粗具规模。④

在这阶段中，中国租界法制从无到有，是中国大地上出现的另一种法制。它是一种现代法制，与当时中国华界的传统法制不一样，在法制理念、法规形式和结构、法制内容和语言等一些方面均有明显差异。⑤ 经过这一法制 40 余年的发展，到 1894 年之前，都已粗具规模。这一阶段的中国租界法制建设，为下一阶段法制的变迁奠定了基础，也提供一定的经验与教训。从这种意义上讲，这一阶段的法制在整个中国租界法制的变迁中，具有奠基性意义。

（二）拓展、成熟阶段（1894—1925 年）

这是中国租界法制变迁的第二个阶段。时间截点是从甲午战争的爆发到租界临时法院建立以前。1894 年中日甲午战争爆发，最后以中国失败告终。1895 年签署的不平等《马关条约》使中国的半殖民地化再次加深。有了这一条约的恶例，西方列强又一次掀起了瓜分中国的浪潮，包括租界地

---

① 史梅定主编：《上海租界志》，上海社会科学院出版社 2001 年版，第 92—96 页。
② 王铁崖编：《中外旧约章汇编》（第 1 册），三联书店 1957 年版，第 65—70 页。
③ 王立民：《上海租界与上海法制现代化》，载《法学》2005 年第 4 期。
④ 王立民：《中国城市中的租界法与华界法》，载《比较法研究》2011 年第 3 期。
⑤ 王立民：《中国的租界与法制现代化》，载《中国法学》2008 年第 3 期。

域的拓展。中国租界法制是世俗法制，依赖于中国租界地域的存在与扩展。中国租界的地域扩展了，其法制就随之拓展，适用这一法制的空间也扩大了。同时，伴随着时间的推移和法制的发展，中国租界法制也进入了成熟阶段，其法制机构、法规内容等都是如此。

在这一阶段中，上海租界的地域有较大拓展，公共租界与法租界都是如此。在上海公共租界，1899年扩张过一次地域，扩张的面积是以往的2倍多，从原先的10676亩扩展到33503亩。上海法租界则有过之而无不及，拓展地域的胃口更大。它先后于1899年和1914年两次扩张地域，从原来的1124亩扩大到15150亩，扩展面积是原先的13倍多。[1] 上海租界法制的实施自然扩展到这些新的租界地域，而且大大超过以往的地域范围。

与此同时，上海租界的法制也逐渐成熟。上海租界的立法、行政执法和司法机关的组织结构、职责、运行程序等都趋向成熟。纳税人会议、工部局和公董局、会审公廨都是如此。这里以会审公廨为例。它自1869年运行以后，经过调整，到1925年以前，已很成熟，也能完成繁重的审判任务。据统计，从1911年1月至11月的11个月里，上海租界会审公廨共审判民、刑案件近15513件，平均每月有1410多件。[2] 其数量已经不少了，但会审公廨都能承担下来。此阶段上海租界的立法同样成熟了，内容涉及租界内管理的方方面面。其中包括了土地章程、组织、政治、经济、医疗卫生、文艺出版、教育等诸多领域。[3]

这一阶段既是上海租界法制的拓展、成熟阶段，也是这一法制发展的顶峰阶段。到1925年，上海租界法制已走过80余年路程，达到了它的峰值，法制的各个方面都成熟化了。中国租界法制也是在这一阶段成型并体现出它的全部价值。过了这一阶段，下一阶段即是中国租界法制的衰落与终结阶段。

（三）衰落、终结阶段（1926—1945年）

这是中国租界法制变迁的最后一个阶段。时间截点是1926年上海租界

---

① 史梅定主编：《上海租界志》，上海社会科学院出版社2001年版，第97—101页。
② 王立民、练育强主编：《上海租界法制研究》，法律出版社2011年版，第330页。
③ 王立民著：《上海法制史》，上海人民出版社1998年版，第165—235页。

临时法院的建立至抗日战争结束。中国租界法制不仅在临时法院建立以后走向衰落，还在抗日战争结束以后，随着中国租界的彻底收回，其法制也终结了。

1926年中国租界内的司法机关——会审公廨被废用，建立了中国自己的司法机关——临时法院，这是中国租界法制变迁中的一个重要事件。那年专门签订了《收回上海会审公廨暂行章程》。此章程明确收回会审公廨，建立中国自己的审判机关——临时法院，适用中国自己的法律等。它的第1条规定，"凡租界内民刑案件，均由临时法庭审理"；"凡现在适用于中国法庭之一切法律（诉讼法在内）及条例，及以后制定公布之法律条例，均适用于临时法庭"。[①] 这使中国有更多的法律进入租界被实施，司法也把中国的法律作为依据，开始改变过去租界内适用自己的法律与建立自己审判机关的做法。这一变迁对中国租界原有的法制是一个冲击，意味着中国租界法制的独立性开始动摇，租界化的色彩也逐渐淡化。到了1930年，随着上海租界特区法院取代临时法院，上海租界法制的中国化程度更高了。[②] 中国其他城市中的情况也基本如此。可见，中国租界法制在这个阶段开始走向了衰落。

1945年中国的抗日战争取得了胜利，包括上海租界在内的所有中国租界全部被收回，租界法制也因此而终结。

中国租界法制变迁的这三大阶段可以基本反映出中国租界法制的演变过程，显示其主要的变化之处，给人们一个中国租界法制的整体认识。

二、中国租界法制变迁的三大原因

中国租界法制变迁的原因有多种，是多因一果。其中，主要是以下三大原因。它们共同发力，促成了这一法制的变迁。

（一）不平等条约的原因

中国与西方列强签订的一些不平等条约是中国租界法制变迁的主要原因之一。引起这一法制变迁的有些因素均可在这些条约中找到其依据。上

---

① 王铁崖编：《中外旧约章汇编》（第3册），三联书店1962年版，第591页。
② 姚远著：《上海公共租界特区法院研究》，上海人民出版社2011年版，第109—110页。

海租界法制就是如此。

首先，关于上海租界法制的产生。因为有了中英《南京条约》及其附件《五口通商附粘善后条款》、中美《望厦条约》、中法《黄埔条约》等，上海才有了租界，产生了它的法制。如果没有这些不平等条约，上海没有租界，也就不可能产生其法制。

其次，关于上海租界的法制机关的建立。上海租界主要法制机关的建立也是因为有条约的规定。依据这些规定，上海租界开始组建起自己的法制机关，实现了这一法制从无到有的变迁。有了1845年的中英《上海租地章程》关于召开租地人会议的规定，上海英租界出现了租地人会议。此章程第3条规定，对于租界内道路维修的费用，"领事官今后公开召集租主，共同商议，公平分摊"。[1]1854年中国与英、美、法各国签署的《上海英法美租界租地章程》使上海租界的租地人会议得到进一步确认。它的第10条规定："凡有田地之事，领事官于先十天将缘由传知各租主届期会商。"[2]上海租界巡捕和巡捕房的设立也与条约有关。1854年的《上海英法美租界租地章程》第10条还规定："起造、修整道路、码头、沟渠、桥梁，随时扫洗净洁，并点路灯，设派更夫各费。"[3]更夫就是巡捕和巡捕房的前身。上海租界会审公廨的设置同样与条约有关。1869年中国与英、美、法三国签订《上海洋泾浜设官会审章程》决定了上海租界会审公廨的设置。此章程的第1条规定："遴选同知一员，专驻洋泾浜，管理各国租地界内钱债、斗殴、盗窃、词讼各案件。"第2条规定："凡遇案件牵涉洋人，必应到案者，必须领事官会同委员申文，或派洋官会审。"[4]接着，会审公廨就建立、运行起来了。上海租界的这些法制机关都是因为条约的规定而建立、运作起来。

最后，关于上海租界法规内容的规定。上海租界颁行的有些重要的法规内容也来自条约，在条约中有明文规定。上海租界曾执行过华洋分居制度，并在1845年的《上海租地章程》中作了规定。此章程的第15条

---

① 王铁崖编：《中外旧约章汇编》（第1册），三联书店1957年版，第66页。

② 同上书，第82页。

③ 同上书，第81页。

④ 同上书，第269页。

规定，"界内居民不得彼此租赁，亦不得建造房屋，赁给华商"。第16条进一步规定："洋商不得私自建造，亦不得建造房屋，租给华民或供华民使用。"① 根据这一规定，上海租界初期便形成了华、洋分居的格局。还有1869年中国与英、美、法三国签订的《上海洋泾浜北首租界章程》对租界内以工部局为被告人的行政诉讼制度作了规定，为此还专门设立了领事公堂，作为受理这类诉讼的机关。此章程的第27条规定，"公局可以做原告控人，亦可以被人控告，均由公局之总经理人出名具呈"；"凡控告公局及其经理人等者，即在西国领事公堂投呈控告（系于西历每年年首有经各国领事会同公议，推出几位，名曰领事公堂，以便于审此等控案）"。②

可见，这些不平等条约所作出的各种规定，成了中国租界法制的内容，推动了租界法制建设，也成为这一法制变迁的重要原因，特别是在其产生与粗具规模、拓展与成熟阶段的作用尤其明显。

（二）中国人民强烈要求收回租界与废除租界法制努力的原因

中国人民强烈要求收回租界和废除租界法制的努力也是引发租界法制变迁的主要原因之一。而且，在租界法制衰落阶段的作用尤其凸显。中国租界及其法制的弊端随着时间的推移而更为突出地显露出来，1925年上海发生了五卅惨案以后更是如此。通过这一惨案，中国人民越来越体会到租界及其法制不仅无法真正维护中国人民的合法权益，而且还要包庇犯罪的洋人，收回租界、废除租界法制便日益成为人们的呼声，尤其聚焦于废除租界，釜底抽薪，从根本上废除租界法制。那时的集会、学术研究和根据地的法律规定等，都曾为收回租界作出过努力。

五卅惨案以后，中国举行过许多为收回租界而举行的集会和宣传。1927年1月武汉各界在召开的庆祝北伐胜利和迁都武汉的集会上，专门作了收回租界的宣传。同月，武汉中央军事政治学校的宣传队在汉口一个码头的江河关前华界与英租界交界处，专门作了集会演讲，内容也与收回租界有关。③1927年3月北伐军逼近镇江，镇江民众集会，发出了收回租界

---

① 王铁崖编：《中外旧约章汇编》（第1册），三联书店1957年版，第68页。
② 同上书，第299页。
③ 费成康著：《中国租界史》，上海社会科学院出版社1991年版，第404页。

的强烈呼声等。①

　　针对租界弊端的学术研究也在进行，并为收回租界作好了理论、舆论准备。1931 年李浩儒在《司法制度的过去与将来》一文中认为，中国租界"侵害我国主权，蔑视我国民族人格，诚为奇耻大辱"；"帝国主义者，频频在我国各地，公然屠杀民众，我法院不能过问，现在流毒各地的鸦片、吗啡、海洛因、枪械、炸药，一切毒品违禁物，其制造贩卖之主干者，均为有领判权国之浪人奸商，其制造所、营业所，均在租界或使馆界"；"凡是危害民国人民之重罪，均以租界为大本营"。②

　　中国根据地人民民主政权为收回租界做出了重要贡献，在制定的宪法性文件与地方性法规中，都规定有收回租界的内容。1931 年颁行的《中华苏维埃共和国宪法大纲》是当时根据地的宪法性文件。它明文规定，要把"帝国主义的租界、租借地无条件地收回"。③1934 年修改了这一宪法性文件，但此内容没变。④ 有的根据规范性文件也把收回租界作为自己的内容。《湘鄂赣边革命委员会政纲》就明文规定："自动废除一切不平等条约，收回租界与领地。"⑤

　　中国人民对于收回租界的集会、学术研究和根据地法律规定等形成了一个巨大合力，都作用于收回中国租界，充分反映出收回租界的社会民意。在这一背景下，中国租界法制进一步发生变迁，租界因素渐渐淡化，中国因子渐渐增多，租界法制走向了衰落，其中的一个重要标志是中国临时法院的建立。接着，中国特区法院取代临时法院，租界彻底收回，租界法制终结。中国人民强烈要求收回租界与废除租界法制的努力也是一个导致这一法制变迁的重要原因。

（三）满足租界自身发展需求的原因

　　租界法制植根于中国城市中的租界区域，是其特有的法制。租界又是

---

　　① 费成康著：《中国租界史》，上海社会科学院出版社 1991 年版，第 408 页。
　　② 何勤华、李秀清主编：《民国法学论文精萃》（第 6 卷），法律出版社 2004 年版，第 474 页。
　　③ 韩延龙、常兆儒编：《中国新民主主义革命时期根据地法制文献选编》（第 1 卷），中国社会科学出版社 1981 年版，第 10 页。
　　④ 同上书，第 15 页。
　　⑤ 同上书，第 22 页。

中国城市的一个部分。相对华界而言，中国租界自建立之日起，就开始移植西方现代的理念、制度与技术，走的是一条现代化道路。它是中国城市中最早的现代区域，比华界的现代化要早了几十年。租界法制是中国大地上最早出现的现代法制，比华界的现代法制早了几十年。它是租界进行现代化管理的主要手段之一。面对租界现代化区域及其管理，租界法制不得不随着租界的发展而发生变迁，以满足其自身发展的需求。上海租界法制就是如此。这里以上海租界的公共环境卫生立法为例。

城市的公共环境卫生是城市的面容，直接反映城市的形象。上海租界一开始就以现代城市为建设目标，打造现代的公共环境卫生，在 20 世纪以前就是如此。此时公共环境卫生立法随着租界发展的需要而不断变迁，而且在 20 世纪以前就已经这样了。上海租界建立前的区域是农田与荒地，那里是阡陌田野、芦苇纤道。[①] 在这样的地方要建设一个现代化区域，保持公共环境卫生就显得十分重要。于是，上海租界在 1845 年就规定，在租界内要"保持道路清洁"；"挖沟排水"；不可在道路上"堆积秽物，任沟洫满流地面"。[②] 为了加大对公共环境卫生的维护力度，惩罚违法者，改变乱倒垃圾的坏习惯，上海租界于 1861 年和 1869 年两次作出新规定，处罚乱倒垃圾者，而且 1869 年的处罚力度更大于 1861 年的规定。1861 年规定，乱倒垃圾者要被追究行政责任；1869 年的规定则强调要被追究刑事责任。[③] 随着垃圾的增多，垃圾清理问题日渐突出。上海租界又对垃圾的处理作出规定。1877 年规定，居民要把垃圾收集在篮子里，把篮子放在家门口，待运送垃圾的车辆来收运。1879 年进一步规定，租界内开始设置固定垃圾箱，置放垃圾，由运送垃圾人员定时清运。[④] 与此同时，马路上尘土飞扬问题的解决也提上了议事日程。19 世纪 60 年代，上海租界建立了马路洒水制度，解决了这一问题。这一制度规定，租界的主要干道上要进行洒水，多时可达一天 4 次。[⑤]

---

① 唐振常主编：《上海史》，上海人民出版社 1989 年版，第 137 页。
② 王铁崖编：《中外旧约章汇编》（第 1 册），三联书店 1957 年版，第 68—69 页。
③ 马长林等著：《上海公共租界城市管理研究》，中西书局 2011 年版，第 76—77 页。
④ 同上书，第 78 页。
⑤ 同上。

关于粪便的处理，上海租界也有规定。除了不允许随地便溺外，1895年还专门规定，租界内居民要使用密封的马口铁桶盛粪便，以便掏运、处理。① 这一系列关于公共环境卫生的规定，基本能满足租界公共环境卫生管理的需要，取得了较好效果，与华界的公共环境卫生相比较，形成了强烈的反差。"余见上海租界街道宽阔平整而洁净，一入中国地界则污秽不堪，非牛溲马勃即垃圾臭泥，甚至老幼随处可以便溺，疮毒恶痰之人无处不有，虽呻吟仆地皆置不理。唯掩鼻过之而已。"② 可见，上海租界法制变迁有一个重要原因，就是要满足租界自身发展的需求，其作为一种动力，推动了这一法制的变迁。

因此，主要是上述三大原因成就了中国租界法制的变迁。这一变迁有其一定的必然性，而非仅是偶然因素所造成。放在中国租界法制变迁的三大阶段中审视，在第一、二阶段里，这一法制逐渐走向完善、成熟；在第三阶段里，则日趋衰落，最后终结。这既是中国租界法制变迁的路径，也折射出一定的变迁规律。

三、与中国租界法制变迁相关的其他问题

在中国租界法制的变迁中，还有其他一些问题也值得关注，主要是以下三大问题。

（一）中国租界法制变迁进一步破坏了中国法制统一性的问题

中国是一个单一制国家，近代也是如此。单一制国家的法制特别需要强调统一性，以保证全国制定、实施统一的法制，维护适用法制的公正性。如果法制不统一、出现参差，就无法实现法制的公正并会导致社会不能实现公平与正义。这是社会治理中的一个大忌，应该加以避免。中国在近代以前是单一制的清朝法制，具有法制统一性，全国都施行以《大清律例》为主要法典的法律。到了近代以后，随着中国租界法制的出现，中国的法制统一性遭到了破坏。租界中有自己的立法、行政执法、司法等法制机关，

---

① 马长林等著：《上海公共租界城市管理研究》，中西书局 2011 年版，第 81 页。
② 郑观应著，夏东元编：《郑观应集》（上），上海人民出版社 1982 年版，第 663 页。

推行自己的法制，而且还与华界的法制不同，中国法制的统一性因租界法制的出现而遭到了破坏。中国租界产生之日，也就是中国现代法制统一性受到破坏之时。随着租界区域的扩大，租界法制发生变迁，不断拓展其施行的范围，适用这一法制的区域越来越广，适用中国法制的地域进一步缩小，中国法制的统一性随之进一步遭到破坏。中国大地上法制的整体性也不复存在，开始碎片化，法制便会在一定程度上失去其应有的价值。

中国的法制统一性遭到破坏以后，正常的社会秩序就会受到冲击，有些人就会成为这种法制的受害人。那些不知租界法制的华人进入租界以后，不经意就会违法，受到制裁。特别是在 20 世纪以前。那时，中国还没进行法制改革，施行的还是传统法制，以农村法制为主。中国的租界法制则是近代法、城市法，与中国其他地区的法制大相径庭。① 再加上法制宣传的不充分，以致习惯于传统、农村法制的华人进入租界以后，往往会因不知租界法制而违法，受到制裁，成了租界法制的受害人。这样的受害人还不是个别人。有一位来自北方的华人进入上海租界以后，因不知有禁止随地大便的规定而在马路上大便，被巡捕抓获。"有北人初到上海，不谙租界章程，在马路上大便，被巡捕提去。"最后，经过会审公廨的审判，此人被判罚钱了事。"解赴公堂，官判加罚数元。"② 无独有偶，还有一些华人的人力车夫也因不知上海租界法制而纷纷被罚。那时，上海租界有洋人可以超车华人，华人不可超车洋人的规定。可是，许多刚进入租界的华人人力车夫不知有这一规定，因拉车超过洋人车辆而纷纷被拘受罚。"不论是起初的'江北车'（独轮），还是后来的'东洋车'（双轮），从来都是有空就钻，有缝就挤，以致最多时每天有多达十几、数十名人力车夫被巡捕逮住，押送会审公廨认罚。"③ 这是一种人为原因形成的违法，也是法制不统一造成的悲剧。

（二）中国租界法制的变迁与中国国家主权关联的问题

中国租界法制的变迁与中国国家主权有直接的关联，如果没有中国国

---

① 王立民：《试论中国租界法制的传播与普及》，载《政治与法律》2013 年第 4 期。
② 陈无我著：《老上海三十年见闻录》，上海书店出版社 1997 年版，第 244 页。
③ 姜龙飞著：《上海租界百年》，文汇出版社 2008 年版，第 170 页。

家主权的受损，不可能出现租界及其法制，也就不会有这一法制的变迁。这种关联突出表现为：此长彼消、此消彼长。中国租界法制在产生和粗具规模、拓展和成熟的过程中，中国的国家主权就不断受损，即此长彼消；中国租界法制走向衰落、终结时，中国的国家主权就逐渐恢复，即此消彼长。它们之间呈现一种反比关系。

中国租界及其法制的产生直接源于不平等的中英《南京条约》及其附件。它们都建立在中国主权受损的基础上。《南京条约》不仅强迫中国开放"广州、福州、厦门、宁波、上海等五处港口"，给予英国商人从事毒品（鸦片）交易的自由，还要割地赔款，"四年共交银二十一百万两"，"准将香港一岛给予大英国君主暨嗣后世袭主位者常远据守主掌，任便立法治理"。[①] 这一条约的附件《五口通商附粘善后条款》又允许英国人在中国的这五口通商城市设立租界。租界法制接着就产生了。往后，中国的国家主权进一步受损，不平等条约签订得越来越多，中国租界法制就粗具规模、拓展、成熟了。《望厦条约》《黄埔条约》《租地章程》《马关条约》《上海洋泾浜设官会审章程》等，都是以牺牲中国的国家主权为代价，换取了租界法制的变迁。租界法制之长与中国国家主权之消，在中国租界法制的变迁中表现得十分清楚。

1926 年废用会审公廨，在租界建立中国自己的临时法院以后，中国失去的国家主权开始得到恢复。以后，上海又以特区法院取代临时法院，在上海公共租界设立江苏上海第一特区地方法院，上海法租界设立江苏上海第二特区地方法院。这些特区法院还纳入中国的法院体系，相当于上海的地方法院，另外还有其上诉法院。江苏上海第一特区地方法院的上诉法院是江苏省高等法院第二分院；江苏上海第二特区地方法院的上诉法院是江苏省高等法院第三分院。[②] 随着中国司法权的恢复，中国的国家主权也开始恢复了。1945 年抗日战争胜利，中国租界彻底被收回，中国的国家主权得到了全面恢复。租界法制之消与中国国家主权之长，在中国租界法制的

---

① 王铁崖编：《中外旧约章汇编》（第 1 册），三联书店 1957 年版，第 31—32 页。
② 费成康著：《中国租界史》，上海社会科学院出版社 1991 年版，第 158 页。

变迁中也体现得十分明显。

从中国租界法制的变迁与中国国家主权的关联中可以看到，中国租界法制不仅是一个中国现代法制的问题，还是一个与中国国家主权相关的问题。这在中国现代法制史上是个回避不了的问题，应引起足够的重视。

（三）中国租界法制变迁的法制影响问题

中国租界法制是一种现代法制，随着它的变迁，其影响也逐渐扩大。这里以上海租界法制的影响为例。上海租界是中国最早的租界，其法制是中国大地上最早出现的现代法制。这一法制相比中国其他租界、上海华界的法制来说，是一种先进的法制，具有借鉴意义。伴随着它的变迁，特别是在它粗具规模、拓展以后，其先进性渐渐显露出来，影响也随之产生了。这种影响在 20 世纪前后便已形成。

首先是上海租界法制对中国其他租界法制产生的影响。中国的其他租界也由西方国家通过不平等条约在中国设置，也是一种现代区域，很容易接受与其相适应的现代法制并为己所用，包括上海英租界的法制。上海英租界的法制先行于其他租界一步，变迁以后影响渐大，能被其他租界所借鉴很顺理成章。事实也是如此。1861 年宁波英租界为了向上海英租界借鉴巡捕房制度，就向上海英租界工部局董事会"索取一份上海的规章制度和一份由汉人组成一支巡捕房队伍的估计费用备忘录，以及董事会可以提供的任何其他促进这方面事务的材料"。① 这些材料所反映的巡捕房制度对宁波英租界巡捕房的建立提供了借鉴，产生了影响。翌年，汉口英租界两次借鉴上海英租界的巡捕房制度。一次是要求"上海（英租界）工部局派去5 名巡捕"支援汉口英租界巡捕房，其中包括像"制服"这样的装备。② 另一次则是要求上海英租界派遣名为惠勒的巡捕去充任"汉口英租界工部局巡捕房的巡长"。③ 上海英租界的巡捕房制度对汉口英租界发生了影响。以后，上海会审公廨成立。上海的会审公廨制度对中国其他租界会审公廨的

---

① 上海市档案馆编：《工部局董事会会议录》（第 1 册），陆森年等译，上海古籍出版社 2001 年版，第 630 页。

② 同上书，第 650 页。

③ 同上书，第 651 页。

成立也产生过影响，鼓浪屿公共租界中会审公廨的成立就是这样。此租界开辟时，"大体上将上海公共租界的制度照搬到鼓浪屿"。其中，包括会审公廨制度，即"查照上海成案设立会审公堂一所"。①

随着上海租界法制的变迁与其影响的进一步扩大，处在传统社会中的上海华界对其优越性开始有所认识，借鉴随之而来。20 世纪初，上海华界制定的《取缔各种车辆规则》受到了上海公共租界工部局于 1904 年制定的《马路章程》的影响，其内容有许多相似之处。《马路章程》第 1 条所规定的"凡行车者经靠马路左边前行"和第 3 条规定的"过桥或十字路口或转弯之时，应格外缓行。向左转弯，应靠近路边，向右转弯，则从宽而转，即所谓大转弯"等，在《取缔各种车辆规则》中都有相同的规定。还有，规定的汽车、马车、人力车、大货车、马货车、小货车、小车所应遵循的规则，《取缔各种车辆规则》与《马路章程》也十分相似。② 可见，《马路章程》对《取缔各种车辆规则》影响之大。中国租界法制不仅自身有变迁，而且这种变迁结果还对中国的其他租界、华界法制产生过影响，被它们所借鉴使用。中国租界现代法制以点带点，以点带面，适用区域有了扩展，影响也随之加大了。从这种意义上说，中国租界法制在中国法制现代化中应有其一定的地位，不可全盘否定。

中国租界法制变迁从现象上看，大致呈现出三个阶段，即产生和粗具规模、拓展和成熟、衰落和终结等阶段。引起这种变迁有其一定的原因，它们决定了中国租界法制的变迁。这种原因主要有三，即不平等条约、中国人民强烈要求收回租界与废除租界法制的努力、满足租界自身发展的需求。从这种意义上讲，中国租界法制的变迁有其一定的必然性，而非仅仅是偶然因素。为了全面认识中国租界法制的变迁，还需关注与其相关的其他一些问题。其中包含了中国租界法制变迁对中国现代法制统一性的破坏、与中国国家主权的关联、对中国其他租界和华界法制的影响等一些问题。只有对这些问题有了较为清晰的认识，才能对中国租界法制变迁有较为全

---

① 费成康著：《中国租界史》，上海社会科学院出版社 1991 年版，第 141 页。
② 史梅定主编：《上海租界志》，上海社会科学院出版社 2001 年版，第 690—704 页。

面、深刻的理解。中国租界法制变迁是这一法制发展中不可或缺的一个组成部分，而且还与中国法制现代化密切相关。中国大地上最早出现的现代法制是租界法制。它对中国法制现代化具有尝试、借鉴意义。随着租界法制的变迁，中国华界受到其影响，开始接受一些租界法制的内容，促进自己法制现代化的进程。因此，在今天的中国租界法制乃至中国法制现代化研究中，中国租界法制的变迁不能被忽略，以免留下缺憾。

第八章　中国租界法制与中国法制现代化历程

中国租界法制也有变化、发展有自己的历程。本章联系中国法制现代化历程对中国租界法制再作些探研。

一、上海英租界是中国法制现代化起始地

在中国这一大地上，法制现代化的起始地在上海英租界。把上海英租界作为中国法制现代化起始地的理由主要有以下三点：首先，上海英租界最早适用现代的法律。1845 年由英国驻上海领事巴福亚与上海道台宫慕久制定的《上海租地章程》公布，适用于上海的英租界。这是中国历史上第一部现代化的法律，也是中国租界法制开始现代化的一个标志。这部法律的现代性表现在这样三个方面。第一，它使用了现代的法律结构。不再是中国古代时的诸法合体、以刑为主的结构，而全是与租地相关的内容结构。全文共 23 条，分别涉及确定界域、租地程序、华洋分居的居住格局、租金与租让、英国领事的管理权、章程的解释权等，没有混杂其他内容。①第二，它使用了现代的法律语言。比如，"自行退租""如数返还""陈报领事""得其许可""设立消防机关""议决事项""商妥决定"等都是如此。这些语言只在现代法律中才出现，中国古代并不使用这类语言。它没有使用中国古代时使用的"八议""官当""十恶""上请"等法律语言。第三，它使用了现代的制裁方式。比如，"依法惩判""其惩判与违犯条约者同"等都是这样。这些都是在现代法律中才使用的制裁方式。同时，它废弃了中国古代使用的"墨""劓""剕""宫""笞""杖""徒""流"等制裁方式。在上海英租界以后出现的天津、汉口英租界的现代法律均晚于上海英租界。

---

① 蒯世勋等编著：《上海公共租界史稿》，上海人民出版社 1980 年版，第 44—50 页。

天津于 1860 年才制定（1860 年中英）续增条约，① 汉口租界于 1861 年才通过英国《汉口租界条款》，都比上海英租界的《上海租地章程》晚了 10余年，其法制现代化也晚了 10 余年。②

其次，上海英租界最早形成现代的法律体系。以 1845 年的《上海租地章程》为基础，上海于 1846 年出现了中国第一块租界即英租界，以后又发展为公共租界。在这一租界地上，现代法制得到了孕育，以致形成了现代的法律体系。在这一体系中，《上海租地章程》以及以后陆续生效的其他一些租地章程处于根本法的地位。没有这一法律，租界无法存在，整个法律体系也就成了无源之水。在这个根本法的基础上，一些有关部门法的内容也纷纷出台了。其中包括 1854 年的《捕房督察员的职责》、③1866 年的《若役犯人惩处规则》、④1869 年的《上海洋泾浜设官会审章程》⑤ 等。另外，在 1876 年《沪游杂记》所记载的《租界例禁》中，还包括有关于卫生、交通、环保、治安等一些方面的规定。比如，"禁卖臭坏鱼肉""禁道旁小便"等是有关卫生方面的规定，"禁马车过桥驰骤""禁马车、东洋车夜不点灯"等是有关交通方面的规定，"禁春分后、霜降前卖野味""禁路上倾倒垃圾"等是有关环保方面的规定，"禁聚赌酗酒斗殴"等是有关治安方面的规定。⑥ 由租地章程和一系列部门法内容组成，最终形成了上海英租界的法律体系。这是一种现代的法律体系，完全不同于中国古代由律、令、科、比、格、式、编敕等所构成的法律体系。天津英租界于 1877 年才制定了《英租界现行规则》，⑦ 汉口英租界在 1896 年才颁布《英租界捕房章程》。⑧这两个租界现代法律体系的形成也晚于上海英租界的现代法律体系。

最后，上海英租界最早使用现代的司法制度。上海英租界依仗取得的

---

① 罗澍伟主编：《天津通志·附志·租界》，天津社会科学院出版社 1996 年版，第 457 页。

② 《汉口租界法》编纂委员会编：《汉口租界志》，武汉出版社 2003 年版，第 26 页。

③ 上海市档案馆编：《工部局董事会会议录》，陆淼年等译，上海古籍出版社 2001 年版，第576—577 页。

④ 王立民：《上海租界与上海法制现代化》，载《法学》2006 年第 4 期。

⑤ 王立民著：《上海法制史》，上海人民出版社 1998 年版，第 276 页。

⑥ 尤乙：《杂交，从物质到精神的惯性导入》，载《档案春秋》2008 年第 11 期。

⑦ 罗澍伟主编：《天津通志·附志·租界》，天津社会科学院出版社 1996 年版，第 507 页。

⑧ 《汉口租界志》编纂委员会编：《汉口租界志》，武汉出版社 2003 年版，第 537 页。

领事裁判权，在租界内最早推出现代的司法制度。这一制度先适用于英国人作为被告的案件，在领事馆设立的领事法庭中被广泛使用。以后的公共租界继续推行这一制度。1869 年出现了会审公廨以后，其适用面逐渐扩大了，凡租界内发生的案件都逐步适用这一现代的司法制度。在这一制度中，涉及现代司法制度的各个方面，包括法官和陪审员、原告与被告、公诉人、代理人与辩护人、起诉、庭审、判决等。这里以律师制度为例。当上海英租界设立领事法庭后，就"按照他们自己的法律制度来处理法律事务，而其中也包括了律师制度"。① 此后，《上海领事公堂诉讼条例》颁行，律师制度更为完善，律师的适用面更大了，这有利于司法公正。"案无大小，胥由人证明其曲直，律师辩其是非，审官研鞠而公断之，故无黑白混淆之弊。"② 天津和汉口租界的设立均晚于上海英租界，其领事法庭的建立也晚于上海英租界。以后，汉口租界于 1894 年根据《汉口会审公堂章程》组建了会审公廨，③ 比上海租界晚了 20 余年。天津租界则没有设立会审公廨，长期使用领事法庭。

上海英租界能在中国这一大地上成为中国法制现代化的起始地，有其一定的原因，主要是如下三个方面：

首先，上海英租界的设立为中国最早建立现代法制创造了地域条件。上海英租界的法制是世俗法制，其法制的属地性很强，地域在其中不可或缺。1845 年的《上海土地章程》为上海英租界的设立提供了法律依据，翌年英租界便在上海出现了。这是中国历史上最早出现的租界。它为中国建立最早的现代法制创造了一个落脚地。从此，现代法制便首先在上海英租界登陆。没有这一租界，现代法制在当时就没有根植的地域，也不会在 19 世纪中叶就在中国大地上出现。

其次，上海英租界是中国最早的现代化地区。这一租界设立以后，便开始进行现代化建设。1848 年上海英租界进行了首次扩展以后，这一建设的进程更快了。"外人兴建了更多的洋行、银行、旅馆、医院等，一个近代

---

① 陈同：《略论上海外籍律师的法律活动及影响》，载《史林》2005 年第 3 期。
② 参见《皇朝经世文新编·西律》。
③ 《汉口租界志》编纂委员会编：《汉口租界志》，武汉出版社 2003 年版，第 251 页。

化城市的雏形已矗立于黄浦滩头。"① 此后的公共租界仍然如此，最终形成了中国最早的现代化地区。上海被称为是"旧中国的经济、金融中心"。②这个中心是在租界，即"以租界为中心的上海地区"。③ 它又首起于英租界。这种现代化表现在城市管理、城市规划、城市建设、城市生活等各个方面，导致了上海市中心最繁华地区的出现，现在的外滩、南京路等都在其中。现代的地区需有现代的法制，上海英租界的现代法制也就应运而生并不断发展了。

最后，上海英租界当局习惯于用现代法制管理城市。英国从资产阶级革命至上海英租界的设立，已历经了 200 余年，其法制也发展了 200 余年。"英国资产阶级法律制度是在革命过程中建立和发展起来的。开始主要是颁布一些宪法性的法律和法规，随着资产阶级革命的深入以及资本主义经济的发展，其他各个部门法也开始得以建立并逐步定型。"④ 至上海英租界建立时，现代法制在英国已根深蒂固。那里的公民长期生活在现代法制的环境中，习惯了这种法制。上海英租界当局的组成人员起初都是来自英国的公民，很自然会在新建立的租界中建立自己已习惯了的现代法制，而排斥中国传统法制。因此，在上海英租界出现前后，他们就制定了现代法规，《上海土地章程》是这样，以后的一系列规定也都是这样。以后的公共租界当局也以英国人为主，继续发展了这一法制。

上海英租界的现代法制通过移植英国的现代法制而加以实现。这种现代法制的精神、原则和相关内容都不在中国土生土长，而长期生存于英国。不过，这种移植也没有脱离上海的实际，而是使英国的法制上海化。比如，英国本土的法制以判例法为主，中国则长期以制定法为主，上海作为中国的一个组成部分，人们也习惯了制定法。因此，上海英租界颁行的规定也是制定法，实现了上海的本土化。从这种意义上讲，上海英租界的法制是英国现代法制上海化的法制。

---

① 费成康著：《中国租界史》，上海社会科学院出版社 1991 年版，第 267 页。
② 《上海金融史话》编写组编：《上海金融史话》，上海人民出版社 1978 年版，第 2 页。
③ 费成康著：《中国租界史》，上海社会科学院出版社 1991 年版，第 269 页。
④ 何勤华主编：《英国法律发达史》，法律出版社 1999 年版，第 19 页。

二、中国法制现代化有一个从租界的"点"到全国的"面"的演变过程

中国大地上的法制现代化，经历了一个从点到面进行演变的"四步曲"过程。第一步，上海英租界首先开始了法制现代化的过程；第二步，上海内的公共租界、法租界也开始了法制现代化的行程；第三步，上海以外的租界同样卷入了法制现代化的历程；第四步，20 世纪初清政府推行"新政"，开始在中国的华界全面推进法制现代化，逐渐使整个中国都进入了这一现代化的轨道。这"四步曲"呈现了一种中国法制现代化先后有序、不断递进的态势，即从一个租界的"点"到整个中国的"面"的演变过程。

上海英租界是上海，也是中国最早推出现代法制的地方。这是一个中国法制现代化开始的"点"。这个"点"尽管很小，开始时占地面积也只有830 亩，① 但是它的出现却给中国传统法制一个强烈的冲击，同时也向世人展示了中国法制发展的一个方向，使大家看到了中国法制的明天，具有一定的示范效应。这是第一步。

继英租界以后，上海又发展出两个租界，即公共租界和法租界，现代法制也在这两个租界出现了。这是上海英租界开始建立现代法制以后，又延伸的两个上海点，现代法制在上海的适用地域扩大了。依据 1844 年的中美《望厦条约》，美国的在华侨民取得了类似于英国在华侨民的特权。1848 年美国圣公会的主教文惠廉到上海，先在苏州河北岸地价低廉的虹口一带广置地皮，设立教堂，然后向上海道台吴健彰提出把虹口一带作为美租界的要求，吴健彰作了口头承诺。1863 年英、美两个租界合并时，美国领事熙华德才匆匆与上海道台黄芳确定了美租界的地域范围。② 这两个租界合并后，成立公共租界，适用的也是现代法制。《工部书信馆章程》《公共租界工部局治安章程》《公共租界工部局中式新房建造章程》等都是如此。

根据 1844 年的中法《黄埔条约》，法国在华侨民同样取得了与英、美在华侨民相似的特权。1849 年法国领事敏体尼与上海道台麟桂也签署了租

---

① 蒯世勋等编著：《上海公共租界史稿》，上海人民出版社 1980 年版，第 68 页。
② 史梅定主编：《上海租界志》，上海社会科学院出版社 2001 年版，第 93、96 页。

地协议，不久法租界在上海诞生，它的现代法制也随之在上海落户了。除了这一租地协议外，还有 1866 年的《上海法租界公董局组织章程》、1869年的《法租界公董局警务路政章程》等。① 这样，在英、美两租界合并以后，上海长期存在的两个租界即公共租界和法租界，也都包括在现代法制的地域之内了。这就意味着，整个上海最繁华、最具影响力的地区都在现代法制的范围之中了。这是第二步。这两个租界都走到了中国法制现代化的前列，其示范效应扩大了。上海公共租界与法租界的现代法制随着这两个租界的发展，也不断向前发展，不断完善。

上海租界被认为是中国"最早形成的租界，也是面积最大，侨民最多，经济最发达，政治地位最重要的租界"。② 从表象上看，在上海租界走上法制现代化的道路以后，中国的其他租界也步其后尘，纷纷走上了法制现代化的道路。这是第三步，即现代法制在中国除了上海以外的租界中也被建立起来了。这里以天津和汉口租界的现代法制为例。

在天津，通过与清政府签订的租地规定，1860 年英、美、法三国分别设立了自己的租界，其位置均在海河西岸的紫竹林村一带，故它们又被称为"紫竹林租界"。③ 自 1895 年起的 8 年间，德国、日本、俄国、比利时、意大利和奥地利 6 国也分别通过签署租地规定，在天津取得租界。④ 此时，英国、美国、法国、日本 4 国的租界地域又分别得到一至数次的扩张，以致天津形成幅员为县城 8 倍的租界夹峙海河的局面，其最利于发展、繁荣的地区均收归于租界囊中。同时，天津租界的现代法制也被建立起来了，各租界都制定了相关的规定。比如，法租界有关于现代民事补偿方面的规定；德租界有关于现代城市管理方面的规定；日租界有关于现代警政方面的规定；英租界有关于现代治安、卫生方面的规定等，都在其中。⑤

在汉口，1861 年英国通过《汉口租界条款》在汉口取得了第一块租界。

① 王立民：《上海租界与上海法制现代化》，载《法学》2006 年第 4 期。
② 费成康著：《中国租界史》，上海社会科学院出版社 1991 年版，第 267 页。
③ 同上书，第 278 页。
④ 同上书，第 73—78 页。
⑤ 王立民：《中国的租界与法制现代化》，载《中国法学》2008 年第 3 期。

从 1895 年起的 3 年内，德国、俄国、法国、日本也先后以租地规定为依据，在汉口取得了租界。此后，自 1898 年起的 9 年中，英国、德国、法国、日本又分别拓展了租界地域，以致在汉口镇下游 4 公里长的长江边上，形成了一个汉口租界区。在那里，西方现代的经济、贸易、金融业等均得到了大力发展。与此同时，现代法制也开始生存、发展起来了。比如，德租界有关于现代城市管理方面的规定；俄租界有关于现代审判制度方面的规定；法租界有关于现代城市规划方面的规定；日租界有关于现代居住制度方面的规定；英租界有关于现代工程建设方面的规定等，都是如此。①

上海租界的法制现代化还曾对上海以外有些租界的法制现代化产生过影响。比如，宁波、汉口的租界都受到过上海英租界巡捕房方面的影响。1861 年，宁波租界当局曾向上海英租界董事会"索取一份上海的规章制度和一份由 12 人组成的一支巡捕队伍的估计费用备忘录，以及董事会可以提供的任何其他促进这方面事务的材料"。② 这为宁波组建租界的巡捕房提供了方便。上海英租界工部局在 1862 年 10 月还至少两次在这方面帮助过汉口的英租界。一次是"上海工部局派去 5 名巡捕"支援汉口巡捕房，其中还包括像"制服"这样的装备。③ 另一次则是推荐名为惠勒的巡捕充任"汉口英租界工部局（巡）捕房的巡长"。④ 可见，上海租界的现代法制对上海以外的其他租界现代法制的建设也有过影响和帮助。

中国租界的现代法制对中国产生了影响。比如，有些中国公民也认同了现代的司法制度，觉得聘用律师办案是一种可取的方式。于是，他们在诉讼中也聘用律师出庭，出现了华洋双方都有律师出庭的情况。这种情况在 20 世纪以前的上海租界已广泛存在。"华洋互审以来，尤多交涉事件。余观英、法二公堂中西互控之案，层见叠出。无论西人控华人，须请泰西律师以为质证，即华人控西人，亦必请泰西律师。"⑤ 事实也是如此。早在

---

① 王立民：《中国的租界与法制现代化》，载《中国法学》2008 年第 3 期。

② 上海市档案馆编：《工部局董事会会议录》（第 1 册），陆森年等译，上海古籍出版社 2001 年版，第 630 页。

③ 同上书，第 650 页。

④ 同上书，第 651 页。

⑤ 参见《皇朝经世文新编·西律》。

1866 年 10 月，上海的洋泾浜北首理事衙门时期，一件华洋互控经济案的华方当事人就聘用了英国律师连厘为其代理人，出庭进行辩护。[①]1875 年，在英商旗昌洋行控告其买办刘树滋一案中，华人当事人刘树滋也聘用了律师等。[②] 中国古代没有律师，只有讼师。他们与现代法制中的律师制度相比，有很大的不同。中国公民也聘用律师，接受律师，实际上是认同了现代的律师制度和司法制度。

同时，中国租界的现代法制也影响到中国的政府及其官员。当时的中国政府逐渐认可了租界的现代法制，甚至利用这一法制为自己服务。在 1902 年的"《苏报》案"中，清政府接受了租界的现代律师制度，也聘用了律师，他们是英国人达鲁芒德和库柏。[③] 政府官员通过各种途径，也看到现代法制的先进性，认为中国有必要建立这一法制，克服原有的弊端。比如，光绪三十二年（1906 年）御史吴钫在上奏的《厘定外省官制请将行政司法严定区别析》中看到了中国行政与司法合一的弊端，认为："以行政官而兼有司法权，则必有循平时之爱憎，变更一定之法律，以意为出入。"同时，他又看到了中国租界里行政与司法分离、司法独立的情况，"德设高等审判司于胶州，英设高等审判司于上海"等。由此出发，他强烈要求清政府也把司法独立于行政，杜绝原有的弊端。"若使司法分立，则行政官得专意爱民之实政，而审判官惟以法律为范围，两事既分，百弊杜绝。"[④] 这些都是发生在 20 世纪初的事，无疑对当时已经在全国华界开展的法制改革具有积极的促进意义。

20 世纪初清政府推出"新政"，开始法制改革，走法制现代化的道路。尽管这次法制现代化的过程比上海英租界开始建立的现代法制晚了半个世纪左右，可其规模和涉及的面都要比其大得多，是一次中国除租界以外地区，大规模、全面的法制现代化。这一现代化有一个很大的"面"，涉及中

---

① 陈同：《略论上海外籍律师的法律活动及影响》，载《史林》2005 年第 3 期。
② 徐家力著：《中华民国律师制度史》，中国政法大学出版社 1998 年版，第 15—16 页。
③ 同上。
④ 故宫博物院明清档案部编：《清末筹备立宪档案史料》，中华书局 1979 年版，第 821—823 页。

国的绝大多数地区。从此，中国的法制揭开了新的一页，发展到一个崭新的阶段。至此，中国法制现代化走向了一个由点到面的阶段。这便是第四步。这个过程前后共存续了半个世纪左右。往后，中国法制的这一现代化势不可当，尽管有过曲折，但发展方向仍一以贯之。再经过近30年的努力，中国华界的法制现代化基本实现，现代法制初步建立起来了，其标志是"六法全书"的诞生。这样，中国华界的法制与租界的法制基本持平，都属于现代法制了。也就在那时，一些西方国家开始弱化领事裁判权，于是租界中出现了中国自己的法院，上海的第一特区地方法院和第二特区地方法院即是如此。①

这"四步曲"显示了中国大地上法制现代化走过的一个历程。前三步不可忽视，是一个从一点到多点的过程，逐渐扩大法制现代化示范效应的过程。它们都是中国法制现代化中的组成部分，在一定程度上对促进中国的这一现代化起过积极作用。同时，它也明示中国法制现代化有一个从单一发展到多样，最后又回归单一的过程，即从上海英租界的单一现代法制出发，发展到上海其他租界和上海以外租界的现代法制，再到20世纪初中国法制现代化以后形成的多样现代法制，最后，在领事裁判权和租界取消以后，整个中国整合为单一的现代法制。这一历程在中国法制现代化的历史中不可被忽略。

三、中国租界法制与 20 世纪初以后的中国现代法制仍存有差异

中国于 20 世纪初开始大规模进行法制改革，并逐渐走上法制现代化的道路，这一法制与租界法制同属于现代法制的大范畴，在法制原则、法律结构、法律语言、司法制度等许多方面都存在相同或相似之处。然而，它们在有些方面仍存有差异，主要体现在以下方面。

（一）法制适用的地域有差异

中国租界的现代法制仅适用于租界地区，不适用于中国其他地区。中国租界地域的范围十分有限。从全国的情况来看，在中国开辟租界的只有

---

① 第一特区地方法院为公共租界的法院，第二特区地方法院为法租界的法院。

英、美、法、德、俄、日、比利时、意大利、奥地利 9 个国家，设立租界
的也只是上海、天津、汉口、厦门、镇江、九江、广州、杭州、苏州、重
庆等一些城市。① 从这些城市来看，租界的占地面积也不多。这里以上海
的租界为例。在其规模最大的时候，上海租界总共占地面积为 32.82 平方
公里，而华界则有 525.03 平方公里。② 中国租界的地域有限，适用现代法
制的地域也有限，这就决定了这一法制只是局部地区的现代法制，不具有
整体性。

　　20 世纪初中国推进的现代法制则不同。它席卷全国华界范围，具有
整体性。那时制定的《钦定宪法大纲》《重大信条十九条》《大清现行刑律》
《公司律》《破产律》《银行通则条例》《法院编制法》等一系列宪法性文件、
法律、法规都在全国生效、实施，其适用地域包括全国各地，是影响整个
中国的现代法制。这一现代法制所涉及的地域要比租界大得多，为租界所
不能比拟。因此，它的影响、作用、效果等都远超租界。

　　形成这种差异的主要原因之一在于中国的社会性质。中国自鸦片战争
以后，开始进入半殖民地半封建社会。中国没有完全失去主权，依然控制
着广大地区。中国在绝大多数地区仍有自己的立法、司法权，失控的只是
租界。中国的租界当局便在自己控制的空间里，首先推出现代法制，开始
走上法制现代化的道路。由于中国租界当局掌控的地域有限，其现代法制
施行的地域也就有限了。到了 20 世纪，情况就不同了。中国在自己管辖地
区内，全面推行法制改革，逐渐适用现代法制，其现代法制适用的地域范
围自然就很广大了。

（二）法制的基础有差异

　　中国所有租界的发展都从租地开始。取得土地以后，中国的租界当局
才能有所作为，包括现代法制建设。他们在建设租界的现代法制时，租界
地里没有传统法制的负担，其基础几乎是一片空白。正因为如此，中国租
界在确立和发展自己的现代法制时，遇到的困难很小，开展得比较顺利。

---

① 费成康著：《中国租界史》，上海社会科学院出版社 1991 年版，第 1、427—430 页。
② 邹依仁著：《旧上海人口变迁的研究》，上海人民出版社 1980 年版，第 92 页。

上海租界当局在较为轻松的情况下，建立了现代的法律体系，使用现代的法律结构，运用现代的法律语言等。中国的其他租界也是如此。

20世纪初中国推行的现代法制则不同。在清政府推出法制改革以前，已有深厚的传统法制基础。这一传统法制在中国已运作了4000余年，根深蒂固。而且，它的儒家指导思想、礼法结合的原则、维护等级特权的内容、行政与司法合一的司法制度等都与现代法制相悖。因此，那时在进行法制改革、走法制现代化的道路时，阻力很大，遭到了礼教派的强烈反对，还形成了法理派与礼教派的"礼法之争"。这一争论虽然集中在"无夫奸""子孙违犯教令""干名犯义""存留养亲"等一些反映传统法制中有关封建伦理纲常的内容是否要编入《大清新刑律》问题上，但实际上反映的则是一个对现代法制的态度。法理派强烈反对把这些内容收入《大清新刑律》。礼教派则不同，他们坚决主张把这些内容纳入这一刑律，为中国法制现代化的进程设置障碍。最后，以法理派的退让和妥协告终，这些内容被安排进《大清新刑律》后附上的《暂行章程》中。由于法制基础的差异，20世纪初中国推行现代法制的道路比较曲折和艰难。

形成这种差异的一个原因是不平等条约的存在。中国租界的确立都以不平等条约为基础。基于《南京条约》及其附件《五口通商章程》，中国出现了英租界；基于《望厦条约》，中国出现了美租界；基于《黄埔条约》，中国出现了法租界等。以这种不平等条约为基础产生的租界在很大程度上具有独立性，不受中国当时传统法制的制约，这就给这些租界确立和发展现代法制留下了空间。因此，它们很容易在租界内不采纳中国原有的传统法制而接纳现代法制，率先于中国其他地区，走上法制现代化的道路。20世纪初以前中国的其他地区则不同，它们仍在清政府的严密控制之下，传统法制依然在发挥作用；现代法制要在改革原有传统法制的基础才能建立起来，其负担就较重，遇到的阻力也就较大了。

（三）法制的内容有差异

中国的租界由不同的国家进行管理，各个租界当局都有自己的立法权。他们可根据自己的需要，自主行使立法权，制定界内适用的法律，因此中国各个租界的法制内容不尽相同，其多元化情况十分明显。在上海，公共租界与法租界的法制就不完全相同。比如，法租界关于捐税的规定与公共租界的规定就有区别，其中法租界的税种更多，曾有过近 90 种，甚至连牛、羊、棺材等路过法租界都要其主人交税。其中，水牛、黄牛每头 5 角，小牛、绵羊、山羊每头 5 分，每口棺材 1 元等。①这在公共租界里则没有。另外，法租界出台的新规定时，都会强调它与法国的现行法规一致，并明示"均无违法国现行法规"。②这在公共租界也没有。这种情况在中国的其他租界同样存在。

在天津租界，英、法两租界的规定也有差异。比如，这两个租界都要求租地人到领事官员那里去办理租地手续，但英租界则另行规定存案时间和罚则，即租地手续"于妥办之后一个月内应声明本领事存案，否则罚洋一百弗以下"。③法租界则没有这一规定。在汉口租界，在关于是否允许华人于租界内居住的问题上，英、俄、法、日等国的规定也存在一定的差别。英租界规定，华人不许居住，即"界内，华民不准居住"。俄租界和法租界则不作规定。日租界却有条件地允许华人居住。"中国无身家之人不得私在租界内住家，或开设店铺、行栈、违者分别惩办。"④其差别十分明显。

20 世纪初中国政府推进的现代法制则不同，适用的是中央政府统一制定的法律，其一元化十分显著。那时，在法制改革中，虽然关注过许多西方国家的法制，但最后还是选定德国的，以引进它的法制为主。引进德国法有直接与间接两种途径。直接途径包括翻译出版德国法典与法学著作、从驻华的德国司法机构中吸取经验、到德国考察法制等。间接途径主要通过日本，把它作为一种中介，因为当时日本法中的主要成分是德国法；日本靠近中国，文化比较接近中国，易从中学到德国法；日本的法律比较俱全，法学也相当发达，从中学德国法比较便利等。⑤因此，那时制定的一些中国法律及其草案多是德国法的翻版，《大清新刑律》《大清民律草案》

① 王立民著：《上海法制史》，上海人民出版社 1998 年版，第 205—206 页。
② 同上书，第 26 页。
③ 罗澍伟主编：《天津通志·附志·租界》，天津社会科学出版社 1996 年版，第 507 页。
④ 《汉口租界志》编纂委员会编：《汉口租界志》，武汉出版社 2003 年版，第 521—524 页。
⑤ 王立民：《论清末德国法对中国近代法制形成的影响》，载《学术季刊》1996 年第 2 期。

等都是如此。清末以后，中国仍在走法制现代化的道路，其一元化得到保持。

形成这一法制多元化与一元化差异的原因有多种，但立法主体的不同十分引人注目。在中国租界，由于控制租界的国家不同，立法主体也不同，他们各行其是，各司其职。这种立法主体的多元化不可避免地导致了法制内容的多元化。20世纪初以后的中国则不同。那时有统一的中央政府。法制改革由中央政府推行，法制现代化的进程由中央政府决定，立法主体不存在多元化的情况。这种一元化的立法主体决定了法制内容的一元化。可见，这种立法主体的不同，也就决定了中国租界法制的内容与20世纪初以后中国法制现代化时的内容不会完全相同了。

以上的这些差异反映出当时中国大地上现代法制的差别，并从一个侧面表现出中国租界的法制现代化与20世纪初以后中国全面推进的法制现代化的各自特点，这对今天正确认识中国法制现代化的历程不可或缺。

第九章　中国租界防控疫情立法与思考

中国租界是一种根据中外不平等条约，由外侨在近代中国的城市中租地并实行自治的区域。鸦片战争以后，先后有英国、美国、法国、德国、俄国、日本、意大利、奥地利、比利时9个国家，在中国的上海、汉口、天津、广州、厦门、镇江、九江、重庆、杭州、苏州10个城市中，建立过27个租界。① 这些租界都建有自己的立法、行政、司法等机关，实行自治管理。② 中国租界行使自己的立法权，制定适合本租界的规定，其中包括防控疫情的规定。在中国租界中，上海租界与汉口租界防控疫情的立法比较突出。本文以这两个租界为例，展开论述，窥视中国租界的这一立法并从中获得一些思考。

一、规定专门防控疫情的机构及其成员的职责

为了确保租界内的防控疫情工作的有序进行，中国租界设有一些机构，专门从事防控疫情的事务。中国租界用立法形式规定这些防控疫情的机构与成员的职责，使其职权分明，依法履职。比如，上海租界与汉口租界都有一些这样的规定。

（一）上海租界规定了专门防控疫情的机构及其成员的职责

上海存在过英、美、英美、公共租界与法租界，长期存在公共租界与法租界。上海租界设有专门防控疫情的机构。这种机构一般隶属于公共卫生机关，而且有明文规定。上海英租界成立不久后，就有专人负责公共卫生，以后又成立了公共卫生的管理机关。上海公共租界对这一机构的职能与机构成员的职责都作了规定。1908年上海公共租界规定，工部局所属

---

① 参见上海市政协文史资料委员会等编：《列强在中国的租界》，中国文史出版社1992年版，第590页。

② 费成康著：《中国租界史》，上海社会科学院出版社1991年版，第203页。

卫生处下设的粪秽股改名为公共卫生股，以后其职能也有所扩大。即从原来"主要负责租界内粪便、垃圾等污秽清理，此后又增加防疫和卫生视察等职能"。① 从此，这个公共卫生股就成为专门防控疫情的机构，其成员就有防控疫情的职责。1935 年公共卫生股的职能又作了扩充，扩大到 10 项，其中有 3 项直接与防控疫情有关。即"传染病调查及消毒""接种牛痘及预防霍乱注射""预防鼠疫"。② 为了便于防控疫情的细化管理，从 20 世纪 30 年代，这个卫生股还在上海公共租界下属的区里，设有卫生稽查员办公室，成员为卫生稽查员。他们的职责也有明文规定，范围涉及公共卫生的各个方面，其中包括防控疫情。即"视察发生传染病的家庭，在必要时进行消毒；同时必须熟悉辖区内卫生状况，防止流行病发生"。上海公共租界通过公共卫生股与区稽查员办公室的两级管理，形成一个防控疫情的组织网络，共同着力于疫情的防控。

　　上海法租界设有自己专门防控疫情的机构。③ 而且，对这一机构的职能与成员的职责也都有明文规定。上海法租界建立后不久，就设专人负责界内的公共卫生，以后演进为卫生管理机关。1905 年上海法租界公董局成立卫生兽医处，1930 年对其调整并更名为公共卫生救济处。上海法租界对公共卫生救济处的职能规定为："负责管理法租界内公共卫生和免费公共医疗救济"，是专门的防控疫情机构。它下设有 7 个部门，其中的卫生巡路队和防疫组两个部门都具有防控疫情的职能。其中，卫生巡路队及其成员的职责是："负责检查疫病""对分类营业场所、牛奶棚、兽栏、空地、乡村施行消毒"；防疫组及其成员的职责是："承担对住宿过疫病者住宅进行消毒"。④ 上海法租界根据本辖区的情况，规定防控疫情实行一级管理，公共卫生救济处是防控疫情的专门机构，具有防控疫情的职能，其成员则具有防控疫情的职责。其中的一级管理与上海公共租界不同，它实行二级管理。

---

① 史梅定主编：《上海租界志》，上海社会科学院出版社 2001 年版，第 495 页。
② 同上书，第 496 页。
③ 上海法租界成立于 1849 年。参见王立民：《上海租界与上海法制现代化》，载《法学》2006 年第 4 期。
④ 史梅定主编：《上海租界志》，上海社会科学院出版社 2001 年版，第 496 页。

（二）汉口租界也规定了专门防控疫情的机构及其成员的职责

汉口租界同样建有专门防控疫情的机构，并对它的职能与所属人员的职责也作出了规定。汉口的英、法租界是汉口的两个主要租界。① 这两个租界都设有公共卫生机关，汉口英租界的公共卫生机关是工部局所属的卫生科，汉口法租界的公共卫生机关是公董局所属的卫生局。它们都下设有专门的防控疫情机构，从事相关工作。"（汉口）法租界设有卫生局，下有卫生防疫机构，以维护租界公共卫生。"② 其成员的职责是应对租界内的"传染及流行性疾病"，其中包括了"霍乱、鼠疫、天花、猩红热、白喉、斑疹伤寒、脑膜炎"等。③ 汉口英租界也设有卫生防疫机构，其成员的职责是："城市消毒，预防传染病，定期请居民到医院接种牛痘。"④ 可见，汉口租界也与上海租界有相似之处，都建有公共卫生机构与法定的专门防控疫情机构，也规定了相关的职能与成员职责。这些都为中国租界组织防控疫情奠定了基础，做到职权明晰、各司其职。

二、规定平时防控疫情的多种要求

在中国租界防控疫情的立法中，所规定的防控疫情要求大致可分为平时与疫时两大类。平时的防控疫情要求，针对各种疫情而言，反映的是防控疫情的一般规律，提出的是一般工作要求，是一种细水长流的制度安排。疫时防控疫情要求，则是针对将要发生或正在发生的疫情，是一种特殊的工作要求，权宜性的制度安排。这两种防控疫情的要求虽有差异，但都聚焦于防控疫情，可以起到互补作用，即把一般要求与特殊要求结合起来。既可以解决长远防控疫情的问题，又可以解决近期防控疫情的问题，以达到防控疫情效果最大化的目的。

中国租界规定的平时防控疫情要求，主要体现在对环境卫生、食品卫

---

① 汉口英租界建立于 1861 年，汉口法租界则建立于 1896 年。参见袁继成主编：《汉口租界志》，武汉出版社 2003 年版，第 26—30 页。

② 袁继成主编：《汉口租界志》，武汉出版社 2003 年版，第 304 页。

③ 同上书，第 548 页。

④ 同上书，第 304 页。

生、宠物与野生动物管理的要求三个方面。

（一）对环境卫生的要求

疫情的发生与发展都依赖于一定的环境。没有合适的环境，疫情无法形成。从这种意义上讲，环境卫生对防控疫情至关重要。中国租界的立法者明了这一道理，并在立法中对环境卫生提出要求，作出规定。早在 19 世纪 70 年代，上海租界已对环境卫生提出要求，禁止污染环境卫生的行为。那时公布的《租界例禁》就规定："禁路上倾积垃圾""禁道旁小便"。① 此后，上海公共租界与法租界又对环境卫生作出进一步规定，提出新的要求。

上海英美租界于 1895 年规定，市民的粪便收集在密封的马口铁桶内，方便掏运。②1897 年还规定，租界内设置垃圾箱，做到垃圾入箱，改变过去把生活垃圾倾倒在马路上的习惯。③ 上海法租界对环境卫生也作出过新规定，提出过新要求。1930 年上海法租界作出关于使用轻便垃圾桶、保持环境卫生的规定，要求每家每户置有"有盖的轻便垃圾桶，日常生活垃圾倒入桶中，每日清晨在垃圾车经过时将垃圾桶移置路旁，由公董局所雇小工出清"。1937 年对粪便之处理也作出新规定，要求在市民住宅区"普遍造化粪池，禁止粪秽直接流入道路下水道"。④ 以此来维护租界内的环境卫生。可见，上海租界于 19 世纪 70 年代以后，在垃圾、粪便的处理等方面都作出新规定，进一步净化环境卫生，积极防控疫情。

汉口租界依据汉口的实际情况，同样在环境卫生方面作出规定，防控疫情。汉口英租界特别重视市民配置有盖的渣桶和保持一些易污染场合的环境卫生两个方面的问题，还专门为此而作出规定。20 世纪 20 年代，汉口英租界规定，"凡本界内居民，每家须备有盖之渣桶一个，以储一切废物渣滓。其材料或以冰铁为之，或以涂白铅之木为之，或以木为之而镶以冰铁"。对于宰坊、煮血居、猪圈、小便所、粪堆、兽皮厂等一些易污染的

---

① 〔清〕葛元煦等著：《沪游杂记》，郑祖安标点，上海书店出版社 2006 年版，第 39 页。
② 参见上海市档案馆编：《工部局董事会会议录》（第 11 册），陆森年等译，上海古籍出版社 2001 年版，第 670 页。
③ 参见史梅定主编：《上海租界志》，上海社会科学院出版社 2001 年版，第 507 页。
④ 同上书，第 506—507 页。

场所，汉口英租界也专门作出规定，要求保持卫生，否则就要被罚款。即"无论何时，一经妨害物观察官或卫生官查出""违者科以每日罚金二十五两"。①汉口法租界则特别重视对道路卫生与粪便的管理。1929 年时明确规定，"严禁在马路上丢任何垃圾，严禁丢弃散发臭味的废物，马路上不得有泼污水现象"；"任何人、畜的粪便都不能外露"。②汉口租界在环境卫生方面的规定与上海租界的规定十分相似，都把重点放在垃圾与粪便的处置上，可谓殊途同归。

（二）对食品卫生的要求

俗话说，病从口入。有些疫病的传染可以通过饮食、饮料途径，特别是霍乱、痢疾、流感等一些疾病。因此，把住食品卫生关对防控疫情也十分重要。在中国租界的防控疫情立法中，就有对食品卫生的要求并作出过明文规定。

在上海租界的防控疫情立法中，有保持食物卫生的要求。上海英美租界非常注重出售食品的安全，禁止变质、不洁食品的出售。1868 年就规定，凡是在菜场、肉店出售的肉类食品中，发现有病畜、死畜和不新鲜等变质肉，都要没收、销毁，对于出售者要处以罚款。③1909 年上海公共租界又进一步对其他食品作了规定，即禁止出售不洁食物，其中包括蔬菜、水果、冰淇淋、冰饮品和汽水等。④上海法租界则重视食品出场、厂前的管理，预防不合格食品流入市场。特别是宰牲场出场、工厂出厂、菜场出售的食品、饮料等，都要依法严格把关，保持食品卫生。1903 年上海法租界规定，在宰牲场里，发现"有检验后认为不佳之肉，不准取离宰牲场"。1934 年又规定，严禁饮料制造厂"制造、出售不合格饮料"。1937 年再次规定，菜场里，"如发现劣质食品即予扣留，并得向该法院诉请没收销毁"，否则"可处以 1 元以上 100 元以下罚款，或吊销执照"。⑤上海租界对食品安全

---

① 袁继成主编：《汉口租界志》，武汉出版社 2003 年版，第 540 页。
② 同上书，第 548 页。
③ 参见马长林等著：《上海公共租界城市管理研究》，中西书局 2011 年版，第 107 页。
④ 同上书，第 118 页。
⑤ 史梅定主编：《上海租界志》，上海社会科学院出版社 2001 年版，第 501—503 页。

的规定，重点在禁止出售不合格食品，从源头上进行管控，以此来保证食品安全，防控疫情。

汉口租界同样对食品卫生作出规定，也对食品卫生有一些自己的要求。汉口英租界重视对个人食品卫生的规定，要求个人保持食品的卫生。"凡本界人民携提食物经过街道，须持食物紧包，以免污染不净之物，致有碍卫生。违者处以十两以下罚金，其食物没收与否由本局（工部局）临时酌定。"① 汉口法租界则特别强调制造、出售的食品要合规，保证食品卫生的质量，禁止造假。1929 年的《法国租界总章程》专门规定："严禁对人或动物的食品、药品、饮料和农产品进行造假，要禁止销售。"② 可见，汉口租界也有对食品卫生的规定，重点在于从个人的食品卫生与禁止造假两个方面来保证食品卫生，有其自己的特色。

（三）对宠物与野生动物管理的要求

中国租界的市民养宠物的情况不为鲜见，特别是养狗；另外，也有租界外的人员到租界出售一些野生动物，狗和野生动物会对防控疫情不利，甚至会成为疫病的根源，病毒与细菌的宿主。中国租界把对宠物、野生动物的管理也纳入平时防控疫情的范围，并作出相应的规定。

上海租界于 19 世纪 70 年代就规定："禁春分后、霜降前卖野味。"③ 这不仅有利于保护野生动物，使其在春分后至霜降前这段时间可以充分繁衍后代；还有利于疫情的防控，防止有些病毒、细菌在气候暖和的时候大量滋生并传染给人类，真可谓一举两得。

此后，上海租界又作过新规定。上海英美租界于 1893 年时规定，凡在马路上游荡、不戴颈圈的狗，一律被捕捉，7 日后无人认领，即被杀死。上海公共租界在 1899 年施行的《狂犬病及家犬上口套管理条例》中，也进一步规定家犬外出必须戴上口套，避免家犬伤人、传播狂犬病毒。④ 上海法租界也提出过类似要求，作出过相似的规定。⑤

---

① 袁继成主编：《汉口租界志》，武汉出版社 2003 年版，第 542 页。
② 同上书，第 550 页。
③ 〔清〕葛元煦等著：《沪游杂记》，郑祖安标点，上海书店出版社 2006 年版，第 9 页。
④ 参见马长林等著：《上海公共租界城市管理研究》，中西书局 2011 年版，第 93 页。
⑤ 参见王立民：《上海租界的现代公共卫生立法探析》，载《历史教学问题》2014 年第 2 期。

汉口租界特别重视对宠物的管理，并以此来防控疫情。汉口英租界在20世纪20年代施行的《英租界捕房章程》中，对养宠物提出要申领执照、担保、捐税等一系列要求。它规定："本界内人民畜马、犬、驴须向本局（工部局）领取执照。是项执照每年正月一号一换。本局对于此项得加以适宜限制，索取适当担保，征收规定捐税。违者处以二十五两以下罚金。"①汉口法租界则更强调对狗这种宠物的注册、出行、无主狗的处理等一系列要求，而且都作了明文规定。1929年制定的《法国租界总章程》专门对此作了规定。它要求："所有法租界的居民，狗的拥有者或养育者，都应在巡捕房为狗登记注册"；"每年每条狗都要开具证明，所征收的税在领养时立即交付"；"（狗必须）戴项圈并在上面注明主人的名字"；"有主人的狗被送到待领场由巡捕发出告示3天后，还没有人前来领取，狗将被杀掉或用作其他途径"。②可见，汉口英、法两租界对宠物狗的管理特别重视，规定的内容也比较详尽。

中国租界的平时防控疫情从环境卫生、食品卫生、对宠物与野生动物的管理入手，都指向于疫情的源头，把防控的关口前移，是一种事前的防控，目的是避免疫情的产生。这是一种积极防控，以阻止各种疫情的发生为目标，反映了平时防控的一般要求与规律。

三、规定疫时防控疫情的各种要求

中国租界除了用立法规定平时防控疫情的要求以外，还规定了疫时防控疫情的要求。这是一种将要发生疫情或已经发生疫情时，对防控疫情提出的要求。这种防控的要求突出表现在对接种疫苗、报告疫情、疫情发生后的处理等一些方面。

（一）对接种疫苗的要求

接种疫苗是一种有效预防疫病的手段。它可使还未患病的人员，增强抵抗力，免受病毒、细菌的感染，达到防控疫情的目的。中国租界在应对

---

① 袁继成主编：《汉口租界志》，武汉出版社2003年版，第542页。
② 同上书，第556页。

天花、狂犬病、霍乱等疫情时，就曾使用过接种疫苗的手段，还为此而作出规定，规范运用这一手段。

上海英美租界曾对接种疫苗作过规定，还有一些相关要求。这里以接种预防天花病的疫苗为例。1869 年 12 月，上海英美租界发现多起天花病患者，出现流行该病的征兆。当时的上海已有防控天花病的免疫方法，称为"人痘法"，这是一种中国的传统免疫方法，即把天花病患者身上发出疱疮愈合后所结的痂取下，制成粉末，再加上冰片等，洒在病患手臂上的划开处，使其吸收，产生免疫效果。但是，这种"人痘法"风险比较大，因为这会成为诱发天花病的传染源。当时的欧洲已不再使用这种方法，取而代之的是"牛痘法"。这一方法不仅效果好，而且使用风险也小。上海英美租界权衡以后，决定采用牛痘法，禁止使用人痘法。其于 1870 年上半年规定，要求租界内的市民免费接种牛痘，不种人痘；告知市民接种牛痘地点；前来接种牛痘市民需要办理登记手续；培训接种医务人员；要准备较为充足的牛痘疫苗等。此后，考虑到儿童是感染天花病的主要人群，须鼓励他们积极参与种牛痘。1872 年又规定，凡接种牛痘而且效果较好的儿童，每人奖励 300 元。不久，接种牛痘便在上海公共租界成为一种常态。①继上海公共租界以后，上海法租界也规定用接种牛痘的方法来预防天花病，并在 1938 年至 1939 年冬季天花流行时，取得了良好的预防效果。②

汉口租界也制定过关于接种疫苗的规定并给予资金上的支持，要求市民接种疫苗，预防传染病。其中，汉口英租界"工部局每年拨出经费，进行城市消毒，预防传染病，定期请居民到医院接种牛痘"。汉口法租界提供疫苗的种类还要多一些。"1938 年 4 月，法租界申请购买霍乱、抗伤寒、抗破伤风、抗天花的疫苗，为居民注射，保证租界有令人满意的卫生状况。"③汉口租界关于接种疫苗的规定不亚于上海租界。

（二）对报告疫情提出了要求

疫情一旦发生，就应及时处置，快速防控，防止其蔓延，其前提则是

---

① 参见马长林等著：《上海公共租界城市管理研究》，中西书局 2011 年版，第 84—85 页。

② 参见史梅定主编：《上海租界志》，上海社会科学院出版社 2001 年版，第 510 页。

③ 袁继成主编：《汉口租界志》，武汉出版社 2003 年版，第 304 页。

对疫情的报告。只有通过这种报告，才能对其作出正确评价，对症下药。中国租界对疫情的报告作出过规定，提出过要求。

上海公共租界的疫情报告主要来自三条途径，即市民死亡报告、医院与军政机构、医生，他们都有报告的义务。即"关于传染病消息的来源，全靠有限的死亡报告，以及各医院、有关各国海陆军当局、日本总领事署及各注册医师的自动报告"。对于报告疫情的市民也有规定，即可得一定报酬。"住户患传染病而向卫生处报告者，每起给酬1元。"[1] 上海法租界也有疫情报告的规定，特别是经调查后还要把疫情报告上报到相关的国际组织。上海法租界的"公共卫生救济处制定了传染病申报制度，与公共租界卫生处及上海市政府公共卫生处合作追踪调查全上海的传染病疫情，并向国际联盟卫生局报告。"[2] 上海租界规定的是多渠道报告疫情的要求，具有多元化特征。

汉口租界规定的疫情报告制度把报告途径定位于相关的医务人员，他们是疫情报告的主体。汉口英租界规定医生有报告疫情的职责，"凡本界居民发生霍乱、喉痧、疹热、天花以及其他易于传染各症，该病者所症医生，务于看病之后十二小时报告本局（工部局）书记"；"违者处以五十两以下罚金"。[3] 汉口法租界则把护士也纳入报告主体，护士也有报告疫情的职责。"所有医生、护士在租界内一旦发现传染及流行性疾病（霍乱、鼠疫、天花、猩红热、白喉、斑疹伤寒、脑膜炎等），必须在12小时内随时诊断，并且要通知巡捕总长。"[4] 汉口租界规定的疫情报告途径稍有差异，汉口英租界仅定位于医生，汉口法租界则包括了护士，但都集中于医务人员，比较单一，这与上海租界的疫情报告途径的多元化有些差异。

（三）对疫情发生后的处理提出了要求

疫情发生后，需要进行科学处理，消灭病毒、细菌，阻止其传染，保一方平安。中国租界对疫情发生后的处理也作出过规定，提出过要求。其

---

[1]　史梅定主编：《上海租界志》，上海社会科学院出版社2001年版，第511页。
[2]　同上。
[3]　袁继成主编：《汉口租界志》，武汉出版社2003年版，第541页。
[4]　同上书，第548页。

中，包括对病人的隔离、房屋的消毒。

上海租界对疫情发生后的处理要求作出过规定。其中，上海公共租界对疫情发生后防控处理规定的重点在于对消毒的要求，包括提出消毒申请、消毒对象、消毒的方式等。"1906年开始，凡向卫生官提出申请者，卫生消毒所将免费提供消毒服务，消毒对象为房屋和衣物卧具，方式主要是使用甲喱消毒液与高压蒸汽两种。"①上海法租界这种处理的要求分为病人的隔离与消毒两个部分。上海法租界"公共卫生救济处对危害面最广的天花病人采取隔离措施，建立一个治疗重病人的独立病房"。另外，还有消毒的要求。消毒的对象是传染病者的房屋。"确证死于传染病者，房屋必须消毒。"消毒的方式是干硫磺和蒸烘器。"用干硫磺、蒸烘器在固定地点消毒。"②可见，上海租界对疫情发生后的处理要求集中于消毒与隔离两个方面。

汉口租界对疫情发生后的处理也作过规定。汉口英租界在1914年颁布的《公共卫生及房屋建筑章程》就规定，"要在传染期内进行消毒。工部局在接到疫情报告后，应立即采取有效措施，对传染区进行必要的消毒，所有费用均由工部局用税收来弥补"。③汉口法租界在1925年施行的《汉口法租界章程》中，规定对可能引起传染的东西要进行消毒，"场所、衣物、铺盖以及一切能引起传染的东西，都要在卫生部的负责下进行消毒"。④从汉口租界的这些规定来看，其疫情发生后的处理要求重在消毒，与上海租界的处理有些差异。

中国租界通过接种疫苗、报告疫情、疫情发生后的处理等一些规定，对疫时防控提出具体要求，来提高防控疫情效率，阻击疫情的暴发。虽然，这只是一种亡羊补牢，但也可以变被动为主动，同样具有积极意义。

四、对中国租界防控疫情立法的思考

从中国租界的防控疫情立法中，还可以得到一些思考，主要是以下一

① 史梅定主编：《上海租界志》，上海社会科学院出版社2001年版，第511页。

② 同上。

③ 袁继成主编：《汉口租界志》，武汉出版社2003年版，第568页。

④ 同上书，第548页。

些内容：

（一）中国租界防控疫情立法具有两面性

中国租界防控疫情立法具有两面性，这种两面性源于中国租界的两面性。中国租界的两面性是指它的耻辱性与先进性。它具有屈辱性是因为中国租界的产生与存在，都以中外不平等条约为前提，是丧权辱国的表现。没有鸦片战争的失败，没有一系列中外不平等条约的签订，也不会有中国租界的产生与存在。这里以中国领土上出现最早的上海英租界为例。

1842 年签订的中英《南京条约》除了割地和赔款以外，还规定开放广州、福州、厦门、宁波、上海 5 个通商口岸，并且允许英国人"带同所属家眷"在这 5 个口岸城市"寄居"。①1843 年，这个条约的附件《五口通商附粘善后条款》又进一步规定，英国人可以在中国的 5 个通商口岸城市租地租房。"中华地方官必须与英国管事官各就地方民情，议定于何地方，用何房屋或基地，系准英人租赁。"②从《南京条约》允许英国人带家眷在中国的 5 个通商口岸城市居住，到《五口通商附粘善后条款》允许英国人在这 5 个城市租地居住，都为英国在上海建立租界创造了可能。1845 年的《上海租地章程》则把这种可能变成了现实。它划定了上海英租界的地域，规定了与租地相关的一切事务。③上海英租界随之产生。上海美、法租界接踵而来，也都以中外不平等条约为基础，先后建立了上海美、法租界。汉口等其他城市的租界的产生无一例外。④中国租界的产生是中外不平等条约的产物，丧权辱国的一种体现，耻辱性十分明显。

另外，中国租界建立以后，逐渐走上一条自治之路，设有一套自己的自治机关，不受中国政府的管辖。中国租界的产生、存在损害了中国的主权，是中国丧权辱国的一个恶果，其耻辱性昭然若揭。中国租界防控疫情的立法由中国租界制定、实施，是中国租界法制的一个组成部分，依附于中国租界的存在，其耻辱性延伸到中国租界防控疫情立法，这一立法也具有了耻辱

---

① 王铁崖编：《中外旧约章汇编》（第 1 册），上海财经大学出版社 2019 年版，第 28 页。

② 同上书，第 32 页。

③ 同上书，第 60—64 页。

④ 参见王立民著：《中国租界法制初探》，法律出版社 2016 年版，第 39—44 页。

性。这是中国租界防控疫情立法的一方面，还有另一方面即先进性。

中国租界防控疫情立法的先进性也由中国租界的先进性所决定。中国租界从建立之日起，就是中国城市中的近代区域，其自治机关及其城市治理方式、城市的发展都具有近代性，因而上海租界有"东方巴黎""东方纽约"之称，①汉口租界则有"东方芝加哥"之称。②然而，鸦片战争以后，中国城市中的华界还是一种传统城市，与其相比较，中国的租界则具有先进性。中国的华界要在20世纪初清政府推出"新政"后才有明显变化，才逐渐走上近代之路，这要比上海、汉口租界晚了几十年。中国租界的这种先进性带来了中国租界防控疫情立法的先进性，事实也是如此。早在20世纪初清政府实行"新政"之前，中国租界就通过立法，建立了近代的专门防控疫情机构，使用近代的防控手段，强调近代的防疫要求等。比如，当天花病流行时，上海华界运用传统落后的人痘法去抵抗时，上海租界则规定使用先进的牛痘法去应对，其效果有天壤之别，以致后来华界也从中得到启示，改用了牛痘法。③中国租界防控疫情立法的这种先进性代表了中国这一立法的发展方向，是一种历史的推陈出新，需要加以充分肯定。

在认识中国租界防控疫情立法时，要顾及它的两面性，以便对其有个全面认识，避免偏颇，造成误读。

（二）中国租界防控疫情立法得到了实施

制定法律是为了实施法律，再好的法律也要通过实施才能真正体现其价值。中国租界防控疫情立法在实际中得以实施，在平时、疫时的防控疫情立法的实施中都是如此。

中国租界平时防控疫情的规定得以实施。这种实施有利于形成避免或减少疫情发生的效果。上海租界都实施过平时防控疫情的规定，落实规定提出的要求。这里以实施环境卫生的规定为例。上海公共租界在1906年全面实施设置垃圾箱的规定，1911年就有2500只垃圾箱投入使用；至20

---

① 马长林著：《上海的租界》，天津教育出版社2009年版，"前言"第2页。
② 袁继成主编：《汉口租界志》，武汉出版社2003年版，"序"第2页。
③ 参见马长林著：《上海的租界》，天津教育出版社2009年版，第101页。

世纪 20 年代，这个数字上升至 7000 只。① 与此同时，粪便的处理也在推进。上海公共租界雇佣人员专门每天清运粪便，1906 年时这类人员"不下645 人"。② 另外，公共厕所的建造也在进行。上海公共租界于 1895 年建造了一个可供 30 人使用的公共厕所，1900 年又建造了 6 个公共厕所。③ 上海法租界也实施了关于环境卫生方面的规定，在公共卫生处救济处监督下，建造了合格的化粪池，投入使用。④ 汉口租界同样实施了关于环境卫生的规定，建造了公共厕所等。⑤ 中国租界环境卫生规定的实施取得了较好的效果，城市环境整治，空气清新，与华界的环境相比，有云泥之别。有人曾对此作出评论，认为"上海租界街道宽阔平整而洁净，一入中国地界则污秽不堪"；"老幼随处便溺，疮毒恶疾之人无处不有"，⑥ 此话不假。

中国租界疫时防控疫情的规定也得以实施。这种实施直接有利于管控将要发生或已经发生的疫情，把疫情控制在萌芽状态，阻止疫情的进一步发生或蔓延。这里以中国租界接种疫苗规定的实施为例。上海英美、公共、法租界在接种牛痘疫苗的规定颁布后，都采取了一些相应措施，落实这一规定。上海英美租界为儿童免费接种牛痘疫苗，而且接种人数逐年增长。1873 年为 488 人，1878 年增至 1085 人，1880 年又达到 1472 人。⑦ 此后，上海公共租界为市民免费接种牛痘疫苗人数也呈上升趋势。1909 年接种人数为 84000 人，1928 年还有 47058 人次。另外，据统计，1911 年至 1930年的 20 年间，上海公共租界免费接种牛痘疫苗人数超过 100 万人。⑧ 上海法租界也为大量市民免费接种牛痘疫苗。1938 年至 1939 年冬季上海法租界为了防控流行的天花病，免费为市民接种牛痘疫苗，人数近 540001 人次。⑨ 用接种牛痘来防控天花病，成为上海租界的一种常态。

---

① 参见马长林著：《上海的租界》，天津教育出版社 2009 年版，第 97 页。
② 参见史梅定主编：《上海租界志》，上海社会科学院出版社 2001 年版，第 507 页。
③ 参见马长林著：《上海的租界》，天津教育出版社 2009 年版，第 99 页。
④ 参见史梅定主编：《上海租界志》，上海社会科学院出版社 2001 年版，第 507 页。
⑤ 参见袁继成主编：《汉口租界志》，武汉出版社 2003 年版，"序"第 5 页。
⑥ 夏东元编：《郑观应集》（上），上海人民出版社 1982 年版，第 663 页。
⑦ 参见马长林著：《上海的租界》，天津教育出版社 2009 年版，第 102—103 页。
⑧ 同上书，第 104 页。
⑨ 参见史梅定主编：《上海租界志》，上海社会科学院出版社 2001 年版，第 510 页。

　　汉口租界也实施了关于接种疫苗的规定。比如，汉口法租界把接种疫苗的任务交给租界内的医院去落实，由它们安排具体的接种任务。"法租界工部局免费诊所"是个接受过免费接种疫苗任务的医院，接种的疫苗包括了霍乱、伤寒和天花等疫苗。据 1935 年的全年统计，共有 9820 人在这家医院接种过各种疫苗。《汉口租界志》记载，从 1935 年 1 月起，这家"诊所为租界居民义务注射霍乱、伤寒及天花疫苗，截至 12 月 31 日，已为9820 人接种了疫苗"。[①]

　　中国租界不仅在立法上作出了关于防控疫情的规定，而且还实施这些规定，为中国租界的疫情防控打下了法制基础。中国租界抗衡疫情也主要依靠法制与科学这两手。中国租界利用这两手战胜了各种疫情，特别是包括防控疫情立法在内的法制，有力规范了防控疫情的行为，避免疫情的大暴发，以致在中国百年租界史上没有出现过大的疫情，也没有因此而给租界市民带来大的灾难。从这种意义上讲，中国租界防控疫情立法及其实施功不可没。

（三）中国租界防控疫情立法与时俱进

　　中国租界的疫情有多种，既有天花、霍乱，也有痢病、狂犬病等。而且，疫情是动态化的外象，不会一成不变，特别是病毒，还会变异。为了有效应对疫情，防控疫情的立法就需随机应变，与时俱进。中国租界就是如此。

　　上海租界的防控疫情立法在应对各种疫情中，与时俱进。这里以上海英美租界应对霍乱病疫情的立法为例。上海英美租界面对霍乱疫情，首先寻找疫情的根源，然后再用立法加以防控。由于是应时立法，针对性与权宜性都较明显。这种立法可以对原来的立法进行补充，相得益彰。以下罗列几次上海英美租界比较重要的针对霍乱病疫情立法来证之。

　　1879 年，日本神户暴发霍乱病，被宣布为传染病港口。由于上海港有日本神户来往的船只，上海英美租界便作出规定，实行港口船的检疫制度，用碳酸和水的混合液体对马路进行消毒。[②]

[①]　袁继成主编：《汉口租界志》，武汉出版社 2003 年版，第 308 页。
[②]　参见马长林等著：《上海公共租界城市管理研究》，中西书局 2011 年版，第 89 页。

1884 年，上海英美租界虹口一带的一名外侨因喝了未煮的牛奶而染上了霍乱病。上海英美租界马上作出规定，要求界内市民要时刻注意饮食卫生，不喝未经煮沸的水，不食未煮透或被苍蝇叮过的食品，另外在每年的 6 至 10 月间不吃隔夜菜等。①

1886 年，上海英美租界又出现霍乱病的病人，他们中有 11 人被送往医院救治，其中有 3 人死亡。经调查发现，这些病人全部居住在吴淞路上的"美国公寓"，而此公寓内部极其肮脏，卫生条件很差，是发生霍乱疫情的主要原因。于是，上海英美租界又作出规定，要求粉刷房屋，清扫房屋，净化房屋的整体环境，彻底清除病源。②

1889 年，上海英美租界内一名洋人和几名华人死于霍乱病，于是再次作出新规定，内容是：应在较短时日作一次本地人死亡的情况报告；把有碍公共卫生的杂物全部清除；对发病人员的房屋进行消毒，必要时焚毁床上用品。③

在上海英美租界防控疫情立法与时俱进的同时，汉口租界的这一立法也没停滞不前。以汉口法租界为例，1938 年冬季，汉口法租界出现痢疾、肺结核等疫情。为应对当时的疫情，在原有防控疫情立法的基础上，法租界又以领事令的形式作出新规定。新规定要求，必须有效管理脏水和粪便的排放、楼梯过道的清洁，食品商店、食品生产和饮料生产要严格监控；医生一旦查实疾病的发病原因，在得到巡捕房总长同意后，将戒严一段时间并提供用药；对病源区进行消毒；医生要经常巡视租界内所有地方，作出必要的估计等。④

中国租界防控疫情立法与时俱进，及时推出应对新疫情的新规定，弥补原来规定的短板，取得较好的效果。这正如《汉口租界志》所言："由于及时有效地展开预防和治疗工作，控制了疾病的蔓延。"⑤此话比较中肯。

---

① 上海市档案馆藏：卷宗号　U1—16—4650，工部局档案。
② 上海市档案馆编：《工部局董事会会议录》（第 8 册），上海古籍出版社 2001 年版，第 701 页。
③ 参见马长林等著：《上海公共租界城市管理研究》，中西书局 2011 年版，第 90 页。
④ 参见袁继成主编：《汉口租界志》，武汉出版社 2003 年版，第 304—305 页。
⑤ 袁继成主编：《汉口租界志》，武汉出版社 2003 年版，第 305 页。

（四）中国当今防控疫情立法的借鉴

疫情与人类相伴，疫情的发生又不以人的意志为转移，当今中国也是如此。为了有效防控疫情，需要法治，也需要以往相关法制的经验，并从中得到借鉴，以资中国当今的防控疫情法治建设。中国租界防控疫情立法是中国领土上，最早的近代防控疫情立法，走过百年历程。它的这一立法还得到实施，取得过积极效果。其中存在一些可以为今天借鉴之处，主要是以下三个方面。

首先，要重视防控疫情法律体系的建立。防控疫情立法是防疫控疫法制的重要组成部分，不可能没有这一立法却存有这样的法制。防控疫情是个系统工程，涉及防控疫情的方方面面，疫情的发现与评估、医学的认证与诊断、病人的隔离与治疗、必要的消毒与预防、疫苗的研制与使用、医生的培训与医疗器械的配备等都在其中。缺少任何一个方面，都会不利于防控疫情的开展，甚至造成损失、灾难。为了规范防控疫情的行为，把科学的防控转变为人们的自觉行动，有必要建立防控疫情法律体系。中国租界的法制虽是一种城市区域法制，没有宪法与部门法的明确划分，而以区域性法规为主，但在1900年前后，就逐渐建立起近代的防控疫情法律体系。在这一体系中，既有平时的防控疫情规定，又有疫时的防控疫情规定；既有一般性的规定，又有与时俱进的新规定；既有面对所有疫情的规定，又有针对某种疫情的规定等。有了这样的体系，其内容就能基本覆盖防控疫情的各个方面，满足应对各种疫情的需要，做到从容防控，有法可依。

其次，要重视防控疫情立法中赏罚的规定。法条一般由假定、处理和制裁三大要素构成，制裁是其中不可缺少的一个组成要素。缺少了制裁，不仅法条的内容不完整，而且还缺乏了强制力，往往会导致假定与处理的内容形同虚设。在中国租界防控疫情的立法中，很重视对罚则的规定，违法者要承担相应的法律责任，以此来加大强制力，并起警示作用。罚则的处罚方式有多种，捕捉与杀死游荡狗、罚金、罚款、吊销执照等都在其中。上海英美租界、汉口法租界规定的捕捉、杀死无人认领的游荡狗，上海法租界规定的发现不合格食品等处罚款或吊销执照，汉口英租界规定的在易污染场不能保持卫生的"每日罚金二十五两"等都是这样。这样的罚则加大了中国租界防控疫情立法施行力度，保障其有效实施。在这里还需提及的是，中国租界并非一意用罚，而在一定条件下，还有奖励的规定。上海英美租界对儿童接种牛痘的奖励就是如此。而且这一奖励规定还得到了实施，1872 年共发出奖金 15.88 两银子。①有奖赏作为补充，赏罚共施，中国租界防控疫情立法的实施效果就如虎添翼了。这成为这一立法能得到有效实施的一个重要原因。

最后，要重视防控疫情立法的宣传。防控立法的内容要演变为人们的自觉行动，就要使大家知晓、理解，其中就少不了宣传。否则，立法与行动就会变成两张皮，甚至造成法不责众的格局。中国租界在进行防控疫情立法的同时，还积极开展宣传活动，使大家知晓、理解其中的内容。上海租界开展过宣传防控疫情立法的工作，而且形式多样。上海租界在 20 世纪 70 年代出版的《沪游杂记》里，专门设置了《租界例禁》一部分，其中告知游客，"禁路上倾倒垃圾""禁道旁小便"等。1935 年上海公共租界为了防控狂犬病，把相关规定编入《卫生须知》《居住上海如何卫生》《疾病之原因及如何抵抗》等书籍，制成中、英、日、俄等不同语言版本，发放给市民，大力进行宣传。②汉口租界也开展过防控疫情立法的宣传，比如，汉口英租界"一旦有传染病人出现，卫生机构便在居民区住宅墙上，粘贴有关各种传染病的图片文字，进行预防宣传"。③这种宣传还真起到了作用，上海公共租界留下过这样一个例子。据《老上海三十年见闻录》记载："缘甲初来上海，行至四马路棋盘街转角处，因欲解手，友人告以租界章程，须拉进捕房，罚洋二角。"为了避免违法，这位友人便用其他方法，帮助他解决了解手问题。④像这样例子在中国租界还有不少。正是有了防控疫情立法的宣传，中国租界的这一立法才能得到大家的认可与支持，以便在租界广泛施行，有效防控了疫情。

---

① 参见马长林等著：《上海公共租界城市管理研究》，中西书局 2011 年版，第 85 页。
② 参见王立民著：《中国租界法制初探》，法律出版社 2016 年版，第 194—195 页。
③ 袁继成主编：《汉口租界志》，武汉出版社 2003 年版，第 304 页。
④ 陈无我著：《老上海三十年见闻录》，上海书店出版社 1997 年版，第 263 页。

　　鸦片战争结束以后不久，中国领土上便出现了租界及其法制。为了防控疫情，中国租界便开始了防控疫情的立法，内容涉及防控疫情的方方面面，成为防控疫情的行为准则。中国租界的这一立法是中国领土上最早的近代防控疫情立法，不仅对租界的疫情防控发挥了积极作用，也对华界防控疫情的立法产生过影响，是中国近代防控疫情立法史上浓墨重彩的一笔。对中国租界的防控疫情立法还可进行一些思考，并令其为中国今天的防控疫情法治建设所借鉴。比如，要重视建立防控疫情的法律体系、重视立法中赏罚的规定、重视防控疫情立法的宣传等都在其中。挖掘中国租界防控疫情立法资源可为今天的防控疫情法治建设添砖加瓦，发挥其古为今用的功能。

第十章　中国租界歧视华人法制述评

　　中国租界是依据中外不平等条约，外国侨民用租地方式取得土地使用权，在近代中国的城市中，建立的一种自治区域。共有 9 个列强国家在中国的 10 个城市，建立过 27 个租界。① 中国租界法制是一种由租界自己制定、认可，仅在本租界实施的城市区域法制。在中国租界法制中，有一些歧视华人的内容。这是中国租界法制中的瑕疵、糟粕，在研究中国租界法制时，不能被忽视。中国租界对华人的歧视属于种族歧视。关于种族歧视的含义，联合国大会于 1963 年 11 月 20 日通过的 1904 号决议《清除一切形式种族歧视国际公约》作了权威性界定："本公约称'种族歧视'者，谓基于种族、肤色、世系或民族或人种的任何区别、排斥、限制或优惠，其目的或效果为取消或损害政治、经济、社会、文化或公共生活任何其他方面人权及基本自由在平等地位上的承认、享受或行使。"② 中国租界对华人的歧视符合这一种族歧视的表述，并通过其法制外化出来。然而，目前还缺少对这种法制的专门研究成果，是中国租界法制研究中的一个弱项。本文以上海、天津、汉口租界歧视华人的法制为中心，对其展开述评，以便对中国租界法制有个较为全面的认识，避免偏颇。③

一、中国租界的立法中有多个领域存在歧视华人的规定

　　中国租界的立法中，有关于歧视华人的规定并存在于多个领域。其中

---

　　① 这 9 个列强国家分别是：英国、美国、法国、德国、俄国、日本、意大利、奥地利、比利时。这 10 个城市分别是：上海、天津、汉口、广州、九江、镇江、厦门、杭州、苏州和重庆。参见上海市政协文史资料委员会等编：《列强在中国的租界》，中国文史出版社 1992 年版，第 590 页。

　　② 《清除一切形式种族歧视国际公约》，1963 年 11 月 20 日联合国大会第 1904 号决议，第 1 条。

　　③ 在中国租界中，上海、天津和汉口租界发展较为成熟，影响也较大。其中，上海租界是中国形成最早、面积最大、持续时间最长的租界；天津租界中包含有 9 个租界，租界数量最多，其地位仅次于上海租界；汉口租界的总面积少于上海与天津租界，在中国租界中名列第三。参见王立民：《上海：中国现代区域法制建设领先之地》，载《东方法学》2017 年第 6 期。

突出表现在：租地与居住、参政议政、公共管理等一些领域里。

（一）租地与居住领域存在歧视华人的规定

中国租界的土地属于中国领土，是中国领土的一个组成部分。然而，中国租界则规定，租界内的土地只允许洋人租赁，不允许华人租赁；在原住华人与洋人签订租地契约以后，只许洋人退租，不许华人退租；甚至还规定华人不得居住在租界内。这些都对华人不公，具有歧视华人的性质。这种歧视性的规定于中国第一个租界上海英租界建立时就已经存在。1845年颁行的《上海租地章程》中就有相关规定。① 此章程规定，上海英租界的土地仅为洋人租赁，首先是英国人。"兹体察民情，斟酌上海地方情形，划定洋泾浜以北、李家庄以南之地，准租与英国商人，为建筑房舍及居住之用。"② 其他国家的洋人也可以租赁上海英租界的土地，只是要得到英国领事的许可。"他国商人愿在划归英商承租之洋泾浜界址内租地建房或赁屋居住、存货者，应先向英国领事官申请，借悉能否允准，以免误会。"③ 这些规定都排斥华人租赁上海英租界的土地。这就形成了一个"华洋分居"的格局，即华人住在华界，洋人住在租界，华人不准居住在英租界。直到1853年上海小刀会起义攻占了上海城，大批华人涌入租界，"华洋杂居"的新格局才逐渐形成，以致1854年制定的《上海英美法租界章程》关于禁止华人租赁租界内土地的规定不得不被废止。④

《上海租地章程》除了规定华人不得租赁上海英租界的土地外，还规定原住华人一旦与洋人签订租赁土地契约以后，华人不得退租，而洋人可以，只是在转租时不得增加租金而已。此章程规定："洋商租地建屋后，得报明停租，退还押手，但业主不得停租，尤不得增加租银。倘洋商不愿居住所租地基，全部转让他人，或取得地基而将一部转租他人，该地租银仅得按原租银数转让（但出卖或出租地基上新造房屋以及填土等费用除外，该商

---

① 《上海租地章程》又称"上海土地章程""上海地皮章程"等。参见王立民著：《上海法制史》（第2版），上海人民出版社2019年版，第119页。

② 王铁崖编：《中外旧约章汇编》（第1册），上海财经大学出版社2019年版，第60页。

③ 同上书，第62—63页。

④ 史梅定主编：《上海租界志》，上海社会科学院出版社2001年版，第139页。

可自行商议），不得增加，借防租地买卖以图营利，致引华民不满。"① 这一对华人的歧视性规定始终没变。由于华人不可退租，这种土地租赁也就被称为"永租制"了。②

继上海英租界在租地领域作出歧视华人的规定以后，上海美、法租界接踵而来，也作出类似于上海英租界的规定。这在 1844 年签订的中美《望厦条约》和 1845 年签订的中法《黄埔条约》中都有反映。③ 这两个租界的"华洋分居"格局也在《上海英美法租界章程》被打破，取而代之的是"华洋杂居"，但"永租制"则仍被沿用，华人的退租权利依然得不到保障。

中国租界在租地与居住领域内歧视华人的规定普遍存在，不仅存在于上海租界，还存于天津、汉口等租界，只是在表现形式上不尽相同。根据天津英租界的规定，先是禁止华人租赁界内的土地，后又限制华人租赁土地。1866 年颁布的天津英租界的《地亩章程》禁止华人租赁天津英租界的土地。"所有英国臣民及归化英国之臣民得在英国租界内租取土地，但无论在任何情况下，中国人不得在租界内租取土地。"④ 此后，这种禁止转化为限制。华人在附带条件的情况下，可以租赁租界内土地，而洋人则没有这种限制。1874 年施行的天津《英租界现行规则》规定，"英国臣民并入籍之人（即归化人）在英租界之内者，一律均有租赁土地之权，但中国臣民则不然"；"中国臣民如欲租赁土地之人，须照前项土地建造房屋规则他项建筑物之允准"。⑤ 租赁土地的"永租制"在天津英租界同样施行，华人们无退租的权利。⑥ 天津其他租界的情况也基本如此，都有一个从禁止到限制的过程。

汉口租界虽晚于上海、天津租界而产生，但在租地与居住领域对华人的

---

① 王铁崖编：《中外旧约章汇编》（第 1 册），上海财经大学出版社 2019 年版，第 62 页。
② 费成康著：《中国租界史》，上海社会科学院出版社 2001 年版，第 86 页。
③ 参见王铁崖编：《中外旧约章汇编》（第 1 册），上海财经大学出版社 2019 年版，第 49—50、57 页。
④ 罗澍伟主编：《天津通志·附志·租界》，天津社会科学院出版社 1996 年版，第 163 页。
⑤ 同上书，第 507—508 页。
⑥ 同上书，第 163 页。

歧视丝毫不减。① 还有过之而无不及，甚至规定华人不准居住在租界内。汉口的德、俄、法等租界都有这样的规定，即不仅租界内的土地实行"永租制"并只可租给洋人，而且还规定租界内不允许华人居住。1895 年颁布的汉口德国租界的《汉口租界合同》规定，租界内的土地"永租与德国国家，由德国官员尽速将地基从华民租给洋人"；"中国官宪应即强令（原住）华民办理，地契内均写'永租'字样"；"界内，华民不准居住"。② 翌年，汉口俄租界在《汉口俄租界地条约》中也作出了与汉口德租界相似的规定。它规定，"俄国开办租界，按照外国永租地基章程，于契内均写'永租'字样；由汉阳县查勘明确，税契盖印，以昭信守；并照别国章程，不准华民在租界内建造房屋并居住"。③ 1896 年汉口法租界颁布的《汉口租界租约》作出了与汉口德、俄租界十分相似的规定，即不允许华人在租界内居住。"法国开办租界，应照别国永租地基章程，于契内均写永租字样，由汉阳府县查勘明确，税契盖印，以昭信守。并照别国租界章程，不准华民在租界内同住。"④ 汉口德、俄、法租界在租地领域歧视华人的规定如出一辙，十分相似。

　　汉口日租界是个例外。它与汉口德、俄、法等租界的规定有点差异，即它虽不允许华人租地，但却有条件地允许华人居住。这一条件是："实系体面品行端正。"1898 年生效的《汉口日本专管租界条款》规定："中国无身家之人不得私在租界内住家，或开设店铺、行栈，违者分别惩办。如实系体面品行端正之人，方准在此界内居住、营业，然该商民等只准居住，不得租地。"当不符合这一条件的华人出现在汉口租界时，将会受到惩处。"如有形迹可疑、不安本分、不奉章程之人，中国地方官可知照日本领事官，日本领事官亦可知照地方官，会同查确罚办。"⑤ 这一规定在很大程度

　　① 从中国租界产生的时间上来看，上海租界产生最早，产生于 19 世纪 40 年代；天津紧跟其后，天津的英、美、法租界均产生于 19 世纪 60 年代；汉口租界的产生时间晚于天津租界，汉口法、德、俄、日租界均产生于 19 世纪 90 年代。参见上海市政协文史资料委员会等编：《列强在中国的租界》，中国文史出版社 1992 年版，第 590 页。

　　② 袁继成主编：《汉口租界志》，武汉出版社 2003 年版，第 521 页。

　　③ 同上书，第 522 页。

　　④ 同上书，第 523 页。

　　⑤ 同上书，第 524 页。

上，限制了华人的居住；另外，不允许华人租赁汉口日租界土地的规定依然存在，还是"永租制"的规定。这些都是歧视华人的规定与表现。

土地是中国租界的立身之本，也是人们拥有的最重要的资源之一。中国租界规定，不允许华人租赁租界的土地，甚至不允许华人居住在租界，明显具有歧视华人的色彩。不仅如此，这还使华人丧失与洋人竞争的资本，使其在华洋的各种竞争中处于劣势。

（二）参政议政领域存在歧视华人的规定

随着中国租界的发展，租界的地域越来越广，租界华人的人数也越来越多。这在上海租界尤其突出。上海英租界开始时的面积仅有1080亩，[①]以后经过英美租界合并、扩张，再演变为上海公共租界，1899年最终面积达到33503亩。[②]上海法租界最初的面积只是986亩，[③]此后几经扩张，到1914年最终面积多达15150亩。[④]上海中心区域均为上海公共租界与法租界所占有。

上海租界地域的扩张导致华人人数的增多，尤其是在"华洋杂居"以后，上海租界的华人人数长期处在高位，所占租界总人数比例长期处于96%以上，请看下表。[⑤]

表1 上海租界华人数及其所占比例

序号	年份	上海英美、公共租界			上海法租界		
		总人数	华人数	华人所占比例	总人数	华人数	华人所占比例
1	1865	98884	90587	91.60%	55925	55465	99.18%
2	1890	171950	168129	97.78%	41616	41172	98.93%
3	1915	683920	665401	97.29%	149000	146595	98.39%
4	1942	1585673	1528322	96.38%	854380	825342	96.60%

① 史梅定主编：《上海租界志》，上海社会科学院出版社2001年版，第92页。
② 同上书，第98页。
③ 同上书，第93页。
④ 同上书，第101页。
⑤ 参见邹依仁著：《旧上海人口变迁的研究》，上海人民出版社1980年版，第90、141页。

难怪连洋人自己都认为，上海租界的洋人与"中国民众比较起来，真是一个渺小的团体"。① 此话不假。

不仅如此，上海租界华人的纳税数额也长期领先于洋人。上海租界的各种税收中，房捐是大头，被认为是租界的"岁入之大宗"，而华人所缴纳的房捐大大超过洋人的缴纳数。以 1926 年上海公共租界的数据为例。那年，上海公共租界华人所缴的房捐为 2188356 元，而洋人只缴了 1833966 元，华人比洋人多缴 354390 元。除此之外，照会费即执照费也是华人缴纳得比洋人多。"至于照会费，则由华人供纳者为多，即谓占全数之百分之六十亦不为过。"② 税收是上海租界的主要收入来源，也是上海租界发展的重要经济支撑，而华人的贡献很大。连 1918 年 8 月 22 日的《字林西报》都说："须知华人在此有财政之关系已五十年，苟无华人，则租界今犹为荒烟蔓草之泥潭。"上海租界华人缴税数额多于洋人，意味着他们对租界的贡献大于洋人。

上海租界华人虽然人数多，对租界建设贡献也大，但在参政议政领域则长期被排除在外，受到歧视。在"华洋杂居"以后于 1869 年成立的上海英美租界纳税人会，是这一租界的参政议政机关。③ 它有权决定租界内包括立法在内的重要事务，比如修订土地章程、制定重要法规、调整各种税收、议定重要工程、禁烟等。④ 然而，租界内的华人都无法进入此机关。1869 年的《上海洋泾浜北首租界章程》对成为纳税人会人员的资格作了明确的规定："凡居住界内的外侨，置有价值至少 500 两地产，每年缴纳房地捐 10 两或 10 两以上者，或其租赁的房屋，每年缴纳由工部局估定的租价满 500 两或 500 两以上者，即有资格在纳税人会议上投票选举董事会董事。"正因为进入此会的成员仅为洋人而无华人，故此会又被称为"纳税外人会"。⑤ 上海英美租界的纳税人会到了上海公共租界时期还是如此，它始

---

① ［美］霍塞著：《出卖上海滩》，越裔译，上海书店出版社 2000 年版，第 186 页。
② 夏晋麟著：《上海租界问题》，《民国丛书》(第 4 编，第 24 册)，上海书店 1989 年版，第 112 页。
③ 1845 年上海英美租界成立租地人会，成为此租界的参政议政机关，但由于那时是"华洋分居"，华人不可能加入此会。参见史梅定主编：《上海租界志》，上海社会科学院出版社 2001 年版，第 153 页。
④ 参见史梅定主编：《上海租界志》，上海社会科学院出版社 2001 年版，第 166—171 页。
⑤ 同上书，第 163 页。

终是洋人的俱乐部，华人根本无法涉足，其歧视性十分明显。

上海英美、公共租界的纳税人会是如此，上海法租界的租地人会也是如此。上海法租界的租地人会是上海法租界的参政议政机关，成立于1856年，有权决定租界内重要事务，包括立法、预算与决算、税率的调整、市政建设等。① 那时，在上海法租界只有法国人可以租地，因此租地人会的成员全为法国人而无华人。1866年上海法租界的租地人会发展为纳税人会，华人还是无法参加此会。此年颁行的《上海法租界公董局组织章程》更是堵塞了华人参政议政之路。它规定："凡年满21岁的法国人和其他外侨，拥有法租界地产而执有正式契据者，或租有法租界房屋、年纳租金1000法郎以上者，或居住在法租界内历时3个月以上、每年进款达4000法郎以上者，均可成为选举人。"② 这一规定彻底把华人排除在纳税人会之外，华人因此而受到歧视，无法迈入参政议政之路。

上海租界有歧视华人参政议政的规定，天津、汉口租界也有这样的规定，只是在表现形式上稍有变化。天津租界在"华洋杂居"的情况下，不得不让华人也参政议政，但是华人成员数量很少，与华人总数相比，不成比例。天津英租界的董事会"是界内的统治主体和决算机关"，成立于1862年。其职责是决定租界内的重要事务，其中包括：制定租界章程等立法活动、任免官员、买卖公产、经营公用事业、筹措财政和捐税等。③ 成为董事会成员需符合法定条件。天津英租界规定："凡年满21岁的中外纳税人，每年交纳房地产捐200两或200两以上者，具有一票选举权；如在办理选举人登记前6个月内占用租界内房产估定租值是600两者，亦具备选举资格。凡具有选举人资格者，均可作为董事候选人。"董事会的董事长必须由英国人担任，董事成员由中外纳税人担任，但中外董事的名额有限制，华人始终只占少数。1878年，这一董事会由5人组成，但华人仅为1人，其他4人均为洋人。1926年时，董事会可由10人组成，但华人仅为

① 参见史梅定主编：《上海租界志》，上海社会科学院出版社2001年版，第154页。
② 同上书，第173页。
③ 罗澍伟主编：《天津通志·附志·租界》，天津社会科学院出版社1996年版，第81—82页。

2 人，其他的也为洋人。①华人在董事会中占的比例很低，可是华人在天津英租界总人数中所占比例却很高。有数据显示，1925 年时，天津英租界的总人数为 35217 人，其中华人为 33172 人，其余均为洋人，华人占英租界总人数的 94.19%。②也就是说，在天津英租界里，占了人口比例绝大多数的华人，在董事会中却只占了很少名额。造成这种结果的原因，就是对华人的歧视。

汉口租界有不允许华人租地、居住的规定，这就使华人丧失了在参政议政机关中的投票权，也就切断了华人参政议政的通道。事实也是如此。汉口英租界的纳税人常年大会是租界内的"最高权力机关"，具有租界内重要事务的决策权，其中包括：听取工部局行政报告，通过行政规划，通过预决算，制定、修订各种法案、规章，选举市政委员，任免英籍职员，发行公债等。汉口英租界规定，参加此大会并有投票权的全为洋人，没有华人，即"凡属英国人民，或曾与中国订约各友邦人民，无论个人或团体代表，苟已纳相当之捐税者，均有投票权"。华人不在具有投票权人员之内。原因是："由于不允许华人在租界内购置房地产，华人在纳税人会议中没有投票权。"③华人因为没有这种投票权而被剥夺了参政议政之权。汉口的其他租界也有类似规定。这些规定直接造成了对租界内华人的歧视。

中国租界内的参政议政权十分重要，是决定租界里重要事务的权力。不让华人参政议政，就使他们丧失了决定租界里重要事务的话语权，成为受人支配的被动群体。中国租界通过立法赋予租界内只占少量人口的洋人以参政议政权，由他们来决定关系到租界里占绝大多数人口华人的重要事务，不仅不合理，同时还明显具有歧视性质。中国租界的这类规定无视华人的存在与华人的应有权益，是从政治上排挤华人，歧视华人。

（三）公共管理领域存在歧视华人的规定

中国租界的公共管理是一种近代城市的公共管理。这种管理会涉及城市的方方面面，而且会通过相关规定表现出来。在中国租界公共管理的领

---

① 参见罗澍伟主编：《天津通志·附志·租界》，天津社会科学院出版社 1996 年版，第 82 页。
② 同上书，第 374 页。
③ 袁继成主编：《汉口租界志》，武汉出版社 2003 年版，第 215—216 页。

域内，也存在歧视华人的规定，这里列举其中的一些规定来证之。

1. 在交通管理方面存在歧视华人的规定

中国租界的交通管理是一种近代的公共管理，交通管理规定也是一种近代的公共管理规定。可是，在这种管理规定中，就存在歧视华人的内容。中国租界内的车辆不少，有汽车、黄包车、自行车、马车、小推车等；驾驶车辆的人员有洋人，也有华人。可是，华人驾驶的车辆往往受到歧视，较为突出的是关于超车的规定。上海租界曾规定，洋人乘坐的马车可以超越华人乘坐的车，反之则不能。"凡马车之驰于道中，乘车者为西人，始可超前行之车辆过之。若为华人，所乘故不能超西人之车，否则拘罚不贷。"[①] 对华人的歧视和给洋人的特权在这一规定中昭然若揭。

这种歧视华人、给洋人特权的规定造成了恶果。洋人倚仗拥有的交通特权，在违章肇事后，竟然不顾华人安危扬长而去。据 1875 年 10 月 12 日《申报》报道，10 月 11 日晚上就有华人被洋人的马车撞伤，而洋人却逍遥法外。此报道说："昨日十二点钟，本埠大马路之西将近跑马厅地方，有小车一辆被某洋人乘驶之马冲倒，小车夫之左脚骨暨左手指皆被碾碎，而马车则已远去矣。车夫即至新巡捕房禀诉，经捕头饬送至仁济医馆疗治，医生立即将血迹洗净，然后将血管扎住再敷医药，想可无大碍也。惟车夫每日藉手足之力以谋生，猝受重伤，料难即做生意。此等穷民似宜就为矜恤，而洋人竟不顾而去，得毋太忍心欤？"很明显，报道这起交通事故的记者虽对洋人的行为极为不满，但又无可奈何。[②] 这就是中国租界，一个歧视华人的中国区域。

2. 在公园管理方面存在歧视华人的规定

在近代中国，租界最早开办公园。上海英美租界又是中国租界中最早开设公园的地方。第一个设立的公园是 1868 年的上海外滩公园（今黄浦公园）。以后，上海租界又陆续开设了一些公园。其中，有上海公共租界的虹口公园、兆丰公园、汇山公园、昆山公园等。[③] 也有上海法租界的顾家

---

① 胡祥翰著：《上海小志》，上海古籍出版社 1989 年版，第 14 页。

② 参见马长林等著：《上海公共租界城市管理研究》，中西书局 2011 年版，第 208 页。

③ 参见上海通社编：《上海研究资料》，上海书店 1984 年版，第 474—477 页。

宅公园（法国公园）、宝昌公园、凡尔登花园（德国花园）等。① 这些虽都以公园面目出现，但在 1928 年前仅是洋人的公园，不是华人的公园，因为不允许华人进入。

上海租界不允许华人入园有明文规定。首先作出这类规定的是上海外滩公园。此园在开园初期就规定，"华人与狗不得入内"，其英文为，"Chinese and dogs not admitted"。② 这个歧视华人的规定得到了实施，巡捕是执法人。郑振铎在 1927 年《文学周报》（第 4 卷）发表的《上海之公园问题》一文中，专门讲了自己的经历，以证实有华人不得进入外滩公园的规定。"有一次我和几个朋友，落华生，敦谷，路易都在内，到黄浦江边去散步，恰巧是什么外国的纪念会在浦江兵船上举行，探灯照得各处雪亮。我们正鱼贯地走着，一个巡捕忽然的大喝了一声，把落华生拦住了，独不许他通过，因为他那天穿的是中国衣服。"③ 英国人麦克法兰等著的《上海租界及老城厢素描》一书中，也证实了存在歧视华人的规定且巡捕是执法人。书中讲，"因为中国人不被允许进入（外滩公园），因此在他（巡捕）的巡逻区域内没有本地群氓，他也不可能有办法去抓捕罪犯"；"狗被禁止进入外滩公园，但是当它们溜进去后，那么把它们弄出来就是巡捕的职责了"。④ 此后，上海英美租界又以工部局的名义，公布了公园规则，其中继续奉行歧视华人的规定。它规定："脚踏车及犬不准入内"；"除西人佣仆外，华人不准入内"。⑤ 这一规定适用于上海英美租界内所有的公园。歧视华人的规定遍及租界内的每个公园。

继上海英美租界作出歧视华人的公园规定以后，上海法租界也作出了类似的规定。1909 年上海法租界的顾家宅公园在开园时作出的规定中，就把"中国人"和"不戴口罩的狗"列为禁止入园的"人和物"。⑥ 上海法租界的其他公园也有类似规定。上海租界禁止华人进入公园的歧视性规定

① 参见上海通社编：《上海研究资料》，上海书店 1984 年版，第 483—485 页。
② 蒯世勋等编著：《上海公共租界史稿》，上海人民出版社 1980 年版，第 438 页。
③ 倪墨炎著：《名人笔下的老上海》，北京出版社 1999 年版，第 127—128 页。
④ ［英］麦克法兰等著：《上海租界及老城厢素描》，王健译，三联书店 2017 年版，第 113 页。
⑤ 史梅定主编：《上海租界志》，上海社会科学院出版社 2001 年版，第 525 页。
⑥ 同上书，526 页。

直到 1928 年才被废止，前后延续了 60 年时间，即华人被上海租界公园排斥、歧视了 60 年。①

禁止华人进入公园的歧视性规定不仅在上海租界有，中国的其他租界也有。比如，天津的英、法租界都作出过相似的规定。天津英租界于 1887 年建成维多利亚花园（今解放北园）。此公园就作出过限制华人、禁止狗进入公园的规定。即"如果华人与外国人不相识者，则不得入内"；"如果华人未经董事会理事或巡捕长许可，不得入内"；"自行车、军乐器及狗不许带入园内"。② 紧随其后，天津法租界于 1922 年落成的法租界花园（今中山公园）同样作出过歧视华人的规定。据《天津通志·附志·租界》记载："花园门口的说明牌上立有'惟华人非与洋人相识者或无入园券者不得入内'、'狗不得入内'的侮辱中国人民的规定。"③ 天津租界虽在华人进入公园的规定中，与上海租界的规定有所差异，采取的是限制而不是禁止的态度，但在歧视华人方面却是异曲同工、沆瀣一气。

3. 在教育管理方面存在歧视华人的规定

教育管理也是近代社会的一种公共管理，是学校教育的一个重要组成部分。教育管理往往通过相关规定得以反映，从中亦可以折射出中国租界对受教育者的态度与做法。中国租界在教育管理中，同样存在歧视华人的规定。这种规定主要通过董事会的决议形式加以确定，然后实施。上海租界教育管理的基本政策是"厚西薄华"，即重视洋人教育，轻视华人教育。④ 在这一政策之下，上海租界的教育管理规定均向洋人学生（西童）倾斜，同时又对华人学生（华童）进行歧视。

中国租界歧视华人学生突出表现在开办学校与经费投入两个方面。1912 年上海公共租界纳税人会上批准的教育议案明显歧视华人学生。此报告要求，"西童教育事业还需要工部局经费资助"；但是，对华童教育，"工部局对界内华童教育不负完全责任"。1924 年上海公共租界纳税人会还

---

① 参见王立民著：《上海法制史》（第 2 版），上海人民出版社 2019 年版，第 165 页。
② 罗澍伟主编：《天津通志·附志·租界》，天津社会科学院出版社 1996 年版，第 311 页。
③ 同上书，第 312 页。
④ 史梅定主编：《上海租界志》，上海社会科学院出版社 2001 年版，第 464 页。

是坚持这一歧视华人学生的议案。即在西童教育方面，"赞成开办工部局西童学校"；而在华童教育方面，则认为"教育经费来源有限，而界内华童数量极多，因此无法普及教育制度"。[①] 在这样议案的规制下，上海公共租界出台了一些歧视华人学生的措施，包括限制华人入学人数，减少华人学校的经费投入，以致在洋人与华人学生间产生巨大反差。

据《民国上海市通志稿》的记载，上海公共租界招收的洋人学生多，对洋人学生的投入也多，而对华人学生则都少。以 1927 年的数据为例，并通过以下两个表格来显示。[②]

表 2　上海公共租界华人学生与洋人学生入学情况之比较（1927 年）

序号	学生情况	华人学生数	洋人学生数（英美学生）
1	学龄学生数	130000 人	1720 人
2	在学学生数	1191 人	1366 人
3	未入学儿童数	148809 人	354 人
4	在学人数占全部学龄学生比例	0.92%	79.42%

从以上表格统计可见，华人学生的入学比例极低，与洋人学生相比要相差百倍，可谓天壤之别。

表 3　上海公共租界对华人学生与洋人学生教育经费投入情况之比较（1927 年）

序号	学生类别	学生数	经费投入数	人均经费数
1	华人学生	1191 人	150410 两	126.29 两
2	洋人学生	1366 人	357750 两	261.90 两

从以上表格统计可见，上海公共租界在教育经费投入方面很不平衡。其中，对华人学生投入的总数少，人均经费也少；对洋人学生投入的总数多，人均经费也多。而且，这种经费投入的差距还不小，都要相差一倍以

---

① 史梅定主编：《上海租界志》，上海社会科学院出版社 2001 年版，第 467 页。
② 参见上海市地方志办公室、上海市历史博物馆编：《民国上海市通志稿》（第 3 册），上海古籍出版社 2013 年版，第 355 页。

上，在这种很不平衡的状况状态下，上海公共租界甚至还规定，禁止华人学生流向洋人学校。"所有华童，包括取得欧美籍的在内，一概不得进入西童公学就学。"这一规定自 1904 年起，一直实施至 1932 年底。①

上海公共租界对洋人学生的优惠与对华人学生的歧视，为租界相关规定直接导致，也是这类规定所带来的一些恶果。上海法租界同样存在对华人学生歧视的规定，以致洋人学生有更多优待。比如，1940 年上海法租界向华、洋学生发放的补助费中，"外侨学生为华人学生的 10 倍"。② 可以说，上海各租界关于教育管理的规定中歧视华人的规定一脉相承。

除上海租界以外，中国其他租界也有一些歧视华人学生的规定。这里以汉口租界为例。汉口英、德、日等租界都有限制、禁止招收华人学生的规定，以致租界中出现了学校少招、不招华人学生的现象。汉口英租界的"圣玛利亚学校"限招华人学生，"1933 年，有学生 8 班，华人子弟仅占外国学生的 10% 左右"。"私立英国小学校"则禁止招收华人学生，此校"1911 年由意大利天主教会创办，设有高小、初中，专收外国儿童"。③ 汉口德租界的"德侨小学"也禁止招收华人学生，其是"高小制，专收德侨幼童"。④ 汉口日租界的"明治小学"也是如此，"只招外侨儿童"。⑤ 由此可见，华人学生在中国租界的教育管理中普遍受到歧视。有人见到这种歧视华人学生的现象后感叹说："（上海）公共租界的华人，实在是可怜至极了！"⑥ 其实，不仅上海租界是如此，中国租界都是如此。

在中国租界的法制中，租地与居住、参政议政、公共管理领域都与每个租界的市民息息相关，无法回避。然而，在这些法律制度中，都存在歧视华人的规定，使华人处于低人一等的地位，而华人对租界的贡献并不小，甚至超过洋人。这一规定的荒谬性不言而喻。

①　史梅定主编：《上海租界志》，上海社会科学院出版社 2001 年版，第 470 页。

②　同上书，第 473 页。

③　袁继成主编：《汉口租界志》，武汉出版社 2003 年版，第 291 页。

④　同上书，第 294 页。

⑤　同上书，第 299 页。

⑥　上海市地方志办公室、上海市历史博物馆编：《民国上海市通志稿》（第 3 册），上海古籍出版社 2013 年版，第 355 页。

二、中国租界的行政执法与司法中存在歧视华人的行为

中国租界具有一套自己的行政执法机关与司法机关。① 它们行使自己的行政执法权与司法权。在中国租界的行政执法与司法领域毫无例外地存在歧视华人的行为，这也是一种洋人习以为常的行为。这是中国租界歧视华人法制中的一个重要组成部分。

（一）中国租界的行政执法中存在歧视华人的行为

中国租界的行政执法机关是近代的行政执法机关，行政执法是近代的行政执法。中国租界的行政执法主要通过巡捕房及其成员巡捕的行政执法行为表现出来。这种近代的行政执法应以文明为前提，以公平为原则。可是，中国租界的行政执法中，却存在歧视华人的行为，并凸显在以下这些方面。

1. 公开侮辱华人的歧视行为

中国租界的行政执法是中国最早的近代行政执法，上海租界的行政执法又开中国租界行政执法之先。然而，上海租界的行政执法却存在大量歧视华人的行为，公开侮辱华人是其中之一。上海租界的巡捕房是主要的行政执法机关，巡捕又是主要的行政执法人员。在上海租界，巡捕公开侮辱华人的行为层出不穷，谩骂是常见形式。据 1882 年 2 月 5 日的《申报》报道，"昨有华人兄妹至亲串家问疾，归时已一点钟。因路近，步行而归。其亲令佣妇送之，且行且语。不甚乡行，抵同芳屋茶室"；正好遇到一个巡捕，"喝令勿得高声。置之不理，（巡）捕又大声恫吓行者，稍与之辩，捕怒，欲拉至（巡）捕房，并出言谩骂，几滋事端。俄而又一捕至，始动令寝事人，该捕犹谩骂不止"。其实，用谩骂方式来侮辱华人的情况十分普遍。

《上海》一书记载了上海租界巡捕小题大做，公开侮辱华人的情况。比如，当华人车夫拉的黄包车被集会人群堵住的时候，"一个洋鬼子巡捕叫住了车夫，开口就骂华人车夫：'掉头开回去，你这个笨蛋'"。这个洋人巡

---

① 王立民：《中国的租界与法制现代化——以上海、天津和汉口的租界为例》，载《中国法学》2008 年第 3 期。

捕的谩骂声很大，态度非常不好，以致把乘车的孩子都吓坏了。"珍妮抖索着扑到阿金怀里，巡捕的训斥声把她吓坏了。"① 这些都是上海租界巡捕公开侮辱华人的真实写照。从中可见，他们可以小题大做，随便侮辱华人。

上海租界的巡捕存在公开侮辱华人的行为，中国其他租界的巡捕也存在这样的行为。曾在汉口法租界担任巡捕的汪应云在《我在汉口法租界巡捕房的经历》一文中，对汉口巡捕房侮辱华人的情形作了揭露。他这样写道："巡捕房在租界的权利最大，他们对中国人是可以随意侮辱、迫害的，人们一提到巡捕，无不谈虎色变。"② 可见，中国租界的巡捕对待华人，极其野蛮，毫无文明可言。

2. 殴打、刑讯华人的歧视行为

如果说，中国租界的巡捕主要是通过语言来歧视华人，那么他们用肢体、警用器械殴打、刑讯华人就是用暴力手段来歧视华人了，其歧视程度甚于公开侮辱行为。上海租界的巡捕殴打、刑讯华人的行为屡见不鲜，其形式也多种多样。

上海租界的洋人巡捕殴打华人的情况十分普遍。首先是欧美国家的洋人巡捕（西捕）殴打华人。1884 年 1 月 10 日晚间，一名华人人力车夫因未在车上挂灯，遭到"西捕"的殴打。③ 其次是这些欧美国家殖民地籍的巡捕也在上海租界殴打华人。上海公共租界有一些印度籍巡捕，他们多为印度锡克人，喜欢用红布包在头上，人们俗称其为"红头阿三"。他们在执勤时，常用殴打方式欺侮华人。姚克明在所著的《海上洋泾浜》一书中写道："大约在我父亲六七岁的时候，某天跟着母亲走过泥城桥，想穿马路，马路上车辆很多，父亲很机灵，瞄准一个空当就穿了过去。想不到上街沿有个红头阿三，马上用警棍抽父亲，还哇啦哇啦骂山门。父亲倒在地上，

---

① ［英］克利斯多福·纽著：《上海》（上册），唐凤楼等译，学林出版社 1987 年版，第504 页。

② 上海市政协文史资料委员会等编：《列强在中国的租界》，中国文史出版社 1992 年版，第 223 页。

③ 参见上海市档案馆编：《工部局董事会会议录》（第 8 册），上海古籍出版社 2001 年版，第550 页。

肩膀痛了几个星期。"① 这个印度籍巡捕竟用警棍打一个华人儿童，太令人气愤了。

在上海租界，印度巡捕殴打华人成了家常便饭，这种情况时有发生。一位华人黄包车因在途中撞到了一个外国人，就遭到印度巡捕的殴打。"他（华人车夫）撞了一个外国人，外国人非常气愤。印度巡捕打他，因为他撞人。"② 一位华人车夫在拉车途中，因为撞到了一个外国人，就成为印度巡捕殴打华人的理由，实在太不可思议了。

上海法租界招聘过一些越南籍巡捕。他们也会歧视华人、殴打华人。据 1942 年 4 月 28 日的《新中国报》报道："最近法捕房华、越捕对于平粜时，维护秩序，不时越轨妄行，对籴米贫民，拳打脚踢，不足为奇，平民之因而受伤者，不计其数。"更有甚者，有些越南籍巡捕因完不成罚款的任务，对华人更是手段毒辣。曾在上海法租界巡捕房任职的薛耕莘在《我与旧上海法租界》一文中，提到了越南籍巡捕，他回忆说："这些安南巡捕完不成任务时，在马路上看见空车，不论违章与否，即强行扣留，撬去照会，车工不服，与之理论，往往遭到毒打，甚至关进捕房。"③ 这些从事苦力的车工都是华人车工，华人还会无缘无故地遭到越南巡捕的毒打，成了他们的歧视对象。

除上海租界巡捕刑讯华人外，中国其他租界也发生过这样的歧视华人行为。在汉口英租界，1925 年 6 月，"英国巡捕与码头工人发生冲突，殴伤中国工人事件连续发生"。④ 总之，中国租界巡捕殴打华人的行为是一种较为普遍的行为。

中国租界巡捕除了殴打华人外，还刑讯华人，上海租界巡捕就是如此。他们使用刑具迫害华人。律师史良回忆道，1943 年曾为熊氏兄弟辩护，当她会见他们时，"法（租界）巡捕房正用刑逼讯熊氏兄弟，我使用律师身份

---

① 姚克明著：《海上洋泾浜》，学林出版社 2004 年版，第 62 页。

② ［英］克利斯多福·纽著：《上海》（上册），唐凤楼等译，学林出版社 1987 年版，第104 页。

③ 上海市政协文史资料委员会等编：《列强在中国的租界》，中国文史出版社 1992 年版，第77 页。

④ 袁继成主编：《汉口租界志》，武汉出版社 2003 年版，第 411 页。

提出，警方用刑是违反法律规定的，要求立即移送法院，开庭审理"。① 上海租界的巡捕对华人刑讯到了明目张胆的地步，在律师面前也敢肆无忌惮。其实，刑讯华人是一种常见行为，中国其他租界的巡捕也刑讯华人。汉口法租界的巡捕对包括华人在内的租界人员进行刑讯。"中外巡捕、探员利用职权，非法逼供，栽赃陷害，敲诈勒索，比强盗还厉害。"② 对此，有人作过一个总体描述，认为中国租界里的华人深受巡捕刑讯之害，他们对华人"先则拳打足踢，再就吃皮鞭，坐老虎凳，灌煤油、辣椒水，甚至上电刑，一直要把嫌疑犯拷打得死去活来，奄奄一息，然后再押上公庭"。③ 这是对中国巡捕刑讯华人、歧视华人的真实写照。

3. 害死华人的歧视行为

中国租界的巡捕不仅殴打华人，还害死华人，即用暴力手段造成华人不该有的死亡。这是一种歧视华人比较极端的行为。这种行为在上海租界屡有发生。1942 至 1943 年间，上海法租界就发生多起这样的案件。据 1942 年 4 月 28 日的《新中国报》报道，同年 4 月 27 日，一个越南巡捕踢死一位年仅 14 岁的华人男孩。那天，"法租界巨泼来斯路（今安福路）某米行粜米时，又有 647 号越捕，将一 14 岁之男孩踢中要害身死"。几个月后，一个法国巡捕又用藤条打死了一位患病的华人妇女。1942 年 8 月，"赵姚氏，在跑马厅路（今武胜路）当佣工，因有病送伊（她）至南京路来看，看毕回（法）租界，行至十六铺铁门口，遇有法捕不准出去，并用藤条将赵姚氏周身打伤"，被人送医院后，不治身亡，即"至院身死"。④

到了 1943 年，上海法租界巡捕还在继续害死华人，而且也是一位华人少年。被害人张金海在上海法租界诚记彩袜厂做工，是张元吉的独子。他"新供职于本埠菜市路（今顺昌路）诚记衫袜厂，平日安分守己，从无不端行为"。可是，在 1943 年 4 月 29 日下午 6 点，"竟被顾客李姓女及艺华干

---

① 史良著：《史良自述》，中国文史出版社 1987 年版，第 14 页。

② 上海市政协文史资料委员会等编：《列强在中国的租界》，中国文史出版社 1992 年版，第 76 页。

③ 万墨林著：《沪上往事》（第 1 集），台北中外图书出版社 1979 年版，第 44 页。

④ 上海市档案馆藏：卷宗号　R18—427。

洗店主郭士元等诬告侵吞遗失之洗衣凭单，被拘入法（租界）巡捕房，由西探米来等威逼招供惨施酷刑，因此身亡"。以后，经法医鉴定，确定为钝器打死。鉴定报告写明："系胸肋部受外来之钝器打击至脾脏破裂与脾脏出血身死。"[①] 很明显，张金海是被上海法租界洋人巡捕用暴力害死。

上海公共租界也发生过巡捕害死华人的情况。20 世纪 30 年代，一个曾在上海公共租界任巡捕的英国人彼得斯在他所著的《英国巡捕眼中的上海滩》一书中，记载了一个英国巡捕非法枪杀华人的事实。他在书中说，在一次执行任务时，"那个英格兰警官（巡捕）没有问任何问题，也没有等待上司的指示就直接用他的机关枪扫射了一通，之后一个中国人的尸体滚到了楼梯下面，身上有 23 个弹孔"；"后来又进行了一些调查，发现他只是那栋房子的主人雇佣的厨师"。这个害死华人的英国巡捕没有受到任何处罚，书中只说这个被害华人"运气太差了"。[②] 这位华人就无缘无故被这个英国巡捕枪杀，当了可怜的冤大头。

中国其他租界巡捕也有歧视、害死华人的情况发生。比如，在汉口英租界，就发生过英国巡捕殴死华人人力车夫的事情。"1911 年 1 月，人力车夫吴一狗被英国巡捕殴毙。"[③] 这种事情在汉口租界不是个别事情，华人的生命在那里得不到保障。"中国人在租界里动辄得咎，经常受侮辱、毒打，甚至生命也无保障。"[④] 此话不假。

4. 屠杀华人的歧视行为

屠杀是一种大规模残杀的行为。因此，它与个别人的杀害不同，屠杀行为更为残忍，被杀的人更多，危害性也更大，是一种歧视华人最为极端的行为。中国租界巡捕屠杀过华人，最为突出的是五卅惨案中的屠杀。这一运动起始于 1925 年 2 月上海公共租界内日本内外棉八厂的日本工头恶毒殴打一名华人女工。日本工头的粗暴行为遭到此厂工人纷纷指责，但厂

---

① 上海市档案馆藏：卷宗号　R18—427。
② ［英］E. W. 彼得斯著：《英国巡捕眼中的上海滩》，李开龙译，中国社会科学出版社 2015 年版，第 53—54 页。
③ 袁继成主编：《汉口租界志》，武汉出版社 2003 年版，"综述"第 20 页。
④ 上海市政协文史资料委员会等编：《列强在中国的租界》，中国文史出版社 1992 年版，第 193 页。

方不仅不认错，还开除了 50 余名工人。这进一步激起了人们的愤怒，罢工得到上海工人的广泛支持与参与，声潮一浪高过一浪。同年 5 月 15 日，日本内外棉七厂的华人工人因日本厂方的无理要求而与其发生冲突。此厂的大班川村手执枪械向青年工人顾正红射击，他连中 4 枪，不幸牺牲。为了讨回公道，5 月 30 日下午，以学生为主的上海各界人士举行大规模示威游行。队伍从南京东路朝西藏路进发，到西藏路口时，遭到等候在那里的大批巡捕的屠杀。3 时 45 分时，英国巡捕爱佛生首先开枪，射杀示威人群，一时枪声骤起，13 位华人示威者被枪杀，受伤者难以计数，南京路上洒满鲜血。①

屠杀后，上海公共租界的巡捕还无情地用脚去踢躺在地上的受伤华人，而不是去救护。有人还看见了这一幕。"莉莉看见一个巡捕用脚踢一个躺在她们附近的人。这人的肢体在阳光下可怕地抽搐着。"②上海公共租界的巡捕不仅屠杀华人示威者，制造了骇人听闻的五卅惨案。中国租界巡捕歧视、屠杀华人的行为在五卅惨案中暴露无遗。

（二）中国租界的司法中存在歧视华人的行为

中国租界不仅在行政执法领域存有歧视华人的行为，在司法领域也同样存在这种行为。中国租界的司法主要包括审判与监狱管理两个部分。中国租界建有自己的审判机关，负责具体的审判职能。中国租界里的监狱主要起刑罚执行的功能。中国租界的审判和监狱管理中，都存在歧视华人的行为。

1. 审判中存在歧视华人的行为

审判是司法中的重要一环，往往能反映司法的公平程度。在租界的司法审判中，歧视华人当事人、偏袒洋人当事人的情况屡屡发生。这里的华人当事人既包括单位的当事人，也包括自然的当事人。只要是华人当事人都在歧视之列，败诉者往往就是华人当事人，不是洋人当事人。

1875 年 4 月 4 日，英国"海洋号"轮船在上海和天津之间的黄海段中

---

① 参见唐振常主编：《上海史》，上海人民出版社 1989 年版，第 586—594 页。

② ［英］克利斯多福·纽著：《上海》（下册），唐凤楼等译，学林出版社 1987 年版，第 584 页。

撞上中国的"福新号"轮船，导致"福新号"沉没，63 个华人死亡。造成这一海难的责任全在"海洋号"，连洋人都说："这日天气晴朗，海面上并无风浪，据当时的证据，显然是由于海洋号错行航线的原故，所以过失完全在于海洋号，毫无疑义。"[①] 可是，英国法官歧视华人，偏袒洋人，在宣读判决时竟说："我们对于这件案子，很觉难于下判。"[②] 以后，虽然判决海洋号需要做出赔偿，但是英国法官们以无从强制执行为由，使受害华人应有的赔偿无法兑现。[③]

1896 年，时任两江总督的张之洞以原告身份起诉被告英国刘易斯·司培泽尔公司，理由是这家公司违约，把一些不值钱的劣质武器卖给中国，而且使用这样的武器还会导致危险。可是，在审判中，法官不主持公道，偏向被告，而被告律师又回避武器质量诉求，纠缠一些管辖等枝节问题，喋喋不休。法官一度将此案搁置，最后，作出了偏袒被告的判决，原告的合法权益没有得到应有的尊重与维护。[④] 这两案只是冰山一角，华人为民事诉讼当事人遭歧视而败诉的情况不为鲜见，以致连洋人自己都讲，洋人法官的判决是一种"不合情理的行为"。[⑤]

在一些以华人为被害人的刑事案件的审判中，华人同样受到歧视，也往往得不到应有的保护。1916 年 4 月 15、16 日两日的《晨报》连载了《上海时事新报》总编辑林寒碧被洋人汽车碾压死亡的案子。事情的经过是：同月 7 日晚上 9 时许在"马霍路（今黄陂北路）、孟特赫路（今江阴路）路口被西人克明所驾一千一十九号汽车碾毙"。此案于 8 月 15 日在上海公共租界会审公廨开庭，被告人、受害人家属、证人等均到庭。被告人在庭审时供认："当时林君正与黄包车议商，对于喇叭声响并不注意，故致被撞。"目击证人在庭上表示："林君之死实甚凄惨。"可是，洋人法官还是坚持认为洋人肇事者克明无罪，判决载明："证人所述，不是以证明驾驶汽

---

① ［美］霍塞著：《出卖上海滩》，越裔译，上海书店出版社 2000 年版，第 61 页。

② 同上书，第 63 页。

③ 同上。

④ 参见陈同著：《近代社会变迁中的上海律师》，上海辞书出版社 2008 年版，第 59—61 页。

⑤ ［美］霍塞著：《出卖上海滩》，越裔译，上海书店出版社 2000 年版，第 63 页。

车之人为有罪，遂不能归咎于西人克明。"这样的判决显然是歧视华人、偏袒洋人。道理很简单，交通肇事造成人员死亡，故意有故意的罪，过失有过失的罪，怎么会无罪呢？

2. 监狱管理中存在歧视华人的行为

监狱是监管囚犯的机构，具有刑罚执行的功能，是司法中的一个组成部分。中国租界中，上海租界是设置过监狱的租界。上海英、英美、公共租界和上海法租界都设立过监狱。其中，比较重要的是上海英美租界的厦门路监狱，上海公共租界的华德路监狱，上海法租界的马思南路监狱。①中国租界的监狱管理也歧视华人，从另一个侧面折射出中国租界的司法领域歧视华人。这种歧视突出表现在伙食、囚禁条件等一些方面。

首先，在伙食方面歧视华人。中国租界的监狱管理中有伙食管理。在伙食管理中，中国租界也歧视华人，华人囚犯的伙食标准远低于洋人囚犯，马思南路监狱就是如此。有资料显示，自 1935 年至 1942 年，华人囚犯的伙食标准总比洋人囚犯低，请见下表。②

表 4　1935—1942 年马思南路监狱华人囚犯与洋人囚犯伙食标准之比较

序号	时间	每天华人囚犯的伙食标准	每天洋人囚犯的伙食标准	每天华人囚犯伙食标准占洋人伙食标准之比
1	1935—1939 年	0.15 元	0.70 元	21.43%
2	1941 年 7 月	0.80 元	2.40 元	33.33%
3	1942 年 3 月	1.35 元	5 元	27.00%

上海法租界监狱的伙食管理歧视华人，上海公共租界的监狱伙食管理同样如此。在华德路监狱，华人囚犯每天的伙食明显差于洋人囚犯的伙食。华人囚犯的每天伙食是"每天 3 顿饭，一共只有 16 两秤 4 两米，尽是稗子、芒刺"；"每餐还给 20 粒豌豆"。另外，每天还有少量菜。"吃饭简单没有菜，英国人说：'菜不是给你们下饭的，是给你们记日子的'"；"吃两片牛肉就是初一，吃几颗黄豆就是初二，吃一点咸猪肉就是初三，……

---

① 参见史梅定主编：《上海租界志》，上海社会科学院出版社 2001 年版，第 303—306 页。

② 同上书，第 306 页。

吃咸臭鱼是初九"。^①可见华人囚犯的伙食很差。同样是在华德路监狱，洋人囚犯的伙食要比华人好得多。据 1936 年被囚于华德路监狱的英国人彼得斯回忆：他"早上能喝到咖啡，吃到鸡蛋，白天还能有一顿不错的正餐"；^②另外，"可以给每人每天供应一品脱的啤酒"。^③这与华人囚犯的伙食相比，真是云泥之别。华人被歧视在监狱的伙食管理中反映出来了。

其次，在囚禁条件方面歧视华人。中国租界监狱在囚禁条件方面同样歧视华人。华人的囚禁条件很差，甚至带有虐待性质。据 1932 年被囚禁于华德路监狱的李守宪回忆，他在监狱里的关押条件很差。比如，华人关押在监狱里，长期见不到太阳。"在西牢长期晒不到太阳，每一个人的面色都是灰白的，两目无光，瘦得皮包骨头。"每次洗澡就是一次折磨，因为"冬天就开冷水，让冰水淋得你周身痉挛，夏天则被滚烫的热水烫得你浑身起泡"。禁看书报，"牢里不准看书报，这个精神上的折磨可太大了"等。^④这种囚禁的条件实际就是一种虐待的条件，囚禁几乎可与虐待画等号。

然而，洋人囚犯的囚禁条件则是十分优越，给予他们种种优待。与华人囚犯相比可谓天壤之别。据彼得斯回忆，他在进华德路监狱时，监狱长就告知他："要服从监狱的规定，如有投诉和意见可以找他。同时他还祝我们好运。"在监狱用完早饭之后，还"领到一本书和一份杂志打发时间"。居住的地方"有了一张像样的床，还有洗脸盆和镜子"。平时，"还被许可发出和收取信件"。在就医方面，"每周两次外国囚犯要列队接受监狱医生的检查"。另外，还可以会见律师。"之后我的律师也来见我了。他叫麦克唐纳德，是受我们原本的律师邀请而来的。"^⑤这种待遇对华人囚犯来说不

---

①　上海市政协文史资料委员会等编：《列强在中国的租界》，中国文史出版社 1992 年版，第 81 页。

②　［英］E. W. 彼得斯著：《英国巡捕眼中的上海滩》，李开龙译，中国社会科学出版社 2015 年版，第 169—170 页。

③　同上书，第 173 页。

④　上海市政协文史资料委员会等编：《列强在中国的租界》，中国文史出版社 1992 年版，第 81—82 页。

⑤　［英］E. W. 彼得斯著：《英国巡捕眼中的上海滩》，李开龙译，中国社会科学出版社 2015 年版，第 168—175 页。

可想象。歧视华人在监狱的囚禁条件中得到了如实的呈现。

在监狱的环境中，囚犯的伙食与囚禁条件是囚徒的两个基本需求。中国租界的租界管理在这两个方面都欺侮、虐待华人囚犯，都给洋人囚犯以优待，充分说明华人确实受到了歧视。

在中国租界的司法中，审判和监狱管理是两个十分重要的组成部分。从司法程序上看，审判在前，监狱管理在后，它们都是司法中有关联又不可或缺的两个部分。在这两个部分中，都存在歧视华人，不得不说中国租界在司法方面也存在歧视华人。

中国租界的行政执法与司法都属于法律的实施。中国租界的行政执法是为了实施中国租界制定的各种规定，追究各种违法者，保证这些规定能够得到落实，变成现实，形成一种近代秩序。中国租界的司法则是一种兜底的救济，通过依法审判、执行来维护人们的正当权益。这种行政执法与司法都应以公平正义为宗旨，然而中国租界却在这两个领域都存在歧视华人的行为，而且还长期存在，成了一种常态，华人因此而在中国租界低洋人一等。

三、形成中国租界歧视华人法制的三大原因

中国租界是中国领土，只是由外国侨民通过租地而居住、建立起来的一种自治区域，而且有的租界华人还长期占据了绝大多数。在这样的社会环境中，中国租界的法制里还会有大量歧视华人的规定与行为，有其一定的原因，主要是以下三个：

（一）近代中国变得国弱民贫沦为半殖民地半封建社会

鸦片战争以后，中国逐渐进入近代社会。中国的近代社会不断受到列强的侵扰，签订许多不平等条约，赔款、割地不是罕事，再加上鸦片等贸易充斥中国市场，中国变得国弱民贫，渐渐沦为半殖民地半封建社会，失去了昔日的光辉。

1840 年的中英鸦片战争以中国失败告终。从此，中国开始变得千疮百孔，国家主权不断受损。中英《南京条约》及其附件的内容就包括有：割地香港；被迫开放 5 个通商口岸；丧失关税自主权；实行领事裁判权；建

立租界等。① 此后，列强的侵华战争频发，不平等条约频签，国家主权频受损害。比如，中美《望厦条约》把领事裁判权的适用范围扩大到美国人与其他国家人在中国发生的诉讼，这类诉讼案件也都由美国领事审理，"中国官员则不得过问"。② 中英《天津条约》强迫清政府取消传教的禁令，允许天主教徒在中国传教，而"中国官毫不得刻待禁阻"。③ 中法《天津条约》进一步规定，要友好对待侵入中国的法国军舰，即"所过中国通商各口，均以友谊接待"④ 等。《南京条约》以后的不平等条约个个都有过之而无不及，中国国家主权一次次受到损害，不断被削弱。

与此同时，列强的商品大量倾销中国，其中又以鸦片、棉织品为多，而且鸦片还长期多于棉织品，成为大宗商品。据统计，自 1870 至 1874 年的 5 年中，每年平均进口鸦片为 2598.7 万海关两，占进口总数的 39.2%；棉织品为 2145.1 万海关两，占进口总数的 32.2%。20 年后，据 1894 年的统计，这两种商品依然处在进口的前位，只是其数量上，棉织品多于鸦片。那年，棉织品为 4965.3 万海关两，占进口总数的 35.3%；鸦片为 2994.7 万海关两，占进口总数的 21.1%。⑤ 这里还要提及的是，中国的海关长期被洋人控制。中国海关的总税务司长期由英国人赫德把持，海关其他的要职也都由洋人充任。⑥ 列强的商品，特别是鸦片、棉织品可以源源不断流入中国，获取巨额利润。难怪郑观应在《盛世危言》中说："此尽人而知为巨款者也。"⑦ 这种巨款意味着，中国经济受到巨大损失，大量白银外流。

在这样的境况下，华人的处境越来越艰难，生计都难以维系。"华民生计，皆为所夺矣！"⑧ 再加上天灾人祸，广大华人陷入失业、破产、饥

---

① 参见白寿彝总主编：《中国通史》(第 11 卷，上册)，上海人民出版社 2004 年版，第 138—139 页。

② 王铁崖编：《中外旧约章汇编》(第 1 册)，上海财经大学出版社 2019 年版，第 51 页。

③ 同上书，第 89 页。

④ 同上书，第 100 页。

⑤ 参见严中平主编：《中国近代经济史 (1840—1894)》(下册)，人民出版社 1989 年版，第 1168—1169 页。

⑥ 参见白寿彝总主编：《中国通史》(第 11 卷，上册)，上海人民出版社 2004 年版，第 191 页。

⑦ 夏东元著：《郑观应集》(上册)，人民出版社 1982 年版，第 586 页。

⑧ 同上书，第 715 页。

饿、死亡的困境，生活日益贫困。特别是广大农村地区，广大的农民、手工业者、小商人民不聊生，啼饥号寒，不得不到城市去寻找生路。① 进入城市以后，他们中的许多人变成了流民、难民，生活依然十分贫困。在上海这样的大城市也是如此。比如，在 19 世纪 50 年代，上海的游民不下几十万。他们流动不居、飘忽不定，生活没有保障。② 难民们在上海也十分艰辛。他们成群结队，无家可归，风餐露宿者更是比比皆是。③ 就是有少数华人在城市中找到居所，有了立锥之地，日子也不好过。他们受到各种压榨，生计十分维艰，连洋人都这样认为。上海法租界公董局于 1864 年召开的一次董事会上，洋人董事不得不承认："法租界内的中国居民受尽各种压榨，无法再缴纳公董局的捐税了，更无法缴纳公董局要为道台征收的房捐。"④ 可见，中国城市里的许多华人的日子也很不好过。

华人的贫困暴露在洋人的视野中，他们用笔记载下来。麦克法兰和克拉克两个英国人都记录了 19 世纪下半叶上海贫困华人的形象。麦克法兰看到"那些衣衫褴褛、白天在路边收捡垃圾的人以及奇怪的摊贩们"回到自己的家里去；⑤ 还看到上海"聚集了很多乞丐——男的、女的、老的、残废的、眼瞎的，他们每个人都拎着一只篮子，里面放了一点儿现金，这些可怜的人恳求每一个过路者能给他们点儿钱"。⑥ 克拉克也见到上海的贫困华人，称其为"人世间最为凄惨的不幸景象"。这种景象是："他们手脚残疾的、患麻风病的、瞎子以及长得奇丑无比的人都聚集在桥的一侧，用讨厌的哭声乞求路人的怜悯。"⑦ 葡萄牙人裘昔司从另一视角观察到 19 世纪下半叶贫困的华人，并写入《晚清上海史》一书中。在书中，他认为上海华人难民很多，而且生活非常艰苦。这些华人难民"居住的地区充斥着令人生

---

① 参见唐振常主编：《上海史》，上海人民出版社 1989 年版，第 219 页。
② 参见熊月之主编：《上海通史》（第 5 卷），上海人民出版社 1999 年版，第 52—53 页。
③ 同上书，第 65 页。
④ ［法］梅朋、傅立德著：《上海法租界史》，倪静兰译，上海社会科学院出版社 2007 年版，第 239 页。
⑤ ［英］麦克法兰等著：《上海租界及老城厢素描》，王健译，三联书店 2017 年版，第 37 页。
⑥ 同上书，第 63 页。
⑦ 同上书，第 165 页。

厌的拥挤和肮脏的棚户简屋，引发火灾和滋生瘟疫的隐患随处可见"。① 总之，中国贫困华人的处境赤裸裸地暴露在洋人面前，几无遮掩。

与近代中国国弱民贫的半殖民地半封建社会相对应的是侵华的列强国家。他们倚仗国家的强大，依靠着坚船利炮，手持不平等条约，在中国横行霸道。他们在华侨民虽然人少，却控制租界，把持经济命脉，挤压华人，大肆敛财，以致连洋人都说像上海等大都市已成为他们"冒险家的乐园"。② 中国的国家与国民都在列强、洋人的欺压、剥削之下，地位低下，社会落后，经济凋敝，很容易就成为他们歧视的对象，表现在法制领域，便有了各种歧视华人的规定与行为。在中国的租界更是如此。以上海租界为例。"如单以人口来看，上海租界可算是个华人的城市。但如以政治、司法和经济等方面来看，则上海租界又是个外国人的世界。华人在租界社会的地位，就好像是生活在外国人的殖民地一般。"③ 因此，具有歧视华人的法制也就不为怪事了。

（二）许多中国租界洋人执法人员的素质很低

法制的运行要靠人，离不开人的行为。中国租界法制的运行也是如此。中国租界内许多洋人法律人的素质很低，很不文明，导致他们行使职责时歧视华人。这里以洋人执法人员中数量最多，接触华人最为频繁，与华人关系很大的巡捕为例。

中国租界里很多洋人巡捕的素质低与他们的来源有直接关系。他们中有许多人是招募而来的，而且过去的表现就很不好，连洋人自己都这样认为。《上海法租界史》一书说：上海法租界"整个巡捕房的风气是很糟糕的，这些人都是临时招募来的，大部分是别国人，又大都是商船上开小差的，他们的缺乏纪律、精神萎靡是出名的"。④ 这是从整体上对洋人巡捕入职前的评价，从个案来看，与其十分吻合。

---

① ［葡］裘昔司著：《晚清上海史》，孙川华译，上海社会科学院出版社 2012 年版，第 108 页。

② ［法］贝尔纳·布里赛著：《上海：东方的巴黎》，刘志远译，上海远东出版社 2014 年版，"前言"第 3 页。

③ 吴圳义著：《清末上海租界社会》，文史哲出版社 1978 年版，第 37 页。

④ ［法］梅朋、傅立德著：《上海法租界史》，倪静兰译，上海社会科学院出版社 2007 年版，第 224 页。

1858 年 6 月，法国"普雷让"号的船员因生病而船员减少了。于是领事敏体尼就从巡捕房中挑选了 6 个被认为是"巡捕房里最结实最优秀"的巡捕去补充船员。这 6 人中，4 个为法国人，而且都是从"商船上开小差的法国人"；另外两个人，一个是从"马尼拉来的西班牙人"，另一个是被"梭标"号船辞退的希腊人。① 可见，这 6 个洋人巡捕中，5 个在入职巡捕前就已劣迹斑斑。

其实，不仅上海法租界洋人巡捕是这样，上海公共租界的洋人巡捕也是如此。此租界的"洋人巡捕大多从流浪汉中招募而来"。② 从个案来看也是这样。这里以彼得斯为例。他出生于英格兰，是个英国人，成年后先"随皇家坦克部队在印度服役了五年"，回到家乡后，"有点无趣，或者说，回到故乡好像也没事可做。当时经济危机刚刚开始，工作机会已经开始变得稀少"。也就在他失业流浪之际，看到了上海公共租界招募巡捕的信息，尽管他"对上海滩以及巡捕的工作几乎一无所知，但是好歹算是个工作机会"，就去报了名。1929 年 10 月，彼得斯如愿以偿，成为上海公共租界的一个巡捕。③ 他在英国找不到工作，是个失业者，与流浪汉也差不多。他到上海公共租界任巡捕，只是无奈之举。而且，到了上海公共租界任巡捕以后，他心中隐藏的种族主义被激发出来了，即"潜藏在他心中的无情的种族主义很可能被激发了"。④ 可见，彼得斯还是一个具有种族歧视观念的巡捕。

从整体上来看，上海租界洋人巡捕的素质都很低，而且还热衷于暴力，连洋人自己都这样认为。一位了解内情的洋人曾说："上海滩的巡捕始终被认为是邪恶堕落的，据说 20 世纪二三十年代间招募的外籍巡捕包括前黑棕部队成员。黑棕部队即皇家爱尔兰警队后备队，曾参与镇压爱尔

---

① ［法］梅朋、傅立德著：《上海法租界史》，倪静兰译，上海社会科学院出版社 2007 年版，第 224 页"注"。

② ［葡］裘昔司著：《晚清上海史》，孙川华译，上海社会科学院出版社 2012 年版，第 202 页。

③ ［英］E. W. 彼得斯著：《英国巡捕眼中的上海滩》，李开龙译，中国社会科学出版社 2015 年版，第 1 页。

④ 同上书，"序"第 8 页。

兰独立运动；还有一些人员曾经是巴勒斯坦警察，他们也背着热衷暴力的恶名。"① 上海租界的洋人巡捕是这样，中国其他租界的洋人巡捕也基本如此。总之，在中国租界任巡捕的洋人出任巡捕以前，许多人都不具备担任行政执法人员的素质，有的甚至还劣迹斑斑，根本没有资格担任巡捕。

中国租界的洋人巡捕走马上任以后，其低素质便充分表现在巡捕职业中，干了许多违法犯罪之事。上海法租界的洋人巡捕都在干敲诈华人之事。连法国人都认为，"由于经常欠薪，他们（巡捕）就加紧对中国纳税人进行敲诈勒索，其实即使不欠薪，他们也已经自然而然地这样干了。他们受雇担任的公务是保障公共安全，但执行得实在不能令人满意"。② 从个案来看，其情况同样触目惊心。那6个被敏体尼派往"普雷让"号去的巡捕，"两个月后，在这些优秀者中，有两个带了'纪念品'后又潜逃，他们逃到宁波去做海盗了"。③ 上海法租界的洋人巡捕身为行政执法者实际上已变成违法犯罪者了。

上海法租界的一般洋人巡捕干违法犯罪之事，其洋人首领总巡捕也一样，他们如同一丘之貉。曾任上海法租界巡捕房总巡的加洛尼就是如此。他因为"不尽本职维持良好秩序，反而犯下许多罪行，破坏巡捕房，罪状业已证实"而被"免去总巡一职"。对于他的违法乱纪表现，连法国人都叹息说："外交部是找到了一个宝贝！"④ 这样的宝贝在中国租界的巡捕房里，不就是上梁不正下梁歪了吗？

在中国租界的巡捕房中，不只是上海法租界的洋人巡捕违法犯罪，其他租界的洋人巡捕也做过这种坏事。上海公共租界的洋人巡捕干尽盗窃、受贿等违法犯罪之事。1934年上海公共租界破获了一起扒窃组织犯罪案，发现组织内成员就有洋人巡捕，他们是该组织的保护伞。"与扒窃者有牵

---

① ［英］E. W. 彼得斯著：《英国巡捕眼中的上海滩》，李开龙译，中国社会科学出版社2015年版，"序"第1—2页。

② ［法］梅朋、傅立德著：《上海法租界史》，倪静兰译，上海社会科学院出版社2007年版，第224页。

③ 同上书，第224页"注"。

④ 同上书，第242页。

连而每日接受津贴的捕房刑事人员，公共租界有 65 人。"① 还有，受贿是常事。彼得斯与他的同事也干过违法犯罪之事，受贿乃是经常发生。他自己作了很具体的描述，"几年前，如果一个巡捕在行人混杂的街上巡逻，走着走着就会突然感到有东西塞到自己手里。通常是一个信封，打开后会发现里面有 10 美元。而在拥挤的人群中根本找不出这是谁干的"；"巡捕下班后，还会发现另一个写着他名字和警号的信封，打开后会发现里面又有 20 美元。不久他还会发现其实巡捕房里所有人都收到了类似的装着钱的信封，而且里面的钱数还会依收信人的级别高低而有所不同"。② 更为恶劣的是他还涉嫌杀害华人，即把一名华人乞丐扔进河里而亡。③ 另外，上海租界巡捕房的督察中，还有类似"腐败又有种族歧视的巡捕房督察"。④ 可见，上海租界的洋人巡捕干尽违法犯罪之事，而且不是少数人，是一个群体，一种普遍现象。

除上海租界的洋人巡捕干违法犯罪之事外，中国其他租界的洋人巡捕也干这样的事，特别是受贿与敲诈勒索盛行。这里以天津租界的洋人巡捕为例。天津租界的洋人巡捕受贿是一种普遍现象。在天津法租界，共有巡捕 600 人左右，其中洋人巡捕将近一半，而"所有巡捕几无一人不对商民进行搜刮勒索"。⑤ 天津日租界的日本巡捕也不例外。"警署上上下下接受贿款或趁机勒索，则更是司空见惯之事了。"⑥ 从中可知，中国租界洋人巡捕的整体素质确实很低，低得令人难以置信。

对于这样的一支低素质的洋人巡捕队伍，中国租界也曾尝试整顿，可效果不佳。上海法租界公董局的董事会曾作过这样的尝试。"董事会表示今

---

① 中国人民政治协商会议上海市委员会文史资料工作委员会编：《旧上海的帮会》，上海人民出版社 1986 年版，第 97 页。

② [英] E. W. 彼得斯：《英国巡捕眼中的上海滩》，李开龙译，中国社会科学出版社 2015 年版，第 61 页。

③ 同上书，第 179—180 页。

④ 同上书，"序"第 2 页。

⑤ 天津市政协文史资料研究委员会编：《天津租界》，天津人民出版社 1986 年版，第 44—45 页。

⑥ 同上书，第 88 页。

后要整顿巡捕房的纪律。好日子，再会了！可这个看法遭到大部分巡捕的激烈反对，二十三人中有十三人罢工，拒绝执勤。"①后来，虽然"董事会毫不迟疑，立即辞退这些闹事的家伙"，但是，整顿的效果微乎其微，还是有巡捕"玩忽职守，经常不上班"。②

中国租界的许多洋人执法人员素质很低，连违法犯罪之事都敢干，歧视华人就更肆无忌惮了。这种歧视还渐渐成为中国租界的一种风气、一种倾向，以致洋人执法人员歧视华人的行为不足为怪，而且还不被谴责、惩治，甚至得到庇护。

（三）洋人普遍具有美化自己和抹黑华人的思维定式

中国租界会有歧视华人的法制还与洋人中普遍存在的美化自己和抹黑华人的思维定式有关，是这一思维定式的法制产物。自鸦片战争以后，洋人更是高高在上，以殖民者、救世主姿态自居，处处美化自己与抹黑华人，为自己寻找歧视华人的理由，并把其演变为一种思维定式，去评价洋人、华人。

洋人普遍认为，西方是文明国家，中国是个落后的未开化国家，所以必然要被西方国家征服。一个英国领事就说："一切未开化的民族必将屈服于我们那较高的文明之前。"③这个"未开化的民族"就是指中华民族。因此，华人就应该被歧视，甚至可以被无辜杀死。"有一位美国传教士在上海开埠五年之后所说的几句话很切当，他说外国人那时都十分看不起中国人，以为这个民族终究要被外国人所征服，虽免不了要多杀死几个人，也是无关紧要。"④在洋人眼里，华人竟然可以被随便杀死，毫无人权可言。

洋人为了矮化华人，从各个领域讲尽抹黑之词。英国人马歇尔把华人讲成是"欺骗""偷窃""敲诈勒索"和"半野蛮人"。他说，"华人'商人

---

① ［法］梅朋、傅立德著：《上海法租界史》，倪静兰译，上海社会科学院出版社 2007 年版，第 225 页。

② 同上书，第 234 页。

③ ［美］霍塞著：《出卖上海滩》，越裔译，上海书店出版社 2000 年版，第 8 页。

④ 同上书，第 20 页。

欺骗、农民偷盗、官吏则敲诈勒索他人钱财'";"在过去的 150 年里，没有改善，没有前进。更确切地说反而倒退，当我们每天都在艺术和科学领域里前进时，他们实际上正成为半野蛮人"。① 英国人克拉克抹黑华人的用语也不少。什么"小偷小摸""肮脏""不讲道德"等，都是他对华人的用语。他说，"小偷小摸是这个国家（中国）的民族特征"；"中国人肮脏到了极点"；"没有哪个民族比中国人在生活中更不讲道德的了"。② 英国人彼得斯的抹黑用词更多，什么"狡猾""不可预知""赌徒""不讲卫生""穴居人"等都在其中。他说，"所有人都听说过中国人的狡猾、沉默和不可预知"③；"中国人本质上都是赌徒"④；"中国人本质上是非常不讲卫生的民族"⑤；"整体来看，他们和史前时代的穴居人没有多大区别"⑥ 等。除英国人外，其他国家的洋人也抹黑华人。比如，有法国人认为，华人嗜赌如命，血液里都有毒瘾。⑦ 这些洋人就是从各个角度抹黑华人，抬高自己，显示自己的高文明程度。

有些洋人还把自己与租界的建设联系在一起，贪天功为己有，抹杀华人的贡献，抹黑华人的形象，达到歧视华人并剥夺华人权利的目的。1881 年 5 月 13 日的《北华捷报》发表《中国人与公共花园》一文，竭尽美化自己、抹黑华人之力，为矮化华人制造理由。文章说，"对华人和外侨来说，最重要的是外侨在世界特殊权利必须得到承认"；"租界是外侨享有特权并且行使某些权利的地方。那是因为他们很好地履行义务，租界才成为很多中国人都认为比周边其他区域优越的地方。但是，这一切恰恰是起源于西方因素的压倒性优势，因此对华人和外侨来说，把所有的居民放在平

---

① ［英］P. J. 马歇尔著：《十八世纪晚期的英国和中国》，载张芝联主编：《中英通使二百周年学术讨论论文集》，中国社会科学出版社 1996 年版，第 24 页。

② ［英］麦克法兰著：《上海租界及老城厢素描》，王健译，三联书店 2017 年版，第 153 页。

③ ［英］E. W. 彼得斯著：《英国巡捕眼中的上海滩》，李开龙译，中国社会科学出版社 2015 年版，第 17 页。

④ 同上书，第 72 页。

⑤ 同上书，第 132 页。

⑥ 同上书，第 138 页。

⑦ 参见［法］贝尔纳·布里赛著：《上海：东方的巴黎》，刘志远译，上海远东出版社 2014 年版，第 203 页。

等的地位，后果将是灾难性的"。① 这是在赤裸裸地宣传洋人与华人的不平等。1927 年 7 月 23 日的《北华捷报》发表了《上海问题》一文，进一步抹黑中国租界里的华人，把他们说成像难民一样逃入租界。文章说："出于逃避他们自己的官员镇压，或者是因国内的动荡，他们的生命和财产缺少安全，或者是与他们来自的地方的混乱相比，他们更喜欢这里的秩序、整洁和安全，中国人才来租界居住。但是，无论如何，中国人绝不是受邀来这里的。"② 洋人把华人讲得是一无是处，潜台词就是自己是租界建设的功臣。

在千方百计抹黑华人的同时，洋人还颠倒黑白，极力美化自己。他们不顾洋人巡捕等执法人员违法犯罪的事实，鼓吹中国租界里的执法是公平、公正的。英国人麦克莱伦在《上海故事》一书中说，"上海（租界）是一个模范居住地。也就是说，它是西方文明的一个前哨，与 3 亿多人的循规蹈矩、半开化的异教民族交界相处"；"我们的法制体系也是如此，这个体系中官员的优渥的薪酬使得他们不可能与贪腐沾上边，保证了执法的公平和公正"。③ 事实恰恰相反，中国租界里的洋人巡捕从上到下，受贿、敲诈勒索等违法犯罪之事频频出现，屡见不鲜。

不少具有美化洋人、抹黑华人思维定式的洋人还在中国租界从事法律职业。从个案来看，除了彼得斯以外，还有上海法租界的巡捕萨而礼等。"萨而礼是法国巴黎人，母亲是北非摩洛哥的黑人。中学毕业后参加法国的非洲殖民军，第一次世界大战中参加坚守凡尔登战役，后备陆军少尉出身，殖民观念极其严重。"④ 此后，他到上海法租界巡捕房充任巡捕。他们带了这种思维定式去从事巡捕职业，怎么会不歧视华人呢？

以上形成了中国租界歧视华人法制的三大原因，分别从社会、人、思想，即中国近代社会、洋人执法人员的素质和洋人的思维定式中展开论述。从中可知，中国租界存有歧视华人的法制具有必然性，而绝非偶然。

---

① "Chinese and the Public Garden"，"North-China Herald"，May 13，1881.
② "The Shanghai Problem"，"North-China Herald"，July 23，1927.
③ ［美］朗格等著：《上海故事》，高俊等译，三联书店 2017 年版，第 53 页。
④ 上海市政协文史资料委员会等编：《列强在中国的租界》，中国文史出版社 1992 年版，第 65 页。

四、对中国租界歧视华人法制的评析

在中国法制史上，大量歧视华人的内容极为罕见。然而，在中国近代的领土上，又是华人占据绝大多数人口的租界里，会长期存在歧视华人的法制，除了要探究其产生的原因外，还要进行必要的评析，认清其真实面目。

（一）中国租界歧视华人法制违背了西方公平正义的理念

洋人来自西方国家。西方国家具有自己的公平正义理念，而且历史悠久。早在近代以前，这一理念就长期存在，而且还不断发展、完善。公平正义具有公正、平等、合理、无偏见、正当等含义。① 早在古希腊、古罗马时期，就有法学家提出公平正义理念。在古希腊时期，柏拉图把公平正义作为一种国家原则。他在《理想国》一书中说："我们在建立我们这个国家的时候，曾经规定下一条总的原则。我想这条原则或者这一类的原则就是正义（公平）。"② 另外，他还把正义（公平）分为个人的正义（公平）和国家的正义（公平），着力把公平正义与个人品格、国家秩序联系在一起。③ 继柏拉图以后，亚里士多德也提出过公平正义的理念并发展了柏拉图的这种理念，特别注重把公平正义与法律、守法联系在一起。他认为，法律能起到权衡事物，维护正义的作用。他在《政治学》一书中讲："要使事物合乎正义（公平），须有毫无偏私的权衡；法律恰恰正是这样一个中道的权衡。"④ 同时，他还主张守法是公正的，否则就是不公正的。他在《尼格马科伦理学》一书中说道，"我们是把守法的、公平的称为公正的"；"既然违法的人是不公正的，守法的人是公正的，所有的合法行为就在某种意义上是公正的"。⑤ 到了古罗马时期，那时的法学家在传承古希腊法学家关于公平正义理念的同时，还发展了这一理念。西塞罗十分强调法律在表

---

① 参见［英］L.B. 科尔森著：《朗文法律词典》（第6版），法律出版社2003年英文影印版，第237页。

② ［古希腊］柏拉图著：《理想国》，郭斌和、张竹明译，商务印书馆1986年版，第154页。

③ 参见何勤华等著：《法律名词的起源》（上），北京大学出版社2009年版，第275—276页。

④ ［古希腊］亚里士多德著：《政治学》，吴寿彭译，商务印书馆1965年版，第169页。

⑤ ［古希腊］亚里士多德著：《尼格马科伦理学》，廖申白译，商务印书馆2003年版，第128—129页。

述、维护正义中的作用。他在《论法律》中说:"法律是根据最古老的、一切事物的起源自然表述的对正义和非正义的区分,人类法律受自然指导,惩罚邪恶者,保障和维护高尚者。"①总之,在西方古代国家,主要是在古希腊与古罗马时期,关于公平正义的理念不仅被提出,而且还不断发展,并为以后的公平正义理念奠定了基础。

西方中世纪的神权、神学占了统治地位,但是那时的法学家没有停止对公平正义理念的探索与发展,更注意把公平正义理念与法律联系起来。同时,他们往往把"神"渗入进公平正义理念,借题发挥,突出这一理念的权威性。意大利的阿奎纳就是如此。他认为,正义性是评判法律有效性的标志。"法律是否有效,取决于它的正义性。"②同时,他还认为,法律还因两个原因而变得非正义。他说:"法律也可以由于两个缘故而成为非正义的。首先,当它们由于违反我们刚确定的标准而与人类幸福不利时。其次,法律也可以由于与神的善性相抵触而成为非正义;例如横暴的法律强迫人们崇拜偶像或作其他任何违反神法的行为。这种法律在任何情况下也不可服从。"③不过,由于西方中世纪神权、神学的强势,使得世俗公平正义理念的进一步发展受到阻碍。这种情况在进入近代以后,才有很大的改观。

到了近代,西方的公平正义理念以继承古代的这一理念为主,进一步推进这个理念向前发展。在这个理念向前发展的过程中,又有多个突破之处。英国人葛德文认为,正义的原则是一视同仁,因此要爱人如己。他在《政治正义论》一书中讲,"我对于正义的理解是:在同每一个人的幸福有关的事情上,公平地对待他,衡量这种对待的唯一标准是考虑受者的特性和施者的能力。所以,正义的原则,引用一句名言来说,就是:'一视同仁'";"正义是从一个有知觉的人和另一个有知觉的人的联系中产生的一种行为准则。关于这个问题,有一句含义广泛的格言:'我们应该爱人如

---

① [古罗马] 西塞罗著:《论共和国　论法律》,王焕生译,中国政法大学出版社 1997 年版,第 219—220 页。

② [意大利] 阿奎那著:《阿奎那政治著作选》,马清槐译,商务印书馆 1982 年版,第 116 页。

③ 同上书,第 120—121 页。

己'"。① 英国人休谟则认为，公平正义不是自然存在，而是人们根据需要而创制出来的，即"乃是由于应付人类的环境和需要所采用的人为措施或设计"。② 英国人斯宾塞还进一步阐述了公平正义的内涵，认为平等自由是其应有的内涵。③

总之，西方关于公平正义的理念经过自古代至近代的发展，已形成一个内容完整、逻辑性强、道理深刻的体系。到了近代，它已成为西方文化中的一个重要组成部分并被广大洋人所接受。不仅如此，这一理念还成为法制的指导思想，融入进法制，成为这一法制的一个亮点。西方的现代法制得到广泛实施并促进了社会的快速发展，列强成了先进的近代国家。

然而，来自西方近代列强的洋人到了中国租界以后，竟违背产生于自己社会的公平正义理念，数典忘祖，我行我素，创立歧视华人的法制。在立法上，作出歧视华人的规定；在行政执法与司法上，存在大量歧视华人的行为。它们都违背了西方的公平正义理念。以这些规定、行为为先导，中国租界就成为一个名副其实歧视华人的地区，成为一种缺乏公平正义的近代畸形社会。

（二）中国租界歧视华人法制践踏了华人的人权

人权是指一种因其为人而应享有的权利。这是一种人人都应享有的权利，人权广泛存在于政治、经济、文化、社会等各领域并使每个人都受到合乎人权的对待。人权主要包括生命权、自由权、财产权、尊严权、获助权等。为使人权得到应有的尊重和切实维护，人权法应运而生。中国租界洋人来自的西方是近代人权法的发祥地，英国与法国都制定过有关维护人权的法律。

英国在"光荣革命"胜利后，制定过三个比较重要与人权相关的法律。它们是1679年的《人身保护法》、1689年的《权利法案》和1701年

---

① ［英］威廉·葛德文著：《政治正义论》(第1卷)，何慕李译，商务印书馆1980年版，第84—85页。

② ［英］休谟著：《人性论》(下册)，关文运译，商务印书馆1980年版，第517页。

③ 参见［美］E.博登海默著：《法理学：法律哲学与法律方法》(修订版)，邓正来译，中国政法大学出版社2004年版，第102页。

的《王位继承法》。① 这三个法律规定的内容各有侧重，形成了英国近代的人权保护法律体系。1679 年的《人身保护法》由前言和 20 条法条构成，主要内容围绕"人身保护令"而展开，并以此来保护人身自由权。比如，它规定，除犯有叛国罪等重罪外，在押人员或其代表有权要求法院颁发"人身保护令"，并在规定的时间内将在押人员移交法院，还要说明被捕理由；呈说被押理由的时间依路程的远近而定，其中"羁押处所与各该法院或人员相距在二十英里以上者外，应随时呈复羁押之理由。相距二十英里以上一万英里以下者，应于解送后十日内呈复之。在一万英里以上者，应在二十日内呈复之，不得延误"。人身自由权是人权中的一项重要基本权利，《人身保护法》专门对这一权利作了规定，故被认为是人权保障的"奠基石"。②

1689 年的《权利法案》从国家制度层面保护人权。此法案除前言和结语外，共有 13 条法条。它通过确立君主立宪制来限制国王的权力，发挥国会的作用，切实保护人权。其中，也有些内容直接关联生命权、自由权。比如，它规定，"为确保英国人民传统之权利与自由而制定本法律"；"不应要求过多的保释金，亦不应强课过分之罚款，更不应滥施残酷非常之刑罚"；"有损人民的任何宣告、判决、行为或诉讼程序，今后断不应据之以为结论或先例"。它与《人身保护法》保护人权的角度不同，互为补充。

1701 年的《王位继承法》仅有 4 条法条，是为了维护议会已有的权力，巩固君主立宪制，防止复辟专制主义统治，保证人权的实现。从这种意义上讲，此法还弥补了《权利法案》的不足。③ 比如，它规定，"对国会平民院提出的弹劾，不得凭恃英王赦免进行抗辩"；"凡登上英国王位的国王和女王，都应依照英国法律的规定管理政务"。《王位继承法》的颁行，使英国人权法的体系更为完整，在国家与个人两个层面都有维护人权的内容，十分有利于英国人的人权保护。

在西方近代，除了英国颁行人权法外，法国也制定过人权法，最为著

---

① 萧榕主编：《世界著名法典选编》（宪法卷），中国民主法制出版社 1997 年版，第 583—586 页。
② 参见林榕年主编：《外国法制史新编》，群众出版社 1994 年版，第 283 页。
③ 参见何勤华等著：《新编外国法制史》，中国政法大学出版社 2010 年版，第 141 页。

名的是 1789 年的《人权宣言》(全名是《人权与公民权利宣言》)。① 它是法国大革命时期制定的宪法性文件，1791 年作为序言正式列入宪法。② 由前言和 17 条法条组成。它在总结以往人权法的基础上，对人权作了较为全面的规定，内容涉及人权的核心内容、主权在民原则和法治原则等。人权的核心内容包括了：天赋人权、人权的内容、公众不幸与政府腐败的原因等。《人权宣言》规定，"在权利方面，人们生来是而且始终是自由平等的"；"这些权利就是自由、财产、安全和反抗压迫"；"不知人权、忽视人权或轻蔑人权是公众不幸和政府腐败的唯一原因"；"法律仅有权禁止有害于社会的行为"等。主权在民原则的内容包括了主权的来源、三权分立的制度等。《人权宣言》规定，"整个主权的本原主要是寄托了国民、任何团体、任何个人都不得行使主权所未明白授予的权力"；"凡权利无保障和分权未明确的社会，就没有宪法"。法治原则的内容包括了：法律的本质、法律面前人人平等、罪刑法定、无罪推定等。《人权宣言》规定，"法律是公共意志的表现"；"在法律面前，所有的公民都是平等的"；"除非在法律所规定的情况下并按照法律所指示的手续，不得控告、逮捕或拘留任何人"；"除非依据在犯法前已经制定和公布的且系依法施行的法律外，不得处罚任何人"；"任何人在其被宣告为犯罪以前应被推定为无罪"等。法国 1789 年的《人权宣言》集中体现了世界近代人权法原则和内容，对法国和世界近代社会的人权理念和法制都产生了重大影响。③ 可以被称为是世界人权法的一个里程碑。

英、法两国近代的人权法在近代西方社会被广泛传播、接受，还成为了列强国家法制中的一个重要组成部分，近代人权也以其为支撑建立起来了。来到中国租界的洋人都在西方国家土生土长，应该受到人权法的熏陶，知晓、掌握人权法的精髓与内容，懂得尊重人权。而且，他们在中国具有领事裁判权，应该遵守本国的人权法，否则应该被追究违犯人权法、践踏人权的法律责任。可是，他们到了中国租界任职以后，便摒弃了人权法，

---

① 何勤华主编：《外国法制史》，法律出版社 1999 年版，第 179—180 页。
② 参见林榕年主编：《外国法制史新编》，群众出版社 1994 年版，第 343 页。
③ 参见何勤华等著：《新编外国法制史》，中国政法大学出版社 2010 年版，第 264 页。

无视华人的人权，明知故犯，制定歧视华人的规定，做出了歧视华人的行为。这些规定、行为都明目张胆地违犯了人权法，践踏了华人的人权，同样是弃本忘祖，非常可耻。

（三）中国租界歧视华人法制遭到华人的强烈反对

中国租界歧视华人的法制给在租界中占绝大多数的华人造成了极大的伤害，使华人忍无可忍，共同反对这一法制。他们用不同方式表达这种反对，途径与主题多种多样。

有的华人对中国租界歧视华人的规定在报纸上公开发表文章，表示强烈反对。比如，郑振铎在《上海之公园问题》一文中，除了证实了华人不能进入外滩公园的规定外，还猛烈抨击这一规定，认为华人作为中国的主人翁不能进入公园，洋人客民却可以进入公园，真是一种笑谈。他说，"进公园的是另外一部分人，那就是上海最少数最少数的客民，即英、美、法、日本诸国人，只除了我们主人翁在外"；"主人翁是被放逐出自己的公园之外了"；"我们的地方我们不能走，那真是太可笑的笑谈了！"① 强烈反对这一规定并撰写文章的，不止郑振铎一人，还有其他华人。廖沫沙于1933年5月12日的《申报》"自由谈"栏目中，发表了《中国人与狗》一文，也对不允许华人进入租界公园的规定表示强烈不满。此文说，"早些年租界上的公园门口，曾贴有一张华文告白，大意是'中国人与狗不准入内'"；华人看到以后，"免不了感到侮辱，愤慨万分"。② 他们都用笔撰写文章并公开发表，表示自己对租界歧视华人规定的不满与反对。

有的华人对中国租界歧视华人等不当行为提出抗议、投诉，表示强烈反对。这在洋人的记载中就能得到反映。葡萄牙人裘昔司认为，上海英美租界低素质的洋人巡捕干了许多违法犯罪的事，"引起了人们对巡捕机关的严重投诉，简直就是一则不折不扣的公共丑闻"。华人的土地业主、独轮车主等都是洋人巡捕的受害者，要投诉自然很正当。③ 上海法租界巡捕歧视华人等不法行为，也引起包括华人在内的租界市民的强烈抗议。法国人梅

---

① 倪墨炎著：《名人笔下的老上海》，北京出版社1999年版，第127—128页。

② 同上书，第277页。

③ ［葡］裘昔司著：《晚清上海史》，孙川华译，上海社会科学院出版社2012年版，第202页。

朋、傅立德在《上海法租界史》中记载："负责城市治安的巡捕房没有比
这几个星期的法租界巡捕更出丑了。滥用职权，非法拘捕，敲诈勒索，不
合理的罚款，对人施加暴行，无恶不作。四面八方都提出控告和愤怒的抗
议。"① 更有洋人把这种投诉和抗议等行为说成是华人对洋人的仇恨，说：
"中国人存在着对外国人的普遍仇恨。"② 这些都从另一个侧面来反映华人对
中国租界歧视华人法制的反对。

　　有的华人对中国租界歧视华人法制进行学术研究，在研究成果中表示
强烈反对。比如，蒯世勋在 1934 年完成的《上海公共租界史稿》一书中，
对上海英美租界建造的公园及其规定作了研究。书中涉及的公园有：外滩
公园、昆山花园、虹口公园、兆丰公园等。③ 研究的公园规定主要围绕不
允许华人入内而展开，特别是"华人与狗不得入内"的规定。除了考察外
滩公园的来龙去脉以外，还专门提到华人与中国地方政府多次与上海英美
租界进行交涉，要求对华人开放外滩公园，但"迭经官民交涉，均无结
果"。最后，从个人与国家两个维度论述其危害性，并对这一规定表示强烈
不满。"（外滩公园之地）为中国土地，经费亦多出自中国人民，而中国人
民不得入园一步，实为不平之事，对吾个人固为侮辱，于国家尊严尤有大
损！"④ 这一表达有理有据，击中要害。

　　更多华人强烈要求收回租界，从根本上来终结中国租界歧视华人的法
制。中国租界的这一法制是中国租界法制中的组成部分，依附于中国租界
的存在。皮之不存，毛将焉附？只要中国租界被收回，中国租界歧视华人
的法制自然就终止了。这是一种釜底抽薪、根本解决这种法制的办法，也
是最有效的反对办法。五卅惨案发生以后，华人比以往更为清醒地认识到
中国租界歧视华人法制的本质与危害，进一步下决心收回租界，彻底根除
其法制。他们通过集会、论述租界弊端的学术研究等途径，进一步开展收

---

　　① ［法］梅朋、傅立德著：《上海法租界史》，倪静兰译，上海社会科学院出版社 2007 年版，
第 242 页。
　　② ［美］朗格等著：《上海故事》，高俊等译，三联书店 2017 年版，第 109 页。
　　③ 蒯世勋等编著：《上海公共租界史稿》，上海人民出版社 1980 年版，第 437—438 页。
　　④ 同上书，第 438 页。

回租界的活动。

1927 年 1 月，在武汉各界华人召开的庆祝北伐战争胜利和迁都武汉的集会上，专门作了收回中国租界演讲。同月，武汉中央军事政治学校的华人宣传队在华界与英租界交界处，也进行了收回中国租界的集会。不仅是武汉，中国其他城市也有类似集会。1927 年 3 月，当北伐军逼近镇江时，镇江的华人也举行集会，强烈要求收回租界。① 可以说，要求收回租界的集会此起彼伏。

华人学者研究中国租界弊端，从而要求收回租界的活动也在进行。1931 年李浩儒在《司法制度的过去与将来》一文里认为，中国租界"侵害我国主权，蔑视我国民族人格，诚为奇耻大辱"；"帝国主义者，频频在我国各地，公然屠杀我众，我法院不能过问，现在流毒各地的鸦片、吗啡、海洛因、枪械、炸药，一切毒品违禁物，其制造贩卖之主干者，均为有领判权国之浪人奸商，其制造所、营业所，均在租界或使馆界"；"凡是危害民国人民之重罪，均以租界为大本营"。因此，收回租界刻不容缓。②

在这里，特别要提及的是在中国共产党领导的革命斗争中，在革命根据地时期人民民主政权的法制中，都有收回中国租界的内容，把其作为一种口号、要求、奋斗的目标。在中国共产党领导的上海工人三次武装起义一些阶段的要求、口号中，就有收回中国租界的内容。在上海工人第一次武装起义前夕，中共上海区委于 1926 年 9 月 6 日发布了告上海市民书，其中提出 16 项要求，有 2 项与收回中国租界有关，即"无条件的完全收回会审公廨"和"收回越界筑路"。③ 这两项是中国租界中的重要构成要件，涉及司法与土地，收回了中国租界的司法与土地，它也就名存实亡了。在上海工人第二次武装起义前夕，中共上海区委宣传部于 1927 年 2 月 24 日颁布了政治宣传大纲，其中有"收回租界"的口号。④ 在上海工人第三次武装起义准备阶段，中国共产党多次把收回租界作为自己的口号。1927 年

---

① 参见王立民著：《中国租界法制初探》，法律出版社 2016 年版，第 59 页。
② 何勤华等主编：《民国法学论文精萃》（第 6 卷），法律出版社 2004 年版，第 474 页。
③ 上海市档案馆编：《上海工人三次武装起义》，上海人民出版社 1983 年版，第 7 页。
④ 同上书，第 130 页。

2 月中共上海区委制定了武装暴动训练大纲，其中含有 7 个"政治口号"，包括"收回租界"。①1937 年 3 月 1 日上海区委召开特委会，会议规定了口号"原则"，把"收回租界"也列入其中；②1927 年 3 月 25 日中共上海区委召开了扩大活动分子会议，内容关于上海工人第三次武装起义的历史意义与今后工作方针，其中规定的口号中有"收回租界"；③1927 年 3 月 26 日中共上海区委召开会议，内容是"政治局势的变化与我们的工作"，其中确定罢工中的口号之一是"收回租界"。④ 总之，中国共产党在早期就把收回中国租界作为自己进行革命斗争的要求与口号，而且频频出现在党的文件与革命实践之中。

中国共产党在建立自己的革命根据地人民民主政权以后，更是把收回中国租界作为自己的法定斗争目标并写入宪法性文件与地方性法规之中。1931 年颁行的宪法性文件《中华苏维埃共和国宪法大纲》就明文规定：要把"帝国主义的租界、租借地无条件地收回"。⑤1934 年对这个宪法性文件作了修改，但这一规定的内容没变。⑥ 有些革命根据地时期人民民主政权的地方性法规中，也有收回中国租界的内容。比如，《湘鄂赣边革命委员会政纲》也明文规定："自动废除一切不平等条约，收回租界与领地。"⑦ 中国共产党不仅把收回中国租界体现在要求、口号上，还落实在法制中，真正代表、反映了广大华人要求收回中国租界，反对、终止歧视华人法制的强烈要求。

可见，近代中国，租界歧视华人的法制遭到华人普遍的强烈反对。它违背公平正义理念、践踏人权，已造成对华人不可估量的伤害，达到无法容忍的地步。它应尽早退出历史舞台，还华人以应有的尊严与尊重，实现

---

① 上海市档案馆编：《上海工人三次武装起义》，上海人民出版社 1983 年版，第 214 页。

② 同上书，第 251 页。

③ 同上书，第 401 页。

④ 同上书，第 391—392 页。

⑤ 韩延龙等著：《中国新民主主义革命时期根据地法制文献选编》（第 1 卷），中国社会科学出版社 1981 年版，第 10 页。

⑥ 同上书，第 15 页。

⑦ 同上书，第 22 页。

人人平等的秩序与保障人权的社会氛围。

中国租界法制虽是中国领土上最早产生的现代法制，也开启了中国法制现代化发展的进程，然而这一法制却存在歧视华人的内容。这种歧视华人的法制不仅表现在文本上，而且还体现在行政执法与司法上，以致中国租界法制成了一种实实在在的歧视华人法制。这种法制既违背了起源于西方国家的公平正义理念，也践踏了源于西方的现代人权，不能不认为中国租界的洋人弃本忘祖，极其无耻。这种歧视性法制在中国法制史上，表现得最为突出，也最为华人所痛恨，理所当然地遭到华人的强烈反对，并通过各种形式反映出来。中国共产党代表着广大中国人民，在革命斗争和实施自己的法制中，都把收回中国租界作为自己的要求、口号与目标，采取了反对歧视性法制与彻底解决租界法制问题的最有效手段。今天，距离中国租界的真正收回与歧视华人法制的终结已有 70 余年，人们或许已渐渐淡忘。可是，在研究这种曾经在中国近代生存过百年的中国租界法制时，一定要全面，切忌片面，不要忽略了这一法制中歧视华人的内容，以便对这个中国近代的区域法制有个全面、正确的认识。

第十一章　中国租界法制的传播

　　随着中国租界法制的产生和发展，其传播也开始了。这一传播扩大了租界法制的影响，现代法制随之而播撒到更为广阔的地区，对中国法制现代化产生了作用。中国租界法制是中国大地上最早出现的现代法制。这一法制的传播也是在这一大地上施行的现代法制最早的传播，这对于中国的法制现代化具有积极意义。它使长期处在传统法制桎梏下的中国人感觉到现代法制的优越性，体会到传统法制的落后性；开始养成法制的习惯，厌恶传统人治的方式；看到中国现代法制的曙光，同情、支持对中国传统法制进行改革等。从这种意义上来说，对中国租界现代法制的传播及其研究都不可被忽略。本章以上海租界法制的传播为中心，对这种传播作些探索。

一、中国租界传播法制的原因

　　中国租界传播自己的法制有其一定的原因，主要基于以下三个"不同"。它们决定了中国租界法制必须通过传播，才能发挥其应有的作用。

（一）中国租界的现代法制与中国的传统法制不同

　　中国租界法制伴随着中国租界的建立而产生，最早出现于 19 世纪 40 年代上海的英租界。以后，随着中国租界的增多，其法制也不断发展。这是一种现代法制。中国华界的大规模法制改革、开始走上现代化道路则始于 20 世纪初，晚于中国租界现代法制的产生有半个世纪左右的时间。也就是说，当中国租界的现代出现以后，中国华界还在适用传统法制。这两种法制不仅并存中国大地上，而且还不相同。这种不相同集中表现为，中国租界的现代法制要比中国华界的传统法制先进。这种先进性不仅体现在法制理念、形式、结构和语言等一些方面，[①] 更突出表现在具体内容方面。

---

　　① 　王立民：《中国城市中的租界法与华界法》，载《比较法研究》2011 年第 3 期。

比如，体现法律面前人人平等，没有确立、维护等级特权的内容。中国租界的法制除了早期有很少部分有关于歧视华人的内容外，都能体现法律面前人人平等，没有关于确立、维护等级特权的内容。比如，上海英美法租界1854年的《土地章程》规定，租界内的任何人不经允许均不可开设酒店，如有违反，任何人都要处以同样的处罚。"界内无论中外之人，未经领事官给牌，不准卖酒，并开公店"；"违犯以上各条章程，领事官即传案查讯，严行罚办"。①

此后，上海法租界于1869年颁行的《法租界公董局警务路政章程》也不允许租界内的任何居民在住房门前修建妨害交通的建筑物。"任何居民不得在他住房门前修建突出路面的建筑，如界石、踏步、披檐等以妨害交通。"② 这些规定都强调法制平等适用于任何人，包括洋人和华人，不存在等级和特权。中国传统法制则是礼法结合的法制，以确立、维护等级特权为己任，人与人之间存在明显的不平等。这种不平等通过相关规定得以显示，这在当时华界适用的《大清律例》中都有反映。《大清律例·名例律上》中"十恶"条所规定的"谋反""谋大逆""谋叛"和"大不敬"罪确立和维护皇权，"不孝"罪确立和维护父权，"不睦"和"不义"罪确立和维护夫权。它们都确立维护社会等级。《大清律例·名例律上》中的"八议"条所定的内容则确立和维护特权。

这种以确立、维护等级特权为内容的法制显然比强调法律面前人人平等的内容的法制要落后许多。还有，普遍运用非刑事制裁方式，更不使用中国传统的刑事制裁方式。中国租界的法制普遍运用像"罚银""执照吊销"等非刑事的制裁方式，不采用中国长期习惯使用的传统刑事制裁方式。在1854年的《土地章程》中，就使用"罚银"的制裁方式，没有使用中国传统刑事制裁方式。它规定，禁止用易燃物品建房和在家储存易燃物品，对于违规搭建而影响道路和行人、肆意喧嚷滋闹等行为，违反者都要受到罚银的制裁，具体是：凡用易燃物品建房和在家储存易燃物者，初次违反

---

① 蒯世勋等编著：《上海公共租界史稿》，上海人民出版社1980年版，第55页。
② 史梅定主编：《上海租界志》，上海社会科学院出版社2001年版，第713页。

者罚银 25 元，不改正者每日加罚 25 元；违规搭建而影响道路和行人者，每日罚银 5 元；肆意喧嚷滋闹者，每次罚银 10 元。① 在 1903 年公布的《公共租界工部局治安章程》中则大量采用"执照吊销"的制裁方式。② 它规定，开设西栈及大餐馆、大小弹子房、洋酒店铺、大餐馆、戏馆、东洋东行、客栈、烟馆、茶馆、马车行、马戏场、跳舞厅、酒馆等场所者，"所领执照不许别人顶替执用"，违反者都将被"执照吊销"；使用驳船、渡船、货车、机器车、自用马车、小火轮、自用东洋车、华式船等交通工具也是"所领执照不许别人顶替执用"，否则也要被"执照吊销"。

中国传统法制则把刑事制裁方式作为主要制裁方式，泛刑主义盛行。《大清律例》对一些民事、行政法律行为也用刑罚加以惩处。《大清律例・户律・婚姻》"出妻"条对离婚行为使用刑罚，规定妻子无"七出"行为、义绝行为而丈夫提出离婚，要被"杖八十"；妻子虽有"七出"而同时具备"三不去"者，丈夫提出离婚，用刑要被"减二等"即杖六十。《大清律例・户律・户役》"脱漏户口"条规定，家长因"妄作老幼废疾"而致使"免差役者"，只要一人，就要被"杖六十"。这些明显属于民事、行政法律调整的范畴，都被处以刑罚，纳入了刑事法律的范围。中国租界法制针对不同情况作出相应制裁，没有泛刑主义的影子，比中国传统法制的规定要文明，也更先进。

长期生活在中国传统法制之下的华人不知租界法制与其差别很大，而且比其先进，要他们也接受、施行这种法制，不进行传播则难以实现。否则，大量华人不遵守中国租界法制，它就会变成一纸空文，无法起到建立现代社会秩序的作用。

（二）中国租界的城市法制与中国农耕法制不同

中国的租界全都设在城市里，而且设立租界的国家都是工业化国家。先后有英国、法国、美国、德国、俄国、日本、比利时、意大利、奥地利 9 个国家，通过不平等条约在中国的上海、天津、汉口、广州、厦门、镇江、九江、杭州、苏州、重庆 10 个城市设立了自己的租界。③ 这些国家的

---

① 蒯世勋等编著：《上海公共租界史稿》，上海人民出版社 1980 年版，第 54 页。
② 史梅定主编：《上海租界志》，上海社会科学院出版社 2001 年版，第 691—699 页。
③ 费成康著：《中国租界史》，上海社会科学院出版社 1991 年版，第 427—430 页。

法制都是经过工业化后的法制。它们在中国的城市设立了自己的租界以后，建立了一套适合城市发展的法制。这种法制与中国的以农耕为基础的传统法制不同，而且也更适合中国城市建设发展的需要。中国租界的这种城市化法制突出表现在以下两个方面：

第一，立法主体的组成人员是居住在城市的人。中国租界自己进行立法，也有自己的立法主体，而这些主体的组成人员均为城市人。这可以从他们所应具备的资格来认定。上海英美租界于 1869 年颁布的《上海洋泾浜北首租界章程》规定，"纳税外人会"是租界内的议事机关，也是立法主体。① 成为这个主体成员的资格是：居住在租界内的外侨，具有价值至少为 500 两的地产，每年能缴纳房地捐满 10 两以上；或其所租赁的房屋，每年缴纳由工部估定的租价满 500 两以上者。② 上海法租界也有纳税外人会，其成员也有资格要求。这个要求是：年满 21 岁的法国人或其他外侨，拥有租界地产而且具有正式契据，或租有租界内房屋且年租金在 1000 法郎以上，或居住在租界内历时 3 个月以上且收入在 4000 法郎以上者。③ 这些在上海租界的外国侨民都是城市人，而且还拥有较为丰厚的城市财产或收入。他们生活在上海城市的租界中，对城市情况比较熟悉，参与制定的规定也会比较适合本租界的建设，即城市建设。

第二，中国租界法制的具体内容也都比较适合城市的发展，其按照现代城市的各种发展需求而制定一系列规定，以促进租界向城市化方向迈进。20 世纪以前，上海英美租界的法制对租界内的公共卫生、交通、建筑、公共设施、教育等方面都作出过规定。一是关于公共卫生方面的规定。早在 1877 年，上海英美租界就发出通告，规定租界内的市民应把灰烬和其他垃圾（不含粪便）收集在篮子内，以便垃圾车来收运等。④ 二是关于交通方面的规定。早在 1872 年上海英美租界就作出规定，要求马车、轿子如要赶超，必须从左边超车；在规定以外地方，小车不可在路上随意逗留；马

① "纳税外人会"亦被称为"纳税人会议""西人纳税会"等。
② 史梅定主编：《上海租界志》，上海社会科学院出版社 2001 年版，第 163 页。
③ 同上书，第 173 页。
④ 马长林等著：《上海公共租界城市管理研究》，中西书局 2011 年版，第 78 页。

车在日落 1 小时至日出 1 小时前，必须点灯等。① 三是关于建筑方面的规定。20 世纪以前，上海英美租界已经对租界内的建筑都作出过规定。其中，1877 年专门对租界内戏院的建筑作出了规定，内容涉及院内的通门及四周所有空地都不准存储杂物，楼板、外墙和栏杆必须坚固，另外，大门、边门、楼梯的数量、宽度、开启方面的规格等都有明文规定。② 四是关于公共设施方面的规定。上海英美租界的公共设施包括有道路、煤气、自来水、电力、邮政、桥梁、码头等多个领域。那时，对这些领域也都有一些规定。这里以道路为例。1865 年上海英美租界规定，租界内南北向的马路以中国的省名来命名，东西向的马路则以中国的城市名来取名。于是，便出现了南北向的江西路、河南路、山东路等，东西向的苏州路、北京路、天津路等。③ 这些路名至今仍在使用。五是关于教育方面的规定。上海英美租界于 1893 年批准了租界内所办的第一所学校即西童公学的章程，它成为那时教育方面最初的规定。以后，在这一基础上有关教育方面的规定便有了进一步的发展。④ 这些规定都比较适合城市的建设，而与中国传统的农耕法制相去甚远。

　　中国传统法制以农耕为基础，是农业国家的法制，比较重视规定有关农村中的户籍、赋役、田粮、马牛以及相关方面的一些内容。这里也以当时施行的《大清律例》为例。一是关于户籍方面的规定。户籍制度一直是中国农耕社会十分重视的制度。它是一种把农民束缚在土地上的手段。《大清律例·户律·户役》"脱漏户口"条专门惩治那些因脱漏户口而违反户籍制度的行为。其中，里长因"失于取勘"，致使户口脱漏的，"一户至五户，笞五十。每五户加一等，罪止杖一百"。二是关于赋役方面的规定。赋役是中国农耕社会中国家剥削农民的两种形式，也是国家财富、劳动力的来源。《大清律例·户律·户役》"赋役不均"条惩办那些违法而赋役不均的官吏。

---

① 马长林等著：《上海公共租界城市管理研究》，中西书局 2011 年版，第 146 页。

② 练育强著：《城市·规划·法制——以近代上海为个案的研究》，法律出版社 2011 年版，第 183 页。

③ 郑祖安编著：《上海地名小志》，上海社会科学院出版社 1988 年版，第 36 页。

④ 史梅定主编：《上海租界志》，上海社会科学院出版社 2001 年版，第 469 页。

它规定，如果官吏不依规定收赋取役，以致"放富差贫"的，要被"杖一百"。三是关于田粮方面的规定。中国农耕社会是一个以田粮为生存条件的社会，缺一不可。《大清律例·户律·田宅》"欺隐田粮"条特别重视打击欺隐田粮的犯罪行为，规定凡欺隐田粮而"脱漏服籍者"，一至五亩的要被"笞四十"；"每五亩加一等，罪止杖一百"。四是关于马牛方面的规定。中国农耕社会把马牛作为特殊动物来加以保护，因为它们与农业生产联系在一起。《大清律例·兵律·厩牧》"宰杀马牛"条从保护马牛出发，不允许擅自宰杀马牛的行为，规定凡是私宰自己马牛者，要被"杖一百"，如果故杀他人马牛者，用刑还要加重，要被"杖七十、徒一年半"。这种规定可以广泛适用于中国以农耕为特征的社会，但在中国租界这种城市中就不适应了。它们属于两种不同类型的法制，中国的农耕法制无法与中国租界法制相提并论，也不适合中国租界城市建设发展的需要。

　　中国的大量华人祖祖辈辈生活在农村，在农耕条件下长大，习惯于农耕的法制。当他们进入租界以后会发现，租界的城市法制太陌生，十分容易在不知不觉中违法。为避免许多华人陷入违法的泥潭，造成法不责众的局面，有必要通过传播租界城市法制的方式，使进入租界的华人了解这一法制，趋安避险。

（三）中国租界与租界之间的法制也不完全相同

　　中国的租界是中国城市中的开放地区，一般情况下，人们可以自由出入。但是，中国租界与租界之间的法制也不完全相同，甚至一个城市中不同租界的法制也不完全一样。因此，人们要避免违法，还需知道将要前往的租界的法制，否则还有可能发生不测。从这种意义上讲，不仅需要向华人传播租界法制，而且也需要向非华人传播其他租界的法制，当然，从人口数量上讲，华人要比洋人多得多，而且在租界里也是华人为多。据统计，上海租界在1900年时总人口为444138人，华人占了98%有余；1925年时总人口为1137298人，华人占了96%有余。① 因此，对华人传播不同租界的法制也成为必要的了。

---

　　① 邹依仁著：《旧上海人口变迁的研究》，上海人民出版社1980年版，第90、141页。

　　事实证明，同在上海，不同租界的法制就不完全一样。这里以禁放烟花爆竹的规定为例。上海法租界与上海公共租界都有这方面的规定，但具体内容上就有区别。1869年上海法租界颁布的《法租界公董局警务路政章程》第19条规定："禁止在马路上或在住房旁边焚烧纸锭，燃放鞭炮或点燃烟火等；在焚烧这些物品前，须通知当地警局，征得同意后方可行事。"1903年上海公共租界颁布的《公共租界工部局巡捕房章程》第8项则规定："租界居民无论在于马路僻径及公地，均不准燃放爆竹，如欲燃放，或于家中天井焚化冥镪，应预向巡捕领取执照，惟火铳自燃之爆竹，则一概禁用。"这两个规定在以下三个方面存在明显差别。第一，关于燃放地点。公共租界的规定中有"家中天井"，法租界的规定中则没有。第二，关于燃放对象。公共租界规定"火铳自燃之爆竹"，一概禁放；法租界的规定则没有这样的内容。第三，关于燃放的申请程序。公共租界规定要向巡捕房"领取执照"，法租界的规定则只要征得当地警局的"同意"。综观这两个租界的规定及其差异可见，对于燃放花爆，上海公共租界采取的是绝对禁止的态度，而上海法租界则采用的是相对限制的态度。两者明显不同。①

　　中国不同租界的背后是不同的宗主国。它们因与中国政府签订了不平等条约而在中国设立了租界，因此，在管理中往往不可避免地留有其本国的痕迹。中国租界的法制也是如此，有些规定就保留了他们自己的传统并形成了其间的差异。上海租界的法制就出现过这种情况。上海英租界、英美租界和公共租界均受到英国式自治管理传统的影响，特别强调商业行为，重视市场开发和市场运作，因此在有关土地流动的规定中便十分强调外侨购买土地者可以按规定直接向中国原业主商租，领事不多加干预。其规定的内容为："出租人（华人业主）与承租人（英商）之凭件，采一种契约形式，须送呈道台审查，加盖钤印，然后移还关系各方收执，以昭信守，而非侵夺。"②上海法租界则不同。它受到法国共和国管理传统的影响，更注

---

　　①　王立民：《论上海租界法制的差异》，载《法学》2011年第7期。
　　②　蒯世勋等编著：《上海公共租界史稿》，上海人民出版社1980年版，第45页。

意整体利益，侧重公共管理和权益，于是有关土地流动的规定的内容就强调由租界的领事把整个土地全都租下来，然后再由其分别租给各外侨。"其所议界内地，凭领事随时按照民价议租，谨防本国人强压迫受租价；如若当地民人违约昂价，不照中国时价，凭领事向地方官饬令该民人等遵行和约前录之条款。至各国人如愿在界内租地者，应向法国领事商明办理。"① 在其他许多方面也都有这样的传统痕迹与不同之处。这同样成为中国租界法制需要传播的一种原因。

二、中国租界法制传播的方向和方式

中国租界法制的传播有自己的方向和方式，主要是以下这些方面：

（一）中国租界法制传播的方向

中国租界法制传播的方向主要有两个，即租界向华界、租界向租界的传播。关于租界向华界的传播。在同一城市中，中国租界往往紧挨华界，它们是邻居，先进的租界法制很容易直观地被华界的人们所感受到。于是，租界法制首先向同一城市的华界进行传播便不可避免了。华界受到这种传播以后，开始接受和运用租界的有些先进法制，这种情况在 20 世纪初中国大规模进行法制改革前就已发生。也就是说，中国的有些华界在 20 世纪以前，就开始接纳、使用现代法制，要比中国大规模的法制改革来得早。上海就是如此。这里以道路管理的有些规定为例。上海租界关于城市道路管理的一些规定颁行以后，实施效果不错，同时也开始向周边的华界传播。上海华界因此而制定了一些相似的规定。1898 年上海华界马路工程善后局颁布的《沪南新筑马路善后章程》就被认为"均系仿照租界章程"。此章程中有关车辆捐照、行车点灯、禁止驰骤、定时倾倒垃圾、不许随地大小便、不准堆物碍路等一些内容，都取自上海英美租界的相关规定，如出一辙。②

进入 20 世纪以后，租界法制向华界的传播仍在继续，以致华界继续制

---

① ［法］梅朋、傅立德著：《上海法租界史》，倪静兰译，上海社会科学院出版社 2007 年版，第 31 页。

② 袁燮铭：《工部局与上海路政（1845—1911）》，载洪泽主编：《上海研究论丛》（第 2 辑），上海社会科学院出版社 1989 年版。

定了一些类似租界的规定。1904 年上海公共租界制定了《马路章程》，其中的内容传播到了华界。此后，上海华界制定的《取缔各种车辆规则》以其为蓝本，总则、分则中的大量内容均取自《马路章程》。比如，总则中规定的"凡行车者须靠马路左边前行"和"过桥或十字路口，或转弯之时，应格外缓行。向左转弯，应靠近路边，向右转弯，则从宽而转，即所谓大转弯"等的内容，在《取缔各种车辆规则》的总则中都有一致的反映。其分则中规定的汽车、马车、人力车、大货车、马货车、小货车、小车所应遵守的规则，在《取缔各种车辆规则》的分则里也都有相应的表达。①

另外，中国租界法制向非同一城市华界的传播也发生过。上海租界关于巡捕房的规定就曾传播到济南，以致它也制定了相关规定。20 世纪初，济南就效仿上海租界而制定了巡警局章程。其也明文规定，巡警局的职责是负责缉拿犯罪嫌疑人，禁止赌博、斗殴、驰马、路上喧哗、查禁行车违章等。② 这些都与上海租界关于巡捕房的规定基本吻合。可见，中国租界法制向华界的传播的力度还不算小。

关于租界向租界的传播。中国租界的法制虽都属于现代法制，可它们在中国建立的时间有先后，因为租界设立的时间有前后。中国最早出现的租界是上海的英租界，始于 1845 年，其法制也是租界最早建立的法制。③中国最晚出现的租界是天津的奥地利租界，始建于 1902 年 12 月。④ 当然，它的法制也就建立得最晚了。这样，中国不同租界法制建立的时间前后相差了半个多世纪。早出现的租界法制往往会向其他租界传播，作为一种经验和借鉴，有的还会被它们所利用。上海英租界的法制经过传播以后，就曾被有些城市的英租界所汲取。1861 年宁波英租界曾向上海英租界工部局董事会"索取一份上海的规章制度和一份由汉人组成一支巡捕队伍的估计费用备忘录，以及董事会可以提供的任何其他促进这方面事物的材料"。⑤

---

① 王立民、练育强主编：《上海租界法制研究》，法律出版社 2011 年版，第 87—88 页。
② 王瑞芳著：《近代中国的新式交通》，人民文学出版社 2006 年版，第 116—117 页。
③ 王立民：《上海英租界与现代法制》，载《法制日报》2009 年 1 月 21 日。
④ 费成康著：《中国租界史》，上海社会科学院出版社 1991 年版，第 430 页。
⑤ 上海市档案馆编：《工部局董事会会议录》（第 1 册），陆森年等译，上海古籍出版社 2001 年版，第 630 页。

这些法制资料就被传播到了宁波英租界，并为其所用。翌年，汉口英租界两次要求上海英租界提供巡捕房资源。一次是要求上海英租界"派去 5 名巡捕"，以及像"制服"那样的装备，以支持汉口英租界巡捕房的建设；①另一次是要求上海英租界派出惠勒巡捕去担任"汉口英租界工部局巡捕房的巡长"，也是支持那里的巡捕房建设。② 这种法制资源的利用，都以传播方式加以实现。

如果说，这些传播仅发生于行政执法领域，那么在司法领域这种传播同样也在进行。上海公共租界的司法制度就曾传播到设在鼓浪屿的公共租界，并在那里生根。有学者经过研究以后认为，鼓浪屿在开辟公共租界时，"大体上将上海公共租界的制度照搬到鼓浪屿"。其中包括会审公廨制度，因此其"查照上海成案设立会审公堂一所"。③ 此话不无道理。

以上的这些法制传播都是跨城市的租界向租界传播，其实，在同一城市中，不同租界之间的这种传播同样存在。上海租界就是如此。这里以把上海租界的警政人员、机构称为"巡捕""巡捕房"为例。上海英租界首先把自己租界内的警政人员称为"巡捕"，警政机关称为"巡捕房"。这在中国租界中具有开创性。它们起源于中国本土。上海建县于元朝至元二十九年（1292 年）。当时，设立了县尉、巡检司两个官职，分别掌管"巡捕""巡捕盗贼奸宄"事务。到了明、清朝，除巡检司外，另设县丞、主簿，其职掌是"分掌粮马巡捕"等事宜。另外，清朝在京师地区设立了"巡捕营"，功能是"诘禁奸宄，平易道路，肃清辇毂"，长官为"提督九门巡捕五营步军统领"。上海英租界参考了中国历史上的相关用语，在租界中创用了"巡捕"与"巡捕房"之名，并把它们作为租界法制的一个组成部分。④ 这一做法得到了传播，以致上海的法租界、英美租界、公共租界纷纷仿效，也都把自己的警政人员、机关称为"巡捕""巡捕房"。可见，

---

① 上海市档案馆编：《工部局董事会会议录》（第 1 册），陆森年等译，上海古籍出版社 2001 年版，第 650 页。

② 同上书，第 651 页。

③ 费成康著：《中国租界史》，上海社会科学院出版社 1991 年版，第 141 页。

④ 上海通社编：《上海研究资料》，上海书店 1984 年版，第 92—93 页。

租界法制向租界的传播不仅发生在不同城市的租界之间，还同样出现在同一城市的不同租界之间。

从这一租界法制传播的方向可见，中国租界法制的传播主要局限在中国的一些城市。这些城市中一般设有租界，不管是租界向华界，还是租界向租界的传播，多数都发生在这些城市里。究其原因主要有二：一是因为中国租界法制本身就是城市法制，离农村的需求比较远，不易马上被农村接受。二是因为毗邻租界的华界对租界的法制及其作用有直观的感受，易体会到它的先进性，并加以利用；多数没有租界的城市则缺乏这种感受，加上传统势力的强大，便很难接受这种传播。从这一角度来审视，中国租界法制的传播范围还是十分有限，其作用范围也十分有限。要想在中国广大农村、绝大多数城市全面铺开，让大家都接受、施行现代法制，还需要中央政府的大力推进，那就是发生在 20 世纪初的中国法制改革以后的事了。

（二）中国租界法制传播的方式

中国租界通过多种方式传播其法制。这些方式中包括了告示、口传、书籍、报纸和庭审等。

关于告示的传播方式。中国租界曾用告示方式传播自己的法制。这是一种文字传播方式，张贴于租界的显著部位，方便民众了解和掌握。这一方式传播租界法制比较具有权威性，内容也有了较高的可信度，因为告示的主体往往是立法、执法主体。上海租界习惯使用这一法制的传播方式。早在 1845 年上海英租界的第一个土地章程制定以后，便以告示方式公布。告示的内容涉及侨居上海英国人在上海英租界租地以后建房居住的范围、租地办法、租地后所建房屋的用途、租界内道路的修建、租界内的环境和治安管理等问题。① 此告示张贴以后，租地信息得到传播，上海英租界中便开始出现了租地。

此后，一些有关食品卫生的告示也先后公布，要大家共同遵守。上海公共租界就颁行过不少这样的规定。1906 年公布过一个关于冰水、汽水、冰激凌等饮品卫生的告示。告示的内容有：各种冰冷水以及各种汽水等，

---

① 马长林著：《上海的租界》，天津教育出版社 2009 年版，第 4 页。

一概不准摆置市上去卖；不合法制作的冰激凌和各种冰汽水、汽水等一经查出，即将其制作器具全部充公等。1909年又把蔬菜、水果也纳入食品卫生的告示之中。它规定，为了保障公共卫生，禁止出售不洁食物，包括蔬菜、水果、冰激凌、冰饮品和汽水；违反者将被起诉并没收食物摊，同时生产冰激凌、冰饮品、汽水的不卫生设施也将被没收等。1927年再次发出告示，对无照饮品摊贩等作出取缔的规定。具体内容包括严禁无证摊贩售卖危险性食品和饮料，其中包括用无照制造厂生产的机器所制造的冷冻饮品或切开的水果、凉粉等易于传播危险的食品，公共卫生处和警务处有权对这些违法情况予以制止，并没收不洁食品机器容器等。1929年继续对不洁饮品发布告示，主要内容是：禁止售卖掺水之庶浆、冷水之梅汤、污秽之冰激凌等一切不洁饮料，违者拘罚等。① 这些有关食品卫生的规定通过告示方式向外传播，让人们知晓。告示成为上海租界广泛传播租界法制的方式之一，其受众面比较宽。

关于口头传播的传播方式。在中国租界里，有人会把已经掌握的租界法制内容进行口头传播，被传播人因此而获得这一法制知识。这是一种通过语言而进行的传播方式。口传的主体比较广泛，有租界的居民，也有租界机构、执法人员等。租界居民是其中的主力军。他们会对新来租界的亲属、朋友等口传租界法制，以免他们在租界内犯法、被罚。《老上海三十年见闻录》记载了一件因口传租界法制而避免违法的事情。有一位来自嘉兴的"某甲"，初来上海，走到"四马路（今福州路）棋盘街转角处"，要随地解手。陪同他的友人马上告诉他租界的规定。"友人告以租界章程，须拉进捕房，罚洋二角。"但是，某甲尿急难忍，说："尿胀腹中，急不能禁，奈何？"这位友人急中生智，利用周围妓院较多的资源，邀他去那里喝茶，顺带小便，避免产生在街上解手而被罚的结果，就说："君如不吝，此处棋盘街幺二堂子极多，但进去唤一移茶，便可任君解手也。"嘉兴某甲照此行事，解手之忧就此化解。② 这位友人的口传法制发挥了作用，消解了一起将会发生的违法行为。

---

① 马长林等著：《上海公共租界城市管理研究》，中西书局2001年版，第118页。
② 陈无我著：《老上海三十年见闻录》，上海书店出版社1997年版，第263页。

在口传法制中，还有一些有关租界法律援助方面的内容，律师援助是其中之一。在中国租界中，先有洋人律师，以后逐渐产生了华人律师。上海租界有位名为朱榜生的华人律师因为免费为一个贫困女孩办案，帮其脱离苦海而被口传为"护花律师"。事情是由一位在上海租界的 15 岁贫困妓女向朱榜生律师求救而起。一天，她找到朱榜生律师"涕泣向他"言说痛苦，希望他能救她，还发出"救救我"的乞求。朱榜生律师了解情况，作出相应安排，施展"软硬两手"。硬的一手是找妓院老鸨谈话，指出她的非法行为，即逼迫一个 15 岁的女孩卖淫是一种"强奸"犯罪行为，而且"虽和同强"，如果报案，"巡捕房就到你生意上捉人了"。软的一手是通过筹款，把那女孩赎出来。最后，老鸨妥协，解救成功，此女孩就此脱离妓院，开始了新生活。朱榜生律师的义举"为朋辈所传闻，都谈朱律师办得好，办得痛快"。他也因此获得了"护花律师"之名并"大震于花间"。①

在口传的法制传播方式中，还有租界机构为主体的口传传播方式。上海公共租界就多次派员用口传方式宣传交通规则。1923 年 6 月工部局派巡捕陪同在局内工作的华人到租界内的茶馆、饭店等公共场所宣讲交通规则，还要求听讲者相互转告，"以期人尽皆知"。自 1932 年 1 月起，工部局交通股又招募两名说书人，到租界各区茶楼、工厂等人员密集之地，宣传交通法规，要大家"行路宜求安全"。1937 年 2 月交通股再派 1 名演讲员到车夫领照处，专门宣讲与领照相关的交通法规。同年还派专人到租界的小学去连续宣讲交通法规。这种口传的受益面不小。据统计，1932 年 4 月这类宣讲有 75 次，听讲人数达 3620 人。② 可见，口传租界法制的方式比较重要，作用也比较大。

关于书籍的传播方式。书籍也是一种文字传播方式。它也是中国租界传播法制的一种方式。由于书籍可以保留的时间较长，因此把它作租界法制传播的载体有其自己的优势。民众可以在阅读书籍的过程中，潜移默化地学习、知道租界法制的内容。在 20 世纪以前出版的书籍中，就已有租界法制的内容。即在 1900 年以前，就开始利用书籍来传播租界法制。成

---

① 包天笑著：《钏影楼回忆录续编》，大华出版社 1973 年版，第 105—110 页。
② 马长林等著：《上海公共租界城市管理研究》，中西书局 2011 年版，第 172—173 页。

书于 1876 年由葛元煦所著的《沪游杂记》一书中，就记载了当时的《租界例禁》，内容共有 20 条，涉及生活中的驾车、倾倒垃圾、随地大小便、卖酒、卖野味、挑粪担、乞丐、酗酒斗殴等多个方面。比如，"禁马车过桥驰骤""禁东洋车、小车在马路随意停走""禁路上倾倒垃圾""禁道旁小便""禁施放花爆""禁私卖酒与西人饮""禁春分后、霜降前卖野味""禁九点钟后挑粪担""禁乞丐""禁聚赌酗酒斗殴"等。① 此后，上海租界的情况和法制都发生了变化，此书的作者在 1880 年代后再版此书时又增加了 6 条。其中，就包括有：马车不准 5 人同坐；东洋车不得蓬首垢面，污秽不堪；东洋车破坏者不准在租界中载人等。② 这些简明扼要的法制内容很容易被传播并为读者所接受，进入上海租界后就可以有意识地规避这些被禁行为，自保平安。

关于报纸的传播方式。20 世纪以前，中国的租界、华界都已开始办报，有了报纸。这种大众的媒介流传广、速度快，是传播租界法制的一种常用方式。不论是外文报纸，还是中文报纸都是如此。《北华捷报》是一张英文报纸，1850 年由外国侨民在上海英租界创办。它被认为是"上海历史上第一张现代报纸"。③ 这张报纸就不断登载法制新闻，传播租界法制。这类新闻中，既有立法方面的内容，也有司法方面的内容。1862 年 4 月 11 日的《北华捷报》刊登了上海美租界租地人会议的纪要，此纪要的主要内容是决定接受上海英租界提出的条件，同意将上海美租界并入英租界。④ 此后，就诞生了上海英美租界。1863 年 5 月 23 日的《北华捷报》刊载了上海美英租界巡捕布朗被判处 3 个月监禁，其中的 6 个星期为服苦役刑罚的消息。案由是因为他在执勤中，猛烈殴打几名过路的西人及其华人轿夫。

除了外文报纸传播租界法制以外，中文报纸也传播租界法制。《申报》是其中之一。它由英国人美查于 1872 年创办。此人"能通中国语言文字"。⑤

---

① 尤乙:《杂交，从物质到精神的惯性导入》，载《档案春秋》2008 年第 11 期。
② 马长林等著:《上海公共租界城市管理研究》，中西书局 2011 年版，第 146 页。
③ 史梅定主编:《上海租界志》，上海社会科学院出版社 2001 年版，第 530 页。
④ 上海美租界的租地人会议是上海美租界的议事机关，也是立法机关。
⑤ 上海通社编:《上海研究资料续集》，上海书店 1984 年版，第 317 页。

1923 年 6 月 16 日的《申报》登载了行人在上海租界行路的规则，其中包括行路要在阶沿上行走、横过马路前要先左右看，电车停车处的前后不要站人、马车前不要立人、乘黄包车的车资须先言定等。同年的 7 月 28 日《申报》又登载了在上海租界乘电车的规则，其中有：夏日衣服稀薄，须防扒手；不可在车中涕痰；童叟妇女上车，须让座；车未停妥，切勿上下车；赤膊者不可乘电车等。上海租界的这些法制内容经过报纸的传播，进入千家万户。

关于庭审的传播方式。中国租界的庭审属于现代审判制度的一个组成部分。这种庭审一般公开进行，要经过宣读起诉书、进行答辩、责证、辩论、宣判等程序。其中，可以有辩护人、代理人、证人、鉴定人等参与，民众也可以旁听。这既是适用法制的过程，也是司法民主的体现。它是一种用活生生的法制实践来传播租界法制的方式。人们通过参与、旁听庭审，从实况中感受这一传播并体会到它的优越性。有人把自己参加上海租界的庭审后的所见所闻作了表述："华洋互市以来，尤多交涉事件。余观英、美二公堂中西互控之案，层见迭出。无论西人控华人，须请泰西律师以为质证，即华人控西人，亦必请泰西律师。"① 有人则进一步从中看到这种现代庭审的优越性，尤其是在与中国传统庭审的比较之后。"案无大小，胥由人证明其曲直，律师辩其是非，审官研鞫而公断之，故无黑白混淆之弊。乃中国地方官吏，无论钱债细故，人命重案，一经公庭对簿，先须下跪，形格势禁，多有不能曲达之情。"② 这是对上海租界庭审的一般情况传播，当时还有对具体案件庭审的传播，"《苏报》案"是其中之一。《上海研究资料续集》的《苏报案始末》一文中，对"《苏报》案"控告的条款、出庭律师、控诉、控词、判决等一系列庭审情况都作了详细表述。③ 从中，人们可以感知"《苏报》案"庭审的具体情况，从个案中理解租界法制。

以上这些只是中国租界法制的主要传播方式，还有其他一些方式如公文、广播、刊物等，就不再赘述。还有，这些传播方式虽相对独立，但也

---

① 参见《皇朝经世文新编·西律》卷一。
② 参见《皇朝经世文新编续集·法律》卷四。
③ 上海通社编：《上海研究资料续集》，上海书店 1984 年版，第 71—84 页。

不无联系，有的租界法制内容就同时使用了两种传播方式，是它们的结合使用。比如，1923 年 6 月 16 日《申报》所载的行人行路规则中，就开宗明义："工部局条告有云。"也就是说，这一规则的内容既有告示的传播，又有通过报纸的传播，两者兼有。又如，庭审实况的传播又与旁听人的著述传播结合在一起。一方面，旁听人在庭审中被传播了解了租界法制；另一方面，又在旁听后的著述中，使自己接受到的传播再作了传播，即二次传播。这两次传播都源于庭审，能一举两得。可见，同一租界法制的内容可以通过不同的方式进行传播，往往不是一种方式。

尽管中国租界有不少法制的传播方式，但还有不到位之处，以致仍出现初到租界者因不知租界法制而违法、被罚的情况。上海租界就出现过这样的情况。"有北人初到上海，不谙租界章程，在马路上大便，被巡捕提去"，巡捕要他罚洋，才能被释放，可"其人不服，吵闹不休"，于是，被押送到会审公廨。审判中，他用传统思维为自己辩解，说："难道上海人都是一肚子屎，从不大便？"法官则反驳说："非禁汝大便，大便自有坑厕，但不应在马路上耳。"判决之后，这位北人就说："何不多出告示，此明明欺我初来上海之人。"法官无言以对，只是把他赶出公廨。"官命逐出，其人悻悻而去。"①这说明上海租界的法制传播中有缺位之处，以致有人不知法而犯法。

另外，有些传播的租界法制内容带有消极因素，歧视华人是其中之一。上海英美租界于 1864 年建有外滩公园。它三面环着黄浦江，风景独好，而且还是上海的第一个现代公园。②在它建成、开放后，即公布告示，内容为公园规则，但其中有歧视华人的语言。"外滩公园是跟以后所造的几个公园一样，不许华人入内，甚至园门口还挂着极侮辱华人的牌子"，这种情况在 1928 年以后才得以改变，因为"直到 1928 年起，华人才可以到公共租界各公园去玩，只要购买门票"。③这里所指的"极侮辱华人"的内容是指"华人与狗不得入内"。④这类消极内容传播以后，引起了正义人士的极

---

①　陈无我著：《老上海三十见闻录》，上海书店出版社 1997 年版，第 244 页。

②　上海通社编：《上海研究资料》，上海书店 1984 年版，第 473 页。

③　同上书，第 481 页。

④　蒯世勋等编著：《上海公共租界史稿》，上海人民出版社 1980 年版，第 438 页。

大愤慨，也广受华人的批判。① 可见，中国租界传播的法制内容中，也鱼龙混杂。

三、中国租界法制传播的结果

中国租界传播其法制以后，产生了结果，主要体现在以下四个方面：

（一）为现代城市建设作支撑

中国租界法制广泛传播以后，使居住、进入租界的人们较为方便地吸纳、接受现代法制，并以此来调整、规范自己的行为，于是租界逐渐建立起现代的法制秩序。在上海公共租界，经过交通法规的广泛传播，交通事故明显减少，交通秩序日趋改善。据统计，1939 年 6 月发生的这类事故就减少许多。其中，事故总数比前一个月减少 22%，受伤人数减少 23%，死亡人数减少 33%。② 从总体上看，法制也正常运行。现代的议事组织"租地人会""纳税人会"先后被建立起来，立法机器不停运作；现代的行政管理机构"工部局""公董局"各自设立起来，不断行使行政管理和执法职能；现代的司法机构"领事法庭""会审公廨"前后产生，独立行使司法权，发挥司法作用等。这又规范、引领了上海的现代城市建设并成为其发展的支撑。上海城市由此而迅速发展起来，在全国率先实现现代化。

上海租界颁行大量有关发展现代经济方面的规定，其内容涉及租地，物价，税收，债券、证券、限制非法囤物等一些方面。③ 它们规范、促进了上海租界的经济，使其不断现代化，以致"上海从一个封建的商业城镇一跃而为我国最大的近代都市，并成为一个具有多功能的经济中心"。④ 在工业方面。那时的造船业、纺织业和电力业是上海租界工业中的重要组成部分，都发展很快。以造船业为例。1852 年上海美租界首办现代造船业。到了 1900 年上海公共租界便发展有 6 大船坞和 1 个机器制造厂，总资本达 557 万两银子。在此后的 30 余年里，又有了更大的发展，以致

---

① 倪墨炎选编：《浪淘沙：名人笔下的老上海》，北京出版社 1999 年版，第 127—128 页。
② 马长林等著：《上海公共租界城市管理研究》，中西书局 2011 年版，第 174 页。
③ 王立民著：《上海法制史》，上海人民出版社 1998 年版，第 204—211 页。
④ 上海研究中心、上海人民出版社编：《上海 700 年》，上海人民出版社 1991 年版，第 138 页。

"成为英国资本在中国投资中的最大企业之一，垄断着整个中国的船舶修造业"。① 在商业方面。那时的各种商贸活动在上海租界均十分活跃，也很发达。以洋布商业为例，19 世纪 50 年代上海有店址记录的洋布店共有 14 家，租界仅有 6 家，只占了 43%。可到了 1932 年，全市洋布店多至 573 家，租界竟多达 366 家，占了 64%，其销量大大超过华界。② 在金融方面。以银行业为例。1847 年第一家英资银行丽如银行在上海英租界开张。到了 20 世纪初，德国、法国、荷兰、意大利和美国等许多西方银行纷纷落户上海租界，数量达 35 家。③ 与此同时，中国的银行也逐渐立足上海租界，在 1913 年到 1921 年的 8 年间，就新设 26 家之多。上海租界的银行资本大增，"以致人们都公认上海不但是那时全国的金融中心和枢纽，而且还是远东金融中心，被称为'东方的纽约'"。④ 文化、教育也都是如此。⑤

　　在这样的现代社会中，人们比华界的大众更早享受现代生活。以上海租界为例。他们在家里，使用自来水、肥皂、电灯、热水瓶、抽水马桶，吃罐头食品，吸卷烟；走出家门，可乘公共汽车、电车，穿橡胶鞋，吃西餐，逛现代大商店；走到娱乐场所可以看到现代的电影、话剧、马戏表演，还可以跑狗、赛马、溜冰、跳舞等。⑥ 有学者研究了上海租界社会以后认为，以租界为中心的上海城市为远东屈指可数的大都市。⑦ 当然，这样的城市不是没有缺陷，相反，有些方面还很明显。比如，贫富两极分化严重，丑恶现象泛滥，黑社会组织活动触目惊心，绑票、贩毒和贩卖人口的犯罪猖獗等。⑧

---

①　汤伟康、杜黎著：《租界 100 年》，上海画报出版社 1991 年版，第 89 页。

②　王立民著：《上海法制史》，上海人民出版社 1998 年版，第 210 页。

③　政协上海市委员会文史资料工作委员会编：《旧上海的外商与买办》，上海人民出版社 1987 年版，第 73—77 页。

④　上海研究中心、上海人民出版社编：《上海 700 年》，上海人民出版社 1991 年版，第 138 页。

⑤　王立民：《上海租界的现代法制与现代社会》，载《华东师范大学学报（哲学社会科学版）》2009 年第 5 期。

⑥　汤伟康、杜黎著：《租界 100 年》，上海画报出版社 1991 年版，第 167—168 页。

⑦　费成康著：《中国租界史》，上海社会科学院出版社 1991 年版，第 270 页。

⑧　王立民：《上海租界的现代法制与现代社会》，载《华东师范大学学报（哲学社会科学版）》2009 年第 5 期。

（二）给规避法制留有空间

中国租界的法制经过传播以后，为越来越多的人所知晓、掌握。这种法制是世俗法制，属地性很强，不同租界的法制不会全都一样，而且各租界的法制仅对本租界有效，对其他租界和地区就无效。这就为规避法制留有了空间。人们可以利用这一点为己服务、谋利。这在上海租界就是如此。

进步人士在革命时期，利用经过传播而获得的上海租界法制知识，到法制环境较为宽松的租界从事进步活动。20 世纪前期的一段时间内，上海法租界的法制环境相对宽松，特别是在袁世凯死后，那里的党禁被解除，只要不明目张胆地进行反租界当局的暴力活动，上海法租界一般不会多加干涉。于是，不少进步人士便利用这一点，到上海法租界从事革命活动，为中国的革命事业服务、谋利。他们在那里创办一些进步刊物，宣传革命理论，唤醒人们的革命自觉。其中，有 1919 年由邵力子等人创办的《觉悟》，有 1920 年由陈独秀等人创办的《新青年》，有 1920 年由李达主编的《共产党》月刊等。就是有一些被认为是过激的革命理论，一般也不会像清政府那样惩处。陈独秀于 1921 年 10 月和 1922 年 8 月两次因宣传"过激主义"而被上海法租界巡捕羁押，其结果是分别被关押了 22 天和 5 天，都被处以罚银元了事。事后，他还是在上海法租界照样进行进步活动。1921 年 7 月中国共产党选择在上海法租界的望志路（今兴业路）召开第一次全国大会，与这种法制环境相对宽松也有关。① 可见，进步人士规避租界法制是为了中国人民的革命事业，为了中国的独立、自由和解放，为人民服务、谋利。

进步人士可以规避法制，不法分子也可以规避法制，其结果是为己私利而扰乱治安，祸害百姓。他们通过租界法制的传播，掌握了其中的内容，规避法制，从事非法活动。上海美租界建立初期，法制不健全，与其相邻的上海英租界则法制比较完善。于是，一批不法分子就利用上海美租界法制不健全这一点，流窜到美租界犯案，导致那里流氓成群，社会治安情况很差。1854 年 8 月 11 日的《上海公共租界工部局各委员会会议录》记载

---

① 熊月之：《中共"一大"为什么选在上海法租界举行》，载《学术月刊》2011 年第 3 期。

说："与英租界一水之隔的北岸地区（指美租界）向以中西流氓汇聚之胜地而闻名。这些流氓被逐出英租后，很可能会窝藏在该地区。英租界一有动荡，他们便可伺机捣乱。"① 经过上海美租界法制的发展和治理的加强，这种情况在 1863 年才有明显好转。此年 9 月 22 日的《上海新报》报道说："外虹口一带（指美租界）前有土棍甚多，常常酒醉滋事，后来巡捕觉察认真，此种土棍均已散去，百姓做生意颇为安静兴旺之至。"这些都发生在上海英租界与美租界之间。

上海英租界与法租界之间也存在这种规避法制的现象。有座名为"郑家木桥"的桥梁横跨上海英租界与法租界，其北面是英租界，南面则是法租界。这两面分属于不同租界，就由不同租界的巡捕房管辖。其北面由上海英租界的巡捕房管辖，南面则由上海法租界的巡捕房管辖。他们各自为政，互不统辖。这就给一些知晓相关法制的不法分子带来了规避法制并从事非法活动的机会。他们云集在桥堍，见有老实的农户来出售农产品，就前来敲诈勒索。"若被害人高声呼唤，英租界巡捕过来干涉，则逃至桥南，法租界巡捕过来干涉，则逃至桥北。"他们能够玩弄这种猫捉老鼠游戏的原因，就在于可以规避法制。"因为桥南北分属，英法两租界，形同二国，在英租界犯罪，到法租界就不管，反之亦然。这样就被坏分子钻了空子。"此后，人们就把此事编成一句口头禅，告诫老百姓当心吃亏。"由此，上海旧社会流行着一句话：'当心郑家木桥小瘪三'，成为上海人民群众当心吃亏的口头禅。"② 总之，给规避法制留有空间也成为中国租界法制传播后的一种结果。

（三）便于华界移植租界的法制

中国租界先于华界实现法制现代化。中国城市中的华界又大多靠近租界。中国租界法制传播的受益者少不了华界，因为其具有得天独厚的地理条件。事实也是如此。上海华界在受到租界法制的传播后，从中受到启发，移植其法制，也迈出了法制现代化的步伐。这里以上海华界移植上海公共

---

① 上海档案馆藏：卷宗号 H1—1—881。
② 中国人民政治协商会议上海市委员会文史资料工作委员会编：《旧上海的帮会》，上海人民出版社 1986 年版，第 89 页。

租界的"种痘"规定为例。1869 年上海城市流行天花，租界中的外国人也有人染病，高峰时一个月要发现 12 个病例。于是，工部局的卫生顾问亨德森于 1870 年向工部局建议，禁止使用上海本地运用的传统"痘痂法"，改用西方的"种痘法"。① 此建议的主要内容有：当地居民免费种牛痘；告知居民种牛痘的地点；指导中国的开业医生接种牛痘的方法；准备充足的牛痘疫苗等。② 这一建议得到该董事会的批准，形成了决议，作为规定并得以实施。③ 这一规定实施以后，效果良好，再经亨德森的多次呼吁，上海华界移植了公共租界"种痘"的规定。同年上海道台发布告示，指出种痘既经济又安全，愿意种痘的人们可以去城隍庙医院或租界的外国机构接种，禁止使用本地人预防天花的痘痂法。这样，整个上海不论是租界还是华界，都适用"种痘"的规定，这种现代接种天花疫苗的方法便成为上海城市预防天花传染病的一次重要措施了。④

　　还有，在城市道路交通法制方面，上海华界也有移植上海租界的地方。比如，行政执法机构的名称、机构、规定多移植于上海公共租界的工部局。上海华界于 1895 年设立的南市马路工程局，1897 年改称的南市马路工程善后总局，1905 年又称为上海城乡内外总工程局等，都移植了上海公共租界的工部局称谓。还有，南市马路工程善后总局移植了工部局下属的巡捕房设置，也设立了捕房，雇用了 6 名印度巡捕。此后，到了南京国民政府时期，上海改名为上海特别市，那时华界制定的有关道路交通的规定，也移植了上海公共租界的《上海工部局治安章程》。⑤ 可见，上海华界移植了不少上海租界的现代法制，并使自己的法制也逐渐现代化了。

（四）开展中国租界法制的研究

　　中国租界法制经过传播以后，为越来越多的人所知道和关注，也使

---

　　① 马长林等著：《上海公共租界城市管理研究》，中西书局 2011 年版，第 61 页。

　　② 上海市档案馆编：《工部局董事会会议录》（第 4 册），陆森年等译，上海古籍出版社 2001 年版，第 687 页。

　　③ 同上书，第 716 页。

　　④ 马长林等著：《上海公共租界城市管理研究》，中西书局 2011 年版，第 61 页。

　　⑤ 练育强著：《城市·规划·法制——以近代上海为个案的研究》，法律出版社 2011 年版，第 421—423 页。

人们开始研究这一法制。以对上海租界会审公廨的研究为例。① 它建立于1869 年的上海租界。随着《上海洋泾浜设官会审章程》的颁布和运作及其影响的扩大，对它的研究也随之开始了。到了 20 世纪二三十年代，这类研究成果已有不少。这里仅列举其中的 4 个研究成果为例。

1925 年以"《国闻周报》记者"为名的作者在《国闻周报》第 2 卷上发表了《上海会审公廨史略》的研究文章。② 此文发表于上海的五卅惨案以后，从"收回上海会审公廨"的角度，较为系统地研究了它的产生、发展过程等。具体内容涉及上海会审公廨的"由来与性质""组织""管辖范围""适用之法律""诉讼程序""要求收回之交涉"等。此文对上海会审公廨的有些内容作了较为深入的研究。他在"适用之法律"部分中认为，它的法律适用与文本规定往往不一致："会审公廨虽规定适用中国之法律惯例，然旧吾国法律习惯与外人不同，故审判时外国会审官多参酌外国法理习惯。"另外，从法理上进行考量，他认为："会审公廨之现状，无条约，无依据，纯系侵权限越范围之事。"再从实际情况来看，他认为："抑自实际言之，以会审公廨组织之不良、情形之隔膜、内部之积弊，凡在上海久居之人民无不同致其愤慨。"经过研究以后，作者的结论是上海会审公廨"必当废除"。

翌年，作者甘豫立在《太平导报》第 1 卷中发表了名为《上海会审公廨之研究》的论文。③ 此文发表在各国调查司法委员团到沪、中国"已开始收回会审公廨之交涉"之际。它的主要内容分为"会审公廨之沿革""会审公廨之组织""会审公廨与我国司法之尊严""收回会审公廨交涉之经过""结论"等几个板块。对其中的有些内容，作者进行了较为详尽的分析和论述。在"会审公廨与我国司法之尊严"中，集中对上海会审公廨法官的组成进行了分析与论述。他认为，上海会审公廨的审判制度采用的"二人合议制"不合理，应为单数"如三如五如七"。这种"以二人会审会制

---

① 会审公廨又被称为"会审公堂"。

② 何勤华、李秀清主编：《民国法学论文精萃》(诉讼法律篇)，法律出版社 2004 年版，第193—215 页。

③ 同上书，第 180—191 页。

如上海会审公堂，未之或见"。接着，他进一步认为，两人中的中国法官又"由领事团委任"，这样的法官"无形中遂为领事团所支配"，因此，审判权实际上"尽操于外人之手，华官不过随同画诺"，虽为会审，"中国官员不过为陪席"。他也主张要收回上海会审公廨这样的审判机关，"收回会审公廨之不可或缓，当为国人所公认"。

1931 年徐公甫和丘瑾璋合著的《上海公共租界制度》① 一书也对上海公共租界的会审公廨进行了研究，内容安排在第三章的"司法之过去与现状"中。此文把这一会审公廨分为两个时期分别进行研究，即自会审公廨成立至辛亥革命、辛亥革命至上海临时法院成立两个时期，内容涉及文本规定、运行情况、作者的评价等。②

1935 年"上海通讯"的一个成员在一篇名为"公共租界沿革"的演讲稿中，③ 也论及上海公共租界的会审公堂，内容在"上海租界的司法"部分。他把会审公堂（廨）作为这一租界司法机构演变中的一个阶段来描述。他认为，上海公共租界的审判机关先后历经了"领事法庭""会审公堂""临时法院""特区法院" 4 个阶段。会审公堂（廨）只是其中之一。在这种变化中，他认为中国的司法权有一个从失去到一点点收回的演变过程，即会审公堂（廨）到"辛亥革命"时期便"完全受外国人所支配了"；临时法院成立后，司法权"收回一点"；发展到特区法院以后，"又收回一点"。④ 窥一斑而知全豹。总之，随着中国租界法制的传播，对其研究也逐渐开展起来。这一研究既是对现代法制的研究，也是中国现代法学的一个组成部分。

综上所述可知，中国租界的法制经传播以后，产生的是多种结果，可以说是一因多果。这些结果中，有积极因素，也有消极因素。但是，不论是哪种因素，都是中国法制现代化中出现的因素，伴随着法制现代化而产生，是这一现代化的产物，不可避免。

---

① 蒯世勋等编著：《上海公共租界史稿》，上海人民出版社 1980 年版，第 1—297 页。
② 同上书，第 162—172 页。
③ 上海通社编：《上海研究资料》，上海书店 1984 年版，第 127—135 页。
④ 同上书，第 134 页。

第十二章　华人对中国租界法制的态度

租界在中国存在了近百年，其法制也沿用了近百年。中国租界法制是现代法制，而且还早于中国清末的法制改革半个世纪诞生。华人进入租界以后，须面对这种陌生的现代法制，并对此产生了不同态度，由此而导致的行为及其结果也有所不同。本章以上海租界的两个法制事例为出发点，以斑见豹，窥视华人对中国租界法制的态度，并弥补当前在这一方面研究的不足。

这两个事例出自陈无我所著的《老上海三十年见闻录》一书。1996年上海书店出版社在出版此书时，对作者陈无我作了简要介绍："陈辅相，字无我，别署老上海，浙江杭县（今杭州）人。"他久居上海，而且是一位"在报界吃饭"的人，因此"对租界华区的琐闻故实、名公轶事、风俗流变，耳熟能详，笔之于书，自然翔实可信"。此书是一部以清末民初上海掌故旧闻和人物为主的"史料性笔札"。① 其中，就有关于上海租界法制的两个事例。以这两例为出发点，可以看到华人对中国租界法制的主要态度，即抵触或接受的态度，并从一个侧面反映出中国租界法制实施中遇到的一些问题及其解决途径，这对今天中国建设法治中国有一定的借鉴意义。

一、中国租界的两件法制事例

事例一：有北人初到上海，不谙租界章程，在马路上大便，被巡捕捉去。捕房令罚洋释出，其人不服，吵闹不休。解赴公堂，官判加罚数元，以为吵闹者戒。其人复大辩曰："难道上海人都是一肚子屎，从不大便？"官曰："非禁汝大便，大便自有坑厕，但不应在马路上耳。"其人曰："然则老爷何不多出告示，此明明欺我初来上海之人，上海人腹中能容得许多

---

① 陈无我著：《老上海三十年见闻录》，上海书店出版社1996年版，第1页。

粪，我熬不住也。"官命逐出，其人悻悻而去。①

　　事例二：嘉兴人某甲初来上海，行至四马路棋盘街转角处，因欲解手，友人告以租界章程，须拉进捕房，罚洋二角。其人曰："洋钱事小，颜面攸关，然尿胀腹中，急不能禁，奈何？"友代踌躇，良久忽生一计，谓甲曰："君如不吝，此处棋盘街幺二堂子极多，但进去唤一移茶，便可任君解手也。"甲韪其言，入某妓院唤移茶毕，起身作欲行状。于是娘姨大姐急忙拦住，惊问欲行之故，甲曰："立欲小解，急不能待。"娘姨曰："大少何不早说？我家小姐尽有马桶，足可解手。"于是领甲入内房，坐马桶解手毕，缓缓以归，互相笑述，谓今日一场小便，值洋两元云。②

　　以这两个事例为出发点，可以探明出华人对中国租界法制内容的态度及其结果，从而可以探寻出法制得以有效运行的一定社会基础。

二、华人对中国租界法制态度直面的是这一法制的内容

　　华人对中国租界法制的态度无论是抵触还是接受，直面的都是其法制的内容。没有这一内容，不存在租界法制，也不会有对其的态度了。

（一）中国租界法制的内容与中国传统法制的内容大相径庭

　　中国租界是现代法制，最早产生于 19 世纪 40 年代，比中国清末法制改革还要早半个世纪的时间，而且，这一法制与当时中国广泛适用的传统法制差别很大。这不仅体现在法律形式、体系、结构等方面，还突出表现在内容方面。③ 中国租界法制是现代城市法制，中国传统法制则主要是农耕法制。他们的差异很大。中国租界仅存在于中国城市中的部分区域，具有租界的城市也只有 10 个。它们是：上海、天津、汉口、厦门、镇江、九江、广州、杭州、苏州、重庆。④ 这些租界法制的内容主要是集中在现代城市的管理方面。以上海公共租界为例，这一管理主要包含了城市公共环

---

① 陈无我著：《老上海三十年见闻录》，上海书店出版社 1996 年版，第 244 页。
② 同上书，第 263—264 页。
③ 王立民：《中国的租界法制与法制近代化》，载《中国法学》2008 年第 3 期。
④ 费成康著：《中国租界史》，上海社会科学院出版社 1991 年版，第 427—430 页。

境卫生管理、城市交通管理、城市建筑管理等方面。① 其法制也主要体现在这些方面。而且，其罚则以非刑事制裁为特征，不是刑罚。比如，1854年的《土地章程》就规定，禁止华人用蓬、竹、木等易燃之物起造房屋，也不允许存储硝磺、火药等易着火之物，违反者初次罚银 25 元，不改正者再罚银 25 元；禁止堆积秽物、任沟洫满流，肆意喧嚷和滋闹，违反者每次罚银 10 元等。② 中国租界法制内容是一种近代城市法制内容，一般不会在中国其他地方出现，直到清末法制改革以后才有转机。这种法制来源于西方的现代法制，是其在中国租界的移植与延伸。它以民主、平等、公正等为特征，是一种现代法治的体现。

那时，中国其他地方实施的法制则是传统的农耕法制，它与中国租界法制的内容大相径庭，突出表现在如下两个方面：第一，其内容大量与农村的土地、户籍、税赋等方面相关。以《大清律例》为例，它就有许多这一方面的规定。《大清律例·户律·户役》中的"脱漏户口""赋役不均""丁夫差遣不平""逃避差役"等条；《大清律例·户律·田宅》中的"欺隐田粮""检踏灾伤田粮""盗卖田宅""盗耕种官民田""荒芜田地""弃毁器物稼穑等"等条；《大清律例·户律·仓库》（上）中的"收粮违限""多收税粮斛面""揽纳税粮"等条，所规定的内容都是如此。第二，其制裁方式主要是刑罚。比如，《大清律例·户律·户役》的"脱漏户口"条规定："凡一户全不附籍，有赋役者，家长，杖一百；无赋役者，杖八十。"其他的规定也都是用刑罚来制裁违反者。可见，中国传统法制的内容与租界法制的内容大不一样。这一传统法制来源于中国本土，是一种在古代土生土长的法制。它以专制、特权、不公平等为特征，是一种传统人治的体现。即使在清末民初，已开始进行法制改革，但现代法制要真正深入民众的生活还有一个过程。

（二）中国的绝大多数华人知晓传统法制的内容而不熟悉租界法制的内容

中国的华人长期生活在中国传统法制的环境中，已知晓这一法制，而

---

① 马长林等著：《上海公共租界城市管理研究》，中西书局 2011 年版，第 4 页。
② 史梅定主编：《上海租界志》，上海社会科学院出版社 2001 年版，第 685 页。

对中国租界现代法制的内容却十分陌生。当他们进入租界以后，无法或不能够及时掌握这些内容时，就会不自觉地陷入违法的泥潭。这时，他们对这一法制的态度便自然而然地产生了。前述两则事例中所涉及的上海租界法制的内容都是关于城市公共环境卫生方面的规定。其涉及的是禁止随地大便和小便的规定。中国传统法制中均无这些内容，因为在广大农村地区随地大小便是不被禁止，也是无法禁止的，就是在一些城市也不例外。上海租界以外的华界就是如此，被认为"中国地界则污秽不堪""老幼随处可以便溺"。①可是，在中国租界就不同了，要建设的是近代城市，必须保有现代城市的公共卫生环境，禁止随地大小便的规定就不可或缺了。

上海租界很早就有禁止随地大小便的规定。早在1873年上海租界就张贴布告，禁止随地大小便，以后的几天里也确有违反这一规定而被巡捕抓获者。②1876年葛元煦所著的《沪游杂记》一书专门记载了《租界例禁》，内容有20条，涉及上海租界生活中的许多方面，包括了有关城市公共环境卫生法制的内容，其中就有"禁道旁小便"的规定。③那时，上海流传"上海洋场竹枝词"，其中有一首的内容也与这一规定有关，"途中尿急最心焦，马路旁边莫乱浇。倘被巡捕拖进去，罚洋三角不轻饶"。④随地小便已在禁止之列，随地大便更在禁例之中了。华人进入上海租界以后，遭遇这一现代法制的内容，措手不及，对其便产生了一种态度，事例中的"北人"和"嘉兴"人都是如此。

三、对中国租界法制的态度因人而异

在中国租界的华人因各人的情况不同而有所差异，而非千篇一律。这里的情况，既包括来源地及其性格，也包含了接受法制传播程度等一些因素。事例中的"北人"与"嘉兴"人对上海租界法制的不同态度，就受这

---

①　郑观应著、夏东元编：《郑观应集》（上），上海人民出版社1982年版，第663页。

②　马长林等著：《上海公共租界城市管理研究》，中西书局2011年版，第58页。

③　〔清〕葛元煦等著：《沪游杂记　淞南梦影录　沪游梦影》，郑祖安等标点，上海古籍出版社1989年版，第3页。

④　马长林等著：《上海公共租界城市管理研究》，中西书局2011年版，第135页。

些因素的影响。

(一)"北人"与"嘉兴"人对租界法制态度不同

"北人"对上海租界法制的态度是抵触。这一抵触态度表现在多个方面。首先,对行政执法机构的执法行为表现出抵触的态度。巡捕是上海租界的警政人员,巡捕房是上海租界的警政机关,也是行政执法机构,查处违法行为是其职责。对巡捕房的依法行使职权行为的抵触态度就是对上海租界法制的抵触态度。"北人"因在上海租界"马路上大便"而被巡捕房拘捕,即"被巡捕房捉去"。当巡捕房判处其罚款的时候,他十分抵触,不仅不服,还不停吵嚷。"其人不服,吵闹不休。"其次,对司法官的判决表现出抵触态度。司法官的判决是司法审判的结果,也是法制中的重要组成部分。由于"北人"不接受巡捕房的罚款,所以此案被移送到会审公廨"解赴公堂",即上海租界的审判机关。经会审公廨的判定,加罚"北人"罚款金额。可是,他仍抵触上海租界关于禁止随地大便的规定,不服判决。"其人复大辩曰:'难道上海人都是一肚子屎,从不大便?'"他的意思是随地大便很合理,而不应把大便憋在肚子里。这与上海租界的规定格格不入。最后,对判决的执行也表现出抵触态度。审判后判决的执行是司法的一个程序,集中反映了法制的权威,也体现法制的公正性。然而,"北人"对于会审公廨判决后的执行也存在抵触态度,不思悔改,更没有认同上海租界法制的表露,当他被罚款后,只是"悻悻而去"。

与"北人"的态度相反,"嘉兴"人对上海租界法制的态度则是一种接受的态度。这一态度也有具体体现。首先,他愿意遵守上海租界关于禁止随地小便的规定。尽管这位"嘉兴"人与"北人"一样,都是"初来上海",也都是要在马路上方便一下;只是这种方便的方式有些不同,"北人"需要大便,而"嘉兴"人需要的是小便。当然,随地小便在上海租界也在禁止之列。当"嘉兴"人准备小便时,即"因欲解手"时,他的随同友人随即告之租界禁止随地小便并要罚款的规定。"友人告以租界章程,须拉进捕房,罚洋二角。"然而,他确有困难,因为"尿胀腹中,急不能禁,奈何?"在上海租界的规定与困难面前,他选择了前者,没有随地小便,愿意遵守规定。其次,他采纳了友人解决困难的良策。为了解决友人的困难，这位"嘉兴"人的友人想到了一个两全之策，既不违反租界的法制，又可解决"嘉兴"人的困难。这个良策是到可以小便的地方去小便，而不是随地小便。那时上海租界的四马路（今福州路）一带妓院较多，他们的行走之地正好靠近四马路，即"行至四马路棋盘街转角处"。他的良策就是到妓院去小便。这既可以不违法，又能解决急于小便的困难。于是他就对"嘉兴"人说："君如不吝，此处棋盘街幺二堂子极多，但进去唤一移茶，便可任君解手也。"妓院里的姨娘也积极配合，还说："我家小姐尽有马桶，足可解手。"这一困难因此而迎刃而解。"嘉兴"人接受了上海租界法制，避免了违法。

（二）形成不同的态度有一定原因

形成"北人"与"嘉兴"人对上海租界法制态度差异的原因有多个，可以说是多因一果，与社会条件、民族心理和深层意识等都有关系。如果长期生活在社会条件比较艰苦的农村，传统习惯影响比较大；又具有强烈的本国民族优越感，排斥西方近代文明的民族心理；在深层意识中还习惯人治，不愿接纳现代法制的人们，在遭遇带有西方现代要素的上海租界法制时，往往不会马上适应，首先产生的会是抵触的态度。如果生活在社会条件比较优越的城市，传统习惯影响相对较小；知识面比较宽，接收的西方现代文明比较多，就不易产生一概排斥西方文明的民族心理；在深层意识中，比较认同现代法制的人们，在碰到有西方现代因素的上海租界法制时，常常会有认同感，能较快适应，产生接受的态度。"北人"与"嘉兴"人对上海租界的态度差异就与这些原因有关。

然而在众多原因中，法制传播程序、不同群体的性格差异十分重要。法制的传播对法制的实施至关重要。法制的真谛在于实施，不能实施的法制如同一张废纸。为了便于大家都能施行法制，做到守法，不传播法制不行。因为，不传播，大家就不知其内容，也就无法遵守、实施了。当然，法制传播的途径多种多样。在当时，可以是口头传播，也可以是文字传播、广播传播等。其中的口头传播有自己的优势，特别是在朋友之间，比较直接，也具有可信度，可起到较好的效果。那个"嘉兴"人到上海租界算是很幸运的。当他准备随地小便快要构成"违法"时，他的上海友人及时告知他上海租界禁止随地小便的规定，使其避免了违法的处境。法制传播也因此而收到了应有的效果。可是那个"北人"就没有那么幸运了。他独身一人在上海租界行走，没有随同，也没有事先掌握关于禁止随地大便的规定，以致在马路上大便，还被巡捕发现，遭到拘捕。在会审公廨作出判决以后，道出了不知上海租界法制的真相，并对上海租界法制传播产生的漏洞直言不讳。"老爷何不多出告示，此明明欺我初来上海之人。"可见，上海租界的法制传播很重要，会对进入租界的华人对法制的态度产生不一样的影响。没有受到传播的，易抵触，如"北人"；受到传播的人，易接受，如"嘉兴"人。

另外，华人的性格也会对中国租界现代法制的态度发生作用。中国地域广阔，差异大，而且这种差异往往会集中在人的性格中表现出来。北方人和南方人就是这样。这正如林语堂在《北方与南方》一文中所言："南方与北方的中国人被文化纽带连在一起，成为一个民族。但他们在性格、体魄、习俗上的区别之大，不亚于地中海人与北欧日耳曼人的区别。"①有关北方人与南方人性格的具体差别，鲁迅有过表述。他说："据我所见，北人的优点是厚重，南人的优点是机灵。但厚重之弊也愚，机灵之弊也狡。"②林语堂的表述更为充实一些，也更为具体一些。他说："我们看到的是北方的中国人，习惯于简单质朴的思维和艰苦的生活，身材高大健壮，性格热情幽默，吃大葱，爱开玩笑。""在东南边疆，长江以南，人们看到另一种人。他们习惯于安逸，勤于修养，老于世故，头脑发达，身体退化，喜欢诗歌，喜欢舒适。"③事例中的"北人"与"嘉兴"人所表现的不同性格与这些表述十分接近，可以说，此"北人"是中国北方人的典型，"嘉兴"人则是中国南方人的典型。当他们初次进入上海租界并同样遇到陌生的法制以后，其不同性格便表现得淋漓尽致。面对巡捕房的巡捕和会审公廨的法官，"北人"还是用自己质朴简单的思维，坚持自己农耕生活中养成随地大小便的习惯，固执地认为随地大小便的合理性，甚至大吵大闹，不惜以身

---

① 鲁迅等著：《北人与南人》，中国人事出版社 2009 年版，第 5 页。
② 张品兴选编：《国民性面面观》，中国国际广播出版社 1999 年版，第 60 页。
③ 鲁迅等著：《北人与南人》，中国人事出版社 2009 年版，第 5 页。

试法，以卵击石，最后被罚款了事，实在太"厚重"了。然而，那个"嘉兴"人则是另一种性格，他十分"机灵"，也表现出修养与世故。当友人告知其在上海租界随地大小便要被罚款时，十分看重脸面，宁可多出钱，用钱消灾，以喝茶顺带去妓院小便的办法遵守了法制，以致平安无事。可见，他们的不同性格，也都对他们对上海租界法制的态度产生了影响。当然，这也可以改变。随着社会的进步，法制宣传力度的加大和法制知识的普及，法律意识和素质的提高，人们的性格对法制的影响力也会减弱，守法将成为广大公民的一种共同义务。上海租界的后期，像"北人"的这类案件就十分少见了。

四、对中国租界法制的不同态度会产生不同的行为及其结果

人的态度是人们对事物的一种看法，属于主观因素。这种主观因素又往往会对人的行为及其结果产生很大影响。从人的行为及其结果中又往往能发现其态度。人的态度不同，其行为及其结果也往往不同，尤其是对法制的行为及其结果。因为法制只容忍合法行为，不容忍非法行为，不仅如此，还会惩罚非法行为。人们对中国租界法制的态度也是如此，往往会对其行为及其结果产生很大的影响，事例中的"北人"和"嘉兴"人就是这样。

（一）华人的态度不同其行为与结果也不同

"北人"对上海租界法制的抵触态度，产生了违法行为并致其受到司法追究的结果。他从不知这一法制开始，违反了禁止随地大便的规定，但是在被巡捕拘捕并"令罚洋释出"以后，则转为抵触的态度。"其人不服，吵闹不休。"于是，对他的处理开始升级，由司法审判来作最后的断定。在司法审判过程中，"北人"仍然坚持华人的农耕习惯，对上海租界的近代城市法制抱有抵触态度。"其人复大辩曰：'难道上海人都是一肚子屎，从不大便？'"法官当场给予解释，"官曰：'非禁汝大便，大便自有坑厕，但不应在马路上耳'"。判决之后，他仍然没有彻底改变抵触的态度，还说"上海人腹中能存得许多粪，我熬不住也"。最后，"官命逐出"，他只得悻悻而走。这是一个非常尴尬的结果。一个华人，刚进入上海租界不久，就因

违法而被罚款，与巡捕、法官不欢而散，心里肯定不好受。

　　"嘉兴"人的结果则不相同，尽管他付出了更多的代价，但却避免了违法的尴尬。他在友人告以上海租界禁止随地小便的规定以后，采取了接受这一法制的态度，不再随地小便，而去积极寻找解决尿急的办法。"其人曰：'洋钱事小，颜面攸关，然尿涨腹中，急不能禁，奈何？'"最后，他如愿以偿，只是多花了些钱而已。因为，到妓院去喝茶，顺带小便的花费要 2 元，是罚款数额 2 角的 10 倍。"今日小便一场，值洋两元"，虽然多花了钱，可是免去了违法的尴尬。为此，"嘉兴"人与上海人的心情还不错，"缓缓而归，互相笑述"。这种接受上海租界法制的态度所产生的行为及其结果，与"北人"抵触上海租界法制的态度所产生的行为及其结果相比，差之千里。

　　就整个上海租界而言，华人对租界法制的态度以接受为多。自从 1853年华洋杂居以后，上海租界里的华人居民越来越多。[①]据有数字记载的统计，他们的总人数越来越多，占租界总人数的绝大多数。1930 年时上海租界的总人口是 1442675 人，华人占了 1393864 人，即 97%。[②]可以想象，如果上海租界的华人都不接受上海租界法制，都抵制这一法制，其法制既不可能长期施行，也不可能形成现代的城市秩序和面貌。事实已经证明，上海租界法制对上海近代城市建设具有引领和保障作用，是建成这个现代城市的基础条件之一。正因为有了这种法制，上海这座现代城市才逐渐建立起来，运作下去，以致成为一个东方的国际大都市，被称为"东方纽约"。[③]

（二）中国租界的恶法理所当然地长期被广大华人所抵触

　　当然，也不是中国租界的每个规定都会得到华人的接受，少数恶法会被华人长久抵触。这种抵触是一种正义的表现，与对良法的抵触不同。上海英租界外滩公园关于"华人与狗不得入内"的规定就是如此。这个公园是上海最早的近代公园，它的地理环境也不错，三面环抱黄浦江，风景独

---

　　① 马长林著：《上海的租界》，天津教育出版社 2009 年版，第 34 页。

　　② 邹依仁著：《旧上海人口变迁的研究》，上海人民出版社 1980 年版，第 90、141 页。

　　③ 王立民：《上海租界的近代法制与近代社会》，载《华东师范大学学报（哲学社会科学版）》2009 年第 5 期。

特。① 可是，它在建成、开放前期，就公布告示，作出游园规定，其中就有歧视华人的内容，即"华人与狗不得入内"。"外滩公园是跟以后所造的几个公园一样，不许华人入内，甚至门口挂着极侮辱中国人的牌子。"这种情况要到 1928 年才得以改变，那时的上海英租界已经发展为公共租界，华人也可以入园了。"直到 1928 年起，华人才可以到公共租界各公园去玩，只要购买门票。"② 这里所指的"极侮辱华人"的内容就是指"华人与狗不得入内"。这是一种恶法，具有歧视性内容的恶法，因此它理所当然地长期遭到华人的抵触，广受批评。

早在 1889 年就有一些华人商人表达了抵触态度，提出尖锐批评。他们认为："其地当为中国土地，经费亦多出自中国人民，而中国人民不得入园一步，实为不平之事，对吾个人固为侮辱，于国家尊严尤有大损！"③ 进入 20 世纪以后，这种抵触状态丝毫没有减弱，批评仍在继续。1918 年有位华人教授来到上海租界，看到外滩公园门口的这一告示，上面还写着"华人与狗不得入内"。此时的他，"陡然地止步了，瞪着这块牌子，只觉得全身的血似乎都涌向了头部"。④ 这种抵触态度和批评一直在持续，到 1927 年还有人作了表达。郑振铎在 1927 年的第 4 卷《文学周报》上发表了《上海的公园问题》一文，文中专门讲到这一点。知道这一规定，看到华人不让进公园，他说："我当时把肺肝都气炸了！我们的地方我们不能走，那真是太可笑的笑谈了！"⑤ 其实，千千万万的华人都持这种态度，只是他们并未把自己的这一抵触态度用文字表述出来，流传至今罢了。

表达这种抵触态度的还有一些群体事件。"小车工人抗捐事件"是其中之一。⑥ 小车即独轮车，一人在后方推行，走街串巷，十分方便。可是，上海租界当局一再不合理地提高车捐，以致小车工人无可奈何，用抗捐来对付这种恶法。这种抗捐行为和酿成的事件也反映出上海租界华人对租界

---

① 上海通社编：《上海研究资料》，上海书店 1984 年版，第 473 页。

② 同上书，第 481 页。

③ 蒯世勋等编著：《上海公共租界史稿》，上海人民出版社 1980 年版，第 438 页。

④ 姜龙飞著：《上海租界百年》，文汇出版社 2008 年版，第 246 页。

⑤ 倪墨炎选编：《浪淘沙：名人笔下的老上海》，北京出版社 1999 年版，第 128 页。

⑥ 熊月之主编：《上海通史》（第 3 卷），上海人民出版社 1999 年版，第 203—209 页。

法制的一种抵触态度。1871 年的车捐每月为 200 文，1878 年增加到 435 文。1888 年还要增加到 1000 文。这大大超出小车工人的承受能力。有人经过计算后认为，每车每月的车捐在 400 文已到极限，因为工人的生活"已极困苦"。现要提高到 1000 文，工人根本无法承受。在多次协商无效的情况下，2000 余名小车工人只得集会，要求免增车捐。这遭到巡捕的镇压，但是工人们不屈不挠，最后上海租界决定暂不加捐。9 年以后的 1897 年，上海租界又一次提出要把车捐提高到每月每车 635 文，并从 4 月 1 日起执行。此日，租界内的小车工人以罢工抵制新捐，上海租界同样派出巡捕进行镇压，还在北京路桥堍与工人发生冲突。4 月 4 日，数千名小车工人再次聚集外滩，进行示威，反对增捐。示威队伍行进到广东路时，又遭巡捕镇压，两名工人被捕，更多的人受伤。工人们更为不平。

上海租界的小车工人，多无长技，家里常无隔夜之米，往往因家乡闹灾而流落到上海谋生，靠推车糊口。上海租界却一再提高车捐，以致他们无法忍受，恶法性质暴露无遗。经过不断的抗争与协商，最终于同年 6 月这一事件才得以平息。解决方案是：一方面，适当增加小车运费；另一方面，则是每车每月增捐 100 文，另 100 文不由工人负担，而由业务帮助补贴解决。这一事件虽是一种较为极端的事件，但与法制联系在一起，凸显出上海租界的华人对租界恶法的抵触态度。

随着中国进步力量和革命的发展，政治活动越来越多，在上海租界里面召开政治性会议不可避免。中国的进步力量利用上海租界与华界的不同环境和条件，就选择在租界召开一些进步的政治性会议。这遭到了上海租界的反对和阻碍。早在 1920 年上海租界就颁行了取缔政治性会议的"条例"。此条例规定，未经租界许可，不得在租界内召开"政治性会议"；如要召开此类会议，必须"至少于 48 小时前到捕房请求必要之核准"等。[1]这种阻碍中国进步力量和革命发展的恶法与中国历史发展的洪流相违背，必然遭到中国人民特别是中国共产党的长期反对，政治性会议不断在上海租界举行。中国共产党的第一次、第二次、第四次代表大会都在上海租界

---

[1] 王立民著：《上海法制史》，上海人民出版社 1998 年版，第 202 页。

举行，上海租界成为中国共产党早期多次召开代表大会的地点。中国共产党在上海租界召开的其他政治性会议就更多了。

对待事物的态度是一种主观心理。它一方面是这一事物客观存在的反映，没有这一事物，也不会产生对其的态度；另一方面持这种态度的主体还会受到自身各种因素的影响。这种因素比较广泛，包括了生活习惯、对行为规则的认知、经济条件、生长地域、性格、饮食方式等。这些自身因素往往会影响到对待事物的态度，以致对待同一事物产生不同的态度。对待中国租界法制的态度也是如此。同是进入租界的华人，面对的是同样的租界法制，但会产生不同的态度，或是抵触，或是接受。抵触者往往演变为违法，接受者则为守法。对法制的态度不同造成了实施法制后果的不同。然而，法制是一种强制性较强的行为规则，违反以后要受到应有的制裁，因此不同的态度又会引起不同的结果。违法者会受到法律的制裁，守法者会得到法律的保护。

今天，中国正在推进法治中国的建设。为了使中国尽快实现自己的法治建设目标，有必要充分关注各类群体对中国法治的态度，采取适当的对策。首先，立法时要重视民众的态度，充分考虑大家的承受能力。立法是个公开的过程。在这个过程中，要重视了解各种群体对新法律的态度，充分考虑大家的承受能力，使制定的法律能为多数人所接受，而不抵触，避免法不责众的情况产生。其次，要维护法制的统一性。中国是单一制国家，更要重视法制的统一性，以维护法制的权威与严肃性，也有利于法制在全国的施行。各地都要坚持贯彻、执行国家制定的法律，同时也可以在与中央的法律保持一致的情况下，根据各地法制建设的需要，制定一些地方性法规。总之，要把法制的原则性与灵活性有机结合起来。再次，法律制定以后，要进行广泛宣传，做到家喻户晓。法律的制定是为了法律的实施，产生积极的社会效果，这就需要宣传，以使大家接受、守法，而不抵触、违法。最后，要严格执法、司法，树立法治的权威。通过严格的行政执法和司法来树立法治的权威，营造良好的法治环境，以使一些具有抵触态度的民众能从法治中吸取经验与教训，转变态度，逐渐接受法律，融入守法队伍。这一切最终是为了保证国家的长治久安，人民的幸福安康。

第十三章　中国租界里的中国巡捕与反思

　　巡捕是中国租界里的警政人员，即警察。巡捕房是警政机关。中国最早产生巡捕是在上海租界，时间是 1854 年。[①] 此后，中国其他租界设立的警察也都称为巡捕。巡捕可以用国籍来称谓。比如，英国籍巡捕被称为英国巡捕，中国籍巡捕称为中国巡捕，也称为华人巡捕、华捕。1945 年，中国租界全部、真正收回，巡捕也随之退出历史舞台。

　　本文以《英国巡捕眼中的上海滩》（Shanghai Policeman）一书为基本素材，展开论述。此书作者是英国人彼得斯，出身于英格兰，"16 岁离开学校在运兵船上打工，后来在煤矿作运煤司机"，之后又随皇家坦克部队在印度服役了 5 年。回国后，正遇到经济危机，无事可做，看到在英国招募上海公共租界巡捕的消息后，去报了名，如愿以偿。他于 1929 年 11 月到上海公共租界任巡捕，1936 年 4 月因涉嫌杀害华人乞丐而被辞退，回到英国，总共在上海公共租界当了 6 年多巡捕。[②] 彼得斯周围有许多中国巡捕，有些还是他的同事，每天都要与他们打交道。彼得斯回国后，把自己的巡捕经历写成回忆录《英国巡捕眼中的上海滩》一书并于 1937 年公开出版，其中有不少篇幅专门描述中国巡捕，是目前所见关于中国巡捕内容最为丰富而且是一手资料的一部著作。

一、中国巡捕的人数多、工资最低但工作表现不错

　　中国巡捕是中国租界中人数最多的一个群体，另有一些是外国巡捕。中国巡捕与外国巡捕相比较，最突出的是两点，一是人数多收入少，二是工作表现不错。

---

　　① 参见史梅定主编：《上海租界志》，上海社会科学院出版社 2001 年版，第 244 页。
　　② 参见［英］E. W. 彼得斯著：《英国巡捕眼中的上海滩》，李开龙译，中国社会科学出版社 2015 年版，"序"第 2 页。

（一）中国巡捕人数多但工资最低

中国巡捕的人数与国籍都有个发展过程。刚开始设立巡捕房时，只有几个巡捕，都是西方国家的国籍。此后，随着租界地域的扩大和租界居民人口的增多，巡捕队伍也随之增大，巡捕的国籍也有所增加。到了20世纪30年代，上海公共租界里巡捕的国籍已有英国、日本、印度和中国等，其中中国巡捕的人数最多。彼得斯说："（上海）公共租界的巡捕里有英国人、日本人、印度人（锡克人居多）和中国人，总数达到5463人。英国人是主要领导力量，但是中国人在人数上占有绝对优势。"①

彼得斯的这一说法基本属实，因为这得到其他人的印证。有人作过统计，而且表述得更为具体一些。"到1935年，（上海公共租界）巡捕人数扩大到近5000人"；其中，有"489名欧洲巡捕"，"欧洲巡捕大多是英国人，有少数白俄罗斯人。他们和583名锡克人、251名日本人及3574名中国人一起负责上海的治安"。②这一统计情况与彼得斯的说法基本吻合。

中国巡捕的人数占了绝对多数，干的活也就最多，但工资却最低。彼得斯把同为东方人的中国巡捕与日本巡捕作比较，反映他们的工资差距。"中、日两国巡捕工资标准的差异是无止境争端的根源之一。在我看来，华捕完全有理由抱怨。在被录用之初，华捕每个月的工资还不到1英镑10先令，而日捕则能拿到大约8英镑。"③可见，中国巡捕的工资低得难以置信，连彼得斯都看不下去，认为"华捕完全有理由抱怨"。

（二）中国巡捕的工作表现不错

中国巡捕的人数多、工资最低，工作表现如何？彼得斯经过自己的观察并写入《英国巡捕眼中的上海滩》一书。他在书中以自己的中国巡捕同事为例，讲到其工作表现，认为不比欧美国家的警察差。"要是公正地评判的话，与我结伴的华捕在应对突发事件上还是很有一手的，尤其是应对武装抢劫或者绑架之类需要做出迅速反应和射击的犯罪行为，这位华捕绝对

---

① ［英］E. W. 彼得斯：《英国巡捕眼中的上海滩》，李开龙译，中国社会科学出版社2015年版，第6页。

② 同上书，"序"第3页。

③ 同上书，第10—11页。

不比欧洲或美国的任何警察差。"①

当然，彼得斯也看到中国巡捕的弱点，这就是工作时间偷懒。他说："华捕的偷懒技术已到了炉火纯青的地步。"接着，他就举了个例子来加以证明，"一个华捕想打个盹，让他的同伴放风，没承想他的同伴也抵挡不住困意，结果两人都被抓了个正着"。②

但是，当要务出现时，中国巡捕会奋不顾身，拼命执行任务。彼得斯阐述道，"华捕平时执勤时爱偷懒，要有人看着才不会敷衍了事，但是当意外情况发生需要有人站出来时，华捕则往往会有惊人的表现。他们不太讲究战略，但是绝对敢拼命，任何与他们交手的武装劫匪都是要倒霉的"。③

所以综合起来看，彼得斯认为，中国巡捕的工作表现还是不错。这是他对中国巡捕的一个总体评价。"综合所有优点和缺点，再考虑到华捕获得的微薄的工资（刚加入警队时，大约每月只有28先令），他算得上一个不错的巡捕了。"④

彼得斯能得出这样的评价并非空穴来风，而是以比较为依据。在他的视野中，还有日本、印度与俄国等国的巡捕。与他们的工作表现作比较，他得出了中国巡捕工作表现不错的结论。

彼得斯认为，日本巡捕只有在日本人面前才是个好巡捕。"在任何涉及日本国民的情况下，这些日捕是绝对的好巡捕，可是对日本人之外的事，我实在没什么可说的。"印度巡捕头脑简单，缺乏独立的行动能力，需有人指导才行。"印度人特别是其中的锡克人则主要是负责管理交通。他们通常身形高大、简单随和，但需要有人指导。一旦有了正确领导他们的人，他们绝对是坚不可摧的。"俄国巡捕虽然工资待遇与英国巡捕一样高，但工作表现极差。"最后一类是俄国巡捕。他们的工作内容和我们是一样的，工资

---

① ［英］E. W. 彼得斯：《英国巡捕眼中的上海滩》，李开龙译，中国社会科学出版社2015年版，第8页。

② 同上。

③ 同上书，第84页。

④ 同上书，第9页。

待遇也一样"，"但是90%的俄捕连本职工作都干不好"。① 为此，彼得斯还讲到具体情况。"这些俄捕在这里待了五六年了"，"但是他们知道的警务知识依然少得可怜，在其他巡捕看来，他们都是极不合格的巡捕"。② 由此来判断，中国巡捕的工作表现还算比下有余了。

二、中国巡捕也干违法犯罪之事

中国巡捕与其他巡捕一样，也干违法犯罪之事。其中，主要是受贿与刑讯犯罪嫌疑人。

（一）受贿

受贿是中国巡捕的家常便饭之事。彼得斯称其为"揩油""收黑钱"等。他首先罗列了中国巡捕受贿的几种情况，其中主要是处理违章设摊、交通事故、搜查鸦片馆与地下赌场等几种情况。他在书中说："某一片区域的西捕巡长发现自己管辖的地区里某个地方的店主把各种货物堆到门口，甚至占用了人行道，于是他就让自己手下具体分管这一片地方的华捕前去处理，华捕向上司保证障碍马上就会被清理，但实情却是，这个华捕警告店主的时候，店主通过甜言蜜语求得谅解，再送上点儿贿赂就可以蒙混过关了。"③

这种受贿情况不仅发生在处理违法设摊中，还发生在处理交通事故与搜查鸦片馆与地下赌场中。彼得斯说，"在街上，一个开着机动车的中国有钱人和黄包车车夫之间发生了交通事故。哪怕是很小的事故，按规定，巡捕也有义务登记具体的信息并向巡捕房汇报"，"但是巡捕就会借机揩油，否则就不同意私了"。这样的受贿情况还发生在搜查鸦片馆与地下赌场中。"类似以权谋私的情况，在巡捕搜查鸦片馆或是地下赌场的时候也经常发生。"④

---

① ［英］E. W. 彼得斯：《英国巡捕眼中的上海滩》，李开龙译，中国社会科学出版社2015年版，第9页。

② 同上书，第45页。

③ 同上书，第74—75页。

④ 同上书，第75页。

接着，彼得斯还专门讲了一个具体的例子。在彼得斯带着 4 个中国巡捕去巡逻的区域里，发现了一个地下赌场，还看到"满屋的现金"，此时"有两个穿着西式服装的中国人走进来，他们很有礼貌地道歉并请求我原谅他们开办赌场的行为。我立刻摆出了公事公办的态度，要抓捕他们归案"；"于是他们又给了我 150 美元，还给了另一个华捕巡长 25 美元，并告诉我们以后每天定点来这里还可以再拿这么多钱"。① 中国巡捕是受贿人之一。

另外，彼得斯还列举了一个中国巡捕探长受贿的例子。他说："有这样一个华捕探长，做这行已经二十多年了，他私下里勾结罪犯挣了多少黑钱我们不得而知，但是几千美元肯定是有的。"② 彼得斯从事和人两种视角来说明，中国巡捕有受贿行为。

（二）刑讯逼供

中国巡捕的另一种违法犯罪之事是刑讯逼供。彼得斯很肯定中国巡捕干过这种违法犯罪之事，而且还经常发生。他说："我确切地知道华捕经常为了逼供而对嫌疑犯动用酷刑"。他印象比较深刻的是针对那些劫匪、绑匪的刑讯逼供，而且效果还比较好。他说："一个劫匪或是绑匪被抓住之后，华捕侦探会尽量从他口中挖掘关于其团伙的信息，比如藏身地点和其他成员之类。华捕侦探有时甚至会采取他们独有的酷刑来获取口供，而且经常能得到他们满意的效果。"③

就具体的刑讯手段来讲，有多种，其中包括了灌水、水刑与电击等。关于灌水，彼得斯描述到："如果不招，一个侦探就会跨坐在嫌疑犯身上，对嫌疑犯进行击打，另一个侦探则封住他的嘴等，然后把一壶温热的水缓缓地灌入嫌疑犯的鼻子。"关于水刑与电刑，彼得斯也有记载，他说："愤怒的侦探于是对这个嫌犯使用了更重的水刑折磨，甚至还用上了电击，他才最终坚持不住，坦白了一切。"④ 尽管效果令人满意，但对一个巡捕来说，

---

① ［英］E. W. 彼得斯：《英国巡捕眼中的上海滩》，李开龙译，中国社会科学出版社 2015 年版，第 77 页。
② 同上书，第 89 页。
③ 同上书，第 83 页。
④ 同上书，第 84 页。

却是一件违法甚至是犯罪之事。

彼得斯视野中的这些中国巡捕违法犯罪之事，在中国租界巡捕中普遍存在。不仅仅中国巡捕是如此，其他国籍的巡捕也是如此。这是中国租界巡捕中的一个毒瘤。

三、中国巡捕被杀害的两种情况

中国租界里的巡捕是个有风险的职业，会有被杀害的风险，中国巡捕也是如此。中国巡捕被杀害的情况主要有两种。

（一）在抓捕犯罪嫌疑人过程中被杀害

彼得斯总结了自己的巡捕生涯，认为上海主要的犯罪是武装抢劫与绑架。他讲："武装抢劫和绑架成为上海最主要的两种犯罪行为。"[①] 其中，当然包括了上海租界。这两种犯罪都以暴力为前提，以武装为手段。中国巡捕去执法，抓捕他们，就往往会与犯罪嫌疑人发生冲突，甚至火拼。在火拼中，中国巡捕有可能被他们所杀害。

一位研究过上海租界巡捕的外籍人士就认为，在彼得斯任巡捕的第一年，就有 17 名中国巡捕在与犯罪嫌疑人的火拼中伤亡，其中 4 人死亡。他说："1930 年间，也就是彼得斯被雇佣的第一年里，发生了 40 起交火事件，总计 4 名中国巡捕死亡，13 名受伤，15 名犯罪分子被击毙。"[②] 彼得斯自己也证实了这件事。他讲："当时发生了一起重大武装抢劫案件，不少华捕被劫匪杀害。"[③] 这是一种中国巡捕被杀害的主要情况，经常发生。

为了有效应对犯罪嫌疑人的暴力，在巡捕训练时，增加一些相关的独特项目，当然中国巡捕也参与了这样的项目训练。彼得斯说："由于上海的抢劫和绑架非常猖狂，所以上海的巡捕不得不加练一些模拟这些情况发生

---

① ［英］E. W. 彼得斯：《英国巡捕眼中的上海滩》，李开龙译，中国社会科学出版社 2015 年版，第 81 页。

② 同上书，"序"第 6 页。

③ 同上书，第 27 页。

时如何应对的项目。我相信这些训练项目都是上海的巡捕独创的，世界上其他任何国家的警察都不会需要这些训练。"① 从中可见，中国巡捕职业的危险性。

（二）因巡捕间的纠纷发生枪击而被杀害

中国巡捕之间会因公务上的原因而发生纠纷，矛盾激化后也会发生枪击。在枪击中，会有中国巡捕被同伴所杀害。彼得斯亲历过这样的事件并作了记录。

在上海公共租界狄思威路（今溧阳路）巡捕房，有个中国巡捕的巡长因公务训斥了他的一个属下，此人与巡长是"老乡的关系"。"双方当时的言辞比较激烈，巡捕觉得在公共场合被训斥非常没面子。在中文里'没面子'就是被羞辱的意思。"② 想不到，第二天悲剧发生了。那被训斥的中国巡捕用枪打死了自己的巡长，接着自杀。当场有两个中国巡捕死亡，其中的巡长是被属下杀害的。

事情的经过是这样的，"大约上午十一点左右，一小队中国巡捕从巡捕房出发到自己的管片上岗。带队的就是前面说到的那个华捕巡长，站在队伍的最后一个。而那个被训斥的巡捕则挨着他，走在他前面。就在队伍走到离巡捕房 30 码远的地方时，巡捕突然转过身，对巡长说'不许动'，然后在没有任何其他警告的情况下朝巡长胸前开了一枪。巡长跟跄了几步就倒在了人行道上"，"然后巡捕用手枪里最后的子弹自杀了"。③ 这也是一种中国巡捕被杀害的情况，一种例外情况，不经常发生。

这两种中国巡捕被杀害的情况都说明，巡捕职业是个高风险职业，会有生命危险。

四、关于中国巡捕的三点反思

纵观中国租界里中国巡捕的状况，可以对其作出以下三点反思：

---

① ［英］E. W. 彼得斯：《英国巡捕眼中的上海滩》，李开龙译，中国社会科学出版社 2015 年版，第 26 页。

② 同上书，第 36 页。

③ 同上书，第 37 页。

（一）中国租界巡捕的产生以牺牲中国国家主权为代价

中国租界的巡捕是租界内的行政执法人员，独立行使租界内的行政执法权。① 然而，中国租界的诞生本身就是以不平等条约为依据，以牺牲中国国家主权为代价。以上海英租界的诞生为例。1842 年的中英《南京条约》规定，中国的广州、厦门、福州、宁波、上海 5 个城市作为通商口岸，"贸易通商无碍"，而且英国人可以携带家眷到这 5 个口岸城市居住。②1843年，它的附件《五口通商附粘善后条款》进一步规定，英国人及其家眷可以在这 5 个通商口岸租房租地，即"议定于何地方，用何房屋或基地，系准英人租赁"。③ 这些都为英国在这 5 个通商口岸建立租界提供了法律依据。1845 年，《上海土地章程》颁行，上海英租界诞生。④ 接踵而来的是上海美、法租界。其他列强国家亦步亦趋，以致共有 9 个列强国家在中国的 10 个城市，建立过 27 个租界。⑤ 这些中国租界诞生以后，就着手建立自己的管理机关与法律制度，形成一个不受中国政府与法制管辖的自治区域。⑥

在中国领土上，中国租界以不平等条约为依据而形成，就是对中国国家主权的侵犯。也就是说，中国租界的存在是以牺牲中国国家主权为代价的。中国租界里的巡捕包括中国巡捕的产生是以中国租界的存在为依托，是中国国家主权被侵犯的一种延伸与拓展。因此，在认识中国巡捕时，这一点千万不能忽视，否则，易被其近代性所迷惑。

（二）外国巡捕对中国巡捕存有偏见

英国巡捕与中国巡捕都是租界里的巡捕，他们是一种同事关系，一种外国同事与中国巡捕的关系。但是，这种同事关系又不是一种平等关系，因为租界是列强建立并起主导作用的自治区域，就如外国人自己所讲

---

① 参见王立民：《上海法制史》（第 2 版），上海人民出版社 2019 年版，第 177 页。
② 参见王铁崖：《中外旧约章汇编》（第 1 册），上海财经大学出版社 2019 年版，第 28 页。
③ 王铁崖：《中外旧约章汇编》（第 1 册），上海财经大学出版社 2019 年版，第 32 页。
④ 同上书，第 60—64 页。
⑤ 参见王立民：《上海：中国现代区域法制建设领先之地》，载《东方法学》2017 年第 6 期。
⑥ 费成康：《中国租界史》，上海社会科学院出版社 2001 年版，第 203 页。

的"租界是外侨享有特权并且行使某些权利的地方"。① 英国人以殖民者、救世主自居，把中国人看低一等并带有偏见。这个英国巡捕彼得斯也是如此。他在书中直言不讳地污蔑中国人为"狡猾""不可预知""赌徒""不讲卫生""穴居人"等。他说，"所有人都听说过中国人的狡猾、沉默和不可预知"②；"中国人本质上都是赌徒"③；"中国人本质上是非常不讲卫生的民族"④；"整体来看，他们和史前时代的穴居人没有多大的区别"⑤ 等。连外国人都认为彼得斯具有种族主义思想，而且还会被外化出来。即"潜藏在他心中的无情的种族主义很可能被激发了"。⑥ 彼得斯讲的这些对中国人带有污蔑性的话就是如此，其对中国人带有的偏见也就昭然若揭了。

中国巡捕也是中国人。对于他们，彼得斯的视野中不会不带有偏见。事实也是如此。他在书中说，"华捕的偷懒技术已经到了炉火纯青的地步"；"华捕平时执勤时爱偷懒"等都是这样。他扩大中国巡捕偷懒的事实，以偏概全，抹黑整个中国巡捕队伍。这正是因为彼得斯对中国人带有偏见，并把这种思想转移到了中国巡捕身上。因此，彼得斯这个英国巡捕视野中的中国巡捕是经过一定程度歪曲的中国巡捕，不能完全当真，而要作具体、全面的分析。

（三）上海租界的巡捕是中国法制史上出现得最早的现代警政人员

鸦片战争以后，中国逐渐进入近代社会，也渐渐产生现代法制。中国领土上，首先出现的现代法制是中国租界的法制，最早的是上海英租界的法制。1845 年，上海英租界的现代法制建设就开始了。⑦ 它陆续建立起现代的法律体系，制定现代的法律内容，适用现代的制裁方式，运用现代的法律语言等。⑧ 上海英租界以后的上海英美租界、上海公共租界继续延续

---

① "Chinese and the Public Garden"，"North-China Herald"，May 13，1881.

② ［英］E. W. 彼得斯：《英国巡捕眼中的上海滩》，李开龙译，中国社会科学出版社 2015 年版，第 17 页。

③ 同上书，第 72 页。

④ 同上书，第 132 页。

⑤ 同上书，第 138 页。

⑥ 同上书，"序"第 8 页。

⑦ 王立民：《上海近代法制若干问题研究》，载《法制现代化研究》2019 年第 6 期。

⑧ 王立民：《上海租界与上海法制现代化》，载《法学》2006 年第 4 期。

现代法制的道路。① 另外，上海美租界与法租界分别于 1848 年与 1849 年建立起自己的现代法制。② 总之，上海租界在 19 世纪 40 年代都建有自己的现代法制，开启了法制现代化历程。中国全面走上法制现代化道路是在清末的法制改革时期，上海租界的现代法制要比清末法制改革早半个多世纪。从这种意义上讲，中国巡捕的产生有其一定的进步性，比中国传统的警察要进步一些。

上海租界的现代法制中，包括现代的警政制度，巡捕便应运而生。最早出现这个制度是在 1854 年由上海英、美、法三个租界新议定的《土地章程》。③ 从此，上海租界的现代警察制度就不断发展、完善。比如，1854 年制定了巡捕房督察员职责；1864 年制定了警务章程；1865 年修订了督查员职责；1884 年颁布了巡捕房章程；1923 年修订了巡捕房章程等。④ 在清末法制改革前，中国的其他地方还在施行传统的警察制度，它们建立起来的现代警政制度也要比上海租界的巡捕制度晚半个多世纪。

上海租界运用"巡捕"这个中国传统的用语来命名于租界的现代警政人员，而不用"警察"，是为了使其本土化，易被中国人所接受。上海在元朝的至元二十九年（1292 年）把上海镇升格为上海县。⑤ 上海县设立的县尉的职责是"巡捕"，设立的巡检司则是"巡捕盗贼奸宄"。⑥ "巡捕"之名在元朝时就被使用，以后被长期沿用，上海人耳熟能详。上海租界在建立现代法制时，就考虑到法制的实施。为了便于现代警政制度的实施和警政人员工作的开展，选择使用中国化的"巡捕"也算是个良策。

以上这三点思考分别从上海租界巡捕产生的背景、彼得斯视野中中国巡捕的局限性和上海租界巡捕的现代性三个方面，对彼得斯这个英国巡捕视野中的中国巡捕作了补充，以便于更为全面、正确地认识中国租界里的中国巡捕，乃至中国租界的巡捕制度，避免偏颇。

---

① 王立民：《中国租界法制与中国法制现代化历程》，载《社会科学》2015 年第 2 期。
② 王立民：《近代中国法制现代化进程再认识》，载《社会科学》2019 年第 6 期。
③ 参见王铁崖：《中外旧约章汇编》（第 1 册），上海财经大学出版社 2019 年版，第 73—76 页。
④ 参见史梅定主编：《上海租界志》，上海社会科学院出版社 2001 年版，第 244—245 页。
⑤ 参见唐振常主编：《上海史》，上海人民出版社 1989 年版，第 38 页。
⑥ 参见上海通社：《上海研究资料》，上海书店 1984 年版，第 92 页。

　　巡捕是中国租界的行政执法人员，也是中国租界法制中的一个重要组成部分。从巡捕的行为中，可以折射出中国租界的行政执法制度、内容、特点等一些重要情况。中国巡捕在租界巡捕中人数占了绝大多数，是中国租界里的巡捕中的一个基本面。对于他们的研究十分重要，可以反映出中国租界巡捕的总体面貌。目前，关于中国巡捕特别是基层中国巡捕的实际情况的记载不多，而且较为分散。英国巡捕彼得斯所著的《英国巡捕眼中的上海滩》一书，从他自己的经历出发，记载了大量关于中国巡捕的各种情况，有一定的史料价值，是研究中国巡捕的一个方面的依据。以其为参考，可以拓宽当前研究中国租界巡捕的视角，更为全面地了解、把握中国租界的巡捕，充实中国租界法制的内涵。

第十四章　中国租界适用《中华民国民法》论

1930年，对中国租界法制来说是个十分重要的年份。这一年有两个重要的法制事件发生，而且都直接与中国租界相关。第一是中国政府开始在租界内设立自己的法院，这首先从上海公共租界开始。南京国民政府于1930年在此租界设立了自己的法院，即地方法院"江苏上海第一特区地方法院"及其上诉法院"江苏高等法院第二分院"。随后，又在上海法租界也设立了自己的法院，即"江苏上海第二特区地方法院"，及其上诉法院"江苏高等法院第三分院"。①本文所指的中国租界适用《中华民国民法》就是指，这些南京国民政府设立在中国租界里的中国法院适用《中华民国民法》。第二是《中华民国民法》全部颁布完成。《中华民国民法》是分编颁布的，其中的总则、债编和物权编颁布于1929年，亲属编与继承编则颁布于1930年，至1930年全部颁布完成。②这一民法典不仅适用于华界，也适用于租界。中国租界的法院要依照《中华民国民法》审判民事案件。目前，对中国租界适用《中华民国民法》的研究不足，是中国租界法制研究中的一块短板，需要加以弥补。本文以上海租界的中国法院为例，展开论述，以飨读者。

一、《中华民国民法》适用于中国租界内的民事案件

《中华民国民法》颁行后，中国租界便开始适用这一民法典，审判各种民事案件。1940年，江苏上海第一特区地方法院就审判了不少此类案件，其中包括了以下一些案件：

---

① 参见史梅定主编：《上海租界志》，上海社会科学院出版社2001年版，第287—292页。
② 参见王立民等主编：《中国法制史》，科学出版社2016年版，第233页。

（一）适用于房屋欠租案件

1940 年，江苏上海第一特区地方法院依照《中华民国民法》审判了一起房屋欠租案（1940 年度诉字第 3 号）。原告是英商爱尔德有限公司，被告是罗莲昌。被告承租了原告在"成都路庆余里"的房子，但欠了自 1939 年 5 月至 11 月的 7 个月房租，"共计国币四百六十九元"，而且"屡经催索，还不支付"。为此，原告向江苏上海第一特区地方法院提起诉讼，要求被告支付所欠房租。经审理，该法院认为，此案事实清楚，被告也对债务不存异议，只是觉得经济困难，无力偿付欠债。最后作出判决："被告罗莲昌应支付原告国币四百六十九元。"① 作出这一判决的依据在于《中华民国民法》。此法典的第 219 条规定："行使债权、履行债务，应依诚实及信用方法。"第 220 条又进一步规定："债务人就其故意或过失之行为，应负责任。"② 因此，本案的被告应该履行债务，偿付所欠房租。

（二）适用于房屋迁让案件

1940 年，江苏上海第一特区地方法院依照《中华民国民法》审判过一起房屋迁让案（1940 年度易字第 1352 号）。原告是泰利有限公司，被告是王桂珍、葛中超。被告承租了原告的房屋，租约期为两年。其中，王桂珍租约至"民国二十九年六月三日止满期"，葛中超的租约至"民国二十九年七月三十日止满期"。期满后，原告通知被告迁让，但均置之不理，于是原告就提起诉讼，要求被告迁让房屋。法院根据《中华民国民法》的规定，认为"依照民法第四百五十条第一项规定，原告与被告王桂珍间之租赁关系，自应于本年六月三十日期限届满时消灭，原告与葛中超间之租赁关系，亦应于本年七月三十一日期限届满时消灭，依同法第四百五十五条被告等自应将此项房屋迁让交还原告"。③《中华民国民法》确实有相关规定。其第 450 条规定："租赁定有期限者，其租赁关系于期限届满时消灭。"④ 第

---

① 上海档案馆藏：卷宗号 Q180—1—44。
② 《六法全书》，会文堂新记书局 1946 年版，第 40 页。
③ 上海档案馆藏：卷宗号 Q180—1—44。
④ 《六法全书》，会文堂新记书局 1946 年版，第 62 页。

455 条规定："承租人于租赁关系终止后，应返还租赁物。"① 江苏上海第一特区地方法院适用这些规定，作出如下判决："被告等应于三个月内迁让房屋交还原告。"② 这一房屋迁让案依照《中华民国民法》的相关规定作出了判决，顺利结案。

（三）适用于借款案件

1940 年，江苏上海第一特区地方法院依照《中华民国民法》审判了一起民间借款案（1940 年度诉字第 292 号）。原告是印度人那姆生，被告是羊珍和。1939 年，被告向原告借款"国币三千元，立有字据为凭"，可逾期被告"分文未还"，原告"一再催告"，被告不理，故原告向法院提起诉讼，要求被告偿还借款。法院经审理后认为，"原告据以请求判令被告如数清偿应认为正当"，但考虑到"社会经济衰落，债务人之清偿能力，自不免日益薄弱，应依民法第三百十八条第一项但书规定，许该被告分三十个月给付，以利执行"。于是，作出判决："被告应清偿原告中华国币三千元，均分三十个月给付。"③《中华民国民法》有相关规定。其第 318 条的规定是："债务人无为一部清偿之权利，但法院得斟酌债务人之境况，许其于无甚害于债权人利益之相当期限内，分期给付或缓期清偿。"④ 该案就此终结。

（四）适用于离婚案件

1940 年，江苏上海第一特区地方法院还依照《中华民国民法》审判过一起离婚案（1940 年度诉字第 212 号）。原告是无国籍人麦锡密伦，被告也是无国籍人仇吃路特培却。原被告于 1935 年在维也纳结婚后，移居上海公共租界定居，但被告不尽同居义务。法院认为，"夫妻互负同居之义务，为中国民法第一千零一条所明定，该被告并无正当理由，竟拒绝与原告同居，经本院劝谕亦不接受，实属不尽同居之义务，核与中国民法一千零五十二条第五项规定离婚条件尚无不合"，因此判决："原告准与被告离

---

① 《六法全书》，会文堂新记书局 1946 年版，第 61 页。
② 上海档案馆藏：卷宗号 Q180—1—44。
③ 同上。
④ 《六法全书》，会文堂新记书局 1946 年版，第 50 页。

婚。"①《中华民国民法》第 1001 条的规定是："夫妻互负同居之义务。"② 第
1052 条第 5 项规定的"夫妻之一方以恶意遗弃他方在继续状态中者"，属
于"得向法院请求离婚"的条件。③ 依据这两条的规定，江苏上海第一特
区地方法院对此离婚案作出了判决。

总之，《中华民国民法》颁行后，中国租界便适用其规定，审判了租界
里发生的民事案件，特别是一些关于租赁、债权、婚姻等案件，至今在档
案中仍可见到这样的案件。

二、《中华民国民法》适用于中国租界的基本条件

中国租界虽为中国领土，但其是外国侨民通过租赁土地方式，取得土
地使用权，建立自己的各种管理机构，进行自治的城市区域。《中华民国民
法》要在中国租界内适用，必须同时具备在租界内建立中国法院与民事诉
讼法相配套两个基本条件。

（一）上海公共租界里首先设立了中国法院

上海公共租界率先于中国其他租界设立中国法院。1930 年 2 月 17 日，
南京国民政府的外交部与巴西、美国、英国、挪威、荷兰、法国的代表在
南京共同签订了《关于上海公共租界内中国法院之协定》④ 这一协定（下简
称"上海公共租界协定"）。这一协定共计 10 条，对上海公共租界设立中
国法院以及一些相关事宜作了规定，内容主要是以下这些：

1. 规定了在上海公共租界设立中国法院

上海公共租界协定首先规定，中国政府在上海公共租界设立中国法院，
其中包括初审法院"地方法院"和上诉法院"高等法院"各一所。"中国政
府依照关于司法制度之中国法律、章程及本协定之规定，在上海公共租界
内设置地方法院及高等法院分院各一所。"而且，高等法院分院的上诉法院
是中国的最高法院。"高等法院之民刑判决及裁决均得依中国法律上诉于中

---

① 上海档案馆藏：卷宗号 Q180—1—44。
② 《六法全书》，会文堂新记书局 1946 年版，第 118 页。
③ 同上书，第 122—123 页。
④ 王铁崖编：《中外旧约章汇编》（第 3 册），上海财经大学出版社 2019 年版，第 716—719 页。

国最高法院。"根据这一规定可知,上海公共租界的中国法院已经归入中国的法院系统,三级三审制在其中得到了体现,即形成了地方法院、高等法院、最高法院的体系。

2. 规定了上海公共租界的中国法院适用中国法律与章程

上海公共租界协定同时规定,设在上海公共租界里的中国法院适用的是中国法律,而不是外国法律。"所有中国现行有效及将来依法制定公布之法律、章程,无论其为实体法或程序法,一律适用于各该法院。"考虑到上海公共租界自己制定法规的延续性以及规则的稳定性,由其制定的法规中国法院也要适用。"至现时沿用之洋泾浜章程及附则,在中国政府自行制定公布此项章程及附则以前,须顾及之。"可见,上海公共租界中国法院要同时适用中国法律与租界法规,而适用租界法规成了一种特例,为中国华界法院所不具备。

3. 规定了废除与中国法院不符的一些制度

上海公共租界原来就有自己的审判机关与相关制度,其中有些制度侵害了中国的司法权,不能为中国法院所接受。在上海公共租界内建立的中国法院不能再沿用这些制度,有必要被废除。这在协定中也有规定。比如,外国审判人员出庭、观审的制度就在被废止之列。上海公共租界协定规定:"领事委员或领事官员出庭观审或会同出庭"的规定"在依本协定设置之各该法院内,不得再行继续适用"。这一制度始于上海公共租界的会审公廨,长期被适用,明显侵害中国的司法权。上海公共租界内设立中国法院后,这一制度被废除了。

根据上海公共租界协定,南京国民政府在上海公共租界内设立了江苏上海第一特区地方法院与江苏高等法院第二分院。上海公共租界也因此而成为中国租界中最早设立中国法院和适用《中华民国民法》的区域。

(二)上海法租界里也设立了中国法院

在上海公共租界内设立了中国法院之后,国民政府在上海法租界也设立了中国法院。1931年7月28日,南京国民政府外交部代表与法国代表在南京签订了《关于上海法租界内设置中国法院之协定》(下简称"上海法租界协定"）。① 此协定共 14 条，对上海法租界设立中国法院以及一些相关事宜作了规定。与上海公共租界协定相比较，上海法租界协定主要有以下一些变化：

1. 明指上海法租界的会审公廨及其相关规定被废止

上海租界都曾设置过会审公廨，审理发生在租界内的一些民、刑事案件。上海公共租界有会审公廨，上海法租界也有。上海法租界协定明文规定，设在本租界的会审公廨及其相关规定被废止，"自本协定发生效力之日起，现在上海法租界内设置之机关，即所称会审公廨，以及有关系之一切章程及惯例，概行废止"。上海公共租界协定则不是这样明确规定，只是指原来设置的审判机关及其规定、文件等被废止，而没有明指会审公廨。"自本协定发生效力之日起，所有以前在上海公共租界内设置中国审判机关之一切章程、协定、换文及其他文件概行废止。"它们在表述上有些不同。

2. 没有明指取消外国审判人员观审与出庭规定

上海法租界协定没有像上海公共租界协定那样明文规定，要取消"领事委员或领事官员出庭观审或会同出庭"的制度。究其原因是，该制度运用于会审公廨，上海法租界协定明确取消会审公廨，其制度的依存机构不复存在，自然就一定被废止。这样也就没有必要再另作规定了。也就是说，尽管上海法租界协定没作明文规定，外国审判人员观审与出庭的制度同样不会在新设的中国法院内适用。然而，它们在表述上还是有差异。

3. 明文规定协定的延长期间为三年

上海法租界协定对协定延长期间的规定比较明确，即仅为三年。"本协定及附属换文，其有效期间自一九三一年七月三十一日起至一九三三年四月一日止，如经中法两国政府同意，得延长三年。"上海公共租界协定则不同，没有明确规定延长期间的年限。"本协定及其附属范文定于中华民国十九年四月一日，即西历一九三〇年四月一日起发生效力，并自是日起继续有效三年。届期双方同意，得延长其期间。"至于期间延长的时间，此协定没明文规定，可以少于 3 年，也可以多于 3 年，最终需经双方商定。这

---

① 王铁崖编：《中外旧约章汇编》（第 3 册），上海财经大学出版社 2019 年版，第 788—790 页。

就与上海法租界明文规定的 3 年不同了。

尽管上海法租界协定与上海公共租界协定有所差异，但只限于个别、细节方面的差异。从总体上看，它们并无本质区别，关键性内容完全一致，即南京国民政府在上海的这两个租界内设立中国法院并适用中国的法律。这就为上海租界适用《中华民国民法》奠定了法律基础，可以水到渠成地在上海租界适用这一民法典了。

（三）上海两个租界协定的延长与民事诉讼法的适用

《中华民国民法》在中国租界适用以后，新的问题产生了，即这一民法典适用时间的延长与配套的中国民事诉讼法适用问题。

1. 协定被延长适用

上海公共租界协定与上海法租界协定到期前，中外政府代表进行了协商，同意延长并通过照会的换文方式加以确认。

1933 年 2 月 8 日，英国、美国、法国、荷兰、巴西驻华公使与挪威驻华代办发出致中国外交部罗文干部长的照会。[①] 照会指出，根据上海公共租界协定第 10 款的规定："经各本国政府预商，提议将该协定及附属换文，自西历一千九百三十二年四月一日起，延长有效期三年。"同日，中国外交部罗文干部长回复了这一照会，明确表示，同意延长三年。即"本部长兹特声明，本国政府对于上项提议，表示同意，相应照复，即希查照为荷"。至此，上海公共租界协定得以延长，这意味着可以继续适用中国法律，包括《中华民国民法》。

上海公共租界协定延长后，上海法租界协定也得到了延长。1933 年 3 月 24 日，法国政府特命驻华全权公使代表法国政府，发出致中国外交部罗文干部长的照会。[②] 照会指出，法国政府对上海法租界协定及其附件，"自一九三三年四月一日起，延长有效期间三年"；"谅中国政府当能赞同以上述条件延长该协定及其附件。相应照会贵部长，如荷同意，即希见复为盼"。同日，中国外交部罗文干部长就回复了法国的照会，明确指出："本

---

① 王铁崖编：《中外旧约章汇编》（第 3 册），上海财经大学出版社 2019 年版，第 848—849 页。
② 同上书，第 852—853 页。

部长兹特声明，本国政府对于上次提议，表示同意。"这说明，中国法律包括《中华民国民法》，可以继续适用于上海法租界。

此后，上海两个租界的协定又继续得到延长，即"在再度期满时再次作了延长"。①《中华民国民法》因此继续在上海两个租界适用，没有被终止。

2. 与《中华民国民法》配套的民事诉讼法也被适用

《中华民国民法》是个实体法，其适用还需有民事诉讼法这个程序法来配套。中国法律中本身也包括有民事诉讼法，而且在1932年已经颁行。② 中外双方关于在中国租界适用民事诉讼法的问题于1933年得到解决，并以照会形式加以确认。其中，上海公共租界先行一步，于1933年2月8日在南京进行了中外政府间的换文。英国、美国、法国、荷兰、巴西、挪威都希望把中国的民事诉讼法"适用于上海公共租界内中国法院"。中国政府则回应"准此"。③ 上海法租界步上海公共租界后尘，于1933年3月10日也在南京进行了中法政府间的换文，同意中国的民事诉讼法在上海法租界适用。④ 至此，与《中华民国民法》配套的民事诉讼法也在上海租界适用，为《中华民国民法》在上海租界的适用打开了程序之门，有了程序保障。

中国法院的设立与民事诉讼法的施行，为中国租界适用《中华民国民法》创造了条件，使其不再有障碍。

三、与中国租界适用《中华民国民法》相关的重要问题

为了全面、深刻理解中国租界适用《中华民国民法》问题，还必须关注与其相关的一些重要问题。

（一）中国租界是中国近代的畸形区域

中国古代没有租界，到了近代才出现租界。而且，中国租界逐渐发展，

---

① 费成康著：《中国租界史》，上海社会科学院出版社1991年版，第158页。
② 参见王立民等主编：《中国法制史》（第2版），科学出版社2016年版，第239页。
③ 王铁崖编：《中外旧约章汇编》（第3册），上海财经大学出版社2019年版，第850页。
④ 同上书，第854—855页。

不受中国政府管辖。

1. 中国租界是中外不平等条约的产物

中国租界是西方列强入侵中国后的结果，也是不平等条约的产物。1840 年爆发的鸦片战争以中国失败告终，不平等条约紧随而来。1842 年的中英《南京条约》明文规定，英国人及其家属可以在中国的五个通商口岸城市经商。"自今以后，大皇帝恩准英国人民带同所属家眷，寄居大清沿海之广州、福州、厦门、宁波、上海等五处港口，贸易通商无碍。"① 翌年，《南京条约》的附件《五口通商附粘善后条款》进一步规定，英国人可以在五个通商口岸租地居住。"中华地方官必须与英国管事官各就地方民情，议定于何地方，用何房屋或基地，系准英人租赁。"②1945 年，《上海租地章程》颁行，上海英租界地域确定，中国的第一个租界诞生。《上海租地章程》确定的上海英租界地域范围是："洋泾浜以北、李家庄以南之地，准租英国商人，为建筑房舍及居住之用。"英国人可以在租用的土地上造房并用于各种需要。"洋商租地后，得建造房屋，供家属居住并供适当货物储存；得修建教堂、医院、慈善机关、学校及会堂；并得种花、植树及设娱乐场所。"③ 英国通过不平等条约，建立了自己的租界。

1848 年，美国通过中美不平等的《望厦条约》，在上海建立了美租界，地域在上海英租界以北。1863 年上海英、美两租界正式合并成立上海英美租界。1899 年上海英美租界改名为上海公共租界，上海英、英美、公共租界都扩充了自己的地域，最终达到 33503 亩。④

1849 年，法国通过中法不平等《黄埔条约》，在上海建立了法租界，地域在上海英租界的南面。上海法租界几经扩张，最终面积达到 15150 亩。⑤ 上海中心区域、最繁华的地区被上海的公共租界与法租界占有。

上海租界出现以后，中国的其他一些城市也建立了租界。连同上海的

---

① 王铁崖编：《中外旧约章汇编》（第 1 册），上海财经大学出版社 2019 年版，第 28 页。
② 同上书，第 32 页。
③ 同上书，第 62 页。
④ 史梅定主编：《上海租界志》，上海社会科学院出版社 2001 年版，第 98 页。
⑤ 同上书，第 101 页。

租界在内，共有英国、美国、法国、德国、意大利、奥地利、比利时、日本等 9 个国家，都通过不平等条约，在中国的上海、天津、汉口、九江、镇江、广州、厦门、杭州、苏州、重庆 10 个城市，建立了 27 个租界。①在中外不平等条约下，中国的租界纷纷建立，成为中国近代特有的一种现象。

2. 中国租界建立自己的管理机构与法制

中国租界建成后，就逐渐建立起自己的管理机构与法制，以致不受中国政府的管辖。②这里以上海英、英美租界为例，展开论述。

按西方三权分立的模式，上海英租界于 1846 年成立租地人会议，作为议政机关，行使立法权。1869 年，这个租地人会议发展为纳税外人会，其成员均为租界内的外国侨民。这两个机关行使过立法权，制定、修改过土地章程、印刷出版律等一系列法规。③上海英租界于 1854 年成立了自己的行政管理机关工部局，行使行政权。工部局下属的巡捕房是治安机关，主要行使行政执法权，其处理的日常违法犯罪案件包括：侵害人身与财产、违反工部局章程、违反执照章程，以及镇压进步人士与革命运动的案件等。④上海英美租界还设立了司法机关，先是洋泾浜北首理事衙门，后又发展为会审公廨。上海英、英美租界建立了自己的管理机关与法制以后，就不再受中国政府管辖，自行其是，独立运作，上海英、英美租界是如此，中国的其他租界也大致如此。

3. 中国租界具两重性

中国租界明显具有两重性，这里也以上海的租界为例。

上海租界发展现代贸易、经济，开展现代金融，引进现代技术，制定现代法制等。这些都有利于上海从一个滩涂小镇变成一个国际大都市，以致有了"东方的纽约"和"东方的巴黎"之称。⑤这里以它的现代法制为

① 上海市政协文史资料委员会等编：《列强在中国的租界》，中国文史出版社 1992 年版，第 590 页。

② 马长林著：《上海的租界》，天津教育出版社 2009 年版，"前言"第 1 页。

③ 王立民：《上海租界与上海法制现代化》，载《法学》2006 年第 4 期。

④ 参见王立民主编：《上海法制史》（第 2 版），上海人民出版社 2019 年版，第 178—179 页。

⑤ 马长林著：《上海的租界》，天津教育出版社 2009 年版，"前言"第 2 页。

例。中国的全国性法制改革开始于清末，即自 1900 至 1910 年间。在清末法制改革中，中国开始建立现代法制，废用传统法制，使中国走上法制现代化道路。可是，上海租界在建立之日起，便开始推行现代法制，运用现代的法律体系、法规内容、法律语言、司法制度、律师制度等。也就是说，上海租界推出的现代法制要比中国清末法制改革时期建立的现代法制早半个多世纪。① 现代法制是一种比传统法制进步的法制，具有历史的进步性。

不仅如此。上海租界的现代法制还对上海华界产生影响，以致上海华界在清末法制改革前，就开始移植一些租界的现代法制，接种牛痘防治天花病的规定、城市交通规则等都在其中。② 上海华界的城市面貌也因此而有了改变，出现近代的特征。另外，上海租界的现代法制还影响到中国的其他城市，汉口、宁波等城市都接受过上海租界的现代法制。③ 总之，上海租界法制对中国法制现代化产生过积极影响。

上海租界还有十分消极的一面，突出表现为：损害中国的主权、攫取中国的大量财富、歧视中国人、滋生大量的腐败现象等。这里也以上海租界的法制为例。上海租界的巡捕是行政执法人员，应以公平、公正为宗旨。可是，他们却歧视华人，对华人野蛮执法，导致大量华人致伤致死。不仅如此，上海租界还警匪勾结祸害百姓，使大量百姓蒙受其害。曾任督察长的黄金荣自己承认："私卖烟土，开设赌场，危害了多少人民，而不去阻止，反而从中取利，实在不应该。"④ 这是警匪勾结的真实写照。上海租界消极性的一面十分突出。这从一个侧面证明，中国租界是畸形社会，是近代中国的一个畸形区域。

（二）中国人民为收回中国租界的司法权作出了不懈的努力

这些租界建立以后，就虎视眈眈司法权，逐渐攫取这一权力。上海英

---

① 王立民：《上海：中国现代区域法制建设领先之地》，载《东方法学》2017 年第 6 期。

② 王立民：《中国城市中的租界法与华界法》，载《比较法研究》2011 年第 3 期。

③ 王立民：《中国的租界与法制现代化——以上海、天津和汉口的租界为例》，载《中国法学》2008 年第 3 期。

④ 王立民：《上海租界的现代法制与现代社会》，载《华东师范大学学报（哲学社会科学版）》2009 年第 5 期。

租界迈出第一步，于 1864 年在租界里设立了洋泾浜北首理事衙门，"专门审理租界内发生的以英、美侨民为原告，华人为被告的民刑案件"。①1863年，上海英、美两租界正式合并成立上海英美租界以后，于 1869 年施行《上海洋泾浜设官会审章程》并建立了会审公廨。这是一个租界的审判机关，租界里的司法权被其掌控，中国在租界里的司法权因此而受到严重损害。② 继上海英、英美租界以后，中国的有些租界也相继建立了会审公廨，攫取了司法权，中国的司法权遭到进一步损害。③

1. 中国广大民众要求收回会审公廨

中国租界里的会审公廨建立以后，实施外国审判人员的审判、陪审与观审制度，不仅肆无忌惮地损害中国司法权，还造成司法不公。特别是在辛亥革命与五卅运动以后，会审公廨的拙劣表现，更是激起广大中国人民的愤慨，收回中国租界司法权成为人们的共同愿望并为之而不懈努力。

早在 1905 年就发生了大闹会审公廨事件。那是因为英国陪审人员违反惯例，要将被告押往巡捕房监狱而不是会审公廨的女牢，引起冲突，英国巡捕"在法庭上大打出手，打伤廨役 2 人"。这引发了上海人民对会审公廨的愤慨。"上海民众对此愤怒异常，纷纷集会抗议"，还举行了"商人罢市"。④ 这一事件的发生集中反映了中国人民对会审公廨的不满，是对西方列强攫取中国司法权的一种抗议。

1925 年，上海五卅惨案发生，13 位示威的中国人被上海公共租界的英国巡捕杀害，受伤者难以计数，南京路上洒满鲜血。⑤ 会审公廨对杀人的英国巡捕无所作为，这激起中国人民的更大愤怒，收回会审公廨的呼声更为强烈。1925 年 6 月 7 日，上海工商学联合会综合大家的要求，提出 17 项交涉条件，其中就有"收回会审公廨"。⑥ 这集中体现了中国人民要求收回会审公廨，收回中国租界司法权的强烈愿望。

---

① 史梅定主编：《上海租界志》，上海社会科学院出版社 2001 年版，第 279 页。
② 王立民：《会审公廨是中国的审判机关异议》，载《学术月刊》2013 年第 10 期。
③ 参见袁继成著：《近代中国租界史稿》，中国财政经济出版社 1998 年版，第 138 页。
④ 史梅定主编：《上海租界志》，上海社会科学院出版社 2001 年版，第 282 页。
⑤ 参见唐振常主编：《上海史》，上海人民出版社 1989 年版，第 586—594 页。
⑥ 熊月之主编：《上海通史》(第 7 卷)，上海人民出版社 1999 年版，第 199 页。

2. 中国的学者要求收回会审公廨

中国学者对会审公廨进行了深入研究，揭露其弊端，主张要收回会审公廨。1925 年，以"《国闻周报》记者"署名的中国学者发表了《上海会审公廨史略》一文。文中指出了会审公廨的弊端。"况会审公廨之现状，无条约，无依据，纯系侵权限越范围之事。"同时，还反映了上海人民对其的态度。"抑自实际言之，以会审公廨组织之不良、情形之隔膜、内部之积弊，凡在上海久居之人民无不致其愤慨。"因此，作者表示要"收回上海会审公廨"。① 翌年，学者甘豫立撰写了《上海会审公廨之研究》一文，也揭露了会审公廨损害中国司法权的弊端。文中说，会审公廨"其权完全操之于利害冲突之外人。纵使一部分华人可以忍气吞声，甘受切肤之痛，奈国家之主权，国家之体面"。他竭力主张收回会审公廨，指出："收回会审之不可或缓，当为国人所公认。"② 中国的学者为收回会审公廨，恢复中国的司法权作出了努力。

3. 中国共产党坚决要求收回会审公廨

在中国共产党领导的革命斗争与根据地法制中，都有关于收回会审公廨与租界的内容。在上海举行的由中国共产党领导的三次武装起义中，就提出过收回会审公廨与租界的口号。中共上海区委于 1926 年 9 月 6 日发布了告上海市民书，提出 16 项要求，其中有一项就是"无条件的完全收回会审公廨"。③ 1927 年 3 月 1 日，上海区委召开特委会，规定了口号"原则"，其中就把"收回租界"也列入其中。④ 收回租界能从根本上解决租界司法权问题，可以彻底收回租界的司法权。建立革命根据地以后，中国共产党在其制定的宪法性文件中也规定了收回租界的内容。1931 年颁行的宪法性文件《中华苏维埃共和国宪法大纲》就明文规定，要把"帝国主义的租界、租借地无条件收回"。⑤ 1934 年对这一宪法性文件作了修改，但这

---

① 《国闻周报》记者：《上海会审公廨史略》，载《国闻周报》1925 年第 25、26 期。
② 甘豫立：《上海会审公廨之研究》，载《太平导报》1926 年第 20、21 期。
③ 上海市档案馆编：《上海工人三次武装起义》，上海人民出版社 1983 年版，第 7 页。
④ 同上书，第 251 页。
⑤ 韩延龙等编：《中国新民主主义革命时期根据地法制文献选编》（第 1 卷），中国社会科学出版社 1981 年版，第 10 页。

个规定没变。①

正是由于中国人民的不懈努力，中国租界的会审公廨才会被收回，中国租界的司法权被废止，中国租界里的中国法院被设立、运行。

（三）中国租界里设立中国法院经历过曲折过程

中国租界内设立会审公廨以后，中国租界的司法权就一直被其所控制。在中国人民的压力下，中国政府开始了收回会审公廨的历程，但由于西方国家的阻挠，这个过程十分曲折，这里以收回上海公共租界的会审公廨为例。

1. 会审公廨终于被收回

1913 年至 1925 年，北洋政府先后 5 次派员与英国驻华公使交涉，要求收回会审公廨，可是由于英人阻挠，交涉"均无结果"。② 五卅惨案发生后，中国人民要求收回会审的诉求不断高涨。在中国人民的强大压力之下，北洋政府"不断照会驻京外国使团，提出收回会审公廨的要求"。然而，公使团"虽允诺妥善解决这一问题，仍不肯作实质性让步，交涉没有进展"。③

自 1926 年 5 月 2 日至 6 月 9 日间，驻沪领事团派代表，与江苏省政府的代表，在上海秘密协商 4 次。6 月 21 日起又会谈了 3 次，达成 8 项协议草案。同年 12 月，中外代表总算协商妥毕，签署了《收回上海公共租界会审公廨暂行章程》，有效期为 3 年。1927 年 1 月 1 日，在上海公共租界会审公廨旧址举行了收回公共租界的仪式，会审公廨的司法权被收回，取而代之的是临时法院。④ 从谈判到收回会审公廨，共花了 15 年时间。

2. 设立临时法院取代会审公廨

上海公共租界的临时法院是会审公廨过渡到江苏上海第一特区地方法院的过渡性法院。这是一种专门审理租界里发生的各民、刑事案件及违禁案件的法院。根据 1927 年 8 月 14 日，江苏省政府与驻沪领事签订的上海

---

① 韩延龙等编：《中国新民主主义革命时期根据地法制文献选编》（第 1 卷），中国社会科学出版社 1981 年版，第 15 页。

② 史梅定主编：《上海租界志》，上海社会科学院出版社 2001 年版，第 283—284 页。

③ 同上书，第 284 页。

④ 参见费成康著：《中国租界史》，上海社会科学院出版社 1991 年版，第 152—153 页。

临时法院协定可以发现，它收回了部分租界的司法权，限制部分权利，但还有一些司法权没有被收回，还不能算是完善的中国法院。

上海公共租界临时法院收回的司法权主要有这些：对租界内中国人的民事审判权；对中国人刑事案件的领事会审权；领事对于传票拘票的签字权等。另外，对有些司法权作了限制。比如，会审公廨内原来的检察处改为书记处，其权限受到了限制；核准的死刑须交华界的上海地方司法机关执行等。[①] 这些都是收回会审公廨以后，所取得的成效，一种不彻底的成效。

上海公共租界临时法院仍保留了一些会审公廨的制度，还有一些司法权没有被没收或受到很大制约，其中主要是：外国领事仍可观审有约国人、工部局为原告，中国人为被告的民、刑案件；法院内的管理员、具有监督财政职能的书记官仍由驻沪领事团推荐的人员担任；外国人仍可加入能考察监狱状况的委员会，还有权提议整顿；除了原、被告均为中国人的案件外，外国律师仍有优先出庭的权利等。[②] 从这些内容可见，上海公共租界临时法院还不是名副其实的中国法院，充其量只是一种过渡性法院。

3. 江苏上海第一特区地方法院和江苏高等法院第二分院取代上海公共租界临时法院

上海公共租界临时法院建立、运行后，遭到中国人民的诟病，认为其"虽经变更，终于性质不明，系统紊乱，与全国制度歧异"。[③] 在它有效期届满前，中外代表又开始商讨关于上海公共租界司法机关设置办法。在1929 年 5 月以后的中外双方代表谈判中，进行了博弈。中方代表主张在上海公共租界建立中国法院以取代临时法院，并取消外国人的特权，彻底收回租界里的司法权。外国代表则提出多种理由，企图迫使中方代表让步，甚至不愿放弃领事观审权等。一度谈判陷入僵局，毫无进展，最终中方采取强硬态度，声明在中外双方无法签订协议时，自行改组临时法院。又经过 28 次会议，中外双方终于达成一致，签署了《关于上海公共租界内中国

---

①　参见史梅定主编：《上海租界志》，上海社会科学院出版社 2001 年版，第 287 页。
②　同上书，第 287 页。
③　洪钧培：《国民政府外交史》，上海华通书局 1930 年版，第 323 页。

法院之协定》，最终尘埃落定。①

江苏上海第一特区地方法院与江苏高等法院第二分院都是设在上海公共租界内的中国法院，纳入中国法院系统。江苏上海第一特区地方法院设院长 1 人，法官 30 余人，书记官 50 余人，还有录事、翻译官、执达员等人员，共计 160 余人。法院内设民刑事庭、民刑事简易庭、民事执行处、民事调解处、违警庭、书记室等机构。审判适用中国的诉讼程序，据统计，每位法官每月平均办案数在 150—200 件之间。②

江苏高等法院第二分院设院长 1 人，庭长 2 人，法官 8 人，书记官 17人，还设有录事、检察官、法医、翻译、司法警察等人员。法院内设检察处、民事庭、刑事庭等机构。所审理的案件有增加的趋势。以 1930 年至 1933 年审判的刑事案件为例。1930 年为 20883 件，1931 年为 23624 件，1932 年为 26217 件，1933 年增至 33134 件。③

从 1864 年上海英美租界建立洋泾浜北首理事衙门到 1930 年设立江苏上海第一特区地方法院和江苏高等法院第二分院，相隔 66 年。其中，中国人民作出了不懈的努力，历经无数困难，终于收回租界的司法权，实属不易。

中国租界中设立中国法院、收回司法权后，仅存 7 个年头。1940 年 12月太平洋战争爆发，中国租界被日本侵入，相继沦陷。中国租界成了日本占领区，中国租界的司法机关也成了日本控制的司法机关，不再是属于中国政府的司法机关。在日本控制下的租界司法机关干尽了坏事，镇压中国人民的抗日行为，纵容日本入侵者，汉奸肆虐，无恶不作。抗日战争结束以后，中国租界才彻底退出中国历史舞台，司法权才真正回归中国，中国法律包括《中华民国民法》才得以畅行无阻。

①　参见费成康著：《中国租界史》，上海社会科学院出版社 1991 年版，第 156—157 页。
②　参见史梅定主编：《上海租界志》，上海社会科学院出版社 2001 年版，第 288—289 年。
③　同上书，第 290—291 页。

第十五章　会审公廨是中国的审判机关之异议

在对中国租界里会审公廨的研究中，有一种观点认为，它是中国的审判机关。1925 年发表的《上海会审公廨史略》一文就认为："（会审）公廨为中国自设官廨。"① 言下之意，会审公廨便是中国的审判机关了。1995 年出版的《新编中国法制史教程》一书也认为："会审公廨是由中国政府出钱出人在租界内设置的审判机关。"② 本章对此提出异议，认为会审公廨不是中国的审判机关，而是中国租界的审判机关，并以会审公廨建立最早、发展最为充分的上海租界里的会审公廨为例，展开论述。

一、会审公廨与华界的审判机关不具有统一性

中国自 1845 年出现了第一个租界——上海英租界以后，先后共有 10 个城市建立了租界。③ 这些城市中便有了租界与华界之分。中国华界里的审判机关都是中国的审判机关，是中国司法的一个组成部分。法制具有统一性，一个国家的法制，包括审判机关，皆应统一，在审判机关体系、审判人员的组成、适用的实体法和程序等方面，均应保持一致。可是，中国租界里的会审公廨在这些方面均与华界的审判机关不一致，不具有统一性，游离于中国司法体系之外，故不是中国的审判机关。

（一）会审公廨所在的租界与华界的审判机关体系不具有统一性

会审公廨设立在中国的租界里，其有自己的审判机关体系。在上海租

---

① 《国闻周报》记者：《上海会审公廨史略》，载何勤华、李秀清主编：《民国法学论文精萃》（第 5 卷），法律出版社 2004 年版，第 195 页。

② 薛梅卿主编：《新编中国法制史教程》，中国政法大学出版社 1995 年版，第 308 页。

③ 费成康著：《中国租界史》，上海社会科学院出版社 1991 年版，第 267 页。

界，其审判机关体系由领事公堂和会审公廨等构成。① 领事公堂是一种专门受理以行政管理机关工部局为被告案件的审判机关，具有行政法院的性质。会审公廨审理租界中领事法庭、领事公堂所不受理的案件，因此其审理案件的面比较宽，被认为是"管辖（上海）公共租界内一般案件之法院"。②

这一上海公共租界的审判机关体系与上海华界的审判机关体系不同，上海华界的审判机关体系在中国的审判体系中，与中国其他地方的审判机关体系保持一致，具有统一性。在辛亥革命以前，它是清朝地方审判机关中的一部分，属于县（厅、州）级的审判机关，以上还有府、省、总督（巡抚）等审判机关。③ 清末法制改革以后，这一体系发生了变化。辛亥革命以后，上海华界的审判机关归入民国时期的地方审判机关体系。南京临时政府时期，为上海的地方审判厅，其上还有高等审判厅。④ 北洋政府时期，上海的地方审判机关为初级审判厅，以上还有地方审判厅、高等审判厅。⑤ 从这一上海华界审判机关体系可见，其与上海租界的审判机关体系有很大的不一致，不具有统一性。

（二）会审公廨与华界审判机关审判人员的组成不具有统一性

会审公廨的审判人员由华洋审判人员组成，共同审理案件，所以会审公廨又被称为"中外混合法庭"。⑥ 根据《上海洋泾浜设官会审章程》⑦ 的规定，会审公廨由华、洋审判人员各一人组成，即华人委员和领事官或派员组成，也就是说有些判决须经过他们两人的合议才有效；当案件"牵涉洋人必应到案"时，必须由"领事官会同委员审问，或派洋官会审"；当审理的案件有"为外国服役及洋人延请的华民"时，也要由"该领事或其所派之员、准其来堂听讼"。其中的华人委员由上海道台委派，洋人审判人

---

① 上海通社编：《上海研究资料》，上海书店 1984 年版，第 134 页。

② 蒯世勋等编著：《上海公共租界史稿》，上海人民出版社 1980 年版，第 155—158 页。

③ 张晋藩著：《中华法制文明的演进》，法律出版社 2010 年版，第 868 页。

④ 张晋藩总主编：《中国法制通史》（第 9 卷），法律出版社 1999 年版，第 417 页。

⑤ 同上书，第 522 页。

⑥ 梁敬錞：《在华领事裁判权论》，商务印书馆 1930 年版，第 141 页。

⑦ 王铁崖编：《中外旧约章汇编》（第 1 册），三联书店 1957 年版，第 269—270 页。

员一般由副领事或派员充任。由于是华、洋会审，所以华人委员便"不能独立行使其（审判）职权"。①事实也是如此。1903 年，"《苏报》案"的审判人员就由华人孙士麟和英国人迪比南两个人组成，并由他们共同审理了这个案件。②另外，辛亥革命爆发后，外国领事团还决定，属于纯华人的民事案件也由华、洋审判人员共同审理，即"对纯华人民事案件的审理，外国陪审员将进行监审"。③《上海洋泾浜设官会审章程》和外国领事团的决定是用于包括上海租界会审公廨在内的所有中国租界内的会审公廨。有学者对会审公廨审判人员的组成进行了研究，认为实际情况确是华、洋两个审判人员合议，而且其弊端十分明显。甘豫立在《上海会审公廨的研究》一文中指出："夫世之所谓审判合议制，其审判员人数，每为单数，如三如五如七。若以二人会审会判如上海会审公堂，未之或见。况此二人者，一为华员一为洋员。夫以一法庭中而有国籍不同之裁判官二人，则二者之经验与习惯，虽然不同，眼光亦是以异，因之同一案情，往往办法互殊。"此文还列举了具体案例，以佐证自己的这一观点。"曾忆前中国银行洋员巴西利一案，即因华员与意国陪审员意见不协，至今尚未解决也。"④

上海华界的审判机关属于中国的审判机关，与其他中国的其他审判机关一致，审判人员全为华人，没有洋人。辛亥革命以前，清朝上海华界的审判权由知县控制，其就是华人。"知县掌一县治理，决讼断辟，劝农赈贫，讨猾除奸，兴养立教。"⑤清末法制改革后有变化。进入民国时期，不论是南京临时政府时期，还是北洋政府时期，上海华界审判机关的审判人员中也无洋人，全是华人，而且合议庭成员都不是由两人组成。⑥可见，会审公廨审判人员的组成与上海华界审判机关的审判人员组成也不一致，

---

① 阮笃成著：《租界制度与上海公共租界》，上海书店 1989 年版，第 88 页。

② 上海通社编：《上海研究资料续集》，上海书店 1984 年版，第 76 页。

③ 上海市档案馆编：《辛亥革命与上海》，中西书局 2011 年版，第 311 页。这是一部由上海公共租界工部局档案选译的资料集。

④ 何勤华、李秀清主编：《民国法学论文精萃》（第 5 卷），法律出版社 2004 年版，第 185—186 页。

⑤ 参见《清史稿·职官三》。

⑥ 《上海审判志》编纂委员会编：《上海审判志》，上海社会科学院出版社 2003 年版，第 63 页、第 71 页。

不具有统一性。

（三）会审公廨与华界审判机关适用的实体法不具有统一性

会审公廨在适用的实体法中有租界自己制定的规定，这些规定制定时均为华界所没有。上海租界会审公廨适用的有些规定也就为上海华界审判机关所不适用了。为了避免华人进入租界后误犯这些规定，有人在书中专门列出与华人关系较大、常用的一些规定，作为警示。这在中国清末法制改革前已是如此。那时，上海租界制定、适用的是现代法制。成书于1876年由葛云煦所著的《沪游杂记》一书中，就记载了当时上海租界制定、施行的《租界例禁》，其为上海华界所没有的规定。这一"例禁"的内容为20条，多条为维护公共环境卫生的规定，包括了"禁路上倾倒垃圾""禁道旁小便""禁卖臭坏鱼肉""禁施放花爆"等。[1]违反了这些规定，还要被巡捕房、会审公廨处罚。"有北人初到上海，不谙租界章程，在马路上大便，被巡捕捉去。（巡）捕房令罚洋释出，其人不服，吵闹不休。解赴（会审）公堂，审判加罚数元，以为吵闹者戒。"[2]还有，像上海租界所规定的华人不准进入租界公园游园的规定，上海华界也没有规定，上海华界的审判机关也不会适用。这一规定直到1928年才被废除。[3]

上海华界审判机关适用的法律中，有些也为上海租界会审公廨所不适用。在辛亥革命以前适用的是清朝的法律，充斥了中国古代法制内容，有关"化外人有犯"的规定是其中之一。[4]可是，上海会审公廨不适用这一规定。辛亥革命期间，上海华界审判机关适用的是南京临时政府颁行的法律，如禁烟、禁赌、劝禁缠足和限期剪辫等一些规定。[5]会审公廨也不执行这些规定。到了北洋政府时期，上海华界的审判机关适用的有些规定，会审公廨仍不执行，剪辫规定是其中之一。这一规定在北洋政府时期仍然有效，可还是得不到上海租界的认可，剪辫人反而要受到会审公廨的审判。

① 〔清〕葛元煦等著：《沪游杂记　淞南梦影录　沪游梦影》，郑祖安等标点，上海古籍出版社1989年版，第3页。

② 陈无我著：《老上海三十年见闻录》，上海书店出版社1997年版，第244页。

③ 史梅定主编：《上海租界志》，上海社会科学院出版社2001年版，第525—526页。

④ 《大清律例·名例律下》"化外人有犯"条。

⑤ 王立民主编：《中国法制史参考资料》，北京大学出版社2006年版，第239—242页。

据 1912 年 5 月 2 日上海公共租界警务处《警务日报》的记载，1912 年 5 月 1 日上海公共租界的"广东路上有两名革命军士剪掉了一鞋匠的辫子，以致双方发生了争吵。该两名士兵现已被捕，将于今日（2 日）送会审公廨审理"。① 可见，上海租界的会审公廨和上海华界的审判机关都仅适用自己的法律，造成了适用实体法的不一致，也不具有统一性。

（四）会审公廨与华界审判机关适用的法律程序不具有统一性

会审公廨与华界的审判机关同在一个城市，可它们适用的法律程序也不一样，在法律程序方面也不具有统一性。会审公廨适用的主要是现代法律程序。比如，庭审时有律师参与，也有律师发表辩护、代理意见的程序等。可是，在清末法制改革以前，华界的审判机关还是适用中国传统的法律程序。比如，庭审时，没有律师参加，审判人员可以专横擅断等。这种差别十分明显。事实也是如此。有华人在旁听了上海会审公廨的庭审以后，对其运用律师出庭的法律程序作了这样的表述："华洋互市以来，大多交涉事件。余观英、美二公堂中西互控之案，层见迭出。无论西人控华人，须泰西律师以为质证，即华人控西人，亦必请泰西律师。"② 有人把会审公廨适用的这一程序与华界适用的法律程序作了比较，来反映其优越之处。"案无大小，胥由人证明其曲直，律师辩其是非，审官研鞫而公断之，故无黑白混淆之弊。乃中国地方官吏，无论钱债细故，人命重案，一经公庭对簿，先须下跪，形格势禁，多有不能曲达之情。"③ 那个年代，在华界还没有律师与律师制度时，会审公廨已使用律师并在法律程序中加以适用。上海最早的律师为洋人律师，1872 年时有 7 人，1900 年时上升为 15 人，1912 年时增至 46 人，他们的业务之一是在会审公廨执业。④ 随着洋人律师出庭影响的扩大，华人也开始聘用洋人律师在会审公廨出庭，为自己辩护。《苏报》案"中的中国被告人邹容和章太炎都聘用了洋人律师博易在会

---

① 上海市档案馆编：《辛亥革命与上海》，中西书局 2011 年版，第 212 页。《警务日报》是上海公共租界工部局警务处官方内部的工作情况报告，每日一份。

② 参见《皇朝经世之新编·西律》。

③ 参见《皇朝经世之新编续集·法律》。

④ 陈同著：《近代社会变迁中的上海律师》，上海辞书出版社 2008 年版，第 43 页。

审公廨出庭，为自己进行辩护。① 可见，当时会审公廨适用的有些法律程序为华界的审判机关所没有，与其适用的法律程序不一致，同样不具有统一性。

统一性是法制的一种内在属性。一个国家的法制应该保持一致，具有统一性是实现公平正义的基本要求之一。这种统一性又体现在法制的各个领域，包括审判领域。一个国家的审判机关体系、审判人员的组成、审判所使用的实体法和程序等审判领域中的一些关键要件，都应保持高度一致，具有统一性。如果有的审判机关虽在这个国家的领土之中，却与这一国家的审判要件不一致，不具有统一性，那么这些审判机关便脱离这个国家的司法体系，不是这个国家的审判机关。中国租界中的会审公廨是设在中国租界里的审判机关，长期与中国的审判机关高度不一致，与中国的审判机关不具有一致性，因此它们虽在中国的领土上，却不是中国的审判机关。

二、会审公廨与租界内的中国审判机关也不具有统一性

中国租界中也曾出现过中国的审判机关，都由中国政府设立，而且与中国其他地方的审判机关一样，具有统一性。可是，这些租界里的中国审判机关也与租界里的会审公廨不一致。从这种意义上讲，会审公廨虽在中国的领土里，但还不能算是中国的审判机关，同样不具有统一性。

1925 年上海公共租界爆发了震惊世界的五卅惨案以后，中国的广大民众对会审公廨有了进一步认识，废除会审公廨的呼声更为高涨。在强大的压力之下，江苏省政府与驻沪各国领事于 1926 年 8 月 31 日正式签订了《收回上海会审公廨暂行章程》，② 协议在上海公共租界设立过渡性的临时法院，以取代上海租界里的会审公廨，并为将来在上海租界里设置中国自己的审判机关做准备。1930 年 2 月中国与巴西、美国、英国、挪威、荷兰和法国签订了《关于上海公共租界内中国法院之协定》。这一协定明确规定："中国政府依照关于司法制度之中国法律、章程及本协定之规定，在上海公

---

① 上海通社编：《上海研究资料续集》，上海书店 1984 年版，第 76 页。
② 王铁崖编：《中外旧约章汇编》（第 3 册），三联书店 1962 年版，第 591—593 页。

共租界内设置地方法院及高等法院分院各一所。所有中国现行有效及将来
依法制定公布的法律、章程，无论其为实体法或程序法，一律适用于各该
法院。"① 同年 4 月上海公共租界里的中国审判机关即江苏上海第一特区地
方法院及其上诉法院江苏高等法院第二分院于同日成立。②

1931 年 7 月中国与法国签订了《关于上海法租界内设置中国法院之协
定》。此协定明文规定："中国政府依照关于司法行政之中国法律及章程在
上海法租界内设置地方法院及高等法院分院各一所；各该法院应有专属人
员，并限于该租界范围行使其管辖权。中国现行有效及将来合法制定公布
之法律章程应一律适用于各该法院。"③ 同年 8 月，上海法租界里的中国审
判机关即江苏上海第二特区地方法院及其上诉法院江苏高等法院第三分院，
也都于同日成立。④ 至此，上海的租界里才真正有了中国自己的审判机关。
那时，中国虽然已经建立了"六法"体系，但是这些设在上海租界里的中
国现代审判机关与以往上海租界里的会审公廨仍有不同，也不具有统一性。
它们的这种不同突出表现在以下方面：

（一）审判机关的体系不具有统一性

设立在上海租界内的中国自己的审判机关均纳入中国自己的审判机关
体系。⑤ 那时的中国的审判机关体系已是南京国民政府时期的审判机关体
系。在这一体系中，中国实行三级三审制。这在刑事诉讼法里均有体现。
这三级制是：县、市设地方法院，受理刑事的第一审案件；省设高等法院，
受理犯有内乱、外患、妨害国交罪的第一审刑事案件和不服地方法院第一
审判决的民、刑上诉案件，还有不服地方法院裁定而抗告的案件。⑥ 另外，
首都设最高法院，受理不服高等法院第一审判决而上诉的刑事案件、不服
高等法院第二审判决的刑事案件等。⑦ 上海租界内的中国审判机关就是这

---

① 王铁崖编：《中外旧约章汇编》（第 3 册），三联书店 1962 年版，第 770 页。
② 史梅定主编：《上海租界志》，上海社会科学院出版社 2001 年版，第 287—290 页。
③ 王铁崖编：《中外旧约章汇编》（第 3 册），三联书店 1962 年版，第 847 页。
④ 史梅定主编：《上海租界志》，上海社会科学院出版社 2001 年版，第 289—290 页。
⑤ 同上书，第 289—291 页。
⑥ 吴经熊校勘：《袖珍六法全书》，会文堂新记书局 1935 年版，第 827—828 页。
⑦ 同上书，第 888 页。

一体系中的一部分。只是考虑它们的设置地点是在租界里，于是根据《关于上海公共租界内中国法院之协定》和《关于上海法租界内设置中国法院之协定》，在名称上有所变通，把上海租界里的中国地方法院称为特区法院，其上诉法院称为江苏高等法院的第二分院和第三分院（第一分院在上海华界）。另外，它们的内部机构设置也与上海华界的法院基本一致，分设民事和刑事审判庭，书记室及其管辖的会计、统计、文牍等科，还有首席检察官和下属的检察官、书记室和执行组等机构。①可是，上海租界里的会审公廨却在租界的审判机关体系之中，与领事公堂等并存，与上海租界里中国的审判机关不一样，与其不具有统一性。

（二）审判人员的组成不具有统一性

中国租界里中国自己的审判机关内包括院长在内的所有审判人员全为华人，没有洋人。以上海租界为例。有统计资料显示，它们的院长全由华人担任。先后担任江苏上海第一特区地方法院院长的杨肇煐、周先觉、郭云观，江苏高等法院第二分院院长的徐维震、沈家彝、郭云观，江苏上海第二特区地方法院院长的应时、王思默、杨鹏、杨琦、陈懋咸，江苏高等法院第三分院院长的梁仁杰、杨鹏等人，无一不是华人。②比如，杨肇煐是四川人，"北京大学法学士，巴黎大学博士院法律专科毕业，曾任江苏吴县地方厅厅长，江苏吴县地方法院院长"。③其他审判人员也都如此。就是这些法院里的其他工作人员也都是华人，不是洋人。比如，江苏上海第一特区地方法院第一任书记官长陈世弟是浙江人，"上海约翰书院毕业，游学美洲哈佛大学，专修政治经济科五年，毕业历充北京审计院简任审计官，及浙江省政府民政厅秘书，市政府秘书"。④此后，转任江苏上海第一特区地方法院的第一任书记官长。这些包括审判人员所组成的人员都与中国其他审判机关的人员一致，即都是华人，不是洋人。然而，会审公廨审判人

---

① 《上海审判志》编纂委员会编：《上海审判志》，上海社会科学院出版社 2003 年版，第 64—68 页。

② 同上书，第 73 页。

③ 《江苏上海特区地方法院第一次工作报告》，上海档案馆藏：卷宗号　Y5—1—18。

④ 同上。

员的组成就不同，是由华、洋人各一人组成，案件由他们合议判定。这与中国租界里中国自己的审判机关的审判人员全由华人组成有显著差异，它们不具有一致性。

（三）适用的实体法不具有统一性

中国租界里中国自己的审判机关与会审公廨适用的实体法有差别，不一样。租界里中国自己的审判机关适用的是中国自己制定的法律，即主要是《六法全书》，其中的有些内容留有中国自己的传统元素，而与会审公廨里适用的实体法有所不同。《中华民国民法》就有这样的元素，第三编"物权"的第八章"典权"就是如此。① 典权是一种支付典价并占有他人的不动产而为使用及收益之权。这种"典权"的规定在西方的民法中没有规定，在会审公廨中也不适用，而在《六法全书》的《中华民国民法》就有规定，是租界里中国审判机关所要适用的实体法内容。这一内容中留有明显的中国元素，是从中国传统法律中继承、演变而来。早在唐朝末年就开始使用"典""典当"之词，以取代以往的"贴赁""典贴"；五代时还把"典"与"卖"合称；宋朝使其逐渐完善，《宋刑统·户婚律》中还专门设有"典卖指当物业论竞"门，典当契约被广泛使用。② 这种契约直到明、清时还在沿革使用。③《中华民国民法》传承了这一典权的规定，并把其作为自己的一个重要部分而被中国的审判机关所适用，包括被租界里的中国审判机关所使用。

可是，租界却没有制定过这类规定，会审公廨也就无法适用这样的实体法了。然而，租界里制定的有些规定在租界里的中国审判机关不适用的也存在，即这些规定只适用于会审公廨而不适用于租界里的中国审判机关。这种情况在上海的租界里就存在。上海租界都有关于禁放花爆的规定。上海法租界于 1869 年颁行的《法租界公董局警务路政章程》里规定："禁止在马路上或在住房旁边焚烧纸锭，燃放鞭炮或点燃烟火。"④ 紧随其后，上

---

① 吴经熊校勘：《袖珍六法全书》，会文堂新记书局 1935 年版，第 163—165 页。
② 叶孝信主编：《中国民法史》，上海人民出版社 1993 年版，第 350—355 页。
③ 同上书，第 543—546 页。
④ 史梅定主编：《上海租界志》，上海社会科学院出版社 2001 年版，第 713 页。

海公共租界也作了类似规定。它于 1903 年施行的《公共租界工部局巡捕房章程》规定："(上海公共租界)居民无论于马路僻径及大地，均不准燃放爆竹。"① 这些规定被上海租界里的会审公廨长期适用。可是，它们从来没在上海华界里被适用，也未被上海租界里的中国审判机关所使用。可见，租界里中国自己的审判机关与会审公廨在适用实体法方面有明显不一致之处，各自适用的法律也不在同一个立法系统之中，当然也不具有统一性了。

(四)适用的法律程序不具有统一性

中国租界里的中国审判机关与会审公廨在使用的法律程序方面同样有所不同，存在不一致之处。中国租界里中国的审判机关适用的是《六法全书》里民事诉讼法与刑事诉讼法等所规定的法律程序，与会审公廨使用的法律程序不完全相同，有的为其所不用。比如，这些中国审判机关使用的是三级三审制程序。其中上海租界里设有二级，即地方法院和江苏高等法院分院二级；如果还不服判决，最后可上诉至设在首都的最高法院。另外，这些法院都是中国的审判机关，也有管辖的规定。《中华民国刑事诉讼法》第一编"总则"的第二章"法院之管辖"中就规定有级别、地区和指定等管辖。② 中国华界审判机关之间案件的移转被称为"移送"。比如，此法第 15 条就规定："二人以上之不同级法院已各别管理者，上级法院得命管辖之下级法院，将案件移送该上级法院，并案受理。"③

会审公廨使用的法律程序与这些在租界里中国审判机关使用的程序法有很大差异。租界里的会审公廨只有一审，如果不服其判决，只有少部分人员可提起上诉，要求二审。《上海洋泾浜设官会审章程》规定，"倘系无领事管束之洋人，则由(中国)委员自行审断，仍邀一外国官员陪审，一面详报上海道查核"；"倘两造有不服委员所断者，准赴上海道及领事官处控告复审"。这与租界里的中国审判机关实行的三级三审制泾渭分明。

另外，会审公廨还使用了把自己已立案的案件交由中国商会来处理的

---

① 史梅定主编：《上海租界志》，上海社会科学院出版社 2001 年版，第 701 页。
② 吴经熊校勘：《袖珍六法全书》，会文堂新记书局 1935 年版，第 741—744 页。
③ 同上书，第 743 页。

法律程序，租界里的中国审判机关就从未使用过，在中国的诉讼里也无相关规定，可在会审公廨就出现了，还不是个别案件是如此。据统计，从1913年1月至1917年12月间，上海总商会总共处理了由上海会审公廨"廨移"过来的40个案件。这些案件全为民、商事案件。上海总商会自主调处了这些案件后，它们即告审结，不需回会审公廨再审判，同时商会也会要求会审公廨销案。① 这为会审公廨所独有。还有，会审公廨里使用的洋人"观审"程序也为租界里中国审判机关所不适用。《上海洋泾浜设官会审章程》规定："凡与租界治安直接有关之刑事案件，以及违犯洋泾浜章程及附则各案件，暨有领事裁判权条约国人民所雇用华人为刑事被告之案件，均得由领袖领事训委员一人观审，该员得与审判官并坐。"这种由洋人来观审的程序也为会审公廨所特有，租界里的中国审判机关不使用这一程序，中国的诉讼法里也没有这样的规定。可见，中国租界里的中国审判机关与会审公廨在使用的法律程序方面也存在很大区别，不在同一个程序法系统之中，不具有统一性。

综上所述可知，会审公廨不仅与其同时期中国华界的审判机关不同，而且与会审公廨以后租界里中国的审判机关也不同。尽管会审公廨与租界里的中国审判机关都是现代的审判机关，都适用现代法制，而且都在中国的领土上，但在审判机关的体系、人员构成、适用的实体法、使用的法律程序等有关审判机关的一些核心要素中，仍存在很大的不同。由此可见，会审公廨与租界内、外的中国审判机关都明显不同，都不在同一个法制体系中，与它们都不具有统一性。从这种意义上讲，会审公廨虽与中国自己的审判机关在同一片中国的土地上，但它不是中国自己的审判机关。

三、一些相关问题反证会审公廨不是中国的审判机关

在研究会审公廨时，还应关注以下一些与其相关的问题。这些问题均可反证、折射出会审公廨是租界的审判机关，而不是中国的审判机关。

---

① 王红梅：《会审公廨司法审判权的"攫取"与"让渡"——会审公廨移交上海总商会调处民商事纠纷的分析》，载《甘肃社会科学》2011年第1期。

（一）关注《上海洋泾浜设官会审章程》及其运行情况问题

《上海洋泾浜设官会审章程》是设立会审公廨的根据，也是认定会审公廨性质的重要依据之一。此章程共 10 条，主要对会审公廨的人员组成、管辖的条件、外国领事或其所派人员的观审和会审、提传办法、上诉程序等作了规定。需要特别关注的是以下三个方面：

首先，需要关注此章程没有明文规定会审公廨是哪个国家的审判机关。没有明文规定的直接后果是回避了它的性质，掩盖其为租界自己的审判机关的实质。会审公廨设在租界，不是华界，而租界又是洋人控制之地。① 如果是中国自己的审判机关，应该明指其为中国的审判机关，以免发生歧义。但是，此章程却没有这样做。同时，此章程也没有明文规定会审公廨是租界的审判机关。这些都有利于租界掩人耳目，暗度陈仓，行使租界自己的审判权。其背后则是清政府的无知和失职。这正如学者马长林研究后所指出的：会审公廨章程的制定，清政府"没有予以足够的重视，认为这只是有关上海一小块租界地内寻常的华洋交涉之事，根本看不到如何处理这块租界地中的华洋交涉，是关系到中国的司法主权问题"。② 可见，从此章程的本身内容来看，不仅无法判断会审公廨是中国的审判机关，反而便于行使租界自己的审判权。

其次，需要关注中国的审判人员。《上海洋泾浜设官会审章程》规定，会审公廨中"专驻"有中国的审判人员，受理租界内的一些案件。"遴委同知一员，专驻洋泾浜"，管理各国租界内钱债、斗殴、窃盗、词讼各等案件。这里使用的是"专驻"而不是"设置"。"专驻"具有派入的含义，"设置"则有自设的意思。这从一个侧面说明会审公廨是租界的审判机关，而不是中国的审判机关。当会审公廨是租界的审判机关时，中国才会派审判人员"专驻"其中。中国自己的审判机关应是自己"设置"自己的审判人员而不是"专驻"。

最后，需要关注华、洋审判人员的实际地位。根据此章程的规定，会

---

① 上海通社编：《上海研究资料》，上海书店 1984 年版，第 135 页。
② 马长林：《晚清涉外法权的一个怪物——上海公共租界会审公廨剖析》，载《档案与历史》1988 年第 4 期。

审公廨另设有洋人审判人员参与审判。"凡遇案件牵涉洋人必应到案者，必须领事官会同委员审问，或派洋官会审；若案情只系中国人，并无洋人在内，即听中国委员自行讯断，各国领事官，毋庸干预。"由于有些案件是华、洋审判人员共同会审，就存在一个他们的实际地位问题。实际情况是两个方面：一方面，洋人审判人员往往越权，有些不应是他们审判的案件，他们也行使了审判权。对于洋人审判人员无权过问的纯华人案件，他们也往往以案犯系由租界警方解送，就擅自会审，有时还擅自判决。另外，19世纪末，纯粹的华人刑事案件也一概由外国领事官员会审。① 甚至在有些纯华人的"民事案件中，领事也起'仲裁作用'"。② 这种喧宾夺主的情况十分严重。

另一方面，会审的华人审判人员只是摆设，洋人审判人员才是真正的审判者。一些中外专家研究了会审公廨的运行情况后，都得出了这样的结论。甘豫立在1926年5月的《太平导报》发表了《上海会审公廨之研究》一文，文中说："公廨审案，虽曰会审，而审判实权盖已尽操于外人之手，华官不过随同画诺，供讯问而已。"③ 杨湘钧在其所著的《帝国之鞭与寡头之链》一书中也指出："虽然（中国）谳员在名义上及形式上均居主要地位，但堂谕的决定实际上多半仍迁就外籍陪审员之意。"④ 张铨的《上海法租界会审公廨》一文专门研究了上海法租界里的会审公廨，其也认为中外审判人员"在表面上具有同等权力，实际大权操于法方之中"。⑤ 有外国学者也认为，会审公廨是"由外国人控制下的会审公廨"。⑥ 如果是中国自己的审判机关会长期存在这样的情况吗？显然不会。从《上海洋泾浜设官会审章程》的规定及其运行情况可知，会审公廨在形式上不是中国的审判机

---

① 费成康著：《中国租界史》，上海社会科学院出版社1991年版，第138页。

② ［法］梅朋、傅立德著：《上海法租界史》，倪静兰译，上海社会科学院出版社2007年版，第301页。

③ 何勤华、李秀清主编：《民国法学论文精萃》（第5卷），法律出版社2004年版，第186页。

④ 杨湘钧著：《帝国之鞭与寡头之链——上海会审公廨权力关系变迁研究》，北京大学出版社2006年版，第100页。

⑤ 张铨：《上海法租界会审公廨》，载《史林》1994年第2期。

⑥ W. C. Johnstone, *The Shanghai Problem*, Stanford, Stanford University Press, 1937, p.153.

关，实质上却拥有审判机关的权力。

（二）关注会审公廨间的差异问题

会审公廨设在中国的租界里，不同的租界会有自己不同的会审公廨，因此会审公廨就有多个。有人作了统计，除上海租界以外，汉口和鼓浪屿的租界也设有会审公廨，共有 8 个这样的审判机关。[①] 它们虽然都应遵循《上海洋泾浜设官会审章程》的规定，可它们之间还是有差异，不尽相同。上海共设有两个会审公廨，分别设置在公共租界和法租界，它们就有所不同。形成这种差异的原因之一是它们的司法习惯不同。上海公共租界的会审公廨筹设之初，管辖的地域是整个上海的租界，亦包括上海法租界在内。然而，那时的法国驻上海领事白来尼则提出异议，认为上海公共租界会审公廨章程的第 1 条和第 5 条规定的内容与上海法租界的司法习惯不合，所以就不同意其来管辖上海法租界的相关案件。[②] 因此，"这个章程虽然为美国、英国和德国所接受，却没有得到法国的同意"。[③]

于是，上海法租界便自己另设了一个会审公廨。这个会审公廨就与上海公共租界的会审公廨有所不同了。上海法租界的一个司法习惯是指，从 1865 年起，每当法国人与华人之间发生商务方面的案件时，上海道台或由他指派的代表就会去法国驻上海领事馆，由其与法国领事共同审理案件。如果仅涉及上海法租界内华人的案件，则由领事单独审理。依据白来尼的说法，即使民事案件领事也起到"仲裁作用"。他曾经表示："关于中国人对中国人的不法行为以及其他纠纷，罪犯和讼棍总是一起被带到领事馆，或是主动到领事馆来；案件立即得到处理，或是惩处，或者以和解的方式解决。"[④] 还有，"被称为重罪的"行为，虽然讲起来好像是法典规定，完全属于中国官府的审理范围，"但是中国官府的逮捕令必事先得到法国领事馆的签署，否则不能在法租界上进行拘捕"。[⑤] 这些均与上海公共租界会审公

---

① 费成康：《论租界的司法制度》，载《政治与法律》1992 年第 3 期。

② 蒯世勋等编著：《上海公共租界史稿》，上海人民出版社 1980 年版，第 162 页。

③ ［法］梅朋、傅立德著：《上海法租界史》，倪静兰译，上海社会科学院出版社 2007 年版，第 301 页。

④ 同上。

⑤ 同上。

廨的规定和做法不一致，有明显区别，虽都在中国的租界，都是租界的审判机关，还不完全一样，而且其差别还十分明显。这只能说明会审公廨只是特定租界里的审判机关，不同租界的会审公廨各不相同，各自都对自己的会审公廨有决定权。从而进一步证实，中国政府对其已经完全失控，当然也不会是中国的审判机关了。

（三）关注华界与租界之间的引渡问题

"引渡"是国际公法中的一个概念，是指一国将处在该国境内而被他国追捕或判刑的人，根据他国的请求移交给请求国审判或处罚的行为。因此，引渡是一种国家间的司法程序、行为，属于同一个国家的司法机关间不会使用引渡。如果属于同一个国家的司法机关在审理刑事案件时，发生管辖问题而需要转移刑事被告人，采用的是移送程序，绝不会是引渡。然而，在中国华界与租界之间就出现过引渡问题，即租界向华界引渡被华界追捕的华人。在辛亥革命发生以后，华界与租界就在引渡问题上进行了协商。据《英国蓝皮书》记载，1911 年 11 月底"沪军都督府交涉员提出了一套办法以处理引渡罪犯和如何向会审公廨和租界外革命法院提供他们所需要的证人"。[①]1912 年 7 月 6 日的《警务日报》又记载，1912 年 7 月 5 日"下午 3 时，有 5 位领事和法官（其中有领袖领事和两位会审公廨审判员）前往都督府拜会负责官员商讨人犯引渡问题"。[②]租界对于引渡的态度十分明确，即允许引渡，只是在程序上有点要求。上海公共租界工部局董事会会议于 1912 年 4 月 24 日决议："除非界外市政当局同意引渡会审公廨所要的被告和人证，否则不得解交任何犯人。"[③]

事实也证明，引渡确实发生在上海华界与租界之间。有学者对此进行了研究，也作了统计，在 1912 年 2 月至 1915 年 12 月间，上海公共租界就有多名华人从会审公廨被引渡到华界。其中，1912 年 10 月蔡锐霆在兆丰路被捕后，会审公廨将其引渡到镇守使署；1915 年 1 月朱华斌在新闸白

---

① 上海市档案馆编：《辛亥革命与上海》，中西书局 2011 年版，第 313 页。《英国蓝皮书》是英国政府提交议会两院的外交文件。

② 同上书，第 234 页。

③ 同上书，第 280 页。

克路被捕后，会审公廨将其引渡至镇守使署，再转解南京；1915 年 8 月郑道华在公共租界被捕后，会审公廨将其引渡至镇守使署；1915 年 9 月张振华在新世界被捕后，会审公廨将其引渡给镇守使署等。① 中国租界的会审公廨与华界的这种引渡可以证明，会审公廨不是中国的审判机关，而是租界里的审判机关。因为，中国自己的审判机关之间有人犯要转移，只要移送就可以了，绝不会使用引渡。引渡只是一种发生在不同国度间的司法程序和行为。

在这里还需提及的是，鸦片战争以后由于中国的主权受损，在中国的领土上设置非中国的审判机关不足为奇，除了会审公廨之外，另有一些其他的非中国审判机关，在上海公共租界就是如此。它们是领事法庭和英国、美国设在中国的法院。领事法庭的审判人员和被告人均非华人，适用的也非中国的法律，不是中国的审判机关。另外，英国和美国分别在上海公共租界内设立了两处自己的审判机关。英国设立的是高等法院和上诉法院。高等法院受理中国境内所有英国人的民、刑事案件，采用巡回审判制度。上诉法院则受理不服领事法庭判决的上诉案件；再不服其判决，则可上诉至英国枢密院。美国设立的是美国在华法院和美国司法委员法院。美国在华法院与美国本土地方法院具有同等地位，每年还须到广东、汉口、天津等地巡回审判，受理不属于领事法庭管辖的民、刑事案件和不服领事法庭、美国司法委员法院审判的上诉案件。美国司法委员法院类似领事法庭，只是其审判人员不是领事而是一般的法官而已。② 可见，会审公廨租界审判机关体系中的一个组成部分，没有游离于租界审判机关之外。

（四）关注辛亥革命以后会审公廨的变化

辛亥革命爆发以后，中国租界趁社会情势变化之际，浑水摸鱼，趁火打劫，擅自改变了《上海洋泾浜设官会审章程》的一些规定，以致其时的会审公廨相比辛亥革命前的会审公廨发生了较大变化。这些变化全都突破

① 杨湘钧著：《帝国之鞭与寡头之链——上海会审公廨权力关系变迁研究》，北京大学出版社 2006 年版，第 181 页。

② 阮笃成著：《租界制度与上海公共租界》，上海书店 1989 年版，第 83—85 页。

了《上海洋泾浜设官会审章程》的规定，也与其相悖，然而却强行在上海公共租界的会审公廨内施行，因此而导致了会审公廨的变化。

据《英国蓝皮书》记载，1911 年 12 月上海公共租界对界内的会审公廨采取了措施，其理由是："鉴于中国目前缺乏稳定的政体，为确保公共租界会审公廨能正常执行任务。"采取的措施共有八个方面，内容为：领事团根据其职责范围业已确定中国谳员，彼等应在外国陪审员的指导之下，并同他们和谐共事进行工作；会审公廨所属监狱现由工部局巡捕房负责管理；传票及拘票均由工部局巡捕房负责执行；审询事宜由中国谳员会同外国陪审员进行；所有在租界内发生的刑事案件，包括应判 5 年以上徒刑的案件，概由会审公廨审理；工部局代表领事团对会审公廨的财务管理进行监督，所有罚款以及除中国谳员薪俸以外的一切开支和薪金，均由工部局负责收付；中国谳员的薪俸由领事团发放，款项在中国政府目前存于领袖领事处的基金内列支；对纯华人民事案件的审理，外国陪审员将进行监审等。① 它们在会审公廨的人员配置、外国陪审员的职权、经费支出、案件的管辖、庭前程序和监狱管理等诸多方面都作出了新规定。

这些规定涵盖了审判工作中的一些重要领域，冲击了《上海洋泾浜设官会审章程》的一些原有规定，以致更有利于租界对会审公廨的直接控制。② 会审公廨因此而更加租界化了，这是一种在《上海洋泾浜设官会审章程》基础上租界化的叠加，以使会审公廨的租界化色彩更加浓厚，表现得更为赤裸裸，也使西方列强侵损中国审判权、国家主权的真实意图暴露无遗，后果十分严重。正如夏晋麟在《上海租界问题》一文中指出的，辛亥革命以后，"会审公廨完全脱离中国司法制度，及内地中国官厅而独立"。③ 也如徐公南、丘瑾璋所言，辛亥革命以后，"租界内之司法权，遂全入于外人之手，中国政府无权过问矣"。④ 今人也是如此认为，辛亥革命以后，"上海地方官府在租界内的司法主权完全丧失，会审公廨成为直接受

---

① 上海市档案馆编：《辛亥革命与上海》，中西书局 2011 年版，第 311 页。
② 阮笃成著：《租界制度与上海公共租界》，上海书店 1989 年版，第 89—90 页。
③ 夏晋麟著：《上海租界问题》，上海书店 1989 年版，第 57 页。
④ 蒯世勋等编著：《上海公共租界史稿》，上海人民出版社 1980 年版，第 169 页。

外国领事团控制的一个审判机关"。① 这一切都肇始于《上海洋泾浜设官会审章程》，此后的规定又有过之而无不及，中国租界的司法权便越来越多地落入洋人之手。可以认为，会审公廨一开始就不是中国的审判机关，此后更不是中国的审判机关了。

以上应关注的 4 大问题都从各自的角度进一步说明：会审公廨是租界的审判机关，而不是中国的审判机关。只有当租界、洋人对其有了控制权、决定权以后，才会出现洋人审判人员掌控会审公廨、于华界适用引渡程序等一些类似于外国审判机关的情况。中国自己的审判机关当然不会出现这样的非中国化情况。

四、租界设立会审公廨的用意

中国租界里的会审公廨相对独立，自成体系，与中国的审判机关都不具有统一性，不在中国的审判体系之中，不受中国的法制、政府控制，不是中国的审判机关，而是租界自己的审判机关，并受外国列强的控制。有专家经过研究以后说："（会审公廨的）外国陪审官是受领事委托、代表领事出席的，德为门说：'只遵守领事的命令'，也只不过道出了一个久已存在的事实。"② 此话不假。因此，会审公廨实是一种设在租界、受西方列强控制、由中外审判人员组成、在中国租界的审判机关。

西方列强要在中国租界里设立、运作自己的审判机关——会审公廨，并使其受自己控制而不受中国的支配，有其一定的用意，主要是以下方面：

（一）通过会审公廨的设立和运作来实现中国租界的自治

西方列强入侵中国，在中国建立租界是为了在中国获利。英国发动鸦片战争，在上海开辟英租界就是如此，而且还蓄谋已久。鸦片战争以前，英国的对华贸易不顺利，主要是广州海关对外商的种种规定使英国感到对华贸易不利。于是，英国人便开始在中国谋求新的港口。一个名为林特赛的英国人奉东印度公司之命，来中国落实此事。到了上海，他大开眼界，

---

① 史梅定主编：《上海租界志》，上海社会科学院出版社 2001 年版，第 283 页。
② 杨湘钧著：《帝国之鞭与寡头之链——上海会审公廨权力关系变迁研究》，北京大学出版社 2006 年版，第 144 页。

认为这是一个适应贸易之地。美国人霍塞在《出卖上海滩》一书中，就把这一切全盘托出。他说林特赛考察了上海以后，便报告他的公司："外国人，尤其是英国人，倘若能在这里（指上海）做自由贸易，则利益实无穷尽。"霍塞还认为，上海是"雄踞扬子江的口子，可以控制一切到内地的去路，将来无疑地必会成为亚东的商业中心"。①鸦片战争以后，他的这一设想可以实现了，上海成了五口通商城市之一。

　　然而，要把上海真正建成"亚东的商业中心"并"得到中国全境经营商的自由权"，②光靠中国的传统法制和贸易运行方式是万万不能的，只有实行自治，才能使上海适用现代法制，进行现代贸易运作，建成现代城市，并使自己的利益最大化。用那批西方的投资者的话来说就是"在最短的时期中发一笔横财"。③用法国驻上海领事敏体尼的话来说，建立租界就是为了实现自治，"让每个领事当局成为自己家里的当家人"，到租界就像到"我们自己家国里"，"没有租界，就没有管辖权"，自治就不存在了。④于是，1845年在上海出现了租界以后，列强便逐渐开始着手在租界内建立自己的治理机关，迈向自治，即如同他们自己所说的："使上海逐渐变成一个最现实的共和世界。"⑤上海租界的治理机关也确实相继建立起来了，其中包括了立法、行政机关和司法机关会审公廨。

　　在上海英租界，1846年正式建立了租地人会议制度。租地人会议既是英租界的议政机关，也行使租界内的立法权。1869年这一租地人会议扩大为纳税人会议。⑥上海英租界还于1846年成立了自己的行政管理机构——道路码头委员会，行使租界内的行政管理权。1854年这一委员会发展为工部局。⑦那时，上海英租界还缺少自己的司法机关。1869年《上海洋泾浜

---

① ［美］霍塞著：《出卖上海滩》，越裔译，上海书店出版社2000年版，第2页。
② 同上书，第3页。
③ 同上书，第39页。
④ ［法］梅朋、傅立德著：《上海法租界史》，倪静兰译，上海社会科学院出版社2007年版，第32—33页。
⑤ ［美］霍塞著：《出卖上海滩》，越裔译，上海书店出版社2000年版，第17页。
⑥ 史梅定主编：《上海租界志》，上海社会科学院出版社2001年版，第153—154页。
⑦ 同上书，第208—209页。

设官会审章程》出台，自己的审判机关——会审公廨终于诞生了。另外，1854 年还建立了英租界的警政机关巡捕房，行使行政执法权；[①]1853 年还成立了英租界的武装力量"义勇队"，亦称"万国商团"。[②] 至此，上海英租界的治理机关全部建成，也实行了自治。可见，上海租界的会审公廨成立以后，租界里的治理机关成形、完整了。它们均不受中国政府的掌控，可以按照自己的意志行事，自治便名副其实了。难怪洋人自己也承认：上海公共租界"一小块曾由领事控制的英国人居留地发展成为一个大块自治区域——最后和殖民地也相差无几了"。[③]

在这种自治的地方里，洋人就可以随意行事，用他们自己的话来说，就是："我们只要想干什么，着手去干便是了。"[④] 于是，只要能获利，什么都可干，甚至是毒品交易，即鸦片买卖。鸦片战争以后，这种交易变成了合法交易，还发展迅速，尤其在自治的租界里。到了 20 世纪初，上海已是烟馆林立。据洋人自己统计："20 世纪开始时，每年从国外运到上海的鸦片烟火，其价值总有 4000 万元之多，单是上海一处，就开设着 1500 多家鸦片烟馆和 80 多家的土行。"[⑤] 他们自己也认为，上海租界里"烟、赌、娼妓有了畸形的发展"。[⑥] 自治给租界、洋人带来了巨大的利益，没有这种自治便没有这种利益。可是，华人却因此而深受其害，为此付出了代价。会审公廨在实现中国租界自治中的作用及其危害非常突出。

（二）通过会审公廨的设立和运作来抵制中国的进步力量

西方列强通过战争，胁迫中国政府与其签订了一系列不平等条约，获取了包括领事裁判权在内的权利，损害了中国的权益，这一点他们心知肚明，因此有些有损于中国权益的事就秘密进行，不让中国人知道。据英文报纸《黄报》于 1912 年 8 月 19 日透露，西方国家就曾在伦敦召开会议，并"决定用秘密的方式瓜分这个国家（指中国）"，还"绘制了一张瓜分中

---

① 易庆瑶主编：《上海公安志》，上海社会科学院出版社 1997 年版，第 68 页。
② 上海通社编：《上海研究资料续集》，上海书店 1984 年版，第 186 页。
③ 熊月之等选编：《上海的外国人》，上海古籍出版社 2003 年版，第 65 页。
④ 同上书，第 4 页。
⑤ ［美］霍塞著：《出卖上海滩》，越裔译，上海书店出版社 2000 年版，第 87 页。
⑥ 同上书，第 46 页。

国的地图"。① 正因为如此，他们非常忌讳中国的进步力量，生怕中国的这一力量强大，损害他们的既得利益。在辛亥革命时期，他们就十分忧虑，担心自己的利益受损。那时，上海的洋人已经意识到，这一革命非同以往，是"一次废除数千年以来专制政体而改用民主政体之大改革。"同时，他们"又在那里盘算这个上海的前途将有怎样的影响"，"以下所接续的不知又是一种什么制度"。② 因此，用自己的审判机关来行使审判权，维护自己的既得利益，抵制中国的进步力量便是他们使用的手段之一了。

事实也是如此。上海租界的会审公廨就有通过自己的审判活动来抵制上海进步力量的劣迹。武昌起义爆发以后，辛亥革命的烈火不久便烧到上海。1911 年 11 月 3 日上海华界举行了起义，很快取得成功，同月 7 日上海新政权沪军都督府成立。③ 辛亥革命是中国历史上的一次重要革命，推翻了腐朽的清政府，结束了 2000 多年的封建专制统治，其进步性十分明显。由于革命、起义，上海难免会有军人集聚、行动。上海租界抵制这一革命，会审公廨扮演了清政府帮凶的角色，审判、处罚进入租界的革命军人。根据《警务日报》的记载，那时的革命军人多次受到上海公共租界会审公廨的追究。1911 年 11 月 7 日 "3 个中国革命军""过新闸桥进入租界，其中一人佩刀"，巡捕就把这一军人拘捕并送到会审公廨，"在会审公廨受到指控"，结果此军人不仅被罚了款，还 "由巡捕送出租界"。④ 无独有偶，1912 年 1 月 22 日又有一位革命军士兵在杨树浦被巡捕抓捕，因为 "发现他身带实弹手枪"，于是在第二天又被 "解送会审公廨"。⑤ 还是在这一时期，不带武器而执行公务的军人也会被送到会审公廨去审判。1912 年 2 月 9 日上海公共租界的北浙江路内发现了 "3 个穿制服的革命军士兵。他们当时抓住了 1 个革命军逃兵正带往（租界）界外"。而且，他们也都 "承认是奉命追捕此逃兵"。可是，此 3 名军人还是被巡捕拘捕，并且在次日 "在会

① 上海市档案馆编：《辛亥革命与上海》，中西书局 2011 年版，第 242 页。
② ［美］霍塞著：《出卖上海滩》，越裔译，上海书店出版社 2000 年版，第 90 页。
③ 唐振常主编：《上海史》，上海人民出版社 1989 年版，第 469 页。
④ 上海市档案馆编：《辛亥革命与上海》，中西书局 2011 年版，第 166 页。
⑤ 同上书，第 180 页。

审公廨被控"。①

会审公廨会作出这种不利于辛亥革命审判的背后，则是西方国家抵制中国进步力量的态度。关于这一点，在辛亥革命以后不久，西方国家领事给上海清政府道台的一封函中便暴露无遗了。这位领事向上海道台保证："凡欲在租界内制造混乱者，捕房将一律予以逮捕，解往会审公廨，务请贵道台放心。"②难怪革命军人相继落入上海租界的法网，受到会审公廨的审判、处罚。

对待辛亥革命时期的军人是如此，对待其他进步人士也是如此，尤其是对待共产党人。上海租界把共产党人看作眼中钉、肉中刺，并采取了一些打击措施。他们要巡捕"确认、侦察、压制共产主义者、民族主义者、共产国际和苏维埃间谍的活动"。③会审公廨则进行审判、处罚。"陈独秀案"就是如此。他在上海的进步活动引起了上海法租界的紧张和恐慌，接着就是拘捕和审判。他于 1921 年 10 月 4 日在上海法租界被巡捕抓获，同月 26 日会审公廨对其进行了审判，以"宣传过激主义"为由，判罚白银 500 两。④1922 年 8 月 9 日陈独秀又一次在上海法租界被巡捕拘捕，同月 18 日会审公廨开庭审判，也以与上一次相似的理由，判罚他大洋 400 元，另把所抄进步书籍销毁。⑤会审公廨在维护中国租界利益、抵制中国进步力量中起到了不小的作用。

（三）通过会审公廨的设立和运作来进一步侵害中国的主权

鸦片战争以后，西方列强以中国人的刑法苛酷、法律不良、监狱腐败、政法不分、歧视外国人等为由，先后有 19 个国家在中国取得领事裁判权。⑥这使中国的司法权直接受损，同时也侵犯了中国的主权，以致中国的法律与司法机关对那些在中国领土上的有约国人丧失了管辖权。会审公廨的设立是这一领事裁判权的延伸，使中国的主权进一步受到侵害。这种

---

① 上海市档案馆编：《辛亥革命与上海》，中西书局 2011 年版，第 183 页。
② 同上书，第 324 页。
③ 熊月之等选编：《上海的外国人》，上海古籍出版社 2003 年版，第 69 页。
④ 陈利明著：《陈独秀传》，团结出版社 2011 年版，第 152—153 页。
⑤ 同上书，第 161—163 页。
⑥ 孙晓楼、赵颐年编著：《领事裁判权问题》（下），商务印书馆 1936 年版，第 161—162 页。

侵害又主要表现在以下方面：

首先，洋人委员参与审判有些被告是华人的案件。以上海的英租界为例。《南京条约》的附件《五口通商章程》规定，在华英国人成为被告时，由英国领事依靠英国法律进行审判；华人成为被告时，则由中国法官依照中国的法律进行审判。"其英人如何科罪，由英国议定章程、法律给管事官照办。华民如何科罪，应治以中国之法，均应照前在江南原定善后条款办理。"① 为此，中国主权已经受到了损害，可是《上海洋泾浜设官会审章程》内容还突破了《五口通商章程》之规定，洋人也可以参审有些华人为被告的案件。"凡为外国服役及洋人延请之华民，如经涉讼，先由该委员将该人所犯案情移知领事官，立将应讯之人交案，不得庇匿。至讯案时，或由该领事官或由其所派之员，准其来堂听讼。"② 可见，会审公廨成立后，这部分华人也要受到洋人的审判，中国的主权进一步受损了。

其次，洋人委员要管辖无约国人案件。《南京条约》的附件《五口通商章程》没有对无约国人的审判作出规定，因此他们便不享有领事裁判权。③当他们成为民、刑事被告时，应由中国的法律和审判机关管辖，与华人一样，洋人不得过问。可是，《上海洋泾浜设官会审章程》使其得到了改变。它规定："倘系无领事管束之洋人，则由委员自行审断，仍邀一外国官员陪审，一面详报上海道查核。"④ 这一规定表明，会审公廨的洋人委员管辖了无约国人案件，可以审判无约国人，而以往则由中国审判机关管辖和审判。因此，原为中国审判机关和审判人员管辖、审判的无约国人案件却落入洋人委员的管辖与审判范围，中国的司法权进一步受损，主权亦进一步受到侵害了。

最后，审判实践还进一步突破了会审公廨的相关规定。根据《上海洋泾浜设官会审章程》的规定，会审公廨只能审判那些用刑较轻的案件，用刑较重的案件则不在其审判范围之内。此章程明文规定，"管理各国租地界

---

① 王铁崖编：《中外旧约章汇编》(第 1 册)，三联书店 1957 年版，第 42 页。
② 同上书，第 269 页。
③ 无约国人相对有约国人而言，是指在华不享有领事裁判权的外国人员。
④ 王铁崖编：《中外旧约章汇编》(第 1 册)，三联书店 1957 年版，第 270 页。

内钱债、斗殴、窃盗、词讼各等案件"；"发落加杖以下罪名"；"华人犯案重大，或至死罪，或至军流徒罪以上，中国例由地方正印官详请臬司审转，由督抚酌定奏咨，应仍由上海县审断详办。尚有命案亦归上海县相验，委员不得擅专"。① 这一规定虽然十分明确，可是在其审判实践中，却屡遭突破，一些不属于会审公廨管辖范围的案件仍遭擅断，进一步篡夺中国的司法权，继而肆无忌惮地侵害中国的主权。这类案件有多起。1902 年的福华案被告人被判了 10 年监禁；闹天宫案的被告人被判了无期徒刑；1905 年还另判了 10 年以上有期徒刑 1 人，7 年有期徒刑 1 人等。②1912 年还有朱雨山、朱仲山、陈德贵分别被"判处 25 年、10 年和无期徒刑"。③ 而根据《上海洋泾浜设官会审章程》的规定，会审公廨根本无权审理和判决这样的案件。难怪连一位研究会审公廨的西方人都认为："会审公廨运作本身反而丧失了西方法治精神。"④ 此话不无道理。

　　会审公廨的建立和运作招致中国的主权进一步受侵害以后，中国租界便可以肆无忌惮，而华人的权益受到损害也就无法避免了，特别是在租界里的华人。1925 年五卅惨案的发生就是这样。连一位美国人也认为，此惨案的发生直接源于英国巡捕下令向上海公共租界的华人射击。"警察爱佛生即下令开枪。中枪的中国人共有 25 名，其中有九名受了致命的重伤。"他也觉得这样的惨案与中国主权受损有关。"倘若这天示威者不是中国人而是白种人，则巡捕们也会如此急促地开枪吗？倘若示威者是英国学生，则警官爱佛生也会下开枪的命令吗？"⑤ 肯定不会。这一惨案的发生惊动了世界，"中国北京的外交团"不得不"派了一个委员团到上海来调查这次惨案的曲直"。调查以后，此团也认为"这次惨案工部局应负其责"。可是，凶手却没有受到严惩，命令杀人的警官爱佛生只是"受了每年 1500 镑的养老金

　　① 王铁崖编：《中外旧约章汇编》（第 1 册），三联书店 1957 年版，第 269—270 页。
　　② 蒯世勋等编著：《上海公共租界史稿》，上海人民出版社 1980 年版，第 382 页。
　　③ 上海市档案馆编：《辛亥革命与上海》，中西书局 2011 年版，第 231 页。
　　④ Thoms B. Stephens, *Order and Discipline in China—The Shanghai Mixed Court*, 1911—1927, University of Washington Press, 1922, p.121.
　　⑤ ［美］霍塞著：《出卖上海滩》，越裔译，上海书店出版社 2000 年版，第 116—117 页。

而退职"的处理而已。① 其他杀人者均逍遥法外。一个拥有完整主权的国家会允许这样的惨案发生和这样的处理结果吗？显然不会。

中国租界里的会审公廨可给中国租界带来如此多的利益，而且这些利益又是中国的审判机关所无法为中国租界提供的，因此中国租界当然会热衷于建立并运作自己的审判机关——会审公廨了。

正确认识会审公廨的性质在研究中国近代法制史中占有十分重要的地位。它直接关系到中国近代法制的演变和发展、中国租界法制的体系和性质、中国近代审判权和国家主权的受损等一系列重要问题，也是研究中国近代法制史所无法回避的一个问题。认定会审公廨是租界的审判机关而不是中国自己的审判机关，有利于客观地直射出中国近代法制演变和发展的曲折性，有过一段屈辱的历程，与中国近代是半殖民地半封建社会相吻合；有利于真实地体现中国租界建有自己的法制体系和具有自己的法制性质，而不在中国的法制体系之中，也不具有中国法制的性质；有利于直观地反映出中国近代审判权和国家主权受损的严重程度，中国民众深受外国列强欺凌的痛苦滋味，又与中国近代社会的受侵略情况相匹配。可见，认真研究会审公廨的性质，认定其为中国租界的审判机关而不是中国自己的审判机关，还具有重要意义，因而不可忽视。

---

① ［美］霍塞著：《出卖上海滩》，越裔译，上海书店出版社 2000 年版，第 119—121 页。

第十六章　领事公堂是中国租界的
行政法庭

近代中国曾出现过领事公堂。这是一种设在中国租界，专门受理控告租界行政管理机关工部局案件的法庭。因此，其具有行政法庭的性质。[①]上海英美租界、上海公共租界[②]、汉口租界[③]和鼓浪屿公共租界[④]都设置过领事公堂。近、当代都有人把它的性质定位于外国的行政法庭因而归入外国的审判机关范畴。1889年由字林西报馆出版的《上海故事——从开埠到对外贸易》(The Story of Shanghai—from the Opening of the Port to Foreign Trade，Shanghai："North-China Herald" Office，1889)被认为是"目前所见最早的一部英文上海史著作"。在此著作中，就把领事公堂认作为外国审判机关，称其为"外国领事法庭"。[⑤]到了1931年，南非法官费唐在《费唐法官研究上海公共租界情形报告书》中，还是把领事公堂认定为外国的审判机关，称其为"外国领事法庭"。[⑥]中国学者阮笃成也默认领事公堂为外国的审判机关。他在1936年印行的《租界制度与上海公共租界》里，把领事公堂与英国、美国设在中国的审判机关一起论述。其中，除了领事公堂以外，还有英国的审判机关高等法院和上诉法院，美国的在华法院和美国司法委员会法院。[⑦]实际上，就是把领事公堂作为外国的审判机关来看待。当代，也有人把领事公堂认为是外国的审判机关。《上海租界志》就

---

① 也有人称领事公堂为"行政法院"。参见阮笃成著：《租界制度与上海公共租界》，《民国丛书》(第4编，第24册)，上海书店1989年版，第86页。

② 史梅定主编：《上海租界志》，上海社会科学院出版社2001年版，第297页。

③ 袁继成主编：《汉口租界志》，武汉出版社2003年版，第251页。

④ 参见费成康著：《中国租界史》，上海社会科学院出版社1991年版，第131页。

⑤ [美] 朗格等著：《上海故事》，高俊等译，三联书店2017年版，第144页。

⑥ 熊月之主编：《稀见上海史志资料丛书》，上海书店出版社2012年版，第230页、第793页。

⑦ 阮笃成著：《租界制度与上海公共租界》，《民国丛书》(第4编，第24册)，上海书店1989年版，第83—86页。

是这样。此志在第五章"司法机构"中，设有四节，分别是："混合司法机构""中国司法机构""外国司法机构"和"监狱"。其中的"外国司法机构"节里，又分设了四类外国司法机构。它们是：领事法庭、英国司法机构、美国司法机构和领事公堂。① 很明显，它是把领事公堂认作为上海租界里的外国审判机关。另有少量成果没有对领事公堂的性质作出明确规定，既没说是外国的审判机关，也没有说是中国租界自己的审判机关。孙慧的《试论上海公共租界的领事公堂》和黄毛毛的《上海公共租界行政诉讼制度探析》都是如此。② 其实不然。领事公堂的性质不是外国的审判机关，而是中国租界自设的行政法庭，即是中国租界自己的审判机关，其法律性质需要辨正。这对于完整正确认识中国租界法制，推动这一法制研究，都十分必要。③ 本文以建立时间最早、持续时间最长、办案最多的上海英美租界、上海公共租界的领事公堂为例，进行辨正，展开论述。④

一、领事公堂是中国租界自己的审判机关

中国租界是中国的领土，不是外国的领土，也不是外国的殖民地。它是根据中外签订的不平等条约，由在华的外国侨民主要通过租地方式取得土地，进行自行管理的中国城市里的一种自治区域。⑤ 中国租界建有自己的立法、行政、司法等机关，建立自己的法制。中国租界的法制是由租界制定、认可，仅在本租界内实施的一种城市自治区域法制。⑥ 鸦片战争以

---

① 史梅定主编：《上海租界志》，上海社会科学院出版社 2001 年版，第 293—301 页。
② 孙慧：《试论上海公共租界的领事公堂》，载马长林主编：《租界里的上海》，上海社会科学院出版社 2003 年版，第 215—228 页；黄毛毛：《上海公共租界行政诉讼制度探析》，载《上饶师范大学学报》2014 年第 1 期。
③ 王立民：《中国租界法制研究的检视与思考——以近 30 余年来研究为中心》，载《当代法学》2012 年第 4 期。
④ 1845 年上海英租界建立，1848 年上海美租界产生。1863 年上海英、美租界合并，成立上海英美租界。1899 年上海英美租界改名为上海公共租界。参见王立民著：《中国租界法制初探》，法律出版社 2016 年版，第 166 页。
⑤ 王立民：《上海近代法制若干问题研究》，载《法治现代化研究》2019 年第 6 期。
⑥ 王立民：《中国租界法制诸问题再研究》，载《法学》2019 年第 11 期。

后，有 9 个列强国家在中国的 10 个城市，建立过 27 个租界及其法制。①
中国自 1845 年诞生第一个租界即上海英租界，至 1945 年中国租界全部被
真正彻底收回，前后共百年时间。② 中国租界自设的审判机关中，包括了
行政法庭即领事公堂。它的法律性质是中国租界的审判机关，不是外国的
审判机关，并突出表现在以下三个方面：

（一）领事公堂根据中国租界土地章程的规定而设立

中国租界在开辟、建立时，都颁行过土地章程（或土地约章）。③ 中国
租界土地章程是规制一些有关租界根本性问题的规定。上海租界都称其为
土地章程。④ 这些土地章程的制定以中外不平等条约为依据。这里以中国
租界第一个土地章程即上海英租界的《土地章程》为例，展开论述。它的
制定以 1842 年的中英《南京条约》及其附件 1843 年的《五口通商附粘善
后条款》为依据，也是它们的一个结果。

《南京条约》规定：“自今以后，大皇帝恩准英国人民带同所属家眷，
寄居大清沿海之广州、福州、厦门、宁波、上海等五处港口，贸易通商无
碍。”⑤ 也就是说，英国人可以携带其家属到中国的五个通商口岸居住，但
是没有规定怎么居住。《五口通商附粘善后条款》则规定了这一《南京
条约》所没有规定的内容，即可以通过租房租地的方式来居住。“中华
地方官必须与英国管事官各就地方民情，议定于何地方，用何房屋或基
地，系准英人租赁。”⑥ 以它们为依据，1845 年上海英租界《土地章程》
颁行。

上海英租界颁行的《土地章程》共计 23 条，分别规定了上海英租界的
界域、租地程序、华洋分居的格局、界标与建筑、租让与租金、英国领事

---

① 参见上海市政协文史资料委员会等编：《列强在中国的租界》，中国文史出版社 1992 年版，
第 590 页。
② 王立民：《中国近代的城市区域法制探研——以上海近代的区域法制为例》，载《法治现代化
研究》2014 年第 1 期。
③ 参见费成康著：《中国租界史》，上海社会科学院出版社 1991 年版，第 116—117 页。
④ 上海租界的《土地章程》也被称为“地皮章程”“地产章程”等。参见王立民著：《上海法制
史》，上海人民出版社 2019 年版，第 119 页。
⑤ 王铁崖编：《中外旧约章汇编》（第 1 册），上海财经大学出版社 2019 年版，第 28 页。
⑥ 同上书，第 32 页。

的管辖权、司法权、章程的解释与修改等一系列问题。① 涉及关乎上海英租界生存、运行的根本性问题。其中，界域、租地、界标等规定直接有关上海英租界的自治区域范围；管辖权、司法权、章程的解释与修改等规定则直接有关上海英租界的管理权。上海英租界法制是属地法制，地域与管理权的规定是其最基本也是最重要的两个要素。具备这两个要素，上海英租界就可生存、运行起来。中国以后建立起来的租界所制定的土地章程也都有相似的规定。

中国租界的土地章程十分重要，其地位独尊，而且规定的内容全是租界内需要规定的根本性内容，不规定租界以外或与租界无关的内容。1845年上海英租界《土地章程》所规定的内容都是上海英租界内所需要规定的内容，无论是地域还是管理权都是如此，无一例外。凡与上海英租界无关的内容都不在这个土地章程规定之列。同时，中国租界的土地章程规定的内容都是本租界最为重要的内容，其他的内容则在中国租界的其他规定中加以体现。1845年上海英租界《土地章程》规定的上海英租界地域与管辖权，都直接关乎其生存与运行中最为重要的内容，缺少其中任何一个方面，都会使上海英租界名存实亡。可以认为，中国租界的土地章程规定的内容都是一些中国租界内根本性的内容，因此有人便把它称为"根本法""大宪章"。②

设立领事公堂是1869年上海租界《土地章程》里规定的内容。这个《土地章程》由上海英、美、法等租界设立国共同签署，共有29条，其中的第27条就规定了要设立领事公堂。主要内容是："公局可以做原告控人，亦可以被人控告，均由公局之总经理人出名具呈，或用'上海西人公局'出名具呈。寻常之人与人结讼所有经官讯断、究追等事应享之权利，公局亦一体享受，毫无区别；公局若系被告，所受被告责任，亦与寻常之人不殊，惟将应受之责任与归于公局之产业，不与经手之各董事及经理人等相干。"1871年，依照这一规定，上海英美租界建立了领事公堂。③1882

---

① 王铁崖编：《中外旧约章汇编》（第1册），上海财经大学出版社2019年版，第60—64页。

② 王鹏程等著：《上海史研究》，学林出版社1984年版，第100页。

③ 参见上海市地方志办公室等编：《民国上海市通志稿》（第1册），上海古籍出版社2013年版，第294页。

年《上海领事公堂诉讼条例》颁行，① 领事公堂正式开始运行。② 此规定中的"公局"就是指上海英美租界的行政管理机关"工部局"。上海英美租界改称为上海公共租界后，领事公堂相袭不变。1941 年 12 月，太平洋战争爆发，日军侵占上海公共租界，领事公堂才落下帷幕。③

（二）领事公堂只审判发生于本租界的行政诉讼案件

从上海英美、公共租界领事公堂实际审判的案件来看，确实如 1869 年上海租界《土地章程》里所规定的以其工部局为被告的行政诉讼案件。即"公局可以做原告控人，亦可以被人控告，均由公局之总经理人出名具呈，或用'上海西人公局'出名具呈"。现存 1882 年至 1941 年上海英美、公共租界领事公堂审判的 60 起案件中，全部都是以其工部局为被告的行政诉讼案件。④ 没有任何一起案件不以工部局为被告，也没有一起案件发生在上海英美、公共租界之外。

上海英美、公共租界领事公堂所审判的案件可以分为多个种类。其中，主要是关于行政给付、行政许可、行政申诉等案件。⑤ 然而，它审判的所有案件都是行政诉讼案件，都是以上海英美、公共租界的工部局为被告的案件。这里以上海英美租界、公共租界领事公堂所审的案件为例，加以证之。1882 年，上海英美租界工部局决定要增加人力车的月捐，"从每辆 1元增加到 1 元 5 角"，另外还决定"将车照拍卖 1 人经营"。人力车主对工部局的这个规定十分不满，还将其告至领事公堂，即"间讯向领事公堂投诉"。最后，领事公堂否定了上海英美租界工部局的"拍卖车照之举"，而保留了"实行加捐"。⑥ 此案就此审结。

到了上海公共租界时期，它的领事公堂没变，还是审判以工部局为被

---

① 史梅定主编:《上海租界志》，上海社会科学院出版社 2001 年版，第 297—298 页。

② 同上。

③ 孙慧:《试论上海公共租界的领事公堂》，载马长林主编:《租界里的上海》，上海社会科学院出版社 2003 年版，第 228 页。

④ 上海市档案馆藏: 卷宗号 U1—4—1273。

⑤ 孙慧:《试论上海公共租界的领事公堂》，载马长林主编:《租界里的上海》，上海社会科学院出版社 2003 年版，第 224 页。

⑥ 史梅定主编:《上海租界志》，上海社会科学院出版社 2001 年版，第 300 页。

告的行政诉讼案件。1936 年 5 月 20 日凌晨，上海公共租界的杨树浦路上，司机胡文言驾车，载着陈省三等 7 位鱼商回家。在越过定海路时，"逾越一木质小码头，而驶入浜内，该司机及车内乘客，均遭溺毙"。事故发生后，死者的家属认为，造成事故的原因是"工部局的玩忽职守，未在江边马路设置栅栏或其他防护设施，因而要求赔偿大约 185000 元"。上海公共租界领事公堂受理了此案并认为，事故发生时"并未下雨"，而且"约在二百码以内之物，均明了可见"，而且事故发生地也无"不安全以及危险之处"，因此工部局"不能负责"。此案以领事公堂驳回死者家属的诉讼结案。①

在上海英美、公共租界领事公堂审结的 55 个案件中，工部局既有胜诉，也有败诉。据统计，工部局败诉的案件为 20 件，占所有案件中的 36.36%。② 这从一个侧面说明，领事公堂只审判本租界内以行政机关工部局为被告的行政诉讼案件，而且被告工部局的败诉率不算高，只占三分之一有余。

（三）领事公堂适用的主要是租界颁行的土地章程及其附则

上海租界的领事公堂需要依法进行审判。这里的"法"首先是租界颁行的土地章程及其附则；如果土地章程及其附则没有规定的，就按一般的法律原则进行审判。即"租界内一般适用之法律，厥惟地皮章程及附律之规定，关于未为此种规定所逐一包括之事端，（领事）公堂得依一般原则，以（领事）公堂认为公平而适合特殊案件的裁判，解决之"。③ 这是一种一般性与特殊性相结合的适用法律原则。其中的一般性是适用土地章程及其附则进行审判；特殊性则是在土地章程及其附则没有规定的情况下，援用一般的法律原则进行审判。

从现存上海英美、公共租界领事公堂所审判的案件来观察，多数案件是根据土地章程及其附则进行审判。1915 年 3 月，上海公共租界工部局发

① 上海市档案馆藏：卷宗号 U1—1—1015。

② 孙慧：《试论上海公共租界的领事公堂》，载马长林主编：《租界里的上海》，上海社会科学院出版社 2003 年版，第 227 页。

③ 上海市地方志办公室等编：《民国上海市通志稿》（第 1 册），上海古籍出版社 2013 年版，第 295 页。

出通告，规定在本租界内不得安置化粪池。这引来了租界市民的强烈反对，认为安置化粪池是合理的，有利于公共卫生。麦边律师事务所的迈克贝恩律师还代表大家到领事公堂起诉工部局，要求撤回这一规定。领事公堂经过审理，支持原告的诉求，认为工部局的这一规定已超越其权限，应该收回。① 领事公堂审判此案适用的就是土地章程及其附则，针对在租界内不得安置化粪池的规定。还有一些领事公堂审判的案件也是如此。1923 年上海公共租界工部局高级职员爱德华诉工部局聘用违约赔偿案，② 1938 年陆锡侯夫妇诉工部局征地赔偿案，③ 1940 年方嘉禾等 4 人诉工部局征税赔偿案 ④ 等都在其中，都依照土地章程及其附则审判案件。

在现存上海英美、公共租界领事公堂审判的案件中，只有很少案件适用一般法律原则进行审判。较为典型的是万国储蓄会诉工部局不配合执行案。案由是：20 世纪 30 年代，上海公共租界内的万国储蓄会向英国高等法院起诉茂利洋行，要求赔偿 65349.46 元本金以及利息，支付诉讼费。这一起诉得到英国高等法院的支持，可由于茂利洋行没有可执行的款项，此案的执行一度被搁置。以后，万国储蓄会发现茂利洋行有一笔款项在上海公共租界所属的机构中，而且数额可以满足执行的需求。于是，万国储蓄会便到领事公堂起诉工部局，要求把这笔款项划归自己。领事公堂受理此案后，驳回了万国储蓄会的起诉，理由是："除非被告所属之国籍法院证明，申请人业经利用该法院所能给与之一切便利，领事公堂不受理此类案件。"⑤ 上海公共租界领事公堂作出这一判定的依据不是土地章程及其附则，而是一般的民法原则。可见，无论是关于中国租界领事公堂的规定，还是其实际所审判的案件，都证明领事公堂之审判发生于本租界内，以租界的行政机关工部局为被告的行政诉讼案件。

综上所述可知，领事公堂是依据租界土地章程的规定而设置，审理的

---

① 上海市档案馆藏：卷宗号 U1—1—980。
② 上海市档案馆藏：卷宗号 U1—1—1010。
③ 上海市档案馆藏：卷宗号 U1—1—1018。
④ 上海市档案馆藏：卷宗号 U1—1—1020。
⑤ 上海市档案馆藏：卷宗号 U1—1—1014。

是只发生于本租界内以行政机关工部局为被告的行政诉讼案件，审判的根据又主要是租界颁行的土地章程及其附则。这一切都围绕中国租界而展开。不论是领事公堂设置的依据、审理的案件，还是适用的法律，都以租界为中心，都可以证实领事公堂是中国租界自己的行政法庭即中国租界自己的审判机关，不是外国的审判机关。

二、领事公堂不是外国的审判机关

中国租界内，不仅有自己的审判机关，还设有外国的审判机关。上海租界内设有多种外国审判机关，主要是：领事法庭、英国高等法院、英国上诉法院、美国在华法院（美国驻华法院）和美国司法委员会法院等。这些设在中国租界里的外国审判机关与领事公堂都不同，而且差异明确，特别是在以下一些方面：

（一）设立的法律依据不同

领事公堂与中国租界里的外国审判机关的设立都有一定的法律依据，但它们的这种依据完全不同。

设立领事公堂的法律依据是中国租界里的土地章程。上海英美租界领事公堂的法律依据是1869年《土地章程》，1869年《土地章程》的第27条规定要设立领事公堂。中国租界的土地章程颁行于租界，也只适用于本租界，属于租界法律体系里的一个组成部分，而且还被认为是租界里的"根本法""大宪章"。也就是说，领事公堂设立的法律依据是中国租界里的规定。设立领事公堂的法律依据决定了领事公堂审判的案件具有属地性。中国租界法制是属地性法制，以所管辖的地域为范围，领事公堂也是如此。设立领事公堂的规定和实际审判的案件都可以证明，它只审判发生于本租界里以行政管理机关工部局为被告的行政诉讼案件。领事公堂设立的法律依据与中国租界里外国审判机关设立的法律依据有很大差别。

设立中国租界里外国审判机关的法律依据是领事裁判权。鸦片战争以后，列强纷纷通过不平等条约，在中国取得领事裁判权，首先是英国。1843年中英《南京条约》的附件《五口通商章程》对英国在华侨民拥有领事裁判权作了规定。在"英人华民交涉词讼一款"中，明文规定："英人如何科罪,由英国议定章程、法律发给管理官照办。华民如何科罪,应治以中国之法。"① 往后,其他的许多列强在华侨民也都通过不平等条约,先后取得了领事裁判权。② 设在中国租界的外国审判机关就是这一领事裁判权的产物,专门受理以这些国家在华侨民为被告的案件。③ 其中,领事法庭是有约国设在中国专门受理本国在华侨民成为被告的各类案件的法庭。这种法庭的数量比较多,仅在上海租界就有 12 个。绝大多数的法官均由本国领事担任。④ 英国高等法院成立于 1865 年,以替代英国领事法庭。英国上诉法院是英国高等法院的上诉法院。⑤ 美国在华法院是美国联邦法院系统的一个组成部分,地位与美国国内的地方法院相同,比在华美国领事法庭高一些。美国司法委员法院成立于 1920 年,以替代美国的领事法庭。⑥ 这些外国审判机关虽然国别不同,但设立的法律依据都是中外不平等条约,都是领事裁判权带来的恶果。

中国租界里外国审判机关审理的案件具有属人性,即其管辖的是本国在华的侨民,不论在中国的什么地方,只要他们在中国构成违法犯罪而成为被告,就由设在中国租界里的外国审判机关进行审判。其实,这些审判机关也可以不设在中国租界,只是因为租界里的环境与条件比较好,就设在租界了,特别是上海租界。上海租界建立最早,市政建设发展最快。"从修筑新式马路到处理城市垃圾,从输送煤气到安装电灯,从供应自来水到设置卫生设备,从接通电话到发展公共交通,上海租界都早于其他租界。"⑦ 于是,上海租界里就设有了领事法庭、英国高等法院、英国上诉法院、美国在华法院、美国司法委员会法院等外国的审判机关。

综上所述可知,领事公堂设立的法律依据是颁行于中国租界的土地章

---

① 王铁崖编:《中外旧约章汇编》(第 1 册),上海财经大学出版社 2019 年版,第 8 页。

② 王立民:《中国租界法制诸问题再研究》,载《法学》2019 年第 11 期。

③ 通过中外不平等条约在中国取得领事裁判权的国家被称为"有约国"。有约国的在华侨民被称为"有约国人"。否则,就被称为"无约国"与"无约国人"。

④ 徐公肃、丘瑾璋著:《上海公共租界制度》(《民国丛书》第 4 编,第 24 册),上海书店 1989 年版,第 127 页。

⑤ 史梅定主编:《上海租界志》,上海社会科学院出版社 2001 年版,第 295—296 页。

⑥ 同上书,第 296—297 页。

⑦ 费成康著:《中国租界史》,上海社会科学院出版社 1991 年版,第 271 页。

程，即租界自己的规定；而设在中国租界里外国审判机关设立法律的依据则是中外不平等条约，以及条约中关于领事裁判权的规定。两者差别很大。

（二）法官的组成不同

领事公堂与设在中国租界里的外国审判机关都有自己的法官，但法官的组成很不相同。

领事公堂的法官由有约国的领事代表组成，即"由各国领事代表组成"。[①] 这就意味着领事公堂的法官来自不同国家，并非来自同一个国家。而且，每审一个案件的法官也都是如此，由不同国家的法官构成。比如，1882 年，上海英美租界领事公堂的法官由美国领事德尼、英国领事许士、德国领事佛客构成。这一年审判的所有案件，都由他们 3 人参加。[②] 法官的任期不固定，可以连任，也可以轮换。其中，国家可以轮换，同一个国家的法官也可以轮换。据 1882 年至 1939 年的统计，上海英美、公共租界领事公堂的法官每年都由 3 人组成，共有 171 人次。其中英国、美国人最多，还有一些是瑞典、挪威、荷兰、奥匈、比利时、意大利、丹麦、日本等国人。[③] 可以说，领事公堂法官的构成是多元化的，不是一元化的。领事公堂法官的多元化与设在中国租界里的外国审判机关法官一元化的构成很不相同。

设在中国租界里外国审判机关的法官仅由本国人员构成，没有其他国家的人员，其一元化十分明显。领事法庭的法官多为在华本国领事担任，没有别国的领事或法官。英国高等法院与英国上诉法院的法官均是英国人，没有其他国家人。美国在华法院和美国司法委员会法院的法官也是单一的美国人，也没有其他国家人。比如，美国在华法院的法官有更迭，但无论是哪位法官上任，都是美国人。在 1924 年至 1934 年，共有 3 位法官在美国在华法院任职，他们是罗炳吉、潘迪、希尔米克，全为美国法官。[④] 可

---

① 史梅定主编：《上海租界志》，上海社会科学院出版社 2001 年版，第 300 页。
② 同上书，第 298 页。
③ 同上书，第 298—299 页。
④ 参见李洋著：《美国驻华法院研究（1906—1943）》，上海人民出版社 2016 年版，第 232—233 页。

见，设在中国租界里外国审判机关法官的一元化与领事公堂法官的多元化相距甚远。

（三）受理的案件不同

领事公堂与设在中国租界里的外国审判机关都要受理案件，但他们受理的案件有差异。

领事公堂只受理以本租界行政机关工部局为被告的行政诉讼案件。它既不受理本租界以外的任何案件，也不受理本租界内除了行政诉讼案件以外的案件，即不受理民、刑事案件。在原告中，有自然人，比如人力车主、鱼商等；也有法人，比如，1911 年 10 月闸北水电公司起诉工部局案中的闸北水电公司等。① 不过，不论原告是自然人还是法人，都以工部局为被告，都是行政诉讼，属于行政诉讼案件，不属于民、刑事案件。

设在中国租界里的外国审判机关受理的案件与领事公堂不同，专门受理民、刑事案件，不受理行政诉讼案件。关于领事法庭受理民、刑事案，有记载说，为了行使领事裁判权，有约国"先后在各自的领署设立领事法庭，审理以本国侨民为被告的各类民刑案件"；"领事法庭审理的案件包括：（1）同国籍的外人案件；（2）不同国籍的外人案件，两造均为有约国的人民，相互间的民刑案件"。② 这把包括设在上海租界在内的所有领事法庭的受案情况作了总结，即领事法庭只受理民、刑事案件。

关于英国高等法院与英国上诉法院受理民、刑事案件。英国高等法院替代了英国领事法院，受理的也是民、刑事案件，即"所有以英侨为被告的民刑案件"。③ 事实也是如此。设在上海公共租界的英国高等法院确实受理过以英国在华侨民为被告的民、刑事案件。其中，有民事诉讼案件。比如，1896 年原告中国人张之洞起诉被告英国刘易斯·司培泽尔公司的武器质量案，④20 世纪 30 年代原告万国储蓄会起诉被告英国茂利洋行的赔偿案。也有刑事诉讼案件。比如，英国籍巡捕彼得斯

---

① 史梅定主编：《上海租界志》，上海社会科学院出版社 2001 年版，第 300 页。

② 同上书，第 293—294 页。

③ 同上书，第 295 页。

④ 参见陈同：《近代社会变迁中的上海律师》，上海辞书出版社 2008 年版，第 59 页。

涉嫌杀人案等。① 在英国高等法院审判的案件中，唯独没有行政诉讼案件，只有民、刑事案件。

英国上诉法院也是受理民、刑事案件。英国上诉法院是英国高等法院的上诉法院，受理的是不服英国高等法院判决而上诉的案件。英国高等法院只审判民、刑事案件，上诉的案件也只能是民、刑案件，这就决定了英国上诉法院也只受理民、刑事案件，不会是其他种类的案件。《上海租界志》对此作了记载："继设立英国高等法院后，英国又在上海设立上诉法院，由法官 3 人组成，受理民事或刑事上诉案件。"② 可见，英国上诉法院也不受理行政诉讼案件。

关于美国在华法院和美国司法委员会法院受理民、刑事案件。美国在华法院只受理被告为美国人的案件。"原告可以是任何人，被告必须是受美国管辖的公民。"③ 这些案件也是民、刑事案件。"美国在华法院第一审受理不属于上海美国司法委员会法院或各地领事法庭管理的有关美国侨民的民事和刑事案件。"④ 据统计，美国在华法院一审的案件总数为 299 件，其中刑事为 73 件，占案件总数的 24.4%，其余为民事案件。刑事案件中，共涉及 22 种犯罪，其中伤害、杀人、侵占犯罪数量最多，都占了 10.9%，其他的犯罪则较少。民事案件分为合同、遗产及遗嘱、婚姻等案件，其中合同案件所占比率最高，达 34.8%。⑤ 美国在华法院从不受理行政诉讼案件，只受理民、刑事案件。

美国司法委员会法院替代美国领事法庭，同样只受理民、刑事案件，而且是一些较轻的民、刑事案件。"该法院受理以美国人为被告的所有较轻的民事和刑事案件，受理诉讼标的在 500 美元以内的民事案件和罚金 100 美元以内或监禁 60 天以内的刑事案件。"⑥ 它也不受理任何行政诉讼案件。

---

① ［英］E. W. 彼得斯著：《英国巡捕眼中的上海滩》，李开龙译，中国社会科学出版社 2015 年版，第 178 页。

② 史梅定主编：《上海租界志》，上海社会科学院出版社 2001 年版，第 295 页。

③ 同上书，第 296 页。

④ 同上。

⑤ 参见李洋著：《美国驻华法院研究（1906—1943）》，上海人民出版社 2016 年版，第 167—174 页。

⑥ 史梅定主编：《上海租界志》，上海社会科学院出版社 2001 年版，第 297 页。

领事公堂受理行政诉讼案件，设在中国租界里的外国审判机关全都受理民、刑事诉讼案件，受理的案件各不相同，差异明显。

（四）适用的法律不同

领事公堂与设在中国租界里的外国审判机关相比，不仅设立的法律依据、法官的组成、受理的案件不同，而且适用的法律也不同。

领事公堂适用的法律比较简单，主要是所在租界颁行的土地章程及其附则；只有在它们设有规定的情况下，才适用一般法律原则。从实际适用法律的情况来看，适用土地章程及其附则的情况比较多，适用一般法律原则的情况比较少。总之，领事公堂适用法律的情况比较简单。

设在中国租界内外国审判机关适用法律的情况则比较复杂。首先，领事法庭都按领事裁判权而适用本国的法律。因此，有多少有约国，有多少领事法庭，就要适用多少国家的法律。其中，既有英美法系国家的领事法庭，如英、美等国的领事法庭；又有大陆法系国家的领事法庭，如意大利、荷兰、丹麦、瑞士、葡萄牙、西班牙等国的领事法庭。它们都适用本国的法律，就是同一法系中不同国家的领事法庭适用的法律也不相同，英国的法律与美国的法律就不相同，其他国家也是如此。于是，领事法庭适用的法律就多种多样了。另外，英国高等法院和英国上诉法院都适用英国法，美国在华法院和美国司法委员会法院则适用美国法。总而言之，这些外国审判机关各有其主，各行其是，适用的法律也就比领事公堂适用的法律要复杂多了。

设在中国租界里的外国审判机关在设立的法律依据、法官的组成、受理的案件和适用法律等诸方面都与领事公堂差别明显。而且，这些方面又是构成审判机关的核心组成部分。这说明，领事公堂与这些外国审判机关不是同类，即不是外国审判机关。

三、辨正领事公堂性质的意义

对领事公堂是外国审判机关的说法进行辨正，把其定位于中国租界自己的审判机关有其一定的意义，突出表现在以下一些方面：

（一）有利于正确认识领事公堂的法律性质

如果把中国租界的领事公堂认定为外国审判机关，就必定与领事裁判权联系在一起，专门受理以有约国人为被告的案件。然而，这个认定未认识到两大事实。一是领事公堂与所有设在中国租界里、以领事裁判权为依据建立的外国审判机关不一致，特别是审判机关的核心组成部分与其都不相同，以致无法归入外国审判机关类别。二是领事公堂规定审理的案件与实际审理的案件都可以证明，其受理的是以中国租界里行政机关工部局为被告的案件。可是，它又与领事裁判权无关，不属于领事裁判权的范围。因为，工部局领导层董事会的董事曾由中、外人员构成。其中，既有有约国人，也有华人。工部局于 1854 年成立时，董事会由 7 个董事组成，全为有约国人。这种情况一直持续至 1927 年。1928 年时，董事会的董事调整为 12 人，其中有 3 个是华人。1930 年华人董事增加至5 人，董事总人数达到 14 人。① 然而，此时的领事公堂依然存在，其性质没有发生任何变化。"一九二八年四月工部局董事会中出现了华董以后，领事公堂竟依然存在，组织亦无丝毫改变。"② 这从被告人的角度来证实，领事公堂不是领事裁判权的产物，不能算外国审判机关，即"不能像外侨一样，享有领事裁判特权"。③ 要走出这两个误区，就必须否定领事公堂是外国审判机关，重新审视、认识它的法律性质，还其真实面目。

其实，领事公堂就是中国租界自己的审判机关。它不仅设在中国租界，而且设立的法律依据、受理的案件、适用的法律都聚焦于租界，没有脱离租界，是货真价实中国租界的审判机关。中国租界是根据不平等条约，由在华侨民建立自己的自治机关，进行自己管理的中国城市里的自治区域。④这种区域是中国近代城市中的一个部分。它的经济、政治、文化、社会都属于这个城市，没有游离于这个城市之外。比如，上海租界的经济、政治、文化、社会等都属于近代上海不可分割的一个部分，否则上海也不会有

---

① 史梅定主编：《上海租界志》，上海社会科学院出版社 2001 年版，第 183—184 页。
② 上海市地方志办公室等：《民国上海市通志稿》（第 1 册），上海古籍出版社 2013 年版，第295 页。
③ 同上。
④ 王立民：《论上海法制近代化中的区域治理》，载《法学》2014 年第 1 期。

"东方巴黎""东方纽约"之称。① 不过，中国租界又是很特殊的一种自治区域，明显不同于同时期的其他一些自治区域。近代中国出现过其他一些自治区域。比如，太平天国时期建立的一些地方自治区域；革命根据地中除了中央根据地以外，各地方根据地建立的自治区域等。中国租界与它们的一个最大区别是，它是由在华外国侨民建立的自治区域，而其他的都不是。尽管如此，中国租界自治区域的基本属性没有改变，是中国近代多种自治区域中的一种。

中国租界的自治性突出表现为，设有自己的各种自治机关，建立自己的法制，其中包括领事公堂。从这种意义上讲，领事公堂是中国近代自治区域法制的一个部分，不是外国的审判机关。

领事公堂是一种现代的行政法庭，其制度具有明显的现代性。根据《上海领事公堂诉讼条例》的规定，领事公堂实行现代的行政诉讼制度。比如，使用现代的各种行政诉讼文书，即"投呈领事公堂的诉讼状、答辩书及法庭发出的通知文件"等。使用现代的行政诉讼代理人制度，可以请代理人参加诉讼，也可以聘用律师参与，即"诉讼事宜，须亲自或请代理人办理。原告延用律师出庭与否，听其自便"。征收各种行政诉讼中发生的费用，即"记录费、诉讼费的保证金、诉讼费和律师费"。这些现代的行政诉讼制度所反映的中国租界法制与中国传统的相关制度相比都有很大区别，也为其所不可比拟。②

领事公堂虽然只是中国租界的行政法庭，但毕竟是在中国领土上，是中国近代法制史中的一个组成部分。③ 这就意味着，领事公堂是中国近代最早的行政法庭，比 1914 年北洋政府时成立的平政院要早三十余年。就有学者认为："领事公堂的设立，为近代中国带来了全新的行政诉讼制度。"④ 此话不假。领事公堂就是中国近代最早的行政审判机关。它在中国

---

① 王立民：《上海租界的现代法制与现代社会》，载《华东师范大学学报（哲学社会科学版）》2009 年第 5 期。

② 王立民：《中国城市中的租界法与华界法——以近代上海为中心》，载《比较法研究》2011 年第 3 期。

③ 王立民：《中国租界法制性质论》，载《华东政法大学学报》2012 年第 5 期。

④ 黄毛毛：《上海公共租界行政诉讼制度探析》，载《上饶师范学院学报》2014 年第 1 期。

近代行政诉讼中的地位应该得到肯定。

（二）有利于正确认识中国租界的司法体系

中国租界突出的一点是建有自己的法制，而且还不受中国政府的管辖。其中，包括它自有的司法体系。这个体系中，首先设立的是会审公廨。上海英美租界和法租界都于 1869 年启动了会审公廨，此后汉口租界、苏州租界和鼓浪屿租界也都建立了会审公廨，只是在称谓上不尽一致。汉口称其为"洋务会审公所"，苏州称为"会审公署"，鼓浪屿则称为"会审公堂"。① 不过，中国租界所有的会审公廨都只受理民、刑事案件，不受理行政诉讼案件。《上海洋泾浜设官会审章程》明文规定："管理各国租界内钱债、斗殴、窃盗、词讼各类案件。"② 其中就不包括行政诉讼案件。当时，中国租界内，也没有专门受理行政诉讼案件的审判机关，行政诉讼无法进行。也就是说，在领事公堂建立以前，中国租界既没有受理行政诉讼案件的审判机关，也没法开展行政诉讼。这不能不说是中国租界的司法体系中存在的一个缺陷。

一个现代城市自治区域的司法体系中，理想状态是设有进行民事、刑事、行政诉讼的审判机关，便于受理民事、刑事、行政案件，解决相关的纠纷与问题。缺少任何一种审判机关，都会造成相关案件无处审理，相关纠纷无司法救济的窘况。中国租界也是如此。为了完善自己的司法体系，中国租界在设有会审公廨以后，又设立了领事公堂。它们分别审理租界里民、刑事与行政诉讼的案件，以便满足租界发生各种案件审判的需求。

中国租界里由会审公廨与领事公堂构成的司法体系是一种现代的司法体系，源于西方国家，特别是大陆法系国家。法国是大陆法系的发源国，也被称为是"世界上最早实行司法近代化的国家之一"。③ 它在 18 世纪大革命时期，以"三权分立"与"司法独立"为指导，推行民事、刑事与行政案件分开审理的原则，分别建立了受理民事、刑事与行政案件的审判机

---

① 参见袁继成著：《近代中国租界史稿》，中国财政经济出版社 1988 年版，第 138 页。
② 王铁崖编：《中外旧约章汇编》（第 1 册），上海财经大学出版社 2019 年版，第 249 页。
③ 何勤华等著：《大陆法系》（上卷），商务印书馆 2015 年版，第 449 页。

关。① 法国这种现代司法体系成为一种模式，对世界上的德国、意大利、日本等许多大陆法系国家产生了深远影响。② 中国租界引用了以法国为代表的大陆法系国家的现代司法体系，建立了由会审公廨与领事公堂组成的司法体系。领事公堂就是这一体系中的一个部分，缺少它，这个司法体系就残缺不全了。

（三）有利于正确认识中国司法现代化进程

中国司法现代化是中国法制现代化的一个部分。中国法制现代化进程中，有一个从点到面，从量变到质变的过程。这个点就是中国租界现代法制，其中首先是上海租界的现代法制，然后对中国其他租界的现代法制产生影响，从一点发展到多点。接着才是 20 世纪初的清末法制改革，在全国范围内推行法制现代化进程。这就形成了一个从中国租界现代法制的点，发展到清末法制改革的面的过程。另外，从中国法制现代化整个过程来看，还有一个从量变到质变的过程。其中，先进行中国租界现代法制的量变，再演进到清末法制改革的质变。这也是一个从区域现代法制的量变到全国性现代法制的质变过程。③

中国现代司法作为中国现代法制的一个组成部分，也历经了一个从点到面，从量变到质变的进程。对领事公堂的性质进行辨正，否认其是外国的审判机关，确定为中国租界的审判机关以后，中国租界的司法体系就具备了民、刑事与行政三大司法。以其为出发点来认识中国司法现代化进程就顺理成章了。中国司法现代化进程中的点首先是上海租界。上海租界先后建立了会审公廨和领事公堂，实行现代的民、刑事和行政司法。这一现代司法影响到中国的其他一些租界，它们也相应建立了自己的现代司法。汉口租界和鼓浪屿公共租界都是如此。④ 中国现代司法从一点发展到了多点。接着才是 20 世纪初的清末法制改革，现代司法向全国推广。这体现了中国现代司法从点到面的发展进程。在中国司法现代化进程中，还有一个

---

① 参见何勤华等著：《大陆法系》（上卷），商务印书馆 2015 年版，第 454—458 页。

② 参见何勤华主编：《外国法制史》，法律出版社 1997 年版，第 347 页。

③ 王立民：《近代中国法制现代化进程再认识》，载《社会科学》2019 年第 6 期。

④ 参见费成康著：《中国租界史》，上海社会科学院出版社 1991 年版，第 131 页。

从量变到质变的过程。这个量变过程发生在中国租界，就是现代司法的建立。到清末法制改革时，这种司法再向全国施行，形成了质变，实现了从量变到质变的过程。

在整个中国司法现代化进程中，不能没有领事公堂，因为它是中国近代司法史上第一个行政法庭，标志着中国近代行政审判的诞生。同时，它也是中国司法现代化中，民、刑事与行政三大司法现代化中的一个方面。中国司法现代化中，缺少了行政司法现代化，它就不完整了。从这种意义上讲，领事公堂在中国行政司法现代化进程中，具有开山鼻祖的地位。

在研究中国租界法制时，往往会遇到领事公堂。对其性质的认定显得十分重要，直接关系到对中国租界行政法庭、行政审判，乃至中国司法现代化进程的认识。以往，有人把领事公堂定位于外国的审判机关。这不符合事实，需要辨正，还原其本来的历史面目，以正视听。事实证明，领事公堂是中国租界内的行政法庭，也是中国近代法制史上最早的行政审判机关；在中国司法现代化进程中，具有开创性地位。另一方面，领事公堂的产生与中外不平等条约、中国租界联系在一起，是中国半殖民地半封建社会的产物，具有丧权辱国的一面。因此，在研究领事公堂时，一定要持全面的观点，切忌片面，走向歧途。

第十七章　中国租界里的中国法学教育与中国法制现代化

在中国大地上，中国租界法制是中国最早的现代法制，其中又以上海租界法制为先，并早于中国清末的法制改革半个世纪。[①] 中国也有自己的法学教育，先有东吴大学的法学院，后有震旦大学法学院，它们都进行现代的法学教育，并代表了上海法学教育的水平，也在很大程度上反映了中国法学教育的状况。目前，虽有关于东吴、震旦大学法学教育的研究成果，但与上海租界、中国法制现代化的关联不足。本章试作探索，并从中反映出中国租界法学教育中的一些突出之处，凸显它对中国法制现代化的贡献，寻找可为今天的法学教育所借鉴之处，即从另一个侧面来体现其价值。

一、中国法制现代化进程中租界里的法学教育的特点

中国大地上首先在租界出现了现代法制，20 世纪初的清末法制改革又大规模推进了中国法制现代化的进程。中国租界里的中国法学教育在这一进程中诞生了，而且与中国租界以外地区的法学教育（以下简称"中国的法学教育"）相比较，中国租界里的法学教育还有一些特点。

（一）比较法和外国法的教学比较受重视

中国租界里的法学教育的诞生晚于中国现代的法学教育。上海公共租界的东吴大学法学院诞生于 1915 年，上海法租界的震旦大学法学院诞生于 1920 年。[②] 在它们产生以前，中国于清末前后均设有一些现代大学并开展了现代法学教育。中国的现代法学教育始于 1863 年的同文馆。美国

---

① 王立民：《上海租界与上海法制现代化》，载《法学》2006 年第 4 期。
② 蒋晓伟著：《上海法学教育史研究》，法律出版社 2008 年版，第 57 页。

人丁韪良在那里开始讲授"万国公法"。① 以后，天津中西现代头等学堂、南洋大学、京师大学堂、山西大学堂、复旦公学等都纷纷出世，进行现代法学教育。② 然而，上海租界的法学教育比中国的法学教育更重视比较法和外国法的教学。东吴大学的法学院因其比较法和外国法教学而著名，长期被称为"中国比较法学院"。"东吴法学院一直以'中国比较法学院'（Comparative Law School of China）而闻名于世。"③ 从东吴大学法学院的办学方针、课程设置中，也能体现出它对比较法和外国法教学的重视。它的办学方针共有 4 点，即"施教重质不重量""训育以校训'养天地正气、法古今完人'为主旨""学校行政层超然地位"和"课程以切于实用为标准"。在"课程以切于实用为标准"中就强调"于世界法律之大势，固当使学生有相当之研究"。④ 因此，比较法和外国法的教学就必然受重视了。

在这一办学方针指导下，东吴大学法学院开设的比较法和外国法课程特别多。办学早期，东吴大学法学院开设的课程全是比较法和外国法的课程，而且"与美国法学院极为相似"，"几乎不学习任何中国法课程"。⑤ 以后，这种状况有所改变，但比较法和外国法的课程仍有不少，仍比中国租界以外地区的法学院开设得多。1933 年的课程表显示，在 4 年的学习中，比较法和外国法还占了 13 门之多（含必、选修课）。⑥ 震旦大学法学院也有相似情况，比较法与外国法的课程占了 11 门。⑦

相比之下，中国租界以外地区的法学院开设的此类课程就较少了。在 1907 年编制的"京师法政学堂课程设置"中，除国际公法、国际私法和外国法制史以外，没有一门比较法和外国法的课程。⑧ 可见，中国租界里的

① 李贵连主编：《二十世纪的中国法学》，北京大学出版社 1998 年版，第 37 页。

② 汤能松等编著：《探索的轨迹——中国法学教育发展史略》，法律出版社 1995 年版，第 151—154 页。

③ ［美］康雅信：《中国比较法学院》，张岚译，载《中外法学》2003 年第 6 期。

④ 孙晓楼等原著，王健编：《法律教育》，中国政法大学出版社 1997 年版，第 199—200 页。

⑤ ［美］康雅信：《中国比较法学院》，张岚译，载《中外法学》2003 年第 6 期。

⑥ 孙晓楼等原著，王健编：《法律教育》，中国政法大学出版社 1997 年版，第 128—132 页。

⑦ 《震旦大学法学院》，1936 年版，第 16—23 页。

⑧ 汤能松等编著：《探索的轨迹——中国法学教育发展史略》，法律出版社 1995 年版，第 171—172 页。

法学院更重视比较法与外国法的教学。这有助于法学院的学生扩大法律视野，丰富比较法与外国法知识。这既有利于他们从事涉外法律事务，也有利于他们毕业后到国外的法学院去留学，进一步深造。

（二）外籍教师的人数比较多

在法学院的教师队伍中，外籍教师的人数比较多，尤其是在建院初期。东吴大学法学院建院初期，除王宠惠为华籍教师以外，其他 10 位教师均为外籍教师。他们主要是美国在华的法官、检察官和律师等法律人，其中包括美国驻华法院的法官罗炳吉（Lobingier）、美国驻华法院的检察官巴西特（Bassett）、驻上海的美国律师公会会长佑民干（Jernigan）等。其中的罗炳吉为招募这些外籍教师发挥了较大作用。他除了本人应教务长兰金（Rankin）之邀在业余时间授课外，还鼓动其他在上海的外籍人士加入教师队伍。由于他们中的绝大多数人都有自己的本职工作，所以那时东吴大学法学院的课都安排在晚上，即每周一至周五下午的 4 点 30 分到晚上的 7 点 30 分。[①]

震旦大学法学院也聘用了不少法籍人士来充任教师，其中有法国翁热大学（Angers）的巴赞（Bazin）、在北京任过教的巴和（Barrand）、越南高等法院庭长的德国泰（Degoth）等人。以后，虽然华籍教师人数有所增加，但法籍教师还有不少。据 1939 年该法学院"教员一览表"显示，共有教师 25 位，其中的法籍教师还有 10 位，占了 40%。[②]

中国租界以外地区的法学院中的外籍教师的人数就比较少，有的甚至没有。上海华界的大夏大学和中国公学法学院的教师情况就是如此。[③] 中国租界内法学院外籍教师的人数比较多，一方面弥补了当时法学院内师资的不足；另一方面也利用外籍教师来提高学生的外语水平与增加比较法和外国法的知识。

（三）外语教学比较扎实

中国租界里的法学教育中，比较重视外语教学，以致毕业生能掌握较为熟练的外语，外语水平比较高。上海租界的东吴、震旦大学法学院都是

---

① 李洋：《罗炳吉与东吴大学法学院》，载《华东政法大学学报》2014 年第 12 期。

② 蒋晓伟著：《上海法学教育史研究》，法律出版社 2008 年版，第 57—61 页。

③ 同上书，第 84—85 页。

这样。其中，有的法学院在入学时就有专门的外语要求，震旦大学法学院就是如此。震旦大学对包括法学院在内的所有新生都有法语要求，在其"入学手续"中就明确提出，招收入校的新生"法文须有相当根底"，同时说明了提出这一要求的原因：此项条件极为重要，以本校各院课程除本国法律及本国文学外，概用法文教授也。如果达不到这一要求，可以采用补救措施，即进入校内的特别班去补修法语，届满后才能进入本科专业就学。"高中已毕业而法文程度不足者，得考入本校特别班补修法文一年或二年，届满转入本科。"① 在本科阶段的学习中，法学院的外语教学量也比较大。从 1933 年东吴大学法学院 4 年的课程设置中可以看到，每学年都有外语课程，总学分为 26 分；其中，分为第一外语、第二外语、法律外语；其中，英语的学分最多，有 12 学分，占总学分的 46.15%。② 从 1936 年震旦大学法学院 4 年的课程设置情况来看，外语学分也不少，共为 18 学分，分设在第一、第二、第三学年，其中分为法文、英文和法学翻译，法文共设 8 个学分，所占的比率也比较高，达 44.44%。③

　　相比之下，中国租界以外地区法学院的外语课程设置明显少于中国租界内法学院的这一课程设置。以 1934 年国立中央大学法学专业的外语课程设置为例。在 4 年的课程设置中，外语总共为 12 学分，其中"基本英文"6 个学分，第二外语 6 个学分，分设在第一、第三学年，第二、第四学年还不设外语课程。④ 中国租界内法学院外语教学多的好处在于，学生受到的外语训练多，外语根底扎实。这既有利于翻阅外文资料，也有利于国际交流，甚至从事涉外法律业务。

（四）毕业生到国外深造的机会比较多

　　中国租界内法学院特别是教会大学的法学院，与海外的大学有千丝万缕的联系。再加上学生的外语比较好，比较法与外国法的课程学得比较多，易与国外的法学教育接轨，所以中国租界内大学里法学院的学生毕业后，到国外的一些大学继续深造的人数比较多。上海租界的东吴、震旦大学法

---

① 《私立震旦大学一览》，1935 年版，第 17 页。
② 孙晓楼等原著，王健编：《法律教育》，中国政法大学出版社 1997 年版，第 128—132 页。
③ 《震旦大学法学院》，1936 年版，第 16—23 页。
④ 孙晓楼等原著，王健编：《法律教育》，中国政法大学出版社 1997 年版，第 124—128 页。

学院的毕业生就是如此。东吴大学法学院毕业生去国外留学的比率在 10%
以上。据统计，从 1918 年至 1936 年间有 93 名毕业生去国外留学，占毕
业生总数的 15%。到了 20 世纪 40 年代，尽管发生战争，出国留学更为困
难，但出国留学的毕业生还占有 10%。他们留学的国家有英国、法国、德
国、美国等，但最多的是去美国，其中包括了哈佛、耶鲁、印第安纳、华
盛顿、密歇根、西北、纽约等大学的法学院。在去美国留学的学生中，又
以去纽约大学的为多。据统计，1918 年至 1936 年间去美国留学的学生中，
到纽约大学法学院的最多，占了 21 名。①

　　震旦大学法学院的毕业生也有类似情况。震旦大学与法国的大学有密
切联系。法国的教育部在 1918 年 11 月 30 日就发文，承认其学历，还给
予一定优惠。这在《私立震旦大学一览》里的"本校学位之效力"中有明
示。"法政府教育部一九一八年十一月三十日之部令，承认……凡在本校各
学院毕业之学生考入法国大学时，可受免修法定学分一次付费之优款，仅每
人须向法教育部单独申请而已。"②法学院的毕业生同样如此。每年都有一批
毕业去法国留学。而且，到法国各法学院或巴黎政治学校去留学的人员中，
震旦大学法学院的毕业生"每届考试辄列前茅"。③

　　相比之下，中国其他地区许多大学法学院的毕业生到国外深造的机会就
比较少了。在上海的中国租界以外地区的法学院到 1929 年时仍然缺少专任
教员，他们成了"稀世珍品"，优秀教授更是"凤毛麟角"。④在这样的条件
下，许多毕业生竞争力就弱，到国外深造的机会也就少了。

　　中国租界里的法学教育的这些特点在中国的法制现代化中发挥了一定
的积极作用。

二、中国租界里的法学教育在中国法制现代化中的作用

　　中国租界里的法学教育在中国法制现代化过程中发挥过的作用，主要

---

　　① ［美］康雅信：《培养中国近代法律家：东吴大学法学院》，王健译，载贺卫方编：《中国法
律教育之路》，中国政法大学出版社 1997 年版，第 288 页。
　　② 《私立震旦大学一览》，1935 年版，第 16 页。
　　③ 同上。
　　④ 蒋晓伟著：《上海法学教育史研究》，法律出版社 2008 年版，第 82 页。

通过其所培养的学生和法学院的教师表现出来。其突出表现在以下方面：

（一）推进了中国法学教育与法学研究的现代化

中国租界里的法学教育是现代法学的教育，其培养的学生接受了这种现代教育。中国租界内法学院的毕业生中，有人成了法学院的教师。他们为学生们开设了现代法学的课程，进行现代法学的研究，推进了中国法学教育的现代化。上海租界内的法学院就是如此。其中，有的这种法学课程在中国的法学教育中属于首创，盛振为开设的证据法课程即是如此。他1924 年毕业于东吴大学法学院，以后赴美留学，获美国西北大学法学博士学位，1926 年回国并在上海开业从事律师事务，特别擅长证据学。这一期间，他被东吴大学法学院聘为兼职教授，主讲证据学并成为中国开设这一课程的第一人。[①] 学生们从中获得了现代证据学的知识。现代证据法课程在中国也实现了从无到有的飞跃。

像盛振为那样的教师还有不少。据统计，在东吴大学法学院的最初 20 年里，就有 27 名毕业生在高等院校从事教学工作，其中 4 人还是法学院院长。他们讲授的全为现代法学课程，进行的也是现代法学教育的管理，都曾为中国法学教育的现代化作出过贡献。[②] 在东吴大学法学院的毕业生中，为中国法学研究作出贡献者不在少数，吴经熊是其中的佼佼者。他一边从事法学教学，一边进行法学研究，成果丰硕，仅出版的个人法学专著就有 10 余本。[③]

震旦大学法学院的毕业生中也有类似情况，沈达明是其中的代表。他从该法学院毕业后，赴法国留学，获法学硕士、博士学位，回国后长期在震旦大学法学院任教，教授国际经济法课程。同时，还进行国际经济法学的研究，著作达数十部。[④] 他们都对中国现代的法学教育和法学研究作出过贡献。

（二）推进了中国立法的现代化

中国租界内法学院的有些毕业生到国外留学，然后回国工作，加入中

---

① 盛芸：《盛振为先生落难记》，载《世纪》2014 年第 5 期。

② ［美］康雅信：《培养中国近代法律家：东吴大学法学院》，王健译，载贺卫方编：《中国法律教育之路》，中国政法大学出版社 1997 年版，第 291 页。

③ 何勤华著：《中国法学史》（第 3 卷），法律出版社 2006 年版，第 687 页。

④ 蒋晓伟著：《上海法学教育史研究》，法律出版社 2008 年版，第 66 页。

国的立法队伍，参与中国的立法，把自己所学的知识运用到中国的现代立法中，推进了中国的立法现代化。据统计，仅在东吴大学法学院前 20 年的毕业生中，就有 7 人成为立法委员。① 从具体人员来说，东吴、震旦大学法学院均有毕业生成为著名的立法者。东吴大学的毕业生陈霆锐、吴经熊、邱汉平和震旦大学的翁文灏等都是如此。陈霆锐从东吴大学法学院毕业后，1920 年到美国的密歇根大学留学，获法学博士学位。1923 年回国先在东吴大学、暨南大学等大学任教。抗日战争爆发以后，出任国民政府参议员，后又当选为制宪国民大会代表。② 在这些时间段，他都参与了中国的立法工作。吴经熊于 1920 年从东吴大学法学院毕业后，赴美国密歇根大学法学院学习，获法学博士学位。1924 年回国后先任东吴大学法学院院长。1931 年又出任立法院立法委员，从事立法工作。③ 他们在立法岗位上，用现代的立法理念指导自己的工作，参与制定中国现代法律，推进了中国立法现代化。邱汉平 ④ 和翁文灏 ⑤ 也是如此。

（三）推进了中国的司法现代化

在中国租界内法学院接受了法学教育以后，有一些毕业生进入中国的司法领域，从事法官、检察官、律师工作，其中有人还有过留学经历。他们为中国的司法现代化也作出过努力。据统计，在最初 20 年东吴大学法学院毕业生中，进入司法领域的人数比进入立法领域的人数多，仅法官就有31 人，任检察官、律师的就更多了。⑥ 具体来说，东吴、震旦大学法学院毕业生中有些十分优秀者，东吴大学法学院毕业的孙晓楼、杨兆龙、费青和震旦大学法学院毕业的谢冠生、何从善等都是这样。孙晓楼于 1927 年从东吴大学法学院毕业后，赴美国西北大学法学院留学，1929 年获法学博士学位，回国后曾任上海地方法院的法官。⑦ 杨兆龙于 1927 年在东吴大学

---

① 王健著：《中国近代的法律教育》，中国政法大学出版社 2001 年版，第 244 页。
② 何勤华著：《中国法学史》（第 3 卷），法律出版社 2006 年版，第 670 页。
③ 同上书，第 686 页。
④ 同上书，第 697 页。
⑤ 蒋晓伟著：《上海法学教育史研究》，法律出版社 2008 年版，第 58 页。
⑥ 王健著：《中国近代的法律教育》，中国政法大学出版社 2001 年版，第 244 页。
⑦ 何勤华著：《中国法学史》（第 3 卷），法律出版社 2006 年版，第 693 页。

法学院毕业，先出任上海公共租界临时法院及其上诉法院的法官，后又在江苏、上海任律师。1934 年他赴美国哈佛大学留学，回国后于 1948 年担任南京国民政府时期的最高检察署代理检察长，营救了一批被关押的进步人士。① 震旦大学法学院毕业生中也有一些优秀者。谢冠生先在震旦大学法学院学习，毕业后赴法国巴黎大学留学，1924 年获法学博士学位，1939 年任司法部部长，1948 年又兼任司法院秘书长。② 何从善也是震旦大学法学院毕业生，后任新疆高等法院院长。③ 他们都在中国的司法领域为推进中国的法制现代化作出过努力。

（四）推进了现代法学的国内外交流

中国租界内的法学院比较重视国内外的学术交流。经过交流，使现代法学得到传播，促进了解，扩大影响，共同提高，并使其深深扎根于中国社会。这种交流主要通过自办法学刊物和出版法学著作来实现，其中分为国内、国外两个方面。国内交流的主要语言为中文，国外交流则主要用英、法等语言。上海租界内的法学院积极开展这种学术交流，也推进了现代法学的发展。东吴大学法学院自办过一份进行这一交流的法学杂志。1922 年它刊行了一本中英文合璧的《法学季刊》。1930 年把这一刊物分成中、英文两个版本，分别发行。④ 英文版取名为"中国法学杂志"(*China Law Review*)，中文则定名为《法学杂志》。它们的目标是要把外国法的原理介绍到中国，同时让外国了解中国法的精神。英文版的《中国法学杂志》刊载了大量中国法的内容，特别是最高法院的许多司法意见，多数是英文读者很难从其他途径了解到的。中文版的《法学杂志》不是英文版《中国法学杂志》的直接中译本，而是一份独立的刊物，其主题要比《中国法学杂志》更广泛一些。⑤

震旦大学法学院则出版《中国现代法学丛书》和《法学论文集》等著作。《中国现代法学丛书》含有中文与法文两种语言，由震旦大学法学院

---

① 何勤华著：《中国法学史》（第 3 卷），法律出版社 2006 年版，第 703—704 页。
② 同上书，第 680 页。
③ 蒋晓伟著：《上海法学教育史研究》，法律出版社 2008 年版，第 58 页。
④ 王立民著：《上海法制史》，上海人民出版社 1989 年版，第 360 页。
⑤ ［美］康雅信：《中国比较法学院》，张岚译，载《中外法学》2003 年第 6 期。

与天津工商学院合作刊行，以介绍、研究中国的法律、法理为主，至 1935
年时已出版了 18 种。《法学论文集》则集中选刊震旦大学法学院历届毕业
生的优秀论文，内容包含有中国古代法、现代法等。此论文集不仅在中国
国内有销售，还销往法国。法国的经销商是巴黎西勒书局。① 中国租界内
法学院通过书刊的印行，与国内外同行进行交流，推进了中国现代法学的
学术交流与发展。

（五）推进了世界反法西斯和国际法事业

在中国法制现代化的过程中，也包括了推进世界反法西斯和国际法建
设事业。这是维护世界和平的需要，同样也是中国现代法制所应承担的国
际责任。中国租界内的法学院及其法学教育为此作出了贡献。在第二次世
界大战的中国战场上，中国人民奋力抵抗日本的侵略，作出了巨大牺牲，
于 1945 年终于取得了最后的胜利。全世界反法西斯的胜利也就意味着要
对第二次世界大战的战犯进行清算，以免悲剧重演。于是，审判战犯的序
幕逐渐拉开，日本战犯主要在东京受到审判，即"东京审判"。驻日盟军
以最高统帅麦克阿瑟的名义，于 1946 年 1 月 19 日发布了《特别通告》和
《远东国际军事法庭宪章》，正式宣告在日本东京设立远东国际法庭，审判
日本战犯。法庭决定这一审判适用英美法系的审判程序，审判语言为英、
日两种语言，审判人员由各参与国遴选。

考虑到审判的国际性，中国的参审人员必须精通法律英语和国际法，
而东吴大学法学院的师生在这些方面均具有优势。于是，国民政府就把这
一任务交给了东吴大学法学院。接受了这一任务后，校方在学院内挑选参
审人员。在最后组成的这个团队中，90% 以上为东吴大学法学院教师。其
中，法官梅汝璈曾在东吴大学法学院任教，其他的团队成员则为院内教授，
分别到远东国际军事法庭从事检察、审判工作。② 还有在东吴大学法学院
毕业的李浩培和倪征燠都是著名的国际法院大法官。③ 他们都为推进世界
反法西斯和国际法事业作出过卓越贡献。

---

① 《私立震旦大学一览》，1935 年版，第 37—38 页。
② 盛芸：《盛振为先生落难记》，载《世纪》2014 年第 5 期。
③ 王健著：《中国近代的法律教育》，中国政法大学出版社 2001 年版，第 244 页。

三、中国租界与中国法学教育相关的其他问题

与法学教育相关，还有一些值得关注的其他问题。它们从另一些侧面来反映中国法制现代化进程中的法学教育，以便对这一教育有个较为全面的认识。

（一）西方教会的背景问题

中国的租界由洋人进行管理，他们对租界内的事务有很大的自主权和决定权。西方的教会也就乘势而入，包括开办法学院，推行现代的法学教育。因此，中国租界的法学教育往往有西方教会的背景，东吴、震旦大学的法学院都是如此。东吴大学法学院地处上海公共租界，具有美国教会的背景；震旦大学法学院地处上海法租界，具有法国教会的背景。1901 年正式成立的东吴大学是一所美国的教会学校，为美国基督教监理会所办。1911 年东吴大学的首任校长葛林恩（Cline）与刚到上海的美国传教士兰金一起策划，在上海创办一个法律科，1915 年东吴大学法学院诞生。[①] 这是中国教会大学中第一个创办的法学院，因为"以前全国各教会大学从未办过法科"。[②]

震旦大学法学院的教会背景可以从学校制定的一系列文件中得到反映。这个法学院作为震旦大学的一部分，要履行震旦大学的"宗旨"。这个"宗旨"就明确指出，学校由教会创办。"本校由耶稣会设立，专以教授高深学术，造就专门人才为宗旨"；"本校学生对于宗教之信仰，有完全之自由"。[③] 在震旦大学展示的"校史"中，又赞扬办学者对教会的忠诚，说他们"人人俱能无忝于其校效忠之教会"。[④] 在震旦大学的"训育方针"中，又鼓励学生参加教会活动，奖励有演讲基督教理论突出表现的学生。"公教学生每日可望弥撒，每星期并有宗教要理选科，修满后另给分级证书。有演说天才者，亦可经训练后，给予讲道师证书。"[⑤] 这些都能说明，西方教

---

① 蒋晓伟著：《上海法学教育史研究》，法律出版社 2008 年版，第 24 页。
② 上海市文史馆、上海市人民政府参事室文史资料工作委员会编：《上海地方史资料（四）》，上海社会科学院出版社 1986 年版，第 158 页。
③ 《震旦大学法学院》，1936 年版，第 1 页。
④ 《私立震旦大学一览》，1935 年版，第 8 页。
⑤ 同上书，第 2 页。

会对中国租界内由教会创办的法学院的设立、办学宗旨及对学生信教行为的鼓励和相关规则的制定等，都有很大影响，并渗透进法学教育中，其西方教会的背景十分明显。从中亦可知晓，西方的教会对中国租界的这些法学院的创设、发展都发挥过一定的作用。

（二）租界的法制环境问题

中国租界的法制环境比较特殊。中国租界的法制从建立之日起就是一种现代法制，比中国华界的法制现代化要早几十年；中国的每个租界都有自己的法制，每个租界的法制又不完全相同。上海长期存在公共租界和法租界两个租界。公共租界主要由英美人管理，英美法系的影响比较大；法租界则由法国人管理，大陆法系的痕迹比较明显。[①] 因此，中国租界的法制环境就比较复杂，可以形容为一个世界法制的缩影，再加上华界也有自己的法制，多种法制并存于一个城市。

这种复杂的法制环境为法学教育的产生与发展提供了机遇。当年，兰金在上海公共租界开办东吴大学法学院时，就看中了这一复杂的法制环境。在"当时的上海及其各种法院和法律制度并行杂处的格局"的环境下，不仅有利于开展比较法和外国法的教学，还有利于为法学院的毕业生提供较多工作机会，而最终目标则是致力于建立一个既能与中国社会相契合，又可为西方国家所接受的现代法律体系。[②] 震旦大学法学院的建立也是这样。因此，东吴、震旦大学的法学院开设的比较法和外国法的课程特别多。震旦大学法学院的《学程纲要》中还明示："良以我国现代法条，多有渊源西方合法者。"[③] 地处中国租界的这种复杂的法制环境，非常有利于学生从中感受、学习多种西方现代法制，丰富自己的法学知识，完善自己的知识结构，提高自己的法学水平。

（三）20 世纪 30 年代法学教育的变化问题

20 世纪 30 年代中国政府对法学教育进行整顿，进一步作出规制，并于 1930 年 4 月专门以政府的名义公布了两个法规，即《司法院特许私立

---

① 王立民：《论上海租界法制的差异》，载《法学》2011 年第 7 期。

② ［美］康雅信：《中国比较法学院》，张岚译，载《中外法学》2003 年第 6 期。

③ 《震旦大学法学院概况》，1939 年版，第 14 页。

法政学校设立规程》和《司法院监督国立大学法律科规程》。① 前一个规程对法学教育影响比较大，因为租界内的法学院都属私立性质，而且都要纳入它的规制中。上海租界的东吴、震旦大学的法学教育都是如此。《司法院特许私立法政学校设立规程》明文规定：大学内之法学院、独立法学院、设有法科或政治科之独立学院都"须经司法院之特许"，司法院认为其设备不完善时，"得限以相当期间完善其设备"，它们的成绩不良者，司法院得令其改良或撤销其特许，如果法学院或法律科的组织变更，还要"呈由教育部转送司法院核准"等。这意味着，其办学更具有中国范式。如果有私立的法学院不执行该规定、不立案的，其毕业生在公务员考试、律师甄拔等方面，均不能享受与立案学校毕业生的同等待遇。于是，中国租界内的法学院逐渐执行这些规定，其法学教育也进入了另一个阶段。

（四）今天可以借鉴的问题

中国租界已经收回约 70 年，中国租界里的法学教育也已退出历史舞台70 年，可是其毕竟是中国大地上生存过的一种法学教育，而且还培养过一批成功人士，其中有些值得关注之处，并可为当今中国的法学教育所借鉴。

首先，重视开门办学值得借鉴。中国租界内的法学院重视"开门办学"，上海租界的东吴、震旦大学法学院都开门办学，从校外聘用了不少教师来校内为学生开设理论、实务课程。这不仅有利于学生学习法学理论知识，也有助于他们增长实务知识，毕业后尽快进入状态，缩短适应过程。现在，中国的有些法学院已开始关注"开门办学"，也聘请了一些校外理论、实务部门，特别是实务部门的专家。可是，有些法学院的这一做法还有不足，存在一些缺陷。如有的法学院虽聘请了一些校外专家，但他们很少来学校讲课，有的甚至根本不来，形同虚设；有的法学院虽设置了校外实习基地，又很少或根本没派学生去实习，只是名义上的设立等。这种"开门办学"处于一种不理想状态，应该得到改变，使"开门办学"真正落到实处，真正使学生受惠。

其次，重视比较法和外国法的教学值得借鉴。中国租界内的法学院比

---

① 孙晓楼等原著，王健编：《法律教育》，中国政法大学出版社 1997 年版，第 343—346 页。

较重视比较法与外国法的教学。东吴、震旦大学法学院开设的这类课程比较多，学分也比较多。当前，这既有利于学生了解外国法与比较法的情况，也有助于他们以后移植世界的先进法制，促进中国的法制现代化。中国正在全面推进依法治国，需要吸取世界的法治文明，这就需要知晓比较法和外国法，否则，还是无法了解、移植世界的法治文明。中国现在有些法学院在这方面做得还很不够：有的不开设外国法制史课程，更不用说开设比较法课程；有的还没有配置外国法制史的专门师资等。这种情况亟待改变，也可从以往的法学教育中得到一些有益的启示。

最后，重视外语教学值得借鉴。在中国租界里的法学教育中，外语教学比较受重视，外语课程占的比率比较高，其中包括了法律专业外语。中国现在仍需重视外语教学。这有利于提高学生掌握世界法律、法学发展的动向，扩大研究视野；也有助于开展涉外法律业务，培养卓越法律人才。现在的卓越法律人才培养计划中，都有加大外语教学力度的要求。只有这样，中国才能培养出一批卓越法律人才，并从法学毕业生中脱颖而出，特别是在一些涉外型卓越法律人才的培养中。可是，在中国部分法学院中，外语教学不被重视，不仅外语教学的课时不足，而且法律专业外语的课程都没有设置，以致培养的学生外语水平不高。这些情况也需改变。

今天，借鉴以往法学教育中的成功之处，是为了把今天法学专业的学生培养成为卓越法律人才。中国现在不缺法律人才，而是缺少卓越法律人才。中国法学教育发展的最终目的是全面推进依法治国，而为依法治国提供亟需的卓越法律人才正是达成这一目的的一个方向。

第十八章　中国租界法制诸问题再研究

中国租界是中国近代持续时间最长的自治区域，长达百年时间。中国租界法制是中国近代延续时间最长的区域法制，也长达百年时间。对中国租界法制的研究有多重作用。比如，有助于进一步摸清中国租界法制的状况；有助于进一步认识中国租界法制的法律性质；有助于进一步弄清中国租界法制的两重性特征；有助于进一步理解中国法制现代化的进程；有助于进一步了解中国租界法制在现代城市建设中的作用等等。改革开放以后，学界开始注意到中国租界法制，也进行了一些研究，产出了一些成果。其中，包括一批著作成果，如《上海租界法制研究》①《上海公共租界特区法院研究》②《上海英租界巡捕房制度及其运作研究（1854—1863）》③《中国租界法制初探》④ 和《上海会审公廨审判研究》⑤ 等；也有一些论文，如《中国的租界与法制现代化——以上海、天津和汉口的租界为例》⑥《会审公廨司法审判权的"攫取"与"让渡"——会审公廨移交上海总商会调处民商事纠纷的分析》⑦《上海公共租界行政诉讼制度探析》⑧《上海法租界第三特区法院的现代司法》⑨《东吴大学的罗马法教育》⑩ 等。然而，在中国租界法

---

① 王立民、练育强主编：《上海租界法制研究》，法律出版社 2011 年版。

② 姚远著：《上海公共租界特区法院研究》，上海人民出版社 2011 年版。

③ 张彬著：《上海英租界巡捕房制度及其运作研究（1854—1863）》，上海人民出版社 2013年版。

④ 王立民著：《中国租界法制初探》，法律出版社 2016 年版。

⑤ 洪佳期著：《上海会审公廨审判研究》，上海人民出版社 2018 年版。

⑥ 王立民：《中国的租界与法制现代化——以上海、天津和汉口的租界为例》，载《中国法学》2008 年第 3 期。

⑦ 王红梅：《会审公廨司法审判权的"攫取"与"让渡"——会审公廨移交上海总商会调处民商事纠纷的分析》，载《甘肃社会科学》2011 年第 1 期。

⑧ 黄毛毛：《上海公共租界行政诉讼制度探析》，载《上饶师范学院学报》2014 年第 1 期。

⑨ 崔雅琼：《上海法租界第二特区法院的现代司法》，载《山西师大学报（社会科学版）》2019 年第 2 期。

⑩ 汪强：《东吴大学罗马法教育》，载《苏州大学学报（法学版）》2018 年第 3 期。

制研究的深度和广度上都还留有很大的空间。随着对这一法制研究的深入，还会发现一些以往没有涉及和没有深入研究的问题。其中包括："中国租界的法制"与"在中国租界适用的法制"的不一样之处；"中国租界的审判机关"和"设在中国租界里的审判机关"的不相同之处；还有，怎么理解中国租界法制是中国半殖民地半封建社会的产物等。这就需要进行再研究。通过再研究，弄清这些问题，着力推进中国租界法制的研究。

一、中国租界内法制多样化问题再研究

在中国租界范围内被适用的法制有一个多样化问题。其中，既有"中国租界的法制"，也有"在中国租界适用的法制"。"中国租界的法制"是指由中国租界的立法主体制定（含认可），在本租界区域内实施的法制。这一法制是一种属地法制，其区域性很强，适用的地域就在本租界的区域范围内，超出这一区域，便无法律效力。"在中国租界适用的法制"是指由中国、有约国等立法主体制定，包括中国租界在内的全中国都适用的法制。这一法制被适用的人与地域都比较宽泛。其中，中国租界的立法主体制定的法制是属地法制，而有约国立法主体制定的法制则是属人法制。因此，"在中国租界适用的法制"相对复杂一些。目前，对于这两种法制概念的外延与内涵的研究都十分不足，需要进行再研究。

（一）"中国租界的法制"是中国租界立法主体制定仅在本租界内实施的法制

中国的每一个租界都有自己的立法主体，都制定一些仅实施于本租界的法制。这便是"中国租界的法制"。上海于1843年开埠，1845年上海英租界诞生，1848年上海美租界出现，1849年上海法租界确定。1863年上海英美两租界正式合并，成立上海英美租界。1899年上海英美租界改名为上海公共租界。[①]这些租界都建有自己的立法机关，它们是立法主体，行使本租界的立法权。上海英租界的租地人会议和上海英美、公共租界的纳税人会议都是立法主体，制定适用于本租界的一些规定，审议通过一些议

---

① 参见史梅定主编：《上海租界志》，上海社会科学院出版社2001年版，第91—96页。

案。① 其中包括制定的一些规定。比如，《上海英美法租界土地章程》（1854年）、《上海洋泾浜北首租界章程》（1869年）、《印刷物附律》（1919年）等。审议通过了一些议案。比如，建造排水系统的议案（1862年）、英美两租界合并的议案（1863年）、越界筑路的议案（1866年）、增设工部局华人董事的议案（1930年）等。② 上海法租界的租地人会议也是立法主体，也制定过一些适用本租界的规定，审议通过一些议案。其中包括：设置巡捕房的议案（1857年）、调整捐税税率的议案（1864年）、成立公董局的议案（1865年）等。③ 中国租界的立法机关行使立法权，是名副其实的立法主体，制定、通过的规定、议案在本租界均有法律效力，是租界内单位与个人的行为规则。

中国租界按照三权分立的原则，设立行政机关。中国租界的行政机关根据行政管理的需要，也制定过适用本租界的规定，同样是中国租界的立法主体。上海英租界于1854年成立工部局，行使本租界的行政权，此后的上海英美、公共租界继续沿用工部局。此工部局制定过一些适用于本租界的规定，也是上海英、英美、公共租界的立法主体。其制订的规定中包括有：《工部局书信馆章程》（1893年）、《公共租界工部局中式新房建造章程》（1901年）、《公共租界工部局治安章程》（1903年）、《公共租界工部局公共菜场章程》（1931年）等。④ 上海法租界的公董局是上海法租界的行政机关，成立于1862年。这也是此租界的立法主体，先后制定过《法租界公董局警务路政章程》（1869年）、《法租界公董局印刷业管理办法》（1926年）、《法租界公董局告白章程》（1927年）、《法租界公董局普通职业执照章程》（1939年）等。⑤ 可见，不仅上海租界的立法机关是租界内的立法主体，行政机关也有立法职能，也是立法主体。工部局、公董局制定的一些规定，本租界内的单位和个人都要遵守，不能违反，否则就要被罚。

---

① 纳税人会议被称为"纳税西人会""外人纳税会"等。参见王立民著：《上海法制史》（第2版），上海人民出版社2019年版，第11页。

② 参见史梅定主编：《上海租界志》，上海社会科学院出版社2001年版，第155—173页。

③ 同上书，第160—162页。

④ 同上书，第687—712页。

⑤ 同上书，第712—720页。

上海租界有自己的立法主体，中国其他租界也有自己的立法主体。这里以汉口的日租界为例。汉口日租界成立于1898年，居留民会是其立法主体，具有立法权。它制定过《居留民取缔规则》《警察犯处罚令》《居留地警察规则》《艺伎酌妇佣妇之取缔规则》《消防点检规则》等。① 可见，中国租界都有自己的立法主体，也都行使了本租界的立法权。

"中国租界的法制"的实施情况也能证明，中国租界的立法主体制定的确是仅限于本租界实施的法制。比如，上海租界的法制就是仅限于上海租界适用的法制。据记载，有位北方人士初到上海租界，因为不知道上海的租界都有不准随地大小便的规定，在租界马路上大便，结果被罚。"有北人初到上海，不谙租界章程，在马路上大便，被巡捕捉去。捕房令罚洋释出，其人不服，吵闹不休。解赴公堂，官判加罚数元以为吵闹者戒。"此人被罚后，还觉冤枉，说："老爷何不多出告示，此明明欺我初来上海之人。"② 这充分说明，上海租界都有不准随地大小便的规定，华界则没有，所以此人无意之中造成了违法，还被罚。上海租界法制的区域性在此案的适用中得到了充分的反映。

（二）"在中国租界适用的法制"是由中国、有约国制定的法制

"在中国租界适用的法制"主要是由中国、有约国立法主体制定的法制。

中国立法主体制定的中国法制在中国租界具有法律效力，也在中国租界被适用。中国租界是中国的领土，在中国租界的华人如果违反了中国的法制，要受到中国法制的制裁。这在相关条约、规定中有明文规定。1843年签署的中英《南京条约》的附件《五口通商章程：海关税则》明文规定，"英人华民交涉词讼"；"华民如何科罪，应治以中国之法，均应照前在江南原定善后条款办理"。③ 此后，于1864年设立了洋泾浜北首理事衙门。这个由中、外审判人员共同组成的法庭，被称为"混合法庭"，"专门审理

---

① 参见袁继成主编：《汉口租界志》，武汉出版社2003年版，第246—247页。由于《汉口租界志》没有标注这些规定制定的时间，故无法在文中标明它们制定的时间（下同）。

② 陈无我著：《上海三十年见闻录》，上海书店出版社1997年版，第244页。

③ 王铁崖编：《中外旧约章汇编》（第1册），三联书店1957年版，第43页。

租界内发生的以英、美等国侨民为原告,华人为被告的民刑案件"。① 对华人适用的是中国的法制,它是此后产生的会审公廨的前身与雏形。

1869 年《上海洋泾浜设官会审章程》施行。上海租界的会审公廨取代了洋泾浜北首理事衙门。这个章程对华人在上海租界违法犯罪的法律适用作了较为明确、详尽的规定。《上海洋泾浜设官会审章程》规定,"凡有华民控告华民及洋商控告华民,无论钱债与交易各事,均准其(华人委员)提讯定断,并照中国常例审讯";"华民犯罪,即由该委员核明重轻,照例办理"。② 即由中国的审判人员按照中国法制进行审判。其中,一些涉及重大犯罪的案件,还要移送至租界外的华界,适用中国法制,进行审判。"华人犯案重大,或至死罪,或至军流徒罪以上,中国例由地方正印官详请臬司审转,由督抚酌定奏咨,应仍由上海县审断详办。"③ 如果被洋人所雇佣的华人作为被告,也由华人的审判人员按照中国法律进行审判,只是要告知洋人领事官,由其或所派之人进行观审。"凡为外国服役及洋人延请之华民,如经涉讼,先由该委员会将该人所犯案情移知领事官,立将应讯之人交案,不得庇匿。至讯案时,或由该领事官或由其所派之员准其来堂听讼,如案中并不牵涉洋人者,不得干预。"④ 可见,华人在中国租界还须遵守中国的法律。这样,中国立法主体制定的法制不仅适用于中国的华界,也适用于中国的租界,成为"在中国租界适用的法制"了。

上海租界是中国租界中延续时间最长的租界,前后历经百年时间。百年中,中国先后经历过清朝、南京临时政府、北京政府、南京国民政府时期及其法制。上海租界里的华人都须遵守这些时期的法制,无一可以例外,否则就要被罚。这也意味着他们不仅要遵守"中国租界的法制",还要遵守中国立法主体制定的法制,这两种法制都需遵守。中国其他租界里的华人也是如此。

无约国人虽是洋人,但其国家没有与中国政府签订过不平等条约,不

---

① 史梅定主编:《上海租界志》,上海社会科学院出版社 2001 年版,第 279 页。
② 王铁崖编:《中外旧约章汇编》(第 1 册),三联书店 1957 年版,第 269—270 页。
③ 同上。
④ 同上书,第 269 页。

享有领事裁判权。他们与华人一样，要遵守中国法制。如果他们进入租界，也同样要遵守"中国租界的法制"和中国政府制定的法制，否则也会被罚。这在《上海洋泾浜设官会审章程》里也有规定。"尚系无领事管束之洋人，则由（中国）委员自行审断，仍邀一外国官员陪审，一面详报上海道台查核。"① 这从另一个侧面说明，"在中国租界适用的法制"中含有华人与无约国人都须遵守的由中国立法主体制定的中国法制。这一法制也就成为"在中国租界适用的法制"了。

有约国人因享有领事裁判权，所以包括在中国租界在内的中国领土上，都要遵守本国的法制，而无须遵守中国的法制。这在相关条约中也有明文规定。中英《南京条约》的附件《五口通商章程：海关税则》规定："英人如何科罪，由英国议定章程、法律发给管事官照办。"② 此后的《上海洋泾浜设官会审章程》的表述与其保持一致。它规定，"如系领事管束之洋人，仍需按约办理"；"有领事之洋人犯罪，按约由领事惩办"。③ 其他有约国人也是如此适用。可见有约国制定的法制在中国的华界、租界都要被适用。然而，这是一种属人法制，不是属地法制。无论有约国人在中国的何处，一旦违法犯罪成为被告，就得适用其本国的法制。有约国人大量生活、工作在中国租界，是享有领事裁判权的群体，中国租界也就成了适用有约国制定法制的区域，其也成为了"在中国租界适用的法制"。

可见，在中国租界的区域内，至少要适用三类法制，即中国租界立法主体自己制定的法制、中国立法主体制定的法制、有约国立法主体制定的法制。"中国租界的法制"与"在中国租界适用的法制"不一样，不能画等号。同时，中国租界里法制的多样性也得到了充分反映。

（三）"中国租界的法制"与"在中国租界适用的法制"的主要区别

"中国租界的法制"与"在中国租界适用的法制"不一样，其区别之处突出表现在以下几点。

首先，立法主体不同。"中国租界的法制"的立法主体是租界自己设立

---

① 王铁崖编：《中外旧约章汇编》（第 1 册），三联书店 1957 年版，第 270 页。
② 同上书，第 42 页。
③ 同上书，第 270 页。

的立法主体，是一种自治组织，其成员是本租界的外国侨民，即他们是租界内的成员，不是租界外的成员。"在中国租界适用的法制"的立法主体中，则有中国、有约国的立法主体，其成员都不在中国租界内，而在中国、有约国的国家里，即在租界外，其差别明显。

其次，法制的性质不同。"中国租界的法制"是一种城市中的区域法制，仅限于区域层面，不是国家层面，不是国家法。"在中国租界适用的法制"则是国家法，无论是中国法制还是有约国法制都是如此。另外，"中国租界的法制"还是一种属地性法制，而"在中国租界适用的法制"中的有约国法制，则是一种属人性法制。它们的区别同样很明显。

再次，法律体系不同。"中国租界的法制"是一种区域性的法规体系，只在中国城市中的租界区域内发挥作用。它既没有宪法，也没有许多部门法。"在中国租界适用的法制"则不同，情况有点复杂。其中，中国法制体系在清朝时是一种由律、例、会典等构成的体系；清末法制改革以后，逐渐形成一种由宪法与部门法构成的"六法"体系。有约国的法律体系因国家不同而有所不同。英美法系国家的法律体系主要由普通法、平衡法等判例法组成，而大陆法系国家的法律体系主要由宪法与部门法等成文法组成。它们的法律体系也很不同。

最后，适用对象不同。"中国租界的法制"的适用对象是在本租界的人员，不在本租界的人员则不适用，适用人员的地域性很明显。"在中国租界适用的法制"的适用对象则有所不同。其中，中国法制适用在中国领土上的华人与无约国人，包括中国租界内的华人与无约国人；有约国法制适用的是在中国领土上所有的有约国人，包括在中国租界里的有约国人。它们的区别也同样存在。

这些"不同"突出反映了"中国租界的法制"与"在中国租界适用的法制"的主要区别，因此再研究整个中国租界里的法制时，一定要作区分，要有正确的理解，不要混为一谈。当前，"在中国租界适用的法制"已有不少研究成果，其中既有中国近代法制史的研究成果，也有英美、大陆法系的研究成果。但是，"中国租界的法制"的研究成果相对较少，是个可以大力开拓的领域。

二、中国租界内多种审判机关再研究

在深入研究中国租界的审判机关时，会发现有"中国租界的审判机关"和"设在中国租界里的审判机关"两个不同的概念。"中国租界的审判机关"是指设在中国租界，由洋人或华人、洋人审判人员参与，专门审理租界里发生案件的审判机关。这一审判机关的设立是为了解决租界里发生的案件，也只审判发生在租界里的案件，不审理发生在租界以外的案件。这种审判机关是一种中国城市里的区域性审判机关。"设在中国租界里的审判机关"是指有约国设在中国租界里的审判机关。有多少有约国就可以有多少审判机关，因此其数量与国别都不算少。有约国审判机关是有约国派驻中国的审判机关，只是其地点设在中国租界而已。其管辖的人员是在中国任何地方的有约国人，其中也包括在中国租界里的有约国人。① 目前，对这两类审判机关都有所研究，但很不充分，有必要对其进行再研究，以免混淆。

（一）"中国租界的审判机关"是审理发生在租界案件的审判机关

中国租界也会发生案件，也需审判机关进行审理。审理这类案件的审判机关就是"中国租界的审判机关"。上海租界设立过这样的审判机关，其中上海英美租界先后设立过 3 个这样的机关。它们是：洋泾浜北首理事衙门、会审公廨和领事公堂。这些都是"中国租界的审判机关"。在上海公共租界时期，会审公廨和领事公堂仍然存在，还在运行。

关于洋泾浜北首理事衙门。洋泾浜北首理事衙门是设在上海英美租界，由华洋审判人员组成的，专门受理租界内发生的民、刑案件的审判机关。上海英、美租界建立以后，租界里违法情况逐渐滋生，还有增多趋势，即"屡有发生"。其中的有约国人违法，根据领事裁判权，由有约国的审判机关审判；华人违法则由中国的审判机关审判。可是，随着案件的增多，为了方便审判，1864 年中外官员协商建立一所由华洋审判人员组成的审判机

---

① 除了"中国租界的审判机关"和"设在中国租界里的审判机关"以外，在会审公廨收回后，中国政府在租界派驻了自己的审判机关，但因为它们既不属于"中国租界的审判机关"，也不属于"设在中国租界里的审判机关"，所以本文没有加以论述。参见史梅定主编：《上海租界志》，上海社会科学院出版社 2001 年版，第 286—293 页。

关，即洋泾浜北首理事衙门。它专门审理以洋人为原告，华人为被告，发生在本租界里的案件。其中的华人审判人员通常由同知担任，洋人审判人员则通常由英国副领事担任。诉讼程序无明文规定，"实际上采用西方诉讼程序"。据统计，此审判机关审理的案件不算少。"1864 年 5 月 2 日至 12 月 31 日，理事衙门共审理了拘捕的 2178 名华人，经过会审，无罪开释 557 人，移送清政府地方官讯办 295 人，申斥 612 人，处笞刑 363 人，枷刑 55 人，罚做苦工 104 人，处罚金 192 人。"① 会审公廨设立后，此审判机关即被其替代。

关于会审公廨。会审公廨是继洋泾浜北首理事衙门后，设在中国租界，由华、洋审判人员组成，专门受理租界里违反民、刑法案件的审判机关。经中英官员商定，1869 年《上海洋泾浜设官会审章程》施行，上海英美租界的会审公廨随之运行。它也是一个由华、洋审判人员共同组成的审判机关。《上海洋泾浜设官会审章程》规定，"遴委员同知一员，专驻洋泾浜，管理各国租地界内钱债、斗殴、盗窃、词讼各等案件"；"凡遇案件牵涉洋人必应到案者，必须领事官员会同专员审问，或派洋官会审"。② 它的下设机构有：秘书处、华洋刑事科、华洋民事科、洋务科、管卷室等，以后又增加了检察处。③ 会审公廨适用西方的律师制度，民刑案件的原、被告人都可聘请律师代理、辩护案件。它每年审理案件的数量不少。据统计，上海英美租界会审公廨审理的"刑事和违警案件，1889 年总计 5117 件，1890 年总计 5999 件，1891 年总计 5600 件。除去燃放爆竹，妨碍交通及违反工部局规章的轻微犯法行为等外，可视为犯罪的为：1889 年 3672 件，1890 年 3531 件，1891 年 3415 件"。④ 1927 年上海公共租界设立临时法院，会审公廨即被收回。上海法租界也设有会审公廨，与英美租界的会审公廨相似。

关于领事公堂。领事公堂是设在上海英美租界，由洋人审判人员组成，

---

① 史梅定主编：《上海租界志》，上海社会科学院出版社 2001 年版，第 279 页。
② 王铁崖编：《中外旧约章汇编》（第 1 册），三联书店 1957 年版，第 269 页。
③ 参见滕一龙主编：《上海审判志》，上海社会科学院出版社 2003 年版，第 60 页。
④ 史梅定主编：《上海租界志》，上海社会科学院出版社 2001 年版，第 280 页。

专门受理以租界的行政机关工部局为被告案件的行政审判机关。1869 年的《上海洋泾浜北首租界章程》对设立上海英美租界领事公堂作了规定，这也是建立领事公堂的法律依据。它规定，"公局（工部局）可以做原告控人，亦可以被人控告，均由公局之总经理人出名具呈，或用'上海西人公局'出名具呈"；"凡控告公局及其经理人等者，即在西国领事公堂投呈控告"。①根据这一规定，1871 年英国领事与驻沪其他国家领事进行协商，决定设立领事公堂。1882 年领事公堂正式出台、运作。它的诉讼规则在同年制定的《上海领事公堂诉讼条例》中予以规定。②审判人员由各国领事组成，适用的实体法无明确规定。③1941 年太平洋战争爆发，日军占领了上海公共租界，此领事公堂已无存在意义。据统计，自领事公堂设立至太平洋战争前，共审理过 55 起案件，其中工部局败诉的占了 23 件，败诉率近 42%。④

以上的 3 种审判机关都是设在上海租界内的审判机关，以审理租界里发生的案件为己任，不受理发生于租界以外区域的案件。它们以上海租界的存在为前提，植根于租界。除了上海租界以外，还有一些城市也有这样的审判机关。比如，汉口、鼓浪屿等租界也设有会审公廨与领事公堂，也专门审判本租界的案件。⑤它们也都属于"中国租界的审判机关"。

（二）"设在中国租界里的审判机关"是审理在中国的有约国人案件的审判机关

为了迎合领事裁判权的需要，有约国便在中国设立了一些专门审理有约国人违法犯罪案件的审判机关。由于中国租界都在中国大、中城市的中心区域，市政、经济等都较为发达，环境也相对较好，于是有约国就把审理有约人案件的审判机关设在了租界。⑥这些审判机关不是"中国租界的审判机关"，而是"设在中国租界里的审判机关"，其审理的是遍及中国的有约国人案件，也包括发生在中国租界里的此类案件。因此，它们这种审

---

① 王铁崖编：《中外旧约条汇编》（第 1 册），三联书店 1957 年版，第 299 页。

② 参见蒯世勋等编著：《上海公共租界史稿》，上海人民出版社 1980 年版，第 248—249 页。

③ 同上书，第 157 页。

④ 参见马长林主编：《租界里的上海》，上海社会科学院出版社 2003 年版，第 227—228 页

⑤ 参见费成康著：《中国租界史》，上海社会科学院出版社 1999 年版，第 126 页。

⑥ 同上。

判机关又有一审、二审的分工与差别。设在上海的此类审判机关就有领事法庭、英国高等法院和英国上诉法院、美国驻华法院和美国司法委员会法院等。

关于设在中国租界里的领事法庭。这是"设在中国租界里的审判机关"中的一种机关。是指有约国设在驻华领事馆内，由领事担任审判人员，审理本国公民在华违法犯罪并成为被告人案件的审判机关。凡是通过不平等条约，在中国取得领事裁判权的国家，都可在中国设立领事法庭，审理本国人在中国发生的违法犯罪案件。因此，在中国的领事法庭数量较多，仅上海公共租界和鼓浪屿公共租界就有 10 多个领事法庭。① 这种审判机关一般设在本国领事馆内，审判人员一般由领事或副领事担任，但是他们一般没有受过专业的司法培训，故"难免影响审判的公正性"。② 当中国收回领事裁判权后，这些领事法庭也就被撤回了。

关于设在中国租界里的英国高等法院和英国上诉法院。它们也是"设在中国租界里的审判机关"。其中，英国高等法院由英国任命的审判人员组成，巡回中国各地，审判在中国违法犯罪的英国公民，替代英国领事法庭这一审判机关。它成立于 1865 年，地点在上海英美租界。设审判人员 1人，副审判人员数人，而且都由英国直接任命。不服英国高等法院的判决，可上诉至英国上诉法院。它适用的是英国法，即以判例法为主。判决有罪的较短刑期的英国公民在租界内的监狱里执行，较长刑期者则被解往香港等地服刑。1943 年英国的领事裁判权取消后，这一法院也被撤销了。③

英国上诉法院是英国设在上海英美租界，受理在华英国公民不服英国高等法院判决案件的上诉法院。法庭一般由 3 名审判人员组成，也适用英国法。如果不服英国上诉法院的判决，可向设在伦敦的枢密院上诉。判决的囚犯一般在租界的监狱内服刑，刑期较长者在香港、澳大利亚等地执行。死刑案件采用绞刑，但需经英国驻华公使核准。这一法院也于 1943 年

---

① 参见费成康著：《中国租界史》，上海社会科学院出版社 1999 年版，第 126 页。
② 史梅定主编：《上海租界志》，上海社会科学院出版社 2001 年版，第 294 页。
③ 同上书，第 295 页。

撤销。①

关于设在中国租界里的美国驻华法院和美国司法委员会法院。美国驻华法院和美国司法委员会法院也都属于"设在中国租界里的审判机关"。其中，美国驻华法院设在上海公共租界的美国驻沪领事馆内，是美国在华的一审法院，建立于 1906 年，撤销于 1943 年，共存 37 年。专门受理美国在华的领事法庭和美国司法委员会法院不受理的一审案件，即诉讼标的在500 美元以上的民事案件、100 美元以上罚款或 60 天以上监禁的刑事案件。需要在中国巡回审判，每年都要到天津、广州或汉口开庭。其地位类似于美国的地方法院，设有法官、检察官、执行官、书记员等人员。② 美国驻华法院共产生过 5 任法官。上诉法院是设在旧金山的第九巡回法院，终审法院是美国的最高法院。1906 年至 1924 年间审理了较为典型的 310件案件，其中 11 件为上诉至美国第九巡回法院的案件。③

美国司法委员会法院成立于 1920 年，是美国领事法庭的替代审判机关。此年，美国撤销了上海领事法庭，由美国司法委员会法院来取代，其地位与领事法庭相同。只能受理诉讼标的在 500 美元以下的民事案件、罚金在 100 美元以下或监禁 60 天以内的刑事案件。否则，就由美国驻华法院审理。1943 年，此法院同样被废止。④

领事法庭、英国高等法院、英国上诉法院、美国驻华法院、美国司法委员会法院都设在上海租界，都属于"设在中国租界里的审判机关"。上海租界内因此而存在了多种审判机关。它们都是领事裁判权的产物，都是设立在中国领土内的外国审判机关，只是选址于上海租界而已。它们审判的被告人都是本国公民，用一位美国法官的话来说，就是"被告的国籍是驻华法院受案范围的基本准则"。⑤

可见，"中国租界的审判机关"与"设在中国租界里的审判机关"差别

---

① 参见史梅定主编：《上海租界志》，上海社会科学院出版社 2001 年版，第 295—296 页。

② 同上书，第 296 页。

③ 参见李洋著：《美国驻华法院研究（1906—1943）》，上海人民出版社 2016 年版，"导论"第 2—10 页。

④ 参见史梅定主编：《上海租界志》，上海社会科学院出版社 2001 年版，第 297 页。

⑤ 李洋著：《美国驻华法院研究（1906—1943）》，上海人民出版社 2016 年版，"导论"第 5 页。

很大，两者不是一回事，要作再研究，不能相混淆。

（三）"中国租界的审判机关"与"设在中国租界里的审判机关"的主要差异

比较"中国租界的审判机关"与"设在中国租界里的审判机关"以后可以发现，它们的差异还不小，突出表现在以下几个方面：

首先，审判机关的性质不同。"中国租界的审判机关"是设在中国租界里专门审判租界里发生案件的审判机关，其性质是中国租界法制的一个组成部分，也是中国近代区域法制的一个组成部分。"设在中国租界里的审判机关"则是一些外国因领事裁判权而设在中国租界专门受审有约国人案件的审判机关。这一审判机关的性质是外国的审判机关，不是中国的审判机关，只是设在中国租界这个地方而已。这两种审判机关的性质明显不同。

其次，审判人员的组成不同。"中国租界的审判机关"里的审判人员由洋人或华、洋审判人员组成，而且有一些分工。在华、洋审判人员组成的审判机关中，审判人员主要受理以华人为被告的案件，洋人审判人员则审理以洋人为被告的案件。"设在中国租界里的审判机关"则是一些专门受理有约国人案件的审判机关。这些审判机关的审判人员都由具有领事裁判权国家的审判人员组成，即只有洋人，没有华人。这两种审判机关的审判人员组成也不同。

再次，审判的案件不同。"中国租界的审判机关"审判发生在中国租界内、违反租界自己制定、认可的规定的案件。它既不审判发生在租界之外，也不审判不是租界制定、认可的规定的案件。"设在中国租界里的审判机关"则不同，只审判本国侨民的案件。它们既不审判华人为被告的案件，也不审判非有约国人的案件。这两个审判机关所审判的案件也很不相同。

最后，审判适用的法律不同。"中国租界的审判机关"适用的是租界自己制定、认可的法律，不为中国租界制定、认可的法律，都不在"中国租界的审判机关"适用之列。"设在中国租界里的审判机关"适用的则是由有约国制定的法律。由于有约国在中国比较多，其适用的法律也就比较多了。① 这两种审判机关适用的法律同样也不同。

经过比较，"中国租界的审判机关"与"设在中国租界里的审判机关"的差异就反映得更为清晰，也更为明了。在进行中国租界司法再研究的过程中，不能把其混为一谈。

三、中国租界法制的社会属性再研究

1840 年鸦片战争以后，中国开始进入半殖民地半封建社会，很快中国租界就诞生了。② 中国租界法制正是这一社会的产物。它既不是殖民地法制，也不是封建法制，与殖民地、封建法制都不同。中国租界法制是中国租界侨民建立的自治区域的法制，这种法制只能生存在中国的半殖民地半封建社会之中，不会存在于殖民地或封建制社会之内。当前，对中国租界法制的社会属性虽有提及，但缺乏深入研究，有必要进行再研究。

（一）中国租界法制的产生以国家主权受损为前提

中国租界的产生以中外签订的不平等条约为依据。这里以上海租界的产生为例。1842 年的中英《南京条约》把英人及其家属成员可以到中国五口通商城市经商、居住的内容归入其中。它规定："自今以后，大皇帝恩准英国人民带同所属家眷，寄居大清沿海之广州、福州、厦门、宁波、上海等五处港口，贸易通商无碍。"③1843 年的《南京条约》附件《五口通商附粘善后条款》进一步明确英人可以在这些通商城市租赁房屋、土地。它规定："中华地方官必须与英国管事官各就地方民情，议定于何地方，用何房屋或基地，系准英人租赁。"④ 英人就是以此为依据，制定土地章程，确定英人的租赁地，即租界。1845 年《上海租地章程》颁行，上海英租界诞

---

① 鸦片战争以后，有 19 个国家分别在中国取得领事裁判权，它们都可以在中国设立自己的审判机关。参见朱勇主编：《中国法制史》(第 2 版)，高等教育出版社 2019 年版，第 44 页。

② 上海于 1845 年，最早出现租界，以后天津、汉口、广州、九江、镇江、厦门、杭州、苏州、福州、重庆、鼓浪屿等城市也都建立了租界。在中国建立租界的国家有：英国、美国、法国、德国、日本、意大利、奥地利、比利时和俄国等国家。参见上海市政协文史资料委员会等编：《列强在中国的租界》，中国文史出版社 1992 年版，第 590 页。

③ 王铁崖编：《中外旧约章汇编》(第 1 册)，三联书店 1957 年版，第 31 页。

④ 同上书，第 35 页。

生。① 上海英租界是这样，中国的其他租界也是这样。

中国租界是一种外国侨民自治的区域，其自治性非常强。租界内建有自己的立法、行政与司法机关，自行运作，不受中国政府管辖。上海英租界的租地人会（1846 年）、上海英美公共租界的纳税人会（1869 年）是上海英、英美、公共租界的立法机关。上海英租界成立的工部局（1854 年）是上海英、英美、公共租界的行政机关。② 上海英美租界建立的洋泾浜北首理事衙门（1863 年）和此后的会审公廨（1869 年）是上海英美、公共租界的司法机关。③ 上海法租界也建有类似的立法、行政与司法机关。租地人会是它的立法机关（1856 年）④ 公董局是行政机关（1862 年）⑤，会审公廨是它的司法机关（1869 年）⑥。上海租界是如此，中国其他的租界也基本如此。

中国租界建有自己的立法、行政与司法机关以后，租界就不受中国政府的管辖。⑦ 租界既在中国的领土之内，又不受中国政府的管辖，不能不说是对中国主权的损害。中国租界法制是一种世俗法制，属地性十分突出。它依托租界的存在而存在，又随着租界的发展而发展。这一法制由租界自己制定，在租界内实施，竭力维护租界的自治性，成了维护这种自治性的工具。这种自治性又是以损害中国的主权为前提，因此中国租界法制是中国主权受损的一种结果。可以想象如果没有不平等条约，没有中国主权的受损，也不会有中国租界的产生，更不会有中国租界法制的出现。

（二）中国租界法制不是殖民地法制

中国租界法制是中国租界侨民自治区域的法制，是中国半殖民地半封建社会的产物，不是殖民地的产物，也不是殖民地法制。它与殖民地法制有明显的区别。这里以印度近代的殖民地法制与上海英、英美、公共租界法制作比较，来窥视它们的区别，从中反映出中国租界法制不是殖民地法

---

① 参见王铁崖编：《中外旧约章汇编》（第 1 册），三联书店 1957 年版，第 65—70 页。

② 参见史梅定主编：《上海租界志》，上海社会科学院出版社 2001 年版，第 183 页。

③ 同上书，第 278—280 页。

④ 同上书，第 154 页。

⑤ 同上书，第 202 页。

⑥ 同上书，第 284 页。

⑦ 费成康著：《中国租界史》，上海社会科学院出版社 1999 年版，第 203 页。

制。1757 年英国开始殖民印度，直至印度 1947 年独立。在这将近 200 年的英国殖民印度时期，印度就是英国的殖民地，英王直接统治印度。①

在立法方面，这一时期印度的立法主体就是英国，确立的主要是英国的法律渊源，搬用的是英国的法律。英国主宰着印度的立法权，是印度的立法主体。1833 年至 1840 年英国勋爵麦考莱等主持了第一届"法律委员会"，"提出了著名的属地报告（lex report）"。②1859 年至 1882 年英国又在印度展开了立法活动，制定了刑法、刑事诉讼法、契约法、证据法等一些法典。然而，"这种立法都是英国法专家所制定，并且往往是在伦敦完成的"。③印度的主要法律渊源也是来自英国，特别是在后阶段，"直接引进英国法"。④英国的法律渊源也在印度生根、发芽、成长。印度的法律内容同样被英国化。它的绝大多数法律内容，特别是在公法领域，就是英国法的天下，以致"在印度独立以前，印度法无疑属于普通法系"。⑤可见，印度法制几乎就是英国法制的翻版。

在司法方面，在英国殖民统治时期，印度的司法也为英国所直接控制。印度国内的司法机构由英国建立，特别是在英国直接管控的孟买、加尔各答、马德拉斯管辖区内，在 1726 年就建立了专门实施英国法的皇家法院。至 19 世纪中叶，英国法的"正义、公平和良心"原则被印度各地法院广泛采纳，英国法因此而不断输入印度，成为印度司法的依据。⑥另外，印度法院的终审法院不设在印度，而是设在英国的枢密院司法委员会。它是"英国全球性的裁判机构"，是分散在世界上"各个角落上的自领地、殖民地、保护地"的"最终裁判者"。⑦其中包括印度殖民地。这个枢密院司

---

① 参见何勤华主编：《外国法制史》，法律出版社 1997 年版，第 53 页。

② ［法］勒内·达维德著：《当代主要法律体系》，漆竹生译，上海译文出版社 1984 年版，第 472 页。

③ 同上书，第 473 页。

④ 何勤华等主编：《东南亚七国法律发达史》，法律出版社 2002 年版，第 31 页。

⑤ ［法］勒内·达维德著：《当代主要法律体系》，漆竹生译，上海译文出版社 1984 年版，第 476 页。

⑥ 何勤华主编：《外国法制史》，法律出版社 1997 年版，第 54 页。

⑦ ［美］约翰·H. 威格摩尔著：《世界法系概览》（下），何勤华等译，上海人民出版社 2004 年版，第 939 页。

法委员会由议长、大法官等人组成，其中有两人专门负责英国海外领地的审判职能。① 印度殖民地的司法完全被英国所掌握，是英国司法在印度的延伸。

印度近代殖民地时期的法制是一种被英国宗主国直接掌控的法制，是英国法制在印度的扩展，其依附性极强。中国租界法制不是如此。这是一种外国侨民在自己的自治区域内，由侨民组织独立制定、运行的法制，与租界建立国没有直接的隶属关系，也不是这种租界建立国法制在租界的直接运用，不受租界建立国直接控制。上海英租界的租地人会和上海英美、公共租界的纳税人会都是立法主体，其成员都是租界内的侨民，是居住在租界里的洋人，只是它们要具备一定的条件而已。租地人会成员的资格是必须在英租界里租有土地的英国人，他们无论有多少土地，每人仅有一票的投票权等。② 成为纳税人会成员的资格条件有所改变。除了为侨民以外，还有具体的财产要求，即至少拥有 500 两以上的地产，每年缴纳房地税 10 两以上，或每年缴纳 500 两以上的房屋租金。③ 可见，租地人会与纳税人会的成员都是上海英、英美、公共租界的侨民，而非英国政府派遣的官员，也不受英国的直接控制，与印度殖民地立法主体不同。

中国租界的法律渊源都是成文法的渊源，连英、美租界都是如此。上海英、英美、公共租界颁行了一系列的成文法，其渊源不是判例法而是成文法。如章程、规程等。④ 中国租界的法律内容都由租界内的立法主体制定，上海英美租界制定的《上海洋泾浜北首租界章程》《纳税人议事规程》等都是如此。可见，中国租界的法律渊源与内容都是根据本租界建设的需要而设置，都源自于租界本身，而非来自英国，与印度殖民地的法律渊源与内容也大相径庭。

在司法方面，中国租界的司法机关不是来自外国，而是来自租界本身，由租界自己设立。上海英美租界设立的洋泾浜北首理事衙门、会审公廨、

---

① 参见何勤华等主编：《东南亚七国法律发达史》，法律出版社 2002 年版，第 31 页。
② 参见史梅定主编：《上海租界志》，上海社会科学院出版社 2001 年版，第 153 页。
③ 同上书，第 163 页。
④ 参见王立民主编：《上海法制史》（第 2 版），上海人民出版社 2019 年版，第 17—21 页。

领事公堂都设在租界内，都由租界自己设立，不是英国、美国派遣设立。洋泾浜北首理事衙门和会审公廨的审判人员由中、外审判人员组成，审理租界里发生的华、洋纠纷案件。领事公堂的审判人员全为外国人，来自多个国家，都不是本国派遣的审判人员，不受外国审判机关的控制。这与印度殖民地的司法也不同。

总之，与印度殖民地的立法与司法相比较，可以反映出中国租界法制独立性较强，是一种由租界内侨民自治的产物，不像印度殖民地法制那样依赖性很强，是一种英国殖民地的产物。很明显，中国租界法制不是殖民地法制。

（三）中国租界法制不是封建制法制

中国租界实行的是一种现代法制，不是封建制法制且与这种法制有本质上的差异。这里把上海英、英美、公共租界法制与中国古代清朝法制作比较，来显示它们间的差异，从中反映出中国租界法制不是封建制法制。

中国古代清朝法制是一种专制制度下的法制，属于中国的传统法制，在法制机关、法律内容等方面都是如此。

关于法制机关。中国古代清朝的法制机关是专制制度的产儿，专制色彩十分浓厚。清朝皇帝除了掌握最高的行政权外，还掌握最高的立法权与司法权，统辖清朝的立法、行政、司法各项大权。皇帝之下的中央其他立法功能多由中央的各类机关代行，内阁、军机大臣与吏、户、礼、兵、刑、工各部等都是如此。中央的司法机关虽由刑部、大理寺、都察院构成，但遇有重大疑难案件，便有其他部门的官吏参与，如秋审、朝审、九卿会审等均是如此。与中央的法制机关相协调，地方的法制机关长官也由行政长官兼任。省、府、县等地方的行政长官往往兼有地方的立法、司法权，也是地方法制机关的长官。① 在清朝这种专制制度之下，从中央到地方的法制机关与行政机关往往交结在一起，不独立，也没有立法、行政与司法权的分立，缺少这三权之间应有的制衡与监督。

中国租界的法制机关不是如此。中国租界引用西方国家三权分立的模

---

① 参见张晋藩著：《中华法制文明史》(古代卷)，法律出版社 2013 年版，第 589—597 页。

式，使租界内的立法、行政与司法权分立，建立相对独立的立法、行政与司法机关，立法、司法机关不再与行政机关混同。上海英、英美、公共租界先后建立的租地人会、纳税人会是立法机关，工部局是行政机关，洋泾浜北首理事衙门、会审公廨、领事公堂则是司法机关。它们相互独立、制衡。这是现代社会的基本架构，其法制机关也是一种现代的法制机关，不是封建的法制机关。上海法租界也是如此。

关于法律内容。中国古代清朝的法律是一种中国封建制的法律内容。这里以清朝的一部主要法典《大清律例》为例。这部法典规定了封建制"五刑"，即笞、杖、徒、流、死；规定了封建制法律原则，如"犯罪免发遣""流囚家属""天文生有犯"等；规定了封建制特权制度，如"八议""应议者犯罪"等；① 规定了封建制罪名，如"谋反大逆""谋叛"等。② 这些内容都是中国传统社会的法律内容，以儒家思想为指导，是封建伦理纲常的体现。

中国租界的法律内容则是一种现代性的法律内容，为了推进现代的城市建设。这里以上海英、英美、公共租界的一些规定为例。上海英租界对租界内的现代城市规划作出过规定。比如 1845 年就规定要"保留自东而西通江边四大路"，路的宽度为"二丈，以便路人，并防火灾"；租界内"得修建教堂、医院、慈善机关、学校及会堂；并得种花、植树及设娱乐场所"；"不得建造易燃之房屋，如草蓆、竹舍、木屋等"。③ 1854 年进一步又规定租界内"起造房屋、札立木架及砖瓦、木料货物，皆不得阻碍道路，并不准房檐过伸各项，妨碍行人"。④ 上海英美租界在上海英租界的基础上，又颁行了一些新的法律内容。其中，有关城市公共卫生建设的就有不少。比如，1872 年规定了肉类的出售时间，保证肉类的新鲜即夏季的肉类不得隔夜出售，其他季节的出售时间不得超过两天。1893 年规定要加强犬类管理，以防狂犬病；凡在马路上游荡而不戴颈圈的犬，一律采取捕捉办法，7

---

① 《大清律例·名例律上》。
② 《大清律例·刑律·贼盗上》。
③ 王铁崖编：《中外旧约章汇编》（第 1 册），三联书店 1957 年版，第 66—68 页。
④ 同上书，第 81 页。

日内无人领取，即被杀死。1898 年又规定要确保牛奶的卫生，牛奶中不准掺水、掺假，牛奶瓶上要注明生产单位等。① 上海公共租界在上海英美租界的基础又作出了一些新的规定。这里仅以 1903 年颁布的规定为例。此年，上海公共租界规定："禁止虐待牲畜"；租界内的"马路僻径及公地，均不准燃放爆竹"；"不准将不堪入目的图书或招纸等贴在墙上，并不准在路上给人观看"；"不准开设彩票店，并禁止售卖各种彩票"；在公家花园内，"禁止采花捉鸟巢以及损害花草树木"；"驾车者须在马上左边前行"等。② 这些规定涉及租界的城市规划、公共卫生、治安、交通等一些方面，与现代城市的建设息息相关，而与古代清朝的法律内容差之千里。

法制机关与法律内容都是法制中的重要组成部分。中国租界的法制机关、法律内容与中国封建的法制机关、法律内容明显不同，其现代性十分突出，而不具有封建性。这也证实中国租界法制不是封建制法制，而是一种现代性法制。

随着中国租界法制研究的深入，有些问题会经常遇到，往往绕不开，有必要再研究。经过再研究，可以理解"中国租界的法制"与"在中国租界适用的法制"不一样。它们在立法主体、法律性质、法律体系、适用对象方面都不相同。只是当前对中国、有约国法制的研究成果相对多一些，而对"中国租界的法制"研究成果相对少一些，是个可以大力开拓的领域。经过再研究，还可以进一步辨析"中国租界的审判机关"与"设在中国租界里的审判机关"。它们虽然都设在中国租界里，但在审判机关的性质、审判人员的组成、审判的案件与审判适用的法律等一些方面，也都存在诸多不同。经过再研究，还可以进一步认识中国租界法制的社会属性，即是中国半殖民地半封建社会产物。中国租界法制既不是殖民地法制，也不是封建制法制，而是中国主权受到损害的半封建半殖民地时期法制。这些问题的解决，对中国租界法制就会有更清晰的认识。这些都会有利于进一步深入研究中国租界法制，从而进一步认识中国现代法制与中国法制现代化的进程。

---

① 参见王立民著：《中国租界法制初探》，法律出版社 2016 年版，第 192—193 页。

② 史梅定主编：《上海租界志》，上海社会科学院出版社 2001 年版，第 700—704 页。

下　篇

第十九章　上海租界与上海法制现代化

上海是鸦片战争以后出现的五个通商口岸之一。上海的法制现代化从租界开始。本章就上海租界与上海法制现代化问题作些探索。

一、上海租界现代法制产生的历史条件

上海法制现代化的进程始于租界。租界当局通过大量移植现代法制，使上海租界的法制率先实现了现代化。租界的存在与上海法制现代化紧密联系在一起了。确立租界存在的是 1845 年签订的《上海租地章程》。它又被称为"土地章程""地皮章程""地产章程"等。它是上海租界存在、发展的主要法律依据，故也有人称其为租界的"根本法""大宪章"等。①此后，以它为依据又制定了其他一些有关上海租界土地方面的协议。它们在实现上海法制现代化中起了重要作用，主要表现在以下方面：

（一）为移植现代法制创造了地域条件

法制的属地性很强，任何法制都是一定地域条件下的法制。上海租界当局通过签订 1845 年《上海租地章程》等一系列与租界土地相关的协议，取得了在上海的落脚之地，为移植现代法制创造了地域条件。

作为《南京条约》及其附件《五口通商附粘善后条款》的直接后果，1845 年 11 月上海道台宫慕久公布了与英国驻上海第一任领事巴福亚签署的 1845 年《上海租地章程》。②这个章程规定的一个重要内容是承认英租界的地域。它东靠黄浦江，北至李家庄（今北京东路），南至洋泾浜（今延安东路）。第二年即 1846 年 9 月又划定西至界路（今河南中路）。此时面积为 830 亩。③从此，现代法制开始在上海登陆。

---

① 谯枢铭等著：《上海史研究》，学林出版社 1984 年版，第 100 页。
② 蒯世勋等编著：《上海公共租界史稿》，上海人民出版社 1980 年版，第 44—50 页。
③ 邹依仁著：《旧上海人口变迁的研究》，上海人民出版社 1980 年版，第 92 页。

此后，上海租界不断扩大。这种扩大包含着两个方面。一方面是取得上海租界地域的国家扩大；另一方面是这些国家在上海租界的地域也在扩大。随着上海租界地域的扩大，上海现代法制移植的范围也扩大了。

在英国取得上海租界以后，美国和法国也先后在上海取得了租界。美国根据《望厦条约》在上海取得租界。1848 年美国圣公会主教文惠廉到上海，先在苏州河北岸地价低廉的虹口一带广置地皮，设立教堂，然后向上海道台吴健彰提出把虹口一带作为美租界的要求。当时，吴健彰只作了口头承诺。1863 年英美两租界合并时，美国领事熙华德与上海道台黄芳商定了美租界范围，美租界正式确定了。法国根据《黄埔条约》于 1849 年 4 月由法国领事敏体尼与麟桂签署了租地协议。不久，法租界登场了。它南至护城河（今人民路），北至洋泾浜，西至关帝庙诸家桥（今西藏南路附近），东至广东潮州会馆沿河至洋泾浜东角（今龙潭路），总面积为 986 亩。至此，英、美、法三个租界把上海交通最便利、地理位置最重要的外滩和苏州河口一带地段全都分割完毕。英、美租界夹持着苏州河口，英法租界占据着外滩。这给租界的社会发展和法制移植都造就了一个十分有利的地域条件。

上海租界出现以后，不久即得到了扩张。在这之中，英租界先迈出第一步。1848 年英国领事阿利国利用"青浦教案"，向新任上海道台麟桂提出了扩充租界的要求。麟桂屈服于阿利国的压力，与其签订了扩大英租界的协议。这协议使英租界西面从界路延伸到泥城浜（今西藏路），北面从李家庄推进到吴淞江（今苏州河），净增土地面积 2000 亩。1854 年 7 月英、美、法三国领事以上海小刀会起义后需要自我保护为借口，自行决定修改原有的土地章程，由租地人大会通过了《上海英法美租界租地章程》。① 这个章程使法租界有了较大的延伸，以致南至城河，面积扩大到了 3800 亩，是原来的 3 倍以上。1861 年法租界先后在上海县城小东门外三次租地，使法租界在靠近黄浦江的边界扩展了 650 米，扩充面积达 198 亩。1863 年 9 月英、美两租界合并，总面积达 10676 亩。甲午战争以后，列强们掀起了

---

① 蒯世勋等编著：《上海公共租界史稿》，上海人民出版社 1980 年版，第 53—55 页。

瓜分中国的狂潮,上海租界再次扩张。1899 年 5 月英美租界的地域扩张为:东至杨树浦桥起,至周家嘴角止;西自泥城桥起,至静安寺镇止,又由静安寺镇划一直线,至新闸苏州河南岸止;南自法租界八仙桥起,至静安寺镇止;北自虹口租界第 5 界石起,至上海县北边界限为止,再从此划一直线至周家嘴角。此次扩张后,英美租界更名"上海公共租界"。同年 12 月公共租界又一次扩张,使其总面积达 32110 亩,比过去增加了 2 倍有余。[①]公共租界得手后,法租界也紧跟其后,1900 年和 1914 年两次扩大租界面积,使其总面积达 15150 亩,是 1849 年初定面积的 15 倍。[②]

另外,上海租界当局还通过越界筑路,变相扩大租界面积,而且扩张面积的前奏往往与越界筑路有关。1860 年租界当局以帮助清政府镇压太平天国为名,开始在租界以外地区筑路,此后便一发不可收拾。到了 1925 年,仅公共租界的越界筑路就有 41 条之多,面积 5 万亩。他们在越界筑路地区兴办公用事业,征收捐税等,如同租界。

此时上海市区绝大部分地区也是最为繁华和最具影响力的地区都在租界范围。这为上海移植现代法制奠定了地理环境基础,也为发展这一法制和扩大这一法制的影响创造了极为有利的条件。

(二)为建立租界的自治机构和制度提供了法律依据

上海租界发展的历史已经证明,它建立了一套自己的自治机构和制度。这一地位确立的法律基础是相关的《上海租地章程》和协议。确立了租界的自治机构和制度,就意味着上海租界有了自己的立法主体和立法权,可以合法地在上海租界建立自己的法制,具有了移植现代法制的权力基础。

1845 年的《上海租地章程》已经确立了英租界的自治机构和制度的雏形。它确定英国领事是英租界的自治者。此章程规定,英国以外国家的商人要在租界内建房、租房、屯物的都"须先禀明英国领事得其许可",租地人如果"欲设船夫及苦力头目"的,也"须陈报领事"。这个土地章程还赋予英国领事以司法权,其自治制度可谓名副其实。它规定,违反土地章程

---

① 王立民著:《上海法制史》,上海人民出版社 1998 年版,第 182 页。
② 同上书,第 183—184 页。

的，由英国领事惩处。"嗣后英国领事，倘发现有违犯本章程之规定者，或由他们禀告，或经地方官通知，该领事均应即审查犯规之处，决定应否处罚。"此后，美、法两国的租界也在上海取得了相似的权力。

《上海英法美租界租地章程》更能体现自治的精神，也扩大了这种自治机构和制度。它把英国领事的自治权延伸到卖酒与开设酒馆等方面，规定界内无论中外之人，未经领事官给牌，不准卖酒并开公店。根据这一土地章程的自治精神，公共租界始在租界设立了工部局。它是英租界和以后的公共租界的行政管理组织。它采用董事会制度。1865 年时规定，凡所缴纳的房、地各捐须在 500 两以上（各执照费不在内）或租赁房屋年付租金 1200 两以上并缴纳捐税者，才有资格作为工部局董事会董事候选人。此董事会每年差额选举一次，但在历届董事会中，英国侨民一直占有绝对优势，而华人董事到 1928 年以后才出现。①工部局要处理界内的日常管理事务，包括各种市政工程的建造、维修，制定相关的规章，负责警务及社会治安、经费安排等。为了有效管理界内事务，它还下设：工务、警备、财政、防卫、电气、卫生、运输等 20 余个常设委员会和捕房特别调查、普通教育、特别电气、宣传等 10 余个特别委员会等机构，进行日常管理。可见，这是一个机构设置俱全的租界内自治管理机构，如同一个自治政府。

1869 年签订的《上海洋泾浜北首租界章程》在自治方面更为完善，竟然规定在租界内建立纳税外人会及其制度。②此会又称"外人纳税会""纳税西人会"等，全为外国人组成，是公共租界的主要议决机构，起了"市议会"的作用，其地位在工部局之上。根据此土地章程的规定，置有价值至少 500 两地产，每年缴纳房地捐 10 两或 10 两以上者，或者其租赁的房屋，每年缴纳由工部局估定的租价满 500 两或 500 两以上者，有资格成为纳税外人会成员。据 20 世纪 30 年代初的统计，其中的成员在 2000 至 3000 人。但是任何华人都不可参加此会，被排斥在外，尽管他们所缴的捐

---

① 史梅定主编：《上海租界志》，上海社会科学院出版社 2001 年版，第 183—184 页。

② 纳税外人会的前身是租地人会议，由其来议决租界的重要事项。1846 年租地人召开第一次会议，商讨这一会议的职责等事宜。1854 年英、美、法三租界正式确定租地人制度。纳税外人会的自治作用大于租地人会议。

税大大超过外人。我国学者王世杰曾在《上海公共租界收回问题》一书中说：“上海公共租界内的华人，虽然没有参与市政之权，他们对租界行政费用的负担，并不因此而减轻，实际上他们所纳的税捐大大地超过外侨所纳的税捐。”①事实也是如此。上海公共租界的主要税人，第一为房税，第二为土地税。据 1925 年的统计，华人的纳税房屋达 65471 栋，外人只有4627 栋；华人所缴房税总计达 2021702 两，外人只有 1763385 两。另外，地税中的 60% 至 70% 亦来自华人。②

纳税外人会通过会议制度来行使它的权力。会议分为年会和特别会两种。年会是每年举行一次，时间定在 4 月初，议决预决算、捐税、选举地产委员会等一些租界内的重大事项。议决问题通过投票方式确定，本人不能出席的，还可以委托其他代表代为投票。特别会议讨论的事项主要是两项，即审批工部局所制订的法规附则和议决界内的其他重大紧急事项。它的召开时间无定期，出席人数也只要达到三分之一就可以了。可见，纳税外人会是上海公共租界内由外人控制的决议机构，实际上也是权力机构。

在上海公共租界里，有了自己的自治机构，其中包括决议、权力机构纳税外人会和行政管理机构工部局等，还有与之相适应的制度，其自治就变成了顺理成章之事。上海法租界也有一套相似的自治机构和制度，只不过名称有点差异，其决议机关称为选举人大会，行政管理机构称为公董局。③另外，这两个租界还建立有警政机关、监狱等其他一些组织和设施，一起为自治服务。在上海租界的自治条件下，上海租界当局就可自行决定引进现代法制，不会有权力上的障碍，这种移植也就能从可能变成现实了。

（三）为直接移植现代法制作了明文规定

在上海租界的土地章程中，还直接规定了一些移植过来并建立的现代法制，归纳起来主要是以下方面。

建立巡捕及其制度。《上海英法美租界租地章程》提到了建立巡捕的问

---

① 王世杰著：《上海公共租界收回问题》，太平洋书店 1927 年版，第 9 页。

② 同上书，第 10 页。

③ 史梅定主编：《上海租界志》，上海社会科学院出版社 2001 年版，第 173—174 页、第 202—205 页。

题，规定："设立更夫或巡捕。"这意味着可以在上海公共租界内建立现代的警政制度，设立现代的警政机构和人员。在以前，上海公共租界只设更夫，不设巡捕。他们之间有明显的差别：更夫只在夜间报更鸣警而已，巡捕则是现代的武装警政人员，性质完全不同。从那以后，巡捕及其制度作为一种现代警政人员和制度便在上海出现了。1854 年工部局下设警务处，正式设置巡捕。不久还函聘了在香港巡捕房任职的克列夫登到上海公共租界任总巡。1855 年 4 月阿利国和工部局正式签字，把巡捕房作为一种常设机关。1884 年工部局还颁行了《公共租界工部局巡捕房章程》。① 此章程共有 30 项，内容涉及巡捕、巡长、译员的职责，巡捕服务条件，巡捕的住宿、膳食、请假等一系列现代警政制度的内容。随着世界警政制度的发展，20 世纪 20 年代，工部局当局又修改了这一章程，使其跟上这一制度的发展。修改的内容包括：使用警械的条件、拘捕疑犯、破门入室、着装等许多方面。公共租界的巡捕机构称为巡捕房。到 1935 年时，其机构已很庞大，以致不得不分为中央巡捕房和分巡捕房。中央巡捕房下属有管理处、缉捕股及特务股、武装后备队、车务办事处等近 10 个机构。分巡捕房有 13 个，分设在虹口、老闸、新闸、杨树浦、嘉兴路、普陀路等地区。随着机构的庞大，巡捕人数也不断增加。1883 年共有巡捕 200 人，1930 年已达 4879 人，1935 年多至 6000 人左右。法租界也建立了相似的巡捕制度。② 上海租界的巡捕制度从一个侧面反映，上海租界的警政制度已基本实现了现代化。

建立领事公堂及其制度。1869 年的《上海洋泾浜北首租界章程》规定在公共租界内设立领事公堂，由其来受理控告工部局及其经理人的案件，它实际上是一个类似于行政庭的司法机构。其具体内容为："凡控告工部局及其经理人等者，即在西国领事公堂投呈控告，系于西历每年年首，有约各国领事会同会议，推出几位，名曰领事公堂，以便专审此等控案。"1882 年 7 月《上海领事公堂诉讼条例》③ 被批准实施，领事公堂制度

---

① 史梅定主编：《上海租界志》，上海社会科学院出版社 2001 年版，第 700—704 页。
② 王立民著：《上海法制史》，上海人民出版社 1998 年版，第 248—254 页。
③ 蒯世勋等编著：《上海公共租界史稿》，上海人民出版社 1980 年版，第 248—249 页。

正式运行。此条例共有 9 条，内容涉及公堂的人员设置、公文来往、聘用代理人或律师、答辩书、诉讼费、保证金等一些方面。领事公堂的法官全由外国人组成。他们根据土地章程及相关规定进行审判。因为，他们既不能适用中国法律；可其他国家的法律又存在不一致的地方，也无法以那个国家的法律为依据。它的诉讼程序是现代的诉讼程序。一般先由原告或其代理人向领事公堂提交起诉状。诉状中写明原、被告人的概况、诉讼请求和所依据的事实和理由、证据及其来源等。经公堂对所有起诉条件和受案范围进行审查合格后，便立案开始受理此案。接着，公堂会通知被告人应诉并送达起诉状的副本。被告人应在规定的 14 天内递向公堂递呈答辩状。庭审时，原、被告人要宣读起诉状、答辩状，提出证据，进行辩论，最后法官进行判决。这些都按现代的诉讼程序进行设计和操作，是一种现代化的诉讼制度，与中国传统的"厌讼"为导向的诉讼制度明显有别。

建立了其他的一些制度。在土地章程中还规定了其他一些类似于现代制度的内容，这里以罚款为例。在土地章程中，多次提到罚款的规定，其用词为"罚银"。在《上海英法美租界租地章程》中，因禁止华人用易燃物质造房等问题，在同一条款中就四次使用了罚银的办法。其中涉及罚银方式包括按月罚银、按次罚银和初次、再次罚银等。它规定：禁止华人用蓬、竹、木等易燃物品造房，并禁止储存硝磺、火药等，违者初次罚银 25 元；如再不改，每月加罚 25 元。它又规定：华人造房屋的木架和木砖等建筑材料，都不得阻碍道路，如有违反，每月罚银 5 元；如果有往来遛马、肆意喧嚷、滋闹等事的，每次罚银 10 元。从这些规定可见，租界当局已建立了罚款制度，能很熟练地使用罚款方法。在中国传统的法制中，刑法是主要的部门法，泛刑主义泛滥，大量类似于现代的行政和民事违法行为都要被处以刑罚，很少使用罚款这样的行政制裁手段。《上海英法美租界租地章程》中移植了现代的罚款制度，使其在租界的法制中得到运用，为上海法制现代化增添了一个方面的内容。

二、上海租界现代法制的主要表现

综观上海租界移植的现代法制和法制现代化的进程，在以下方面率先于上海华界而实现了法制现代化。上海华界的法制现代化启动于 20 世纪初的法制改革，上海租界的法制现代化领先于华界一步，它在这些方面均在 20 世纪初或在此前就通过移植的方式而实现了法制现代化。

（一）现代的法规体系

上海租界以现代立法理念为指导，在租界建立了自己的现代法规体系。除了土地章程以外，这一体系由组织、治安、邮政、路政、建筑等方面的内容构成。每个方面都有代表性法规成为主干，如下表所示。

表 5　上海租界颁行的部分法规

涉及内容	代表性法规名称	时　间	资料来源
组织方面	《上海法租界公董局组织章程》	1866 年	1866 年 7 月 14 日《字林西报》首次公布。
治安方面	《公共租界工部局治安章程》	1903 年	史梅定主编：《上海租界志》，上海社会科学院出版社 2001 年版，第 690—699 页。
邮政方面	《工部书信馆章程》	1893 年	史梅定主编：《上海租界志》，上海社会科学院出版社 2001 年版，第 687—690 页。
路政方面	《法租界公董局警务路政章程》	1869 年	史梅定主编：《上海租界志》，上海社会科学院出版社 2001 年版，第 712—714 页。
建筑方面	《公共租界工部局中式新房建造章程》	1901 年	史梅定主编：《上海租界志》，上海社会科学院出版社 2001 年版，第 708—712 页。

这些法规都有一个具体的调整对象，其中的内容都围绕其展开。每个法规都相对独立，不是诸法合体性质。比如，《工部书信馆章程》涉及的内容包括邮资、邮票、存款账户、邮件尺寸包裹、书信馆的责任、姓名地址的书写、投递时间、客户意见、挂号邮件、个别的业务合同、变更地址、私人住宅和使馆等处应设置信箱等方面。根据需要法律调整的对象，上海租界当局就逐渐制定一些相关法规，使其形成一个体系。直至整个体系中的法规综合起来，基本可以满足社会发展的需要为止。以上的这个体系只是初步的，还要与时俱进。上海租界法规体系的完善是在 20 世纪二三十年代的时候了。

上海租界当局建立的是现代法规体系，从西方国家引进，与中国传统的法律体系不同。在中国传统法律体系中，尽管有部门法的内容，但除个别部门法有法典外（如唐律是一部刑法典），其他部门法都无专门的独立的法典。其内容要么散见于法典之外的规范性文件中，要么集中在综合性法典里，形成诸法合体的法典。这是一种不发达的法律体系，与上海租界的法规体系明显有差异。这种差异是一种现代法规体系与传统法律体系的差异。上海租界在这一方面先行了一步。

（二）现代的法规结构

上海租界当局制定的法规都具有现代的法规结构。首先，采用"章程"的称谓。以上所列五个方面的法规都称以"章程"。这种称谓在中国传统法律、法规称"律""刑统""令""敕""制"等，都与"章程"不同。其次，采用款、条的排列方式。在那时内容稍多一些的法规中，都采用款、条的排列方式。《公共租界工部局治安章程》就采用了这种排列方式。它共有25款，每款之下又设有不同数量的条。第1款为"西客栈及大餐馆"，下设11条，内容涉及不可顶替他人执照、查验酒的人员和方法、开闭馆的时间、转租、不准留宿的情况、不准滋事赌博等一些方面。第4款为"渡船"，下设6条，内容包括了不可顶替用执照、听从巡捕的命令行船、有遗物交巡捕房、损害赔偿等一些方面。在中国传统的法典、法规中没有这种明示的款、条排列方式，就是在中国法典楷模的唐律中，也只有条，无明指款等排列方式。最后，采用款标的做法。凡设有款的章程中，都设有款标，一款一标。它明示其中的内容，使阅读人一目了然。以上的"西客栈及大餐馆""渡船"就是款标。《公共租界工部局治安章程》的每一款都有款标。比如，第2款为"大小弹子房"，第3款为"驳船"等。中国传统的法典不在正文中设款标。《唐律疏议》中有律名、条标，但条标只设在目录中，正文中无条标。《宋刑统》中有律名和门标、条标，但突出的是门标，正文中条标又与法条分离。上海租界法规的结构是现代法规的结构，使用了现代的立法技术，明显优于中国传统法典的结构。

（三）现代的法制语言

在上海租界颁行的法规中，不仅都使用白话文，古汉语不见了踪影，而且，还大量使用现代法制语言。当然，这些语言是从英、美租界或公共租界中使用的英语和法租界里使用的法文翻译而来。正因为如此，这些法制语言都是现代法制语言，不再是中国传统的法制语言。它们从一个侧面说明上海租界的法制已开始现代化了。这些法规中的用词、句子都能体现现代法制的语言，有的至今还在使用。因为这类语言太多，只能举例证之。《公共租界工部局巡捕房章程》中有"原告""被告""审问""拘送惩罚""一经查出照例惩罚""禁止虐待牲畜""不准燃放爆竹""不准将垃圾倾倒路上"等。与这一语言相关的时间、重量、长度和价格等用语，也都现代化了，是一种现代的表述方式。时间的表达用公历纪年，用年、月、小时、星期等；重量用盎司、磅、吨等；长度用英寸、英尺等；价格则用元、角、分等。《工部书信馆章程》多次使用了这样的单位名称："上午""下午""8时""6时""2小时""17点钟""星期一""星期六""1盎司""1磅""1分""25分"等。《公共租界工部局中式新房建造章程》大量使用"4英寸""2英尺"等。《公共租界工部局治安章程》则常用"三元""三元五角""二十吨"等。在中国传统的法律里则大量使用传统的法律语言。《唐律疏议》中使用了"十恶""八议""杖""笞""皆勿论""上请听裁""奏听敕裁""匹""尺""八刻""二更二点"等一些传统的语言。它们与上海租界法规中的法制语言大相径庭，而这种不相同正好反映了它们法制的不同，上海租界法制已属于现代化法制了。

（四）现代的审判制度

上海开埠以后，上海租界实施了领事裁判权，先于上海华界而推行现代审判制度。这一制度体现了公开、公平、公正等现代的审判理念，移植了现代审判制度。除了上述领事公堂已运用的现代审判制度以外，当时上海租界的其他审判机关也同样使用了这一制度。其内容涉及法官和陪审员、原告人与被告人、公诉人、代理人与辩护人、翻译人员、庭审程序等。在会审公廨中，这一制度已基本成熟。上海公共租界会审公廨根据1869年的《上海洋泾浜设官会审章程》的规定和精神，受理的案件是那些发生在公共租界内的民事钱债交易和刑事窃盗斗殴等案件；法官由上海道台派出的人员与领事官组成；公诉人由巡捕房派员担任；律师出庭担任代理人或辩护人；华洋诉讼案件，领事官可派员作为陪审员参加庭审；庭审时如有洋人作为诉讼参与人的，不定期要派翻译人员出席；庭审程序包括宣读诉状和答辩状、双方责证、辩论、判决等。①上海法租界的会审公廨也贯彻了《上海洋泾浜设官会审章程》的规定和精神，但与公共租界会审公廨的规定稍有不同。比如，纯属华人相讼的案件也有领事参与审判等。以上这些现代的审判制度得以实施，现存上海档案馆的一个上海公共租界会审公廨审判的窃电案的记录，可以基本反映这一审判制度。②上海租界的现代审判制度与中国传统的审判制度大相径庭。相比之下，中国传统审判的弊端显然易见，如同前人所言："中国地方官吏，无论钱债细故，人命重案，一经公庭对簿，先须下跪，形格势禁，多有不能曲达之情。况又不延人证，则曲直不易明。"③上海租界使用现代审判制度代表了中国审判制度发展的方向。

（五）现代的律师制度

在上海租界移植了现代的审判制度的同时，也引进了西方律师制度，英国领事法庭最早在审判中使用律师，以后其他的各国领事法庭也纷纷引用本国的律师制度，允许律师出庭。正如学者陈同所言："各国领事馆纷纷设立了领事法庭，按照他们自己的法律制度来处理法律事务，而其中也包括了律师制度。"④此后，《上海领事公堂诉讼条例》专门提及了律师问题。它规定，诉讼事宜须亲自或请代理人办理；原告延用律师出庭与否，听其自便。由于此时还没有中国律师和律师制度，因此那时的律师都是外国律师。律师制度也来自西方。这一制度的内容包括律师出庭的条件、律师的权利与义务、律师的收费等。比如，律师要在会审公廨出庭的，须在会审公廨注册，外籍律师要得到本国领事的许可证明等。⑤上海租界的审判机构在 20 世纪初前已广泛在庭审中使用律师。有人曾对 1901 年前领事公堂审案中广泛聘用律师作过这样的描述："华洋互审以来，尤多交涉事件。余

---

①　杨湘钧著：《帝国之鞭与寡头之链——上海会审公廨权力关系变迁研究》的第二节"公审公廨的组织、权限及程序"，北京大学出版社 2006 年版。

②　上海市档案馆藏：卷宗号 U1—2—704。

③　参见《皇朝经世文新编续集·法律》。

④　陈同：《略论上海外籍律师的法律活动及影响》，载《史林》2005 年第 3 期。

⑤　王申著：《中国近代律师制度与律师》，上海社会科学院出版社 1994 年版，第 127 页。

观英、法二公堂中西互控之案，层见迭出。无论西人控华人，须请泰西律师以为质证，即华人控西人，亦必请泰西律师。"①这些外国律师在庭审中也确能发挥作用，起到了辩护或代理的作用。"案无大小，胥由人证明其曲直，律师辩其是非，审官研鞫而公断之，故无黑白混淆之弊。"②此后，这一制度继续被沿用，在一些具体的案例中，也可以看到律师确实发挥了自己的作用。1902年"《苏报》案"的原、被告都聘请了律师，法庭上双方律师唇枪舌剑，最后的判决结果没有完全实现清政府的意愿。③中国传统上没有律师，只有讼师。他们以帮助诉讼当事人拟定诉状、介绍诉讼程序和注意事项等为业，与上海租界的律师有本质的区别。上海租界的律师及其制度的出现是一种历史的进步。

（六）现代的监狱制度

上海出现租界以后，英、美、法三国先后建立了附设于领事法庭的监狱。其中，英租界于1865年设置小型监狱一所；美租界于1907年曾先把罪犯寄押于英租界的监狱，而后又在自己领馆的二楼辟建了自己的监狱；法租界则在1849年取得租界后，在领馆内设立了监狱。④1903年，有"远东第一监狱"之称的上海提篮桥监狱开始启用。⑤与此同时，现代监狱制度也开始出现于上海租界。这一制度的内容包括监管人员的设定和职责、监所的分类、囚犯的待遇和劳动、苦役犯人的惩处规则等。上海租界当局也先后颁行了一些监狱方面的法规，比如，《苦役犯人惩处规则》（1866年）、《上海英国监狱章程》（1906年）、《上海工部局监狱人员规则》（1906年）、《上海公共租界会审公廨新设男女押所管理规则》（1909年）等。这些规定贯彻了现代的监管理念，也能在很大程度上体现了现代文明。《苦役犯人惩处规则》⑥中规定，只有犯有抢劫、偷盗、窝赃、勒索等罪行的犯

---

① 参见《皇朝经世文新编·西律》。

② 同上。

③ 徐家力著：《中华民国律师制度史》，中国政法大学出版社1998年版，第15—16页。

④ 麦林华主编：《上海监狱志》，上海社会科学院出版社2003年版，第97页、第103页。

⑤ 《上海市提篮桥监狱志》编纂委员会编：《上海市提篮桥监狱志》，2001年出版（内部），第29—30页。

⑥ 史梅定主编：《上海租界志》，上海社会科学院出版社2001年版，第302—303页。

人才可处以苦役；凡 18 岁以下、45 岁以上的男犯以及女犯不得处以苦役；工部局卫生部门每天对苦役犯人进行检查，未经许可不得判处苦役；天气极端恶劣时，不得服苦役；巡士不得殴打虐待犯人等。《上海英国监狱章程》① 则规定，所有各种犯人之各等食物分量表，给以足够有益食物；凡犯人当使人身洁净整齐；一切洗衣洗浴，及卫生清洁，而按时排定之剪发；教士与正狱吏，当为开释之犯竭力寻觅行业；凡犯人于收禁一月后，除素有之训导世事书及教务书之外，可许得阅藏书室书；凡犯人与友人探望通信，与书札通信，可照以下之规则许之；正狱吏，当振作一切犯人有用之业，凡习练工艺等。这些规定都体现了维护人权的精神。中国传统的监狱制度则偏重惩罚，忽视人权，以致监狱的情况很黑暗。在宋朝，那时的监狱被称为是"人间生地狱"，百姓把它比作食人"豺狼"。在监狱里，用刑、杀囚、淹囚等情况屡见不鲜。② 其他朝代也不同程度地存在类似情况。这与上海租界监狱制度的文明程度距离甚远。

三、值得关注的上海租界现代法制的一些方面

在上海租界与上海法制现代化的问题中，还有一些值得关注的方面。

（一）上海法制现代化的发展很不平衡

上海租界的法制现代化通过移植西方现代的法制而实现。由于受案件当事人和地域的限制，在上海租界和华界都有发展不平衡的情况存在。这些情况的存在就反映出整个上海法制现代化的进程不一，有差异。

从受案当事人的角度来看，上海租界在领事裁判权实施后，实行的是被告主义原则。这样，有约国人适用自己国家的法制，即现代法制；华人和无约国人仍然适用中国当时的法制，即还是传统法制。可见，尽管同在上海租界，就因案件的当事人不同，适用的法制不同，其法制的时代性质也不同。上海租界法制现代化首先在以有约国人为被告人的案件中开始，然后再逐渐扩展。

---

① 麦林华主编：《上海监狱志》，上海社会科学院出版社 2003 年版，第 780—806 页。
② 薛梅卿主编：《中国监狱史》，群众出版社 1986 年版，第 108—111 页。

　　《五口通商附粘善后条款》确立了领事裁判权，上海便适用这一规定。这一规定的关键内容之一是："英人如何科罪，由英国议定章程、法律，发给管事官照办。华民如何科罪，应治以中国之法。"① 根据这一规定，英租界的华人仍须适用中国传统法制，现代法制的道路还未向华人敞开。《上海洋泾浜设官会审章程》的规定开始对部分华人松动。它规定，外人所雇用或延请的华人为被告的案件，由领事或派员听讼。但总的来说，领事裁判权主要是适用于有约国人。这从案件当事人的角度来说明，同在租界，但当事人不同，适用的法制也不同，以致法律现代化的进程也不一致。

　　从上海的地域来看，上海华界法制现代化的进程要比租界晚 50 余年，从 20 世纪初清政府推行的法制改革才开始。这是全国性的法制改革，上海华界作为中国的一部分，也被纳入这一改革的范围，于是上海的法制开始摆脱传统的桎梏，逐渐转向现代化。比如，1904 年清政府在中央建立了巡警部和相应的现代警政制度，上海于 1905 年将巡防保甲局改为"警察总巡局"。② 从此，上海华界也有了现代的警政队伍和制度。这也是上海法制开始现代化的一个重要信号。

　　上海华界的法制现代化在 20 世纪 30 年代初基本实现。那时，中国的"六法"体系基本建成，移植西方现代法制已见成效，西方现代法制的本土化也已基本实现。在这一大背景下，上海的地方法规也形成了现代的体系，其内容也基本达到现代水平。同时，上海租界也开始设立纯属中国的审判机构，取消会审公廨等审判机构。1930 年在公共租界设置了江苏上海第一特区地方法院和它的上诉法院江苏高等法院第二分院，1931 年法租界建立了江苏上海第二特区地方法院和它的上诉法院江苏高等法院第三分院。③ 这是上海华界法制现代化基本实现的重要标志。它告诉人们，中国的审判机构和人员已能运用现代法制手段在租界内运作，适应上海租界社会发展的需求。至此，上海法制现代化进程中出现的明显不平衡得到显著改善，

---

① 　王铁崖编：《中外旧约章汇编》（第 1 册），三联书店 1957 年版，第 42 页。

② 　易庆瑶主编：《上海公安志》，上海社会科学院出版社 1997 年版，第 59 页。

③ 　《上海审判志》编纂委员会编：《上海审判志》，上海社会科学院出版社 2003 年版，第 65 页。

不平衡趋势被平衡走向所替代。至此，上海整体法制现代化的面貌才渐渐展现在人们面前。

（二）上海租界的法制中有歧视华人因素

在鸦片战争以后的一系列中外战争中，基本上中国都是以战败而告终，中国与外国签订的也是不平等条约，上海租界的出现正是这种不平等条约的产物。这使上海租界当局和有约国人存有优越感，殖民者的心理挥之不去，歧视华人难以避免。于是，上海租界的华人便成了弱者，也是被歧视对象。这种歧视在法制中也有表现，突出体现在立法与执法两个方面。

在上海租界的立法中，有些法规所规定的内容明显具有歧视华人的因素，以致华、洋人的权利就有差异。比如，在上海法租界的监狱里，洋、华人囚犯的饮食和监房都有明显的区别，洋人囚犯的优，华人囚犯的劣。饮食方面，洋人囚犯每天的饮食费是 6 角，吃的是面包，午餐是一菜、一肉和一汤，晚餐是一汤；华人囚犯每天饮食费只有 1 角 4 分，早餐是米加小麦、赤豆合煮的粥，午、晚餐是米饭，每周给鲜肉 5 次，咸鱼 2 次，其他的都是蔬菜。监房方面，洋人囚犯的监房里都有衣柜、床和抽水马桶等设施；华人囚犯的监房则是席地而睡，连床都没有。① 这种差别一目了然。还有，令人更为气愤的是在上海公共租界里的外滩公园竟然规定"华人与狗不得入内"，② 公然侮辱华人。后来在广大民众的反对下，才于 1928 年 7 月 1 日起向华人开放外滩公园等一些公园。

在上海租界的执法中，也有歧视华人的情况出现，甚至无视华人的人权，以致造成他们的死伤。上海租界的巡捕打死打伤华人的事件屡见不鲜，法租界在 1942 年就发生过多次。③ 这里以 1943 年的"张金海事件"为例。张金海是张元吉的独子，"新供职于本埠菜市路（今顺昌路）诚记衫袜厂，平日安分守己，从无不端行为"，可 1943 年 4 月 29 日下午 6 时"竟被顾客李姓女及艺华干洗店主郭士元等诬告侵吞遗失之洗衣凭单，被拘入法巡捕房，由西探米来等威逼招供惨施酷刑，因此身亡"，之后，法医的报告说

---

① 王立民著：《上海法制史》，上海人民出版社 1998 年版，第 297 页。

② 蒯世勋等编著：《上海公共租界史稿》，上海人民出版社 1980 年版，第 438 页。

③ 王立民著：《上海租界法制史话》，上海教育出版社 2001 年版，第 67—69 页。

他是"系胸肋部受外来之钝器打击至脾脏破裂与脾脏出血身死"。① 可见，张金海是死于惨无人道的酷刑之下。但是，上海租界却不见有巡捕打死打伤洋人的事件。歧视华人的情况从中可见一斑。

（三）上海租界的有些规定没有得到切实的施行

上海租界虽有现代的法制，但其中有些规定并没有得到切实的施行，这在局部或总体上都会对这一法制的实际效果产生不利影响。究其原因各不相同。

有些规定得不到切实的施行是因为受上海租界当局强权政治的影响。上海租界当局以殖民主义者自居，出于自身利益的考虑，常常无视有关规定，一意孤行。《上海洋泾浜设官会审章程》已经对会审公廨的管辖权和陪审员的审案权都有明文规定，可是外国领事往往不顾这些明文规定，我行我素，明显违反规定，以致这一章程得不到切实的施行。比如，他们擅自扩大会审公廨的权力，包括判处徒、流以上的案件、传提界外被告人、对重大案件进行预审等；他们还擅自扩大陪审员的权力，陪审巡捕房解讯的所有人员，逐渐操纵了会审公廨的权力；他们对于那些纯属华人的案件，不仅强行陪审，还时常擅自讯断，以致引起与中国法官的矛盾和冲突；他们还干涉中国法官的任命以及罪犯的传提和判决执行等。② 他们在租界的强权政治影响之下，无视上海租界中会审公廨的性质，把它完全看成是自己的审判机构，正如他们所说的"由外国人控制下的会审公廨"，③ 因此也就为所欲为，破坏了《上海洋泾浜设官会审章程》里的规定和审判秩序。

有的规定得不到切实的施行是因为受上海租界情况变化的影响。上海租界有过一段发展较快的时期，有些规定跟不上这一发展，因此这些规定也就得不到切实的落实。上海租界虽有现代的监管制度，但当囚犯大量增长和监狱爆满时，其中有些规定便得不到施行了。那时，伙食都不能按规定供应，医疗条件也得不到保障。狱方以囚犯的劳动量少而减少供餐的次数，导致他们因此而吃不饱饿肚子。囚犯多了，病因也随之增加，狱医开

---

① 上海市档案馆藏：卷宗号 R18—427。
② 史梅定主编：《上海租界志》，上海社会科学院出版社 2001 年版，第 281 页。
③ W. C. Johnstone: *The Shanghai Problem*, California, Stanford University Press, 1937.

的药方也就既简单又少，一个星期常常只有 1 至 2 片药，以致他们得不到应有的治疗，狱中的肺病、脚气病等疾病因此而流行。①

有的规定得不到切实的施行是因为上海租界执法者的素质参差不齐，其中素质差的执法者本身就是违法犯罪者。这样的执法者不仅成事不足，还败事有余。这里以巡捕为例。在公共租界，有些巡捕与黑社会勾结，沆瀣一气，共同违法乱纪，坑害百姓。1934 年春在公共租界发现了一个扒窃组织，其成员在车站、戏院、大百货公司、珠玉店等地方频频作案，但长期没有破案，其中的一个主要原因是他们买通了租界里的不少巡捕，"与扒窃者有牵连而每日接受津贴的捕房刑事科人员，公共租界有 65 人"。② 被收买的人员中还有长官。从 1939 年起，常玉清的黄道会势力逐渐深入公共租界，"被常（玉清）收买的有公共租界捕房政治部对外联络高级警官、圣约翰大学毕业的督察长谭绍良，公共租界捕房刑事科督察长陆连奎"③ 等人。上海法租界里也有这种违法的巡捕。1863 年被法国外交部推荐的"第一流的总巡"加洛尼·迪斯特里阿一上任就"滥用职权，非法拘捕，敲诈勒索，不合理地罚款，对人施加暴行，无恶不作，以致四面八方都提出控告和愤怒的抗议"。最后，连一个法国人也承认："外交部是找到了一个宝贝！"④ 还有，一次法租界派 6 名"最优秀"的西捕去办案，其中 4 名来自法国，2 名分别来自西班牙和希腊。可是，案件还未处理完毕，其中 2 人就先盗窃了财物，"逃到宁波去做海盗了"。这一时期从西方招聘来的巡捕被公认为"缺乏纪律，精神萎靡"，还"对中国纳税人进行敲诈勒索"。⑤这样的执法者实际是上海租界现代法制的破坏者。

（四）上海租界法制有明显的两重性

上海租界先于华界从西方移植现代法制，并开始本土化，建立起自己

---

① 史梅定主编：《上海租界志》，上海社会科学院出版社 2001 年版，第 305 页。

② 中国人民政治协商会议上海市委员会文史资料工作委员会编：《旧上海的帮会》，上海人民出版社 1986 年版，第 97 页。

③ 同上书，第 107 页。

④ 费成康著：《上海租界史》，上海社会科学院出版社 1991 年版，第 357—358 页。

⑤ ［法］梅朋、傅立德著：《上海法租界史》，倪静兰译，上海译文出版社 1983 年版，第 330 页。

的现代法制，使上海开始走上法制现代化的道路。这一法制在租界植根以后，便向其周围的华界扩展其影响，形成一种由孤岛向周边地区延伸的模式，即从点到面的模式。上海租界的法制是现代法制中国化的一个缩影，代表了中国法制发展方向，是一种历史的演进，顺应了历史的潮流，具有其进步的一面。

它的这种进步性影响到中国的政府官员和民众，使他们也体验到现代法制的优越性，并逐渐接受甚至参与到这一法制中去，较为突出的是他们在 20 世纪前就开始接受上海租界的律师制度。在有些华洋互控的案件中，作为华方的当事人，他们也聘用洋人律师代理自己的案件。早在 1866 年10 月的洋泾浜北首理事衙门时期，一件华洋互控经济案的华方当事人就聘用了英国律师连厘为其代理人，出庭进行辩护。① 此后，华人当事人聘用外国律师为自己代理人的情况逐渐增多。在上述的 "《苏报》案" 中，清政府也聘用了律师，他们是英国达鲁芒德和库柏。1875 年在英商旗昌洋行控告其买办刘树滋一案中，华人当事人刘树滋案也聘用了律师等。② 辛亥革命以后，在双方当事人均为华人的案件中，也允许他们聘用律师。在华人聘用的外国律师中，也不乏能恪守律师操守，尽力为华人辩护，维护他们的合法权益之人，英国律师担文是其中之一。在他来华 20 年之际，有人曾评论他说："担文律师在华年久，熟习情形，华人出资延其办案，有时尚知顾全大局，据理力争，讼案往往赖以得伸。" 事实也是如此。在中国近代史上第一次重大海难事件中，担文代理上海轮船招商局所属的 "福星" 轮方，为死亡的 63 个华人和价值 20 万两银子的货物损失赢得了权利，迫使肇事英籍 "澳顺" 轮方做出了赔偿。③ 这在当时成为佳话。

上海租界法制还有落后的一面。这一面也十分明显，而且与现代法制格格不入，极不对称。现代法制的公正是基本特征之一。可有时在上海租界的现代法制中却缺失这一点。一些玩法的外国律师常常故弄玄虚，强词夺理，操纵法官，左右裁判，以致作出极不公正的判定。1896 年清政府的

---

① 陈同：《略论近代上海外籍律师的法律活动及影响》，载《史林》2005 年第 3 期。
② 徐家力：《中华民国律师制度史》，中国政法大学出版社 1998 年版，第 15—16 页。
③ 陈同：《略论近代上海外籍律师的法律活动及影响》，载《史林》2005 年第 3 期。

张之洞以原告地位起诉英国刘易斯·司培泽尔公司，案由是此公司出售给中国政府的武器是一些不值钱的劣质品。可是，在此案的审理过程中，被告律师却回避武器质量的诉求，纠缠管辖等一些无关紧要问题。最后，法官将其搁置起来，作出了不公正的判定，使原告的合法权益得不到维护。①这只是上海租界法官作出不公正判决的一个典型，还有其他一些案件也有类似情况。

上海租界的巡捕房还长期与上海的大流氓搅和在一起，象征正义的执法机关竟和代表黑恶势力的流氓一起作恶，这不能不认为也是一种落后的表现。在上海法租界，青帮头目黄金荣和杜月笙都曾有过与巡捕房长期"合作"的经历。黄金荣在那里担任巡捕房的控长、督察长，先后供职长达34年之久。解放后，他在《黄金荣自白书》中也承认："做包打听（巡捕），成为我罪恶生活的开始……我被派到大自鸣钟巡捕房做事，那年我26岁，后升探长，到50岁时升督察长，60岁退休，这长长的34年，我一直在执行法帝国主义的命令，成为帝国主义的工具，来统治压迫人民。譬如说私卖烟土（毒品），开设赌场，危害了多少人民，而不去设法阻止，反而从中取得，实在不应该。"②杜月笙也长期与巡捕房的高级长官沆瀣一气，每月给他们2%的贩毒利润，约为15万元。在公共租界，以黄金荣为师的"江北大亨"顾竹轩也买通租界内的便衣探员，无法无天，草菅人命。"他曾在上海搞过多起谋杀凶案，据其亲信徒弟王兴高说，顾至少谋杀过7位有名望的人物，其中有两个是律师。"③他们的罪恶可以说是馨竹难书，其结果是法制受到破坏，人民长期遭殃。

这些方面既是上海租界现代法制中的重要组成部分，也是对这一现代法制的注脚，可以帮助人们较为全面、正确地认识此法制。从这种意义上说，这些方面也很重要，却可能被忽视，须对其加以正视。

---

① 参见陈同著：《近代社会变迁中的上海律师》，上海辞书出版社2008年版，第59—61页。

② 原载《文汇报》1951年5月20日。

③ 中国人民政治协商会议上海市委员会文史资料工作委员会编：《旧上海的帮会》，上海人民出版社1986年版，第95页。

第二十章 上海法租界的早期法制与评析

上海法租界建立于 1849 年，是上海长期仅有的两大租界之一。上海法租界建有自己的法制。这是一种由上海法租界制定或认可，仅在上海法租界内施行的自治区域法制。上海法租界的早期法制的资料大量佚失，却有一部分保存在《上海法租界史》一书中。研究上海法租界的早期法制绕不开这本书。它于 1983 年出版发行，2007 年又由上海社会科学院出版社再版印行，全书 40 万字。作者是梅朋与傅立德两位法国人，译者是上海社会科学院历史研究所的倪静兰教授，他们都已离世。此书的内容是关于上海法租界建立起至 20 世纪前上海法租界的形成与发展史，被认为"是一部讲述法租界历史的最重要的著作"，[①] 也是研究上海法租界早期法制史的最重要著作之一。本文以《上海法租界史》为中心，撷其精要，并作一些必要的评析。

一、上海法租界早期建立的三大法制机关

上海法租界建立以后，随着时势的变化，按西方三权分立原则，先后成立了自己的三大法制机关，即立法、行政执法与司法机关。《上海法租界史》对这些机关的产生与变化等一些情况都作了记载。

（一）立法机关租地人会

上海法租界的管理模式沿用了西方三权分立的结构，即立法、行政与司法既分立又制衡。它的立法机关就是租地人会，首次开会的时间是 1856 年。那年，"（上海）法租界第一次召开了租地人大会，筹划共同出资建造公用事业工程"。[②] 这个租地人会的职能是：除了预算、决算之外，还有

---

① [法] 梅朋、傅立德著：《上海法租界史》，倪静兰译，上海社会科学院出版社 2007 年版，"出版者的话"。

② 同上书，第 141 页。

制定法规、决定税率、改进市政管理等。1857 年 12 月初，上海法租界租地人会就通过了建立巡捕房的法案。"（1857 年）12 月初召开租地人会议，讨论设立一个十二人的巡捕房。"①1863 年，上海法租界租地人会讨论通过了增加地产税的决定，税率从每亩 0.25% 增加到 0.5%。"经过讨论，大会认为增加地产税是合理的，并根据晏玛太的提议，一致决定把地产税由每亩百分之零点二五增加到百分之零点五，和英租界一样。"② 上海法租界的一些重要问题都须经过租地人会进行讨论与决定。

1866 年，根据《上海法租界公董局组织章程》的规定，上海法租界租地人会变为纳税人会议，其主要职能是选举公董局的董事，而要成为选举人必须符合一定的条件。这个章程的第 2 条对年满 21 岁的法国人与其他外侨成为选举人的条件作了规定。他们只要符合三个条件之一的，便可成为选举人。这三个条件是："拥有法租界内地产而执有正式契据者"；"租有法租界整幢或部分房屋，年纳租金一千法郎以上者"；"居于法租界内历时三个月以上，每年进款达四千法郎以上者"。这个章程的第 4 条对年满 25 岁的法国人与其他外侨充任选举人的条件作了规定。他们只要符合三个条件之一的，就可成为选举人。这三个条件是："拥有法租界内地产而年纳税金二百四十法郎以上者"；"在法租界内年纳租金四千法郎以上者"；"居于法租界内而每年进款实达一万法郎以上者"。③ 实际上，这就是成为上海法租界选举人的资格条件。根据这些条件，选举人中没有华人，只有洋人；洋人中，也只有一些比较富有的洋人，没有穷人。可见，选举人会议就是一个名副其实的属于富有洋人的俱乐部。

（二）行政执法机关巡捕房

上海法租界的巡捕房成立于 1856 年 6 月，是一个近代的警政机构，隶属于法国总领事。它的成员主要由巡捕组成，具有行政执法职能。早在 1853 年时，法国领事阿礼国就设想建立巡捕房，以起保护作用并受自己的

---

① ［法］梅朋、傅立德著：《上海法租界史》，倪静兰译，上海社会科学院出版社 2007 年版，第 149 页。

② 同上书，第 231 页。

③ 同上书，第 278 页。

支配。"一个合法的市政管理机构，有保护自己的权利和义务，因此，它就可以招募并用钱建立一支巡捕队，归自己单独支配；它可以用维持秩序的名义和为了共同的利益，使用有效的办法甚或镇压的手段。"①三年后，这一设想由爱棠领事实现了。那年，上海法租界的治安情况很糟糕。"经常有人报告夜里有偷盗事件。各种国籍、各个地方来的逃兵从事真正的抢劫活动。租界内的侨民为自己的生命和财产感到惶惶不安。"于是，"1856 年 6月，'为最不可或缺的需要所迫'，爱棠设立了一个'巡捕房'"。②从此，这个巡捕房就伴随着上海法租界的存在而存在。

开始时，上海法租界巡捕房里的巡捕人数很少，以后略有增加。"无论如何，必须组织一个巡捕房。爱棠立即招聘了三个欧洲人'日夜轮流在领事馆和法租界'巡逻。"此后人数有了增加。"就这样建立起来的'巡捕房'在随后的几个月内，人员增加到六个这个可观的数字，到 1856 年年底，又减到四个，爱棠觉得这样总比没有好。"巡捕的津贴由上海华界政府支出，不是法租界支出。"巡捕房的经费，就按照英租界巡捕房的办法，要求道台津贴，道台先是装聋作哑，后来终于答应付一笔很小的津贴，从 1856年 7 月到 1857 年 3 月底，这笔津贴总共三百元钱。"③这是上海法租界建立自己的巡捕房后的一些基本情况。

上海法租界巡捕房设置后，巡捕的素质是个大问题。他们是行政执法者，可是素质很低。这种低素质与他们的来源有关。"整个巡捕房的风气是很糟糕的。这些人都是临时招募来的，大部分是别国人，又大都是商船上开小差的，他们的缺乏纪律、精神萎靡是出名的。"④可见，凭这批人的低素质根本就不具备担任巡捕的资格。

这些低素质洋人当上巡捕以后，本性难改，大干违法犯罪之事，祸害华人。"由于经常欠薪，他们（巡捕）就加紧对中国纳税人进行敲诈勒索，

---

① ［法］梅朋、傅立德著：《上海法租界史》，倪静兰译，上海社会科学院出版社 2007 年版，第 124 页。

② 同上书，第 143 页。

③ 同上。

④ 同上书，第 224 页。

其实即使不欠薪，他们也已经自然而然地这样干了。他们受雇担任的公务是保障公共安全，但执行得实在不能令人满意。"从个案来看，更是触目惊心。竟然有上海法租界的巡捕逃到宁波去当海盗。"1858 年 6 月，'普雷让'号的船员由于生病而减少了，敏体尼派了'巡捕房最结实最优秀的'六个人给'普雷让'号的船长"；"两个月后，在这些优秀者中，有两个带了'纪念品'后又潜逃，他们逃到宁波去做海盗了"。① 这些上海法租界巡捕的违法犯罪行为简直到了令人发指的地步，但又没有受到追究，逍遥法外。

上海法租界巡捕无恶不作，理所当然地招来了大量的投诉。他们"滥用职权，非法拘捕，敲诈勒索，不合理的罚款，对人施加暴行，无恶不作。四面八方都提出控告和愤怒的抗议"。② 于是，上海法租界不得不设想要进行整顿，可是遭到巡捕的反对。"董事会表示今后要整顿巡捕的纪律。好日子，再会了！可这个看法遭到了大部分巡捕的激烈反对，二十三人中有十三人罢工，拒绝值勤"；"董事会毫不迟疑，立即辞退这些闹事的家伙"。③ 然而，以后的事实证明，这些整顿的效果微乎其微。还是有巡捕"玩忽职守，经常不上班"。④

可见，上海法租界巡捕的来源与入职后的表现都极差，与现代警政人员的要求相差甚远。他们不仅不能有效保障租界的安全，反而成为一个制造麻烦、侵犯人权的群体。

（三）司法机关会审公廨

会审公廨又称会审公堂，是设在中国租界内的审判机关。上海法租界建有自己的会审公廨，第一次开庭时间是 1869 年 4 月 13 日。⑤ 上海英美租界也在同年设立了自己的会审公廨。根据 1869 年施行的《上海洋泾浜设官会审章程》的规定，会审公廨由中、外审判人员组成，即由华人委员

---

① ［法］梅朋、傅立德著：《上海法租界史》，倪静兰译，上海社会科学院出版社 2007 年版，第 224 页。

② 同上书，第 242 页。

③ 同上书，第 225 页。

④ 同上书，第 234 页。

⑤ 同上书，第 302 页。

与洋人领事官组成。他们都有自己的审判范围。其中，华人审判人员的审判范围是华人为被告的案件。"凡有华民控告华民及洋商控告华民，无论钱债与交易各事，均准其提讯定断，并照中国常例审讯。"洋人审判人员的审判范围则是洋人、被洋人聘用的华人为被告的案件。"凡为外国服役及洋人延请之华民，如经涉讼，先由该（洋人）委员将该人所犯案情移知领事官，立将应讯之人交案，不得庇匿。至讯案时，或由该领事官或由其所派之员，准其来堂听讼。"① 人们常把由中、外审判人员组成的会审公廨称为"混合法庭"。②

上海法租界的会审公廨成立后，就开始进行审判，华人道台与洋人领事承担了审判任务。"道台或他的代表应每星期来领事馆三次，和领事的代表会审华洋讼案。"由于是每周有固定时间开庭，故这个会审公廨被认为是常设法庭。"仅只定期会审这一事实就是建立了一个常设法庭。"③ 从中可见，上海法租界有了独立的审判机关，从事司法活动。

然而，上海法租界会审公廨在运行过程中，逐渐形成了自己的特点。"对现存情况唯一重大的改变，就是从此以后，凡属法租界中国居民的案件，无论民刑轻重，概由领事和道台，或者他们双方的代表，以对等地位会同审理。"④ 这个"重大的改变"就是上海法租界会审公廨的特点，其他租界的会审公廨没有这一"重大的改变"，也就不存在这个特点。需要指出的是，上海法租界会审公廨的这个特点是建立在违反《上海洋泾浜设官会审章程》规定之上的，是通过越权而形成的特点。根据这个章程的规定，洋人审判人员不能审判以华人为被告的案件，只有华人审判人员才能审判这类案件。上海法租界会审公廨特点的实质是，洋人审判人员也参与审判以华人为被告的案件。这是一种明显的越权行为，这种越权行为本质上是进一步侵犯了中国的司法权。在中国领土上，洋人作为审判人员审判洋人

---

① 王铁崖编：《中外旧约章汇编》（第1册），上海财经大学出版社2019年版，第279页。

② 史梅定主编：《上海租界志》，上海社会科学院出版社2001年版，第279页。

③ ［法］梅朋、傅立德著：《上海法租界史》，倪静兰译，上海社会科学院出版社2007年版，第301页。

④ 同上书，第301—302页。

为被告的案件，已经侵犯了中国的司法权；洋人还要审判华人为被告的案件，进一步侵犯了中国的司法权。

上海法租界的立法、行政执法与司法机关建立后，就开始运作，使上海法租界的法制建立起来、并能够得到实施，形成一种租界秩序，一种现代城市的秩序。

二、上海法租界早期制定的三个重要规定

上海法租界建立后，根据城市管理的需要，制定过一些规定。《上海法租界史》把其中三个重要规定及其相关情况作了全文记载，以致今天可以见到它们的全貌。

（一）上海法租界《土地章程》的产生与变化

这里的《土地章程》又称"地皮章程""租地章程"。① 中国租界的存在都以土地章程为依据，上海法租界也是如此。作者以这样一段话来形容这一章程的重要性："这个文件具有极重要的意义，它是上海法租界的出生证明，也是上海法租界的宪章。"② 从中可见这个《地皮章程》的地位非同小可。

上海法租界《土地章程》的产生有个过程。1848 年 8 月法国首任领事敏体尼以中法《黄埔条约》为依据，向上海道台吴健彰提出租地的要求，然而在具体的选址问题上意见分歧。想不到，"在此期间，大家得悉吴健彰要被解职，由一个名叫麟桂的新官员接任"。③ 于是，选址出现了转机。最后，于 1849 年 4 月 6 日上海法租界《土地章程》通过"告示"形式公布，主要内容是：法国人租地的用处，即"可以建造礼拜堂、医人院、周急院、学房、坟地各项"；地价的确定，即"中国官阻止内地民人高抬租值，法兰西领事官亦谨防本国人强压房地主降低或接受租值"；④ 法租界的地域，

---

① 王立民著：《上海法制史》（第 2 版），上海人民出版社 2019 年版，第 119 页。
② ［法］梅朋、傅立德著：《上海法租界史》，倪静兰译，上海社会科学院出版社 2007 年版，第 30 页。
③ 同上书，第 26 页。
④ 同上书，第 30 页。

即"南至护城河，北至洋泾浜，西至关帝庙诸家桥，东至广东潮州会馆沿河至洋泾浜东角，注明界址"；洋人租地的程序，即"各国人如愿在界内租地者，应向法国领事商明办理"等。① 根据这个《土地章程》，上海法租界正式诞生了。

仅仅过了五年，1845 年 7 月 11 日上海法租界又出笼了第二个《土地章程》。不过，这个《土地章程》由法、英、美国领事和租地人共同制定。"1854 年 7 月 11 日，召开租地人大会，法、英、美三国领事和四十九个租地人出席了会议。会上，投票通过了'地皮章程'。"② 因此，这个《土地章程》适用于上海的所有租界，即法、英、美租界，而不仅仅只适用于上海法租界。

这第二个《土地章程》的出台与当时上海的局势有关。主要是随着租界的发展与上海小刀会起义的爆发，上海租界出现了一些问题。"每天晚上那些喝醉酒的水手在那里寻衅打架，他们就差没有结帮抢劫了"；"叛乱事件把成千上万的逃难者赶到租界里来，他们大部分是属于下层阶级。在这些可疑的人群中不幸还混杂了一些什么坏事都干得出来的各国逃兵。赌场和妓院到处都有，垃圾成堆，使得街道都难以通行"等。③ 要解决这些问题，就需要制定一个新的《土地章程》。因此，这个《土地章程》里规定了一些前一个《土地章程》里所没有规定的内容。比如，扩大了租界的地域、成立巡捕、默认华洋杂居的格局等。④

上海法租界《土地章程》的产生与变化对此租界的诞生与发展起到了非常重要的作用，成为其立足上海、扩大势力范围的主要法律依据。

（二）《上海法租界公董局组织章程》的制定与修订

上海法租界的公董局是个行政机关，成立于 1862 年 4 月 29 日。⑤ 其成立的理由是为了谋求法租界的正常秩序、安全和公共福利。这在成立公

---

① ［法］梅朋、傅立德著：《上海法租界史》，倪静兰译，上海社会科学院出版社 2007 年版，第 31 页。
② 同上书，第 125 页。
③ 同上书，第 123 页。
④ 参见王立民著：《上海法制史》（第 2 版），上海人民出版社 2019 年版，第 128—130 页。
⑤ 参见史梅定主编：《上海租界志》，上海社会科学院出版社 2001 年版，第 202 页。

董局的一个文件中写得很明确。"为谋求法租界之秩序、安全和公共福利，特设立公董局董事会。"① 这个董事会是公董局的决策、领导机构。它的诞生就意味着公董局的成立。不过，上海法租界公董局的规范运作，是在《上海法租界公董局组织章程》颁行以后。因此，这个章程对公董局的存在与运作至关重要，是其行为的准则。

《上海法租界公董局组织章程》于 1866 年 7 月 11 日由白来尼领事发布，同月 14 日 "在《字林西报》公布"。② 此章程共 18 条，除了规定选举人资格外，还规定了与公董局董事会成员的组成、任期、投票方法、董事会议决的事项、经费支出等一些问题。在此章程的第 1 条规定了公董局董事会成员的组成与任期。即有 8 人，其中 "四个法籍董事，四个外籍董事组成"；"董事会的任期为两年，每年改选半数"；"凡死亡或辞职的董事遗缺，应与任满董事的遗缺同时补替"。此章程的第 5 条规定了选举董事的投票方法。即 "投票为不记名"；"选举应用名单投票，每张名单的人数，法国侨民和外侨的人数应相等"；"法籍候选人，以得票最多者当选；外籍候选人，亦以得票最多者当选"。此章程的第 9 条规定了董事会议决的事项，共有 11 项，涉及：公董局经费的预决算、税率、纳税义务的分配、免捐与减捐事项、征收捐税方法、公董局财产的处理、公共事业、改善卫生与整顿交通工程、公用事业地产的安置、制定路政和卫生章程、由领事交议的事项等。此章程的第 13 条还规定了公董局经费的支出，特别提及了巡捕房的开支 "由公董局负担" 等。③ 这些规定的内容都十分重要，是上海法租界公董局运作的规则依据。

两年之后，即 1868 年 4 月 14 日，《上海法租界公董局组织章程》作了修订。即 "1866 年 7 月公布了法租界'公董局章程'，其后又由法国领事于 1868 年 4 月 14 日修改"。④ 修订的条款共有 5 条，分别是第 1、4、8、

---

① ［法］梅朋、傅立德著：《上海法租界史》，倪静兰译，上海社会科学院出版社 2007 年版，第 221 页。

② 同上书，第 277 页。

③ 同上书，第 278—280 页。

④ 同上书，第 284 页。

9、16 条。这使此章程的内容更为完善。比如，此章程第 1 条中，增加了一款，内容是："但遇有董事人数减少半数以上时，则应即时添选，以弥补死亡或辞职的董事遗缺。"① 这款的内容为以往所没有，增加此款内容以后，即能确保董事会的人数始终能在半数以上，避免因出席人数不足而无效情况的出现。

《上海法租界公董局组织章程》得到了上海英美租界的认可，认为它可以"避免长期延搁而产生危及公共福利和安全的结果"。② 认可了上海法租界的这个章程，也就认可了上海法租界公董局的行为。

（三）《上海法租界义勇队组织条例》的出台与实施

上海法租界的义勇队是一支由外国侨民组成的军事力量。实际上，这就是上海法租界内的军队，中国领土上的一支外国军队。③ 它成立于 1862 年，成立的原因是为了弥补巡捕力量的不足，目的是维持上海法租界的秩序与安全。"1862 年初，我们租界的巡捕房有十八个人，数量很少，而且他们值勤的方法也很难使人满意"；"法租界就力图建立一支义勇队以弥补这方面的不足；当时正宣布大部分远征军即将开拔，远征军在上海维持了秩序和安全，因此侨民感到很不放心"。④ 在这样的背景下，上海法租界义勇队就很快建立起来了。

在决定成立上海法租界义勇队后，就立刻制定了它的组织条例。《上海法租界义勇队组织条例》共 11 条，主要内容包括：成立义勇队的目的、义勇队的组织性质与职能、组织结构、队伍的集合、武器与制服的支配等。⑤ 它的第 1 条规定了"成立义勇队的目的"，即"侨居上海的法国人和受法国保护的其他国家侨民联合组织义勇队，协助保卫共同利益"。第 2 条规定了义勇队的组织性质与职能，即"义勇队是一个单独组织，应该为共同的目

---

① ［法］梅朋、傅立德著：《上海法租界史》，倪静兰译，上海社会科学院出版社 2007 年版，第 283 页。

② 同上书，第 285 页。

③ 参见孙燕京著：《近代租界》，中国华侨出版社 1992 年版，第 58 页。

④ ［法］梅朋、傅立德著：《上海法租界史》，倪静兰译，上海社会科学院出版社 2007 年版，第 216 页。

⑤ 同上书，第 216—217 页。

标行动,有自由仲裁权,不受任何影响和干预"。第 5 条规定了义勇队的结构,即"本队成员分编为小组,由专门的组织委员会负责编组。小组人数由上述委员会规定,任何小组的人数不得多于其他小组人数一人以上"。第 8 条规定了队伍的集合,即"小组不得擅自武装集合,遇有紧急情况,应立即派人报告队长,队长将紧急情况通知其他各组组长"。第 10 条规定了武器与制服的支配,即"武器和制服随各人支配"。这个组织条例有利于规制上海法租界义勇队的行为,令执法有章可循。

《上海法租界义勇队组织条例》通过后,马上开始实施。1862 年"1 月14 日,在爱棠主持的一次全体会议上通过了义勇队章程(即组织条例),并当即选举了正副组长。有五十个侨民愿报名参加"。① 这义勇队开始运作了。事实证明,在 20 世纪以前,这支义勇队频频出现。1870 年的天津教案发生后,这支队伍扩大到 70 人,还分为步兵与炮兵两队,"担当护卫法租界的任务"。1874 年上海法租界发生第一次四明公所事件后,又有"26 名法侨报名参加"。1898 年第二次四明公所事件发生后,"法租界义勇队与巡捕、法国水手一起镇压示威群众,开枪打死群众多人"。② 这支以维护上海法租界秩序和安全为目的的义勇队,竟然开枪打死无辜的华人群众,酿成血案,犯下滔天罪行。

上海法租界早期制定的这三个规定,内容分别涉及法租界的地域、行政管理机关和军事组织,是法租界得到生存、维护正常秩序的三根重要支柱,都十分重要。这也是《上海法租界史》把其全文记录的一个重要原因。

三、上海法租界早期法制评析

《上海法租界史》中所反映的上海法租界早期法制,已成为上海法租界法制史中的一个重要组成部分,也是中国租界法制史中的一块内容。为了对其有个较为全面与正确的认识,有必要作些评析。

---

① [法]梅朋、傅立德著:《上海法租界史》,倪静兰译,上海社会科学院出版社 2007 年版,第 217 页。

② 史梅定主编:《上海租界志》,上海社会科学院出版社 2001 年版,第 270 页。

（一）上海法租界早期法制是中法不平等条约的产物

1840 年爆发的鸦片战争以中国失败告终，丧权辱国的中英《南京条约》签订，中国不仅割地、赔款，还开放五个通商口岸、允许英国人携带家眷到这五个城市居住、经商。① 它的附件《五口通商附粘善后条款》进一步允许英国人在这五个城市租地、建房。② 根据这些不平等条约，《上海租地章程》颁行，上海英租界产生。③ 从那以后，其他列强国家亦步亦趋，频频与中国签订不平等条约，纷纷在中国建立租界，其中包括上海法租界。④《上海法租界史》以自己的视角记载了这一过程。

《上海法租界史》一开始就讲到鸦片战争后签订的中英《南京条约》。"1842 年 8 月 29 日，所谓的鸦片战争结束之后，大不列颠代表璞鼎查爵士和中国代表耆英、伊里布，在停泊南京江面的'康华里士'号军舰上签订了一个条约，其中有一条规定，开放五个通商口岸：广州、厦门、福州、南京和上海，并规定英国有权在该口岸设置领事。"紧接着又签订了中美《望厦条约》，其内容与《南京条约》相似。"1843 年 7 月 3 日，美国全权代表顾盛和钦差大臣耆英，在澳门附近的望厦村签订了一个条约，它的基本内容完全仿照南京条约，虽然形式不相同。"⑤ 法国步美国的后尘，于 1844 年签订了中法《黄埔条约》。

《上海法租界史》记录了法国代表前往中国签订《黄埔条约》的简单过程。法国的"'美人鱼'号和'胜利'号于 1843 年 12 月 12 日从布雷斯特启程，于 1844 年 8 月 13 日到达澳门，中途停巴西、好望角、法兰西岛、马六甲、新加坡和马尼拉"；"10 月 24 日，剌萼尼到达澳门约两个月之后，在广州珠江口的黄埔，在'阿基米德'号上和中国签订了一个有三十六项

---

① 参见王铁崖编：《中外旧约章汇编》（第 1 册），上海财经大学出版社 2019 年版，第 27—29 页。

② 同上书，第 32 页。

③ 同上书，第 60—64 页。

④ 上海市政协文史资料委员会等编：《列强在中国的租界》，中国文史出版社 1992 年版，第 590 页。

⑤ ［法］梅朋、傅立德著：《上海法租界史》，倪静兰译，上海社会科学院出版社 2007 年版，第 1 页。

条款的条约"。① 这个条约就是《黄埔条约》。

中法《黄埔条约》除了规定贸易问题，还规定了法租界问题。其中的内容涉及法租界设立的城市、租地的用处、租界地域的确定等。此条约的第22条规定，法国人"至五口地方居住，无论人数多寡，听其租赁房屋及行栈贮货，或租地自行建屋、建行。佛兰西人亦一体可以建造礼拜堂、医人院、周急院、学房、坟地各项，地方官会同领事官，酌议定佛兰西人宜居住、宜建造之地"。② 接着，就是上海法租界及其《土地章程》的问世。

上海法租界建立以后，就逐渐由租界内的侨民进行自治管理，把法租界变成了一个上海城市内的自治区域。他们设立自己的自治机关，建设、实施自己的法制，不受中国政府的管辖。③ 上海法租界早期建立的法制是一种现代法制，具有现代的法规体系、法规结构、法制语言、审判制度、律师制度等。④ 这一法制是中国领土上建立最早的现代法制之一。⑤

没有中法不平等条约，没有上海法租界，也就不会有上海法租界的早期法制。这一法制是中外不平等条约的产物，上海法租界早期法制是这样，上海法租界后期的法制也是这样，中国其他租界的法制都是这样。从这种意义上而言，整个中国租界法制都以中国主权受损为前提，都是中国半殖民地社会的一种特有法制。

（二）《上海法租界史》的上海法租界早期法制具有较高的史料价值

《上海法租界史》详尽地描写了中国法租界早期的历史，特别是"详尽地叙述了法租界的形成和发展，细致入微地描述了法租界与外界冲突、争端和交融的过程"。⑥ 而且，此书的作者是上海法租界建立后，第一次去搜集此租借的资料。这正如傅立德自己所言："自从法租界成立以来，这是第

---

① [法] 梅朋、傅立德著：《上海法租界史》，倪静兰译，上海社会科学院出版社2007年版，第9页。

② 王铁崖编：《中外旧约章汇编》（第1册），上海财经大学出版社2019年版，第57页。

③ 费成康著：《中国租界史》，上海社会科学院出版社1991年版，第203页。

④ 王立民：《上海租界与上海法制现代化》，载《法学》2006年第4期。

⑤ 王立民：《近代中国法制现代化进程再认识》，载《社会科学》2019年第6期。

⑥ [法] 梅朋、傅立德著：《上海法租界史》，倪静兰译，上海社会科学院出版社2007年版，"出版者的话"。

一次搜集有关法租界资料的工作。"① 其中，亦包括了上海法租界早期法制的资料。用这些资料为依据而写成的《上海法租界史》，在今天研究上海法租界早期法制时，此书的史料价值比较高并突出表现在以下两个方面：

第一方面，《上海法租界史》的上海法租界早期法制是运用第一手资料撰写而成。

《上海法租界史》中上海法租界早期法制内容的来源是一些第一手资料，其中包括："运用法国领事馆、公董局、法国外交部的往来文书、信件以及档案资料。"② 事实也是如此。比如，在制定上海法租界《土地章程》前，《上海法租界史》记载了法国领事给上海道台的两个照会来往，照会的内容十分完整。其中，第一个照会的内容是敏体尼引用了中法《黄埔条约》的规定之后，要求与吴健彰一起确立上海法租界的地域范围，并认为"洋泾浜南岸，从城关开始可一直伸展至将来需要的地点为止，最是适宜"。③ 第二个照会的内容是敏体尼催促新任道台麟桂确定上海法租界的地域，说道："我选择了沿洋泾浜的地区，它和英租界正好隔河相望，因为这是唯一能适合我国侨民居住之地。"④ 这两个照会都关系到中法两国，均取自于"法国外交部的往来文书"。它们都属于第一手资料。第一手资料比较可靠，也具权威性。以第一手资料为基础撰成的《上海法租界史》中，上海法租界早期法制的内容可以作为信史，其史料价值不言而喻。

第二方面，《上海法租界史》保留了上海法租界早期法制中一些完整的规定。

上海法租界早期法制中的许多规定由于各种原因，在其他著作中，都没能完整地保存下来，以致无法看到他们的全部内容。《上海法租界史》则不然。它保留了一些完整的规定，致使今天可以见到其完整的面目。这也是此书具有较高史料价值的一种体现。比如，《上海法租界公董局组织章

---

① ［法］梅朋、傅立德著：《上海法租界史》，倪静兰译，上海社会科学院出版社 2007 年版，"告读者"第 1 页。

② 同上书，"出版者的话"。

③ 同上书，第 25 页。

④ 同上书，第 27 页。

程》和《上海法租界义勇队组织条例》等都是如此。《上海法租界史》把这些规定完整地保存下来，在正文中全文刊载，补充了其他著作的不足。

《上海法租界史》完整保存下来的这些规定，对于研究上海法租界早期法制具有重要意义。任何时期的法制中，都少不了立法。而且立法在法制中，占有很大的比重。各种规定的制定又是立法中的一个首要组成部分，是规制人们行为的依据，也是行政执法与司法的文本根据。另外，规定追求完整性，不完整的规定无法全面体现其精神、理念与规则。上海法租界早期法制也是如此。《上海法租界史》记载了这些完整的规定，不仅可以从整体上了解、认识它们，还可以在它们的实施中，去正确地评估它们。今天，在研究上海法租界早期法制中，就是如此。

《上海法租界史》保存下来的完整规定，已为学界所关注，以致在一些成果中加以运用，成为自己成果的一个部分。《上海租界志》就是如此。这是一部反映上海租界整体情况的史料编撰成果。其中，就引用了《上海法租界公董局组织章程》和《上海法租界义勇队组织条例》两个规定中的内容。《上海租界志》在叙述"公董局董事会"部分时，就引用了《上海法租界公董局组织章程》中关于董事人数、选举人的条件等一些内容；① 在阐述"法租界义勇队"部分时，就引用了《上海法租界义勇队组织条例》中关于成立义勇队的目的、义勇队的组织性质与职能、组织结构等一些内容。② 从中可以印证，《上海法租界史》中关于上海法租界早期法制的内容，具有较高的史料价值。

《上海法租界史》的这两个方面有机结合，使它的上海法租界早期法制史料如虎添翼，更具真实性和详细性，十分便于对这一法制进行当今的研究，拓展上海法租界法制史的学术研究成果。

（三）上海法租界早期法制与上海英、美租界早期法制一起开启了中国法制现代化的进程

鸦片战争以后，中国渐渐进入了近代社会。中国法制现代化进程也拉

---

① 史梅定主编：《上海租界志》，上海社会科学院出版社 2001 年版，第 202—203 页。
② 同上书，第 269 页。

开了序幕。不过，中国法制现代化有个从点到面的过程。① 这个点就是最早产生现代法制的上海租界法制，其中包括了上海英、美、法租界的早期法制。

上海租界在建立时，就开始建设自己的法制，这是一种现代法制，而与上海华界法制有本质的区别。那时，上海华界还在实行中国传统法制。它们在法律体系、法律结构、法律语言、审判制度等方面均有所不同。② 这种不同正是近代法制与中国传统法制的区别。在 20 世纪以前，也就是在上海租界法制的早期，上海租界法制已是一种现代法制，比较成熟的现代法制。这一现代法制要比上海华界出现的现代法制要早几十年。

上海华界法制是中国法制的一个组成部分。中国政府开启的法制现代化过程是在 20 世纪初，清政府推行"新政"中的法制改革。当时，通过派官员到西方国家考察其法制，引进西方的法学家来华讲学、帮助制订法律，翻译西方国家的法律、法学著作等路径，积极吸收、借鉴西方现代法制，为中国的法制改革做准备。③ 与此同时，清政府还颁布了宪法性文件与一些部门法法典，其中有：《钦定宪法大纲》（1908 年）、《宪法重大信条十九条》（1910 年）和《大清现行刑律》（1910 年）、《大清新刑律》（1911年）、《大清商律》（1903 年）、《破产法》（1906 年）、《法院编制法》（1909年）等。④ 这些法律都具有现代法律性质，与中国传统法律不同。中国从此开始了法制现代化进程。不过，这个法制现代化过程要比上海租界诞生的现代法制要晚半个多世纪。

如果从中国法制现代化整个过程来观察，在近代中国，最早产生现代法制的是包括上海法租界早期法制在内的上海租界早期法制，起始点在鸦片战争后的 1845 年。⑤ 可以认为，中国法制现代化进程始于上海英、美、法租界的早期法制。这一观点突破了以往一直认为中国法制现代化过程始于 20 世

---

① 王立民：《近代中国法制现代化进程再认识》，载《社会科学》2019 年第 6 期。

② 王立民：《上海租界与上海法制现代化》，载《法学》2006 年第 4 期。

③ 参见王立民主编：《中国法制史》（第 2 版），科学出版社 2016 年版，第 171—174 页。

④ 参见朱勇主编：《中国法制史》，高等教育出版社 2019 年版，第 233—242 页。

⑤ 王立民：《百年中国租界的法制变迁——以上海租界法制变迁为中心》，载《政法论坛》2015 年第 1 期。

纪初清末法制改革的樊篱，对中国法制现代化的理解也更为全面与正确。①

（四）《上海法租界史》作者对有些与上海法租界早期法制有关内容的描述带有列强思维

《上海法租界史》的两位作者都是法国人，他们在记载与上海法租界法制有关的一些内容时，站在法国人、列强的立场上，不可避免地带有一些列强思维。这种思维认为列强利益高于一切，极力贬低被入侵国家与人民，偏执地认为自己代表了真理，可以无视他国人权，甚至罔顾事实，颠倒黑白，为自己的错误行为辩解。

在讲到中英鸦片战争与《南京条约》的签订时，《上海法租界史》的作者赞同法国政府的立场并引用了这一立场的表达，即"南京条约结束了最近由中华帝国挑起的反对大不列颠的鸦片战争"。② 这一表述违背基本历史事实，明显带有对中国反对、禁止鸦片输入的正当做法的错误表述，是一种列强思维。事实是，英国于 1840 年前就向中国大量输出鸦片，不仅冲击了中国的正常经济秩序，还损害了广大中国人民的健康与意志，成为一种万毒之源。清政府多次颁令禁止鸦片交易、输入中国。可是，有英国政府的支持，其商人违反中国禁令，通过各种非法手段，走私鸦片。③1839年林则徐受命到广州依法禁烟，在虎门烧毁了收缴的鸦片。④ 这是中国政府的正当行为，是对违法行为的惩治，也是一个主权国家的合法行为。然而，英国依仗自己的强势，发动了 1840 年的侵华战争，即鸦片战争。而且，战争的发生地都在中国领土上，不在英国境内，很明显这是一场由英国挑起的侵略战争，非正义战争。《上海法租界史》作者赞同、引用的观点罔顾事实，不分是非，其背后就是一种列强思维。

《上海法租界史》的作者对于"四明公所血案"的看法也带有偏见。四明公所建于 1803 年，是旅沪宁波人的会馆，其中含有灵柩房、墓地、祠

---

① 王立民：《上海近代法制若干问题研究》，载《法制现代化研究》2019 年第 6 期。

② ［法］梅朋、傅立德著：《上海法租界史》，倪静兰译，上海社会科学院出版社 2007 年版，第 5 页。

③ 参见白寿彝总主编：《中国通史》（第 11 卷），上海人民出版社 2004 年版，第 126—127 页。

④ 同上书，第 130—131 页。

堂等。1849 年，上海法租界建立时，四明公所被划入法租界的范围，但产权仍为旅沪宁波人所有。1873 年冬，上海法租界企图修筑穿过四明公所的马路，遭到宁波同乡会的反对。不过，宁波同乡会愿意承担修路绕道的费用，想不到这一合理的回应却遭到上海法租界的断然拒绝。为此，上海的宁波人向租界多次请愿、呈文，甚至一再退让，要求保留四明公所，可都遭拒绝。在忍无可忍的情况下，1873 年 5 月 3 日下午以宁波籍为主的 300 余上海市民聚集在四明公所，表示抗议，与巡捕发生冲突，一名法国人还向人群打枪，当场枪杀了一位抗议群众。晚上，愤怒的群众包围了法租界公董局。上海法租界调派大量水兵、巡捕、义勇队、英美租界商团士兵，一起镇压抗议群众，发生冲突。结果，上海市民中，有 6 人被打死，20 人受伤，其中 7 人伤势严重，酿成了"四明公所血案"。事发后，上海华界的官员与法国总领事等人达成协议，基本精神是上海法租界就筑路之事予以让步，华人则复工复市。1875 年 8 月还达成双方都做赔偿的协议。这次"四明公所血案"总算暂时平息。①

《上海法租界史》记载了这次"四明公所血案"的一些情况，其中包括结果："许多侨民，有法国、美国、英国和德国的，受了伤，有重有轻；烧毁了好几所房子。中国人方面，死了六个。"② 除此之外，《上海法租界史》的作者，还不满中法达成的协议，似乎认为用更严厉手段镇压抗议的华人、赶尽杀绝抗议的民众才解恨，才是应有的结果，才是法国人应有的态度与结果。他们在书中认为，上海宁波人等华人的正当诉求和正义行为是"迫在眉睫的严重危险似乎威胁着整个外侨集团"；参与谈判的法国人"违背他们（法国）的传统做法，而如此损害了国家自尊心"；"四明公所血案"的处理，"毫无疑问，我们的威望，我们行政机构的威信和巡捕房的威信由于这些事件而受到了极大的损害"。③ 这就是带有列强思维而作出的表达。无视华人的人权，法国利益高于一切，在其中表现得淋漓尽致。

---

① 参见熊月之主编：《上海通史》（第 3 卷），上海人民出版社 1999 年版，第 217—223 页。

② ［法］梅朋、傅立德著：《上海法租界史》，倪静兰译，上海社会科学院出版社 2007 年版，第 332 页。

③ 同上书，第 334—336 页。

　　以上从上海法租界早期法制产生的不平等条约背景、《上海法租界史》中关于上海法租界早期法制的史料价值、上海法租界早期法制在中国法制现代化进程中的地位与作用、《上海法租界史》作者在写作与上海法租界早期法制相关内容时所具有的列强思维等四个视角，对上海法租界早期法制作了评析，使与这一法制相关的问题得到了显现。只有把握这四个视角，才能正确、全面地认识和理解上海法租界早期法制，避免偏颇。

　　由于各种原因，目前能够找到上海法租界早期法制的资料不多。这对研究上海法租界早期法制乃至上海租界早期法制不能不说是一种缺憾。《上海法租界史》一书在记录上海法租界在 20 世纪前发展历史的过程中，记载了一些比较重要的法制内容，其中包括了这一时期建立的立法、行政执法、司法三大法制机关与一些重要法规的文本等。这对于今天研究这一法制十分珍贵，可以弥补其他资料记载的不足，起到拾遗补阙的作用。然而，这些法制内容的记载往往局限于早期上海法租界的范围，要全面、正确理解上海法租界早期法制，还要扩大视野，特别要关注不平等条约的背景、《上海法租界史》中关于上海法租界前期史料的价值、上海法租界早期法制在中国法制现代化进程中的地位与作用、《上海法租界史》作者在写作与上海法租界早期法制相关内容时所具有的列强思维等一些问题，在更高层次的视野中去认识、解读这一法制。上海法租界早期法制距离今天已一个多世纪，但作为上海乃至中国法制现代化进程中，最早产生的现代法制之一，仍值得研究并为今天上海乃至中国的区域法治建设提供一定的借鉴。

第二十一章　近代国人笔下的上海租界法制与思考

　　上海自 1843 年开埠后，便开始出现租界，前后持续了百年时间。上海租界是一种根据中外不平等条约，由外国侨民通过租地方式取得土地并自己进行管理的城市自治区域。上海长期存有两大租界。一是从英租界发展起来的英美、公共租界，二是法租界。上海租界都颁行自己的法制。这是一种由上海租界内的外国侨民制定、认可并仅在本租界里实施的法制。近代国人如何看待这一法制，他们笔下的上海租界法制又是怎样的，从中又可得到一些什么思考，本文作些解析。

一、近代国人笔下的上海租界法制史料

　　上海租界法制颁行以后，逐渐成为历史。对以往上海租界法制历史的真实记载，便形成了上海租界法制的史料。这一史料十分重要，是后人对这一法制进行认识、研究的主要依据。有些国人从事过这一史料的收集与整理工作，用笔记下了上海租界法制，以致今天仍能从中认识到这一法制的真实面目并对其进行必要的研究。

　　《民国上海市通志稿》原为《上海市通志》，是一本较为全面记载上海历史的志书，涵盖了上海自起源至 1933 年间各阶段的历史。[①] 其中，包括有上海租界法制的内容，如颁行的法规、建立的制度、司法的情况等。国人对这些内容都作了真实的记载。

（一）近代国人笔下上海租界颁行的法规

　　近代国人曾用笔记下上海租界颁行的法规，把它作为上海租界法制史

---

　　① 上海市地方志办公室、上海市历史博物馆编：《民国上海市通志稿》(第 1 册)，上海古籍出版社 2013 年版，"前言"第 4 页。

料的一部分而载入史册。比如，《民国上海市通志稿》"社会事业"部分的编纂人是胡道静。在此部分中，记载了上海公共租界与法租界两个租界各自颁行印刷律的完整内容。印刷律是上海租界规范印刷人行为的一种法规。

上海公共租界于 1919 年 7 月通过了印刷律，内容共有 7 条，分别对印刷人所持执照的陈列、接受相关人员的检查、印刷品的注册、印刷人相关信息、不得印刷的物品以及罚则等均作了明文规定。比如，此印刷律的第 1 条就规定了印刷人所持执照的陈列地点，内容是："执照当陈列于领有执照屋内显明之处。"[①]

上海法租界的印刷律颁布于 1919 年 6 月，也共有 7 条律条，但内容上与上海公共租界的印刷律略有差异。比如，它专门规定印刷机构必须得到法国驻上海总领事同意才能设立、印刷律的执行人为法租界巡捕房的总巡。"无论刊行华文杂志书籍新闻纸等书画社报馆，如未奉法总领事允准，不能在法租界内开设"；"此令由法捕房总巡执行"。[②] 这些内容在上海公共租界的印刷律中均无明文规定。胡道静笔下的上海租界印刷律内容完整，为今天研究上海租界印刷法制提供了重要的史料依据。

（二）近代国人笔下上海租界建立的制度

近代国人也用笔记载了上海租界建立的一些制度，使其也成为上海租界法制史料的一个部分，保留至今。《民国上海市通志稿》"第一特区——公共租界"部分由蒯世勋编撰。在此部分中，他记载了上海英租界建立的巡捕制度。

这一制度的内容主要是：1853 年太平天国军队"进迫南京"，为了"共同组织市政机关，管理外人租界"，1854 年 7 月 5 日"英、美、法三国领事竟公布经三国公使共同签字的地皮新章了"。根据这一地皮新章，上海英租界的"工部局即行照章着手组织巡捕"。[③] 随后，上海英租界便逐渐建立

---

① 上海市地方志办公室、上海市历史博物馆编：《民国上海市通志稿》（第 4 册），上海古籍出版社 2013 年版，第 164 页。

② 同上书，第 164—165 页。

③ 上海市地方志办公室、上海市历史博物馆编：《民国上海市通志稿》（第 1 册），上海古籍出版社 2013 年版，第 247 页。

起自己的巡捕制度。先"发信到香港，聘请曾任该地巡捕房高级职员的克列夫登，来沪就任第一任巡捕房总巡"。随即又制定巡捕服务规则 17 条，其内容除"警务以外，举凡道路的整洁和燃灯，有碍公众的事物的取缔以及奉领事命令搜查军器的输入和解除华人武装，协助征税筑路，都在其内"。① 这些记载的内容反映的是上海租界早期建立的巡捕制度，为今天研究这一制度提供了史料依据。

（三）近代国人笔下上海租界的司法情况

近代国人还记录了上海租界的一些司法情况，这也是上海租界法制史料的一个组成部分。胡道静在《民国上海市通志稿》的"社会事业"部分，还以"《苏报》案"为例对上海公共租界的司法情况作了记录，主要内容包括：逮捕章炳麟（章太炎）和邹容、案件移交至会审公廨、审判与执行等一些情况。

关于逮捕章炳麟和邹容的情况。"《苏报》案"的主要当事人是章炳麟和邹容。胡道静记叙了他们的被捕情况。1903 年"六月三十日，巡捕房分派中西警探多名，先赴爱国学社捕去章炳麟"；"邹容闻讯，即自往捕房投到"。② 简要的这两句话反映了章炳麟与邹容的被捕情况。

关于案件移交会审公廨的情况。章炳麟、邹容被捕后，于同年"七月一日巡捕房按向例将案犯章炳麟等送至会审公廨，由谳员孙士鑅和陪审官英领属翻译迪理斯（B. Giles）会同审讯。章等已延律师博易（Harold Browett）出庭辩护"。③ 从那以后，"《苏报》案"便进入了上海公共租界会审公廨的审判程序，宣判的法官与辩护律师也已到位。

关于审判与执行的情况。"《苏报》案"的章炳麟与邹容被移交到上海公共租界会审公廨的十四天后，开始庭审了。"同年七月十五日会审公廨开始审讯苏报案人犯，谳员及陪审官仍是孙士鑅和英翻译官迪理斯，中

---

① 上海市地方志办公室、上海市历史博物馆编：《民国上海市通志稿》（第 1 册），上海古籍出版社 2013 年版，第 273 页。

② 上海市地方志办公室、上海市历史博物馆编：《民国上海市通志稿》（第 4 册），上海古籍出版社 2013 年版，第 144 页。

③ 同上。

国政府律师是古柏和哈华托，章、邹等律师是博易和琼司（Loftus E. P. Jones）。"①此后，又经过多次庭审，最后于同年（1904 年）5 月作出宣判。即"判押章炳麟三年，邹容二年，自上年闰五月六日到案之日起算。期满后驱逐出境，不准逗留租界"。审判后，就进入执行阶段。"后来邹容于出狱前一日病死。章炳麟则于一九〇六年二十七日期满出狱。"②《苏报》案"的审判与执行情况，在胡道静的笔下，表述得十分清晰。

近代国人笔下上海租界法制的史料弥足珍贵，是当前研究上海租界法制乃至中国租界法制的重要资料来源，他们对研究的开展功不可没。

二、近代国人笔下的上海租界法制研究

中国近代的有些国人对上海租界法制进行了研究，用笔把研究成果记述下来，公开出版、发表，这种研究成果的形式主要是著作与论文。

（一）近代国人著作中的上海租界法制研究

近代国人研究上海租界法制的著作成果主要可分为两大类，即专门研究上海租界法制的著作和研究上海租界中涉及上海租界法制的著作。

关于专门研究上海租界法制的著作。近代有些国人对上海租界法制进行了专门研究，并以著作形式加以出版，徐公肃与丘瑾璋合著并印行于 1933 年的《上海公共租界制度》就是如此。③此著作较为深入地论述了上海公共租界的一些主要制度，内容除"序言"与"结论"外，主要分为三编九章。第一编为"历史的发展"，下设四章，分别是："概述""土地章程的嬗递""公共租界面积之扩充""越界筑路与征税管理"。第二编为"制度的解剖与观察"，下设三章，分别是："会议与立法""行政之组织与实况""司法之过去与现状"。第三编为"法理的考察"，下设两章，分别是："上海公共租界之法律性质""现行制度之法律根据"。最后，还有附录与参

---

① 上海市地方志办公室、上海市历史博物馆编：《民国上海市通志稿》（第 4 册），上海古籍出版社 2013 年版，第 146 页。

② 同上书，第 150 页。

③ 徐公肃、丘瑾璋著：《上海公共租界制度》《民国丛书》第 4 编，第 24 册），上海书店 1989 年版，第 1—190 页。

考书目。

从《上海公共租界制度》的三编内容来看，是一种把制度的演变、制度的解剖与观察、制度的法理考察结合起来的安排，形成了一个从制度本身的梳理到制度分析、理论阐述的内在逻辑。此著作十分注重史论的结合。其中，既有史有论，又论从史出。著作中，运用、参考了大量中外文资料，总数达 80 余种。[①] 在此基础上形成的观点在学术性、逻辑性上都较强。此著作的作者经过对上海公共租界制度的研究后，得出了这样的观点：上海公共租界制度的建立"纯属私权问题，而非公权问题，可不烦言而喻。乃外人穿凿附会，竟认为特别性质之国际领域或为与殖民地同一来源之制度或为外国行政区域，此均由于不明了上海公共租界制度之根本性质故"。[②] 此观点不仅正确，而且还纠正了外国人的一些偏见，其学术价值十分明显。

关于研究上海租界著作中涉及的租界法制研究。有些近代国人对上海租界进行了研究，在其研究成果中，有些涉及上海租界法制。夏晋麟所著并印行于 1932 年的《上海租界问题》就是如此。[③] 该著作共 9 章，其中有 4 章专门研究上海租界的法制问题。它们是：第三章"土地章程之讨论"、第四章"公共租界会审公堂一八六四年至一九一一年"、第五章"会审公堂及临时法院"和第六章"临时法院之将来"。在这 4 章中，作者都研究了上海租界的法制，并提出了自己的观点。

比如，在第五章中，首先阐述了上海公共租界会审公廨发生重大变化的原因。即"一九一一年中国革命，于会审公堂以最紧要之变动，是年十一月三号，上海为民军光复后，会审公廨乃暂时停止职务，且有谳员二人，席卷公堂涉诉讼存款而逃，公堂情形，遂益混乱"。[④] 乘此机会，上海公共租界开始扩大其司法权，自己"特定一种处变暂时办法，重委曾经为

---

① 徐公肃、丘瑾璋著：《上海公共租界制度》（《民国丛书》第 4 编，第 24 册），上海书店 1989 年版，第 268—273 页。

② 同上书，第 180 页。

③ 夏晋麟著：《上海租界问题》（《民国丛书》第 4 编，第 24 册），上海书店 1989 年版，第 1—150 页。

④ 同上书，第 54 页。

谳员之关群，王家海，聂崇熙诸君为公堂谳员，秉陪审官之指导及同意处理公堂事宜"。① 这样，上海公共租界实际上完全掌控了会审公廨，使其性质发生了根本性变化。然而，五卅惨案以后，由于中国人民的强烈要求，收回会审公廨进一步提上议事日程。即"交还会审公堂之速，殊出大多数人之所料。盖被一九二五年惨案催促所致"。② 可见，在此章里，以辛亥革命与五卅惨案为线索，把会审公廨的变化与临时法院的产生背景联系起来，思路清晰，观点鲜明。

（二）近代国人论文中的上海租界法制研究

论文的容量与篇幅都受到一定的限制，近代国人研究上海租界法制均以专题研究为主。一篇论文往往研究上海租界法制中的一个问题。以这一问题为主题，进行论述，涉及的面不宽，但有深度。甘豫立和陆鼎揆都有此类研究成果，并聚焦于上海租界的审判机关。

1926 年，甘豫立发表了《上海会审公廨之研究》一文。③ 此文对上海会审公廨的一些重要问题作了研究并阐明了自己的观点，内容涉及上海会审公廨之沿革与组织、上海会审公廨与中国司法之尊严、收回上海会审公廨交涉之经过等。作者撰写此文的目的是为了加快收回上海会审公廨，即"收回会审公廨之不可或缓，当为国人所公认"。此文同时对上海会审公廨的性质与弊端作了概括性表述。"上海会审公廨中国领土以内之法庭也，租界市民生命财产之所恃以保障者也。乃其权完全操之于利害冲突之外人。纵使一部分华人可以忍气吞声，甘受切肤之痛，奈国家之主权，国家之体面。"最后，作者提出了收回上海会审公廨的努力方向。"惟有依据约章，自为恢复，并将历年交涉情形，宣示世界，洞烛其谋。"

陆鼎揆于 1927 年发表了《上海临时法院》一文。④ 1927 年是收回上海公共租界会审公廨并建立中国自己法院上海临时法院的时间。在建立上

---

① 夏晋麟著：《上海租界问题》（《民国丛书》第 4 编，第 24 册），上海书店 1989 年版，第 55 页。

② 同上书，第 62 页。

③ 甘豫立：《上海会审公廨之研究》，载《太平导报》1926 年第 20—21 期。

④ 陆鼎揆：《上海临时法院》，载《法律评论》1927 年第 192 期。

海临时法院之际，作者发表了这一论文。此文对上海临时法院的产生与希望等都作了论述，表达了自己对这一新生法院的态度与期望。作者认为，根据 1926 年签订的条约，从 1927 年元旦起，上海公共租界的司法权"复归还于中国国家，而上海临时法院，由是产生"。对于这个新建立的法院，作者充满了希望，即"斯吾人不得不对于此临时法院愈抱有热烈之希望者也"。其中，特别希望上海临时法院在司法中，"不仅在能随时适当地应付现状，同时且必在注意于创造一新法律之基础者也"。关于这一点，作者"向来以之托付于大理院者，今后吾人势不得不同时展望于今之临时法院"。

近代国人十分关注上海租界的法制，对其进行了研究，通过著作、论文等形式把研究成果表达出来，展示给大家，至今仍有学术价值。

三、近代国人笔下的上海租界法制传播

上海租界法制自建立之初起，就属于现代法制，不是传统法制。在清末法制改革以前，这一法制与华界法制的差异很大，是一种现代法制与传统法制之间的差异。为了使进入上海租界的华人知晓、遵守租界的法制，避免酿成违法，近代国人力所能及地传播这一法制，而主要的传播方式是文字传播。在他们笔下产出过一些用于传播上海租界法制的资料与相关内容。这一传播方式有多种，这里重点阐述"沪游指南"及报纸报道两种传播方式。

（一）通过"沪游指南"传播上海租界法制

上海开埠以后，租界城市建设的速度很快，有不少外地华人慕名而来，但他们不知晓上海租界法制，这就有传播这一法制的必要，起到告知作用。"沪游指南"是一种向游沪人员介绍上海情况、告知注意事项的著作，对于传播上海租界法制有重要价值。《沪游杂记》就是这样一本著作。它成书于光绪二年（1976 年），作者是被称为"老上海"的葛元煦。此著作较早地系统介绍了上海包括租界法制在内的上海租界情况，被称为是"沪游指南之针"。①

---

① 〔清〕葛元煦著：《沪游杂记》，郑祖安标点，上海书店出版社 2006 年版，"前言"第 1—2 页。

　　《沪游杂记》介绍上海租界法制先从其施行区域开始。它在"租界"篇中，专门叙述了上海早期英、美、法三个租界的区域范围。其中，英租界的区域范围是："自三茅阁桥河北起，至二摆渡老闸河西南止。"美租界的区域范围是："自二摆渡河东北起，至外虹口一带止。"法租界的区域范围是："自小东门外陆家石桥河北起，至北门外三茅阁桥河南止。"① 在这三个租界范围内，都施行租界法制。

　　接着，《沪游杂记》罗列了上海租界法制中，一些与华界不同而华人又易违反的规定，警示大家要严格遵守，不要违反。它在"租界例禁"篇中，一共罗列了20条禁止性规定。其中包括："禁马车过桥驰骤""禁小车轮响""禁道旁小便""禁施放花爆""禁春分后、霜降前卖野味""禁卖臭坏鱼肉""禁肩挑倒挂鸡鸭""禁乞丐""禁聚赌酗酒斗殴"等。② 华人进入上海任何一个租界，违反这些规定都要被追究法律责任。

　　然后，《沪游杂记》专门阐述了行使行政执法权的巡捕房。这是一个由巡捕组成的机构，而巡捕又是近代意义的警察。它具有维护治安、管理消防等城市管理职能。③ 此著作在"巡捕房"篇中，特别陈述了早期上海租界巡捕房的设置地点与求救方式。上海英租界的巡捕房有两处，"一在美租界，一在盆汤弄中"。当时的上海美租界自己不设巡捕房，其巡捕由英租界派遣。上海法租界的巡捕房也有两处，"一在小东门码头，一在八仙桥东"。华人如果进入上海租界，发生要事，就可联系巡捕房，由其解决，而且巡捕的到达速度很快。"遇有要事，电报传信，迅速无比。"④ 这为华人进入租界解决处理要事提供了方便。

　　最后，《沪游杂记》还介绍了上海租界的审判机关会审公廨（又称"会审公堂"）的情况。这也是上海租界的司法机关，解决纠纷的地方。此著作专门提供了会审公廨的地点、开庭时间、审理的案件等信息，并在"会审公堂"篇中有所反映。此篇记叙上海租界会审公廨的地点有两个，即

---

① 〔清〕葛元煦著：《沪游杂记》，郑祖安标点，上海书店出版社 2006 年版，第 2 页。

② 同上书，第 9 页。

③ 史梅定主编：《上海租界志》，上海社会科学院出版社 2001 年版，第 244 页。

④ 〔清〕葛元煦著：《沪游杂记》，郑祖安标点，上海书店出版社 2006 年版，第 48 页。

"一在法（租）界领事公署"，"一在英（租）界大马路西"。这两个会审公廨的开庭时间有所不同。上海法租界会审公廨的开庭时间是："逢礼拜二、四、六"；上海英租界会审公廨的开庭时间是："除礼拜日外"，每天都开庭。这两个会审公廨审理的案件基本一致，即"租界中凡小窃斗殴等事"。① 这为华人在上海租界进行诉讼，提供了便利。

《沪游杂记》是上海早期的一本"沪游指南"，葛元煦用笔写下上海租界法制情况，使其得到广泛传播，为华人特别是刚进入租界的华人提供了了解这一法制的窗口。

（二）通过报纸报道传播上海租界法制

在中国近代，报纸是传播信息的主要手段之一。有些报纸的报道实际上起到了传播上海租界法制的作用。《申报》与《文学周报》发挥过这样的作用，一些近代国人撰写了一些文章，用笔传播上海租界法制。

1922 年 5 月 20 日《申报》的《汽车增刊》中，发表了一篇名为"如何走路"的文章。文章的作者为指漪，文中把上海租界交通法规中与行人相关的内容，用自己的经验告知大家，走路一定要遵守上海租界的交通法规，以维护自身安全，也维护上海租界的交通秩序。其中的内容共有 9 条，这里列举 3 条。"常常走阶沿上，不可站立车路中"；"有道路窄狭无阶沿之处，务须当走旁边"；"横过车路时，当左右看清，自问可以走过，方可前进"。这 3 条都与个人行走有关，都是上海租界交通法规内容的具象化。此文的最后，还专门告知要关照初来上海的农村华人、呆笨之人和小孩，千万要遵守这些交通法规。"凡遇乡间新来者，呆笨不灵者，及不知世情之小孩，必须警戒以道路汽车之厉害，指示行路安全之方法，谆谆劝导之。"② 上海租界法制具有两重性，即具有积极与消极两个方面。这些都是《申报》从法制的积极方面去传播上海租界法制，要求大家知晓并遵守这一法制。

上海租界法制中，还具有消极的一面。对于这一面，有些报纸照样进

① 〔清〕葛元煦著：《沪游杂记》，郑祖安标点，上海书店出版社 2006 年版，第 39 页。
② 袁奇钧：《十里洋场车祸奇谈》，载《上海滩》2019 年第 9 期。

行报道并予以揭露与抨击。这也是上海租界法制的另一种传播。通过这一传播，使人们看清这一法制的弊端，以便对其有个全面认识，避免偏颇。

1927年第4卷《文学周报》发表了郑振铎的一篇文章，题为"上海之公园问题"。此文专门对当时上海公共租界外滩公园作出的"华人与狗不得入内"的规定进行了揭露与抨击。作者在文中指出，这个公园不仅有这样的规定，还专门施行了这一规定，自己就有亲身体会。这个体会之一是亲眼目睹华人被驱逐出公园。"如果有几个不明白的人冲了进去，那看门人便要呵斥地逐了他们出园来。这件事我不止见到一次了。"体会之二是作者本人也亲身遇到这样的事情。他揭露说，有一次他与落华生等几位朋友"到黄浦江边去散步，恰巧是什么外国的纪念会在浦江兵船上举行，探灯照得各处雪亮。我们正鱼贯地走着，一个巡捕突然地大喝了一声，把落华生拦住了，独不许他通过，因为他那天穿的是中国衣服"。接着，作者便对上海公共租界的这一规定进行了正义的抨击。"我们当时把肝都气炸了！我们的地方，我们不能走，那真是太可笑了的笑谈了！""我们上海居民，最大多数的居民，乃是被放逐于公园之外的。"此话有理。

上海外滩公园建在中国的领土上，只是由上海公共租界进行管理而已，华人却因此而被阻拦在外，当然要引起华人的愤怒。这一切都直接集中于上海租界的规定。① 这是一种消极的规定，应该受到人们的揭露与抨击。这种揭露与抨击，也是一种对上海租界法制的传播，使人们看清其真实面目，对其有个正确的认识。

近代国人用笔并通过"沪游指南"、报纸报道等形式，传播上海租界法制，使华人特别是刚进入租界的华人知晓这一法制的规定，正确认识这一法制，便于其在上海租界生活、工作，其实践价值不言而喻。

四、近代国人笔下上海租界法制的思考

从近代国人笔下上海租界法制中，还可以得到一些思考，其中主要是

---

① 参见王立民：《"华人与狗不得入内"相关规定的颁行与废止》，载《档案春秋》2019年第10期。

以下三个方面：

（一）用笔记录上海租界法制的近代国人来自多个学科领域

上海租界法制是近代中国持续时间最长，适用地域最广，内容最为丰富，影响最大的城市区域法制。这就决定了这一法制对上海城市建设与人们生活的影响会很大。这不能不引起近代各个领域国人的关注，并用自己的笔记下这一法制。然而，他们所处的工作领域有所不同。有来自史学领域的，如胡道静、蒯世勋等人；有来自法学领域的，如徐公肃、丘瑾璋、夏晋麟、甘豫立、陆鼎揆等人；有来自新闻领域的，如葛元煦、指漪、廖沫沙等人。他们在自己的工作领域，利用自己的专长，用笔记录了对上海租界法制的理解和认识。其中，来自史学领域的国人善于记叙上海租界法制的史料，《民国上海市通志稿》中留下的史料就是如此；来自法学领域的国人精于上海租界法制内容的研究，他们出版的著作《上海公共租界法制》《上海租界问题》和发表的论文《上海会审公廨的研究》《上海临时法院》都是如此；来自新闻领域的国人则擅长于传播上海租界法制，他们撰写的"沪游指南"、报纸报道中与上海租界法制相关的内容就是这样。可见，近代国人用笔各司其职，各尽所能。

用笔记录上海租界法制的国人虽来自不同领域，他们的成果也各有侧重，但有一点却十分相似，即都在尽责，都有担当。上海租界法制在鸦片战争以后产生，是一种现代法制，而那时的华界则还在施行中国传统法制，它们之间有本质的区别。20世纪初清末法制改革以后，中国的法制开始迈进现代化的门槛，但与上海租界法制仍有差异。在这样的背景下，近代国人以自己的专业知识与所长，用笔记录下中国租界法制，发挥多重功能。比如，让华人特别是刚进入上海租界的华人知晓上海租界法制，便于守法，避免违法；传承上海租界法制的内容，利于后人进行探索与研究；使人们全面理解上海租界法制，正确认识其利弊等。在他们的共同努力下，形成了一种记录上海租界法制的合力，使其能扩大影响，发挥其应有的功能，这些近代国人为此立下了汗马功劳。

（二）近代国人笔下的上海租界法制是如今研究这一法制的重要史料

近代国人的辛勤劳动，用笔记录的上海租界法制，如今成为研究上海租界法制的重要史料。其中，当时记录的上海租界法制史料如今仍是研究这一法制的史料，《民国上海市通志稿》中有关上海租界法制的史料即是如此。它所记载的上海租界法规、制度、司法情况，如今仍是研究上海租界法制的重要依据。当时研究上海租界法制的著作与论文，如今也变成了史料，一种研究上海租界法制学术史的史料。当时传播上海租界法制的资料，如今同样变成了一种史料，一种研究上海租界法制传播史的史料。总之，近代国人笔下的上海租界法制，今天都成了研究这一法制不同领域的史料，它们都从近代的记载演变为当代的研究史料，其史料价值在当今的研究中不断显现。近代国人为当代人们的上海租界法制研究作出了贡献。

　　不过，如今在运用这些史料时，也要去粗取精，去伪存真。近代国人笔下记录的上海租界法制内容很多，也很分散。在研究过程中，不可能全部采用，而应有所选择。这就有个筛选过程，以便取精存真。在史料的运用过程中，还要把经过筛选的史料与当今的研究结合起来，做到史论结合，切忌史论分离。而且，在研究中要带有问题意识，以创新为导向，避免重复研究、人云亦云，淡化了学术性。在上海租界法制领域，可以开拓之地很多，学术争鸣的余地也很大。这给当代学人留有了研究的空间，只要充分利用近代国人笔下的上海租界法制史料，一定会有所作为。

（三）近代国人笔下的上海租界法制是近代中国国家主权被损的产物

　　近代国人能够记录中国租界法制，是因为这一法制客观存在。没有上海租界法制的存在，也不会有国人笔下的上海租界法制。然而，上海租界法制的存在却是以中外不平等条约为依据，以中国国家主权受损为前提。

　　1842 年签订的中英不平等条约《南京条约》就有损于中国国家主权。除了割地、赔偿外，它还规定中国要向英国开放五口通商城市用以贸易，其中就包括上海。英国人因此可带家属居住在上海。"自今以后，大皇帝恩准英国人民带同所属家眷，寄居大清沿海之广州、福州、厦门、宁波、上海等五处港口，贸易通商无碍。"①1843 年中英《南京条约》之附件《五口通商附粘善后条款》进一步规定，英国人可在五口通商城市租地居住。"中

---

① 王铁崖编：《中外旧约章汇编》（第 1 册），上海财经大学出版社 2019 年版，第 28 页。

华地方官必须与英国管事官各就地方民情，议定于何地方，用何房屋或基地，系准英人租赁。"① 以这些不平等条约为基础，1845 年《上海租地章程》出台，英租界诞生。② 继上海英租界以后，上海美、法租界也都亦步亦趋，在上海建有租界及其法制。接着，上海英租界及其以后的上海英美、公共租界都建有自己的立法、行政执法、司法机关，其法制不断运行。③ 整个上海的租界法制存在都是以中外不平等条约为依据，以中国国家主权受损为前提，无一例外。

近代国人笔下的上海租界法制绕不开中外不平等条约与中国国家主权被损的事实，他们不同程度地涉及这一点。《民国上海市通志稿》在讲述上海英租界产生时，首先就提到中英《南京条约》，明确说，"上海根据一八四二年江宁条约第二款规定，于一八四三年十一月十七日宣布开为对英通商口岸"；"一八四五年十一月创设英租界于洋泾浜北、黄浦江边"；上海英租界是一种"被侵略的地方"。④ 这种"侵略"包含了中国主权受损的事实。

在近代国人撰写的研究成果里，同样阐述了中外不平等条约。《上海公共租界制度》一书的开始部分中，就把《南京条约》《虎门条约》《望厦条约》《黄埔条约》等不平等条约作为上海租界及其法制产生的重要背景进行论述。⑤ 从中体现出上海租界法制的产生是以中国主权受损为代价，还进一步指出这种法制具有危险性，并在五卅惨案后充分暴露出来。作者认为，五卅惨案"发生后，租界制度之存在对于吾国国家与国民之危险性充分暴露"。⑥ 这里的危险性里隐藏着中国国家主权受损的事实。

近代国人撰写的上海租界法制传播资料中，也显示中外不平等条约的

---

① 王铁崖编：《中外旧约章汇编》（第 1 册），上海财经大学出版社 2019 年版，第 32 页。

② 同上书，第 60—64 页。

③ 参见费成康著：《中国租界史》，上海社会科学院出版社 1991 年版，第 203 页。

④ 上海市地方志办公室、上海市历史博物馆编：《民国上海市通志稿》（第 1 册），上海古籍出版社 2013 年版，第 245—246 页。

⑤ 徐公肃、丘瑾璋著：《上海公共租界制度》（《民国丛书》第 4 编，第 24 册），上海书店 1989 年版，第 2—5 页。

⑥ 同上书，第 24 页。

签订。《沪游杂记》中，专门列有"和约各国"一篇，把与中国签订不平等条约的国家一一列出，告知人们。其中，就包括英国、法国、美国、德国、西班牙、荷兰、瑞士、墨西哥、葡萄牙、日本、意大利、比利时、秘鲁等一些国家。而且，此篇里还附有这些国家的国旗，以便人们辨认。[①] 这么详细地介绍这些有约国，意在强调中国国家主权受损的严重程度，以便人们一目了然。

近代中国是一部屈辱史，也是一部国家主权受损史。近代国人笔下的中国租界法制正是这一屈辱史、国家主权受损史的具体表现。没有中外不平等条约，没有中国国家主权受损，就不会有上海租界法制。近代国人在记下上海租界法制时，没有忽略这一点。

上海租界法制是中国最早产生的城市区域法制，也是中国清末法制改革前就已存有的现代法制，是中国法制现代化的开端。上海租界法制共存百年时间，是中国近代区域法制中，存续时间最长的区域法制，其对中国现代城市的建设与发展影响很大。对于这一法制的探索与研究，无疑具有现代价值，为中国的区域法制建设提供一定的有益借鉴。近代国人笔下的上海租界法制为实现这种当代价值提供了不可多得的历史资料，意义非凡。

---

① 〔清〕葛元煦著：《沪游杂记》，郑祖安标点，上海书店出版社 2006 年版，第 292—306 页。

第二十二章　上海租界法制的差异

鸦片战争以后，上海作为五口通商城市之一，先于中国其他城市，出现了租界，而且还不断发展。上海的租界不仅建立了自己的立法、行政与司法等自治机构，还建立了自己的现代法制。① 尽管上海的租界法制都是现代法制，与华界的传统法制有很大的区别，② 但是它们之间也不尽相同，有的还差异明显，本章就其中的一些问题进行探究。

一、上海租界法制的主要差异

上海历史上出现过多个租界，它们的法制都是现代法制，有一些相同之处，但也有不同的地方，存在差异。这种差异突出表现在以下三个方面：

（一）适用时间和空间方面的差异

上海历史上曾经出现过的租界，在时间和空间上都不相同，其法制适用的时间和空间也就不同了。

从时间上来看，上海租界产生的先后顺序是：上海英租界、美租界、法租界、英美租界、公共租界。1845 年 11 月 29 日，上海英租界《土地章程》公布，③ 其主要界域划定，1846 年 9 月 24 日全部界域确定，上海英租界正式诞生。④ 这个《土地章程》也是上海英租界的第一个规定。这是上海租界史上最早出现的租界，也是最早适用租界法制的时间。1848 年美国圣公会主教文惠廉到上海，先在苏州河北岸地价低廉的虹口一带广置地皮、建教堂，还与上海道台吴健彰"磋商成议"建立上海美租界之事，吴健彰作了口头承诺。1848 年是上海美租界适用自己租界法制的时间起点。1863

---

① 费成康著：《中国租界史》，上海社会科学院出版社 1991 年版，第 10 页。
② 王立民：《上海租界与上海法制现代化》，载《法学》2006 年第 4 期。
③ 上海"土地章程"又被称为"地皮章程""租地章程""地产章程"等。
④ 蒯世勋等编著：《上海公共租界史稿》，上海人民出版社 1980 年版，第 307 页。

年 6 月 25 日在上海英租界与美租界合并成立上海英美租界时，美国领事熙华德与上海道台黄芳把上海英美租界的地域正式确定下来。[①] 因此，1863年 6 月 25 日则是上海英美租界适用自己租界法制的起始点。1849 年 4 月 6日法国领事敏体尼与上海道台麟桂签署了租地协议（即土地章程），不久上海法租界也诞生了。[②] 这是上海法租界适用自己租界法制的时间开端，它晚于上海英租界和美租界，但早于上海英美租界。1899 年上海英美租界更名为上海公共租界。[③] 这是它开始适用自己租界法的时间。

那时，上海就两个租界并存，即上海公共租界和上海法租界并存，直至 20 世纪 40 年代上海租界收回。这段时间也就是这两个租界法制的适用时间。1941 年 12 月 8 日太平洋战争爆发，日军很快进入、占领上海公共租界，同时对上海法租界虎视眈眈。1942 年年初世界反法西斯阵营形成，中国是成员国之一。出于加强盟国团结的需要，美、英两国于 1943 年 1月 11 日分别与中国政府签订了《关于取消美国在华治外法权及处理有关问题之条约》和《关于取消英国在华治外法权及其有关特权的条约》，在法制上废止了上海公共租界。[④]1943 年 7 月 22 日汪伪政府和法国维希政府签署了《交还上海专管租界实施细目条款》及《附属了解事项》，同年 7 月30 日举行法租界接管仪式。1946 年 2 月 28 日以戴高乐为首的法国临时政府对此予以追认。[⑤] 至此，上海公共租界和法租界的法制在时间上都终止了。由此可见，上海各租界的起始和存续的时间均不同，其法制存在的时间随之不同，其法制的时间效力也就不同了。

从空间上来看，上海各租界生存的地域也不相同，其先后出现的顺序也是：上海英租界、美租界、法租界、英美租界和公共租界。上海各租界法制仅在自己控制的地域内有效。上海英租界的地域在洋泾浜的北面，先是东靠黄浦江，北至李家庄（今北京东路），南至洋泾浜（今延安东路），

---

① 蒯世勋等编著：《上海公共租界史稿》，上海人民出版社 1980 年版，第 366 页。

② ［法］梅朋、傅立德著：《上海法租界史》，倪静兰译，上海社会科学院出版社 2007 年版，第 30 页。

③ 上海通社编：《上海研究资料》，上海书店 1984 年版，第 130 页。

④ 王立民著：《上海法制史》，上海人民出版社 1998 年版，第 188 页。

⑤ 马长林著：《上海的租界》，天津教育出版社 2009 年版，第 227—228 页。

西至界路（今河南中路），面积达 830 亩。①1848 年上海英租界扩大了它的地域，西面从界路扩大到泥城浜（今西藏北路），北面从李家场扩展到苏州河。于是，它的界域便是：东南以洋泾浜桥为界，东北至苏州河第一渡场，西南到周泾浜，西北到苏州河滨的苏宅，共有面积 2820 亩，比原来的扩大了 3 倍多。②上海英、美租界合并时，确定上海美租界的地域在上海英租界的北面，西从扩界河（泥城浜）对岸之点（约今西藏北路南端）起，向东方向沿着苏州河和黄浦江到杨树浦，顺着杨浦向北三里为止，以此划一直线回到护界河对岸的起点，面积达 830 亩，这样上海英、美租界合并后的上海英美租界的总面积便有 3650 亩了。③至上海英美租界改名为上海公共租界时，上海公共租界的面积已增至 32110 亩，地域是：东面从原美租界的杨树浦桥到周家嘴角；西面从泥城桥到静安寺，再从此到苏州河南岸的新闸；南面从八仙桥到静安寺；北面从虹口的第 5 号界石到上海县北境，即宝山与上海县交界处，再从此划一条直线到周家嘴角。④这一地域一直维持至上海公共租界收回。

上海法租界的地域是在洋泾浜的南面，最初是南至护城河，北到洋泾浜，西至关帝庙诸家桥，东至广东潮州会馆沿河至洋泾浜东角，共有面积 986 亩。⑤1861 年 10 月 30 日上海法租界在靠近黄浦江的界线上延伸了 650 多米，以致其面积增至 1124 亩。⑥1899 年 6 月此租界再次扩张并确定了新地域，即北至北长浜（今延安东路西段、延安中路东段），西到顾家宅关帝庙（今重庆中路、重庆南路北段），南至丁公桥、晏公庙、打铁浜（今方浜西路、西门路、顺昌路、太仓路），东到城河浜（今人民路西段），总面积达到了 2135 亩。⑦1914 年 9 月 14 日上海法租界再次扩展地域，以改其西面的地址延伸为：北自长浜路，西自英之徐家江路，南自斜桥、徐家

---

①　姜龙飞著：《上海租界百年》，文汇出版社 2008 年版，第 28 页。
②　蒯世勋等编著：《上海公共租界史稿》，上海人民出版社 1980 年版，第 317 页。
③　史梅定主编：《上海租界志》，上海社会科学院出版社 2001 年版，第 96 页。
④　蒯世勋等编著：《上海公共租界史稿》，上海人民出版社 1980 年版，第 74—75 页。
⑤　史梅定主编：《上海租界志》，上海社会科学院出版社 2001 年版，第 92—93 页。
⑥　同上书，第 100 页。
⑦　同上书，第 101 页。

江路沿河至徐家江桥，东从麇鹿路、肇周路各半起至斜桥为止。因此，此租界的面积大增，达到 15150 亩。① 这一地域维持到上海法租界收回。上海各租界的法制就在这些不同的地域中产生、发展，适用自己的法制，具有法律效力。上海的租界法制都是世俗法，其地域性很强，它们发生效力的地域不同，空间也不同。这也是上海租界法制之间的一个差异。

（二）立法方面的差异

上海租界法制的另一个重要差异是立法方面的差异。这种差异又有多种表现形式。首先是立法主体中成员构成的差异。上海各租界都有自己的立法主体，但它们的成员构成不尽相同，存在差异。这里以行使立法权的上海英美租界和法租界的纳税外人会为例。② 这两租界的纳税外人会都是立法主体，行使本租界的立法权，但其选举人的资格却不完全相同。根据 1869 年修订的《上海洋泾浜北首租界章程》和 1870 年《纳税人议事规程》等规定而建立起来的上海英美租界纳税外人会选举人的资格，与根据 1866 年修订的《上海法租界公董局组织章程》和 1927 年经修改的这一章程而组成的上海法租界纳税外人会选举人的资格相比，在多个方面有差异。第一，关于经济资格。上海英美租界只规定置有一定数量的地产、缴纳一定数量的地捐或房捐，即有选举权。可是，上海法租界则另规定须住在法租界内 3 个月以上、每年进款达 4000 法郎以上的要求，这一要求上海英美租界却没规定。第二，关于国籍资格。上海英美租界规定只要居住在英美租界的西方外国人即可。但是，上海法租界则另规定法国国籍人和其他国籍人的人数比例，各占一半，都以得票多者为当选人。第三，其他资格。上海法租界还特别规定，凡在法国领事馆登记，而且在选举的前一年曾经担任过租界内义勇军工作的人员，也可享有选举权。上海英美租界则没有这一规定。③

其次是立法内容上有和无的差异。即在上海的租界中，有的租界有某些规定，有的租界则没有这些规定，于是便出现了有和无的差异了。这里以《城市建筑区划》(《城市建筑区域规划》的简称) 的规定为例。上海法

---

① 史梅定主编：《上海租界志》，上海社会科学院出版社 2001 年版，第 101 页。
② 纳税外人会又被称为"外人纳税会""西人纳税会"等。
③ 史梅定主编：《上海租界志》，上海社会科学院出版社 2001 年版，第 163—174 页。

租界有此类规定，上海公共租界则没有这一规定，这就形成了差异。1900年10月10日上海法租界公董局的董事会作出了《西式建筑区域规划》的决议。此决议规定，除非得到法国总领事的同意，否则，从嵩山路起，及其西面租界扩充区内要建造的任何建筑，都必须按照欧洲习惯用砖头和石块建造，至少要在房屋的底层上有整整一层楼，而且这种设计图必须经过公董局工程师的批准。后来，因为华人业主的强烈反对，公董局董事会在1910年12月28日取消了在嵩山路以西地区禁止建造中式房屋的规定，但坚持要按照欧洲习惯，用砖头和石块建造。此后，这一董事会还对其他地区的建筑区划作出规定，以致整个上海法租界的建筑风貌比较一致。① 然而，上海公共租界则没有这一规定，所以租界内的建筑风貌明显参差不齐。难怪1916年时上海公共租界的一位西侨居民写信给工部局，质问为何公共租界就不能像法租界一样"精心布局"，导致很多英国人都居住在法租界。工部局的回答是，因为"工部局没有权力在任何地点规定建筑类型"，即没有建筑区划的规定依据。② 这就是一种有和无的差异。

最后，立法内容上都有不同的差异。即上海租界虽都有某一方面的规定但内容上仍有差异，不尽相同。比如，上海法租界与公共租界都规定禁放花爆，但具体内容上就有区别。1869年颁行的《法租界公董局警务路政章程》在第19条中规定："禁止在马路上或在住屋旁边焚烧纸锭，燃放鞭炮或点燃烟火等；在焚烧这些物品前，须通知当地警局，征得同意后方可行事。"③1903年公布的《公共租界工部局巡捕房章程》在第8条中规定："租界居民无论在于马路僻径及公地，均不准燃放爆竹，如欲燃放，或于家中天井焚化冥镪，应预向巡捕房领取执照，惟火铳自燃之爆竹，则一概禁用。"④ 从这两个规定可见，在以下方面差异明显。第一，在燃放地点方面，公共租界的规定中有"家中天井"；法租界则没有规定。第二，在燃放对象方面，公共租界规定"火铳自燃之爆竹"，一概禁放；法租界则没有

---

① 史梅定主编：《上海租界志》，上海社会科学院出版社2001年版，第571页。
② 上海档案馆藏：卷宗号 U1—14—5769。
③ 史梅定主编：《上海租界志》，上海社会科学院出版社2001年版，第713页。
④ 同上书，第701页。

规定。第三，在燃放的申请程序方面，公共租界规定要向巡捕房"领取执照"；法租界则规定只要征得当地警局的"同意"，也不完全相同。

（三）司法方面的差异

上海租界在司法方面也存在差异，不完全一样。这里以会审公廨为例。同在 1869 年于上海租界设立的会审公廨，上海公共租界的会审公廨就与上海法租界的会审公廨有差异。就在成立之初，这种差异至少已有三个。

第一，审判人员组成的差异。当租界内发生纯属华人之间的案件时，上海公共租界会审公廨的审判人员就为中国的审判人员而无外国审判人员，即"如系纯粹华人案件，领事不得干涉"，只有当案件中涉及有约国人或为其所雇用及聘请的中国人时，领事或领事所派之人才参与会审，即"领事官或领事官所派之员，得到堂诉讼"。[1] 可是，在上海法租界会审公廨所有的审判人员中，均有领事官或其派遣人员，包括纯属华人之间诉讼的案件。[2] 它们在审判人员的构成方面有差异。

第二，审理案件的差异。上海公共租界会审公廨审理的刑事案件仅限于枷杖以下的案件，即仅"发落枷杖以下罪名"，那些军徒罪以上案件则由上海县审判，即"若军流徒罪以上案件，则由上海县审断"。[3] 但是，上海法租界会审公廨则要审理租界内发生的民刑案件，包括军徒以上案件。经审理后，才把这类案件移交给上海知县。[4] 可见，上海公共租界与上海法租界会审公廨管辖的案件也不完全相同，有差别。

第三，诉讼费的差异。上海公共租界与上海法租界会审公廨收取的诉讼费也有差异。同是民事案件，上海公共租界会审公廨收取的诉讼费是3%；[5] 而上海法租界则为 2%，少于上海公共租界。[6] 其差异也很明显。

综上所述可知，上海租界虽都拥有现代法制，但其内容也不是没有不同，相反，在有些方面差异显著。

---

[1]　蒯世勋等编著：《上海公共租界史稿》，上海人民出版社 1980 年版，第 163 页。
[2]　史梅定主编：《上海租界志》，上海社会科学院出版社 2001 年版，第 285 页。
[3]　蒯世勋等编著：《上海公共租界史稿》，上海人民出版社 1980 年版，第 163—164 页。
[4]　史梅定主编：《上海租界志》，上海社会科学院出版社 2001 年版，第 284 页。
[5]　同上书，第 281 页。
[6]　同上书，第 286 页。

二、形成上海租界法制差异的主要原因

形成上海租界法制差异有一定的原因，主要是以下几个方面：

（一）土地章程方面的原因

上海各个租界的产生和发展都以土地章程为基础，它们被认为是租界的"根本法""大宪章"等，[①] 其地位很重要。它们规定的时间和内容不同，会形成上海租界法制时间和空间上的差异。比如，上海英租界第一个土地章程《上海租地章程》的颁布时间为 1845 年 11 月 29 日，它的法制的建立和实施的时间便在这一时间之后；《上海法租界土地章程》公布的时间是 1849 年 4 月 6 日，它的法制的建立和实施的时间就在此后，要晚于上海英租界。《上海英租界土地章程》确定上海英租界的地域在洋泾浜以北，《上海法租界土地章程》认定上海法租界的地域在洋泾浜以南，也不同于上海英租界，于是上海英租界与法租界法制建立和施行的空间也不相同了。

另外，上海租界的土地章程还确定了其他一些内容，也成为租界法制差异的一个原因。比如，上海英租界 1845 年《土地章程》中有关于"更夫"的规定，其内容是："洋泾浜以北之租地与赁房西人，须共谋修造木石桥梁，清理街路，维持秩序，燃点路灯，设立消防机关，植树护路，开疏沟渠，雇用更夫。"[②] 这个"更夫"有"看守人""卫士"的意思，此后又成为武装巡捕之滥觞。[③] 为了有效规范巡捕房和巡捕的行为，上海英租界于 1854 年 12 月专门制定了 17 条巡捕房警察员的职责，1884 年又颁布了巡捕房章程等。[④]《上海法租界土地章程》里则没有关于"更夫"的内容，[⑤] 也在很长时间里没有专门对巡捕房和巡捕作出规定，直到 1866 年才把巡捕房纳入《上海法租界公董局组织章程》里，才有了相关规定。[⑥] 可见，上海租界的土地章程对整个租界的法制均产生影响，以致土地章程中不同

[①]　谯枢铭等著：《上海史研究》，学林出版社 1984 年版，第 100 页。

[②]　蒯世勋等编著：《上海公共租界史稿》，上海人民出版社 1980 年版，第 47 页。

[③]　同上书，第 50 页。

[④]　史梅定主编：《上海租界志》，上海社会科学院出版社 2001 年版，第 244—245 页。

[⑤]　[法] 梅朋、傅立德著：《上海法租界史》，倪静兰译，上海社会科学院出版社 2007 年版，第 30—31 页。

[⑥]　史梅定主编：《上海租界志》，上海社会科学院出版社 2001 年版，第 256 页。

的内容会导致租界法制的差异。

（二）司法习惯方面的原因

上海租界立法主体对一些具体法制在司法习惯上的看法不同，也会引起法制内容的差异。他们虽都来自西方，其所在国的法制均属于现代法制，但是由于各自的情况不同，司法习惯也不同，以致会在一些具体法制中与其他租界发生分歧，导致其出现差异。产生上海法租界与上海公共租界会审公廨制度差异的主要原因之一就是司法习惯上的不一致。上海公共租界的会审公廨筹设之初，管辖的地域范围中也包括有上海法租界。可是，当时的法国领事白来尼提出，《上海公共租界会审公廨章程》第 1 条和第 5 条规定与法租界的司法习惯不合，就不同意由其来管辖法租界的相关案件。① "这个章程虽然为美国、英国和德国所接受，却没有得到法国的同意。"② 上海法租界随后便设立了自己的会审公廨，这个会审公廨的有些规定就与上海公共租界会审公廨的有些规定存在差异。

与上海公共租界不同，上海法租界的一个司法习惯是，从 1865 年起每当法国人和中国人之间发生商务方面的案件时，上海道台或由他派出的代表就会到法国领事馆去，诉讼案件就由此道台或其代表和领事共同会审。如果仅涉及法租界内中国人的案件，如治安问题、追索捐税的案件，则由领事单独审理。根据白来尼的说法，即使在民事案件中，领事也起到"仲裁作用"。他写道："关于中国人对中国人的不法行为以及其他纠纷，罪犯和讼棍总是一起被带到领事馆，或是主动到领事馆来；案件立即得到处理，或者是惩处，或者是以和解的方式解决。"至于"被称为重罪的"行为，虽然讲起来好像是法典规定，它们完全属于中国官府的审理范围；但是中国官府的逮捕令也必须事先得到法国领事馆的签署，否则不能在法租界上拘捕犯罪嫌疑人。③ 也就是说，在上海法租界发生的案件中，都要由法国领事参与审判。这一司法习惯与上海公共租界会审公廨的规定中，关于凡是

---

① 姜龙飞著：《上海租界百年》，文汇出版社 2008 年版，第 255 页。
② ［法］梅朋、傅立德著：《上海法租界史》，倪静兰译，上海社会科学院出版社 2007 年版，第 301 页。
③ 同上。

民事和商务方面的华洋讼案，如中国人为被告的，则由中国法官按照中国法律单独审判的内容不一致。这一不同的司法习惯导致了这两个租界会审公廨制度的差异。

（三）管理传统方面的原因

上海租界均由西方人管理，也都是现代式的管理。但是，西方国家的现代式管理不完全相同，受到不同管理传统的影响。那些来自上海租界的西方人习惯了其母国的管理传统，并把其移植到上海租界，于是上海租界的管理便深深烙上了其母国的传统印记。这种不同的租界管理传统同样对其法制产生了影响，形成了差异。

上海英租界、英美租界和公共租界均受到英国式自治管理传统的影响，上海法租界则受到共和管理传统的影响。[1] 这种不同的影响在法制上便显露出差异。这种差异又有一些具体表现。比如，对立法主体体制的影响。上海公共租界与上海法租界立法体制都受到自己管理传统的影响。虽然它们皆把外人纳税会作为立法主体，都有本租界内的立法权，可仍有区别，主要是：上海公共租界外人纳税会通过的议案，即刻生效，具有最高效力；上海法租界外人纳税会通过的议案，还须经法国领事核准才能生效，否则无效。于是，上海法租界便出现了除非得到法国总领事的同意，否则从嵩山路起，及其西面租界扩充区内要建造的任何建筑，都必须按照欧洲习惯用砖头和石块建造等决议。而上海公共租界就不可能有这样的决议，因为外人纳税会通过的议案即刻生效，无须由领事核准。可见，立法主体的体制不同会对具体法制内容产生影响、形成差异。

又如，对立法内容的影响。上海租界的不同管理传统不仅对立法主体产生了影响，还对立法内容也发生了作用，以致这一内容出现了差异。上海英租界、英美租界和公共租界在英国式自治管理传统的影响下，特别强调商业行为，重视市场开发和资本运作，因此有关土地流动的规定便是外侨私人按相关章程在特定范围内直接向中国原业主商租。其规定的内容是："出租人（华业主）与承租人（英商）之凭件，采一种契约形式，须送呈道台审查，加盖钤印，然后移还关系各方收执，以昭信守，而非侵夺。"[2] 上

---

① 熊月之：《中共"一大"为什么选在上海法租界举行》，载《学术月刊》2011 年第 3 期。

② 蒯世勋等编著：《上海公共租界史稿》，上海人民出版社 1980 年版，第 45 页。

海法租界则受到共和管理传统的影响，更注重整体利益，侧重公共管理和利益，于是其有关土地流动的规定则是按相关章程，土地整个租给租界的公董局，再由此公董局租给外侨。其规定的内容便是："其所议界内地，凭领事随时按照民价议租，谨防本国人强压迫受租价；如若当地民人违约昂价，不照中国时价，凭领事向地方官饬令该民人等遵行和约前录之条款。至各国人如愿在界内租地者，应向法国领事商明办理。"①

在租界土地上建造建筑物也要受到整体规划的制约，遵守相关规定。比如，1902 年 3 月 27 日上海法租界公董局董事会决议，从法租界外滩至公董局大厦的公馆马路（今金陵东路）上，任何新房屋的两面墙，都要用西式砖建造。1928 年 2 月 18 日法国领事署 20 号令规定，从法租界外滩至敏体尼荫路（今西藏南路）的公馆马路两边房屋的业主必须在他们的房屋前建造一条有屋顶的走廊。按此规定，公馆马路被改建成西式骑楼式街道了。② 这些都为上海英租界、英美租界和公共租界的法制和整体建筑规划所不及，以致这些租界中的许多英侨搬到上海法租界去居住，享受那里的整体环境。可见，管理传统对上海租界法制的影响还真不小。

（四）其他方面的原因

除以上三个方面的原因以外，还有观念、参照物等其他一些方面的原因，也导致了上海租界法制的不完全相同。

首先有观念上的原因。在关于禁放花爆的规定中，由于上海法租界与上海公共租界的观念不尽相同，故其规范的内容也就有了差异。上海法租界以"避免危及公共安全"为前提，③ 只要保证不危及公共安全，就可燃放花爆，于是便作出了"在焚燃这些物品前，须通知当地警局，征得同意后方可行事"的规定。也就是说，其贯彻的是相对限制的观念，只要确保安全，征得警局的同意，居民还是可以燃放。上海公共租界则有所不同，是一种绝对禁止的观念，没有任何条件和变通，故作出了"惟火铳自燃之爆

---

① ［法］梅朋、傅立德著：《上海法租界史》，倪静兰译，上海社会科学院出版社 2007 年版，第 31 页。
② 史梅定主编：《上海租界志》，上海社会科学院出版社 2001 年版，第 571 页。
③ 同上书，第 713 页。

竹，则一概禁用"的规定。这样，在任何情况下，租界内居民都不可燃放这类爆竹，形成了与上海法租界同类规定的差别。

另外，有参照物上的原因。上海租界对界内路名的取名，因为参照物不同，于是作出的规定和具体的路名便有差异了。上海英美租界以中国的省名和城市名为参照物，1865 年作出决议，规定界内南北向的道路以中国的省名来命名，东西向的道路则以中国的主要城市之名来命名。[1] 这样，四川路、江西路、河南路、山东路、山西路等一批南北向道路名诞生了，苏州路、北京路、厦门路、宁波路、天津路等一批东西向道路名出现了。上海法租界取路名的参照物则不同，规定以中国的山名和江河之名作为参照物来命名路名，即南北向的道路以中国的山名来取名，而东西向的道路都以中国的江河名来取名。于是，1900 年以后，嵩山路、衡山路、华山路等一批南北向的道路名产生了，淮河路、黄河路、珠江路、闽江路等一批东西向的道路名面世了。[2] 可见，形成上海租界法制内容差异的原因具有多元性，正是这种多元的原因造成了中国租界法制的不一。因此，不可一概而论，而要作具体分析，探究其背后真实的原因。

三、上海租界法制差异所产生的后果

上海的华界有自己的中国法制，加上上海租界也有各自的法制，于是在上海的这块土地上便同时存在三种以上不同的法制了。即上海租界前期存有的华界法制、英租界法制、美租界法制和法租界法制，后期则演变成为华界法制、公共租界法制和法租界法制。这种在同一个城市而法制不统一的情况产生了一些后果，主要是以下方面：

（一）给中国人带来了不便

在上海的有约国人，他们享有领事裁判权，对上海租界法制的依存性相对较小，故租界法制给他们带来的不便也相对较小，可对中国人就不同了。不论是居住在上海的中国人还是上海以外地区的中国人，都长期生活在华

---

[1] 　郑祖安编著：《上海地名小志》，上海社会科学院出版社 1988 年版，第 36 页。
[2] 　同上书，第 44 页。

界，知晓中国的法制，不熟悉上海租界法制。这两种法制又不相同。中国华界的法制在清末法制改革以前还是传统法制，其法律体系、法制语言、司法制度等都与现代法制有很大差异，而上海租界法制则属于现代法制范畴。[①]清末法制改革以后，中国的华界法逐渐开始走上法制现代化的道路，但与上海租界法制还是不一样。这会给他们带来不便，不论是居住在上海华界还是从上海以外地区来上海的中国人都是如此。为了便于这些人及时知晓上海租界法制的内容，减少不必要的麻烦，有人专门在出版的有关书籍中介绍租界法制中的"例禁"。1876 年出版的《沪游杂记》一书就是如此。[②]其中记载有 20 条"例禁"，内容包括"禁路上倾倒垃圾""禁道旁小便""禁私卖酒与西人饮""禁卖臭坏鱼肉""禁乞丐""禁聚赌酗酒斗殴"等。以此来告诫人们，在上海租界必须遵循这些规定，不要犯法。这些只是上海租界法制中的相同之处，还有一些不同的规定在此"例禁"中则没有提及。

中国人到了上海租界以后，不仅要遵守上海租界相同的一些规定，还要遵守各上海租界所作出的不同的规定，否则也会受罚。事实也是如此。上海公共租界的一个特有规定使一批上海的中国人力车夫纷纷落网。它规定，西人可以超车华人，华人不可超车西人，否则就要受罚。这就使一批上海的中国人力车夫因此而受罚。因为他们在其他地方习惯了超车，不知上海公共租界有这样的规定，于是便落入法网。他们"不懂这些，不论是起初的'江北车'（独轮），还是后来的'东洋车'（双轮），从来都是有空就钻，有缝就挤，以致最多时每天有多达十几、数十名人力车夫被巡捕逮住，押送会审公廨认罚"。[③]这种不便显而易见。

（二）给规避法制行为开了方便之门

上海租界法制所适用的地域性很强，不同的法制所管辖的地域也不同。一个租界的法制仅在本租界生效，对其他租界则无效。于是，就给规避法制行为创造了条件，人们可以利用这一点来为自己提供方便。在革命的年代里，进步人士就利用这种方便，到法制环境相对宽松的上海法租界居住

---

① 王立民：《上海租界与上海法制现代化》，载《法学》2006 年第 4 期。
② 尤乙：《杂交，从物质到精神的惯性导入》，载《档案春秋》2008 年第 11 期。
③ 姜龙飞著：《上海租界百年》，文汇出版社 2008 年版，第 170 页。

和从事革命活动。不仅辛亥革命时期的人物孙中山、黄兴等都曾居住在那里，中国共产党的创始人陈独秀、李汉俊、李达等人也是如此。进步人士主办的一些进步刊物也在上海法租界创办、发行。邵力子等人于 1919 年创办的《觉悟》、陈独秀等人于 1920 年创办的《新青年》、李达于 1920 年主编的《共产党》月刊等都是这样。1921 年 7 月中国共产党第一次全国代表大会还选择在上海法租界望志路（今兴业路）召开。其中很重要的一个原因是与可以规避法制有关。与上海华界、公共租界的法制有别，自袁世凯死后，上海法租界的法制较为宽松，党禁被解除，那里便成了进步人士开展进步活动较为理想的场所，只要不是明目张胆地举行反政府的暴力活动，上海法租界一般不会多加干涉。陈独秀在 1921 年 10 月和 1922 年 8 月先后两次被上海法租界巡捕拘捕，案由都是宣传"过激主义"。可是，他只是分别被关押了 22 天和 5 天，都被处以罚银元了事。此后，他还是照样在上海法租界开展进步活动。①

进步人士是这样，其他的市民也是这样。1914 年前，洋泾浜（今延安东路）只是黄浦江的一条支流，而且还是上海公共租界与上海法租界的一条分界线，它的两边分别由上海英租界与法租界的巡捕房派遣自己的巡捕值勤。"在南边法租界站岗的是戴安南（越南）帽、牙齿黑黑的安南巡捕；而在北边英租界站岗的却是面色漆黑、头缠红巾的印度巡捕。"京剧大师盖叫天等一些人经常在靠近洋泾浜的上海公共租界一侧练功，包括翻跟头、练手把式等。有一天，盖叫天在练完功后的回家路上，边走边练起"打飞腿"，还发出了"啪啪"的响声。印度巡捕以为这也是"扰乱治安，要把他抓到巡捕房去罚钱"。那时的盖叫天才 20 多岁，年轻气盛，"迅速飞起一个扫堂腿，冷不防把巡捕摔了一个大脑壳"。当这个巡捕从地上爬起来，再去抓盖叫天时，他已一个跟头翻过洋泾浜，"到了对面法租界上，气得印度巡捕只能望'洋'兴叹"。②

有些不法分子也会利用上海租界法制的不同来规避法制，从事非法活

---

① 熊月之：《中共"一大"为什么选在上海法租界举行》，载《学术月刊》2011 年第 3 期。
② 华道一主编：《海上春秋》，上海书店 1992 年版，第 98—99 页。

动，以致百姓遭殃。当时，有座横跨上海英租界与上海法租界的桥梁，名为"郑家木桥"。它的南面属于上海法租界管辖的北门大街，北面则是属于上海英租界的福建路。有些不法分子就利用这种地形，云集在桥堍，见到老实的农户，就上前敲诈勒索，"若被害人高声呼唤，英租界巡捕过来干涉，则逃至桥南，法租界巡捕过来干涉，则逃至桥北"。他们能玩这种"猫抓老鼠"的游戏，欺侮百姓，就是因为可以规避上海租界的法制。"因为桥南北分属英法两租界，形同二国，在英租界犯了罪，到法租界就不管，反之亦然。这样就被坏分子钻了空子，由此，上海旧社会流行着一句话：'当心郑家木桥小瘪三'，成为上海人民群众当心吃亏的口头禅。"①

（三）给法制借鉴提供了机会

由于上海租界法制的不同，上海租界以外的地区可以有选择地借鉴那些较为适合自己的法制，取长补短，推进自己的法制建设。这种借鉴突出表现在中国其他城市租界对上海租界法制的借鉴和上海华界对上海租界法制的借鉴等。上海英租界是中国大地上最早出现的租界，其法制也诞生最早，而且还与以后建立的上海法租界的法制有所不同，故往往成为中国其他城市中英租界向其学习法制的样本。这种情况在 19 世纪 60 年代已经出现。以借鉴巡捕房为例。1861 年宁波英租界为了向上海英租界借鉴巡捕房制度，曾向上海英租界董事会"索取一份上海的规章制度和一份由汉人组成一支巡捕队伍的估计费用备忘录，以及董事会可以提供的任何其他促进这方面事务的材料"。② 这些材料为宁波英租界巡捕房提供了借鉴的样本。一年以后，汉口英租界还两次借鉴过上海英租界的巡捕房，其方法是调用巡捕房人员和装备。一次是要求"上海（英租界）工部局派去 5 名巡捕"支援汉口英租界巡捕房，其中还包括像"制服"这样的装备。③ 另一次则是要求上海英租界派遣名为惠勒的巡捕去充任"汉口英租界工部局巡捕房

---

① 中国人民政治协商会议上海市委员会文史资料工作委员会编：《旧上海的帮会》，上海人民出版社 1986 年版，第 89 页。

② 上海市档案馆编：《工部局董事会会议录》（第 1 册），陆森年等译，上海古籍出版社 2001 年版，第 630 页。

③ 同上书，第 650 页。

的巡长"。① 此后，中国其他城市的租界也借鉴过上海公共租界的法制。在鼓浪屿公共租界开辟时，"大体上将上海公共租界的制度照搬到鼓浪屿"，其中包括设立会审公廨，即"查照上海成案设立会审公堂一所"。②

　　除了中国其他城市的租界借鉴上海租界的法制外，上海华界也曾有选择地向上海租界借鉴过其法制。上海华界就在上海租界的周边，对于这一现代法制耳濡目染，也体会到其先进之处，于是对其的借鉴便顺理成章。这里以城市规划与管理法制为例。这种借鉴在 1900 年前后已经开始。那时，华界成立的城市规划与管理主体的命名以及建立的相关制度均借鉴了上海公共租界的有关做法。那时先后建立的"开埠工程总局""闸北工程总局""上海南市马路工程局""马路工程善后局""上海城厢内外总工程局"等机构，都与上海公共租界的"工部局"名称相似，而且它们的职能也与这个"工部局"基本一致，这种规划与管理涉及城市管理的方方面面，包括了户籍管理、门牌编排、地产登记、捐税收支、平抑米价、查禁鸦片、违警事件及一般民刑案件的受理等，如同"工部局"的职能。③

　　还有，华界制订的《取缔各种车辆规则》借鉴了上海公共租界工部局于 1904 年制定的《马路章程》，其内容的相似之处很多。《取缔各种车辆规则》总则的内容与《马路章程》总则的内容相同之处不少。例如，《马路章程》第 1 条规定的"凡行车者须靠马路左边前行"和第 3 条规定的"过桥或十字路口，或转弯之时，应格外缓行。向左转弯，应靠近路边，向右转弯，则从宽而转，即俗所谓大转弯"在《取缔各种车辆规则》中都有相同的规定。分则中规定的汽车、马车、人力车、大货车、马货车、小货车、小车所应遵循的规则，《取缔各种车辆规则》与《马路章程》也十分相似。④ 可见，上海华界曾受到上海租界法制的不小影响。从中亦可知，就在上海这个城市中，华界在 1900 年前后就已开始借鉴、移植租界的现代

---

① 上海市档案馆编：《工部局董事会会议录》（第 1 册），陆森年等译，上海古籍出版社 2001 年版，第 651 页。

② 费成康著：《中国租界史》，上海社会科学院出版社 1991 年版，第 141 页。

③ 王立民、练育强主编：《上海租界法制研究》，法律出版社 2011 年版，第 87—88 页。

④ 史梅定主编：《上海租界志》，上海社会科学院出版社 2001 年版，第 690—704 页。

法制了。

　　上海有了租界法制，而且这种法制还不一致，有差异，这导致了上海法制的多元化，既有华界的法制，又有不同租界的法制。在同一个城市中就有这种多元法制，在世界上不多见。这是由列强的入侵和半殖民地社会造成的，是一种特殊的法制现象。这种法制具有双重性。一方面，它们的差异破坏了法制的统一性，给中国人带来了不便，容易在不经意中违法犯罪，以致缺乏法制的预期性；同时又给人们提供了规避法制的机会，冲击法制的严肃性；另一方面，由于上海租界的法制是现代法制，而且在 19 世纪中叶就已出现，早于清末中国法制改革半个世纪左右，这就使上海甚至中国其他地区的中国人，对这种新型法制具有新鲜感，体会到它们的先进面。这有利于人们对现代法制的认同，容易接受以后清末法制改革时引进的西方现代法制。同时，这一法制的差异存在，又便于华界在法制的借鉴中有所选择，选择那些比较适合自己情况的法制加以引入、使用。从这种意义上讲，上海租界法制的差异在客观上成了中国法制现代化的一种预演和选择，起了多种试验田的作用。正因为如此，有必要对中国大地上曾经出现过的上海租界乃至中国其他城市租界的法制及其差异作些研究，从而全面理解和认识中国法制现代化问题。

第二十三章 上海的澳门路与 公共租界的现代法制

上海有条澳门路，过去在上海公共租界的地界内。它的产生、命名、建设和发展都与上海公共租界的现代法制有一定的联系。本章拟对其中的几个问题作些探研。

一、澳门路是上海公共租界现代法制的产物

现在，澳门路是上海普陀区的一条道路，东西走向，东起西苏州路，西至常德路，全长 1233 米。过去，它则在上海公共租界西区的地界内，东起苏州河，西到小沙渡路（今西康路），建成的时间是 1900 年。此路既是上海城市发展的产物，也是上海公共租界相关现代法制的产物。其路名的命名、道路的建设和房屋的建造等都与上海公共租界的现代法制联系在一起。

（一）路名的命名是上海公共租界现代法制的产物

上海租界产生以前，上海的道路都在上海县城里，都是上海的传统道路，共有 63 条。它们的命名方式是传统方式，主要有以下一些：以族居者的姓氏来命名，如谈家弄、赵家巷等；以当地官吏名人的姓氏或职业来命名，如唐家弄、王医马弄等；以沿路的商铺、作坊行业来命名，如彩衣巷、果子巷、面筋街等；以沿路的建筑来命名，如三牌楼街、观澜亭巷等；以沿路的机构、设施来命名，如仓桥弄、馆驿街等；以河溪水流之名来命名，如梅溪弄、白漾弄等；以道路的方位、地形、路面结构等状况来命名，如东街、新路巷等；以仁和吉祥之意来命名，如太平街、如意街等。① 这种传统的路名在地方不大的上海县城里，易为华人所熟悉、运用。

上海租界出现以后，特别是上海公共租界形成前后，随着上海城市的

---

① 郑祖安编著：《上海地名小志》，上海社会科学院出版社 1988 年版，第 10—12 页。

区域扩大，人口的增多，特别是大量的外国人、外地人也纷纷入户上海后，上海传统的地名命名方式已明显滞后，不利于大家记忆，不适应上海城市发展的需求了。于是，从上海公共租界的前身上海英美租界（1899年改名为上海公共租界）开始，便利用现代法制手段，制定相关规定，整治界内路名，规范路名。经过多次酝酿和讨论，上海英美租界工部局董事会会议于1865年12月13日正式通过了改定界内路名的议案。此议案规定，界内道路命名的办法是：南北走向的道路以中国省份的名称来命名，东西走向的道路则以中国主要城市的名称来命名。为了使界内的华洋居民都能知晓新路名，议案要求工部局的下属机构广泛散发路名表，表中要列出相关路名。①

从此以后，界内的路名开始规范化。上海公共租界沿袭这一规定。南北走向以中国省份名称命名的路名出现了，如四川路、西藏路、云南路等；过去不是以省份名称来命名的道路也进行了必要的调整，如教堂街改为江西路，栅路改为河南路，庙街改为山东路，石路改为福建路等。东西走向以中国城市名称来命名的路名也出现了，如香港路、厦门路、芜湖路等；过去不是以城市名称来命名的道路也进行了必要的调整，如领事馆路改为北京路，法院街改为天津路，教会路改为福州路，北门街改为广东路等。这些在现代法制规制下的路名便于华人、洋人共同记忆和使用，也得到了大家的认可。

1900年上海澳门路的命名就是这一现代法制的产物。那时的上海公共租界是从上海英美租界改名而来，仍然沿用英美租界的现代法制。根据规定，澳门作为中国一个城市的名称只能作为上海公共租界内东西走向道路的路名。以澳门来命名的这条道路正好符合这一规定。它地处当时大市鸣钟地块的北侧和小沙渡渡口的南侧，是一条东西走向的道路。从中亦可见，澳门路路名的命名正是上海公共租界路名规定实施的一个实例。

（二）道路建设是上海公共租界现代法制的产物

在上海租界出现之前，上海的道路都在上海县城内。县城之外，则是

---

① 上海市档案馆编：《工部局董事会会议录》(第2册)，陆森年等译，上海古籍出版社2001年版，第528页。

阡陌田野和芦苇纤道，没有城市道路。① 县城内的道路也只是上海传统的道路，即道路狭窄，肮脏不堪。② 上海租界出现以后，用相关的现代法制规范界内的道路建设，使界内的道路逐渐呈现现代道路的特征。在上海澳门路建成以前，上海的英美租界已有关于道路建设的现代法制，此后的上海公共租界承续和发展了这一法制。澳门路的道路建设正是这一法制规范下的产物。

　　上海公共租界以及此前的上海英美租界道路建设的一个重要背景是租界内人口的增多和面积的扩大。据统计，1876 年有 76713 人，其中外国人占 1673 人；1880 年增长到 110009 人，其中外国人占了 2197 人；1890 年增至 171950 人，其中外国人占了 3821 人；到了 1900 年增加到 352050 人，其中外国人占了 6774 人。③ 界内的面积也在扩张，1899 年为 3650 亩，1893 年扩张到 10676 亩，1899 年又增加到 33503 亩。④ 于是，租界内的现代道路需要增多，建设力度需要加大，现代法制也同样要跟上。1899 年上海公共租界董事会会议批准了扩展的租界分区的议案。此议案规定，把租界分为 4 个区，沿苏州河、泥城浜和虹口浜划线，分别称为北区、东区、中区和西区。⑤ 此后，澳门路就建在西区的范围内。

　　同时，对道路的宽度也作了规定。1900 年编制的《上海租界西区道路规划图》显示，干道的宽度均为 70 英尺（21.3 米），爱文义路（今北京西路）、静安寺路（今南京西路）、戈登路（今江宁路）等都是如此。1905 年编制的《上海租界东区道路规划图》显示，干道的宽度在 70 至 80 英尺，东百老汇路（今东大名路）、华德路（今长阳路）、庙海路（今海门路）等都是如此。⑥ 还有，道路施工必须保持清洁。1854 年规定，"起造修整道路、

　　① 唐振常主编：《上海史》，上海人民出版社 1989 年版，第 137 页。
　　② 熊月之主编：《上海通史》（第 5 卷），上海人民出版社 1999 年版，第 143 页。
　　③ 邹依仁著：《旧上海人口变迁的研究》，上海人民出版社 1980 年版，第 90 页、第 141 页。
　　④ 史梅定主编：《上海租界志》，上海社会科学院出版社 2001 年版，第 96—98 页。
　　⑤ 上海市档案馆编：《工部局董事会会议录》（第 14 册），陆森年等译，上海古籍出版社 2001 年版，第 491 页。
　　⑥ 《上海城市规划志》编纂委员会编：《上海城市规划志》，上海社会科学院出版社 1999 年版，第 297 页。

码头、沟渠、桥梁，随时扫洗净洁"。① 另外，道路的质量也不断提高，建材不断升级，现代技术也不断被使用。1890 年始用水泥铺建人行道，1893 年又用柏油、水泥或其他混合材料铺筑人行道，1906 年又用铁藜木铺设南京路等。② 新建成的上海公共租界道路四通八达，异常清洁，车不扬尘，与华界传统的道路相比是"天壤之异"。③ 可见，上海公共租界的现代道路建设与现代法制同时发生。上海公共租界内的澳门路正是在这种情况下建设起来了。它使用的是现代规划、现代技术、现代材料，是一条现代道路。

（三）房屋建造是上海公共租界现代法制的产物

上海租界出现以前的上海城内房屋都是中国传统建筑，不是现代建筑。这些房屋都是土木结构，阴暗潮湿，老鼠很多。上海公共租界的建筑则是现代建筑。这种建筑包括了公共建筑、工业建筑、居住建筑和娱乐建筑。④ 上海公共租界制定过一系列规定，用其来规制这些房屋的建设，主要内容是以下这些方面。第一，规定不准建造易燃房屋。上海公共租界在 1845 年就规定，"界内不许架造易燃之房屋，如草棚、竹舍、木房之属"。⑤ 第二，规定了建造房屋的审批程序。1898 年上海公共租界规定："凡欲造新屋或旧屋翻新，须将各图样呈送公局，听候核示，准示应于十四天内示知；倘造违式房屋，经公局派人拆去，所用工费，向屋主或承造者追缴，按控追偿款之例行。"⑥ 第三，规定了中式新建房屋的规格。1901 年上海公共租界还对新建中式房屋的规格作出了规定，内容涉及多个方面。比如，普通住宅和店铺高度不得超过两层；房屋地基要高于人行道 3 英寸；房屋的地面至少要铺设 6 英寸厚度的优质石灰或水泥混凝土，并且要修整抹平；茶馆、剧院、娱乐厅或雇佣 10 人以上的商店，均应配备适当的厕所，以供雇员、顾客使用；成排的两层楼房，每隔 96 英尺要设一垛隔火墙，其材料

① 蒯世勋等编著：《上海公共租界史稿》，上海人民出版社 1980 年版，第 54 页。
② 熊月之主编：《上海通史》（第 5 卷），上海人民出版社 1999 年版，第 136 页。
③ 同上书，第 143 页。
④ 同上书，第 187 页。
⑤ 蒯世勋等编著：《上海公共租界史稿》，上海人民出版社 1980 年版，第 49 页。
⑥ 马长林主编：《租界里的上海》，上海社会科学院出版社 2003 年版，第 295 页。

为砖头或石块等不易燃物质。① 这些规定都是澳门路建造房屋的相关法制依据。

根据这些规定，上海澳门路在建造道路的同时，道路两侧的房屋也逐渐拔地而起。至 1939 年，澳门路已是一条成熟的现代道路，两边的房屋都已建成，包括居民住房和里弄、商铺、工厂、学校、茶室等。其中，居民的住房和里弄有华人住宅、日本人住宅和大有里、德明里、第安坊等，商铺有顺心诚号、李顺兴成衣、协和五金号、王茂海成衣、五金号、藤器号、盛昌号、华商永宁有限公司、朱泽洋行、大昌铁号等，工厂有中华书局的印刷厂、电器厂、电镀厂、荣森织绸厂、申新九厂、三益丝厂、荣昌丝厂等，学校有水月华童小学等；茶园有第一茶楼等。② 这些房屋都是现代房屋，居住舒适、造型美观、布局合理、生活安全。其中，有的房屋还在世界上具有领先水平。1935 年在澳门路上新建的中华书局的印刷厂被称为是"远东第一流的新厂"。③ 中华书局为中国的图书出版作出过很大贡献，《中华大字典》《辞海》《四部备要》《古今图书集成》等都是它的出版成果。可见，上海澳门路的房屋建造和发展都与上海公共租界的现代法制联系在一起，是这一法制的一个结果。

二、澳门路的上海公共租界现代法制基础

上海澳门路的产生、命名、建设和发展都与上海公共租界相关的现代法制联系在一起，是这一法制的产物。然而，这些相关法制却是以上海公共租界的现代法制为基础，不是以中国传统的法制为基础，它们之间存在很大的差异。上海公共租界的这一法制基础主要包括上海公共租界地域、自治机构、法规体系结构和语言等。

（一）上海公共租界地域的产生和发展

上海公共租界的法制是世俗法制，属地性很强，必须在一定范围的地域内才能存在和实施。在租界产生以前，中国所有地区都使用传统法制。

---

① 史梅定主编：《上海租界志》，上海社会科学院出版社 2001 年版，第 709—710 页。
② 葛福田：《上海市行号路图录》，福利营业公司 1939 年版，第 510—542 页。
③ 杨嘉祐著：《上海老房子的故事》，上海人民出版社 2006 年版，第 328—329 页。

这一法制在世界上有较高的地位,是五大法系之一。① 然而,它是礼法结合的,主张等级名分,以不平等为前提,竭力维护包括君权、父权和夫权在内的等级特权,与现代社会要求的平等、公正、自由、人权等相悖,不能在上海公共租界中使用。上海公共租界要适用现代法制,建立现代社会,首先要有一块建立自己现代法制的地域。

鸦片战争以后,《南京条约》及其附件《五口通商章程》的直接恶果之一是于 1845 年出台的《土地章程》。这章程有 23 条,内容涉及英租界的地域、租地程序、居留地居住格局等一系列问题。其中,确定了英租界的地域,东靠黄浦江,北至李家庄(今北京东路),南至洋泾浜(今延安东路)。第二年,又划定西至界路(今河南中路),其面积约为 830 亩。② 英租界便在这一地域内开始建立起自己的现代法制了。

上海出现了英租界以后,美国根据《望厦条约》的规定,也在上海取得了租界。1848 年美国圣公会主教文惠廉到上海,先在苏州河北岸地价低廉的虹口一带广置地皮,设立教堂,然后向上海道台吴健彰提出把虹口一带作为美租界的要求。当时,吴健彰作了口头承诺。1863 年当英、美两个租界合并成为上海英美租界时,美国领事熙华德与上海道台黄芳正式商定了美租界的范围。③ 美租界地域的出现,也为其建立自己的现代法制创造了条件。

上海英、美租界出现以后,又有扩大。1848 年英国领事阿利国利用"青浦教案",向新任上海道台麟桂提出扩大英租界的要求。在他的压力之下,麟桂与其签署了扩大英租界地域的协议。根据这一协议,英租界的西面从界路延伸至泥城浜(今西藏路),北面从李家庄推进至吴淞江(今苏州河),净增土地 2000 亩。1863 年上海英、美两租界合并时,土地面积多达 3650 亩。甲午战争以后,上海英美租界的地域再次扩大,即东自杨树浦桥起,至周家嘴角止;西自泥城桥起,至静安寺镇止;北从虹口租界第 5 界石起,至上海县北边界限为止,再从此划一直线至周家嘴角。1899 年上

---

① 这 5 大法系是:大陆法系、英美法系、伊斯兰法系、印度法系和中华法系。
② 王立民著:《上海法制史》,上海人民出版社 1998 年版,第 167—169 页。
③ 史梅定主编:《上海租界志》,上海社会科学院出版社 2001 年版,第 93 页。

海英美租界更名为上海公共租界后，又有一次扩张，使其面积达到32110亩。① 随着上海公共租界地域的扩大，颁行现代法制的地域也随之扩大了。上海澳门路就在上海公共租界不断扩大的地域中诞生，并在这一地域中生存的现代法制中发展起来。

（二）上海公共租界的自治机构的建立

上海公共租界的法规也须有相应的机构制定或认可。它们也是上海公共租界现代法制产生和发展的基础。这一机构就是上海公共租界的自治机构。它们独立于华界，不受中国政府的管辖和控制，单独行使自己包括立法权在内的自治权。这些机构包括领事、工部局、纳税外人会等。

1845年的土地章程已经确立了上海英租界自治机构的雏形。它确定英国领事是上海英租界的自治者，有权决定租界内的事务。它规定，英国以外国家的商人要在租界内建房、租房、屯物等都"须先禀明英国领事得其许可"；租地人如果"欲设船夫及苦力头目"，也"须陈报领事"。同时，英国领事还有司法权。它规定，英国领事"倘发现有违犯本章程之规定者，或由他们禀告，或经地方官通知，该领事均应即审查犯规之处，决定应否处罚"。②

1854年上海英租界又建立了工部局。这是一个租界内的行政管理机构。它下设工务、财政、警备、防卫、电气、卫生、运输、公用事业、学务等20余个常设委员会和普通教育、捕房特别调查、特别电气、宣传等10余个特别委员会等机构。它们均要行使租界内的各种日常管理事务。工部局就是上海英租界内的自治管理机构，如同一个政府。改名为上海公共租界后，工部局的性质仍然没变。③

1854年，上海的英、美租界还建立了租地人会制度。它要决定租界内的一些重要问题，其中包括规划市政公用设施建设、筹集各项事务的费用、决定开征捐税、审查工部局的账目等。④ 实际上是租界内的一个议决机构。

---

① 王立民：《上海租界与上海法制现代化》，载《法学》2006年第4期。
② 蒯世勋等编著：《上海公共租界史稿》，上海人民出版社1980年版，第45—50页。
③ 史梅定主编：《上海租界志》，上海社会科学院出版社2001年版，第190—202页。
④ 同上书，第154页。

1869 年上海英美租界还进一步把租地人会扩大为纳税外人会（又称"外人纳税会""纳税西人会"），是租界内成熟的议决机构，起了相当于议会的作用。它通过会议形式来行使其权力。这种会议又分为年会和特别会议两种。年会是每年举行一次，时间一般在 4 月初，议决一些重大事项，其中包括预决算、捐税、选举地产委员会等。议决问题须经过投票方式确定，本人不能出席会议的，还可以委托其他代表代为投票。特别会议讨论的事项只有两项，即是审批工部局所制定的法规附则和决定租界内重大紧急事项。它的召开时间无定期，出席人员也只要达到三分之一即可。① 上海英美租界改名为上海公共租界以后，纳税外人会没有变化，仍然行使着它的议决机构的职能。

上海公共租界有了自己的自治机构，就可根据自己的意志和愿望行使立法权，制定适合租界需要的现代法规，走法制现代化的道路。在这里还须提及的是，这些自治机构中的主要成员都是洋人而非华人。工部局由其董事会行使权力，重要事务均由其决定。董事会成员由纳税外人会选举产生，实为英国人所控制。其下属的各个机构中，一些重要职员无一不是英国人，包括了消防队长、警察长、义勇队队长、卫生处处长、工程处处长、财务处处长等。据统计，在董事会所任用的 1076 个职员中，英国人就占了 965 个。② 在纳税外人会中更是如此，全为洋人组成。入会成员的条件是：居住在公共租界内，拥有 500 两以上价值的地产或每年所付租赁房屋的金额计价在 500 两以上，每年缴纳的税金在 10 两以上。根据 1930 年的统计，上海公共租界内共有洋人 36471 人，其中符合这一条件的仅为 2677 人。③ 纳税外人会实际只是一个洋人的富人俱乐部。此后，虽然华人纳税的数量不断增加，甚至超过了洋人。据一般估计，华人所纳地税，当亦占公共租界地税总额百分之六七十。④ 可是，华人仍在被拒之列，无法加入此会，成为议决人员。洋人在自治机构中控制了权力，一方面利于制定符

---

① 王立民：《上海租界与上海法制现代化》，载《法学》2006 年第 4 期。
② 王世杰著：《上海公共租界收回问题》，太平洋书店 1927 年版，第 9 页。
③ 蒯世勋等编著：《上海公共租界史稿》，上海人民出版社 1980 年版，第 103 页。
④ 王世杰著：《上海公共租界收回问题》，太平洋书店 1927 年版，第 10 页。

合他们意志和愿望的规定；另一方面也利于移植现代法制。上海澳门路就在上海公共租界的地域及其所产生的现代法制条件下出现和发展起来了。

（三）上海公共租界现代法制体系、结构和语言的使用

有关澳门路的一些相关规定只是上海公共租界整个现代法制中的一个组成部分。它以整个现代法制为基础，以这一法制为依托。没有这种基础和依托，不可能造就与澳门路相关的规定，也不能建成澳门路这条现代道路。上海公共租界的现代法制突出表现在它的现代法规体系、结构和语言等一些方面。上海公共租界在 20 世纪初以前就已基本建成自己的现代法规体系。在这一体系中，除了有土地章程外，还包括有治安、邮政等一些内容。而且，每个法规都有自己具体的调整对象。1893 年施行的《工部书信馆章程》所涉及的内容就包括邮资、邮票、存款账户、邮件规格、书信馆的责任、姓名和地址的书写、投递时间、客户意见、挂号邮件、变更地址等。[①] 这一现代法规不同于中国传统的法律体系。在中国的传统法律体系中，基本上都不是独立的部门法法典，而是诸法合体的法典。这是一种不发达的法律体系，与上海公共租界的现代法律体系有天地之别。

上海公共租界的法规结构是一种现代的法规结构。首先，它采用的是现代法规的称谓，如"章程"等。除了《工部书信馆章程》外，还有 1901 年的《公共租界工部局中式新房建造章程》和 1903 年的《公共租界工部局治安章程》等都是如此。中国传统的法律则不是这样的称谓，而是称为"律""刑统""通制"等。其次，采用现代法规款、条的排列方式。在上海公共租界内容稍多一些的法规中，都采用现代的款、条排列方式。《公共租界工部局治安章程》就采用了这种现代法规的排列方式。[②] 它共有 25 款，款下设条。第 1 款为"西客栈及大餐馆"，下设 11 条，内容为：不可顶替他人执照、查验酒的人员和方法、开闭馆时间、转租、不准留宿的情况、不准滋事赌博等。在中国传统的法典中，没有这种现代的款、条结构，只有条的排列。最后，采用现代法规款标的做法。《公共租界工部局治安章

---

① 王立民：《上海租界与上海法制现代化》，载《法学》2006 年第 4 期。
② 史梅定主编：《上海租界志》，上海社会科学院出版社 2001 年版，第 690—699 页。

程》即采用了这种做法。它的每一款都有款标。比如，第 2 款为"大小弹子房"，第 3 款为"驳船"等都是这样。中国传统法典中没有采用在文中设款标的做法。这种现代的法规结构只在现代法制中才会出现。

上海公共租界的现代法制还使用了现代的法制语言。1903 年的《公共租界工部局巡捕房章程》就大量使用现代的法制语言，如"原告""被告""审问""拘送惩罚""一经查出照例惩罚""禁止虐待牲畜""不准燃放爆竹""不准将垃圾倾倒路上"等。① 在中国传统的法典中则不是这样，使用的是传统的法制语言，如"十恶""八议""官当""笞""杖""上请听裁"等。

在上海公共租界的现代法制条件下，有关澳门路的相关规定应运而生并不断得到实施，成就了澳门路的现代道路。没有这一现代法制条件，不会制定出与澳门路相关的规定，也就无法产生出澳门路这样的现代道路了。

三、与澳门路及其现代法制有关的几个问题

与澳门路及其现代法制有关，还有一些值得关注的问题，主要是以下三个：

（一）有关路名规定失控的问题

这是一个有关上海公共租界路名规定的实施问题。1865 年 12 月 13 日改定路名的规定实施以后，开始的实施情况比较理想。可是，以后由于租界地域的扩大，道路数量的增多，再加上越界筑路的推进，② 出现了大量利用人名来命名路名的情况。澳门路是一条按照规定来命名的道路，然而就在澳门路命名前后，就已经出现了一些以人名来命名的道路。比如，施高塔路（今山阴路）是以 1894 年至 1897 年任工部局总裁的施高塔来命名，窦乐安路（今多伦路）是以英国传教士窦乐安来命名，乔敦路（今淮海西路）是以 1906 年至 1920 年任英国驻华大使的乔敦来命名，法磊斯路（今

---

① 史梅定主编：《上海租界志》，上海社会科学院出版社 2001 年版，第 700—704 页。
② 越界筑路是上海租界当局扩大自己地域和势力范围的手段。他们在连接租界之处的租界以外地区修筑道路，然后派遣巡捕进行巡逻，进行工务、卫生、收捐税等管理，最后再把这些地区划入租界范围。从辛亥革命至五卅运动这段时间，上海租界的越界筑路情况比较严重。

伊犁路）是以 1911 年至 1922 年英国驻上海总领事的法磊斯来命名，华伦路（今古北路）是以 1901 年至 1911 年英国驻上海总领事的华伦来命名，庇亚士路（今北翟路）是以 1913 年至 1920 年任工部局总董的庇亚士来命名，白利南路（今长宁路）是以 1898 年至 1901 年任英国驻上海总领事的白利南来命名等，都是如此。① 可见，在这些时期，有关路名规定的实施情况已不理想，存在失控情况。然而，用这些英国工部局总裁、英国传教士、英国驻上海总领事、英国驻华大使等人名来作为路名是对他们的侵华作用的认同和提高他们在殖民事业中的地位。这从一个侧面反映出上海公共租界的半殖民地状况。

太平洋战争爆发以后，英美与日本处于战争状态，对抗更为公开化，日军很快便占领了上海公共租界。1943 年 8 月 1 日日伪上海市政府又正式接收了这一租界。此时的上海公共租界虽然还存在，但却成了日伪控制的地区，原来有关路名的规定名存实亡。然而，在日伪上海市政府推行的去英美化过程中，歪打正着，中国的许多地名替代了原来以英美人名等来命名的路名。比如，把爱多亚路改为大上海路，林肯路改为天山路，敏体尼荫路改为宁夏路，古拔路改为富民路等。另外，还有一些路名也都通过改名而产生了，如余姚路、大名路、武胜路、虎丘路、天目路等。② 包括澳门路在内的一些原来就是以中国地名来命名的路名，自然不在这次改名之列，仍以原名保留。这样，上海的路名就出现了一种令日伪上海市政府意想不到的结果。这正如一位学者所言："其结果却产生了一个日伪势力所并未预想到的实际意义。这就是经 1943 年大规模的更改整理路名以后，以中国各省地名命名的路名在上海的全部路名中就占据了多数。于是这种以中国各类地名来命名上海道路的原则和方法得以确定，并被延续运用，从而促成了上海路名的地方特色的基本形成。"③ 此话不假。

（二）有关城市建筑规定的瑕疵和实施的问题

这是一个涵盖上海公共租界立法和法规实施的双重问题。它涉及以下

---

① 郑祖安编著：《上海地名小志》，上海社会科学院出版社 1988 年版，第 40—41 页。

② 同上书，第 50—51 页。

③ 同上书，第 51 页。

三个方面：

第一方面，建筑规定缺乏整体规划。虽然，上海公共租界对租界内建筑的规定已经比较齐全，对房屋图纸设计的审批权、房屋建造活动中的监理权、违章建筑的查处权等一些内容都有明文规定，可对租界内的整体建筑却缺乏整体规划，留有瑕疵。究其原因有多个。比如，有私利原因。1874 年曾有提议称在河南路以东地区不再新建中式房屋，但由于租界内的中式建筑多为洋人所建，为利所趋，洋人竭力反对，导致此提议流产。又如，有经济原因。由于租界的扩大，而且建筑的分布基本上是因为地价的差异和经济布局的变化而自然演化，没有从其城市建筑的合理性来考虑，建筑规划无法实现等。

第二方面，有法不依的情况比较突出。这又主要表现在娱乐场所等的特殊建筑和建筑物的高度限制上。考虑到安全等诸多原因，上海公共租界曾于 1925 年作出规定，不允许包括电影院、戏院等在内的娱乐场所，在其建筑的下层或上部建有居舍。可是，为了节省成本，上海公共租界的娱乐场所中，几乎全都设有居住、办公等场所，相关规定成了儿戏。另外，上海公共租界的建筑规定限制了西式建筑的高度，一般不得超过 85 英尺，但这一规定一直没有得到很好的实施，超高的建筑不是个别情况。1905 年天洋洋行在地产重建中，在现有的一个三层高的文艺复兴样式的建筑上，再添加了一个新建筑，以致总高度达 115 英尺；1906 年九江路四川路口的安利洋行建造了一幢 9 层的建筑，高达 130 英尺；另外，广东路上建筑的大来大楼也达到了 90 英尺的高度等。[①] 这些都是有法不依的典型例子。

第三方面，相应的措施不配套。这又突出表现在强拆棚户区的问题上。20 世纪 20 年代以后，随着上海工业的发展，贫困的工人大量增加，棚户区也大幅度增多。据统计，1925 年上海公共租界内共有棚户房 2000 间左右，仅杨树浦路、平凉路一带就有 1200 间，此后还有增加。这些地方，人口密度大、环境卫生差，工部局多次以违规为由，采取强拆的方式加以取缔。可是，由于上海公共租界没有采用相应的安置措施，大量工人没有

---

① 练育强：《上海公共租界建筑管理法规研究》，载《探索与争鸣》2010 年第 3 期。

地方安置，以致强拆一再失败，棚户区仍然存在。1936 年 7 月 11 日上海公共租界强令杨树浦一带棚户区居民迁出，准备强拆草棚，但立刻遭到2000 多人的反对而作罢。1938 年上海公共租界再次试图拆毁西边新工业区新建的棚户区居民住房 31800 户，也没有成功。① 由于缺乏相关的配套措施，上海公共租界有些关于建筑的规定，无法得到有效的实施，城市面貌大损。

（三）城市总体布局规定缺失的问题

上海公共租界虽有一些关于土地、道路、建筑的规定，但仍缺失租界内城市总体布局的规定，以致租界定型后，整体面貌不尽理想。

首先，道路的总体布局不尽理想。上海公共租界的道路由于缺少整体布局及其相关的规定，导致了道路的布局不尽合理。那里，东西方向的道路比较宽敞，南北方向的道路比较狭窄。比如，北京路、南京路等都比较宽敞，广西路、云南路等都比较狭窄。随着城市的扩大和人口的增加，南北方向的道路就显得滞后，比较拥堵。同时，上海公共租界还与法租界接壤，其接壤地是洋泾浜（今延安路）。可是，这两个租界各自为政，城市总体布局既无相关规定，也无协调和实际操作，因此南北向的城市道路多不衔接，以致交通不畅，很不方便。

其次，建筑的总体布局不尽理想。上海公共租界内的建筑基本是一种随机建造的建筑，没有总体布局及其相关规定。于是，租界内不同收入的人们便建造、居住不同的房屋。其结果是：外国人、官僚、资本家等城市中的富人居住的是花园洋房；高级职员、商人等城市中的中产阶级居住的是公寓住房；普通居民居住的是一般里弄住房；贫苦劳工、流民等城市的下层人员则居住的是棚户或简易住房。② 由于租界内没有城市总体布局的规划，这些不同材质、不同式样、不同高低的住房交织在一起，呈现了一种乱象，很不美观。澳门路也是这样，日式、中式、西式住房都混杂在一起，没有章法，缺少美感。

---

① 史梅定主编：《上海租界志》，上海社会科学院出版社 2001 年版，第 568 页。
② 熊月之主编：《上海通史》（第 5 卷），上海人民出版社 1999 年版，第 187 页。

　　最后，城市相关配套设施的总体布局不尽理想。为了便于城市居民的生活，与居民区相配套的相关设施应当俱全。但是，上海公共租界也没有此类总体布局的规划及其规定，这类设施处于自生自灭的无序状态。业主觉得有利可图，便开店营业，否则就关店闭门，以至于有的地方的居民区远离商业网点，有的地方的商业网点集中，又不与居民区结合在一起，这就造成了居民生活的不便。澳门路虽然不长，但这种情况也存在。它靠近东面的那一段大量的是居住与仓库，几乎没有商店；靠近西面的那一段则有商店等一些相关的设施，但又很少有居民点。[①] 这造成了许多居民的生活不便。总之，上海公共租界具有现代法制，但是一种有明显缺失的现代法制，而这种缺失又是由这一租界本身的性质造成的，不可避免。

---

① 《上海市行号路图录》，福利营业公司 1939 年版，第 510—511 页。

第二十四章　上海租界的现代公共卫生立法

上海租界是中国最早出现的租界。上海租界的法制是中国大地上最早出现的现代法制，要早于中国 20 世纪初的法制改革半个世纪。[1] 其中的公共卫生立法是上海租界现代立法中的一个重要组成部分，也是中国大地上最早的现代公共卫生立法，而且还为上海建设现代城市立下了汗马功劳。本章对其作些探研。

一、上海租界公共卫生立法的主要内容

中国大地上最早的现代公共卫生立法即是上海租界的现代公共卫生立法，其中主要包括公共环境卫生、公共食品卫生和公共医疗卫生等立法。它们都有自己的内容，有些内容早在 19 世纪就已制定出来了。

（一）关于现代公共环境卫生立法

上海租界的现代公共环境卫生立法主要集中在保护租界内公共场所和特殊场所的卫生，禁止各种损害这一卫生的行为。特殊的场所主要是那些加工、出售食品的场所，如屠宰场、菜场、饮料加工场所等。

关于公共场所卫生的立法。早在 19 世纪，上海租界已进行此类立法。1845 年上海租界《土地章程》里就已规定有保持公共场所卫生的内容。它规定，在租界内禁止"堆积秽物、红沟污满流路面"[2] 等有损公共场所卫生的行为。此后，这类内容有了扩展，特别是进入 20 世纪以后。此类内容扩展到了更广泛的范围，1903 年上海公共租界《工部局巡捕房章程》甚至规定在租界内不可燃放爆竹，以免污染公共场所。"租界居民无论在于马路僻经及公地，均不准燃放爆竹。"还有，在马路上散落鸡毛等物品也在禁止之

---

① 王立民：《上海租界与上海法制现代化》，载《法学》2006 年第 4 期。
② 王铁崖编：《中外旧约章汇编》（第 1 册），三联书店 1957 年版，第 9 页。

列，违犯者还要受到行政处罚。"所有鸡毛等物在租界马路上搬运者，均应装包裹扎，以免飘飞路上，有碍行人，其包扎不固之鸡毛等物，一经查出，即由巡街捕随时拘入捕房，并将违章之人照例惩罚。"①上海法租界也有关于公共场所立法的内容。1869年颁行的上海法租界《公董警局警务路政章程》禁止多种有损于公共场所卫生的行为。这类行为包括随地倾倒垃圾、燃放鞭炮烟火、清除异味物品而有碍公共卫生等。它规定，"在法租界内，禁止在指定地点以外堆积或倾倒垃圾"；禁止在马路上或在住宅旁边"燃放鞭炮或点燃烟火等"；"清除粪便或其他散发异味物品者，在操作时，不得有碍公共卫生"等。②

关于特殊场所的卫生立法。这些特殊场所与加工、出售食品联系在一起，与人的健康、生命安全直接相关，所以上海租界也重视这类立法。1929年上海公共租界施行了一个宰猪场执照规则，其中对宰猪场的卫生作了规定，内容包括保持清洁水源、场内不准随地吐痰；屠宰后的血液、汗水等污秽物质在3小时内要洗净结束等。③1935年上海法租界《公董局管理饮料制造章程》对饮料制造场所的卫生作了规定，内容有：这一场所的地面要用石、砖或三合土建造，污水及时从阴沟排出，场所内禁止随地吐痰等。④1931年上海公共租界《工部局公共菜场章程》对菜场卫生作了规定，内容涉及不准随地吐痰；生猪、生羊、生牛等牲畜不得带入菜场；染有传染病的人不准进入菜场等。⑤

（二）关于现代公共食品卫生立法

上海租界的现代公共食品卫生立法涉及食品的多个方面，特别是一些与人们日常生活关系较为密切的食品。上海租界的这类立法也起步较早，在20世纪以前就已有相关规定，此后又有进一步发展。

上海英美租界（1899年改名为上海公共租界）在1873年就规定，夏

---

① 史梅定主编：《上海租界志》，上海社会科学院出版社2001年版，第700—701页。
② 同上书，第713页。
③ 马长林等著：《上海公共租界城市管理研究》，中西书局2011年版，第109页。
④ 王立民著：《中国法制史》，上海人民出版社1998年版，第222页。
⑤ 史梅定主编：《上海租界志》，上海社会科学院出版社2001年版，第706页。

季的肉类食品不得隔夜出售，其他季节不得出售存放两天以上的肉类。1898 年上海英美租界又规定，牛奶中不准掺水或掺假，所有装牛奶的器皿必须用开水浇过，牛奶瓶上要注明牛奶生产单位等。到了 1932 年上海公共租界又进一步规定：菜场的摊位要用适当的方法来防止苍蝇、灰尘或其他不洁物侵及食品；生食的果蔬不得切开或去皮出售；未经检验之肉，不得出售；菜场收市后，要将未售出之肉存入冷藏室或冰箱；煮熟或生食之食品，不得与天然冰接触等。①

上海法租界也在公共食品卫生方面作出过规定。1903 年时规定，出售的肉类须有宰牲场的检验印；运输肉类须盖以白布，送肉之人不得坐在肉上等。1914 年又对乳制品作出规定，内容有禁止出售患病牲口的乳制品；禁止出售变质、受污染等的乳制品等。1935 年还进一步规定：严禁陈列、售卖伪造或有害于人类身体之饮料；在出售饮料的器皿上要注明该饮料性质、制造方法和制造之地；严禁制造、出售不合格饮料；饮料中加入味素、香味、颜色者，不得以此水果名称命名；不是以纯水果而发酵制成的酒，不得以水果酒命名等。②

（三）关于现代公共医疗卫生立法

上海租界对现代公共医疗卫生也进行了众多立法，而且主要集中在传染病的防治方面。其中包括了霍乱、鼠疫、狂犬病、性病等一些那时出现过且危害较大的传染病的防治。这里仅以对狂犬病的防治立法为例，来窥视当时的公共医疗卫生立法。

狂犬病的防治与犬的管理联系在一起，带有狂犬病毒的犬是引起人得狂犬病的主要原因，因此上海租界的相关立法首先是对犬类的管理，而且在 20 世纪以前已是如此。1893 年上海公共租界就对租界内犬类的管理作出规定，内容是：凡在租界马路上游荡而又不戴颈圈的犬，一律采取捕捉办法，将其送入虹口捕房的犬舍；如果关入的 7 日内无人领取，此犬即被杀死。1899 年，上海公共租界还施行了《狂犬病及家犬上口套管理条例》，

---

① 史梅定主编：《上海租界志》，上海社会科学院出版社 2001 年版，第 498—501 页。
② 同上书，第 502—503 页。

规定家犬外出必须戴上口套；后又对养犬户征收执照税。

1900 年以后，上海法租界也建立了关于养犬的制度。另外，上海公共租界还对人感染狂犬病的治疗作了规定。1907 年此租界发出通告，要求被犬咬伤者前往巴斯德研究院进行治疗，因为那里的治疗比较有效。1922 年又发出狂犬病防治通告，告知租界内居民关于感染狂犬病的途径、狂犬病的症状、可疑犬的处理、治疗方法等，以丰富他们防治这类疾病的知识，要求他们遵循。① 综上所述可知，上海租界在 20 世纪前就开始了公共卫生立法，一直持续到 20 世纪以后，内容涉及城市公共卫生的一些主要方面，可以基本满足上海租界城市公共卫生管理的需要。

二、上海租界公共卫生立法的传播与实施

上海租界的公共卫生立法要变成现实，形成现代公共卫生秩序，离不开它的传播与实施。传播是为了让人们知法，进而加以实施；实施是传播的目的，为了实施才进行传播。上海租界在现代公共卫生立法的传播与实施方面都有动作。

（一）上海租界公共卫生立法的传播

上海租界公共卫生立法的传播随着这一立法的出台而开始。20 世纪以前就已有这一传播，而且随着时间的推移，传播的形式也多样化了。早在 19 世纪时，上海租界公共卫生立法的传播就已开始了。成书于 1876 年的《沪游杂记》里，就记载了《租界例禁》，其中有关于公共卫生的规定。比如，有关于维护公共环境卫生的规定，"禁路上倾倒垃圾""禁道旁小便""禁施放花爆""禁九点钟后挑粪担"等；有关于维护公共食品卫生的规定，"禁卖臭坏鱼肉"等。② 它们随着《沪游杂记》一书的发行而得到了传播。进入 20 世纪以后，这种传播规模更大，方式也更多了，形成了一种由张贴布告、报纸刊载、发放宣传品和口传等方式组成的多方位的组合式传播形式。

关于张贴布告的传播形式，即一种把上海租界制定的有关公共卫生的

---

① 马长林主编：《租界里的上海》，上海社会科学院出版社 2003 年版，第 308—312 页。
② 〔清〕葛元煦等著：《沪游杂记　淞南梦影录　沪游梦影》，郑祖安等标点，上海古籍出版社 1989 年版，第 3 页。

规定印刷在纸上，在租界内进行张贴，让租界居民知晓其中的内容的传播形式。1906 年 8 月上海公共租界工部局发出 1794 号布告，内容是关于食品卫生的规定。布告说，所有不合时宜之食物，如水果、蔬菜、冰淇淋和各种冰冷汽水以及各种汽水等，"一概不准摆摊设市出卖"，如有违反此规定者，不仅要被拘惩办，还"将其制作之器具全行充公不贷"。1909 年 7 月此局再一次发出 1981 号布告，内容亦是关于食品卫生的规定，与 1794 号布告相似。①

关于报纸刊载的传播形式，即一种把上海租界制定的有关公共卫生的规定刊载在报纸上，并通过报纸的发送来扩散这些规定的传播方式。1929 年 6 月上海公共租界制定了一个关于禁售不洁饮料的规定，这一规定的内容刊载在当时的《申报》上，其因此而得到广泛传播。其内容主要是："掺水之蔗浆，冷水之梅汤，污秽之冰淇淋等，俱与卫生有害"，因此"禁止售卖一切不洁饮料，违则拘罚不贷"。②

关于发放宣传品的传播形式，即一种把上海租界制定的有关公共卫生的规定及相关卫生知识印刷在宣传品上，然后将其散发到居民手中，进行宣传的传播形式。为了执行上海租界关于预防狂犬病的规定，抑制狂犬病的传播，上海公共租界于 1935 年把这类规定和相关的卫生知识制成小册子，在租界内发放，进行宣传。由于租界内有一部分外国居民，故小册子还分为英文、中文、日文、俄文等不同语言的版本。另外，还编写出版了《卫生须知》《居住上海应如何卫生》《疾病之原因及如何抵抗》等书籍，分送至居民家中。③ 这些都有利于帮助他们提高执行相关规定的自觉性和卫生知识的水平。

关于口传的传播形式，即一种把上海租界制定的有关公共卫生的规定，通过居民间口授的途径进行传播的形式。这种传播形式往往在熟人之间进行，也十分有效。据《老上海三十年见闻录》记载，某甲"初来上海，行至四马路（今福州路）棋盘街转角处，因欲解手"，此时的随同"友人告明

---

① 马长林著：《上海的租界》，天津教育出版社 2009 年版，第 117 页。
② 同上。
③ 马长林等著：《上海公共租界城市管理研究》，中西书局 2011 年版，第 128 页。

租界章程，须拉进捕房，罚洋二角"。某甲听完以后，十分为难，说："洋钱事小，颜面攸关，然尿胀腹中，急不能禁，奈何？"急中生智，此位友人便拉了某甲到附近妓院去解手，进妓院的费用为两元。最后，这两人"互相笑述，谓今日一场小便，值洋钱两元云"。① 这样便避免了违法与被罚。

这些形式结合起来，便利于上海租界公共卫生立法的传播，为上海租界这一立法的实施打下了基础。

（二）上海租界公共卫生立法的实施

随着上海租界公共卫生立法的制定，其实施也随之展开，并且在现代公共环境卫生、公共食品卫生和公共医疗卫生方面均有体现。关于现代公共环境卫生立法的实施。为了实施上海租界关于公共环境卫生立法，上海公共租界自 19 世纪 70 年代开始，每天清除一次垃圾，雇用 100 名垃圾清洁工，使用 6 辆马车和一些小车进行城市垃圾的清扫和清运，每天从街道、住房清运的垃圾数量达 40 余吨。随着城市地域的扩大，清扫垃圾的数量有了增长，处理的方法也有所变化。1932 年起采用焚化炉焚化方式，每日平均焚化的垃圾达 280 余吨。

上海法租界 1922 年每天平均清除垃圾 172 立方米，以后也有增加。② 一些违犯公共环境卫生立法人员也受到应有的惩罚。一位北方人在上海租界"马路上大便"，被巡捕抓住，但"其人不服，吵闹不休"，最后被押送到会审公廨进行审判，结果被"加罚数元"。③ 再加上其他一些措施，上海租界的公共环境卫生情况良好，与当时的华界形成了强烈的对比。正如郑观应所言："余见上海租界街道宽阔平整而洁净，一入中国地界则污秽不堪，非牛溲马勃即垃圾臭泥，甚至老幼随处可以便溺，疮毒恶疾之人无处不有，虽呻吟仆地皆置不理。唯掩鼻过之而已。"④

关于现代公共食品卫生立法的实施。上海租界对于实施公共食品卫生立法的力度比较大，对于违法者绝不姑息。1893 年 5 月上海公共租界河南

---

① 陈无我著：《老上海三十年见闻录》，上海书店出版社 1997 年版，第 263 页。
② 史梅定主编：《上海租界志》，上海社会科学院出版社 2001 年版，第 505—506 页。
③ 陈无我著：《老上海三十年见闻录》，上海书店出版社 1997 年版，第 244 页。
④ 郑观应著、夏东元编：《郑观应集》（上），上海人民出版社 1982 年版，第 663 页。

肉摊上被发现准备出售的 3 只已宰的羊，因为没有盖上屠宰场的印记而被没收，送油脂店处理。① 上海法租界同样如此。1938 年 7 月法租界共处罚了 2924 起违反公共食品卫生立法的行为，其中查获腐肉 210 斤、死猪 300 头、坏鱼 57 斤、烂羊 1270 斤、不良鸡鸭 30 斤、坏菜 100 斤，还有"不法饮料" 267 起等。② 相比之下，上海华界的食品卫生情况就比较差，有些饮食店出售的食品没有卫生保障。一位顾客在上海的华界餐馆用餐，多次吃到不洁食品，十分尴尬。第一次，他与几位朋友到华界的"一家著名的馆子聚餐"，在清炖全鸭汤中，"忽见一只壁虎，众人不觉惊骇不已"；第二次，他与一个朋友到素菜馆吃冬菇面，面中发现"一只很大的蟑螂"，第三次，他到一家餐馆用午餐，"忽见汤汁中蠕蠕而动，仔细一看，原来是活蛆"。③ 上海华界的公共食品卫生立法及其实施情况可想而知。

关于现代公共医疗卫生立法的实施。上海租界的现代公共卫生立法出台以后，其实施也随之进行了。为了落实关于狂犬病防治的规定，上海公共租界在 1893 年就捕捉了 4457 条狗，除了其中的 750 条被认领外，其余的全部视为野狗而被溺死。1899 年又捕捉了 4758 条野狗，大部分被处死。以后，射杀野狗变成了惯例。这对抑制狂犬病的发生起了重要作用。1902 年还发生了一起引人注目的案例。那年 12 月，荷兰驻沪总领事阿德瓦凯特豢养的一条家犬因违规没戴口套而被巡捕捉住，但此领事拒交罚款，于是此案被移送到外国驻沪领事团处理。此后，领事团决定在荷兰领事法庭对其提起诉讼，由瑞典、挪威总领事任法官，最后判决处以罚款终结此案。另外，再加上狂犬疫苗的使用，上海租界的狂犬病就得到了有效控制。上海租界还把防治狂犬病的规定和措施推广到华界，以致整个"上海治疗狂犬病的技术达到当时世界上较高水平"。④

综上所述，上海租界现代公共卫生的立法得到了有效实施，也起到了积极作用，成果比较明显。

① 马长林等著：《上海公共租界城市管理研究》，中西书局 2011 年版，第 109 页。
② 王立民著：《上海法制史》，上海人民出版社 1998 年版，第 222 页。
③ 醉痴生：《暑天的饮食问题》，载《申报》1931 年 7 月 8 日。
④ 马长林主编：《租界里的上海》，上海社会科学院出版社 2003 年版，第 307—316 页。

三、与上海租界公共卫生立法相关的其他问题

与上海租界的公共卫生立法相关联，还有一些值得关注的问题，下面逐一论述。

（一）上海租界公共卫生立法现代性的表现

1845 年出现的上海英租界是中国大地上产生的最早的租界，是现代立法的发祥地。此后，随着上海的租界的不断扩大，先后产生、发展了美租界、法租界、英美租界、公共租界等，上海租界的立法也有了发展。这些租界的立法包括公共卫生立法在内，都属于现代立法。这种现代性在公共卫生立法中有了充分体现。

首先，具有现代立法的理念。上海租界的公共卫生立法把现代立法理念作为自己的立法理念，其中规定的内容体现了法律面前人人平等的理念，没有任何特权的规定。这与中国古代立法中存在大量的特权理念与规定，有天壤之别。中国古代立法中的"八议""上请""减""官当"等一些特权性规定长期被使用，在《唐律疏议·名例》等法典中都有明文规定，其中的大部分在清末才被废除。其立法理念与上海租界的公共卫生立法理念大相径庭。上海租界公共卫生立法的这一理念在实施中也得到佐证，荷兰驻上海总领事因养犬违法被罚就是一个明证。

其次，具有现代的立法语言。上海租界公共卫生立法中使用了现代立法语言，如"不准""违犯者""禁止之列""违章""拘罚不贷"等，都是如此。中国古代的立法则大量使用传统的立法语言，如"五刑""同居相为隐""化外人相犯""断罪无正条"等。它们在《唐律疏议》等一系列法典的《名例》中都有明文规定。可见，它们之间区别明显。

最后，具有现代科技作支撑。上海租界公共卫生立法中有不少现代科技的元素，并以这些元素为支撑。缺少这些元素，上海租界的公共卫生立法便无法制定与施行。从这种意义上讲，其现代科技含量不低。防治狂犬病的规定就需有防止狂犬病的科技为支撑，否则还是无法体现其意义。事实也是如此。上海租界在制定这类规定时，就有这一科技的支持。第一，现代科技证明，人的狂犬病是一种由被患有狂犬病的狗猫等动物咬伤而感染狂犬病毒而引起的疾病，其发病后不可逆转，死亡率达 100%。这些都

以实验的结果来证明。上海租界曾对兔子进行实验，发现其潜伏期为9—14天。第二，上海租界还设立了狂犬病治疗所，取名为上海巴斯德研究院。其以研究治疗狂犬病为己任，而治疗的主要方法是注射预防狂犬病的疫苗。第三，改进预防狂犬病的疫苗。从1922年上海租界开始使用经过改进的森普尔疫苗，其提高了狂犬病疫苗的稳定性与防腐性，品质得到了提高，人的免疫力也提升了。① 这些都是现代科技的产物，并被运用在上海租界的防治狂犬病及其立法中。没有这些现代科技作支撑，上海租界防治狂犬病立法便成了空中楼阁。中国古代没有这种现代科技，也不可能有与上海租界类似的防治狂犬病的立法。可见，上海租界公共卫生立法是一种现代立法，在中国大地上最早产生，比中国华界的相关立法要早得多。因为清末法制改革在1901年以后才开始，从那以后中国华界才大规模进行现代公共卫生立法。

（二）上海租界的公共卫生立法对上海华界的相关立法产生过影响

在上海，租界与华界毗邻，租界的周围全是华界，即租界被华界包围。上海租界是个开放区域，一般情况下，华界居民可以进入租界，租界的居民也可以进入华界。这样，租界与华界之间来往、交流就不可避免了。上海租界的公共卫生立法是现代的公共卫生立法，与上海华界的传统卫生立法相比具有明显的优越性，其实施后所带来的积极效果往往被华界所关注，有的还被华界所借鉴。除了防治狂犬病的规定外，防治天花的规定也是如此。

1869年12月上海英美租界出现了天花患者，防治天花病流行迫在眉睫。同月，上海英美租界的亨德森医官运用相关现代卫生知识，及时向租界管理机构工部局提出防治建议，翌年此局董事会便批准其建议并作为规定开始实施。这一规定还在报纸上公布和张贴布告宣传。其中的主要内容是，为租界居民免费接种牛痘、接种地点、指导中国开业医生如何接种牛痘等。租界采取的措施对华界产生了影响。华界原广泛采用的是传统的人痘接种法，效果不理想，于是改用现代的种牛痘防治方法。1870年上海

---

① 马长林等著：《上海公共租界城市管理研究》，中西书局2011年版，第92—95页。

道台还发出布告,认为采用租界的种痘方法十分必要,动员华界居民去租界接种,还规定在租界内禁止本地人使用的传统人痘接种法。此后,上海华界居民也逐渐接受了租界使用的现代种牛痘法,认为这一方法"简易稳当""万无一失"。① 从此,整个上海不论是租界还是华界,都规定和使用现代的种牛痘法来防治天花传染病,而且还取得了较好的效果。

(三)上海租界现代公共卫生立法的成因

上海租界建立以前,租界的那片土地在上海城以外,而且比较荒僻。② 上海开埠以后,洋人带来了西方的现代城市理念、模式、技术、制度,要把租界建成现代城市。在现代城市中,必须具备现代城市治理、城市法制与城市环境建设等,而这一切均少不了现代公共卫生立法,这一立法也就应运而生了。

首先,现代城市治理少不了现代公共卫生立法。上海租界推行的是现代城市治理,这种治理以法制的治理为主要特征,与中国传统的人治治理不同。上海租界对于公共卫生的治理就不能缺少现代的公共卫生立法。否则,上海租界的公共卫生就无法跟上现代城市治理的步伐。这种现代的城市治理使上海租界不得不进行现代公共卫生立法。

其次,现代城市法制少不了现代公共卫生立法。上海租界建立的是现代城市法制,与中国传统的以农村法制为主的法制有很大区别。这一法制要适应现代城市的发展需要,有自己的法制体系,其中亦不能缺乏城市公共卫生立法。否则,这一法制就不完善,造成很大的缺陷。在建立这一法制时,上海租界当然不会遗忘公共卫生立法,避免留下不应留下的缺憾。

最后,现代城市环境建设同样少不了现代公共卫生立法。上海租界要建设现代城市环境。这是一种卫生、健康的环境,绝不是肮脏、疾病丛生的环境。这就需要用现代公共卫生立法来规范租界内居民的公共卫生行为,养成良好的公共卫生习惯,共同营造上海租界的现代城市环境。如果没有这类立法,上海租界的居民面对公共卫生就会无所适从,现代城市的环境

---

① 马长林等著:《上海公共租界城市管理研究》,中西书局 2011 年版,第 84—86 页。

② 熊月之主编:《上海通史》(第 3 卷),上海人民出版社 1999 年版,第 22 页。

也就无法建成了。事实已经证明，上海租界的现代城市建设比较成功，以致被称为"东方巴黎"，其中的现代公共卫生立法功不可没。

（四）上海租界现代公共卫生立法的局限性

上海租界的现代公共卫生立法是上海租界现代法制中的一个重要组成部分，也对上海的现代城市建设起了积极作用，但不可否认其有较为明显的局限性。"治标不治本"是其中较为突出的一个方面，关于防治性病的规定就是如此。

上海租界关于性病防治的规定主要集中在对妓女的管理上，上海公共租界和法租界都有这方面的规定。上海公共租界规定，妓女必须进行性病检查。① 上海法租界也规定，妓女入院时，须先接受医生诊察，以后每半月诊察一次。② 然而，这些规定仅是"治标"而已。因为，上海租界允许大量妓女合法存在，而且把其作为一种税收来源，即"他们想的是如何将妓女变成一项税收收入"。③ 这就像在"欧洲的大城市一样，租界当局对它产生了兴趣，并试图控制与管理它，而不是去消灭它"。④

在这种情况下，上海租界的妓院、妓女必然泛滥，人数也不断增加。据统计，早在 1869 年上海公共租界的妓院就有 463 家，妓女 1612 名；上海法租界有妓院 250 家，妓女 2600 名。到了 19 世纪，上海租界的妓院增至 1500 家，妓女的数量在 5500—6500 名之间。1915 年时，仅上海公共租界的妓女就有 1 万名。⑤ 甚至有洋人认为"上海的妓女在人类上实居世界各处之冠"。⑥ 于是，性病没法得到有效控制，性病的防治无法从根本得到解决，其相关规定也就收效甚微了。此后，上海租界也曾开展过废娼运动，但只是走过场而已。"1920 年至 1925 年的废娼运动，可以说是租界在极不情愿的情况下人为地强加给中国社会的"，"而妓院则以各种各样的手段逃

---

① 马长林等著：《上海公共租界城市管理研究》，中西书局 2011 年版，第 98 页。
② 王立民著：《上海法制史》，上海人民出版社 1998 年版，第 233 页。
③ ［法］安克强著：《上海妓女》，袁燮铭、夏俊霞译，上海古籍出版社 2004 年版，第 304 页。
④ 同上书，第 401 页。
⑤ 同上书，第 130 页。
⑥ ［美］霍塞著：《出卖上海滩》，越裔译，上海书店出版社 2000 年版，第 190 页。

避当局的管理"。① 其成效可想而知。从中亦可反映出上海租界公共卫生的一些软肋，其局限性也就不可避免了。

　　上海租界的公共卫生立法随着上海租界的产生而出现，也随着上海租界的收回而被废除，距离今天也有 70 多年了。作为上海城市中曾经存在过的这一现代公共卫生立法，已成为上海法制史中的一个组成部分，但其在上海城市治理中的经验与教训，仍可为今天所关注甚至借鉴。

---

　　① ［法］安克强著：《上海妓女》，袁燮铭、夏俊霞译，上海古籍出版社 2004 年版，第 339—340 页。

第二十五章　上海租界的艺术与法制

鸦片战争以后，英国、美国、法国、德国、俄国、日本、意大利、奥地利、比利时9个西方列强国家依仗中外不平等条约，在中国的上海、天津、汉口、广州、厦门、杭州、苏州、重庆、九江、镇江10个城市建立了27个租界及其法制。① 中国的租界是指西方列强通过中外不平等条约，用租地方式取得土地使用权，并进行管理的城市自治区域。中国租界的法制是指中国租界认可、建立并在本租界施行的法制。在中国租界中，上海租界是建立最早、区域最大、持续时间最长、最为发达、影响最大的租界。它的艺术与法制也是如此，都是中国租界中的典型与代表。目前，上海租界艺术与法制的研究成果鲜见，是个值得开拓的领域。

一、西方艺术在上海租界登陆与发展

鸦片战争以后，在中外不平等条约之下，上海租界形成了一段发展历史。1845年出现英租界，1848年产生美租界，1849年建立了法租界。1863年上海英、美两租界合并，成立上海英美租界，1899年更名为上海公共租界。1945年上海租界彻底收回。② 上海租界诞生后，其中的洋人把西方的生活方式带到租界，特别是西方的艺术形式。从此，这一艺术开始在上海租界站稳脚跟并大力发展，尤其是绘画、表演、建筑等艺术。

（一）西方的绘画艺术在上海租界登陆与发展

上海租界设立后不久，一些洋人画家便陆续来到上海，进行绘画创作。他们绘画的画种有：油画、水彩、水粉画，都具有西方的风格。绘画的内

---

① 王立民：《中国的租界与法制现代化——以上海、天津和汉口的租界为例》，载《中国法学》2008年第3期。

② 王立民：《百年中国租界的法制变迁——以上海租界法制变迁为中心》，载《政法论坛》2015年第1期。

容包括：口岸城市的风景、洋人的商业活动、民俗风情和官场生活等。早期的作品有《上海的外国人住宅》（1849 年）、《黄浦江上的赛艇》（1850 年）等。① 受西方绘画艺术的影响，华人也开始学习这一艺术。出版于 1876 年的《沪游杂记》对此作了如下记载："粤人效西洋画法，以五彩油画山水人物或半截小影。画长六、七寸，神采俨然，且可经久，惜少书卷气耳。"② 总之，西方的绘画艺术较早地亮相于上海租界。

进入 20 世纪以后，上海租界的绘画艺术有了进一步发展，更多洋人艺术家落户上海租界。其中包括：1920 年来上海租界定居的俄籍画家朴特古斯基、1927 年移居上海租界的俄国画家基奇金、1930 年侨居上海租界的捷克画家高祺等。随着绘画艺术的发展，上海租界成立了一些洋人的绘画艺术团体，"上海西人美术会""外侨画家俱乐部""犹太画家美术爱好者协会"等都在其中。③ 这些都使上海租界的绘画艺术大大向前推进了一步。

以绘画艺术为基础，上海租界的广告也应运发展起来。这种广告种类繁多，有报刊、招贴、广告牌、灯光、橱窗广告等。其中，最早的是 1862 年刊载于《上海新报》上的报刊广告，以后其他种类的广告也纷纷登台。上海租界的广告除了文字以外，大量的是图画。进入 20 世纪以后，借助近代技术，上海租界的广告无论是在形式上，还是在内容上，都有长足的发展，被认为"呈现出日新月异的新变化"。④ 广告成为上海租界绘画艺术的一个应用阵地。

（二）西方的表演艺术在上海租界登陆与发展

上海租界的洋人特别喜好娱乐，把西方的表演艺术带进了租界。戏剧、音乐歌唱、魔术马戏等都是当时的表演项目，而且出现得还比较早。

1850 年上海英租界便成立了一个剧团，进行戏剧表演。演出的剧目有：《以钻攻钻》《梁上君子》《爱情、法律和药品》《合法继承》《楼梯下的高等生活》等。1866 年还专门在圆明园路建造了上海第一个近代的剧场兰

---

① 参见熊月之主编：《上海通史》（第 6 卷），上海人民出版社 1999 年版，第 396 页。
② 〔清〕葛元煦著：《沪游杂记》，郑祖安标点，上海书店出版社 2006 年版，第 78 页。
③ 参见熊月之主编：《上海通史》（第 10 卷），上海人民出版社 1999 年版，第 348 页。
④ 上海市档案馆编：《上海近代广告业档案史料》，上海辞书出版社 2012 年版，第 252 页。

心戏院，供大英剧社演出。①西方的音乐歌唱在上海租界的早期也出现了。1874年英国著名女钢琴家亚拉白拉可大在上海租界演出。1876年欧洲乐师音乾士太恩等人也在上海租界演出。1879年意大利歌唱家也来上海租界演出。②

　　西方的魔术马戏表演也不甘落后，很早就登陆上海租界。1874年英国魔术师在上海租界演出，其中有玩纸牌、帽中取物、人首分合等。当时，有人对玩纸牌的情景作了描述："将纸牌数十张，令十余客皆抽一张，各人暗认花样，仍收回乱叠数次，以纸裹之塞大玻璃瓶口。以棒指牌念咒，各客抽过之牌逐张自能推出，挨客询对无差。"表演结束时，还取出洋糖"遍饷座客"。③1876年英国马戏团在上海租界演出。1882年美国马戏团也亮相上海租界，参加表演动物有：马、虎、熊、象、猴等。马戏场的场景具有西方特色。"西人马戏以大幕为幄，高八九丈，广蔽数亩，中辟马场，其形如球，环列客座。"表演时，有西乐演奏。"内奏西乐，乐作，一人扬鞭导马入，绕场三匝，环走如飞，呵之立止。"④总之，在上海租界的早期，各种西方的表演艺术便开始粉墨登场了。

　　进入20世纪以后，上海租界的西方表演艺术迅速发展。在20世纪40年代达到顶峰。这里以上海公共租界工部局的乐队表演为例。这支乐队成立于1863年，但此时规模小，人员少。进入20世纪20至40年代后，有了前所未有的大发展。上海公共租界一次投入16余万银子，这支乐队的交响乐队与管弦乐队一下子迈上了新台阶。每年10月至次年5月为演出季，每周一次在兰心大戏院演出。一些重大演出活动不断，其中包括：纪念贝多芬百年诞辰演出（1927年）、纪念德国作曲家勃拉姆斯诞辰一百周年音乐会（1933年）、纪念法国作曲家圣桑诞辰一百周年音乐会（1935年）、俄罗斯柴可夫斯基音乐节（1940年）等。⑤西方表演艺术风靡整个上海

---

① 参见熊月之主编：《上海通史》（第6卷），上海人民出版社1999年版，第9—10页。

② 同上书，第10页。

③ 〔清〕葛元煦著：《沪游杂记》，郑祖安标点，上海书店出版社2006年版，第134页。

④ 同上书，第133页。

⑤ 参见罗苏文：《西洋乐队在近代上海的印迹》，载上海市档案馆编：《上海档案史料研究》（第2辑），上海三联书店2007年版，第45—47页。

租界。

与西方表演艺术相关的电影艺术也在上海租界较早出现。20世纪以前，已有洋人带着国外摄制的影片到上海租界播放。20世纪以后，上海租界开始自制电影。1909年美国电影商人在上海创办了亚细亚影戏公司，制作了名为《不幸儿》的影片。到了20世纪30年代，上海租界的电影艺术发展到黄金时期，一些远东一流的豪华电影院落成，其中包括大光明、大上海等影院。另外，更多有声电影面世，《虞美人》《雨过天晴》《歌场春色》等都在其中。①西方的电影艺术在上海租界大显身手。

（三）西方的建筑艺术在上海租界登陆与发展

上海租界刚建立时，洋人先模仿在印度孟买、加尔各答等殖民地的建筑式样造房，但不久就被淘汰，主要不适合上海亚热带气候的环境。②进入20世纪后，西方的建筑艺术从古典向近代转型，上海租界很快受其影响，并大展拳脚。上海租界的建筑艺术主要从商用楼与住宅楼两大方面展开。

上海租界的商用楼一般体量大，楼层高，建筑面积大，风格比较明显，尤其是外滩的33幢主要建筑，显示了古典式、新古典式、文艺复兴式、近代西方式、折衷主义式、中西糅合式等艺术风格。难怪有学者认为："若将上海比喻为'万国建筑博物馆'，那么外滩无疑是其中最集中的精华部分。"③这里以"外滩第一楼"的亚细亚大楼为例。此楼建成于1916年，总面积为11984平方米。外观为折衷主义风格，正立面为巴洛克式，正面门有四根爱奥尼克立柱，内门又有小爱奥尼克柱，门上有半圆形的券顶并雕以花纹，外墙的一、二层用花岗石面砖砌成。④其他建筑也都有自己的艺术特色。

上海租界的民用楼最突出的是花园洋房。它充分体现了西方的建筑艺术，由别墅与草坪构成。一些名人住宅采用了花园洋房，盛宣怀、黄

---

① 参见熊月之主编：《上海通史》（第10卷），上海人民出版社1999年版，第159—173页。
② 同上书，第344页。
③ 杨嘉祐著：《上海老房子的故事》，上海人民出版社2006年版，第3页。
④ 参见杨嘉祐著：《上海老房子的故事》，上海人民出版社2006年版，第7—8页。

兴、梅兰芳、宋子文、王伯群、张学良、马勒等故居都属此种住宅。比如，盛宣怀的花园洋房建于 1900 年，占地面积 12424 平方米，建筑面积为 1746.7 平方米，呈新古典主义风格。分为主楼与侧楼，左右对称，以彩色玻璃为天棚，墙上贴花绸纸。四周有大草坪，还有假山、大理石喷水池、树木。[1] 这是非常典型的西方建筑艺术。

二、上海租界法制对艺术载体或内容进行了规制

随着西方艺术在上海租界的产生与发展，上海租界开始对这一艺术的载体或内容进行规制，确保它们能规范存在，使西方艺术能在租界持续发生影响。这种规制突出表现在广告、表演、建筑等一些领域。

（一）对广告进行了规制

上海租界的广告与绘画艺术有密切关系，以绘画艺术为基础，但又不尽相同。它具有商业性质，通过信息的传播来推销商品、服务等。上海租界对广告进行了必要的规制，使其规范化。这一规制的范围主要是：广告的区域、广告的形式、广告的内容和广告的捐税等。

关于广告的区域。这是指设立广告的地域范围。上海公共租界曾对设立广告塔的区域作出了规制。1921 年规定："在靠近跑马厅的附近，邻近新世界人行道上的小凹角处，建立一处广告塔。"[2] 上海法租界则是规定了竖立广告牌的区域。1927 年它规定，"广告牌只能在如下范围的法租界区域内竖立"。这一区域是东至"法租界外滩"，西至"萨坡赛路"，北至"蒲柏路、葛罗路、爱多亚路"，南至"法华民国路、兰维蔼路和徐家汇浜"。为了避免错位，上海法租界同时规定："凡想竖立广告牌的个人和商行都必须向捕房提出申请，说明广告牌的准确位置和地点。"[3]

关于广告的形式。上海租界的广告形式五花八门，为了安全起见，作了些形式上的禁止性规定。上海公共租界于 1934 年明文规定，禁止施放广告气球，而且还说明了理由。即"这会引起火灾和爆炸，气球可能缠在

---

① 参见薛顺生、娄承浩编著：《老上海花园洋房》，同济大学出版社 2002 年版，第 2 页。
② 上海市档案馆编：《上海近代广告业档案史料》，上海辞书出版社 2012 年版，第 97 页。
③ 同上书，第 98 页。

房屋和电线上，已经很狭窄的道路上会聚集起人群造成交通堵塞"。① 上海法租界则禁止广告牌钉在树上等一些地方。1927 年此租界规定："在任何情况下，广告牌不得钉在树上，或者钉在公共道路旁建造的永久性建筑物或公共工程上。"②

关于广告的内容。上海租界比较重视广告中的内容并加以规制。上海公共租界对不允许刊载的广告内容作出过规定。1934 年此租界不许可在广告中刊载 "关于其本人或其他注册执业医师之专门技能、知识、资格或服务，刊布或准许刊布任何通知、记事或论文"，如有此种情况发生，当事人将被从医师中 "除名"。③1941 年上海公共租界又对广告的内容作了禁止性规定。即 "凡其性质为有伤道德或有碍风化，或是妨害治安及良好秩序者，一概不准刊登广告，违者当依法起诉"。④

关于广告的捐税。刊载广告是一种商业行为，需要捐税。上海公共租界与法租界都要征收广告税，只是税额有所不同。上海公共租界于 1914 年规定，内容主要是："按照不同地区，税率每平方呎广告每年从 0.20 两到 5 两不等，由工部局进行估价、并进行征收。"⑤ 上海法租界广告的捐税额度高于上海公共租界，规定竖立一年的广告收费为 "1 平方米广告牌，每月 5.00 两；2 平方米广告牌，每月 7.00 两；3 平方米广告牌，每月 9.00 两；4 平方米广告牌，每月 10.00 两"。⑥

上海租界从多方面规制广告，使其更为规范，更能激发出潜力，更有助于其中的绘画艺术得到展示。

（二）对表演的内容进行了规制

上海租界的各种表演除有其形式外，还有内容。这一内容在上海租界的规制范围之中。上海公共租界的表演种类很多，但都禁止具有猥亵性的表演内容。1931 年时，这一租界明文规定："猥亵之表演，以及各种表演

---

① 上海市档案馆编：《上海近代广告业档案史料》，上海辞书出版社 2012 年版，第 107 页。
② 同上书，第 99 页。
③ 同上书，第 107 页。
④ 同上书，第 109 页。
⑤ 同上书，第 96 页。
⑥ 同上书，第 99 页。

之有妨害公共租界治安或影响其良好秩序之趋向者，一概不准举行。"①另外，上海租界还建立了电影审查制度，成立检查委员会，专门审查电影的内容；凡是不符合社会道德标准的电影，会被禁映。

上海公共租界于 1927 年作出规定，"不得放映猥亵或下流的电影，所有上映的电影均须经捕房批准，如果捕房认为影片不符合社会道德标准，有权禁止放映"；"被认为可能败坏公共道德、鼓励犯罪作恶、触犯民众感情，或者损害民众对各民族应有的尊敬的，一律不得准予公映"。②上海法租界也建有电影审查制度，于 1927 年规定，凡在法租界内放映的电影，其业主必须首先向公董局警务处总巡提出申请，然后交电影检查委员会审查，如有危害公共秩序或社会道德的内容，就会被禁映。③上海租界对表演的内容进行规制，禁止违反社会公德等不当内容的演出、电影上演利于营造正常的表演秩序，避免表演走向歧途，使表演艺术可以得到正常发挥。

（三）对建筑进行了规制

西方的建筑艺术也依附于建筑并通过建筑表现出来。建筑十分重要，是这一艺术之本。上海租界对建筑进行了规制，目的在于固本。这一规制主要体现在建筑区域、建筑规格、特殊建筑等一些方面。

对建筑区域的规制。这一规制有利于形成良好的建筑环境与氛围，显示建筑艺术的整体水准。上海法租界特别重视对建筑区域的规制，其中规定在一定区域内，只能建有西式风格的建筑。1900 年上海法租界就规定："从嵩山路起，及其西面租界扩充区内要建造的任何建筑，都必须按照欧洲习惯用砖头和石块建造。"1914 年上海法租界再次规定："在顾家宅公园周围由辣斐德路、华龙路、金神父路和宝昌路形成的四方形区域内只准建造西式房屋。"1928 年上海法租界又规定，"从法租界外滩至敏体尼荫路的公馆马路两边房屋的业主必须在他们的房屋前建造一条有屋顶的走廊"，以致"被改建成西式骑楼式街道"。④

---

① 王立民著：《上海法制史》（第 2 版），上海人民出版社 2019 年版，第 162 页。
② 史梅定主编：《上海租界志》，上海社会科学院出版社 2001 年版，第 521 页。
③ 同上书，第 522 页。
④ 同上书，第 571—572 页。

对建筑规格的规制。上海租界还对建筑的规格作出一些规定。上海公共租界从防疫和安全考虑，在 20 世纪初针对中式建筑作出规定，即"不得建空心天花板，砖结构不得砌空，木结构隔墙要粉涂严实，楼梯不得钉夹板等"。①上海法租界也有一些建筑规格方面的规定。1910 年规定，用于经营的娱乐餐饮业建筑，凡"可容纳 10 人以上者"，必须建有厕所。此后，又规定相邻地产的建筑物，不管有无围墙，"其间隔应相距 1.9 米"等。②违反建筑规格的建筑，特别是违章建筑，上海租界都要求拆除，以维护城市安全与保持良好的城市面貌。③

对特殊建筑的规制。上海租界的这一特殊建筑是相对普通建筑而言的，通常是指一些具有特殊用途的建筑。上海公共租界曾把茶馆、剧院、货栈等认作为特殊建筑并作出规制，其中包括层高、配置的设备等。1901 年上海公共租界就规定，这类建筑的"高度不得超过两层"；而且用于工业生产的房屋等，均应配备"适当的厕所和小便处"，以便雇员等使用。④上海法租界则把木屋建筑归为特殊建筑并加以规制。1920 年此租界规定，任何木材建造的建筑与其他建筑必须保持至少 10 米的距离，而且木建筑须是"独立式的"，还"不准超过建造二层"。⑤

上海租界对建筑的规制十分有利于提升租界建筑的质量，形成自己的建筑风貌区，充分发挥建筑的作用，凸显近代建筑艺术的特色。

三、对上海租界艺术与法制的反思

上海租界前后历经百年时间，其艺术与法制都有较为充分的展现。今天，在审视它们的同时，还有一些值得反思之处。

（一）上海租界的艺术与法制具有两面性

鸦片战争以中国失败告终。丧权辱国的中外不平等条约接踵而至。其

①　史梅定主编：《上海租界志》，上海社会科学院出版社 2001 年版，第 566 页。
②　同上书，第 570 页。
③　参见马长林等著：《上海公共租界城市管理研究》，中西书局 2011 年版，第 279—281 页。
④　史梅定主编：《上海租界志》，上海社会科学院出版社 2001 年版，第 567 页。
⑤　同上书，第 573 页。

中，就有关于设立租界的内容。1842 年的《南京条约》除了要求清政府割地赔款外，还规定允许英国人携带家眷住在中国沿海的 5 个城市经商。"自今以后，大皇帝恩准英国人民带同所属家眷，寄居大清沿海之广州、福州、厦门、宁波、上海等五处港口，贸易通商无碍。"① 翌年，《南京条约》的附件《五口通商附粘善后条款》进一步规定，英国人可以在这五口通商城市租地居住。"允准英人携眷赴广州、福州、厦门、宁波、上海五港口居住，不加拘制。但中华地方官必须与英国管事官各就地方民情，议定于何地方，用何房屋或基地，系准英人租赁。"② 这为英国在上海设立租界打开了方便之门。1845 年《上海租地章程》颁行，上海英租界正式诞生。③

继英国之后，1844 年的中美《望厦条约》和中法《黄埔条约》也使美国和法国攫取到了在上海设立租界的权利。④ 上海租界都因为中外不平等条约而先后设立起来。中外不平等条约是设置上海租界的直接原因，上海租界是中外不平等条约的产物。随着上海租界的出现，西方艺术与现代法制便开始在上海登陆。它们是上海租界的衍生品，以租界的存在为前提。从这一逻辑出发，可以认为上海租界的艺术与法制都具有两面性，即具有近代性与耻辱性。近代性显示在其具有一定的进步性，比当时上海的封建艺术与法制进步，是时代向前发展的标志，也开启了近代艺术与法制之先河。耻辱性则表现在，上海租界艺术与法制的出台都以不平等条约为基础的租界为背景，带有丧权辱国的印记。上海租界的艺术与法制兼具这两面性，缺一不可。

（二）上海租界的西方艺术有个本土化过程

上海租界的西方艺术踏上上海的土地后，逐渐形成了一个本土化的过程。在这一过程中，教育起了关键性作用。这里以美术教育为例。1912 年刘海粟等人在上海租界创办了上海美术院，此后又几度更名，1930 年定名为上海美术专门学校。此校最初仅设绘画科，专攻西洋画，后又改称西洋

---

① 王铁崖编：《中外旧约章汇编》（第 1 册），上海财经大学出版社 2019 年版，第 28 页。
② 同上书，第 32 页。
③ 同上书，第 60—64 页。
④ 王立民：《辛亥革命时期中国租界法制的变化与反思》，载《当代法学》2023 年第 5 期。

画科，还设置了其他科。学西洋画的学生最多，有 20 多人。开始时，上午学半天的素描课，下午再学其他课程。此后，还要学人像、人体模特写生、油画人体等。授课的老师大多是印象派和现代派新兴画派的学者，在这一美术专门学校的培养下，一批批上海本土的绘画人员走上绘画艺术舞台。其中，不乏一些佼佼者，程十发便是其中之一。①

在西方艺术踏入上海租界以后，本土化的另一表现是中西结合，上海的石库门建筑即是如此。这种建筑大量出现在上海租界是因为 1853 年以后华洋杂居格局的形成。大量华人进入租界以后，需有房屋居住，于是石库门顺势而生。这种建筑采用欧洲联排式布局，而单位平面及结构又来源于中国传统的民居三合院、四合院的住宅形式，中西合璧的色彩十分浓厚。它与洋房相比，省工省料，适合大规模投资，同时又是砖木结构，彼此独立，不失体面。早期的石库门建筑出现在上海租界的中心地区河南路、福州路、北京路一带，以后便向四周延展。到 20 世纪 20 年代，这种建筑便数量很大，风靡上海。比如，复兴中路永裕里有 162 幢，塘沽路连德安里有 284 幢，新闸路斯文里则有 664 幢。② 这种中西结合的建筑与艺术在上海租界遍地开花。

（三）上海租界与艺术相关的法制得到一定程度的实施

上海租界的法制不仅对艺术的载体与内容作了规制，还得到了一定程度的实施，使其落实在社会生活中，变成了现实。这在广告、表演、建筑等一些规制中，都留下一些相关实例。

根据禁止施放广告气球的规定，上海公共租界于 1934 年"拒绝了一家广告商用气球作广告的申请，原因是充气的气球有爆炸和引起火灾的危险，同时可能引起围观，加剧街道的拥挤，妨碍交通"。③ 上海租界认真执行电影检查制度，总有一些电影没有通过检查而被禁止上映。据统计，上海公共租界在 1930 至 1940 年间，共检查电影 5865 部、新闻短片 10016

① 上海市档案馆编：《上海档案史料研究》(第 6 辑)，三联书店 2009 年版，第 116—117 页。
② 上海市档案馆编：《近代城市发展与社会转型》，三联书店 2008 年版，第 158—160 页。
③ 史梅定主编：《上海租界志》，上海社会科学院出版社 2001 年版，第 585 页。

部，其中共有 156 部未能通过检查而被禁止上映。①上海法租界在 1932
至 1941 年间，共检查电影 4359 部、新闻短片 10337 部，其中有 193 部未
能通过检查被禁止上映。②还有，在对建筑的规制之外，上海租界重视对
违章建筑的处理。上海公共租界于 1933 年就发出违章建筑通知书 906 份，
另有未领执照已缓工和正在建设中的违章建筑通知书 1105 份。③这就要求
违章建筑和业主拆除或整改这类建筑，恢复正常的建筑秩序与样态。

上海租界与艺术相关法制的实施充分发挥了法制的规制作用，增强了
法制的权威性，有助于上海租界近代艺术的发展，形成一种中西结合的城
市艺术文化。

（四）上海租界艺术与法制中的弊端

艺术虽无国度，但有国别。法制虽主张形式公平，但立法者的意志性
却特别强烈。上海租界的艺术与法制并非毫无瑕疵，相反也存在弊端。

当华人的建筑作品与洋人的建筑成果发生冲突时，洋人就会霸凌华人。
在丧权辱国的条件下，华人往往忍气吞声，无法与之抗衡，只能委曲求全。
上海公共租界外滩的中国银行大厦的建造就是如此。1934 年华人决定在外
滩沙逊大厦旁建造一座高 34 层的中国银行大厦，但遭到沙逊的竭力反对，
而且还态度恶劣，声称"在公共租界，他所造的沙逊大厦旁不允许有超越
其屋顶的房屋"。上海公共租界也为沙逊帮腔，支持他霸凌华人，拒绝发给
华人建筑执照。华人只能改变设计，仅建了 17 层，比沙逊大厦低了 30 厘
米才了事。④其中，华人受到的屈辱，不言而喻。

还有，在上海租界电影审查制度的实施过程中，限制了各种具有进步
意义的电影出映，尤其是对苏联电影的限制。上海法租界通过实施这一制
度，禁止苏联电影《红军的运动》《列宁、斯大林及苏维埃群众艺术》《伟
大飞行员的记忆》等一批电影上映。⑤从中反映出上海租界艺术与法制中

① 史梅定主编：《上海租界志》，上海社会科学院出版社 2001 年版，第 522 页。
② 同上书，第 523 页。
③ 同上书，第 566 页。
④ 马长林等著：《上海公共租界城市管理研究》，中西书局 2011 年版，第 286—287 页。
⑤ 史梅定主编：《上海租界志》，上海社会科学院出版社 2001 年版，第 523 页。

的一些阴暗面。

　　上海租界产生于鸦片战争结束后不久，是中国最早的租界，也是中国最早进入近代城市行列的区域。上海租界的艺术与法制不仅产生较早，而且还具有典型性。从中，可以窥视上海租界的一些真实情况，以便对中国近代城市有更为全面的认识。

第二十六章　上海租界的现代法制与现代社会

　　上海租界的法制是现代法制。[①]上海英租界还是中国法制现代化的起始地。[②]在中国的大地上，上海租界最早移植现代法制，走上法制现代化的道路；用现代法制引导和规范的上海租界社会是现代社会。本章就其中的一些问题，发表一家之言。

一、上海租界的现代法制引导、规范了上海租界的现代社会

　　上海租界的现代法制建设几乎与上海租界的设立同时进行，它们似乎是一对孪生兄弟。随着租界的设立，那里的法制也开始建立起来，这一法制便是现代法制。那里的社会是现代社会。这种情况与上海租界周边地区的华界区别很大。上海华界有中国传统法制的根基。那里长期在中国政府的管辖之下，法制也是中国的传统法制。在上海租界设立的19世纪40年代，上海华界仍然适用这一传统法制，其社会也是传统社会。到20世纪初，清政府开始推进法制改革以后，上海华界的法制才开始发生变化，走现代法制的道路，其社会也随之渐渐现代化。可见，上海租界的法制早于华界法制而率先实现现代化，上海租界社会也早于华界社会而进入现代化。

　　上海租界的现代法制对上海租界的现代社会有引导和规范作用，突出表现在以下方面：

（一）现代议政组织的建立和运行

　　上海租界虽属中国领土，但却不受中国政府的管辖，而由上海租界当局管理。这样，上海租界便有自己的议政组织，行使议政权。上海租界议

---

　　① 王立民：《上海租界与上海法制现代化》，载《法学》2006年第4期。

　　② 王立民：《上海英租界与现代法制》，载《法制日报》2009年1月21日。

政组织搬用西方现代的民主制度而设置，与当时中国清政府的专制制度完全不同。它们先后被称为"租地人会议""纳税人会议"（也称"纳税西人会""纳税外人会议"等），而且都由上海租界的法规加以规定。1854 年 7 月确定的《上海英法美租界租地章程》第 10 条对"租地人会议"作了规定，其内容涉及其职责、与领事关系、捐款的用途等。①1869 年确立的《上海洋泾浜北首租界章程》把公共租界的"租地人会议"演变成"纳税人会议"，其内容涉及入会人员的资格、权利、义务等。②1866 年制定的《上海法租界公董局组织章程》把法租界的"租地人会议"扩大为"纳税人会议"，并对它的职权、入会资格、董事会等都作了规定。③ 这两个租界的"租地人会议"一直运作至这两个租界的收回。它们都以会议形式确定上海租界内的重大事务，与西方的民主制度一致，是西方议政组织的上海化，完全不同于中国专制统治下的地方管理机构。在专制统治下，中国不存在三权分立体制下的独立议政组织。

上海租界里的一些重大事务也确实由"租地人会议""纳税人会议"来决定，它们发挥了议政组织的作用。"租地人会议"先后议决了上海租界排水系统的建造、英美租界的合并、修改土地章程，设立巡捕和巡捕房、越界筑路、调整捐税税率等一些重大问题，对上海租界早期社会的发展起过积极作用。④ 上海公共租界的"纳税人会议"也先后议决了修订土地章程、调整土地税和房捐货物税、修订印刷出版附律、填没洋泾浜、电气处改制、禁烟等问题。⑤ 这些议决的问题对上海公共租界中、后期的发展产生过较大影响，加快了上海租界建设的步伐。以土地税和房捐为例。这是上海租界的两大税收，也是主要的财政来源之一。通过上海租界议决组织的规定，这两大税收的比例不断加大，收入也不断增加。上海英租界最初的土地税为 5‰，法租界为 2.5‰，可到了 20 世纪初，上海公共租界和法租界都增

---

① 蒯世勋等编著：《上海公共租界史稿》，上海人民出版社 1980 年版，第 54—55 页。

② 王立民著：《上海法制史》，上海人民出版社 1998 年版，第 178 页。

③ 史梅定主编：《上海租界志》，上海社会科学院出版社 2001 年版，第 173 页。

④ 同上书，第 155—162 页。

⑤ 同上书，第 166—171 页。

加到了 7‰；上海英租界的房捐 1854 年为 3%，到公共租界时逐渐增加到了 16%。① 上海租界这两种税收的收入也大大增加了。上海公共租界 1867 年时超过了 30 万两，到了 1926 年超过了 1000 万两。② 这两种税收收入的大量增加，为上海租界的建设和发展，提供了强有力的资金支持。

（二）现代行政管理机构的设立和施行

上海租界都有自己的现代行政管理机构，具体管理租界内日常的行政事务。工部局是上海英租界和以后的公共租界的现代行政管理机构。1854 年 7 月召开的上海英租界租地人会议，不仅通过了《上海英法美租界租地章程》，还决定成立工部局，选出了第一届董事会，工部局由此而诞生。它下设总办处、商团、警务处、捐务处、火政处、财务处、工务处、卫生处、学务处、华文处、乐队、公共图书馆、情报处等机构。工部局的行政长官是总裁，监督、指挥工部局的所有处室，同时接受工部局董事会的指导。工部局董事会是工部局的决策咨询机构，采用会议制度，董事由选举产生。董事会下设各种委员会。"工部局中之事件，先由有关系之委员会讨论议决，再由董事会核准施行。"③

公董局是上海法租界的现代行政管理机构。1862 年 4 月法国驻上海领事爱棠发布领事会，成立公董局，还委任了首任董事。1866 年的《上海法租界公董局组织章程》对公董局作了进一步规定，内容涉及董事会的召集人、议决事项、议决案的生效等一系列问题。④ 它们都与中国传统的县、府等管理机构不同，不再是行政与司法合一，不再是专制制度下的管理机构。

工部局和公董局采用的是西方的现代行政管理模式。那时的工部局董事会的总董都是英国人，而公董局的总董则是法国人。这有利于他们把自己国家现代的行政管理带入上海租界。同时，他们采用的是董事会制度，具有西方现代管理模式的性质。成为董事的成员须有一定的经济背景。按照《上海洋泾浜北首租界章程》的规定，充任工部局董事会的董事要缴纳

---

① 费成康著：《中国租界史》，上海社会科学院出版社 1991 年版，第 186—187 页。
② 史梅定主编：《上海租界志》，上海社会科学院出版社 2001 年版，第 9 页。
③ 阮笃成著：《租界制度与上海公共租界》，上海书店 1989 年版，第 110 页。
④ 史梅定主编：《上海租界志》，上海社会科学院出版社 2001 年版，第 204 页。

的房、地各捐须每年在 500 两以上（各执照费不在内）或租赁房屋年付租金在 1200 两以上并缴纳捐税。充任公董局董事会董事的则要具备以下三项条件之一，即拥有上海法租界内地产，年纳税金在 240 法郎以上；在法租界内缴纳房捐在 4000 法郎以上；居住在法租界内，而且每年收入达 10000 法郎以上等。

另外，董事会董事有任期的限制。工部局董事会的董事任期一年，不支薪水，可以连选连任；公董局董事会的董事则任期 2 年，每年改选半数。实际情况是，工部局董事会的董事多为英国人，而公董局董事会的董事多为法国人。据统计，自 1873 年至 1930 年间，工部局董事的总人数为 9 人，而英国人则占 6 人以上。① 公董局董事的总数也是 9 人，其中法国人为 5 人。"公董局董事会由法国驻上海总领事和通过选举产生的 4 名法籍董事，4 名其他外籍董事组成。"② 这种西方现代式的行政管理机构的施行，有利于对上海租界进行现代化的社会管理，造就现代化的城市。

（三）现代司法的诞生和运作

上海租界运用三权分立的理论和现代司法制度，在租界内推行现代司法。

首先，建立了现代的司法机关。上海租界典型的和长期使用的司法机关是会审公廨（亦称会审公堂）。它与中国传统的司法机关不同，不是依附于行政机关的司法机关，而是独立于行政机关的司法机关。同时，也不隶属于议政组织，而是独立行使司法权的司法机关。1869 年实施的《上海洋泾浜设官会审章程》对会审公廨组织、审判程序、法官权限等都作了明文规定。此后，在 1902 年的《上海租界权限章程》、1905 年的《续订会审章程》和 1906 年北京驻华公使团与清外务部达成的协议等，都对原章程进行了不同程度的修订，使这一司法机关不断完善。③

其次，设定了现代的诉讼参与人。在会审公廨的审判中，设定了现代

---

① 史梅定主编：《上海租界志》，上海社会科学院出版社 2001 年版，第 184—186 页。

② 同上书，第 202 页。

③ 杨湘钧著：《帝国之鞭与寡头之链——上海会审公廨权力关系变迁研究》，北京大学出版社 2006 年版，第 94—95 页。

的诉讼参与人，陪审员、检察员和律师等都是如此。① 他们在现代司法中，有利于司法公正。这里以律师为例。律师作为代理人或辩护人参与司法，出庭辩护，既是司法民主的体现，又可对司法公正起到积极作用。《上海领事公堂诉讼条例》专门规定了律师问题。② 上海首先出现的是洋人律师，也为洋人服务，此后华人也认识到律师的重要性，也开始聘用洋人律师，这种情况在 20 世纪以前已是如此。"华洋互审以来，尤多交涉事件。余观英、法二公堂中西互控之案，层见叠出。无论西人控华人，须请泰西律师以为质证，即华人控西人，亦必请泰西律师。"③ 其结果是司法比较公正，而且也为华人所认可。"案无大小、胥由人证明其曲直，律师辩其是非，审官研鞫而公断之，故无黑白混淆之弊。"④ 这与中国传统上由行政长官专断的司法完全不同。

最后，运用了现代的司法程序。会审公廨使用了现代的司法程序。其中，先由审判员知晓出庭人员，检察人起诉，见证人指证；然后，由审判员审问，有律师在场的还可以进行辩论；最后，由审判员进行判决等。⑤ 整个过程中，没有像中国古代的刑讯等程序，相反，却是一种现代的司法程序。

上海租界运作的是现代司法，"《苏报》案"的审判就是如此。在 1903 年发生的"《苏报》案"中，许多做法都与清政府的司法格格不入，而与现代司法吻合。这里列举三例。第一例，当时的最高掌权人慈禧太后发出口谕，要把"《苏报》案"的涉案人员押到南京，凌迟处死。可是，上海公共租界当局不同意引渡，理由是政治犯不在引渡之列，她的意志没能得到实现。在清朝的司法中，最高掌权人的意志不能在司法中实现，难以想象。第二例，在审判中，清政府的律师古柏在宣读起诉状时，大段引用章太炎、邹容的"谋反"言论。这种重复宣读这类言论的行为也为清政府的司法所

---

① 杨湘钧著：《帝国之鞭与寡头之链——上海会审公廨权力关系变迁研究》，北京大学出版社 2006 年版，第 100—102 页。
② 王立民：《中国的租界与法制现代化》，载《中国法学》2008 年第 3 期。
③ 参见《皇朝经世文新编·西律》。
④ 同上。
⑤ 上海市政协文史资料委员会等编：《列强在中国的租界》，中国文史出版社 1992 年版，第 215—216 页。

禁止，可在会审公廨的庭审中则不受限制地出现了。第三例，章太炎在自我辩护中，合法地直呼皇帝的名字。这在现代司法中很正常，可在清政府的司法中则不被允许。①上海租界的会审公廨确是按现代司法的要求进行运作。

(四)现代的经济、文化与教育的产生和发展

上海租界当局颁行了大量有关发展现代经济方面的规定，其内容包括买地、物价、税收、债券、证券、限制囤物等许多方面。②在这些规定的引导和规范之下，上海租界的现代经济迅速发展起来，以致上海从一个封建的商业城镇一跃成为中国最大的近代都市，并成为"旧中国的经济、金融中心"。③事实也是如此，上海租界的经济发展得很快。工业、商业和金融业等行业都曾有过快速的发展时期。在工业方面，以造船业为例。1852年两个美国人在美租界开了修船厂，上海的现代的造船业由此发端。到了1900年，公共租界便有了6大船坞和1个机器制造厂，总资本达557万两，在此后的30余年里，还"发展成为英国资本在中国投资中的最大企业之一，垄断着整个中国的船舶修造业"。④在商业方面，以洋布商业为例。19世纪50年代上海有店址记录的洋布店14家，租界内只有6家，占了43%。可是，到了1932年，租界里的洋布店就多达366家，占了全市洋布店总数573家的63%。⑤在金融业方面，以银行为例。1847年第一家英国资本的银行——丽如银行在英租界设立了代理处。到了20世纪初，德国、法国、荷兰、意大利和美国等许多西方国家先后在上海租界开设了自己的银行，总数多达35家。⑥与此同时，中国的银行也纷纷立足上海租界，在1913年至1921年间就新开26家之多。⑦上海租界的银行资本大幅度增加，"以致人们都公认上海不但是那时全国的金融中心和枢纽，而且还是远东金

---

① 陈默：《震惊中外的"苏报案"》，载《上海律师》2009年第2期。
② 详见王立民著：《上海法制史》，上海人民出版社1998年版，第204—211页。
③ 《上海金融史话》编写组：《上海金融史话》，上海人民出版社1978年版，第2页。
④ 汤伟康、杜黎著：《租界100年》，上海画报出版社1991年版，第89页。
⑤ 王立民著：《上海法制史》，上海人民出版社1998年版，第210页。
⑥ 政协上海市委员会文史资料工作委员会编：《旧上海的外商与买办》，上海人民出版社1987年版，第73—77页。
⑦ 上海研究中心编：《上海700年》，上海人民出版社1991年版，第151页。

融中心，被称为'东方的纽约'"。①

　　上海租界也颁行了许多有关现代文化方面的规定，内容涉及演出、影片的放映、禁止出售淫书、公园管理等。仅影片的放映就有《电影院执照章程》和《电影胶片审查章程》等一些规定。② 在上海租界文化规定的引导和规范下，现代文化在上海租界蓬勃发展。新皇家剧院、兰心剧院、大舞台、新剧场、天蟾舞台等一大批剧院在租界落成、开业。西式话剧《金刚钻切金刚钻》和《飞檐走壁》在 1850 年就登陆上海租界，以后大量的西式话剧和西方电影充塞了上海租界文化市场。③ 公园也是上海租界文化中的一个重要组成部分。公共租界于 1868 年就建成了公家花园（现称黄浦公园），以后又有了虹口公园、兆丰公园（现称中山公园）等。法租界于 1909年建成了顾家宅公园（现称复兴公园），以后又有了贝当公园（现称衡山公园）、杜美公园（现称襄阳公园）等。游园人数呈现不断增加的趋势。比如，公共租界 1930 年的游园人数为 2092432 人次，至 1939 年便增加到 2692341人次。④ 现代出版业同样在上海租界率先诞生、发展起来。1850 年英租界出现了上海史上第一份现代报纸《北华捷报》，到 1895 年，上海创办的报刊就多达 86 种，约占同期全国新办报刊总数的二分之一，其中绝大多数在上海租界内创办。其中，较有影响的除《北华捷报》外，还有《皇家亚西亚文会北中国分会报》《上海每日时报》《上海载记》《晚差报》《美国月报》《华洋通闻》《大陆报》《申报》《上海新闻》《中法新汇报》等。另外，墨海书馆、美华书馆、华美书局、清心书馆等一批出版社也纷纷开办、营业。⑤

　　上海租界还颁行了不少有关现代教育方面的规定，内容包括：《西童办学章程》《中法学校章程》《公董局管理学校章程》《补助外侨学校条例》《补助华人学校条例》等。在这些有关教育方面规定的引导和规范下，上海租界的现代教育也发展起来了。自 1874 年至 1920 年间上海公共租界创办了

---

① 上海研究中心编：《上海 700 年》，上海人民出版社 1991 年版，第 138 页。
② 详见史梅定主编：《上海租界志》，上海社会科学院出版社 2001 年版，第 521—523 页。
③ 同上书，第 519—523 页。
④ 史梅定主编：《上海租界志》，上海社会科学院出版社 2001 年版，第 527 页。
⑤ 同上书，第 530—537 页。

外侨学校达 19 所，1923 年的学生总数达 5172 人。华人学校也随后被创办，人数同样不少，在 1923 年上海公共租界的育才公学、格致公学等 4 所华人中学中，在校学生也有 1326 人。上海法租界也办了一些学校，最早是 1886 年创办的中法学校，以后又办了法国公学、雷米小学、安南学校等一批学校。① 现代教育率先在上海租界出现了。

总之，上海租界现代社会的形成、发展与上海租界的现代法制紧密关联。这一法制的引导和规范是这一社会形成、发展的重要原因之一。上海租界由此而比华界更早进入现代社会，那里有不少人可享受现代生活。他们在家里使用电灯、肥皂、自来水、抽水马桶、热水瓶，吃罐头食品，吸卷烟；走出家门，可乘公共汽车，穿橡胶鞋，逛现代商店，吃西餐；走进娱乐场所可看到西方话剧、电影、马戏表演，还可以溜冰、跳舞、跑狗、赛马等。② 难怪有学者在研究了上海租界以后认为，以租界为中心的上海地区"为远东屈指可数的大都市"。③ 这一大都市实际上就是现代社会。

二、上海租界现代法制中的瑕疵与弊病

上海租界的法制是现代法制，可这一法制中存有明显的瑕疵，其中突出表现在以下两大方面。

（一）立法中的瑕疵与弊病

上海租界的立法中，存在一些瑕疵与弊病，其中有些还与现代法制格格不入。

首先，其压制反侵略活动。侵略是罪恶行为，稍有良知者都会竭力反对，以伸张社会正义。可是，当日本军队侵略上海华界和上海人民在租界内奋起反抗、举行各种反侵略抗议活动时，上海租界当局却以各种理由，用立法进行压制，禁止这类正义的反侵略活动，为虎作伥。1932 年 1 月 28 日，日本军队为扩大战火，进一步侵略中国，发动了向上海华界进攻的"一·二八事变"。面对日本侵略者，全国人民都义愤填膺，上海租界人民

---

① 史梅定主编：《上海租界志》，上海社会科学院出版社 2001 年版，第 469—495 页。
② 汤伟康、杜黎著：《租界 100 年》，上海画报出版社 1991 年版，第 167—168 页。
③ 费成康著：《中国租界史》，上海社会科学院出版社 1991 年版，第 270 页。

也举行了各种反侵略的抗议活动。可是，上海公共租界当局在事变当日下午 4 时起，就宣布戒严，声称"采取必要办法，以维界内安宁秩序"。1932年 2 月 1 日还专门颁布了一个《紧急办法》，用戒严的办法，禁止界内人民的各种抗日活动。它规定，自 1932 年 2 月 1 日起，非经工部局的书面同意，"不得组织参加任何集合游行，或有聚众于公共处所之行为"，也不得在"路上或公共处所演说、印刷或散布文字、图画、旗帜"等。同日，上海法租界也颁布了一个《戒严条例》，内容与上海公共租界《紧急办法》相仿。

1937 年 8 月 13 日，日本军队又一次进攻上海华界。上海的公共租界和法租界再次重申 1932 年的《紧急办法》和《戒严条例》的规定，压制上海人民的反侵略活动。1937 年 11 月 12 日，日本军队侵占上海华界，上海沦陷，上海的租界成了"孤岛"。上海租界人民利用"孤岛"的特殊条件，坚持进行抗日的反侵略活动。可是，上海的租界当局再次发难，进一步压制这一活动。

1939 年 5 月 11 日，上海公共租界的工部局和法租界的公董局联合发出"告示"。此"告示"承认自抗日战争爆发以来，租界的"政治性质之活动，虽在参与之人，视为爱国之举"，但仍强调"政治性质之团体，亦因此不能任其在两租界内有所动作"，如有违反，租界当局"均当就其权力所及，从严处罚"。① 现代法制应是一种能支持和体现公平、正义的法制，抵御侵略的法制，可上海租界的立法不仅不能这样，还要压制上海租界人民的反侵略活动，其瑕疵与弊病十分明显。

其次，该法制歧视华人。上海租界在 1853 年 9 月 5 日上海小刀会起义以后，改变了华洋分居的情况，形成了华洋杂居的状况。此后，上海租界中华人的人数和所占的比率一直很大。这里以上海公共租界为例。1885 年时，华人有 109306 人，洋人只有 3673 人，华人占了总人数的 96.75%，洋人只占 3.25%。到了 1930 年，华人有 910874 人，洋人只有 36471 人，华人占了总人数的 96.15%，洋人只占 3.85%。② 可是，华人的地位低于洋人，

① 王立民著：《上海法制史》，上海人民出版社 1998 年版，第 200—203 页。
② 邹依仁著：《旧上海人口变迁的研究》，上海人民出版社 1980 年版，第 115、141 页。

受到歧视。这种歧视在立法中同样有体现。上海租界的公园设立很早，可长时间内都规定华人不准入园。上海公共租界的"公家花园"开放后，工部局就规定，该花园只对外侨开放，禁止华人入内游览。到了1885年，工部局公布公园规则时，仍规定："脚踏车及犬不准入内"；"除西人佣仆外，华人不准入内"。从1918年前后上海公共租界各公园公布的公园规章来看，都无一例外地规定："本园地专为外人而设。"上海法租界的规定也是如此。在"顾家宅公园"的章程中，把华人与"酒醉或衣衫不整的人"、不戴口罩的狗放在一起，属于严禁入园的对象。以后开放的其他公园也都有禁止华人入内的规定。对于这些歧视性规定，华人进行过不断的抗争。他们在《申报》上发表文章，甚至直接写信到工部局，表达了对这些歧视性规定的不满，可是上海租界当局总以种种借口，不接受、不改正。1928年上海租界当局慑于北伐战争的节节胜利和武汉租界的收回，才于同年取消了对华人的这种门禁。①

　　另外，就是在上海租界的监狱里，洋人与华人囚犯的待遇也不一样，也有歧视存在。上海法租界的监狱就是如此。它明文规定，洋人囚犯每天的饮食费是6角，吃的是面包，中午的菜是一菜、一肉和一汤，晚餐是一汤，病囚喝牛奶、吃面包；华人囚犯则每天的饮食费只有1角4分，早餐是米加小麦、赤豆合煮的粥，中、晚餐是饭，每周给鲜肉5次、咸鱼2次，其他的都是蔬菜，病囚吃萝卜干、酱瓜和咸蛋。他们的差别十分明显，洋人囚犯的待遇高于华人囚犯。②现代法制主张法律面前人人平等，可是在上海租界的立法里就缺少这种平等。

　　再次，该法制纵容丑恶现象。卖淫是一种社会的丑恶现象。上海租界在法制上长期纵容娼妓合法卖淫，特别是在上海法租界。它的巡捕房下设一个名为"正俗股"的机构，负责征收卖淫税，使卖淫合法化。"正俗股名为正俗，实际上伤风败俗，征收花捐，使娼妓合法化。"③同时，上海法租界

---

　　① 史梅定主编：《上海租界志》，上海社会科学院出版社2001年版，第524—526页。
　　② 王立民著：《上海法制史》，上海人民出版社1998年版，第297页。
　　③ 上海市政协文史资料委员会等编：《列强在中国的租界》，中国文史出版社1992年版，第75页。

当局还颁行管理妓院章程，也同样使卖淫合法化。在 1934 年 1 月 4 日颁布的一个章程中，规定卖淫的娼妓要定期接受检查并支付诊察费。"各妓女入院时，概应受医生诊察，以后并应每半月诊察一次"；"诊察费计每妓每次洋 1 元 5 角正，应由该院主担负之"。1937 年 2 月 18 日再次修订这个规定，强调了与卖淫执照相关的问题。它规定，娼妓的执照遗失或损坏时，"应即补领，随缴费 1 元正，并依情形，处以 2 元 5 角至 20 元之罚金"；发现娼妓患有传染病的，其执照"应即吊销，并由捕房按每名病妓，处该妓院主以 2 元 5 角至 20 元之罚金"。① 作出这些规定的前提是认可卖淫的合法化。

由于上海租界的立法纵容卖淫这一丑恶现象，所以那里的娼妓越来越多。据统计，1875 年时有娼妓不足 6500 人，可到了 1930 年竟达 30000 人。② "这么多的娼妓拥挤在上海租界，以致妓院到处可见。赌场和妓院到处都有。"③ 难怪一个国际联盟妇女调查团在考察了远东之后说："贩卖妇女最多的国家，推中国为第一，这种贩卖的妇女，主要是作为娼妓的。特别是港、沪二埠。"④ 现代立法规范、维护现代文明，不纵容丑恶现象，上海租界的立法却纵容这种现象。

最后，有些规定不切合上海租界的实际。上海租界现代法制中的有些规定不切合上海租界的实际，导致这些规定的执行情况不理想。上海租界的禁妓规定就是如此。对于上海租界纵容娼妓合法卖淫的规定，长期以来一直受到有识之士的反对。在强大的公众压力之下，从 1920 年起上海租界当局不得不通过立法开始禁妓。它们的基本做法是先要租界内的娼妓重新登记、领照，然后通过抽签的方法，分批禁妓，直至完全禁绝。1920 年 4 月上海公共租界纳税人年会举行，会上通过了禁妓案。此案"决定实际妓寮领照，逐年迭减，5 年肃清等办法"。⑤ 同年 10 月上海法租界公董局的董事会也作出类似于公共租界的决定，即"将法租界内卖淫各户，切实调

---

① 王立民著：《上海法制史》，上海人民出版社 1998 年版，第 233—234 页。
② ［法］安克强著：《上海妓女》，袁燮铭、夏俊霞译，上海古籍出版社 2004 年版，第 133 页。
③ ［法］梅朋、傅立德著：《上海法租界史》，倪静兰译，上海译文出版社 1983 年版，第 18 页。
④ 洪泽主编：《上海研究论丛》（第 3 辑），上海社会科学院出版社 1989 年版，第 214 页。
⑤ 相关内容详见《申报》1920 年 4 月 9 日。

查，逐渐减少，每 3 月抽签一次，勒令闭歇，以 5 年为度，一律禁绝"。①

　　然而，这次禁妓以失败告终，没有实现预期的效果，娼妓依然在上海租界内泛滥。1925 年 2 月 5 日的《申报》报道说，"今日租界之内，到处皆有暗娼，其中以华人居多"；"男子夜间乘车独行，常有中西妇女，上前兜搭，尤在散戏时为甚"。法国学者在研究了这段历史后也认为，此次禁妓以失败告终，丝毫没有朝着租界当局所规划的方向发展。在谈到失败原因时，他也认为这与上海租界的实际情况不符有关。"在势力强大的中国传统观念、文化习俗面前，那些来自异域文化的人们"，"仅仅靠发动一场废娼运动是很难一蹴而就的"。②禁妓失败后，上海租界的娼妓数量马上反弹，娼妓卖淫再次合法化。到 1936 年上海公共租界发出妓院执照 697 张，1940 年又增至 1325 张，比 1920 年禁妓前的妓院还要多。③现代立法应适合现代社会的情况，上海租界的立法中的有些规定无法做到这一点，导致适用上的失败。

（二）执法、司法中的瑕疵与弊病

　　上海租界的现代法制不仅在立法中有瑕疵与弊病，在执法、司法中也有瑕疵与弊病。

　　首先，巡捕时常侵犯人权。上海租界的巡捕房是租界内的现代警政机关，巡捕其中的警政人员，应以维护租界内的人权为己任。可是，他们中的有些人则侵犯租界内居民的人权，采用暴力的手段殴打他们，甚至还有导致死亡的情况发生。仅上海法租界在 1942 年至 1943 年间就多次发生此类情况。1942 年 4 月 27 日在巨泼来斯路（今安福路）的一个米号粜米时，"有 647 号越捕将一 14 岁之男孩踢中要害身死"。而且，这不是偶然事件，因为"最近法捕房华、越捕对于平粜时，维护秩序，不时越轨妄行，对籴米贫民，拳打脚踢，不足为奇，平民之因而受伤者，不计其数"。④同年 8 月有"赵姚氏，在跑马厅路（今武胜路）当佣工，因有病送伊（她）

---

① 相关内容详见《申报》1920 年 10 月 8 日。
② ［法］安克强著：《上海妓女》，袁燮铭、夏俊霞译，上海古籍出版社 2004 年版，第 339—340 页。
③ 洪泽主编：《上海研究论丛》（第 3 辑），上海社会科学院出版社 1989 年版，第 221 页。
④ 相关内容详见《新中国报》1942 年 4 月 28 日。

至南京路来看，看毕送回租界，行之十六铺铁门口，遇有法捕不准出去，并用藤条将赵姚氏周身打伤"，被人送到医院后，因伤势过重，"至院身死"。①1943 年 4 月 29 日张金海"竟被顾客李姓女及艺华干洗店主郭士元等诬告侵吞遗失之洗衣凭单，被拘入法巡捕房，由西探米来等威逼招供惨施酷刑，因此身亡"，以后，法医的鉴定也证实了这一点，鉴定报告说张金海"系胸肋部受外来之钝器打击致脾脏破裂与脾脏出血身死"。② 现代执法以维护人权为出发点和归宿，可是上海租界的执法却缺少这一点。

其次，警匪勾结犯罪。作为现代警政人员的上海租界巡捕是界内的执法人员，应是正义的护卫者。上海租界内的匪徒则是被执法对象，罪恶的象征。可是，他们却长期勾结，共同犯罪，危害社会和人民。甚至，还出现亦警亦匪的情况，即匪徒成了巡捕，巡捕就是匪徒，这就为警匪一起犯罪提供了很大的便利。上海公共租界的匪徒、黑社会头子陆连奎、顾竹轩、尚武、冯志明、汤坚、董兆斌、刘俊卿等人是这样，上海法租界的匪徒、黑社会头子黄金荣、程子卿、金九龄、吕竹林、范广珍、邹万清、陆金祥、蒋长文等人也是这样。③

其中，较为典型的是黄金荣。他于 1892 年进入上海法租界的巡捕房，1918 年被提拔为督察长，1927 年担任警务处高级顾问。"他既是一个华捕，同时又是一个帮会头子。"④1925 年春，黄金荣等筹建的"三鑫公司"成立。这是一个贩卖鸦片并从中牟利的公司。它的成立得到上海法租界巡捕房总巡费沃利等人的同意。成立那天，"捕房派出几百名安南巡捕，开出警车，声势浩大地到处巡逻，公开到码头保护和押送鸦片进库房。这几百名安南巡捕的费用，就由黄（金荣）负责从所收入的毒品保险费中提取。以后鸦片运输增多，法捕房收入也相应增多，从每月几万元增到一二十万元"。⑤ 这些不断增加的鸦片流入上海、中国的其他地方，以致从中受害者

---

① 上海市档案馆：卷宗号 R18—427。
② 同上。
③ 苏智良、陈丽菲著：《近代上海黑社会研究》，浙江人民出版社 1991 年版，第 73 页。
④ ［澳］布赖恩·马丁著：《上海青帮》，周育民等译，三联书店 2002 年版，第 64 页。
⑤ 郭绪印编著：《旧上海黑社会》，上海人民出版社 1997 年版，第 20 页。

不计其数。警匪勾结进行犯罪活动、贻害无穷。这正如黄金荣以后自己所说："这长长的 34 年，我一直在执行法帝国主义的命令，成为帝国主义的工具，来统治压迫人民。譬如，私卖烟土，开设赌场，危害了多少人民，而不去设法阻止，反而从中取利，实在不应该。"① 现代执法要求执法人员具备较高的法律素质，严格依法执法。而上海租界的巡捕却与匪徒勾结在一起，共同犯罪，干尽坏事。

最后，审判时有不公。审判是司法的一个重要组成部分，也是司法的集中体现。现代司法要求公平。上海租界虽然也实行现代的司法制度，但审判不公的情况时有出现。这种情况在领事的审判中已经存在。有资料显示，同一领事在前后数天的盗窃案审判中，就出现量刑轻重悬殊的审判结果。有个小偷窃取棉被 1 条，即被判为有期徒刑 2 年；可数日之后，在另一小偷窃取首饰达 200 余元的案件中，罪犯却只被判了有期徒刑 3 个月。② 如果原、被告双方中有一方是华人的，那么审判的天秤往往会向洋人一方倾斜，即便原告是清政府官员也同样如此。1896 年清政府的张之洞以原告代理人身份起诉英国刘易斯·司培泽尔公司，案由是这个公司出售给中国政府的武器是一些不值钱的劣质产品。可是，在此案的审判过程中，被告律师却回避武器质量的诉求，纠缠管辖等一些无关紧要的问题。最后，法官作出了不公正的判决，使原告清政府的合法权益得不到维护。③

有些案件明显是因为洋人的原因造成，而且应该承担法律责任的，领事也会作出对洋人有利的审判。1875 年 4 月 4 日英国轮船"海洋号"和中国轮船"福新号"在上海和天津之间的黄海段相撞，"福新"号轮沉没，死亡者多达 63 人。造成这一海难事故的责任在于"海洋号"，"这日天气晴明，海面上并无风浪，据当时的证据，显然是由于海洋号错行航线的原故，所以过失完全在于海洋号，毫无疑义"。④ 可是，英国领事在宣读判决时则

① 相关内容详见《文汇报》1951 年 5 月 20 日。

② 马长林：《晚清涉外法权的一个怪物——上海公共租界会审公廨剖析》，载《档案与历史》1988 年第 4 期。

③ 陈同：《略论上海外籍律师的法律活动及影响》，载《史林》2005 年第 3 期。

④ [美] 霍塞著：《出卖上海滩》，越裔译，上海书店出版社 2000 年版，第 61 页。

说："我们对于这件案子，很觉难于下判。"虽然，最后"下判"的结果要
"海洋号"船主做出少量赔偿，但是在讲到执行赔偿时，这位领事则用无从
强制执行这一项判决作回答，大量的中国受害人因此无法得到应有的补偿。
连美国学者都认为这是一种"不合情理的行为"，"至于一切条约和特权等
等简直就是他们随时所能加以利用的利器罢了"。① 公正的审判在上海租界
时有缺失，不能不说是上海租界司法的瑕疵与弊病。

（三）形成上海租界现代法制瑕疵与弊病的主要原因

形成上海租界现代法制瑕疵的原因有多种，主要包括以下这些：

首先，上海租界当局具有殖民意识。上海租界的洋人普遍具有殖民意
识，包括租界当局。英、美、法等国家都是通过不平等条约在上海取得租
界和领事裁判权，他们是"胜利"者，也是殖民者，推行的是"建立完全
独立于中国的行政系统和法律权限以外的殖民主义统治"。② 殖民意识在他
们头脑中根深蒂固。他们根本看不起华人。这正如一位美国学者所说的：
"有一位美国传教士在上海开埠五年之后所说的几句话很为切当，他说，外
国人那时都十分看不起中国人，以为这个民族终究要被外国人所征服"。③
这种意识流露在上海租界现代法制中就出现了歧视华人、审判不公等情况。

其次，有些执法、司法人员法律素质太低。上海租界的洋人执法人员
巡捕通过招募而来，早期主要是水手和退役士兵，④ 其人员素质参差不齐，
有些人的法律素质很低。1863 年被法国外交部推荐的"第一流的总巡"加
洛尼·迪斯特里阿一上任就"滥用职权，非法拘捕，敲诈勒索，不合理的
罚款，对人施以暴行，无恶不作"，连一位法国学者都认为："外交部是找
到了一个宝贝！"⑤ 还有的巡捕变成了海盗。⑥ 上海公共租界的巡捕也好不

---

① ［美］霍塞著：《出卖上海滩》，越裔译，上海书店出版社 2000 年版，第 63 页。

② 上海市政协文史资料委员会等编：《列强在中国的租界》，中国文史出版社 1992 年版，第
1 页。

③ ［美］霍塞著：《出卖上海滩》，越裔译，上海书店出版社 2000 年版，第 20 页。

④ 苏智良、陈丽菲著：《近代上海黑社会研究》，浙江人民出版社 1991 年版，第 49 页。

⑤ ［法］梅朋、傅立德著：《上海法租界史》，倪静兰译，上海译文出版社 1983 年版，第 357—
358 页。

⑥ 同上书，第 330 页。

了多少。1934 年此租界破获了一个扒窃组织，其中就有不少是巡捕。"与扒窃者有牵连而每日接受津贴的捕房刑事人员，公共租界有 65 人。"①上海租界的领事亦任法官，是司法人员，可他们中的相当部分人是商人，不是法律人，审判不是他们的专长，他们也缺乏应有的法律素质。这正如美国学者约翰斯顿所讲的："那些能对他的公民适用本国法律的是领事，但这些领事没有受过专门的法律培训，尤其是在租界的早期，那些领事多是商人。虽然，以后公共租界建立了自己的法庭，但法律的实施还要依靠领事。"②因此，上海租界在执法、司法中时常会出现侵犯人权、警匪勾结、审判不公的情况。

最后，上海租界当局不深谙上海的社会情况。他们来自西方社会，习惯于西方的社会情况，而不深谙于上海的社会情况。他们认为，现代娼妓卖淫是一种现代商业行为，可以使其合法化，于是采取了一些合法化的法律措施，包括设立花捐、娼妓进行登记和检查等。但在广大民众的强烈反对下，上海租界当局又不得不用法制手段禁妓，可这一手段又与上海实际情况不符，以致禁妓失败。事实证明，只要法制符合上海的实际情况，禁妓完全可以成功。上海解放后，上海市公安局制定了《目前处理私娼办法》等一些规定，采取了适合上海情况的果断措施，到 1951 年 11 月上海所有的妓院全部关闭，并继续收容私娼。至 1958 年被收容的娼妓经过扫盲教育，培养了生产能力，逐渐改变了不良生活习惯，治愈了各种疾病，全都成为新型的劳动者并得到妥善的安置。③可见，上海租界现代法制出现瑕疵与弊病，有其一定的原因存在。

三、上海租界现代社会中的病态

上海租界现代法制的瑕疵对上海租界的现代社会产生了消极影响。这个社会的病态与其法制的瑕疵有关。这种病态突出表现在以下方面：

---

① 中国人民政治协商会议上海市委员会文史资料工作委员会编：《旧上海的帮会》，上海人民出版社 1986 年版，第 97 页。

② W. C. Johnstone, *The Shanghai Problem*, California, Stanford University Press, p.129.

③ 易庆瑶主编：《上海公安志》，上海社会科学院出版社 1997 年版，第 160—161 页。

（一）洋人、华人间的贫富两极分化严重

上海租界的现代法制中，存在歧视华人的因素，而且又没有足以维护华人合法权益的规定，因此界内的贫富两极分化情况十分严重，特别是在洋人与华人之间。许多洋人很富有，许多华人则很贫困。哈同是富有洋人的代表人物。他是英籍犹太人，1874年从印度到香港转来上海淘金，靠贩卖鸦片和投机地产起家。至1931年他去世时，积聚的财产时值已达4000万英镑。他拥有的哈同花园占地170亩，1927年园内聘用的职工就多达200余人，专门从事园里的各种劳作。哈同与中国妻子罗迦陵的生活极为奢侈，在哈同花园内的起居饮食多仿效清朝慈禧太后或《红楼梦》的贾母。1922年时，哈同71岁，罗迦陵59岁，他们踌躇满志，大做"百卅大寿"。那天，花园里布置得富丽堂皇，仅高大的彩牌楼就有10余座，寿轴、寿幛更是数不胜数。达官贵人如云，花钱如水。① 其富裕、奢侈程度令人咋舌。

然而，上海租界内的许多华人则十分贫困。他们到上海租界谋生，境况悲惨，乞丐、赤贫者很多。他们"谋生于沪而不成，遂至流落行乞"。人数多的时候，还导致有些街道的阻塞。有"大群流浪汉和乞丐，使一切交通为之阻塞"。这些人"多为赤贫之族"。② 如果他们有住的地方，那多为草房了。这种房子破烂不堪。"他们的草房是用手脚边能得到的随便什么东西盖起来的——泥巴、芦苇、碎砖、旧木板、动物毛皮、麻袋布，还有宣传昂贵肥皂的涂瓷漆铁皮广告牌。"③ 有的人则住在"滚地龙"里。这种房子十分简陋，没有一点安全可言。"他们仅仅用帆蓬搭一个低矮的、隧道状无窗滚地龙以便在夜间睡进去。"④ 上海租界里这种贫困的情况与富有的洋人相比，真是天壤之别了。

上海租界里的华人即使有工作，他们中许多人的收入也远远低于洋人。这种贫富差距有的在百倍之上。这里以上海公共租界邮政系统为例。上海

---

① 上海人民出版社编辑：《上海经济史话》（第1辑），上海人民出版社1963年版，第43—47页。

② 上海市档案馆编：《近代城市发展与社会转型》，三联书店2008年版，第265—266页。

③ ［美］韩起澜著：《苏北人在上海，1850—1980》，卢明华译，上海古籍出版社2004年版，第42页。

④ 同上书，第41页。

邮务长英国人希乐斯月薪为关银 1300 两，合银元 2025 元，还不包括邮局替他支付家里的花匠、厨师、仆役、保姆等费用。可是邮局内收入最低的华人月薪才 14 元 5 角。他们间的差距在 140 倍左右。[①] 现代社会的贫富差距应该有合理的度，而且洋人、华人都应平等，不能相差太大。上海租界内的这种洋人、华人间的大差距，不能不说是上海租界中的一种病态。

（二）社会丑恶现象泛滥

上海租界的现代法制纵容丑恶现象，推波助澜了这一现象在上海租界的泛滥。这里仍以娼妓卖淫为例。上海租界地域在上海县城以外，原是大片滩涂、墓地，溪涧纵横，芦草丛生，非常荒僻，没有人烟。[②] 那时，根本不可能有娼妓卖淫。上海租界出现以后，开始向现代社会发展，妓女卖淫的合法化导致了卖淫这一丑恶现象愈演愈烈。有学者认为，自 1843 年上海开埠以后，特别是在 1845 年和 1849 年英、法租界相继建立之后，妓院进入租界，成为上海娼妓业发展史上的重大转折。[③] 此后，便一发不可收拾。从 20 世纪 20 年代的后半段开始，卖淫业有了较快的发展，以致"卖淫业向整座城市的扩散已成为一种普遍现象"，最终，上海成了"卖淫业的中心"。[④] 据 1934 年 12 月 3 日《申报》的统计，上海娼妓占全市人口的比例很高，为 1∶130。这一比例要大大高于当时其他的一些国际大都市，其中伦敦为 1∶960，柏林为 1∶580，巴黎为 1∶481，芝加哥为 1∶430，东京为 1∶250。如果仅以妇女的人数来计算，这一比例更高。据 1935 年的统计，每 20 人左右的上海女子中，就有一个娼妓。[⑤] 以致上海得了一个"东方花都"的"称号"。[⑥]

娼妓的泛滥给社会带来了很大的弊端。第一，大量的妇女受害。上海租界的许多娼妓是出于无奈而堕入火坑，其中，"有的是被拐骗，有的是被引诱，有的卖身还债，有的出于无法生活"。然而，当她们一旦落入陷阱，

① 上海人民出版社编辑：《上海经济史话》（第 2 辑），上海人民出版社 1963 年版，第 59 页。
② 熊月之主编：《上海通史》（第 1 卷），上海人民出版社 1999 年版，第 41 页。
③ 郭绪印编著：《旧上海黑社会》，上海人民出版社 1997 年版，第 178 页。
④ 熊月之、周武主编：《海外上海学》，上海古籍出版社 2004 年版，第 136—137 页。
⑤ 郭绪印编著：《旧上海黑社会》，上海人民出版社 1997 年版，第 179—180 页。
⑥ 苏智良、陈丽菲著：《近代上海黑社会研究》，浙江人民出版社 1991 年版，第 216 页。

便很难跳出火坑。进入妓院以后，表面上强装欢笑，可心中极为痛苦，每人都有自己的血泪史。人老以后，老鸨、龟奴就会"将他们一脚踢出门外，饿死道旁，并不乏人"。① 这些妇女都从中受害。

第二，性病蔓延。卖淫不仅使娼妓受害，也使社会受害，性病蔓延是其中之一。尽管上海租界有娼妓要接受身体检查的规定，可这一规定的实施阻力很大，包括来自妓院的阻力。"妓院的对立情绪很大，不少妓院宁肯关门或搬走也不愿意接受检查。"② 另外，还有大量私娼存在，她们中的许多人都游荡在社会上。上海名人万迪鹤在《外滩公园之夜》一文中写道："农村破产的结果，大批的妇女都跑到都市来求生，她们没有职业大都是过的卖淫的生活，在这个大都会当中，随处都充满了这些鹄面鸠形者的踪迹了，戏院里有她们的踪迹，现在公园里也充满了这些人的足迹了。"③ 私娼根本不受上海租界这一规定的制约。在这种情况下，性病得到了蔓延，娼妓患者也有所增加。据统计，1877 年为 85 人，1884 年为 166 人，1889 年为 232 人。④ 这种疾病对社会的健康威胁很大。

第三，风化问题突出。中国历史上也有卖淫，但比较克制，这与中国传统的道教思想有关。"在某种程度上与中国人对两性关系的看法有关，渗透着浓重的道教思想。这种思想把性行为看成是一种再生的手段，同时又认为它可能损耗人的元气。"⑤ 因此，中国华界的卖淫不那么发达，这类风化问题也不那么突出。可是，在上海租界则不同了。那里，不仅大肆宣传西方的性自由和性解放，还使卖淫合法化，只要登记、领取执照、交税便可公开营业，十分便利。"如果妓院在城内经营受到中国法律和伦理传统的制约，那么，妓女（妓院）在租界内所受制约就少得多了，妓院只要向工部局领取执照，按时交纳营业税，即可公开营业。"⑥ 于是，上海租界的卖淫便开始泛滥，中国传统的伦理受到极大的冲击，风化问题便十分突出了，

---

① 上海市文史馆编：《旧上海的烟赌娼》，百家出版社 1988 年版，第 169 页。
② ［法］安克强著：《上海妓女》，袁燮铭、夏俊霞译，上海古籍出版社 2004 年版，第 308 页。
③ 倪墨炎选编：《浪淘沙：名人笔下的老上海》，北京出版社 1999 年版，第 368 页。
④ ［法］安克强著：《上海妓女》，袁燮铭、夏俊霞译，上海古籍出版社 2004 年版，第 309 页。
⑤ 同上书，第 58 页。
⑥ 上海市文史馆编：《旧上海的烟赌娼》，百家出版社 1988 年版，第 155 页。

即"使上海的中国居民丧失了廉耻"。① 这也使上海租界社会的病态凸显出来了。

（三）黑社会组织活动触目惊心

由于上海租界当局和法制的放纵，上海租界的黑社会组织不断扩大，活动也日益频繁，其罪恶触目惊心。那时，势力比较强大的黑社会组织是青、红两帮。青帮在清朝雍正初年为了承运漕粮而逐渐形成。② 红帮又称洪门，起源于明末清初的反清复明组织，由天地会、三合会、哥老会等演化而成。③ 鸦片战争结束、上海开埠以后，它们都进入上海租界并渐渐庞大起来。相比之下，青帮的势力更强大，有人把它比喻为"上海滩的'玉皇大帝'"。④ 与许多黑社会组织相似，青帮也是组织严密，帮规严酷。⑤ 这就决定了青帮在上海租界社会起到非同一般的作用，也是一种恶势力的作用。

一位曾加入过青帮的人员也承认，青帮与流氓合流，"深入到社会各个角落，开设赌场、妓院，划地称霸，为非作歹，欺压良民，成为社会上的一股恶势力"。他们还被上海租界当局利用，"作为殖民统治的爪牙"，"运来大量鸦片，就是利用流氓主要是青帮中人推销的"。⑥ 除黄金荣、杜月笙和张啸林之外，上海黑社会组织的有些人同样也是目无法纪，肆意犯罪，杀人如麻，包括谋杀有名望之人，顾竹轩就是如此。他"至少谋杀过七位有名望的人物，其中两个是律师。由于他有恶势力，竟能逍遥法外，并收徒一万余人，包括两租界的便衣探员和黄包车老板"。⑦

上海租界的黑社会组织活动如此肆无忌惮，与上海租界的"以毒攻毒""以华治华"政策不无关系。⑧ 上海租界黑社会组织在这一政策的放纵

---

① ［美］魏斐德著：《上海警察，1927—1937》，章红等译，上海古籍出版社 2004 年版，第 7 页。

② 司马烈人著：《黄金荣全传》（上），中国文史出版社 2001 年版，第 241 页。

③ 同上书，第 235 页。

④ 司马烈人著：《张啸林全传》（上），中国文史出版社 2001 年版，第 180 页。

⑤ 同上书，第 197—199 页。

⑥ 中国人民政治协商会议上海市委员会文史资料工作委员会编：《旧上海的帮会》，上海人民出版社 1986 年版，第 67 页。

⑦ 同上书，第 95 页。

⑧ 苏智良、陈丽菲著：《近代上海黑社会研究》，浙江人民出版社 1991 年版，第 71 页。

下，不断恶性发展，逐渐形成了一种控制社会的非法力量，并渗透至社会的更多领域。当有的地区秩序发生混乱时，上海租界当局会利用黑社会组织去"整治"这一地区。十六铺地区曾被认为是一个"不断制造出罪恶的渊薮"地区，于是黄金荣被派到那里任巡警。他到任后，便设法笼络了一大帮流氓，组成以他为首的黑社会团伙。依靠这帮人，他一方面大肆敲诈勒索，大量搜刮所辖地区商行店铺的钱财；另一方面又以其黑社会团伙成员为耳目和眼线，协助他侦破案件，以致这一地区处在黑社会组织的严密控制之下。①

当有的企业发生劳资纠纷时，上海租界的黑社会组织也会出面调解，暂时缓解矛盾。1934 年 9 月美商上海电力公司新老两厂有 1400 余工人因反对资方大批解雇和开除工人而进行罢工，而且工会还提出了复工的 4 个条件。可是，由于美国老板态度顽固，拒绝工会提出的条件，还勾结巡捕房，强迫老工人回厂上班，矛盾激化，罢工前后持续了 54 天。最后，杜月笙出面调解，草草收场。②1932 年以后，杜月笙调解过的这类纠纷还不少，包括 1932 年招商局和时事新报、1933 年英商会德丰公司、1934 年银楼业、1935 年人力车工人等发生的劳资纠纷。③这种黑社会组织参与的调解与政府调解不一样，特别"强调面子，自以为主持公道，要大家买他的账，听他的话"。④这种黑社会组织的非法活动和对社会的非法控制冲击了法制和正常秩序，也是上海租界社会的一种病态。

（四）绑票、贩毒和贩卖人口的犯罪猖獗

由于上海租界内的警匪勾结在一起，共同犯罪，以致界内的有些重大犯罪猖獗，得不到有效控制，其中包括绑票、贩毒和贩卖人口犯罪等。绑票是一种犯罪，各国都进行打击，上海租界也不例外。可是，有些重大的绑票案则禁而不止，其中的一个重要原因是绑匪有黑社会背景，又与巡捕

---

① 熊月之主编：《上海通史》（第 9 卷），上海人民出版社 1999 年版，第 240 页。
② 中国人民政治协商会议上海市委员会文史资料工作委员会编：《旧上海的帮会》，上海人民出版社 1986 年版，第 12—13 页。
③ 同上书，第 11—13 页。
④ 同上书，第 15 页。

有千丝万缕的联系，于是案情就变得扑朔迷离，由巡捕来破案就如同与虎谋皮，这类犯罪也就失控了。上海租界发生的魏廷荣、朱成璋、曹启明等重大绑票案无一不是如此。"魏廷荣被绑案、朱成璋被绑案、曹启明被绑案，都是以上海帮会大三亨为背景的。"① 这里以魏廷荣案为例。他是上海法租界的名人，也是这一租界"数一数二的豪门"，还在与黄金荣争夺美女吕美玉中占了上风。他的连襟赵慰先是杜月笙门下，上海青帮人物，而且还嗜赌成性，于是就上演了绑架自己连襟魏廷荣的闹剧。案发后，由于他的青帮背景和警匪的"合作"，"在杜月笙、赵班斧等人的庇护下，逍遥法外"。②

　　毒品贻害民众，国法禁之。可是，它的巨大利润诱惑，致使上海租界的不法商人、警匪都趋之若鹜，而且还相互勾结，不惜犯罪，从中渔利。那时，上海租界的毒品与中国其他地方一样，主要是鸦片。1906 年 9 月清政府颁布法令，禁止种植罂粟。上海华界县城内的土行烟馆于同年 6 月关闭，同时上海道敦促上海租界当局予以合作。1909 年 2 月 1 日万国禁烟会在上海召开，与会的包括英、美、法国等 13 国代表，经过 25 天的议程，通过了禁毒决议。③ 这是世界上首次国际性的禁毒会议，本应对上海租界的禁烟有巨大的推动，可是，实际情况并非如此。上海租界的贩烟犯罪只是更为隐蔽而已，贩烟没有收敛，特别是在法租界。"法租界大马路（今金陵东路）周围的中华里、宝裕里、宝兴里等处，遂成为烟业中心，菜市街、八仙桥一带，土行林立。"④ 究其原因，是因为警匪勾结。

　　黄金荣本身就靠"贩烟土起家，所收门徒甚众，原来以巡捕房人员及流氓居多"。⑤ 他们使贩毒的过程变得安全。上海青帮不仅派人开路，还将鸦片运货卡车的车牌号交给法租界警方，而警方的巡捕正是在黄金荣的控制之下。为了确保安全，上海法租界的高级行政人员每月收贩毒的回扣

---

① 郭绪印编著：《旧上海黑社会》，上海人民出版社 1997 年版，第 251 页。
② 同上书，第 237—239 页。
③ 苏智良、陈丽菲著：《近代上海黑社会研究》，浙江人民出版社 1991 年版，第 188 页。
④ 同上书，第 190 页。
⑤ 中国人民政治协商会议上海市委员会文史资料委员会编：《旧上海的帮会》，上海人民出版社 1986 年版，第 63 页。

2% 以上，总数达 15 万元。① 这种有组织、有分工的贩烟犯罪，没有警匪的同谋，很难想象。于是，上海租界贩毒屡禁不止。上海青帮的头目"巧妙地'近代化'了上海的毒品贸易"，而"在警方的纵容下，鸦片存在那里可以高枕无忧，每年储有两万多箱波斯、土耳其和印度鸦片，每月还有 1500 箱土烟存到那里，为他们带来高达 650 万元的赢利"。② 上海租界的贩毒犯罪长期毒害着广大民众。

　　贩卖人口的犯罪在上海租界同样严重存在。上海租界的洋人不法分子习惯于在国外从事人口贩卖的活动，到了上海后也干起了贩卖人口的犯罪。开始，他们用到国外去开金矿、种地等借口，引诱上海租界的华人去国外工作，达到贩卖人口的目的。一段时间以后，上当的华人越来越少了，于是就用绑架等犯罪手段来替代了。"当时有不少中国人，特别是年轻力壮的劳动人民，被诱骗到酒吧里，给以烈性酒或放了蒙汗药的酒，等他们醉倒后，被绑到停泊在黄浦江码头边的船里，运到美洲各国去贩卖，以便从中获取暴利。"③

　　更恶劣的情况是，趁夜深人静之时，在马路上捕捉孤单行人，把他们装进麻袋里，强行运送上船，拐掳离开上海。被掳的人中，不但有成年人，还有儿童。④ 这些华人在运输途中的死亡率很高，有时竟达 40% 至50%。一个贩卖人口者曾厚颜无耻地说："一只原来只能装载 300 人的船，现在装上 600 人而途中死去 250 个，较之只装'合法'的数目而全体安全抵岸，对于商人（指人口贩子）是更为合算的，因为原来他只能送去 300 人，而现在他可以送 350 人到市场上去出卖。"为此，这些华人在船上受尽折磨，其惨状骇人听闻，人们把这种船只称为"浮动地狱"。⑤ 上海租界的贩卖人口犯罪会长期存在，也与警匪勾结有关，即"勾结了当地的流氓、

---

　　① ［美］魏斐德著：《上海警察，1927—1937》，章红等译，上海古籍出版社 2004 年版，第 127 页。

　　② 同上书，第 123 页。

　　③ 上海人民出版社编辑：《上海的故事》（第 5 辑），上海人民出版社 1965 年版，第 11 页。

　　④ 同上书，第 12 页。

　　⑤ 同上书，第 13 页。

地痞"，① 而"法租界上贩卖人口总头目是法捕房刑事科外勤股督察长任文桢，杜月笙的徒弟"。②

　　上海租界社会的这些病态正是上海租界社会两面性的反映。这一社会是现代社会，又是东方的大都市，有其繁荣的一面。同时，它又丑态百出，缺点很多，有其病态的一面。在这样的社会中，是非不分，好坏不明，人们的行为往往缺少预期性，难免飞来横祸。人们常常没有安全感、幸福感，得过且过的想法十分普遍。这不是一种理想的现代社会。而这种不理想的社会又与法制中的瑕疵与弊病密不可分。

---

　　①　上海人民出版社编辑：《上海的故事》（第 5 辑），上海人民出版社 1965 年版，第 12 页。
　　②　中国人民政治协商会议上海市委员会文史资料工作委员会编：《旧上海的帮会》，上海人民出版社 1986 年版，第 98 页。

附录一　上海租界法制研究

——王立民教授访谈

肖志珂（以下简称"问"）：王老师，您好！很高兴您能接受采访，和我们分享您在上海租界法制研究方面的心得体会。众所周知，您在中国法制史研究方面颇有建树，特别在唐律研究、古代东方法研究、中国法制史的学术史（即中国法制史学史）等方面更是成果卓著。近几年，您集中聚焦于上海租界法制研究方面，已在重要期刊发表专门文章 30 余篇，并有著作《上海租界法制研究》出版，相关论著则更多。请您介绍一下自己研究"上海租界法制"的历程。

王立民（以下简称"答"）：1982 年至 1985 年我在华东政法学院（2007年改名为华东政法大学）攻读中国法制史硕士学位。在这期间，因参加一个关于上海近代法制史课题而开始接触到上海租界法制，还承担了其中立法部分的写作任务。此后，我一直把它作为自己的一块自留地加以耕耘，也产出了一些成果。在 1998 年出版的我个人专著《上海法制史》一书中，有三章专述上海租界立法，另外在法律渊源、警政机关、审判机关、监狱、律师等章中，也都有上海租界法制的内容。2001 年又出版了我的《上海租界法律史话》一书，把自 1991 年以来在《上海法制报》（现为《上海法治报》）中发表的关于上海租界法制的成果集中起来，成册面世。此书分为立法、司法、案例与法文化 4 篇，从不同角度反映上海租界法制。虽然这是一本史话，但却是第一本专门阐述上海租界法制的著作，在上海租界法制的研究中，有其一定的地位。

我的《上海租界与上海法制现代化》一文在 2006 年第 4 期《法学》上发表。这标志着我对上海租界法制的研究更具学术性，开始对这一法制作更为深入的学术性研究。此后，《上海英租界与现代法制》（2009 年）、《上

海的澳门路与公共租界的现代法制》（2011年）、《论上海租界法制的差异》
（2011年）、《上海租界的现代公共卫生立法探研》（2014年）等相关论文纷
纷跟进，使这一研究在深度与广度上都有所突破。

《中国法学》2008年第3期刊载了我的《中国的租界与法制现代化》
一文。这凸显出我对上海租界法制的研究已经开始扩展到中国租界法制，
而不仅限于上海租界法制。这样，研究的地域有了扩大，研究的内容也
更加丰富。从此，上海租界法制与中国租界法制一起进行研究，齐头并
进、相得益彰，研究成果也相继问世。《中国城市中的租借法与华界法》
（2011年）、《抵触与接受：华人对中国租界法制的态度》（2014年）、《百年
中国租界的法制变迁》（2015年）、《中国租界法制与中国法制现代化历程》
（2015年）、《中国租界的法学教育与中国法制现代化》（2016年）等都如
此。可见，我对上海租界法制的研究在延伸，延伸到了中国其他城市的法
制。这种延伸实际上就是一种上海租界法制研究的演进。

学无止境，研究也无止境。今后，我会在上海租界法制领域作进一步
研究，重点研究领域包括这样三个方面：第一，进一步挖掘上海租界法制
资料。把现在较为缺乏的美租界、领事法庭等法制资料作为重点挖掘对象，
以弥补现在的不足，推进上海租界法制研究。第二，进一步把上海租界法
制与中国租界法制结合起来研究。把上海租界法制作为一个研究的点，中
国租界法制作为一个研究的面，点面结合，就可以较为全面反映租界法制
的面貌。同时，也可以推进比较研究，烘托出上海租界法制的独特之处，
深化上海租界法制研究。第三，进一步推进海外上海租界法制研究。目前，
海外已有一些学者、专家也在研究上海租界法制，并产出一些研究成果。
美国魏斐德的《上海警察（1927—1937）》和《上海歹土：战时恐怖活动
与城市犯罪（1937—1941）》两部著作中都有上海租界法制的内容。可
是，对海外上海租界法制研究的情况知之太少，需要进一步推进，否则难
免盲目研究，甚至夜郎自大。如果在以上三个方面有所突破与发展，上海
租界法制研究就可以前进一大步，也会有更大的收获。

问：您为什么会选中"上海租界法制"这一研究视角？

答：我涉足上海租界的法制已有30余年，认识也在逐步提高，总归起来，选择"上海租界法制"作为我的一个研究领域，是出于三方面的考虑。首先，研究上海租界法制有重要的学术意义。百年来，中国研究法制现代化的成果都把中国法制现代化的起始点定位于20世纪初的清末法制改革。从那时开始，中国才走上法制现代化的道路，以后再进入南京临时政府、北洋政府、南京国民政府等发展阶段，一步步深化现代化进程。这一研究忽视了在中国领土上出现的早期现代法制，时间要比清末法制改革早许多，特别是上海租界法制。上海租界法制是中国领土上出现最早的现代法制，比中国其他租界法制要早，比清末法制改革更早。经过研究以后发现，上海租界法制最早产生于上海英租界，时间为1845年。上海英租界是个自治区域，由上海的英国侨民自治管理，还逐渐建立起自己的立法、行政、司法等机构，颁行了自己的法制。这一法制不是中国传统法制，而是现代法制。也就是说，在中国领土上，于19世纪40年代便出现了现代法制。此后，上海其他租界和其他中国城市中租界的法制也纷纷诞生。这些法制也都是现代法制，而且也都早于清末法制改革。另外，中国租界法制还对周边华界的法制产生影响，以致这些华界也吸纳部分现代法制。上海华界就是如此，交通法规是其中之一。这些华界使用现代法制也早于清末法制改革。

法制现代化进程提前了半个世纪，即在清末法制改革前的半个世纪，中国已有现代法制，开始了法制现代化的进程。中国法制现代化的过程，首先是一个从上海租界现代法制到清末法制改革的过程，是一个从上海英租界现代法制的"点"到清末法制现代化的"面"的过程。缺少了上海租界法制乃至中国租界法制，中国法制现代化的研究便留有缺憾，不完整了。上海租界法制的研究可以弥补这个缺憾，完整中国法制现代化过程，其学术意义不能不说很重要。

其次，研究上海租界法制的成果不多。在我涉足上海租界法制以前，有关上海租界法制的研究不多，是个可以开发的领域。这种不多主要体现在这样三个方面：

第一，没有公开出版专门研究上海租界法制的著作。著作的含金量比较大，往往是某一研究领域的重要成果，甚至是一种研究的代表性标志，更能体现研究的广度与深度。公开出版的著作受众面宽，影响也会比较大。那时，还没有一本公开出版的专门研究上海租界法制的著作。有些公开出版的研究上海租界的成果中，会涉及一些上海租界法制的内容，但从整体而言，其不是一本专门研究上海租界法制的著作。比如，1980年上海人民出版社出版的《上海公共租界史稿》一书是一本专门研究上海公共租界的著作，其中有些内容涉及这一租界的法制，比如1845、1854、1868年的土地章程等，可这本著作的主题是上海公共租界而非上海公共租界法制。当时，中国还缺乏专门研究上海租界法制并公开出版的著作。

第二，缺乏专门研究上海租界法制的论文。在我研究上海租界法制以前，不仅没有公开出版的专门的研究上海租界法制的著作，就连专门研究上海租界法制的论文都不多见。即使有少量这样的论文，大多篇幅也不大，研究深度有限。比如，1926年5月发表于《太平导报》第1卷中的《上海会审公廨之研究》一文，总共才有A5开本的11页纸。有分量、大篇幅的研究论文少之又少。

第三，以往有关上海租界法制的成果都没有把其与中国法制现代化联系起来研究。尽管在以往研究上海租界的著作中有涉及上海租界法制的部分，也有少量专门研究上海租界法制的论文，可这些成果的内容仅是就事论事，没有把其与中国法制现代化联系起来，体现不出上海租界法制在中国法制现代化中的作用、地位等一系列问题，研究的价值因此而打了折扣。同时，这也为我的进一步研究留出了空间，可以在进一步研究中有所作为。

再次，上海存有大量有关上海租界法制的资料。这是研究上海租界法制的基础，没有这些资料，上海租界法制无法进行研究。上海存有的大量有关上海租界法制的资料，为研究上海租界法制提供了便利。这种资料大致可以分为这样四类：

第一类是档案里的上海租界法制资料。上海档案馆存有大量上海租界法制的档案。这种档案分布在有关上海公共租界工部局与上海法租界公董局的档案里，其中包括了立法、行政执法、司法等方面。

第二类是上海租界志里上海租界法制的资料。上海社会科学院出版社于 2001 年出版了《上海租界志》一书。此书有 1197 千字，规模不小，其中包括了上海租界法制的重要内容，租地人会制度、巡捕与巡捕章程、会审公廨、临时法院、特区法院等都在其中。

第三类是上海租界史里的上海租界法制资料。上海租界是以法制进行治理的区域。上海租界史里存有一些租界法制的资料。比如，由法国人梅朋和傅立德合著，倪静兰翻译的《上海法租界史》里就有一些上海法租界法制的资料，比如，1849 年的土地章程、巡捕房组织条例、公董局组织章程、会审公廨的建立与发展等都是如此。第四类是回忆录里的上海租界法制资料。在有些人的回忆录里也会留有上海租界法制的资料。比如，中国文史出版社于 1992 年出版的《列强在中国的租界》一书中，就有关于上海租界监狱的资料，"上海西牢回忆"就是这样。另外，在一些笔记、碑刻、论文等中也会有一些关于上海租界法制的零星记载。把这些资料整合起来，就为研究上海租界法制打下了坚实的史料基础，也为研究这一法制提供了得天独厚的条件。

以上从上海租界法制的研究意义、研究空间、研究资料等三个方面来说明我选中"上海租界法制"作为我研究视角的原因。正是这些原因使我下决心努力研究上海租界法制，并一步步深化，产出成果，取得了一些成绩。

问：在上海租界法制研究方面，您有一个经典的研究结论："中国的法制现代化进程始于上海，而上海的法制现代化进程则始于租界。"那么，上海租界的现代法制究竟体现在哪些方面？

答：上海租界法制在建立时就是现代法制，这一法制的现代性充分表现在它的法规体系、法规结构、法制语言、审判制度、律师制度等一些方面。

第一，现代的法规体系。上海租界以现代立法理念为指导，在租界建立了自己的现代法规体系。除了土地章程以外，这一体系中由包括组织、治安、邮政、路政、建筑等方面的内容构成。每个方面都有代表性法规成为主干。比如，《公董局组织章程》《公共租界工部局治安章程》《工部书信馆章程》《法租界公董局警务路段章程》《公共租界工部局中式新房建造章程》等。这些法规都有一个具体的调整对象，其中的内容都围绕其而展开。每个法规都相对独立，不是诸法合体性质。这个体系只是初步的，还要与时俱进。上海租界法规体系的完善是在 20 世纪二三十年代的时候了。上海租界当局建立的是现代法规体系，从西方国家引进，与中国的传统法律体系不同。在中国传统法律体系中，尽管有部门法的内容，但除个别部门法有法典外（如唐律是一部刑法典），其他部门法都无专门的独立的法典。其内容要么散见于法典之外的规范性文件中，要么集中在综合性法典里，形成诸法合体的法典。这是一种不发达的法律体系，与上海租界的法规体系明显有差异。这种差异是一种现代法规体系与传统法律体系的差异。上海租界在这方面先行了一步。

第二，现代的法规结构。上海租界当局制定的法规都有现代的法规结构。首先，采用"章程"的称谓。以上所列五个方面的法规都称以"章程"。这种称谓在中国传统法律、法规中称"律""刑统""令""敕""制"等，都与"章程"不同。其次，采用款、条的排列方式。在那时内容稍多一些的法规中，都采用款、条排列方式。在中国的传统法典、法规中没有这种明示的款、条排列方式。就是在作为中国法典楷模的唐律中，也只有条，无明指款等排列方式。最后，采用款标的做法。凡设有款的章程中，都设有款标，一款一标。它明示其中的内容，使阅读人一目了然。中国传统的法典中不在正文设款标。《唐律疏议》中有律名、条标，但条标只设在目录中，正文中无条标。《宋刑统》中有律名和门标、条标，但突出的是门标，正文中条标又与法条分离。上海租界法规的结构是现代法规的结构，使用了现代立法技术，明显优于中国传统的法典结构。

第三，现代的法制语言。在上海租界颁行的法规中，不仅都使用白话文，古汉语不见了踪影，而且，还大量使用现代法制语言。当然，这些语言是从英、美租界或公共租界中使用的英语和法租界里使用的法文翻译而来。正因为如此，这些法制语言都是现代法制语言，不再是中国传统的法制语言。它们从一个侧面说明上海租界的法制已开始现代化了。这些法规中的用词、句子都能体现现代法制的语言，有的至今还在使用。在中国传统的法律里则大量使用传统的法律语言。《唐律疏议》中使用了"十恶""八议""杖""笞""皆勿论""上请听裁""奏听敕裁""匹""尺""八刻""二更二点"等一些传统的语言。它们与上海租界法规中的法制语言大相径庭，而这种不相同正好反映了它们法制的不同，上海租界法制已经属于现代法制了。

第四，现代的审判制度。上海开埠以后，上海租界率先于上海华界推行现代审判制度。这一制度移植了现代审判制度，其内容涉及法官和陪审员、原告人与被告人、公诉人、代理人与辩护人、翻译人员、庭审程序等。在会审公廨中，这一制度已基本成熟。上海公共租界会审公廨根据1869年的《上海洋泾浜设官会审章程》的规定，受理的案件是那些发生在公共租界内的民事钱债交易和刑事盗窃斗殴等案件；法官由上海道台派出的人员与领事官组成；公诉人由巡捕房派员担任；律师出庭担任代理人和辩护人；华洋诉讼案件领事官可派员作为陪审员参加庭审；庭审时如有洋人作为诉讼参与人的，不定期要派翻译人员出席；庭审程序包括宣读诉状和答辩状、双方责任、辩论、判决等。上海法租界的会审公廨也是如此。上海租界的现代审判制度与中国传统的审判制度大相径庭。相比之下，中国传统审判的弊端显而易见，那时"中国地方官吏，无论钱债细故，人命重案，一经公庭对簿，先须下跪，形格势禁，多有不能曲达之情。况又不延人证，则曲直不易明"。上海租界使用现代审判制度代表了中国审判制度发展的方向。

第五，现代的律师制度。在上海租界移植现代审判制度的同时，也引进了西方律师制度，英国领事法庭最早在审判中使用律师，以后其他的各国领事法庭也纷纷引用本国律师制度，允许律师出庭。正如学者陈同所言："各国领事馆纷纷设立了领事法庭，按照她们自己的法律制度来处理法律事务，而其中也包括了律师制度。"此后，《上海领事公堂诉讼条例》专门提及了律师问题。中国传统上没有律师，只有讼师。他们以帮助诉讼当事人拟定诉状、介绍诉讼程序和注意事项等为业，与上海租界的律师有本质的区别。上海租界的律师及其制度的出现是一种历史的进步。

第六，现代的监狱制度。英、美、法三国先后建立了附设于领事法庭的监狱。其中，英租界于 1865 年设置小型监狱一所；美租界于 1907 年曾把罪犯寄押于英租界的监狱，而后又在自己领馆的二楼辟建了自己的监狱；法租界则在 1849 年取得租界后在领馆内设立了监狱。1903 年有"远东第一监狱"之称的上海提篮桥监狱启用。与此同时，现代监狱制度也开始插脚上海租界。这一制度的内容包括监管人员的设定和职责、监所的分类、囚犯的待遇和劳动、苦役犯人的惩处规则等。上海租界当局也先后颁行了一些监狱方面的法规，多体现了维护人权的精神。中国传统的监狱制度则偏重惩罚，忽视人权，以致监狱的情况很黑暗。这与上海租界监狱制度的文明程度距离甚远。

以上这些方面都是法制的重要组成部分。这些方面都具有现代性，也就意味着上海租界法制是一种现代法制，其演进的道路就是法制现代化的道路。

问：上海租界法制虽然对中国的法制现代化带来了积极影响，但它也不是完美无缺的制度，它有哪些弊端或者瑕疵？

答：上海租界的法制是现代法制，可这一法制中存有明显的瑕疵，其中突出表现在以下两大方面。

第一，立法中的瑕疵。上海租界的立法中，存在一些瑕疵，其中有些还与现代法制格格不入。首先，压制反侵略活动。侵略是罪恶行为，稍有良知者都会竭力反对，以伸张社会正义。可是，当日本军队侵略上海华界和上海人民在租界内奋起反抗、举行各种反侵略抗议活动时，上海租界当局却以各种理由，用立法进行压制，禁止这类正义的反侵略活动，为虎作伥。现代法制应是一种能支持和体现公平、正义的法制，抵御侵略的法制，可上海租界的立法不仅不能这样，还要压制上海租界人民的反侵略活动，其瑕疵十分明显。

其次，歧视华人。上海租界在 1853 年 9 月 5 日上海小刀起义以后，改变了华洋分居的情况，形成了华洋杂居的状况。此后，上海租界中华人的人数和所占的比率一直很大。可是，华人的地位低于洋人，受到歧视。这种歧视在立法中同样有体现。上海租界的公园设立很早，可长时间内都规定华人不准入园。甚至把华人与"酒醉或衣衫不整的人""不戴口罩的狗"放在一起，属于严禁入园的对象。就是在上海租界监狱里，洋人和华人囚犯的待遇也不一样，也有歧视存在。现代法制主张法律面前人人平等，可是在上海租界的立法里就缺少这种平等，留下了瑕疵。

再次，纵容丑恶现象。卖淫是一种社会的丑恶现象。上海租界在法制上长期纵容娼妓合法卖淫，特别是上海法租界。现代立法规范、维护现代文明，不纵容丑恶现象。上海租界的立法纵容这种现象，也是一种瑕疵。

最后，有些规定不切合上海租界的实际。上海租界现代法制中有些规定不切合上海租界的实际，导致这些规定的执行情况不理想。上海租界的禁妓规定就是如此。上海租界纵容娼妓合法卖淫的规定，长期以来一直受到有识之士的反对。在强大的公众压力之下，从1920年起上海租界当局不得不通过立法开始禁妓。但由于方法有误，执行不力，此次禁妓以失败告终，丝毫没有朝着租界当局所规划的方向发展。在实力强大的中国传统观念、文化习俗面前，那些来自异域文化的人们，仅仅靠发动一场废娼运动是很难一蹴而就的。禁妓失败后，上海租界的娼妓数量马上反弹，娼妓卖淫再次合法化。现代立法应适合现代社会的情况，上海租界的立法中有些规定无法做到这一点，导致适用上的失败，同样是一种瑕疵。

第二，司法中的瑕疵。上海租界的现代法制不仅在立法中有瑕疵，在执法、司法中也有瑕疵。首先，巡捕时常侵犯人权。上海租界的巡捕房是租界内的现代警政机关，巡捕是其中的警政人员，应以维护租界内的人权为己任。可是，他们中的有些人则侵犯租界内居民的人权，采用暴力的手段殴打他们，甚至还有导致死亡的情况发生。仅上海法租界在1942年至1943年间就发生此类情况多起。现代执法以维护人权为出发点和归宿，可是上海租界的执法却常缺少这一点，留下瑕疵。

其次，警匪勾结犯罪。作为现代警政人员的上海租界巡捕是界内的执法人员，应是正义的守卫者。上海租界内的匪徒则是被执法对象，罪恶的象征。可是，他们却长期勾结，共同犯罪，危害社会和人民。甚至，还出现亦警亦匪的情况，即匪徒成了巡捕，巡捕就是匪徒，这就为警匪一起犯罪提供了很大的便利。现代执法要求执法人员具备较高的法律素质，严格依法执法。上海租界的巡捕竟然与匪徒勾结在一起，共同犯罪，干尽坏事，其执法的瑕疵很大。

最后，审判时有不公。审判是司法的一个重要组成部分，也是司法的集中体现。现代司法要求公平。上海租界虽然也实行现代的司法制度，但审判不公的情况时有出现。这种情况在领事的审判中已经存在。有资料显示，同一领事在前后数天的盗窃案审判中，就出现量刑轻重悬殊的审判结果。公正的审判在上海租界时有缺失，不能不说是上海租界司法的一大瑕疵。

问：形成上海租界现代法制这些瑕疵的原因有哪些？请您择要介绍一下。

答：形成上海租界现代法制瑕疵的原因有多种，主要包括有以下这些：首先，上海租界当局具有殖民意识。上海租界的洋人普遍具有殖民意识，包括租界当局。英、美、法等国家都是通过不平等条约在上海取得租界和领事裁判权，他们是"胜利"者，也是殖民者，推行的是"建立完全独立于中国的行政系统和法律权限以外的殖民主义统治"。殖民意识在他们头脑中根深蒂固。他们根本看不起华人。这正如一位美国学者所说的："有一位美国传教士在上海开埠五年之后所说的几句话很为切当，他说，外国人那时都十分看不起中国人，以为这个民族终究要被外国人所征服。"这种意识流露在上海租界现代化法制中就出现了歧视华人、审判不公等情况。

其次，有些执法、司法人员法律素质太低。上海租界的洋人执法人员巡捕通过招募而来，早期的主要是水手和退役士兵，其人员素质参差不齐，有些人的法律素质很低。1863 年被法国外交部推荐的"第一流的总巡"加洛尼·迪斯特里阿一上任就"滥用职权，非法拘捕，敲诈勒索，不合理的罚款，对人施以暴行，无恶不作"，连一位法国学者都认为："外交部是找到了一个宝贝！"还有的巡捕变成了海盗。上海公共租界的巡捕也好不了多少。1934年此租界破获了一个扒窃组织，其中就有不少是巡捕。"与扒窃者有牵连而每日接受津贴的捕房刑事人员，公共租界有65人。"上海租界的领事亦任法官，是司法人员，可他们中的相当一部分人是商人，不是法律人，审判不是它们的专长，他们也缺乏应有的法律素质。这正如美国学者约翰斯顿所讲的："那些能对他的公民适用本国法律的是领事，但这些领事没有受过专门的法律培训，尤其是在租界的早期，那些领事多是商人。虽然，以后公共租界建立了自己的法庭，但法律的实施还要依靠领事。"因此，上海租界的执法、司法会出现时常侵犯人权、警匪勾结、审判不公的情况。

最后，上海租界当局不深谙上海的社会情况。他们来自西方社会，习惯于西方的社会情况，而不深谙上海的社会情况。他们认为，娼妓卖淫是一种现代商业行为，可以使其合法化，于是采取了一些合法化的法律措施，包括设立花捐、娼妓进行登记和检查等。但在广大民众的强烈反对下，上海租界当局又不得不用法制手段禁妓，可这一手段又与上海实际情况不符，以致禁妓失败。事实证明，只要法制符合上海的实际情况，禁妓完全可以成功。上海解放后，上海市公安局制定了《目前处理私娼办法》等一些规定，采取了适合上海情况的果断措施，到1951年11月上海所有的妓院全部关闭，并继续收容私娼。至1958年被收容的娼妓经过扫盲教育，培养了生产能力，逐渐改变了不良生活习惯，治愈了各种疾病，全都成为新型的劳动者并得到妥善的安置。可见，上海租界现代法制出现瑕疵，有其一定的原因存在。

问：您对上海租界法制的研究是比较全面的。比如租界的城市规划法、土地管理制度、道路管理制度、行政机构、司法机构等都有涉及，特别对租界的司法机构——会审公廨，您提出了独到见解。您认为会审公廨究竟是什么性质的机构？

答：我在研究上海租界法制的过程中，也关注了设在上海租界的会审公廨，而且还形成了一些自己的看法。其中就包括对会审公廨性质的认定。我的这一看法与传统的观点有所不同，于是我就撰写了《会审公廨是中国的审判机关异议》一文，发表于 2013 年第 10 期《学术月刊》。

长期以来，人们对会审公廨性质的定位是中国的审判机关。我认为，会审公廨是租界自己的审判机关，并从四个方面进行了论证。

第一方面，会审公廨与华界的审判机关不具统一性。中国的租界设在中国的城市中，是城市里的一个区域。这些城市中还有华界，与租界相邻。华界是中国政府管辖的区域，设有中国的审判机关。一个国家的审判机关具有同质性，应具有统一性。华界里的审判机关与中国其他地方的审判机关具有统一性，都是中国的审判机关。会审公廨设在租界里，而且与华界的审判机关不具有统一性，即会审公廨与中国审判机关不同。这种不同又具体表现在审判机关的体系、审判人员的组成、适用的实体法与程序法等方面。比如，会审公廨的审判人员由中、外审判人员组成，因此也被称为"混合法庭"；华界审判机关的审判人员全由华人组成，没有外国审判人员。从会审公廨与华界的审判机关不具有统一性来证明，会审公廨不是中国的审判机关，而是租界自己的审判机关。

第二方面，会审公廨与租界内的中国审判机关也不具统一性。1925 年上海公共租界发生了震惊中外的五卅惨案后会审公廨的弊端进一步暴露，广大民众要求废除会审公廨的呼声更为高涨。1926 年上海会审公廨取消，代之以临时法院，作为设立中国审判机关的过渡。1930 年上海公共租界正式设立中国审判机关，即上海公共租界的江苏上海第一特区地方法院及其上诉法院江苏高等法院第二分院。1931 年上海法租界也设立了中国审判机关，即上海法租界的江苏上海第二特区地方法院及其上诉法院江苏高等法院第三分院。会审公廨与这些租界内的中国审判机关也不具有统一性，也表现在审判机关的体系、人员的组成、适用的实体法与程序法等一些方面。这从又一个侧面来证明，会审公廨不是中国的审判机关，而是租界自己的审判机关。

第三方面，其他一些方面也能证明会审公廨不是中国的审判机关。除了以上两个方面以外，还有其他一些方面也能证明会审公廨不是中国的审判机关。首先，会审公廨与华界之间转移犯罪嫌疑人或判过刑的人被称为"引渡"。"引渡"是国际公法中的一个概念，是指把处在自己国境内的犯罪嫌疑人或判过刑的人，根据他国的请求移交给请求国审判或处罚的行为。可见，"引渡"是一种发生于一国与他国之间的行为。如果同一国家之内不同司法机关之间要转移犯罪嫌疑人或判过刑的人，则称为"移送"，绝不会是"引渡"。而会审公廨与华界之间移送犯罪嫌疑人或判过刑的人就被称为"引渡"。据 1912 年 7 月 6 日上海公共租界《警务日报》的记载，"有 5 位领事和法官（其中有领袖领事和两位会审公廨审判员）前往都督府拜会负责官员商讨人犯引渡问题"。在这之前的 1912 年 4 月 24 日，上海公共租界工部局董事会已形成决议，只要华界"同意引渡会审公廨所立的被告和人证"，会审公廨就可进行引渡。事实也证明，在 1912 年 2 月至 1915 年 12 月间，上海公共租界的会审公廨就把蔡锐霆、朱华斌、郑道华、张振华等人，引渡给华界进行审判。从这种"引渡"反证，会审公廨不是中国的审判机关，否则只要"移送"就可以了，不必使用"引渡"。

　　其次，会审公廨实是外国审判人员控制的审判机关。虽然，会审公廨的审判人员由中、外审判人员构成，而且分工也十分明确。1869 年的《上海洋泾浜设官会审章程》明文规定："凡遇案件牵涉洋人必应到案者，必须由领事官会同中国委员审问，或派洋官会审；若案情只系中国人，并无洋人在内，即听中国委员自行讯断，各国领事，毋庸干预。"然而，这个章程在实施过程中，外国审判人员往往会擅权，实际控制着会审公廨的审判，甚至连纯属华人的事件也由外国审判人员审判，中国审判人员成了一种摆设。难怪那时有人就认为："公廨审案，虽会审，而审判实权盖已尽操于外人之手，华官不过随同画诺，供讯问而已。"中国自己的审判机关不可能被外国审判人员控制，只有租界里的会审公廨才会被外国审判人员控制。这也证明，会审公廨不是中国的审判机关。

　　第四方面，辛亥革命以后对会审公廨采取的一些新规定进一步证明会审公廨不是中国的审判机关。辛亥革命以后，上海公共租界对会审公廨作出了新规定，总共包括 8 个方面，内容包括：外国领事团来确定中国审判人员，并在外国审判人员的指导下，进行审判；会审公廨所属的监狱由租界的巡捕房直接负责管理；会审公廨的传票、拘票均由巡捕房负责执行；租界内发生的所有刑事案件均由会审公廨审理；租界对会审公廨的财务进行监督；中国审判人员的薪金由租界支付等。这些规定对会审公廨审判人员配置、外国审判人员的职权、经费支出与监督、案件管辖、监狱管理等会审公廨的核心部分作了新的规范，而且都与《上海洋泾浜设官会审章程》的规定相悖，使其审判权进一步被租界所控制。正如有人所说，辛亥革命以后，"租界内之司法权，遂全入于外人之手，中国政府无权过问矣"。可见，辛亥革命以后，会审公廨更不是中国的审判机关了。

今天，关于会审公廨性质的定位问题，是个学术问题。我的观点与一些传统观点有所不同，也算是一家之言，供大家参考。

问：您研究了上海租界法制以后，是否惠及您的教学与科研？

答：经过多年研究，我不仅自己在上海租界法制方面有一些收获，还惠及我的教学与科研，主要表现在以下一些方面：首先，把研究成果转化为教学内容。教学与科研紧密相连，科研可以促进教学，教学也可以直接惠及学生，对上海租界法制的研究也是如此。当《上海法制史》一书出版后，我就为本科生开设了一门关于上海法制史的选修课，让他们也了解一些包括上海租界法制在内的上海法制史知识。前几年，我又主持开设了《上海租界法制研究》课程。此课程专门为中国法制史的硕士研究生开设，内容涉及上海租界法制的产生、立法、行政执法、司法、法学教育等领域。使他们可以较为全面地知晓上海租界法制的一些基本情况。这既可以使他们增加有关这一法制的知识，也可为以后进一步研究，甚至撰写学位论文打下基础。我的有些硕士、博士研究生都把上海租界法制作为自己学位论文的主题。其中，硕士学位论文有：《日伪时期上海公共租界法制变异》《上海法租界最后三年（1941—1943）的法制变异》《上海公共租界临时法院研究》《上海第一特区地方法院涉外民事案件研究》《上海公共租界领事公堂研究》《上海第二特区地方法院烟毒案件研究》等。博士学位论文有《上海公共租界会审公廨研究》《上海公共租界特区法院研究》等。这些学生都取得了好成绩，其中的《上海公共租界领事公堂研究》被评为上海市优秀硕士学位论文，《上海公共租界会审公廨研究》被国家列为后期出版资助项目。对此，我也感到很欣慰。

其次，把研究成果转化为项目。项目往往需要有前期研究的成果作为支撑。不论是项目的申报还是项目内容，都是这样。上海租界法制的研究成果，既有利于项目的申报，也有利于把其转化为项目的内容。实践证明也确实如此。我利用已有的上海租界法制的研究成果，成功申报了三个项目，它们分别是：上海市教委科研创新重点项目"上海租界法制研究"（09ZS179），司法部一般项目"中国租界的现代法制研究——以上海现代法制为主要视角"（09SFB5006），国家社科基金一般项目"租界法制与中国法制近代化研究"（14BFX019）。这三个项目中，都有前期成果转化的内容。比如，在"上海租界法制研究"项目中，就有一些内容从上海租界法制的产生、发展；上海租界的土地规划法；上海英租界巡捕房产生与发展；上海公共租界临时法院等前期成果转化而来。这一项目的最后成果由法律出版社于2011年公开出版，取名《上海租界法制研究》。

最后，把研究成果转化为其他研究成果中的部分内容。在其他的研究领域中，凡有与上海租界法制相关的内容，我都会把它结合进去，使其成为这些成果中的一部分，也使这种研究更为全面，更具特色。这是上海租界法制在研究中的扩展，可以惠及其他研究领域。比如，在《上海的现代法制与现代城市发展》（2010年）一文中，有上海租界律师的内容；《辛亥革命时期上海华界立法探析》（2012年）一文中，有上海华界与租界法制比较的内容；《论上海法制近代化中的区域治理》（2014年）一文中，有上海租界法制在区域治理中起到的作用的内容等。这些研究成果都在CSSCI期刊上发表，有的还被人大复印资料全文转载。《辛亥革命时期上海华界立法探析》一文就被人大复印资料2013年第5期《中国近现代史》全文转载。

可见，我对上海租界法制的研究还延伸到教学、科研领域，物尽其用，充分显示其研究价值。

附录二　上海租界法制的多个侧面

一、"华人与狗不得入内"规定的颁行与废止

"华人与狗不得入内"是上海英美租界于 1868 年在上海开设的第一个公园外滩公园（今黄埔公园）门口悬挂的一块牌子上的一条规定，其英文是："Chinese and dogs not admitted"。① 此规定颁行与废止的有些事，至今仍值得回味。

（一）"华人与狗不得入内"规定颁行之前

"华人与狗不得入内"规定颁行之前有三件事不得不提。

1. 上海英、英美租界产生

上海英租界的产生以中英不平等条约为依据。1840 年鸦片战争爆发，以当时的清政府的失败告终，1842 年中英签署了不平等的《南京条约》。此条约规定，英人及其家属可以在五口通商城市居住。"自今以后大皇帝恩准英国人民带同所属家眷，寄居大清沿海之广州、福州、厦门、宁波、上海等五处港口，贸易通商无碍。"②1843 年《南京条约》的附件《五口通商附粘善后条款》又进一步规定，中英双方应划出地界让英人居住。"广州等五港口英商或常川居住"，"中华地方官与英国管事官各就地方民情地势，议定界址，不许逾越，以期永久彼此相安"。③ 这里的"界址"在上海，称为上海英租界。上海也在这一年正式开埠了。

1845 年《上海租地章程》颁行。④ 它第一次对上海英租界的地域作了规定，即"兹体察民情。斟酌上海地方情形，划定洋泾浜以北、李家庄以

---

① 蒯世勋等著：《上海公共租界史稿》，上海人民出版社 1980 年版，第 438 页。
② 王铁崖编：《中外旧约章汇编》（第 1 册），三联书店 1957 年版，第 31 页。
③ 同上书，第 35 页。
④ 《上海租地章程》又称"上海地皮章程""上海地产章程"等。王立民著：《上海法制史》，上海人民出版社 1998 年版，第 165 页。

南之地，准租与英国商人，为建筑房舍及居住之用"。①1844 年，中美签订
了不平等的《望厦条约》，美国取得了类似于英国的权利，也可在中国设立
租界。1848 年上海美租界确定下来，地址在上海英租界的北面区域。1863
年上海英、美两租界合并，成立上海英美租界。1899 年上海英美租界又改
名为上海公共租界。②

有了地域以后，上海英、英美租界的洋人便以三权分立为原则，开
始建立租界内的自治机关。其中包括：立法机关"租地人会"（1846 年）、
行政机关"工部局"（1854 年）、司法机关"洋泾浜北首理事衙门"（1864
年）。③此后，"租地人会"发展成为"纳税外人会"（1869 年），"洋泾浜北
首理事衙门"又被"会审公廨"（1868 年）取代。④有了这些自治机关，上
海英、英美租界就可摆脱中国政府的管控。⑤同时，中国的主权也就受到
了侵害。租界就可自己制定、实施"华人与狗不得入内"这样的规定了。

2. 上海英租界从"华洋分居"变成了"华洋杂居"

上海英租界刚产生时，是"华洋分居"，即在租界内只允许洋人居住，
不许华人居住，华人与洋人不混居。这在 1845 年《上海租地章程》里有
明文规定。它规定，"洋商租地后，得建造房屋，供家属居住并供适当货物
储存"；"界内居民不得彼此租赁，亦不得建造房屋，赁给华商"；"洋商不
得私自建造，亦不得建造房屋，租给华民或供华民使用"。⑥可见，只要是
华人，不管是"华商"还是"华民"，都不可居住在上海英租界。

"华洋分居"局面在 1853 年被打破。那年，上海小刀会起义爆发，攻
占了上海城，大批华人逃往上海英租界。他们在那里租房、建房，或栖身
于停泊在洋泾浜上的船内，"华洋分居"局面因此而被打破，"华洋杂居"
取而代之。上海英租界无奈之下，默认了"华洋杂居"的事实。1854 年颁

---

① 王铁崖编：《中外旧约章汇编》（第 1 册），三联书店 1957 年版，第 65 页。
② 史梅定主编：《上海租界志》，上海社会科学院出版社 2001 年版，第 96 页。
③ 同上书，第 153、183、278 页。
④ 同上书，第 162、279 页。
⑤ 费成康著：《中国租界史》，上海社会科学院出版社 1991 年版，第 203 页。
⑥ 王铁崖编：《中外旧约章汇编》（第 1 册），三联书店 1957 年版，第 67—68 页。

行的《上海英美法租界章程》。不再规定关于"华洋分居"的内容。①

"华洋杂居"以后，华人在上海英、英美租界以及以后的上海公共租界的人数持续增长，洋人所占比例长期处在低位，华人是租界的真正主体。详见下表。②

表1　上海英美、公共租界华、洋人数及洋人所占比例

年份	华人数（人）	洋人数（人）	洋人所占百分比例（％）
1885	109306	3673	3.25
1890	143154	3821	2.60
1895	219306	4684	2.09
1900	299708	6774	2.21
1905	390397	11497	2.86
1910	413314	13536	3.17
1915	539215	18519	3.32
1920	682476	23307	3.30
1925	722086	29997	3.99
1930	910874	36471	3.85

华人是上海英美、公共租界的主体，却因"华人与狗不得入内"的规定而被排斥在入园的范围之外，违背常理。

3. 外滩公园的土地是华界的土地

上海自从有了租界以后，就有了华界与租界之分，华界与租界毗邻。外滩公园原有的地方是华界的地域。那个地方靠近黄浦江与苏州河的出口处，长年有淤泥堆积，形成了浅滩。再加上有船沉没于此，淤泥越积越多，苏州河水在那里绕行，成了一个可以填充为陆地的地方。这个地方属于华界，不在上海英租界的区域范围之内，只是靠近英租界而已。但是上海英租界垂涎这块地方，企图使其成为自己的一个公园。③

① 史梅定主编：《上海租界志》，上海社会科学院出版社 2001 年版，第 139 页。
② 邹依仁著：《旧上海人口变迁的研究》，上海人民出版社 1980 年版，第 115、141 页。
③ 蒯世勋等著：《上海公共租界史稿》，上海人民出版社 1980 年版，第 435—436 页。

上海英租界先斩后奏，于1865年开始填实这一地方，使其变成了一块陆地，面积有30多亩。木已成舟以后，1868年英美租界才致函上海地方政府，要将其变成一个娱乐场所，承诺不造房屋营利，也要求豁免钱粮。起初，上海地方政府很恼火，因为当年在上海英美租界开始填土的时候，已发现了租界擅自侵占华界土地的不法行为，还进行过交涉，可是在既成事实面前，上海政府只是让步，"用婉转的话答应了"。①外滩公园就在同年出笼，门口还悬挂了具有"华人与狗不得入内"规定的牌子。

可见，"华人与狗不得入内"的规定是中国国家主权受损与上海英美租界自治的产物，也是中国半殖民地半封建社会的一种表现。

（二）"华人与狗不得入内"规定颁行之后

外滩公园地处华界，却不让华人进入，还侮辱华人，规定"华人与狗不得入内"，理所当然地引起华人的震动与愤慨，反对声如潮。

1. 华人反对"华人与狗不得入内"规定有三个理由

综合起来，华人反对这一规定的理由主要有三个。

首先，这一规定侮辱了华人。上海英美租界里的华人与洋人都是平等的，而且华人还占租界人口的大多数，是主体人群。可是，外滩公园竟然把华人与狗并列为不得入内的对象，这对华人是极大的侮辱，当然要激起华人的强烈不满与反对。有华人认为，具有"华人与狗不得入内"规定的牌子，是"极侮辱华人的牌子"。②有华人说，外滩公园门有个告示，内容大意是："中国人与狗不准入内"，看了以后"免不了感到侮辱，愤慨万分"。③

其次，中国领土上的公园没有理由不让华人进入。外滩公园建立在华界，属于中国领土，只是毗邻上海英美租界而已。华人进入自己领土上的公园是人之常理，没有理由不让华人进入。外滩公园"华人与狗不得入内"的规定，不符常理，也显失公平。有华人指出，外滩公园"其地为中国土地"，但不让华人进入，十分不公平，即"中国人民不得入园一步，实为不

① 上海通社编：《上海研究资料》，上海书店1984年版，第480页。
② 同上书，第481页。
③ 倪墨炎选编：《名人笔下的老上海》，北京出版社1999年版，第277页。

平之事"。① 也有华人气愤地说："我们的地方，我们不能进，那真是太可
笑了的笑谈了！"②

最后，外滩公园的建设费用中包含有华人的捐税，理应对华人开放。
外滩公园的建设费用来自上海英美租界的捐税支出，而这一捐税中就包含
有租界内华人所纳捐税。作为权利、义务一致原则，华人也可以进入公园。
"华人与狗不得入内"的规定与这一原则相悖。有华人认为，外滩公园的
"一切用项系于所收中外人等捐款项下动支，况租界华人最众，其所收之捐
项在华人为不少，则是园亦当纵华人浏览，不容阻止"。③ 许多华人都表达
有相似的想法，还认为，外滩公园"华人与狗不得入内"的规定，不让华
人入内，这永远不会被忘记。即外滩公园"填地和造园的经费也出自中外
居民所纳捐税"，却"不许华人入内"，"虽是健忘的人，也不至于已经忘
掉了吧？"④

华人对外滩公园"华人与狗不得入内"规定的反对，言之有理，语之
有据。这也是一切正直、善良人们的心声。华人的反对呼声也直接反映给
了上海英美租界，可是他们无视华人的正当理由，原因竟是"（外国）侨民
一般都反对华人入园"。⑤ 而且，一意孤行。少数洋人的话竟可剥夺广大华
人应有的入园权利，岂有此理。

　2. 上海英美租界之外的有些中国租界也有类似规定

上海英美租界外滩公园"华人与狗不得入内"的规定开了一个坏头，
从那以后，上海所有的租界公园都有类似规定，不准华人入园，只是没有
这样露骨的表述而已。1885 年上海英美租界颁行的公园规则里明确规定：
"脚踏车及犬不准入内"，"除西人佣仆外，华人不准入内"。⑥ 至此，上海
英美租界里所有的公园都不准华人进入。

上海法租界有过之而无不及，除了不准华人入园外，还有条件地允许

---

① 蒯世勋等著：《上海公共租界史稿》（第 1 册），上海人民出版社 1980 年版，第 438 页。
② 倪墨炎选编：《名人笔下的老上海》，北京出版社 1999 年版，第 128 页。
③ 史梅定主编：《上海租界志》，上海社会科学院出版社 2001 年版，第 525 页。
④ 上海通社编：《上海研究资料》，上海书店 1984 年版，第 481 页。
⑤ 史梅定主编：《上海租界志》，上海社会科学院出版社 2001 年版，第 525 页。
⑥ 同上。

狗入园。根据 1909 年顾家宅公园的规定，"中国人"被列入严禁"进入公园"者之列，相反，"洋人牵带的外加口罩的狗允许入内"。① 外滩公园"华人与狗不得入内"规定的影响相当恶劣。

无独有偶，在上海英美租界"华人与狗不得入内"规定出台后，中国其他城市的有些租界也作出了类似的规定。这里以天津租界为例。天津之英、法租界都建过公园，也都颁行过限制、禁止华人与狗不准入公园的规定。1887 年建成的天津英租界维多利亚花园（今解放北园）就作出过限制华人、禁止狗入园的规定："如果华人与外国人不相识者，则不得入内"；"如华人未经董事会理事或巡捕长许可，不得入内"；"自行车、军乐器及狗不许带入园内"。②

1922 年落成的天津法租界花园（今中山公园）则作出过相似于上海外滩公园"华人与狗不得入内"的规定。《天津通志·附志·租界》记载："花园门口的说明牌上立有'惟华人非与洋人相识者或无入园券者不得入内'、'狗不得入内'的侮辱中国人民的规定。"③ 天津租界与上海租界沆瀣一气，狼狈为奸。

（三）"华人与狗不得入内"规定的废止

1928 年，包括上海公共租界外滩公园在内的上海租界所有公园，都取消了华人不得入园的规定。④ 至此，"华人与狗不得入内"的规定即被废止。这一规定前后持续了 60 年，华人受辱了 60 年，也抗争了 60 年。这 60 年中，也有些事不能回避。

1. 收回租界的呼声日益高涨

"华人与狗不得入内"规定依附于租界的存在。中国租界的存在弊端很多，不仅仅作出"华人与狗不得入内"之类的歧视性规定，还有压制中国人民的反侵略活动、纵容社会丑恶现象等。⑤ 要从根本上消除这些弊端，

---

① 史梅定主编：《上海租界志》，上海社会科学院出版社 2001 年版，第 526 页。
② 罗澍伟主编：《天津通志·附志·租界》，天津社会科学院出版社 1996 年版，第 311 页。
③ 同上书，第 312 页。
④ 史梅定主编：《上海租界志》，上海社会科学院出版社 2001 年版，第 526 页。
⑤ 王立民：《上海租界的现代法制与现代社会》，载《华东师范大学学报（哲学社会科学版）》2009 年第 5 期。

就要收回租界。华人很早就此达成了共识并付诸了行动，在 1928 年以前已是如此，特别是在五卅惨案、北伐战争爆发之后，更是如此。

1925 年的五卅惨案发生以后，上海公共租界不仅不惩罚杀害手无寸铁工人的凶手，还压制具有爱国热情的华人，这不能不激起包括上海华人在内广大中国人民的愤怒，收回租界的呼声更为高涨。当时的上海学联就拟定了包含有收回租界内容的演说提纲，到处宣讲。许许多多的华人加入了声讨租界暴行的行列，"收回租界"等进步口号"震撼了十里洋场"。① 上海华人的义举得到全国人民的支持。全国学生总会积极声援上海华人的爱国行动，还发布了具有收回租界的宣言。② 收回租界的呼声在中国人民中进一步迸发出来。

1926 年北伐战争爆发，借此东风，上海工人举行了三次武装起义，还取得了胜利。北伐战争对上海第三次工人武装起义的胜利，具有"关键性的影响和作用"。③ 在起义过程中，始终把"收回租界"作为口号。1927 年 2 月 25 日的《中共上海区委告同志书》把"收回租界"作为口号之一，而且要求"普遍的在群众中呼喊起来"。④1927 年 2 月 27 日的《上海总同盟罢工的记录》也显示，"收回租界"是"上海工人目前的紧急政治口号"，也是"群众行动之大纲"。⑤1927 年 3 月 1 日的《特委会议记录》中，仍然把"收回租界"作为口号。此会议要求口号"要集中，不要太多"，但"收回租界"仍是其中之一。⑥ 可见，在上海工人第三次武装起义胜利以前，"收回租界"已是上海工人进行斗争的口号。

1927 年 3 月 21 日上海工人第三次武装起义爆发，而且取得胜利，翌日即成立了新生的人民政权即上海市民代表会议政府。⑦ 在那以后的日子里，"收回租界"的口号依然坚持不变。1927 年 3 月 27 日的《中共上海区

---

① 熊月之主编：《上海通史》（第 7 卷），上海人民出版社 1999 年版，第 194—195 页。

② 同上书，第 193 页。

③ 周尚文、贺世友著：《上海工人三次武装起义史》，上海人民出版社 1987 年版，第 318 页。

④ 上海市档案馆编：《上海工人三次武装起义》，上海人民出版社 1983 年版，第 173 页。

⑤ 同上书，第 205 页。

⑥ 同上书，第 251 页。

⑦ 王立民著：《上海法制史》，上海人民出版社 1998 年版，第 343 页。

委会议记录》显示，"收回租界"成为"反英与反蒋"的口号。①1927 年 3 月 25 日的《中共上海区委召开扩大活动分子会议记录》也显示，"收回租界"还是那时行动的口号。② 可以说，收回租界进一步成为上海人民奋斗的一个目标。

受北伐战争的影响，中国的其他一些城市也要求收回租界。1927 年 1 月在武汉各界组织召开的庆祝北伐战争胜利与迁都武汉的会议上，为收回租界作了宣传。③1927 年 3 月，当北伐军逼近镇江时，镇江人民也发出了要求收回租界的呼声，并付诸了实践，商会还承接了收回租界的各项任务。④ 总之，收回租界进一步成了当时广大中国人民的一种强烈呼声与迫切意愿。这为中国收回租界增添了力量，也成为废止"华人与狗不得入内"的一个重要原因。

2. 上海公共租界的会审公廨被收回

会审公廨是设在中国租界里的审判机关。上海英美租界时期设立的会审公廨，上海公共租界继续沿用。这是中国领土上的一种特殊审判机关。根据 1868 年《上海洋泾浜设官会审章程》的规定，会审公廨里的审判人员由华人与洋人组成，华人与无约国人为被告的案件由华人负责审判，有约国洋人为被告的案件由洋人负责审判。⑤ 这被认为是"混合法庭"。⑥ 这一法庭的建立意味着中国租界里的部分司法权丧失，即意味着中国主权被损。

辛亥革命爆发以后，上海公共租界的会审公廨完全被洋人控制。他们趁辛亥革命时期上海地方政府名存实亡之际，擅自扩大上海公共租界在其中的权力。比如，把华人审判人员置于洋人审判人员控制之下；会审公廨的传讯与拘捕事务等一些原来由华人参与的程序，全由租界的机关来执行等。因此，辛亥革命以后，上海公共租界的会审公廨被认为是："完全被掌

---

① 上海市档案馆编：《上海工人三次武装起义》，上海人民出版社 1983 年版，第 392 页。
② 同上书，第 401 页。
③ 费成康著：《中国租界史》，上海社会科学院出版社 1991 年版，第 404 页。
④ 同上书，第 408—409 页。
⑤ 王铁崖编：《中外旧约章汇编》（第 1 册），三联书店 1957 年版，第 269 页。
⑥ 费成康著：《中国租界史》，上海社会科学院出版社 1991 年版，第 142 页。

握在外国列强手中，上海地方官府在租界内的司法主权完全丧失。"① 中国的主权进一步受到损害。

上海公共租界的会审公廨在五卅运动中扮演了不光彩的角色，竟然不将下令杀害手无寸铁工人的洋人巡捕绳之以法。那个下令开枪打死游行华人的英国巡捕爱佛生，没有受到法律的追究。② 连洋人都觉得不妥。美国人霍塞在《出卖上海滩》一书中责问道："白种警官竟对一群民众胡乱开枪，竟如此残忍地打死了他们的青年领袖。倘若这天示威者不是中国人而是白种人，则巡捕们也会如此急促地开枪的吗？倘若示威者是英国学生，则警察爱佛生也会下开枪的命令吗？"③ 上海公共租界会审公廨的不作为行径，激起了中国人民更大的愤慨，收回会审公廨被提到了官方的议事日程之上。

1926 年 12 月淞沪督办公署与上海交涉员同外国驻沪领事国签订了《收回上海公共租界会审公廨暂行章程》。④ 此章程规定，"上海公共租界原有之会审公廨改设临时法庭"，"凡租界内民刑案件均由临时法庭审理"。这个临时法庭适用中国法律，即"凡现在适用于中国法庭之一切法律（诉讼法在内）及条例，及以后制定公布之法律条例，均适用于临时法庭"。⑤ 另外，这一法庭还收回了华人民事审判权，废除了华人刑事案件领事会审权等。⑥ 因此，它的建立不仅表明上海公共租界会审公廨的收回，还为以后中国在租界内建立自己的审判机关创造了条件。1930 年 2 月中国通过与英、美、法、俄、挪威、巴西等国家签订的《关于上海公共租界内中国法院之协定》，⑦ 正式在上海公共租界设立了中国自己的法院，结束了租界拥有自己审判机关的历史。

---

① 马长林著：《上海的租界》，天津教育出版社 2009 年版，第 61 页。
② ［美］霍塞著：《出卖上海滩》，越裔译，上海书店出版社 2000 年版，第 121 页。
③ 同上书，第 117 页。
④ 史梅定主编：《上海租界志》，上海社会科学院出版社 2001 年版，第 286 页。
⑤ 王铁崖编：《中外旧约章汇编》（第 3 册），三联书店 1962 年版，第 591 页。上海公共租界临时法庭亦被称为"上海公共租界临时法院"。蒯世勋等著：《上海公共租界史稿》，上海人民出版社 1980 年版，第 172 页。
⑥ 史梅定主编：《上海租界志》，上海社会科学院出版社 2001 年版，第 287 页。
⑦ 王铁崖编：《中外旧约章汇编》（第 3 册），三联书店 1962 年版，第 770—772 页。

上海公共租界临时法庭的建立为中国收回租界内的审判权迈出了积极的一步，对租界洋人的行为是一种制约，同时也有利于对华人正当权利的保护。同时，"华人与狗不得入内"的规定也失去了司法保护，为彻底废止这一规定创造了条件。

3. "华人与狗不得入内"规定的废止

在中国人民强烈要求收回租界与上海公共租界临时法庭建立的大背景下，1928 年 4 月 18 日上海公共租界的纳税人会通过了有关租界内公园向华人开放的决议，并决定这一决议自同年 6 月 1 日起生效。从此，华人终于可以进入包括外滩公园在内所有的公共租界内的公园，"华人与狗不得入内"的规定正式被废止。即便如此，华人进入外滩公园也比洋人晚了整整60 年。①

继上海公共租界允许华人进入公园以后，上海法租界也开始考虑修改本租界内的公园规则，允许华人进入公园。1928 年 4 月在公董局之下，成立了一个特别委员会，专门讨论租界内适用公园规则的修订问题。修改后的《法国公园规则》于同年 7 月 1 日开始执行，其中取消了禁止华人入园的内容。② 至此，上海租界的所有公园都向华人开放，"华人与狗不得入内"的规定退出历史舞台。

"华人与狗不得入内"的规定从侮辱华人开始，还迅速蔓延至上海及其以外的租界，占租界内人口绝大多数的华人因此而无法进入自己领土上的公园，受辱受屈长达几十年。在中国人民坚持不懈的抗争下，上海租界不得不修改公园规则，取消了这一规定，抗争取得了最后胜利。正义站在人民一边，人民赢得了公平。虽然，这些都是发生于百余年前的事，可今天回忆起来，仍使人感慨万分。

二、三个外国人笔下的上海租界会审公廨

根据中外不平等条约，上海作为五口通商城市之一，在 1843 年开埠，

① 史梅定主编：《上海租界志》，上海社会科学院出版社 2001 年版，第 526 页。
② 同上。

1845 年英租界诞生，1848 年美租界产生，1849 年法租界也出现了。往后，1863 年上海英、美两租界合并为上海英美租界，1899 年又改名为上海公共租界。上海租界有一整套自己的自治机关，司法机关中最重要的是会审公廨（又称会审公堂）。

上海租界的会审公廨启动于 1869 年，上海英美租界与法租界各设一所。这是一种设在租界，专门受理一些租界内发生案件的审判机关。外国人如何看待会审公廨，他们笔下记载的会审公廨是怎样的？这里以来自葡萄牙、英国、俄国三个国家的外国人的笔下的会审公廨为例，作些介绍。

（一）葡萄牙人裴昔司笔下的上海租界会审公廨

葡萄牙人裴昔司著有《澳门史》《晚清上海史》等著作。在 1909 年出版的《晚清上海史》一书中，较为详细地记述了上海自开埠至 19 世纪末的历史，其中包括了上海租界会审公廨的一些情况，重点对会审公廨的产生原因、其前身和设置的目的等作了记载。

裴昔司认为，上海租界会审公廨产生的原因是为了解决因太平天国起义而引起的司法问题。他写道，"太平天国造反引发普遍不安"；"于是，成千上万的富裕家庭蜂拥而至，不惜任何代价以求能在租界定居"。在这种情况下，以往上海"租界华洋分居的限制被抛到九霄云外"。面对上海租界"急剧增加的华人，当务之急是司法问题"。在英国驻沪领事"巴夏礼爵士主持下"，上海租界会审公廨的前身上海洋泾浜北首理事衙门于 1864 年出笼了。1869 年，《上海洋泾浜设官会审章程》正式制定，上海租界会审公廨正式确定并开始运行。

这个章程对会审公廨中外法官的组成、审理的案件、审判程序、诉讼参与人等都作了规定。制定这一章程的目的被裴昔司一语道出，即为了外国人的利益。他写道："1869 年会审公廨的《洋泾浜设官会审章程》及其修正案，其目的主要是为了维护在中国诉讼案件中所涉及的外国人利益。"裴昔司写下这点是需要勇气的，因为许多外国人都忌惮说出这一赤裸裸而又十分真实的目的。

1869 年，上海租界同时建立了两个会审公廨。一个设在上海英美租界，另一个设在上海法租界。关于这一点，裴昔司也作了记载："在同一时期，（上海）法租界也在新的体制下采取重大变革，它的公董局和巡捕房由领事掌控，也有类似于英租界（指上海英美租界）的会审公廨，但是拥有它自己的管理章程。"这样，上海租界便都设有会审公廨了。

上海租界都设有会审公廨的情况在整个中国租界中并不普遍。近代中国共有 10 个城市中，设置了 27 个租界。但是，设有会审公廨的租界，除了上海租界以外，也就是汉口租界与鼓浪屿租界。上海租界的会审公廨是中国租界中，建立最早、持续时间最长的会审公廨。

（二）英国人麦克法兰笔下的上海租界会审公廨

英国人麦克法兰著有《上海租界及老城厢素描》和《上海和周边地区概述及其他》等著作，其内容均来自发表于英语《文汇报》中的文章。其中，成书于 1881 年的《上海租界及老城厢素描》，除了描述了 19 世纪 80 年代前上海的城市面貌外，还设专题描绘了上海租界内的会审公廨，重点对这一审判机关的独特性、法庭开放时间与外国陪审法官、公开庭审的旁听人等作了记载。

麦克法兰考察了上海租界会审公廨以后认为，这是一种最为独特的审判机关。他记载："中国法官、外国陪审员、公诉人、衙役、原告、被告、囚徒，所有这些组合在一起，使会审公廨成了司法史上最为独特的机构。"设置这种最为独特的审判机关是为了保护外国人的利益。即"是为了保证在所有原告为外国人，而被告为中国人的民事案件审理中正义得以施行"。上海会审公廨的设立目的从中得到了透露。

接着，麦克法兰还记录了上海租界会审公廨的开放时间与外国陪审法官的人选。他记录："除了中国新年假日以及每一年中一些特殊的节日，这一法庭每星期开放六天。"在这六天时间里，每天都有分别来自英、美、奥匈帝国的陪审法官参与。"其中三天是由英国驻沪副领事阿连壁先生担任陪审法官，两天由麦克莱先生担任美国陪审法官，还有一天则由厦士先生作为奥匈帝国的代表担任陪审法官。"可见，每天都有外国的陪审法官参与上海租界与上海租界会审公廨的审判。

上海租界会审公廨的庭审公开进行，麦克法兰的笔下记下了这种情况，而且如果是审判一些有趣的案件，还会引来许多人旁听。"法庭每天早上 10 点开门，其诉讼程序总会吸引众多本地人的关注"；"当审理一件有趣的案件时，这个小院子会挤满了人；当马路谋杀被调查时，不仅是这个小院，还包括那条通道、大院以及外面的街上，都挤满了热切的当地人群"。可见，上海租界会审公廨的近代审判制度引起了上海人的兴趣与好奇。

麦克法兰对上海租界会审公廨的建筑与摆设情况进行了观察并作了记录。他说："法庭是一座很小的木结构房屋，屋顶很坚硬，可以看到裸露在外的椽子，整体而言，这座建筑破旧不堪。法官和陪审员的席位是一张巨大的木头凳子，凳脚很不稳定。它被设置于一个离地面几英寸高的平台上，差不多是在屋子的中央。平台上桌子的后方，在两个柱子之间有一个屏风，而柱子原初的功能则是支撑屋顶。屏风后是一条比较宽的通道。"就是在这样的建筑与室内摆设中，上海租界的会审公廨进行审判。

上海租界会审公廨每天要审理不少刑案，而被告人往往是贫困人员。麦克法兰写道："那些每天早上被带到法庭上的囚徒通常都是当地社区中的下等人，他们是一群闲杂人员。有时在法庭上会有超过二十件的独立案子，大部分的案件中都有两三名犯人，而且经常会发生在一件指控中有二十个以上的犯人被带到的情景。因此，人们常常见到的场面就是在一个早上会有百把个犯人要接受处理。"这么多被告人需要审判，上海租界会审公廨的审判任务不算轻。

（三）俄国人郭泰纳夫笔下的上海租界会审公廨

俄国人郭泰纳夫出生于俄国贵族家庭，1921 年来到上海，长期在上海生活、工作，先后担任过上海公共租界的巡捕与工部局的职员。著有《上海公共租界与华人》《上海会审公堂与工部局》等著作。在他于 1925 年完成的《上海会审公堂与工部局》一书中，较为全面地记载了外国律师、名人诉讼、会审公廨权力膨胀等一些与上海会审公廨有关的内容。

郭泰纳夫对上海租界会审公廨中的外国律师十分关注，认为他们有个弱点，即不懂中文，所以开庭时不得不依靠翻译。他这样记载："外国律师在会审公堂出庭的弱点之一，就是掌握中文不够，尽管过去和现在，中文都是（会审）公堂的官方语言。律师只得完全依靠其中文翻译。"其实，在中国领土上参与审判，外国律师不懂中文，不是个弱点，而是个缺陷。

另外，外国律师的出庭往往受制于上海租界会审公廨的外国陪审法官，他们有权暂禁外国律师出庭资格，而这又会引起不同国家外国陪审法官的矛盾甚至报复。郭泰纳夫对此作了记录。他写道："1918年，一个日本律师被意大利陪审官暂禁出庭资格。日本陪审官一获悉此事，即暂禁了所有意大利律师的出庭，声称：'只要不解禁该日本律师，就不准该陪审官国家的任何律师在他面前出庭。此判决的副本要送给意大利陪审官。'"在主持公平正义的会审公廨里，会出现这样的矛盾与报复，实属丑闻。

郭泰纳夫的笔下记录了一些涉及民国时期名人并在上海租界会审公廨进行审理的诉讼案件，其中包括了孙中山、章士钊与伍廷芳。北洋政府时期，孙中山和伍廷芳曾到上海，并打算在上海使用广州中华民国军政府的一笔款项。"据称，孙逸仙（孙中山）博士和伍廷芳博士因政治境遇而被迫离开广州，在上海租界避难，打算花掉这笔属于广州中华民国军政府的款项。"可是，这一打算遭到广州中华民国军政府的反对，还委托章士钊作为政府的代表，向上海租界会审公廨起诉，禁止伍廷芳提取这笔款项。"1920年4月17日，广州的中华民国军政府代表章士钊向会审公堂提出申请，要求对该军政府财政部长伍廷芳博士颁布禁令，禁止他从上海的银行提取任何款项，直到他以广州政府财政部长资格所掌握的粤海关关余问题获得最终解决。"上海会审公廨审理了此案，并"批准了这项禁令"。孙中山与伍廷芳也因此而没有得到这笔款项。

辛亥革命以后，上海租界会审公廨的权力大幅膨胀，超越了相关规定。1869年的《上海洋泾浜设官会审章程》规定，凡是涉及华人违犯的"军流徒罪以上"案件，都应由设在华界的中国审判机关审判。可是，辛亥革命以后上海租界的会审公廨则擅自扩大了其应有的权限，连死刑案件都进行审判。郭泰纳夫对此作了如下的表述："在1918—1924年间，会审公廨的权力接近了中国有关法律授予地方法院即地方审判厅在刑事民事方面的权利，接近了地方高等法院及高等审判厅可处死刑的权利。"不过，上海租界的会审公廨也很快走到了尽头。1927年，上海公共租界会审公廨被收回，成立了具有中国审判机关性质的上海公共租界临时法院，1930 年又改称为江苏上海第一特区地方法院。1931 年，上海法租界的会审公廨也被收回，成立了中国审判机关江苏上海第二特区地方法院。上海租界会审公廨就此退出历史舞台。

分别来自葡萄牙、英国和俄国的三位外国人从不同角度，用自己的笔记下了有关上海租界里会审公廨的一些情况，如今可以作为一种资料，具有研究上海租界会审公廨的参考价值。

三、上海租界的吸烟与禁烟

英国巡捕彼得斯出生于英格兰，成年后随皇家坦克部队在印度服役 5 年。退役后回到英国，可此时正值世界经济危机，找不到像样的工作。无意中，他发现了当地一则招募去上海公共租界任巡捕的广告。1929 年 10 月，彼得斯在上海公共租界当上了一名巡捕。1935 年后因涉嫌一件刑案被辞退，回到英国老家。

回到英国后，写了《英国巡捕眼中的上海滩》①一书，回忆了在上海公共租界任巡捕期间的所作所为、所见所闻。其中，较为详细地记载了上海公共租界的吸烟与禁烟情况，留下了一些史料。本文梳理、展示这些史料，来窥视租界吸烟与禁烟情况。其中的"烟"是指鸦片烟等毒品。

上海公共租界前身是上海英租界（1845 年）、上海美租界（1948 年）。1863 年上海英、美两个租界合并，成立上海英美租界。1899 年上海英美租界改名为上海公共租界。1945 年，抗日战争胜利，上海公共租界真正被收回。这个租界是中国近代 27 个租界中，建立时间最早、地域最广、持续时间最长、人口最多、经济最为发达的租界，可算是中国租界的代表。它的吸烟与禁烟情况在中国租界中具有一定的典型性。

巡捕是中国租界中的近代警政人员，即警察。这一称呼源于中国传统社会。元朝时，上海的县尉和巡捕有"巡捕盗贼研究"的职能。清朝时，

---

① ［英］E. W. 彼得斯著：《英国巡捕眼中的上海滩》，李开龙译，中国社会科学院出版社 2015 年版。

京师地区设有巡捕营，具有维护地方治安职能。中国租界在建立近代警政制度时，就把警察称为巡捕，使其本土化，便于华人知晓。

（一）吸烟的前端是走私与贩卖烟毒

彼得斯视野中，上海以及整个中国都烟毒泛滥并成了一个社会的污点，即"是上海社会乃至整个中国社会里无法抹去的一个污点"。其中包括上海公共租界。烟毒的泛滥与其走私、贩卖直接关联，它们是造成烟毒泛滥的主要路径。

上海不种植罂粟，也不生产鸦片。鸦片是通过走私途径进入上海公共租界的。正如彼得斯所说的，"鸦片都是通过走私流入上海的"；其中，"有数量巨大的鸦片能找到各种渠道流入租界"。在走私鸦片的路线图中，上海是集散地。走私鸦片途经上海后，还会分散到中国的其他地方。"毒贩一般会把毒品直接走私到中国管辖区。"烟毒就这样源源不断进入上海，进入上海的公共租界，乃至整个中国。

烟毒走私到上海公共租界以后，还要通过销售网络卖给吸烟人，完成贩毒过程。贩毒者是这个网络构成的基本要素，也是鸦片流动的推销者。"毒贩再把鸦片给各处的吸毒者，这就是为什么鸦片总是很轻易地就可以进入租界。"由于吸烟的人数很多，这个鸦片市场就很大，贩毒者也就无处不在。彼得斯在书中提到多处贩卖毒品的场合，包括火车、黄包车、街道等。这些场合都有毒贩大量贩卖毒品的身影。

火车上贩毒。即利用火车这种交通工具，进行贩毒。"从上海以外的地区驶入的火车上也会有毒贩"，"他们是来与公共租界内的分销者进行交易"。

黄包车上贩毒。即利用城市中的黄包车（人力车）进行贩毒。这类毒贩以黄包车为掩护。"通常情况下，黄包车夫也是犯罪分子的一种伪装，贩毒团伙尤其认为车夫是适合做贩毒媒介的人"；"黄包车的背后有一个可以滑动的挡板，拉开之后发现里面有足够的空间藏下大量的鸦片"。

街上贩毒。即利用城市的街道，进行鸦片交易，贩卖烟毒。"一个毒贩买了一批吗啡或海洛因之后，会分成很多份，每一份里的分量是极少的。然后毒贩会雇佣很多苦力在街上以两毛钱一包的价格去贩卖。"

　　通过这些贩毒场合，使走私的烟毒贩到吸烟人手中，流通到它的末端，吸烟变成了现实。

（二）吸烟的原因与危害

　　彼得斯在书提到了吸烟的原因与危害，但在描述吸烟原因时，充满了主观臆断，甚至是认知上的错误。

　　彼得斯看到英国的报道，认为中国人吸烟的危害程度不严重，吸烟的原因是因为生活困苦、有镇定作用。"这些报道甚至说中国人对鸦片的依赖程度一点儿也不深，鸦片对中国人的危害并不比香烟对西方人的危害严重。报道最后的结论是大部分中国人的生活很困苦，没什么健康的消遣方式，也没有美满幸福的家庭，所以会沉迷于吸食鸦片。这很正常，而且吸食鸦片有镇定的作用，对于充满焦虑的中国人来说吸食鸦片带来的镇静状态是他们最渴望的。"这是胡扯。连彼得斯都看不下去，不苟同这一报道的说法。他说："实际情况往往和这大有区别。我的个人经验让我对以上报道中的说法不能苟同。"其实，这就是英国殖民者的德性。他们故意歪曲事实，为毒品倾销与毒害中国人民寻找借口。

　　彼得斯自己认为，中国人吸烟是为了放松精神。他举了个律师的例子。"我就曾经结识过一个中国律师，他偶尔也会抽一点儿鸦片来放松精神，就像我们有时会抽根香烟一样。"彼得斯混淆毒品与香烟的区别，把毒品等同于香烟，显然有认知上的错误。

　　在书中，彼得斯没有找到吸烟的真实原因，但却讲到了吸烟的危害。这是他在巡捕执法中的切身体会，有点靠谱。他说："吸食烟的危害一点儿也不比赌博的危害小。那些染上鸦片毒瘾的人，无论有没有钱也要想尽办法抽上一口。为此他们不惜借钱，甚至是把身上穿的衣服都当出去。再不然就是靠偷窃，结果就是被逮捕。他们被送上法庭受审之前通常会被关在巡捕房里的牢房过夜。我在值班室值夜班时就遇到过被关押的吸毒者。他们在牢房里痛苦呻吟、满地打滚，最后我不得不把他们送到医院去。"这算是他执法中的所见所闻，说明吸烟的危害很大，有点靠谱。就是这一靠谱的说法，足以驳斥英国报道与彼得斯的吸烟无害论。事实胜于雄辩。

（三）吸烟的人中既有穷人也有富人

上海公共租界吸烟的人数很多，吸烟成了一种普遍现象。吸烟人中，除了律师以外，还有其他人。这些人在彼得斯的视野中被划分为穷人和富人。

穷人是吸烟的主要群体。尽管他们很贫困，但仍要吸烟，宁可不吃饭也要吸烟。彼得斯说，"在街上吸毒的人也很常见，主要是那些苦力"；"黄包车车夫、独轮车车夫或别的社会低层的贫苦劳动者则是这种毒品最主要的买家，有些人穷得宁可不吃饭也要省下钱来买毒品"。这是彼得斯的所见所闻。

彼得斯用自己的所见所闻反驳了一种穷人买不起烟毒的说法，认为他们买的不是纯鸦片而是鸦片末或鸦片烟渣，可这对人的健康危害更大，他说："官老爷们在文章里说得普通中国人买不起鸦片这种观点也是错的。穷人确实买不起纯鸦片，所以他们买的其实是鸦片末或鸦片烟渣，甚至有人会直接饮用少量的液体鸦片。这些东西对人的健康危害更大，甚至可能致命。"

穷人会把鸦片馆作为吸烟的地方。上海公共租界里有许多鸦片馆，即"有上百供人吸食鸦片的鸦片馆"；"最常见的鸦片馆其实就是普通的住房，而它们与普通住房的区别之一就是很脏，一间肮脏的木制小屋里最多能容纳十几个吸毒者。鸦片馆的老板会给每个吸毒的人一人一个烟管和一套吸食鸦片的工具"。

除了穷人以外，上海公共租界的富人也吸烟。它们的吸烟场所比较高档，甚至会到酒店去吸烟。彼得斯写道，"酒店也是吸毒者的吸食鸦片的场所之一"；"通常是一些社会地位相当高的人才会出入这样的地方。他们带个小包裹或是公文包，在酒店订一晚的房间，用随身携带的工具抽上几个小时的鸦片"。

彼得斯视野中，上海公共租界存在大量的吸烟人，而且吸烟人又是中国人，以致他认为，"中国人对吸食鸦片的瘾之深已远超过西方人对烟草的依赖程度"。从中可见，上海公共租界里吸烟的流行程度与危害程度。

（四）禁烟的效果很不理想

要说上海公共租界的禁烟，不得不说国际上的禁烟会议。鉴于烟毒的危害性，1898 年在荷兰的海牙召开了万国禁烟大会。在这次会议上，贩毒大户英国政府受到舆论的指责。1909 年，万国禁烟大会再次召开，地点选在上海公共租界的汇中饭店（今和平饭店），参会的成员国有 41 个，其中包括了英国与中国。英国迫于舆论压力，不得不表示愿意协助清政府禁烟。上海公共租界主要是英国侨民掌控的区域，不得不加入禁烟队伍。到 20 世纪 20 年代，也就是彼得斯任巡捕时，上海公共租界的禁烟已走过 30 年左右历程，其效果如何？每天都在禁烟的彼得斯下过结论。他说："禁烟运动就是彻头彻尾的作秀。"在作秀之下，上海公共租界的禁烟当然不会理想。

彼得斯思考过禁烟不理想的原因，还用自己的经验作了诠释，归纳起来主要是这样一些原因：

第一，中国人的宿命论意识阻碍了禁烟。彼得斯认为，中国人普遍是宿命论者，这种理论阻碍了禁烟。他说："中国人又都是宿命论者，如果他们认为自己吸鸦片是命里注定的，那真是豁出性命也拦不住的。"这是禁烟不理想的思想原因。

第二，官僚机构禁烟不力。禁烟是一种政府行为，由相关机构实施。可是，上海租界的官僚机构禁烟不力，以致烟毒不能禁绝。彼得斯说："在众多困难和阻碍中，上海的贩毒问题无法得到根治的原因其实在于上海自身复杂的官僚机构设置。对于毒贩是在中国管辖区或是法租界购买鸦片这样的行为，就算找到了毒贩，后续调查一般也会无疾而终，更不用说其他更轻微的犯罪。"这是禁烟不理想的组织原因。

第三，禁烟的处罚力度不足。彼得斯认为，虽然中国有禁烟法律，上海公共租界在 20 世纪 30 年代也要执行这一法律。可是这个法律的处罚力度太小，不足以达到禁烟的目的。他说："对于吸毒者、贩毒者和鸦片馆老板们的处罚程度还很轻，根本达不到打击犯罪的效果。一个因为吸食鸦片而被送审的犯人，初犯的惩罚只有 10—20 美元的罚款，再犯才会被判处短期的监禁。累犯的，根据他们犯罪行为的严重程度，罚款数额会提高，刑期也会加长。但是这些措施都没有达到减少毒品犯罪的目的。"这是法律的原因。

第四，巡捕执法漏洞太多。巡捕是上海公共租界的行政执法人员，他们被赋予禁烟的执法职能，可是巡捕禁烟漏洞百出，根本没法严禁烟毒。形成漏洞的原因有多个，彼得斯在书中分别作过阐述。一是巡捕的头目本身是贩毒分子。他说："当时的人都说这个督察员其实就是一个鸦片贩毒团伙的老大。总之当时的华捕股在暗地里肯定是有问题的。"

二是巡捕普遍接受烟毒贿赂。巡捕接受了贿赂就成了烟毒的保护伞，还怎么会去禁烟呢？彼得斯讲得很直白，"如果一个巡捕在行人混杂的街上巡逻，走着走着就会突然感到有东西被塞到自己手里。通常是一个信封，打开后会发现里面有 10 个美元"；"巡捕下班后，还会发现另一个写着他名字和警号的信封，打开后会发现里面又有 20 美元。不久他还会发现其实巡捕房里所有人都收到了类似的装着钱的信封，而且里面的钱数还会依收信人的级别高低而有所不同"；"鸦片馆的老板们都是通过贿赂方式获得巡捕的保护的"。

三是巡捕房的雇员泄露禁烟行动的消息。巡捕房是行政执法机关，除了巡捕以外，还有其他雇员。这些雇员很容易了解禁烟信息。彼得斯认为，他们是泄露禁烟行为的群体。他说："巡捕房里的其他雇员无意中向外人泄露了搜查行动的重要信息。要是让他们看到了搜查令的内容，他们完全可能在闲聊时就随口说出去，有心之人听了可能会立刻把这些消息卖给鸦片馆的老板"，于是"出现了巡捕到达时已经人去楼空的结果"。禁烟行动因此而失败。

总之，是多因一果，多种原因造成了禁烟不理想，而且巡捕是其中的主要原因，上海公共租界派巡捕去禁烟如同与虎谋皮，是因为警烟已经一家，他们同在一个利益共同体之中。彼得斯在书中反映的这些内容正好说明了这一点。

（五）评析

彼得斯作为上海公共租界的一个巡捕，以自己的视野，把行政执法中涉及上海公共租界的吸烟与禁烟的情况写入《英国巡捕眼中的上海滩》一书。其中，有的情况比较详细，有的情况比较真实，具有一定的史料价值，可以在研究上海租界法制史时作为参考资料使用。

然而，彼得斯记载的情况并不全面，甚至带有偏见。比如他把与烟毒相关的人与事都集中于华人身上，好像与洋人无关。给阅读者的印象是华人很负面，洋人很正面。其实不然。中国有烟毒，上海公共租界有烟毒，其罪魁祸首是列强、洋人，特别是英国、英人。这就使彼得斯书中内容的史料价值打了折扣。

鸦片战争以后，鸦片变本加厉地倾销到中国，数量逐年增加。1849 年为 43075 箱，到 1854 年上升至 62822 箱。其中，经上海输入的鸦片箱数又占了全国的大头，1849 年占了 53.3%，1859 年为 53.7%。其中，大量来自英国公司，以致英国从中受益满满。这正如马克思所言："非法的鸦片贸易年年靠摧残人命和败坏道德来充实英国国库。"

不仅鸦片走私有英国人，买烟、吸烟的也有英国人。英国人克里斯多福·纽所著的《上海》①一书中，就有描述主人翁丹顿买烟、吸烟的片段。"丹顿从银行贷了款，买下梅森的鸦片，并且加入了上海鸦片商联合会。"这是买烟还有吸烟。"'再来一管烟'，素梅把烟灯捻小时，丹顿说道。素梅摇摇头，躺回到他身边的绿瓷枕头上。'你抽的太多了，你已经抽了四管烟了。'"这些都是对在上海公共租界英国人买烟、吸烟的真实写照。烟毒与洋人也有密切关系。

彼得斯对洋人与烟毒的关系不作记述，是出于他的殖民心态。他对华人怀有歧视态度，把什么坏事都往华人身上推，并在书中有所表述。他说，"中国人本质上都是赌徒"；"中国人本质上是非常不讲卫生的民族"；"他们喜欢小题大做、夸大其词"。还说，中国的"苦力"（即劳动人民），"整体来看，他们和史前时代的穴居人没有多大的区别"。言下之意，华人是野蛮人，洋人是文明人。怀有这种殖民心态、歧视态度，彼得斯在书自然会用有色眼镜看待华人，以致所作的描写便有了失真之处。从这种意义上，书中的内容充其量只能作参考而已，不能期待值太高。

四、一名外国巡捕视野中的赌博与反思

巡捕是中国租界的近代警政人员，巡捕房是其组织。巡捕最早产生于

---

① ［英］克里斯多福·纽著：《上海》，洪凤楼等译，学林出版社 1989 年版。

1854 年的上海租界（含英、美、法租界）。以后，中国其他城市的租界也"依样画葫芦"，组建起自己的巡捕队。中国租界中，既有中国巡捕，也有外国巡捕，他们都负有治安职能，打击各种违法犯罪行为，其中包括赌博行为。

中国租界巡捕打击赌博行为的集中资料不多，而且还很分散。上海公共租界英国巡捕彼得斯所著的《英国巡捕眼中的上海滩》一书，以一个中国租界外国巡捕的视野，把自己在巡捕生涯中的所见所闻、所作所为载入其中，包括赌博。而且，此书所记载的赌博篇幅不少，有些细节还具客观性，有较高的史料价值。

本文以《英国巡捕眼中的上海滩》的记载为依据，从一个外国巡捕的视野，来考察租界里的赌博，从而进一步认识中国租界巡捕的行政执法情况，助力中国租界法制的研究。

彼得斯出身于英国，16 岁那年离开学校到运兵船上去打工，接着在煤矿做过运煤司机。此后又参过军，在皇家坦克部队服役 7 年，其中有 5 年在印度。从印度回国后，正遇上经济危机，找不到工作，实在无事可做，他自己也感到"有点无趣"。此时，看到上海公共租界招募巡捕的消息，便于 1929 年 10 月来到上海公共租界，成为一名巡捕。1935 年 12 月涉嫌一起把中国乞丐扔到河里的谋杀案，1936 年 4 月被辞退，回到英国。《英国巡捕眼中的上海滩》是彼得斯回到英国后写就并于 1937 年公开出版的一本个人回忆录。

（一）租界里的赌博形式有多种

中国租界里有赌博，赌博形式有多种。而且，赌博形式与赌具联系在一起。赌博形式通过赌具表现出来，赌具又是赌博形式的载体。

第一，搓麻将是最常见的赌博形式。这是一种利用麻将来进行赌博的形式。搓麻将在中国租界是一种休闲游戏。彼得斯说："中国人最喜欢的休闲游戏莫过于麻将。"同时它也是一种赌博形式，赌具是麻将。彼得斯从一个西方人的视野来看麻将，觉得它有点像多米诺骨牌。他说："麻将的形状有点像多米诺骨牌。"这是对麻将这种赌具的一种西方式解读。

彼得斯发现，租界里搓麻将的场合不少。"有人在茶馆、饭馆或者酒店里打麻将。只要四个人就可以摆上一桌，有钱没钱的都敢赌。"搓麻将的地方比较多，持续的时间比较长，发出的声音也就比较响且长了。"敲击麻将桌的声音在大街小巷不分日夜地都可以听到。"以此来判断，搓麻将是一种常见的赌博方式。

彼得斯亲眼目睹过搓麻将，认为中国人搓麻将的水准很高。"中国人对麻将的精通程度已经到了光靠触摸牌面就能猜出这张牌代表的内容。"这是他亲眼所见，否则无法得出这样专业的结论。

第二，彩票是最流行的赌博方式之一。这是一种通过销售彩票来进行赌博的形式。这种赌博形式最为流行，但却被严格禁止，而且用刑很重。彼得斯说："彩票也是上海最流行的赌博方式之一，但是这种方式其实是被禁止的，而且一旦被抓，量刑很重。"这是一个与搓麻将的区别点。搓麻将可以是作为一种"休闲游戏"而不是赌博，但彩票不行，只能是赌博不会是游戏。

彩票赌博需要通过销售彩票来实现，销售的地方是人群较为集中的地方，比如大型商场。彼得斯对销售彩票的地方很熟悉。他说："最著名的彩票售卖都是在大型商业场所里。"不仅如此，他对彩票价格与获奖情况也了如指掌。他说："彩票的价格从 5 分钱到 8 元钱不等，而中奖者预期获得的奖金数可能有上千元。"这种高额奖金也许就是吸引租界居民进行赌博的原因，以致其会流行起来。

第三，斗蟋蟀是最奇怪的赌博形式。这是一种利用蟋蟀来进行赌博的形式。在彼得斯禁赌的行政执法中，发现了租界中最奇怪的赌博形式。他自己在书中讲，"所有赌博中最奇怪的，还要数有一次我在值班室值班时见到的"；"当时一个搜查组刚刚完成了一次搜查赌场的行动，他们逮捕了十几个中国人，并且没收了各种千奇百怪的赌博工具"。接着，他就开始讲自己见到的故事。这个故事就是斗蟋蟀赌博，其中详细描述了斗蟋蟀的赌具，包括装蟋蟀的容器、样式、斗蟋蟀的工具等，可以说是应有尽有，细致入微。

彼得斯在书中写道："我发现其中有一个精致的木盒子。盒子的一面是竹条编的网格，上面还有扇小门可以打开。还有一些带盖儿的陶罐儿和一个很小的天平。此外还有一些稻草秆儿，一头被特意削成毛毛的，像画笔的刷子似的。经过检查，我们发现陶罐里装的是一对蟋蟀——就是夏天在田地里会发出扰人的吱吱声的那种昆虫。"

看到这些以后，彼得斯对斗蟋蟀赌博还是莫名其妙。"我非常诧异地询问这套东西是做什么用的，以及办案笔录上逮捕这些人的罪名应该写什么？带队的中国探长说要起诉他们的罪名就是斗蟋蟀赌博。可能是我的反应太惊诧了，所以探长答应给我演示一下什么是斗蟋蟀。"

这名中国探长的演示才使彼得斯恍然大悟。他先挑选出两只"重量相当的蟋蟀"，然后"把这两只蟋蟀放入了决斗的竞技场里，也就是我前面提到的那个木盒子，赌徒们可以给自己选定的蟋蟀押赌注。稻草秆儿的毛头一端原来是用来逗弄蟋蟀的，为的是让它们达到准备向另一只蟋蟀进攻的状态，不打到一只投降或是死掉就不会善罢甘休"。彼得斯能够把斗蟋蟀写到如此真实、形象，可见他是亲身经历了。

最后，彼得斯还证实了斗蟋蟀确是一种赌博形式，因为有人能从中获利。"这个探长还告诉我，就有过一个老黄包车车夫，走运抓到了一只强壮的蟋蟀，并且靠它斗赢别的蟋蟀赚了不少钱。"

第四，还有其他赌博形式。中国租界里，除了以上三种赌博形式外，还有其他一些赌博形式，彼得斯也在书中提到了。

赛狗。这是一种由赛事组织利用狗而进行赌博的形式。上海租界有过这样的赌博形式，一度还很流行。彼得斯说："上海还流行过赛狗。"其中，上海公共租界曾有过两个主要从事赛狗的组织，但后来被禁止了。他讲道："有两个最主要的赛事组织就设在公共租界内。这种活动后来因为极易诱发赌博行为而被禁止。"但是，上海法租界也有这样的赛狗赌博，却没有被禁止，因此那里参赌的人就增多了许多。"公共租界的赛狗虽然被禁止了，法租界里的却没有，于是仅有的一个赛狗场所反而比以前公共租界里的那两个吸引了更多的人前往。"也就是说，在上海租界，赛狗赌博还在进行，没有被禁绝，只是地点不同而已。

此外，还有一些赌博形式。比如，赌西瓜里的瓜子数、地蟹赛跑的速度、纸牌、骰子等。它们在彼得斯的视野中都被认为是"奇特"的赌博形式。他在书中写道："我在上海各处巡逻过程中遇到过无数奇特的赌博活动，比如赌西瓜里面有多少瓜子；比如让几只地蟹赛跑，或者其他各种奇怪的纸牌和骰子游戏。"

总之，在彼得斯的视野中，上海租界里的赌博形式有多种，其中有些是他以前所没有见过的，因此而感到"最奇怪"与"奇特"。

（二）禁止赌博不是一件容易之事

中国租界都把赌博认定为违法犯罪行为，都在禁止之列。这就成了巡捕的执法范围，需把违法犯罪的主体赌徒抓捕归案，然后进行处理，绳之以法。巡捕的执法是个前端程序，十分重要。赌徒不被抓捕归案，绳之以法也就成了空谈。

根据彼得斯的巡捕执法经验，禁止赌博不是一件容易的事。其中，突出表现在两个方面，即不易抓到赌徒与抓不完赌徒。

第一个方面，不易抓到赌徒。中国租界的赌徒都知道赌博是违法犯罪行为，一旦被捕，就会受到法律追究。为了规避这种法律追究，赌徒千方百计加以掩饰，并保持很高的警惕性。在这种情况下，巡捕就不易抓到赌徒，禁止赌博也因此而十分困难。彼得斯经历过这样的失败之事。

彼得斯记载，"我们走在一条街上，街道两边有几栋半西式的房子。一个华捕怀疑前面稍远处的一栋房子里面有情况"；"于是我们让这名华捕留在街角，我和另一名巡长一起继续前进"。走到一栋空的房子前，"还没等我上前敲门问话，就有十几个中国人跳窗的跳窗，翻栏杆的翻栏杆，没命似的想要逃走。一个我本以为废弃的空房子里突然出现这么多人让我吃了一惊"。

当彼得斯走进这栋房子时，才发现原来是个地下赌场，其景象超出他自己的想象。"进入后看到的景象还是超出了我的想象。整个底层已经被改造成一间面积巨大的房间，摆满了赌桌，桌上地下还散落着成千上万的现金，都是赌徒仓皇逃窜时遗留的。"可是，一个赌徒也没被抓到，全部逃之夭夭。彼得斯也因此而有一种尴尬的感觉。"现在屋里一个人也没有，我发现自己处于一个十分尴尬的境地。"

不易抓到赌徒给彼得斯留下了深刻的印象，并把其详尽地记录在书中了。

第二个方面，抓不完赌徒。中国租界里，赌博形式、赌场有许多，赌徒也有很多，而且还抓不完，此消彼长。彼得斯有这样的经验，把抓不完赌徒的事也写进了他的书里。

彼得斯认为，彩票是种赌博，应该被禁止。"这种活动绝对应该被彻底制止，因为它根本就是彻头彻尾的骗局，唯一能从中受益的只有组织者自身。"然而，彩票就是禁而不止，尽管是在公开场合销售。这使他十分费解。他说："这些彩票销售活动怎么能不被发现的，实在让人不解，毕竟它们都是在公共场合进行的。"

巡捕也想办法，甚至雇佣线人，秘密侦查、取证，可还是禁止不了彩票这种赌博。彼得斯讲："尽管侦探们也是通过雇佣线人的方法来打击彩票销售活动，但是总有新的销售点不断涌现。"赌徒也随之不断涌现。

租界里的赌徒不易被抓、又抓不完，禁止赌博也就成了一件不易之事。

（三）巡捕在禁止赌博执法中接受贿赂

中国租界巡捕的受贿情况十分普遍，在禁止赌博的执法中也是如此。这成为他们禁赌不力，赌博禁而不止的重要原因之一。

彼得斯对自己与同事在禁止赌博执法中的受贿情况不加掩饰，直言不讳，还写进书里。从中反映出中国租界巡捕本身的素质很差，与巡捕的行政执法者的身份不符。

彼得斯详细记载了一次在禁止赌博的执法中的受贿全过程。他写道：在一个地下赌场里，"有两个穿着西式服装的中国人走进来。他们很有礼貌地道歉并请求我原谅他们开办赌场的行为。我立刻摆出了公事公办的态度，要抓捕他们归案。这两个人被吓坏了，其中一个人往我手里塞了50美元。我愤怒地拒绝了，并坚持要将他们逮捕。于是他们又给了我150美元，还给另一个华捕巡长25美元，并告诉我们以后每天定点来这里还可以再拿这么多钱"。经过思考，彼得斯最后收受了这笔贿赂。他说："我决定接受他的贿赂，并且开始计算我可以领到多少钱。"彼得斯收受了贿赂，此案也就不了了之了。从中可见，彼得斯的受贿还讲策略，钱少还不接受，等钱多了才决定收下，贪得无厌。

这次受贿以后，彼得斯就盘算着"第二天我打算继续去领我的好处费"，可当他"看见一个西捕副巡长也在那个赌场附近出现"后，就"忍不住犹豫了"。事后他认为，没有必要这样谨慎，因为收受贿赂的巡捕大有人在。"事实上我大可不必这么谨慎的，几个星期之后我发现，我根本不是唯一一个接受贿赂的巡捕。"

彼得斯在执法中受贿绝非这一次。在另一次执勤后，回到办公室，也发现有贿赂，他同样接受了。他讲："等我回到办公桌前，惊讶地发现桌上摆着一个信封，里面装着30美元，我默不作声地把钱收进了自己的口袋，不难猜出这钱是谁给的。所以当巡捕有时也是有点好处的。"

顺便提一下，彼得斯在书中，还记录了巡捕在其他执法场合的受贿事实，并取了一个叫"揩油"的专用名词。他说："揩油，很难确切地定义这个词语的含义，暂且称其为好处费或贿赂。"这种受贿行为还常发生在巡捕处理违章设摊、交通事故和搜查鸦片馆等执法场合。彼得斯在书中说：如果发现"某个地方的店主把各种货物堆到门口，甚至占用了人行道"，巡捕就会按违章设摊去执法，但是当巡捕"警告店主的时候，店主通过甜言蜜语求得谅解，再送上点儿贿赂就可以蒙混过关了"。

在处理交通事故与搜查鸦片馆的时候，也会发生巡捕受贿的情况。彼得斯写道，"在街上，一个开着机动车的中国有钱人和黄包车车夫之间发生了交通事故。哪怕是很小的事故，按规定，巡捕也有义务登记具体的信息并向巡捕房汇报"，"但是巡捕就会借机揩油，否则就不同意私了"；"类似以权谋私的情况，在巡捕搜查鸦片馆或是地下赌场的时候也经常发生"。彼得斯的这些记载都真实地揭示了巡捕在执法中大肆受贿的事实，可以认为中国租界巡捕队是一支十分腐败的队伍。

（四）对一名外国巡捕视野中赌博的反思

从彼得斯在书中所记载的赌博中，还可得到一些反思。

第一，彼得斯对中国式的赌博很不了解。彼得斯从英国来到上海公共租界以后，面对的是一个陌生的社会。在这个社会中，虽有少数来自西方的侨民掌控了管理权，然而中国人却占了绝大多数。据统计，彼得斯在上海公共租界任巡捕的这几年中，中国人数始终处在高位，所占总人数比例都在 95% 以上。也就是说，彼得斯是从一个西方社会到一个陌生的中国社会去任巡捕。他对这个社会一无所知，却要天天面对，而且还要与这个社会中的绝大多数人即中国人打交道，进行执法，对他来说是一个不小的挑战。

事实也是如此。上海公共租界的有些赌博形式都为中国人所熟悉并历史悠久，但对彼得斯来说，却感到十分新奇，因为从未见过。于是，他的用词便是"最奇怪"与"奇特"。这里以斗蟋蟀赌博为例。

斗蟋蟀在唐朝已经开始出现，主要在长江流域与黄河的中下游地区。南宋时，斗蟋蟀已十分普及，上至贵族、下至平民，都有雅兴，都会参与。到了清朝，斗蟋蟀还演变为一种赌博形式并十分流行。每年入秋以后，京师地区就会架起大棚，开设赌场，用斗蟋蟀进行赌博。从那以后，中国用蟋蟀来进行赌博经久不衰。对于中国人来说，斗蟋蟀的赌博形式已见怪不怪。可是，对彼得斯来说却感到"最奇怪"。还有，赌西瓜里的瓜子数、地蟹赛跑、纸牌、骰子等赌博形式，在中国也是人们习以为常的，可对彼得斯来说，同样很"奇特"。

对上海公共租界情况的陌生，十分不利于彼得斯执法。由于他不了解中国式的赌博形式，就是在他面前赌博，他也会无法辨认，以致漏网，造成执法中的失误。

第二，彼得斯对中国人存在偏见。许多西方人自居为中国租界的殖民者，贬低甚至污蔑中国人。一个西方人说："租界是外侨享有特权并且行使某些权利的地方。"言下之意，西方人就应高人一等。一个英国领事说："一个未开化的民族必将屈服于我们较高的文明之前。"这个"未开化的民族"就是指中华民族。一个在上海的传教士甚至口出妄言，说可以多杀中国人。"以为这个民族终究要被外国人所征服，虽免不了要多杀死几个人，也是无关紧要。"他们口无遮掩，心存偏见。

彼得斯作为中国租界的一个西方侨民，也同样对中国人心存偏见，把中国人说得一无是处。他在书中公开说中国人"狡猾、沉默和不可预知""中国人本质上是非常不讲卫生的民族""整体来看，他们和史前时代的穴居人没有多大区别"等。带有这种偏见去对赌博进行执法，先入为主地认为中国人都是赌徒，没有好人。正如他所说："中国人本质上都是赌徒。"

因此，彼得斯在书里所记载的赌博中，赌博主体都是中国人，没有西方人。给人们造成的印象是，中国租界里的中国人都是违法犯罪者，而西方人才是守法居民。事实不是如此。上海租界赌博的罪魁祸首多为西方人。1850年，英国人在上海公共租界的中心地段，强行围地，开辟跑马厅，首创跑马的赌博形式；1878年，美国人首先在上海租界发行彩票，称为"吕宋票"，开创了彩票赌博形式；1927年，美国人从美国带来赌博机，在上海租界开启了"吃角子老虎"的赌博形式等。西方人不仅开设各种赌场，还亲自参加赌博，也是赌徒。比如，在跑马赌博开始时，西方人是主要的赌博群体，以后才有中国人参加。彼得斯只记载中国人赌博的背后，是他对中国人的偏见在作祟。

第三，巡捕本身是中国半殖民地半封建社会的产物。在一个国家主权完整的社会里不会有巡捕，这是因为没有租界的存在。中国租界是根据中外不平等条约而建立起来。以中国领土上第一个租界——上海英租界为例。1842年的中英《南京条约》除了规定割地、赔款外，还规定包括上海在内的五个中国通商口岸城市向英国人开放，英国人可以携带家眷居住在这五个城市经商。1843年它的附件《五口通商附粘善后条款》又进一步规定，英国人可与中国官员议定地方，租赁房屋、土地。以这些不平等条约为依据，1845年《上海租地章程》颁行，上海英租界诞生。中国其他租界的建立也都是如此，以不平等条约为根据。

从本质上讲，中国租界是根据不平等条约，由外国侨民在中国领土上建立的城市自治区域。中国租界建立以后不久，便开始组建自己的立法、行政、司法机关，还不受中国政府的管辖。其中，包括建立自己的近代警政机关巡捕房；设置近代的警政人员巡捕。1854年上海租界的巡捕产生以后，中国其他租界也纷纷效仿。可见，没有不平等条约，没有租界，也就不会有巡捕。巡捕制度建立在不平等条约之上。

不平等条约有损于中国国家主权。除了割地、赔款以外，在中国租界问题上表现得十分突出。中国租界建有自己的管理机关，而且独立于中国的管理机关，中国对其没有管辖权；中国租界建立自己的法制，而且不在中国的法制系统之内，游离于这个系统之外；中国租界法制的建立着实破坏了中国法制的统一性等。主权国家不会允许租界及其法制存在，它的存在也就意味着中国主权受损，已经不完整。

鸦片战争以后，中国进入近代社会。中国近代社会是个半殖民地半封建社会，不平等条约和租界都是其中的突出表现。它们都导致中国国家主权受损，使中国蒙受丧权辱国之痛。历史发展也证明，中国只有在近代、在半殖民地半封建社会的条件下，才产生了巡捕，其他历史时期都没有。这不能不说，巡捕本身是中国半殖民地半封建社会的产物。

五、三个洋人眼中的上海租界巡捕

依据中英 1842 年签订的《南京条约》与 1843 年的附件《五口通商附粘善后条款》等不平等条约，上海作为五口通商之一的城市于 1843 年开埠。1845 年上海英租界诞生，1848 年上海美租界出现，1849 年上海法租界产生。于是，外国人便比以往更多地涌入上海。为了区别中国人与外国人，上海人习惯把中国人称为"华人"，外国人称为"洋人"。洋人的主要群体是西方的欧美人。日本人是东方的洋人，故称其为"东洋人"。

上海租界相对华界而言，是指一种在中国领土内，由租界内的侨民建立自治组织，自己进行管理的自治区域。巡捕是上海租界的警政人员，即近代的警察。上海租界当局为了使租界的近代制度本土化，给租界内的警察套用了一个中国名称"巡捕"。这个名称曾在清朝被广泛使用，是指那些治安管理人员。以此为依据，上海租界就把治安机关称为"巡捕房"了。可见，这是旧瓶装了新酒，即用中国古代的旧名称来表示近代上海租界的新警政人员及其机关。

上海巡捕产生、发展以后，在上海的洋人有了自己的看法。而且，在他们的著作中反映的视角也不尽相同。这里以葡萄牙人裴昔司、英国人彼得斯和美国人魏斐德三个洋人为例，来发掘他们眼中的上海巡捕。

（一）葡萄牙人裴昔司眼中的上海租界巡捕

裴昔司在《晚清上海史》一书里，叙述了上海自开埠至 19 世纪末的历史，其中包括了上海租界巡捕的产生与早期的一些片段。

1. 上海巡捕的产生

裘昔司把上海巡捕产生的原因归结为太平天国运动，认为是这一运动影响到上海，造成了上海租界的恐慌与混乱，因此需要组建巡捕，由其来管控上海租界的秩序。他说："太平天国叛军一占领南京，在上海就马上惊现了一场商业性大恐慌；随着本地资金被抽回，贸易在一段时间里停滞了。"这是一方面。另一方面，上海城市秩序混乱。大批华人涌进租界。"近在咫尺的叛乱和内战，成千上万的难民涌入租界。"

上海租界因此而感到压力，组建巡捕队便刻不容缓了。他说：为了"保护（外侨）生命财产安全，以免遭来自租界内外的动乱和危险势力的伤害"，"首当其冲的是要组建巡捕武装以应对紧急状态，因为海军警备队不会再来执行巡捕任务了"。上海租界的巡捕就此应运而生。

在上海租界中，首先组建巡捕队的是英租界，时间是 1854 年。1856 年，上海法租界也组建了自己的巡捕队。1862 年上海英、美两个租界合并，成立上海英美租界。1899 年，上海英美租界又改名为上海公共租界。不管上海租界如何变化，巡捕始终存在。

2. 上海租界早期巡捕的来源与巡捕的出格行为

裘昔司眼中早期的巡捕是来自西方国家的流浪汉，他们的行为往往出格，还引发了市民对他们的投诉。他说："那时候的巡捕大多从流浪汉中招募而来，引起了人们对巡捕机关的严重投诉，简直就是一则不折不扣的公共丑闻。"可见，早期上海租界招来的巡捕素质太差，在执法中出格情况常常发生，以致引起市民的投诉。

裘昔司眼中上海租界早期巡捕的这些写照与其他的记载可以相互印证。据《上海法租界史》记载，1863 年被称为"第一流的总巡"来上海法租界任职，此人名为加洛尼·迪斯特里阿。他一上任，便与部下巡捕一起"滥用职权，非法拘捕；敲诈勒索，不合理的罚款，对人施加暴行，无恶不作"，以致"四面八方都提出控告和愤怒的抗议"。连一个法国人都说："外交部是找到了一个宝贝！"因为此人为外交部推荐。最后，不得不在其上任 63 天后，就把他免职了。

上海法租界的总巡是这种素质，其手下的巡捕更是令人不齿。《上海法制史》中写道，6 名被认为是"最优秀"的洋人巡捕去办案，这 6 人中，4 人来自法国，2 人分别来自西班牙和希腊，但他们几乎都是从"商船上开小差"而来。结果，案件没办完，其中两人就先期盗窃了财物，"逃到宁波去做海盗了"。可见，上海租界早期巡捕的素质十分差劲，出格行为常有发生。这又与他们的来源有直接关系。

3. 上海租界巡捕与华界警察间的摩擦不断增多

上海是个长期处于"一市三制"情况下的近代城市。其中，既有华界的法制，也有英、英美、公共租界的法制、法租界的法制。而且这些法制都仅适用于自己管辖的区域。于是，近代上海就出现了在一个城市中，同时存在三个相互独立的区域与三个不同法制的情况。在这种"一市三制"的情况下，上海便出现了三个处于不同区域的警政人员。即上海华界的警察，上海英、英美、公共租界的巡捕和上海法租界的巡捕。这在上海史上是一种十分特殊的现象，以往从来没有出现过。

近代上海的这种特殊现象导致了警政人员的摩擦，而且裴昔司还看到了这种摩擦不断增多的情况。他说："上海出现一种很明显的特征，城厢（华界）和租界相交的地带俨然成了一片新区域，其道路和居民住所都处于脱离市政掌控的特殊状态，在某些方面，利用这一脱管状态视法律为无物却能安然无恙，而另一方面，租界巡捕和中国警察之间的摩擦不断增多。"这种摩擦的产生有其必然性，而根本原因在于"一市三制"的存在。没有这种存在，也就不会有这样的情况。

（二）英国人彼得斯眼中的上海租界巡捕

彼得斯于 20 世纪 30 年代在上海公共租界任巡捕，20 世纪 50 年代开始在英国《卫报》《金融时报》和 BBC 等媒体上发表在中国的见闻和感受，另外还著有《英国巡捕眼中的上海滩》一书。此书记载了作者 20 世纪 30 年代充任上海公共租界巡捕的亲身经历。其中，有较多篇幅叙述了他所见到的上海巡捕状况。这是一个上海租界巡捕看巡捕的眼光，看到的深层次问题更多一些。这里掇取三个片段，以飨读者。

1. 上海巡捕被招募进来后要进行训练

上海巡捕是一种特殊职业，需要有良好的体力与专门的技术，因此训练不可或缺。彼得斯从巡捕实践中体会到训练的必要性。他说："当我能从一个屋顶跳到另一个屋顶追缉持枪劫匪时，我更是深刻地意识到了这些训练的用处。"而且，有些训练项目还具有特殊性。彼得斯说："我相信这些训练项目都是上海的巡捕房独创的，世界其他任何国家的警察都不会需要这些训练。"

彼得斯具体介绍了上海巡捕训练的课目，其中有模拟追击犯罪嫌疑人的内容。"为了训练的对抗性和有效性，我们采取三人一组的方式。指令发出以后，第一个障碍是跨栏。越过跨栏以后，又会遇到一个注满水的巨大水泥槽，上面只架了一根窄木，我们要迅速从这上面跑过去，这也是在模拟现实追击罪犯时可能遇到的两个房顶之间搭放一条窄木板的情形。练习时有很多人都会摔进水槽里，而幸运地通过测试的人将继续进行下一个项目。"这个片段较为直观地介绍了上海巡捕受训的场景。

2. 上海租界的巡捕由多个国家的人员组成

上海租界的巡捕开始时都来自欧洲，无论是上海英租界还是上海法租界，都是如此。往后，由于巡捕的需求量增大，上海租界巡捕的人员也发生了变化，亚洲人也被招募进来。彼得斯眼中上海公共租界的巡捕，在20世纪30年代，已由英国、日本、印度、俄罗斯与华人等组成。"公共租界的巡捕里有英国人、日本人、印度人（锡克人居多）和中国人，总数达5463人。英国人是主要的领导力量，但是中国人在人数上占有绝对优势。也有一些俄国人，他们人数不多，工作能力也很差，但是却比其他人都能惹麻烦。"上海公共租界是如此，上海法租界也有类似情形，由法国、中国与越南等国家人员组成。

上海公共租界多国巡捕的表现各不相同。彼得斯认为，华人巡捕虽然"偷懒技术已经到了炉火纯青的地步"，"不过要是公平地评判的话，与我结伴的华捕在应对武装抢劫或者绑架之类需要做出迅速反应和射击的犯罪行为，这位华捕绝对不比欧洲或美国的任何警察差"。说到日本巡捕，彼得斯说："在任何涉及日本国民的情况下，这些日捕都是绝对的好巡捕，可是对日本人之外的事，我实在没什么可说的，只能说我和他们之中有的人相处得还算愉快。"在彼得斯眼中，华人巡捕的专业水平比较高，而且工作的适应面比较宽。日本巡捕的工作适应面则比较窄，主要在日本人领域，而且专业水平也没有什么高明之处。

关于印度与俄国巡捕，彼得斯也有自己的看法。他眼中的印度巡捕"主要是负责管理交通。他们通常身形高大、简单随和，但需要有人指导。一旦有了能正确领导他们的人，他们绝对是坚不可摧的。"而俄国巡捕则是另外一种状况。彼得斯对他们有这样的评价："在上海有一个很大的俄国人群体，所以巡捕房里才需要俄捕。有时候他们还能升职，被安排到值班室工作，但是 90% 的俄捕连本职工作都干不好。如果让一个俄捕去巡逻，实际上很可能得靠他的英国同事来完成工作，因为俄捕根本没有自己完成工作的能力。依我看来，俄国人作为巡捕几乎是一无用处。"在彼得斯眼中，印度、俄国巡捕都很差劲。其中，印度巡捕无领导、指导能力，只能被领导、指导；俄国巡捕则几乎一无是处。这两国巡捕在上海公共租界的巡捕队伍中，属于比较差的一类。

从中亦可见，在上海租界的巡捕队伍中，华人巡捕的整体素质排在上乘之列，比日本、印度、俄国巡捕都要好一些。

然而，华人巡捕的工资却很低，比日本巡捕要低得多。彼得斯说："在被录用之初，华捕每个月的工资还不到 1 英镑 10 先令，而日捕则能拿到大约 8 英镑。"这种不公平的分配方式，彼得斯也看不下去。他坦言："在我看来，华捕完全有理由抱怨。"其实，这是上海租界对华人歧视的一种表现。

3. 上海租界巡捕镇压过上海人民的革命运动

在半殖民地半封建的中国，革命运动风起云涌，上海租界也是如此。上海租界本身就是中国的领土，租界人民与华界人民一样，为了争取民主、自由与解放，也投入了革命运动。彼得斯亲眼看到了这一革命运动的场面。他在书中写道："到这个巡捕房大概十天之后，我在巡捕时发现前面有一群行进的中国人，一边喊口号一边唱着歌。他们举着巨大的横幅旗帜，上面写着中文标语。随着他们的前进，还不断有人加入这个队伍。作为一个新手，我开始怀疑这是不是什么人的葬礼，但是又觉得有些不一样，于是我很快向人群走去。刚好这时，又遇到了一个日本巡长和一个华捕，他们向我解释说这些游行的人都是共产主义者。"很显然，这些游行者是上海人民中的革命者或者是支持革命者。

面对这一革命运动，上海租界巡捕采用了镇压手段，逮捕了一些游行人员。彼得斯说："看到我们之后，人群依然没有散去，我们只好逮捕了其中十几个人，此时又有其他华捕赶到了。我命令他们将逮捕的人带回巡捕房，而我自己则留在这里清理他们散发的传单和共产主义读物。"很明显，上海租界巡捕镇压了租界的人民革命运动。

这些被逮捕的游行人员后来还受到法庭审判，遭到迫害。上海租界的巡捕则出庭做证，还得到了奖励。"第二天，那些共产主义者就被送上法庭了。我和那个日本巡长都被传唤出庭做证。最后共产主义者被判处了十八个月的监禁，而那个日本巡长受到了增加三个月警龄的奖励。"可见，上海租界巡捕在镇压上海人民革命运动方面，扮演了刽子手与帮凶的双重角色。

（三）美国人魏斐德眼中的上海租界巡捕

魏斐德是当今美国最负盛名的法学家，也是当今美国最具影响力的历史学家之一。著作颇丰，其中有三部最为重要。它们是：《大门口的陌生人》《洪业：清朝开国史》和《上海警察，1927—1937》。在《上海警察，1927—1937》一书中，魏斐德较为全面地阐述了自 1927 至 1937 年间，整个上海的警察情况，有些内容涉及上海租界的巡捕，其中有三个片段特别引人注目。

1. 黄金荣既是上海的罪犯头目又是上海法租界的捕头

首先进入魏斐德眼中的是黄金荣的身世。他说："虽然有人说黄金荣是南通人，但黄说他自己 1868 年出生于苏州。他父亲原是苏州城里衙门中的捕快，后移居上海，在南市开设小茶馆。孩提时代，（黄）金荣一度在文庙路上的庙里当和尚，还在城隍庙开的萃华裱画店里当过学徒。大约就在这时他感染了严重的天花，所以后来他的门徒们当面尊称他'黄老太爷'，背后则管他叫'麻皮金荣'。"可见，黄金荣身世的前半部分没有什么出彩之处，十分平淡。

成年以后，黄金荣开始逐渐变坏。魏斐德说，"十九世纪九十年代时，郑家木桥两头聚集着大量的流氓和瘪三，由他们的头子向当地的商人勒索保护费。'精明的'瘪三黄金荣很快与他附近的这些流氓老大中势力最强的两名结为拜把兄弟"，"在他们的帮助下，黄（金荣）将南市和法租界的流氓结成帮派，这些人后来成了他的门徒"。黄金荣以黑帮为依托，大肆进行犯罪活动，成了"毒品、赌博和卖淫业中的大亨"。这个"大亨"就是罪犯头目的代名词。

魏斐德眼中，黄金荣不仅是个上海罪犯头目，还充当了上海法租界的捕头。他坦言："有赖于他（黄金荣）父亲在捕房的老关系，黄金荣在1892年，他二十四岁时进入法租界巡捕房一显身手。由于他身强体壮、有勇有谋，使他在巡捕房中得以得心应手，他当上了刑事处的侦探，警长编号为13。"黄金荣一共当了20年的巡捕，最后因为犯错而退休。"黄金荣连续当了二十年的警探，直到1925年因为多起重大丑闻使刑事处声誉大丧而退休。"黄金荣的巡捕生涯很不光彩，连魏斐德都称其为"二十年代最臭名昭著的骗子警察"。

2. 上海租界巡捕的三种不轨行为

魏斐德研究了上海巡捕的实际状况后，看到其存在不少不轨行为，而且还列举了上海公共租界巡捕的三种这类行为。它们是："歪曲涉及华界事务的公共信息；监视并骚扰被怀疑为激进分子的外国人；雇佣白俄充当警察。"魏斐德对此还分别作了介绍。

关于歪曲涉及华界事务的公共信息。魏斐德认为，上海租界巡捕通过歪曲涉及华界事务的公共信息，来误导公众。"每当中国人集会时，租界巡捕房就派出华人侦探去参加"；"这些受雇于巡捕房的华人侦探用英文写成报告提供给外国报纸，而记者们常常根据指令更改行文以不暴露'新闻'来源"；"这些报道经常是不正确的，甚至带有宣传倾向有意误导公众"。由此，上海巡捕干涉、误导社会舆论。

关于监视并骚扰被怀疑为激进分子的外国人。上海租界是个国际化区域，外国人很多，其中不乏有进步人士。上海租界巡捕把这些进步的外国人士定性为激进分子，千方百计进行迫害，包括监视与骚扰。魏斐德在研究中发现，上海巡捕把"报纸上的反面报道通常被认为是像史沫特莱这样的外国记者所为"。于是，各种迫害手段接踵而来。"比如，当著名的英国作家阿瑟·兰生写了一些冒犯警察的文章之后，就开始传出他曾到过俄罗斯并娶了一位俄罗斯太太的谣言。"上海巡捕连这种下三烂的手段也敢使用。

关于雇佣白俄人充当警察。魏斐德经过研究以后认为，上海租界警察机关最大的问题是雇佣白俄人，因为这批人素质太差。他说："（上海）租界警察部门最大的问题是雇佣白俄'志愿者'（愿警）——他们中的大部分据说是沙皇军队的残部，其中有些曾受雇于残暴的山东军阀张宗昌。"这些白俄人干尽了坏事。比如，1927年11月7日，"苏联驻上海总领事馆举行十月革命纪念活动，白俄聚众企图袭击领事馆"。这些白俄人充当的巡捕知法犯法，简直到了无法无天的地步。

3. 上海租界巡捕与上海华界警察的地位相差悬殊

在魏斐德眼中，同在上海城里，但上海租界巡捕的地位要高于上海华界警察，而且相差得还十分悬殊。他专门举例作了证实。比如，在1928年，上海租界已经被称为是中国"特区"以后，魏斐德还是发现："（上海）公共租界巡捕房的巡捕们都可以经常大模大样地出入于（上海华界）的公安局辖区。公共租界巡捕房甚至派遣特务去华界，伪装成记者以收集国民党活动情报，而当这些特务被逮住时，他们的外国上司不惜亲自出马，要求华界警察放人。"

与此相反，上海华界的警察进入租界，就要受到限制，其中包括必须获得相关部门的许可。魏斐德说："例如，（上海华界）公安局想使其员警熟悉上海市中心的布局，安排他们参观爱多亚路、海关码头、大公司、百货大楼等，如果身着制服进入租界，就必须获得公共租界警务处的特批。"上海租界巡捕进入华界则没有这种"待遇"。从中反映出上海城里，上海租界巡捕与上海华界警察的地位明显不同，高低差距显著。

（四）三个洋人眼中上海租界巡捕的几个相似之处

分别来自葡萄牙、英国、美国的三个洋人裘昔司、彼得斯、魏斐德，从各自的眼光出发，观察了上海租界的巡捕，把所见、所闻、所想、所研，写入自己的著作，反映了与他们关联的一些片段。然而，其中还有一些相似之处值得关注。

1. 他们从自己的立场出发去看上海租界巡捕及有关问题

这三个洋人在看待上海租界巡捕及有关问题时，都持有自己的立场，这一立场往往就是列强的立场。从这个立场出发去看待上海租界巡捕及有关问题，难免不发生偏差。比如，裘昔司把上海巡捕应对的太平天国运动说成是"叛乱"就是如此。"叛乱"是一种贬义词，指那些倒行逆施的行为。这是裘昔司站在列强的立场上，对太平天国运动的定性，而且这一立场与清政府一致。清政府就是以此为理由，镇压这一运动。平心而论，就不难发现，太平天国运动是在列强入侵中国、清政府加剧剥削与压迫的情况下，于1851年正式爆发，是中国人民对中外反动派的反抗，反映了中国人民的一种愿望。把这一运动认定为"人民的反抗斗争汇成一股强大的革命洪流"比较恰当。裘昔司把太平天国运动说成是"叛乱"，带有污蔑成分，也是他站在列强立场的直观体现。

2. 他们从自己的兴趣爱好中去反映上海巡捕

这三个洋人都有自己的兴趣爱好，并把其引入自己的视野，反映上海巡捕，特别是魏斐德。他的父亲弗里德里克·魏克曼（Frederic Wakeman, Sr.）毕业于哥伦比亚大学，爱好历史。这对魏斐德以后的人生产生很大的影响。在魏斐德很小的时候，他的父亲就教导他去精读古希腊、古罗马等时期历史学家的著作，还要求他在饭桌上汇报读书心得。此后，他认为自己父亲的教育远远超过他所去过的任何一所中小学。成年以后，魏斐德又接受了叙事史学思想，还曾"独张叙事史学大帜"。同时，他还是叙事史学的实践者，在他的著作中会直射出对历史事件的特别关注与对具体史料的大量运用，还对历史人物尤为重视。他专门撰写、出版过《间谍大师：戴笠与中国特务机关》的专著。魏斐德对叙事史学与人物撰写的这种兴趣爱好也观照在他的《上海警察，1927—1937》一书中，除了用专门的篇幅介绍上海共产国际代表牛兰、中国共产党的叛徒顾顺章外，还专门叙述了上海的罪犯头目与上海法租界捕头黄金荣。这也就是在此书中用浓墨重彩写到黄金荣的重要原因之一。

3. 他们会把上海租界巡捕遇到的现象与本国的情况联系起来

这三个洋人常会把上海租界巡捕在工作中碰到的有些现象，与本国的情况联系起来，以贬低华人。比如，彼得斯发现"夜间巡逻的时候经常能看到襁褓里的婴儿被遗弃在各种地方，小巷里、人行道上甚至是荒地上。被遗弃的婴儿十有八九已经死去或是奄奄一息，被随随便便用破衣服、破席子包裹着放在地上"。而且，这种弃婴行为不会被追究法律责任。"弃婴本身不被认定为犯罪，而且因为发生得太频繁，巡捕房也没有办法再采取任何后续的问责措施。"然后，彼得斯就把上海租界的这一现象与英国的情况联系起来，认为在英国遗婴是一种犯罪，要受到法律的追究。"这种事要是发生在英国，遗弃孩子的人肯定要被找出来并且以杀婴罪起诉。"彼得斯通过这种联系，反映上海租界华人的弃婴与英国相同情况的不同处理方式，来说明华人的落后，而没有在深层次上作原因分析。

在这里，彼得斯忽视了两点。第一点，忽视了华人弃婴的根本原因。上海租界是个近代社会，社会正在发展，可是为什么只有华人弃婴而洋人不弃婴呢，原因是多方面的。其中的一个根本原因是上海租界内的贫富差距太大，贫困的华人太多，是贫困人口的主体。就像彼得斯自己所讲："主要是因为父母太穷，无法养活他们（指弃婴）。"然而，这种巨大的差距发生在上海租界内，租界当局具有不可推卸的责任。这个根本原因不应被忽视。第二点，忽视了上海租界巡捕的责任。上海租界巡捕有维持治安的责任，包括打击违法犯罪。但是，对于弃婴的行为，他们都没能加以制止。原因却是发生得太频繁和没有办法采取问责措施。也就是说，上海巡捕本身就是失职和问责的对象。这个原因也被彼得斯忽视了。忽视了这两个原因以后，彼得斯对租界内的弃婴与英国弃婴的联系就显得苍白无力了。

从这三个相似之处，不仅可以进一步理解裘昔司、彼得斯和魏斐德对上海租界巡捕的看法，还可以找到一些这种看法背后的深层原因，以致对他们眼中的上海租界巡捕有个更为全面的认识。

这三个洋人眼中的上海租界巡捕，只是他们的个人看法，如今则成了知晓上海租界巡捕的一种史料。从中既可以将其作为认识这一巡捕的依据，又可以使其成为对这一巡捕进行研究的资料，其价值不言而喻。

六、上海租界法制的四个重要特征

上海租界法制伴随着上海租界的存在而存在，也走过了百年历程，并逐渐形成了自己的特征。这一特征与上海华界法制相比较而凸显出来，其中较为重要的是以下四个：

（一）地位特征：上海租界法制是上海最早的现代法治

依据中外不平等条约《南京条约》及其附件《五口通商附粘善后条款》等的规定，1843 年上海开埠。不久，上海英、法、美租界先后诞生。上海租界诞生后，其法制也随之走上历史舞台。这一法制是现代法制，并突出表现在立法、司法等领域。在立法上，使用现代的法律体系、法律制度、法律语言；在司法上，运用现代的诉讼制度、审判方式、律师制度、监狱制度等。这在上海法制史上史无前例，是开天辟地的现代法制，具有一定的积极意义。

上海租界率先在审判中，纳入现代律师辩护制度。原、被告都可聘用律师出庭。这给审判带来新气象。有人看了这种庭审后描述："余观英、法二公堂（会审公廨）中西互控之案，层见迭出。无论西人控华人，须请泰西（西方）律师以为质证，即华人控西人，亦必请泰西律师。"1902 年的《苏报》案"审判时，原告清政府聘用了外国律师达鲁芒德和库柏，被告章太炎、邹容也聘用外国律师博易和琼司。双方律师在法庭上各为其主、唇枪舌剑。

当时，上海华界还在实行清朝的法制。其中，在立法上，使用封建的法律体系、法律制度、法律语言，比如"五刑""八议""十恶"等。在司法上，运用封建的诉讼制度、审判方式、讼师制度、监狱制度，比如"九卿会审""越诉""刑讯"等。上海华界的现代法制是在 20 世纪初清朝开始推出"新政"而进行的法制改革后才开始全面出现，要比上海租界法制的产生晚了半个世纪。

（二）性质特征：上海租界法制是上海的区域性法制

上海租界法制是一种由上海租界制定或认可，仅在本租界实施的法制。这种法制仅在本租界有效，离开租界便无效。1863 年上海英、美两租界正式合并成立上海英美租界，1899 年更名为上海公共租界。上海长期存在公共租界与法租界的法制。这两个法制又不尽相同。比如，上海公共租界规定，在租界内任何地方都不可燃放烟花爆竹；上海法租界则规定，在马路与住屋旁边不准燃放烟花爆竹。这种区域性法制给上海市民带来了不便，削弱了人们对法制的预期。

上海租界法制的这种区域性在行政执法中同样存在。一般情况下，上海英租界的巡捕不能到上海法租界执法，反之亦是。于是，一些不法分子就利用这种区域性规避法律。这两个租界之间有条河，河上有座桥名为"郑家木桥"。有些不法分子就待在两边桥堍，专门敲诈老实的农户。"若被告人高声呼唤，英租界巡捕过来干涉，则逃至桥南，法租界巡捕过来干涉，则逃至桥北"，玩猫捉老鼠的游戏。

那时，上海华界的法制是国家法制，在全国有效，不是区域性法制。其中，在辛亥革命前是清朝法制，比如大清律例、大清会典等。辛亥革命后则是中华民国的法制，比如中华民国宪法、行政法、民法、刑法、民事诉讼法、刑事诉讼法等。所有中国人都要遵守这一法制，包括上海华界的华人，没有例外。

（三）功能特征：上海租界法制以城市管理为主

上海租界只是上海城市内的一个区域，其法制以城市管理为主要功能，几乎不涉及其他领域。这一法制涉及城市管理的方方面面。其中，包括有组织、经济、交通、教育、卫生、建筑、治安、司法等方面。以上海英美租界的规定为例，有工部局董事会章程、土地章程、手推车规章、西童公学章程、牛棚管理规则、巡捕房章程、洋泾浜设官会审章程等。这对上海城市的现代化发展具有积极意义。

上海租界法制还得到一定程度的实施。这里以卫生管理中的捕杀无主、流浪狗规定为例。上海英美租界在出现狂犬病以后，就决定由巡捕来捕杀无主、流浪狗。1893年共捕捉到4457条狗，其中750条有人认领，其余的全部被杀。1899年，巡捕又捕杀无主、流浪狗4758条。狂犬病也因此而得到了有效控制。

此时，上海华界的法制是国家法制，无论是清朝法制还是中华民国法制，功能更多，不仅是城市管理。更多的是关于国家与政治制度、公民的基本权利与义务、民事与经济规则、打击各种犯罪、诉讼与审判制度等方面。其中，核心部分就在《大清律例》《大清会典》与《六法全书》之中。这与上海租界法制的功能差别很大。

（四）内容特征：上海租界法制是歧视华人的法制

上海租界由西方侨民掌控，法制也由他们建立。在上海租界的法制中，有一些带有种族歧视的内容，主要表现为歧视华人。尽管上海租界华人的人数比洋人多，交税也比洋人多，是租界的主要建设者与纳税大户，可还是受到法制的歧视。比如，华人长期不能成为议政机关纳税人会的成员、不能进入租界里的各类公园、巡捕随意殴打华人、审判中偏袒洋人等。这些都是上海租界法制中极为消极的因素。

上海租界在中国领土上开设公园，却规定不让华人入内，歧视华人。第一个开设的公园是 1868 年上海英美租界的外滩公园。这个公园就规定，不允许华人进入，还挂出了"华人与狗不得入内"的侮辱性牌子。以后开设的汇山公园、虹口公园、昆山公园、兆丰公园（今中山公园）也都如此。上海法租界亦步亦趋，作出类似规定，顾家宅公园（今复兴公园）、贝当公园（今衡山公园）、杜美花园（今襄阳公园）都不对华人开放。经过华人长年的斗争，上海租界才于 1928 年对华人开禁。

上海华界施行的清朝法制中，虽有封建等级制度，规定有特权，但不涉及种族歧视，没有歧视华人的内容。中华民国法制废除了封建等级、特权制度，也不存在歧视华人的规定。歧视华人成为上海租界法制的一种特殊性内容。

上海租界法制的这些特征显示其具有两重性。因此，在认识这一法制时，要具体分析，不能一概而论，避免产生偏颇。

附录三 王立民中国租界法制研究的 著作及论文一览表

序号	成果名称	出版、发表之处与时间
1	上海租界法制史话	上海教育出版社 2001 年版
2	上海租界法制研究（第一主编）	法律出版社 2011 年版
3	中国租界法制初探	法律出版社 2016 年版
4	上海租界法制史话（第二版）	上海人民出版社 2017 年版
5	租界法制与中国法制近代化研究（主编）	上海人民出版社 2022 年版
6	上海租界与上海法制现代化	《法学》2006 年第 4 期
7	中国的租界与法制现代化——以上海、天津和汉口的租界为例	《中国法学》2008 年第 3 期
8	上海租界的现代法制与现代社会	《华东师范大学学报（哲学社会科学版）》2009 年第 5 期
9	上海的澳门路与公共租界的现代法制	《澳门研究》2011 年第 1 期
10	中国城市中的租界法与华界法——以近代上海为中心	《比较法研究》2011 年第 3 期
11	论上海租界法制的差异	《法学》2011 年第 7 期
12	中国租界法制研究的检视与思考——以近 30 余年来的研究为中心	《当代法学》2012 年第 4 期
13	试论中国租界法制的传播与普及——以上海租界法制的传播与普及为中心	《政治与法律》2013 年第 4 期
14	会审公廨是中国的审判机关异议	《学术月刊》2013 年第 10 期
15	上海租界的现代公共卫生立法探研	《历史教学问题》2014 年第 2 期

16　抵触或接受：华人对中国租界法　　《政治与法律》2014 年第 9 期
　　制的态度——以上海租界的两个
　　法制事例为出发点

17　百年中国租界的法制变迁——以　　《政法论坛》2015 年第 1 期
　　上海租界法制变迁为中心

18　中国租界法制与中国法制现代化　　《社会科学》2015 年第 2 期
　　历程

19　中国租界的法学教育与中国法制　　《法学杂志》2016 年第 7 期
　　现代化——以上海租界的东吴、
　　震旦大学法学教育为例

20　试论中国租界与租借地区域法制　　《现代法学》2017 年第 1 期
　　的差异——以上海租界与威海卫
　　租借地区域法制的差异为例

21　中国租界法制诸问题再研究　　　《法学》2019 年第 11 期

22　本土性与世界性之间：近代国人　　《探索与争鸣》2020 年第 10 期
　　如何看上海租界法制

23　中国租界防控疫情立法与思考　　《法学杂志》2020 年第 11 期

24　上海法租界早期法制与评析——　　《上海政法学院学报（法治论
　　以《上海法租界史》一书为中心　　丛）》2020 年第 6 期

25　中国租界适用《中华民国民法》论　　（韩国）《中国法研究》2022 年
　　　　　　　　　　　　　　　　　11 月 30 日，总第 44 期

26　租界里的中国巡捕与反思　　　　《江海学刊》2021 年第 3 期

27　中国租界法制性质论　　　　　　《华东政法大学学报》2021 年第
　　　　　　　　　　　　　　　　　5 期

28　中国近代租界歧视华人法制述评　　《法学》2022 年第 5 期

29　领事公堂性质辨正　　　　　　　《清华法学》2023 年第 2 期

30　成文法：中国租界法制的一个共性　　《法学》2023 年第 4 期

31　辛亥革命时期中国租界法制之变　　《当代法学》2023 年第 5 期
　　化与反思

32　上海租界的艺术与法制　　　　　《上海视觉》2024 年第 3 期

附录四　王立民在报刊上发表的
中国租界法制文章一览表

序号	成果名称	出版、发表之处与时间
1	上海英租界与现代法制	《法制日报》2009 年 1 月 21 日
2	"华人与狗不得入内"相关规定的颁布与废止	《档案春秋》2019 年第 10 期
3	三个外国人笔下的上海租界会审公廨	《上海滩》2020 年第 3 期
4	上海租界的吸毒与禁烟——以《英国巡捕眼中的上海滩》一书为视角	《文史天地》2020 年第 5 期
5	旧上海英美租界防疫立法二三事	《上海法治报》2020 年 3 月 23 日
6	中国租界防控疫情立法可借鉴	《社会科学报》2020 年 10 月 1 日
7	上海公共租界防控疫情立法史鉴	《检察风云》2020 年第 10 期
8	上海租界：一名外国巡捕眼中的赌博	《上海滩》2020 年第 12 期
9	三个洋人眼中的上海租界巡捕	《档案春秋》2021 年第 1 期
10	上海租界法制的一些重要问题	《上海法治报》2021 年 3 月 3 日
11	租界法制：中国早期的近代法制	《文史天地》2021 年第 10 期
12	中国近代租界里的洋人巡捕	《文史天地》2022 年第 8 期
13	文明与野蛮：上海租界法制的"双重性"	《上海滩》2022 年第 5 期

附录五 王立民有中国租界法制内容的主要成果一览表

序号	成果名称	出版、发表之处与时间
1	上海法制发展战略研究（陈鹏生主编、第四章）	复旦大学出版社 1993 年版
2	上海法制史	上海人民出版社 1998 年版
3	上海法制与城市发展（第一主编）	上海人民出版社 2012 年版
4	"西法东渐"与近代中国寻求法制自主性研究（第一主编）	上海人民出版社 2015 年版
5	上海法制建设与立法创新	上海人民出版社 2021 年版
6	中国法制史论要	商务印书馆 2022 年版
7	法苑内外	人民出版社 2022 年版
8	近代中国法（第一作者）	商务印书馆 2022 年版
9	上海的现代法制与现代城市发展	《政治与法律》2010 年第 4 期
10	中国法制现代化诸问题研究	《太平洋学报》2010 年第 3 期
11	上海律师公会与中国近代法制	《探索与争鸣》2012 年第 11 期
12	辛亥革命时期上海华界立法探析	《史林》2012 年第 6 期
13	中国禁放花爆规定今昔	《档案春秋》2012 年第 12 期
14	中国近代法制自主性诸问题研究	《华东师范大学学报（哲学社会科学版）》2013 年第 3 期
15	中国地方法制史研究的前世与今生	《中外法学》2013 年第 5 期
16	论上海法制近代化中的区域治理	《法学》2014 年第 1 期
17	中国犬类管理规定探析	《法治研究》2014 年第 2 期

第一版后记

《中国租界法制初探》一书谨献给我敬爱的父亲和母亲！父亲王联群和母亲徐耐秋分别于2000年5月15日和1997年7月6日谢世。他们的爱子之心，我终生难忘！他们的养育之恩，我永生要报！我把此书作为对父母爱子之心和养育之恩的小小回报，期望他们在天之灵能够笑纳。

此书虽不厚实，但也凝聚了多人在不同方面给予的支持和帮助，在此一并向他们表示最衷心的感谢！他们是：

原华东政法大学校长何勤华教授；

法律出版社财经分社沈小英社长和陈妮编辑；

上海市档案馆的朋友马长林、邢建榕、姜龙飞、邵勤；

原《上海法制报》"租界法律史话"栏目负责人张薇薇；

华东政法大学外语学院副院长（主持工作）屈文生教授；

华东政法大学教师洪佳期、练育强、姚远；

上海海事大学教师张彬；

华东政法大学法律史研究中心秘书孙晓鸣；

华东政法大学2012级硕士研究生王哲华；

为书题写书名的胞弟王立行；

太太陈瑞君和女儿王胤颖。

此书的问世还得益于国家重点学科华东政法大学法律史学科建设项目（030102）和上海市人文社科基地华东政法大学外国法与比较法研究院建设项目（SJ0709）的资助。对资助单位也表示感谢！

书稿已成，出版在即。我心中既存高兴，又有担心。生怕书中出现错误和不足，以致读者失望。真心冀望各位读者及时提出书中的错误和不足，以便将来再版时改正、弥补。谢谢大家！

王立民

2016年8月于华东政法大学

修订版后记

　　《中国租界法制初探》出版至今已有 9 年，我研究中国租界法制的成果有了增加，公开发表成果的数量也足以出版修订版了。《中国租界法制初探》(修订版)是以我为首席专家的国家社科基金重大项目"中国租界法制文献整理与研究"(19ZDA153)的阶段性成果。《中国租界法制初探》中的14 章和附录作了必要的修正，而新增的 12 章和附录则主要是此重大项目在研期间的成果。它们都与这一重大项目有关，也都得益于这一重大项目，不愧是它的阶段性成果。本书的出版得到国家社科基金重大项目的资助，以及上海市高水平地方高校(学科)建设项目和华东政法大学涉外法治研究院的支持。

　　要出新版，还需要其他条件的支撑。在这一过程中，得到了各方的大力帮助，形成了合力，终成正果。要衷心感谢：法律出版社的领导与陈妮老师、上海人民出版社的领导与秦堃、张晓玲两位老师、华东政法大学创新团队的领导胡玉鸿教授、于明教授与孙晓鸣博士、博士研究生朱群杰等帮助过本书出版的各位同仁、同事和朋友！

　　《中国租界法制初探》(修订版)即将出版，但存在的不足与错误在所难免，祈请各位读者指正。谢谢！

王立民

2025 年 3 月于华东政法大学

图书在版编目(CIP)数据

中国租界法制初探 / 王立民著. -- 修订版.
上海 : 上海人民出版社, 2025. -- ISBN 978-7-208
-19436-6

Ⅰ. D927.512

中国国家版本馆 CIP 数据核字第 202522369Z 号

责任编辑　夏红梅　姜嘉滢
封面设计　孙　康

中国租界法制初探(修订版)
王立民　著

出　　版　**上海人民出版社**
　　　　　（201101　上海市闵行区号景路 159 弄 C 座）
发　　行　上海人民出版社发行中心
印　　刷　上海景条印刷有限公司
开　　本　720×1000　1/16
印　　张　37
插　　页　2
字　　数　538,000
版　　次　2025 年 5 月第 1 版
印　　次　2025 年 5 月第 1 次印刷
ISBN 978 - 7 - 208 - 19436 - 6/D · 4480
定　　价　158.00 元